PQ 2070 VOL

QM Library

23 1351034 4

KU-113-555

WITHDRAWN
FROM STOCK
QMUL LIBRARY

LES

ŒUVRES

COMPLETES

DE

VOLTAIRE

52

VOLTAIRE FOUNDATION

OXFORD

2011

© 2011 VOLTAIRE FOUNDATION LTD

ISBN 978 0 7294 0888 2

Voltaire Foundation Ltd
University of Oxford
99 Banbury Road
Oxford OX2 6JX

A catalogue record for this book
is available from the British Library

OCV: le sigle des *Œuvres complètes de Voltaire*

www.voltaire.ox.ac.uk

QM LIBRARY
(MILE END)

FSC
www.fsc.org

MIX
Paper from
responsible sources
FSC® C013056

The paper used for this book is FSC certified.
FSC (The Forest Stewardship Council) is an international network
to promote responsible management of the world's forests.

Printed on chlorine-free paper.

PRINTED IN ENGLAND

AT T J INTERNATIONAL LTD

PADSTOW

Présidente d'honneur

CHRISTIANE MERVAUD

Directeur de l'édition

NICHOLAS CRONK

Assistante à la direction

JANET GODDEN

Conseil scientifique

DAVID ADAMS	LAURENCE MACÉ
MARIE-HÉLÈNE COTONI	HAYDN T. MASON
SIMON DAVIES	SYLVAIN MENANT
MICHEL DELON	FRANÇOIS MOUREAU
OLIVIER FERRET	JOSÉ-MICHEL MOUREAUX
GRAHAM GARGETT	CHRISTOPHE PAILLARD
RUSSELL GOULBOURNE	JOHN RENWICK
FRANÇOIS JACOB	JEROOM VERCRUYSSE
PAUL LECLERC	DAVID WILLIAMS
CHARLES WIRZ	

Equipe éditoriale

ALICE BREATHE	KAREN CHIDWICK
ALISON OLIVER	GEORGES PILARD
GILLIAN PINK	MARTIN SMITH

Direction de l'édition

1968 · THEODORE BESTERMAN · 1974

1974 · W. H. BARBER · 1993

1989 · ULLA KÖLVING · 1998

1998 · HAYDN T. MASON · 2001

2000 · NICHOLAS CRONK ·

Sous le haut patronage de

L'ACADÉMIE FRANÇAISE

L'ACADÉMIE ROYALE DE LANGUE ET DE
LITTÉRATURE FRANÇAISES DE BELGIQUE

THE AMERICAN COUNCIL OF LEARNED SOCIETIES

LA BIBLIOTHÈQUE NATIONALE DE RUSSIE

THE BRITISH ACADEMY

L'INSTITUT ET MUSÉE VOLTAIRE

L'UNION ACADÉMIQUE INTERNATIONALE

Ouvrage publié avec le concours du

CENTRE NATIONAL DU LIVRE

Writings of 1761

The Voltaire Foundation
is grateful to the Académie française
for the award of the 2010 Prix Hervé Deluen
in support of the *Œuvres complètes de Voltaire*

TABLE OF CONTENTS

ABBREVIATIONS

Arsenal	Bibliothèque de l'Arsenal, Paris
Bengesco	Georges Bengesco, *Voltaire: bibliographie de ses œuvres*, 4 vol. (Paris, 1882-1890)
BnC	*Catalogue général des livres imprimés de la Bibliothèque nationale: auteurs, tome 214, Voltaire*, ed. H. Frémont and others, 2 vol. (Paris, 1978)
BnF	Bibliothèque nationale de France, Paris
Bodley	Bodleian Library, Oxford
BV	M. P. Alekseev and T. N. Kopreeva, *Bibliothèque de Voltaire: catalogue des livres* (Moscow, 1961)
CN	*Corpus des notes marginales de Voltaire* (Berlin and Oxford, 1979-)
D	Voltaire, *Correspondence and related documents*, ed. Th. Besterman, in *Œuvres complètes de Voltaire*, vol.85-135 (Oxford, 1968-1977)
DP	Voltaire, *Dictionnaire philosophique*
EM	Voltaire, *Essai sur les mœurs*
Ferney catalogue	George R. Havens and N. L. Torrey, *Voltaire's catalogue of his library at Ferney*, *SVEC* 9 (1959)
GpbV	Voltaire's library, National Library of Russia, St Petersburg
ImV	Institut et musée Voltaire, Geneva
Je	*Journal encyclopédique*
Kehl	*Œuvres complètes de Voltaire*, ed. J. A. N. de Caritat, marquis de Condorcet, J. J. M. Decroix and Nicolas Ruault, 70 vol. (Kehl, 1784-1789)

LP	Voltaire, *Lettres philosophiques*, ed. G. Lanson, rev. A. M. Rousseau, 2 vol. (Paris, 1964)
M	*Œuvres complètes de Voltaire*, ed. Louis Moland, 52 vol. (Paris, 1877-1885)
ms.fr.	manuscrits français (BnF)
n.a.fr.	nouvelles acquisitions françaises (BnF)
OCV	*Œuvres complètes de Voltaire* (Oxford, 1968-) [the present edition]
OH	Voltaire, *Œuvres historiques*, ed. R. Pomeau (Paris, 1957)
QE	Voltaire, *Questions sur l'Encyclopédie*
RhlF	*Revue d'histoire littéraire de la France*
SVEC	*Studies on Voltaire and the eighteenth century*
Taylor	Taylor Institution, Oxford
Trapnell	William H. Trapnell, 'Survey and analysis of Voltaire's collective editions', *SVEC* 77 (1970), p.103-99
VF	Voltaire Foundation, Oxford
VST	René Pomeau, René Vaillot, Christiane Mervaud and others, *Voltaire en son temps*, 2nd edn, 2 vol. (Oxford, 1995)

KEY TO THE CRITICAL APPARATUS

The critical apparatus, printed at the foot of the page, gives variant readings from the manuscripts and editions discussed in the introductions to the texts.

Each variant consists of some or all of the following elements:
— The number of the text line or lines to which the variant relates.
— The sigla of the sources of the variant as given in the list of editions. Simple numbers, or numbers followed by letters, stand for separate editions of the work; letters followed by numbers are collections, w being reserved for collected editions of Voltaire's works, and T for collected editions of his theatre; an asterisk after the siglum indicates a specific copy of the edition, usually containing manuscript corrections.
— A colon, indicating the start of the variant; any editorial remarks after the colon are enclosed within square brackets.
— The text of the variant itself, preceded and followed by one or more words from the base text, to indicate its position.

The following signs and typographic conventions are employed:
— Angle brackets (< >) encompass deleted matter.
— Beta (β) stands for the base text.
— The forward arrow (→) means 'adopted by'.
— A superior V precedes text in Voltaire's hand.
— Up (↑) and down (↓) arrows precede text added above or below the line.
— A superior + indicates, when necessary, the end of material introduced by one of the above signs.
— A pair of slashes (//) indicates the end of a paragraph or other section of text.

KEY TO BIBLIOGRAPHICAL DESCRIPTIONS

In bibliographical descriptions the following conventions are employed:
- Pi (π) refers to unsigned gatherings extra to the regular sequence of preliminary matter.
- Chi (χ) refers to unsigned gatherings extra to the regular sequence of the text.
- The dollar symbol ($) means 'a typical gathering'.
- The plus-minus symbol ($\pm$) indicates a cancel.

ACKNOWLEDGEMENTS

The *Œuvres complètes de Voltaire* rely on the competence and patience of the personnel of many research libraries around the world. We wish to thank them for their generous assistance, in particular the staff of the Bibliothèque nationale de France, the Bibliothèque de l'Arsenal and the library of the Comédie-Française, Paris; the Institut et musée Voltaire, Geneva; the Taylor Institution Library, Oxford; the Library of the University of Texas at Austin; and the National Library of Russia, St Petersburg.

We are particularly grateful to David Adams for his assistance with bibliography and to David Williams for his comments on the proofs.

PREFACE

The years 1756 to 1765 were among the busiest and most productive in Voltaire's life. The chronological focus is upon 1761, a year to which the origins of *Don Pedre*, the first of the two major examples of Voltairean theatre in this volume, can be traced. The 'beau sujet' of *Don Pedre* was conceived fourteen years prior to the appearance of the first edition of the play in 1775, but the complex process of its composition is firmly anchored in the theatrical polemics of 1761 when Voltaire was particularly concerned to inject 'un peu de force' into French tragedy at a crucial stage in its evolution, and at a time when France's pre-eminence in the genre was being seriously challenged. Similarly, in 1761 we see Voltaire completing the first draft of a second, equally important, play, in the form of *Olympie*, possibly one of the most neglected plays in the Voltairean canon and the first of Voltaire's plays to be written after the expulsion of spectators from the Parisian stage in 1759.

Work on these two plays coincided with the culmination in 1761 of Voltaire's long-standing defence of France's literary and theatrical traditions against the subversive influence of foreign cultures, in particular that of England. The increasingly trenchant polemical tone of his campaign now came to the attention of a wider public with the decision to take under his wing a young collateral descendant of Pierre Corneille, and launch the great project to raise subscriptions to finance the publication of a monumental edition of Corneille's theatre to rescue Marie Corneille from penury, and her illustrious ancestor from the shadow of 'Gilles' Shakespeare. The *Avis* of 12 January 1761 offers a flavour of the controversies to come surrounding that ambitious project, leading ultimately to a formal declaration of a war which Voltaire would continue to wage intermittently until the year of his death.

Another aspect of the growing hostility in 1761 between Voltaire and 'messieurs d'Albion' manifests itself in the *Parallèle d'Horace, de Boileau et de Pope* in which we see, among other things, an unusually direct challenge to Alexander Pope's international reputation as an exponent of the moral epistle at the expense of French masters of the art such as Boileau and, by unsurprising inference, Voltaire himself.

Theatre and the defence of France's literary genius were not the only issues to concern Voltaire in 1761, however. The campaign against the infamous gained fresh momentum towards the end of that year when news of an *auto-da-fé* held in Lisbon, following an attempt on the King of Portugal's life, alerted him to the horror of the multiple burnings, and to the flagrant crimes against civilised judicial procedure committed by the courts of the Inquisition. In the *Sermon du rabin Akib* Voltaire-Akib exposes not only the legal and moral iniquities arising during the trial of one of the Jesuit victims, *père* Malagrida, but also addresses the injustice and inhumanity shown to the thirty-seven Jews who also died cruel deaths at the stake alongside Malagrida. The *Sermon* offers a rare sympathetic view of Judaism not always associated with Voltaire. In the *Lettre de M. Formey* Voltaire engages with two other enemies of Enlightenment, Jean-Henri Baptiste Formey and David-Renaud Boullier. In this deliciously ironic 'letter' Voltaire mocks the sterility and futility of pedantic disputation conducted in journals such as the *Journal encyclopédique*. Fanatical adherence to theological niceties can have lethal consequences, as Voltaire demonstrates in so many of his writings, and the abstract trivialities satirised in the fictitious *Lettre de M. Formey* are not entirely without relevance to the irrational forces at work in the inquisitorial outrage denounced in the *Sermon du rabin Akib*.

Voltaire was also working in 1761 on a semi-*conte* entitled *Pot-pourri*, although this mysterious text did not appear in print until 1765. In many ways another assault on the infamous, *Pot-pourri* remains one of Voltaire's most audacious works with an extraordinarily rich, if disconcerting, amalgamation of a wide range of themes reflecting many of the moral, philosophical and religious preoccupations of the most aggressively anti-Christian period in his life.

Printed originally as the entry 'François, ou Français' in the seventh volume of the *Encyclopédie* in 1757, *De la nation française* presents a third element in the current of ideas represented in the plays and essays included in this volume. Making its first appearance as an entry in the *Encyclopédie*, this text was subsequently printed by Prault as separate essay in 1761 under the title *Du mot Français*, ending up ten years later as an entry in the *Questions sur l'Encyclopédie* under its present title. As is the case with other texts in volume 52, *De la nation française* reflects Voltaire's reactions to many of the topical debates and controversies whirling around him in that pivotal year 1761, including texts in which the seeds of his historic engagement with the formidable challenges that lay ahead can be clearly detected.

David Williams

Don Pedre

Edition critique

par

Marie-Emmanuelle Plagnol-Diéval

TABLE DES MATIÈRES

INTRODUCTION

*L'histoire n'ayant donc été trop souvent que le récit
des fables et des préjugés; quand on entreprend une
tragédie tirée de l'histoire, que fait-on?*

(*Discours historique et critique*, p.101)

1. *La genèse* de Don Pedre

La genèse et la rédaction de *Don Pedre* s'étendent sur une période
de quatorze ans. La *Correspondance* permet de suivre les étapes de la
conception et les différents infléchissements que connaît l'élabora-
tion de l'œuvre, en fonction des autres chantiers qui occupent
Voltaire durant ces années et de resituer les réflexions esthétiques
qui parcourent les paratextes.[1]

Une lettre du 19 mars 1761[2] au comte d'Argental donne la
première indication sur le choix du sujet et le renouvellement qu'en
attend Voltaire, après un passage sur l'édition de *Tancrède*, ce qui
souligne le lien entre les deux pièces (D9683):

Mes chers anges, il est vrai que j'ai un beau sujet, que je pense pouvoir
donner un peu de force à la tragédie française,[3] que j'imagine qu'il y a
encore une route, que je ressemble à l'ingénieur du roi de Parsingue qui
s'avisait de toutes sortes de sottises. Mais attendons le moment de

---

[1] Voir la section 'Les paratextes', p.28s.

[2] L'avertissement de Beuchot commence ainsi: 'La tragédie de *Don Pedre* a été
faite, ou du moins commencée, en 1761; mais Voltaire l'abandonna bientôt après, la
reprit au bout d'un mois, et la promit pour dans deux ans. Il s'y remit enfin après un
long intervalle, et la fit imprimer à la fin de 1774' (*M*, vol.7, p.239).

[3] L'*Epître dédicatoire* déplore la décadence du goût: 'si jamais j'osais faire à mon
tour une tragédie, dans un temps où les sujets des pièces de théâtre semblent épuisés;
dans un temps où le public est dégoûté de tous ses plaisirs, qui passent comme ses
affections; dans un temps où l'art dramatique est prêt à tomber en France après le
grand siècle de Louis XIV et à être entièrement sacrifié aux ariettes.'

l'inspiration pour travailler. [...] Vous saurez que j'ai fait des jardins qui sont comme la tragédie que j'ai en tête. Ils ne ressemblent à rien du tout. Des vignes en festons à perte de vue: quatre jardins champêtres aux quatre points cardinaux, la maison au milieu presque rien de régulier dieu merci. Ma tragédie sera plus régulière, mais aussi neuve.

L'innovation résiderait-elle dans la mise en scène d'une période historique plus contemporaine et d'inspiration chevaleresque, que relativiserait le respect absolu des règles du genre tragique? Ces préoccupations sont développées avec force dans le *Fragment du Discours*[4] qui reprend les critiques contre Lope de Vega, Calderón (au moment où Voltaire choisit un sujet traité par ces deux auteurs)[5] et Shakespeare.

Toutefois, le projet semble abandonné quelques mois plus tard. Voltaire écrit le 29 juin, toujours à d'Argental, après avoir évoqué cette fois *Zulime*: 'A l'égard de l'autre sujet dont vous me parlez, et auquel je pense avoir renoncé, il est moitié français, et moitié espagnol' (D9863).

Cependant, la suite de la lettre, à l'imparfait comme s'il s'agissait d'une affaire classée, développe un plan de tragédie, des personnages, des effets et des scènes que la version finale modifiera. On a donc là la trace d'un avant-texte, intéressant à comparer avec la tragédie de 1775, qui témoigne des divers remaniements que fait subir Voltaire à cette matière historique complexe pour l'intégrer dans une tragédie de facture classique. Le trio masculin constitutif de la pièce est déjà trouvé: 'On y voyait un Bertrand Du Guesclin, entre Don Pedre le Cruel, et Henry de Transtamarre [*sic*]' avec toutefois une insistance plus forte sur le rôle de Du Guesclin, alors que ce dernier n'apparaît qu'à l'acte 4, et un équilibre assez net entre les deux frères, qui laissera des traces sur la présentation du héros et la relative indécision des premières scènes, relevée par la critique contemporaine.[6] Tâchant de concilier la vérité historique

---

[4] Qui date précisément de 1761. Voir la section 'Les paratextes', p.28s.
[5] Voir la section 'Intertextualité dramatique autour de *Don Pedre*', p.65s.
[6] Voir la section 'Interprétation de *Don Pedre*', p.37s.

et les bienséances, Voltaire a d'abord songé à mettre en scène le personnage plus connu de la maîtresse de Don Pedre, Marie de Padille. Le caractère prêté au personnage féminin qui n'est pas encore Léonore de La Cerda, lui ressemble néanmoins ainsi que les scènes qui lui sont prêtées, en dépit de la différence de registre entre le projet évoqué dans la lettre et la tragédie (D9863):

Marie de Padille sous un nom plus noble et plus théâtral, est amoureuse comme une folle de Don Pedre violent, emporté, moins cruel qu'on ne le dit, amoureux à l'excès, jaloux de même, ayant à combattre les sujets qui lui reprochent son amour. Sa maîtresse connaît tous ses défauts, et ne l'en aime que davantage.

On reconnaît là quelques axes de la tragédie: l'opposition du peuple (évoquée à travers les récits des agissements de Transtamare[7] et de l'accueil réservé à Du Guesclin[8] ou dans les tirades de Don Pedre[9]), le débat entre Don Pedre et Léonore (notamment la première scène entre Don Pedre et Léonore,[10] redoublée au deuxième acte[11]) et la réflexion morale sur la nature de Don Pedre (qui sous-tend les échanges entre Léonore et sa confidente).[12] A ce moment-ci, Voltaire hésite entre un couple légitimé par le mariage et un couple illégitime qui brave l'opinion publique et Rome, c'est pourquoi la question du mariage et de la légitimation de l'union occupe aussi bien Léonore face à Don Pedre (I.iv et surtout III.ii.107-12) que Transtamare face à Léonore.[13] Parallèlement, la réhabilitation de Don Pedre commence à prendre forme avec les jeux sur le surnom de 'cruel' qui vont devenir légion dans les paratextes et la tragédie. Pour la trame événementielle et les

[7] I.i.107-108.
[8] III.iv.214-15.
[9] II.v.187-92.
[10] Et notamment ces vers de Don Pedre: 'Et l'étrange intérêt qui pour lui vous anime / Est un coup plus cruel à mon esprit blessé / Que tous ses attentats qui m'ont trop offensé' (I.iv.322-24).
[11] II.iii.128-31.
[12] I.iii.242-44.
[13] II.ii.53-56.

scènes qui en découlent, le patron est assez proche de la version finale, hormis quelques variantes:

Henri de Transtamarre [*sic*] est son rival, il lui dispute le trône et Marie de Padille. Bertrand du Guesclin, envoyé par le roi de France pour accommoder les deux frères et pour soutenir Henri en cas de guerre, fait assembler les états généraux. Las Cortez de Castille, les députés des états peuvent faire un bel effet sur le théâtre depuis qu'il n'y a plus de petits-maîtres. Don Pedre ne peut souffrir, ni las Cortez, ni du Guesclin, ni son bâtard de frère Henry, il se croit trahi de tout le monde, et même de sa maîtresse dont il est adoré. [14]

On remarque que la représentation directe du débat politique tend à diminuer dans le texte de 1775: Du Guesclin, annoncé à la dernière scène de l'acte 3, n'apparaît que dans deux scènes, majeures il est vrai, la grande scène de conférence (IV.ii) [15] et la dernière scène de la pièce (V.iv) tandis que Voltaire renonce à mettre en scène les députés, pour des raisons d'actualité (le combat anti-parlementaire est moindre) et de dramaturgie (en resserrant le conflit autour des quatre personnage principaux, il opte pour le cadre fermé et conventionnel du palais de tragédie, sans chercher à renouveler les audaces spectaculaires de *Brutus*).

La fin de la tragédie est identique et il serait aisé d'illustrer ce résumé par les scènes correspondantes:

Bertrand est enfin obligé de faire avancer les troupes françaises, il fait à la fois le rôle de protecteur de Henry, d'admoniteur de Don Pedre, d'ambassadeur de France, et de général. Henry vainqueur se propose à Marie de Padille, les mains teintes du sang de son frère, et Padille plutôt que d'accepter la main du meurtrier de son amant, se tue sur le corps de Don Pedre. Bertrand les pleure tous deux, donne en quatre mots quelques conseils à Henry, et retourne en France jouir de sa gloire.

---

[14] L'unique monologue de Don Pedre est en effet un monologue délibératif sur le motif de la trahison (I.v.353-59).

[15] L'acte 4, réduit à deux scènes, est entièrement construit autour de cette dernière.

Une lettre aux d'Argental du 8 juillet confirme que Voltaire abandonne *Don Pedre* au profit de *Zulime*: 'Pour me dépiquer mes chers anges je vous enverrai incessamment *Zulime*; je me suis raccommodé avec elle comme vous savez, mais je suis toujours brouillé avec Pierre le Cruel' (D9883). Quitte à le reprendre par moments en parallèle avec les *Commentaires sur Corneille*, ce qui explique, durant la rédaction, les interrogations sur le genre tragique et la nature de l'intérêt que la tragédie doit susciter chez le spectateur ('Je travaille, le jour à Corneille et la nuit à *Don Pedre*'),[16] avec des regains d'enthousiasme pour cette pièce, qu'il envisage bien sûr de faire représenter:[17] 'Il me semble que tout va de travers, hors ce qui dépend uniquement de moi; cela n'est pas modeste, mais cela est vrai. Je commence même à croire qu'un certain drame ébauché fera un assez passable effet au théâtre.'[18]

Le 15 août 1761, dans une lettre aux d'Argental (D9945), Voltaire dresse le portrait de son héros en dessinant les grands traits de sa réhabilitation qui emprunte à l'*Essai sur les mœurs* et que reprendront les paratextes, en même temps qu'il explicite ses motivations philosophiques et théâtrales:

Pierre que vous autres Français nommez *le cruel*, d'après les Italiens, n'était pas plus cruel que les autres. On lui donna ce sobriquet pour avoir fait pendre quelques prêtres qui le méritaient bien. On l'accusa ensuite d'avoir fait empoisonner sa femme qui était une grande catin.

C'était un homme fier, courageux, violent, passionné, actif, laborieux, un homme tel qu'il en faut au théâtre. Donnez-vous du temps, mes anges, pour cette pièce, faites-moi vivre encore deux ans, et vous l'aurez.

Mais une répétition de *Mérope*, sur un 'très joli théâtre' où Mlle Corneille apparaît 'charmante' (D10081), détourne Voltaire pour cette année 1761 de sa tragédie espagnole pour des raisons qui tiennent au sujet et à son traitement:

---

[16] A d'Argental, [9] août 1761, D9938.
[17] Voir la section 'Réception de Don Pedre', p.54s.
[18] A d'Argental, 28 août 1761, D9975.

En répétant *Mérope*, je disais, voilà qui est intéressant. Ce ne sont pas là de froids raisonnements, de l'ampoulé et du bourgeois. Ne pourrais-tu pas, disais-je tout bas à V..., faire quelque pièce qui tînt de ce genre vraiment tragique? Ton *Don Pedre* sera glaçant avec tes états généraux et ta Marie de Padille. [19]

Voltaire entreprend alors 'en six jours' *Olympie*, dans une veine nouvelle ('Il faut se retrouver à la tragédie pour être attendri'). Outre ce problème de registre, une question plus étroitement dramaturgique taraude Voltaire, dont la version finale de 1775 porte la trace. Dans une lettre à D'Alembert datée de ce même 20 octobre 1761 (D10080) Voltaire écrit que si Cinna 'n'est pas fort chaud', c'est parce que l'intérêt du spectateur change de cible au cours de la pièce, en passant du héros éponyme à Auguste. Le rapprochement est d'autant plus éclairant que le *Fragment du Discours* de *Don Pedre* évoque largement la pièce de Corneille [20] et que la tragédie ébauche une réflexion autour de la clémence, demandée par Léonore comme par Livie [21] et accordée par Don Pedre qui signe là sa perte, contrairement à Auguste. L'analyse que conduit Voltaire sur les réactions du spectateur doit être rapprochée de ses propres hésitations à trancher entre les différents héros masculins de *Don Pedre*, également plongés dans un contexte de conspiration. Les premières scènes de la pièce présentent Transtamare comme un héros tragique possible, [22] puis les informations et les actions détournent l'intérêt du spectateur vers Don Pedre et enfin, dans une certaine mesure, à partir du quatrième acte, vers Du Guesclin. Or, le risque est grand selon Voltaire car si 'on change

---

[19] Aux d'Argental, 20 octobre 1761, D10081.

[20] 'Ni Cinna, ni Maxime n'ont dû être tels que Corneille les a peints. Le devoir de Cinna ne pouvait être d'assassiner Auguste pour plaire à une fille qui n'existait point. Le devoir de Maxime n'était pas d'être amoureux de cette même fille, et de trahir à la fois Auguste, Cinna et sa maîtresse. Ce n'était pas là ce Maxime à qui Ovide écrivait qu'il était digne de son nom. *Maxime qui tanti mensuram nominis imples.*'

[21] *Cinna*, IV.iii.1199-1214, la tirade de Livie.

[22] Dans cette même lettre, Voltaire n'écrit-il pas: 'c'est à Cinna qu'on s'intéresse dès le premier acte, car vous savez bien qu'on aime tous les conspirateurs.'

donc d'intérêt, il n'y en a point'. La difficulté est telle que pendant un temps la référence à *Don Pedre* n'apparaît plus sous la plume de Voltaire qu'à titre de référence historique, liée à un chantier ouvert, comme le montre cette lettre à Charles Jean François Hénault de novembre 1761 (D10131):

Je me trouve entre trois Pierre, Pierre le Grand, le grand Pierre Corneille, et Pierre le Cruel. Je ne sais auquel entendre. J'ai envie de vous envoyer et de vous soumettre le chapitre de la mort de ce pauvre Alexis, fils de Pierre le Grand. Vous prendrez peut-être mon Russe pour Pierre le Cruel.

A partir de 1762, la tragédie est momentanément abandonnée. Une relecture de la première scène fait dire à Voltaire: 'Cette première scène me réchauffe, je reprendrai ce drame.'[23] Mais *Don Pedre* ne cesse de soulever des problèmes: comment concilier ce sujet historique et politique, dont Voltaire se demande s'il possède une puissance dramatique suffisante, avec l'inflexion sensible du théâtre de la seconde moitié du siècle? Des reprises théâtrales, comme celles de *Rome sauvée* en février 1762 et la référence constante aux *Commentaires sur Corneille* augmentent ses doutes:

Je ne sais plus du tout comment faire avec *Don Pedre*. Du grand, du noble, du furieux j'en trouve, du pathétique qui arrache des larmes je n'en trouve point. Il faut ou déchirer le cœur ou se taire. Je n'aime sur le théâtre ni les églogues, ni la politique. Cinq actes demandent cinq grands tableaux.[24]

Concilier ces différents objectifs avec les parties déjà écrites semble impossible vers 1764 où les allusions à *Don Pedre*, assez nombreuses dans la *Correspondance*, masquent des travaux plus subversifs, comme il l'explique aux d'Argental au début du mois d'avril 1764 (D11806): 'M. de Thibouville [...] croit fermement avec Mlle Clairon, que je travaille à *Pierre le Cruel*; il est bon de

---

[23] Aux d'Argental, 20 janvier 1762, D10276.
[24] Aux d'Argental, 1er février 1762, D10301.

fixer ainsi les incertitudes des curieux'[25] ou à d'autres correspondants, comme Etienne-Noël Damilaville au moment de la parution du *Dictionnaire philosophique* et des refus de paternité de l'œuvre (1er octobre 1764, D12115):

Hélas! je m'occupais tranquillement de la tragédie de *Pierre le Cruel*, dont j'avais déjà fait quatre actes quand cette funeste nouvelle est venue troubler mon repos. J'ai jeté dans le feu et ce malheureux *Portatif* que je venais d'acheter, et la tragédie de *Pierre*, et tous mes papiers; et j'ai bien résolu de ne me mêler que d'agriculture le reste de ma vie.

Pourtant, un an plus tard la tragédie semblerait achevée, comme le montrent deux lettres à Lekain de novembre 1765 (D12987 et D13010) au moment où la pièce est lue en même temps que *Gustave Wasa* de La Harpe, qui remporte les suffrages: 'M. de La Harpe me mande que vous avez donné la préférence à Stockholm sur Tolède' (29 novembre 1765, D13010). Sept ans plus tard, c'est en faveur d'un parallèle avec *Les Lois de Minos* que *Don Pedre* revient sous les feux de l'actualité. Dans une lettre aux d'Argental, datée du 6 avril 1772, Voltaire oppose 'le voyage de Crète' et 'le voyage d'Espagne': 'Don Pedre se soutiendra toujours, mais Teucer a besoin d'un temps favorable. Si cette négociation est trop difficile, il faudrait du moins être sûr qu'il n'y aurait point d'intervalle entre l'Espagne et la Crête' (D17680).

Dès novembre 1774, alors qu'il est plongé au cœur de l'affaire de La Barre et d'Etallonde, Voltaire promet sa prochaine édition à d'Argental ('Si vous me demandez ce que je fais dans les intervalles que me laisse cette épineuse et exécrable affaire, vous le saurez bientôt, mon cher ange, et vous verrez ce que peut encore un jeune homme de quatre-vingt et un ans, quand il veut vous amuser et vous plaire', 24 novembre 1774, D19198) et au duc de Richelieu[26] ('J'aurai bien dans quelque temps toujours la lie de mon vin à vous présenter, mais il faut auparavant que vos brigands aient avalé

---

[25] Voir également D11930, D11943, D11947, D11954 et D11974.
[26] Le duc de Richelieu est le dédicataire des *Lois de Minos*.

toute la coupe amère de leur turpitude', 28 novembre 1774, D19205).

De novembre à décembre, il s'occupe des corrections avec Cramer portant sur les paratextes [27] et la pièce. Il déplore les coquilles restantes ('Il s'est encore trouvé deux fautes terribles dans *Don Pedre* dont on ne s'était pas aperçu; mais il n'est plus temps de les corriger' [28]) et veille à la composition de la première édition séparée de la pièce, qui comporte plusieurs autres textes, les 'trois ou quatre petits enfants': [29]

Monsieur Cramer est prié d'envoyer la note ci-jointe à l'imprimerie de Bonnant pour finir le petit recueil qui contient l'Epître dédicatoire de M. d'Alembert, le Discours historique et critique, la tragédie de Don Pedre, le Voyage de la raison et de la vérité, l'Aventure des encyclopédies. [30]

Il multiplie les promesses d'envoi à d'Argental, [31] à Thibouville (9 décembre 1774, D19222), au duc de Richelieu (25 janvier 1775, D19310), en présentant son ouvrage sous des modalités diverses, [32] tandis que la fiction du jeune auteur s'élabore à travers la plainte du

[27] D19208: 'Monsieur Cramer est prié de vouloir bien insérer l'addition suivante dans le *Discours historique et critique*. Après ces mots, *s'étaient fait revêtir en mourant d'une robe de frère prêcheur, ou de frère mineur*: M. Thomas, dans son discours à l'académie a dit, *que les temps d'ignorance furent toujours les temps des férocités*. J'aime à répéter des paroles si vraies, dont il vaut mieux être l'écho que le plagiaire. Transtamare revint en Espagne une bulle, etc. Monsieur Cramer est encore prié de ne pas laisser une seule feuille sans que l'auteur l'ait relue et corrigée. Il y a quelques vers à réformer. Par exemple, au 1er acte, 1ère scène "*S'élève chaque jour au-dessus du roi-même.*" *Chaque jour* est une franche cheville, corrigez "*S'élève et s'affermit au-dessus du roi-même.*" Monsieur Cramer est encore prié de faire tirer six douzaines en grand papier pour les étrennes de l'auteur qui l'embrasse très tendrement.'

[28] Vers le 31 décembre 1774, D19268.

[29] A d'Argental, 16 janvier 1775, D19303.

[30] Vers le 31 décembre 1774, D19267. Les pièces qu'on trouve à la suite de la tragédie en 1775 sont l'*Eloge historique de la raison* [...] (p.99-114); *De l'Encyclopédie* (p.115-119); le *Dialogue de Pégase et du vieillard avec les notes de M. de Morza* (p.120-39); *La Tactique suivie d'une longue note* (p.140-48).

[31] 9 et 23 décembre 1774 (D19219 et D19250), 16 et 22 janvier 1775 (D19290 et D19303).

[32] Voir la section 'Réception de *Don Pedre*', p.54s.

grand âge, comme dans la lettre à David-Louis-Constant de Rebecque, seigneur d'Hermenches (25 novembre 1774, D19307):

Le moribond de quatre-vingt et un ans, est dans son lit, Monsieur, tout comme vous l'avez vu; mais avant de mourir, il vous enverra ce *Don Pedre* qui est d'un jeune homme, et vous vous en apercevrez bien à son style qui n'est pas encore formé. J'ai eu le bonheur de voir au chevet de mon lit votre fils. Il me paraît plus formé que l'auteur de *Don Pedre*.

Les envois effectifs commencent fin janvier, comme en témoignent les lettres à D'Alembert,[33] à Anne-Madeleine La Tour du Pin (1er février 1775, D19319), à Frédéric II (4 février 1775, D19321), à Jean-Baptiste-Nicolas De Lisle (10 février 1775, D19332), au duc de Richelieu, toujours accompagnés de jugements allant du dépréciatif au badin. Voltaire rend compte de ses différents envois aux uns et aux autres, prévenant ainsi D'Alembert de l'expédition d'un 'petit livret où l'on vous rend assez faiblement hommage d'une partie de la justice qui vous est due', à 'M. de Rosny'[34] et 'cinq ou six exemplaires aux deux Bertrands',[35] exemplaires baptisés 'rogatons' et 'marrons' dans la lettre au même du 8 (D19324), faisant patienter le marquis de Thibouville ('Il ne perdra rien pour attendre. On l'ennuiera tant qu'il faudra, mais il faut le temps de relier', 14 février 1775, D19338), à d'Argental ('des sottises reliées en beau maroquin', 18 février 1775, D19341), à Jean de Vaines, ami de Turgot ('je pouvais sans crainte vous présenter ce petit recueil d'un jeune homme et joindre ce paquet sans craindre d'abuser de vos bontés', 27 février 1775, D19360). Les lettres prolongent le jeu paratextuel[36] ou rapportent les premiers échos critiques. Une lettre à François-Louis-Claude Marin fait allusion à l'article de Linguet

[33] 'Le jeune écolier qui vous adresse ce chiffon' (28 janvier 1775, D19310).

[34] Turgot.

[35] D'Alembert et Condorcet (6 février 1775, D19322).

[36] L'envoi au chevalier de Chastellux se situe dans le prolongement de l'*Epître dédicatoire*, après que Chastellux succède à Chateaubrun à l'Académie: 'Je ne sais si vous avez reçu, Monsieur, une petite édition de cette esquisse de *Don Pedre* qu'un Genevois devait mettre de ma main à vos pieds' (10 mars 1775, D19367; voir aussi D19421).

paru dans le *Journal de politique et de littérature* du 5 mars 1775 ('J'ai même cru que M. Linguet avait reçu le sien puisqu'il en a parlé avec quelque indulgence'[37]).

Enfin, les *Mémoires secrets*[38] annoncent, le 10 février 1775, la première édition de *Don Pedre*, qui s'épuise rapidement comme le montre une lettre à Mme Du Deffand du 27 février.[39] A la deuxième signalée par Voltaire, succèdent deux autres qu'il ne connaît pas (à d'Argental, 18 mars 1775, D19377).[40]

2. *Don Pedre: une figure historique controversée*

Le traitement particulier de la figure de Don Pedre dans la tragédie éponyme de Voltaire impose de revenir à quelques considérations historiques[41] afin de voir pourquoi Voltaire s'empare de ce personnage contesté et comment la réhabilitation voltairienne s'insère dans un ensemble légendaire et littéraire.[42]

Les faits

Pierre, dit le Cruel, naquit à Burgos en 1334 et mourut à Montiel en 1369. Il succéda à son père Alphonse XI dit le Vengeur qui régna de 1311 à 1350. Il fut l'allié d'Alphonse IV de Portugal contre les

---

[37] 12 mars 1775, D19370. Voir la section 'Réception de *Don Pedre*', p.54s.

[38] *Mémoires secrets pour servir à l'histoire de la république des lettres*, tome 7, p.284-86.

[39] 'Je crois qu'il est arrivé la même chose à *Don Pedre* qu'à moi. Cependant je vous envoie une seconde édition, parce que j'apprends dans mon lit qu'il n'y a plus d'exemplaires de la première à Genève. Tout est allé, je crois, à Paris. Vous recevrez probablement l'exemplaire de l'édition nouvelle par M. d'Ogny' (D19359).

[40] Voir la section 'Manuscrit et éditions', p.80s

[41] Voir entre autres, Prosper Mérimée, *Histoire de Don Pèdre* (Paris, 1848; éd. consultée, introduction et notes de Gabriel Laplane, Paris, 1961); l'édition moderne fournit une chronologie précieuse du règne de Don Pedre, p.xii-lxvii; François Piétri, *Pierre le cruel: le vrai et le faux* (Paris, 1961); Paulino García Toraño, *El rey Don Pedro El Cruel y su mundo* (Madrid, 1996).

[42] Voir la section 'Intertextualité dramatique autour de *Don Pedre*', p.65s.

Maures et roi de Castille et de León de 1350 à 1369, en dépit de diverses révoltes dont celle menée par son demi-frère Henri de Transtamare (1333-1379) qui revendiquait le trône. Il eut comme allié Edouard, prince de Galles, qui l'aida à remporter la victoire de Najera sur son demi-frère et sur Du Guesclin en 1367, mais fut battu et assassiné à Montiel par son frère qui lui succéda sous le nom de Henri II dit le Magnifique et régna de 1369 à 1379.

L'histoire de Don Pedre s'inscrit dans un contexte particulièrement complexe de l'histoire espagnole, qui explique les interprétations parfois opposées que suscite cette figure royale. Don Pedre est donc le fils légitime d'Alphonse XI et de Marie, l'infante du Portugal. Mais Alphonse eut neuf enfants adultérins de sa liaison avec Léonore de Guzman, dont deux jumeaux, Henri de Transtamare et Fadrique. Ce souverain énergique contint les nobles, l'église, repoussa les infidèles et mourut dans son camp durant le siège de Gibraltar. Quand Don Pedre devient roi, commence alors une longue lutte pour le pouvoir royal, dans laquelle s'insère la tragédie de Voltaire. Dans un premier temps, les demi-frères de Don Pedre sont assignés dans leur château, Léonore de Guzman [43] est enlevée et emprisonnée, tandis que seul Henri a le temps de gagner les Asturies. Une maladie de Don Pedre fait croire que la succession est de nouveau ouverte: deux prétendants se présentent pour épouser la reine Marie, dont Jean Nuñez de Lara, neveu d'Alphonse de La Cerda, que Don Pedre avait pris pour conseiller, qui meurt ensuite mystérieusement. Don Pedre entreprend ensuite un voyage vers Valladolid où l'attendent les Cortès qui ont seuls qualité de proclamer les rois, contrairement au système de la monarchie absolue française, usage dont Voltaire se souvient dans plusieurs scènes mettant en cause les Cortès sous le nom de 'sénat' (I.i et iv; II.i, ii, iii, iv, vi et vii) ou de 'Capitole' (II.v et vii) assimilés par la critique contemporaine et moderne aux parlements français. [44] Don Pedre fait exécuter tous les opposants à son règne,

---

[43] A laquelle fait allusion la tragédie *Pierre le Cruel* de de Belloy (III.iv).

[44] Voir la section 'Interprétation de *Don Pedre*' qui fait le point sur ces différentes versions critiques, p.37s.

y compris Léonore de Guzman, ce que la tragédie de Voltaire passe
sous silence,[45] à la différence de de Belloy. Son conseiller,
Albuquerque, lui fait épouser Blanche de Bourbon, nièce de Jean
II, roi de France (cet épisode organise en grande partie la pièce de
de Belloy, alors que Voltaire ne met en scène que Léonore de la
Cerda). Le mariage est célébré le 3 juin 1353, mais le roi a déjà pris
comme maîtresse Marie de Padille, évoquée dans la correspondance et dans la pièce de Voltaire (I.i et III.i), comme chez de
Belloy. Don Pedre s'attire ainsi les foudres de l'escorte française
qui s'estime offensée. Il s'installe à Séville où il recherche la
popularité et se signale par un certain nombre d'exploits qui
alimentent sa légende dorée et font de lui un redresseur de torts,
défenseur des pauvres, ennemi des prêtres, des grands et des riches
bourgeois. De cette période, datent les épisodes relatés dans les
romances espagnoles,[46] que reprennent certaines pièces de théâtre
de Lope de Vega, Calderón et leurs contemporains, ainsi que
certains dramaturges français du dix-neuvième siècle.[47] Don Pedre
fait déclarer son mariage nul (épisode que reprend de Belloy en le
modifiant à l'avantage de Blanche et d'Henri de Transtamare),
s'éprend d'une veuve, Jeanne de Castro, qu'il abandonne rapidement et tente d'emprisonner la reine Blanche dans l'Alcazar de
Tolède de peur qu'elle ne devienne l'étendard de la révolte (la
pièce de de Belloy commence à ce moment-ci). La rébellion des
bâtards gagne en ampleur et la situation en Espagne est de plus en
plus confuse, ce que les paratextes de Voltaire soulignent,[48] relayés

[45] Exception faite de ce vers de Mendose: 'Quoi! Don Pedre autrefois si prompt à
se venger' (IV.i).
[46] *Romancera del rey Don Pedro* (1368-1800), intro. bibliographique de Juan
Antonio Perez (Valencia, 1954).
[47] Voir la section 'Intertextualité dramatique autour de Don Pedre', p.65s.
[48] 'La détestable éducation qu'on donnait alors aux hommes de tout rang et sans
rang, et qu'on leur donna si longtemps, en fit des brutes féroces, que le fanatisme
déchaînait contre tous les gouvernements. Les princes se faisaient un devoir sacré de
l'usurpation' (*Discours historique et critique*).

par les tirades de Léonore.[49] Don Pedre est excommunié pour bigamie et adultère par le pape Innocent VI, favorable à la France, qui, de plus, place le royaume de Castille en interdit (le *Discours historique et critique* s'insurge longuement contre cette excommunication[50] et la tragédie y fait allusion; voir I.i.111-14). Les batailles se succèdent à Tolède, puis à Toro. Les luttes et les renversements d'alliances continuent, mettant en cause les royaumes voisins comme l'Aragon, le Portugal, et même l'Angleterre que Don Pedre intéresse à sa cause contre la France par l'intermédiaire du Prince Noir, fils du roi d'Angleterre, évoqué dans la tragédie voltairienne (I.i.26-30) et présent dans celle de de Belloy. En France, Charles V (roi de France de 1364 à 1380), dit Charles le Sage, succède à Jean II dit Jean le Bon (appellation qui déclenche les sarcasmes voltairiens) et a l'idée de faire commander à Du Guesclin les Grandes Compagnies, ces troupes de mercenaires utilisées pendant la guerre de Cent Ans qui, licenciées à la paix de Brétigny en 1360, pillaient la France. Cet ensemble se met en branle à la mi-juin 1365.[51] Du Guesclin et Transtamare entrent à Burgos, Transtamare prend ensuite Tolède et Séville tandis que Don Pedre doit demander aide au Prince Noir. Une première bataille a lieu ente Najera et Navarette: c'est une bataille ouverte avec des alliés puissants et des effectifs importants pour l'époque, racontée par Froissart, qui tourne à l'avantage de Don Pedre. La seconde se situe à Montiel (lieu inchangé chez de Belloy, mais devenu Tolède dans la tragédie de Voltaire) et se solde cette fois par la défaite de Don Pedre et sa mort.

Sur les circonstances du meurtre de Don Pedre par Transta-

[49] Entre autres vers, ceux-ci de Léonore: 'Tout ce que j'aperçois m'épouvante et m'afflige. / Seigneur, d'assez de sang nos champs sont inondés, / Et vous devez sentir ce que vous hasardez' (I.iii).

[50] p.95.

[51] 'Cet illustre Guesclin était alors précisément ce qu'on appelait en Italie et en Espagne un *Condottiero*. Il rassembla une troupe de bandits et de brigands' (*Discours historique et critique*). Jean Froissart, *Don Pedre de Castille, Chroniques*, 4, trad. de l'ancien français par Nathalie Desgrugillers, Clermont-Ferrand, Paleo, cop. 2004, chapitre 93, p.238-50.

mare, les explications diffèrent selon les chroniqueurs. Selon Froissart, Du Guesclin considérait Don Pedre comme son prisonnier, tandis que Pero Lopez d'Ayala[52] pense que Du Guesclin avait promis à Transtamare de le lui livrer. Les paroles de Transtamare à Don Pedre sur sa bâtardise et ses ascendances juives, présentes chez Froissart[53] et reprises mot pour mot par Voltaire dans le *Discours historique et critique* (p.97), s'appuient sur une rumeur selon laquelle la reine Marie, désespérant d'avoir un enfant mâle, aurait substitué à un enfant mort-né le fils d'un marchand juif. Le corps à corps entre les deux frères ennemis est attesté par Froissart et Ayala avec des précisions divergentes. Contrairement à l'usage qui veut que personne n'intervienne, il semble que Transtamare ait été aidé par un chevalier selon Froissart, par un page de Transtamare selon Ayala, par Du Guesclin lui-même selon la légende populaire (Voltaire fait tuer Don Pedre par Transtamare, au mépris de toutes les règles de la chevalerie, ainsi que l'exige son entreprise de réhabilitation[54] et inversement aux deux dénouements de la pièce de de Belloy). La tête tranchée de Don Pedre est portée à Séville et ses restes ensevelis à Madrid (d'où ils sont transférés à Séville dans la chapelle des rois en 1868).

L'élaboration de la légende

Voltaire n'est pas le premier à prendre ses distances avec l'Histoire concernant la personnalité et le rôle de Don Pedre. Les descendants de Transtamare, pour des raisons dynastiques, nouent des liens

[52] Pero Lopez de Ayala, contemporain de Don Pedre, mort en 1407, est l'auteur de la *Cronica del Rey Don Pedro*, republiée en 1779-1780 mais qui circulait de manière manuscrite dès sa rédaction.

[53] Froissart, *Don Pedre de Castille*, p.244: 'Dès que le roi entra dans la chambre où se trouvait son frère, il s'écria: "Où est ce fils de putain, ce juif qui se fait appeler roi de Castille?" L'homme concerné s'avança avec courage et cruauté et répliqua: "C'est toi, le fils de putain, moi je suis le fils légitime du bon roi Alphonse."'

[54] Voir le récit de Mendose: 'Dieu vengeur! qui l'eût cru?...le lâche, le barbare / Ivre de son bonheur, aveugle en son courroux, / A tiré son poignard, a frappé votre époux, / Il foule aux pieds ce corps étendu sur le sable...' (V.iv).

avec ceux de Don Pedre, et Jean Ier (roi de Castille et de León) fait réviser la chronique d'Ayala. Isabelle la Catholique, trois générations plus tard, achève ce plaidoyer en soutenant l'action de Don Pedre qui aurait combattu le désordre féodal, défendu la liberté des villes et tenté de réaliser l'unité de l'Espagne. Plus en sommeil durant les règnes de Charles Quint et Philippe II,[55] la réhabilitation de Don Pedre se poursuit à partir de Philippe IV qui règne de 1621 à 1665.

Les travaux historiques se multiplient et constituent des sources possibles pour Voltaire. Pourtant, il ne semble pas d'après le catalogue de la bibliothèque de Ferney[56] que Voltaire ait eu un accès direct aux ouvrages spécifiquement consacrés à Don Pedre,[57] mais il possède en revanche un fonds historique suffisamment large sur l'histoire de l'Espagne et du Portugal pour écrire ses paratextes polémiques et situer sa tragédie, d'autant plus que le règne de Don Pedre lui est familier depuis l'*Essai sur les mœurs*. Citons entre autres:

Alvarez de Colmenar, Juan, *Annales d'Espagne et de Portugal* (Amsterdam, F. L'Honoré et fils, 1741)

Aulnoy, Marie-Catherine Le Jumel de Barneville, *Mémoires de la cour d'Espagne* (La Haye, A. Moetjens, marchand libr., 1691)

–, *Relation du voyage en Espagne* (Paris, Barbin, 1691)

---

[55] 'Pierre, que nous appelons le cruel, n'est jamais appelé que le justicier, titre que lui donna toujours Philippe II' (*Discours historique*).

[56] G. R. Havens et N. L. Torrey, *Voltaire's catalogue of his library at Ferney*, *SVEC* 9 (1959); et surtout *Bibliothèque de Voltaire, Catalogue des livres* (Moscou et Léningrad, 1961).

[57] Outre les chroniques d'Ayala et de Froissart, les ouvrages publiés au dix-huitième siècle sur Don Pedre sont: Feliu, *Anales de Cataluña* (Barcelone, 1709); Frey Alonso Torres y Tapia, *Cronica de Alcantara* (Madrid, 1763); Don Duarte Nuñez do Leão, *Chronicas dos reis de Portugal*, t.2 (Lisbonne, 1774); Francisco Cascales, *Discursos históricos de Murcia y su reyno* (Murcie, 1775); comte de la Roca, *Défense du roi Don Pedro* (1648); José Ledo del Pozo, *Apología del rey Don Pedro de Castilla conforme á la crónica verdadera de D. Pedro López de Ayala* [Madrid, impr. de Hernandez, s.d.].

Bascallar y Saña, Vicente, *Mémoires pour servir à l'histoire de l'Espagne sous le règne de Philippe V* (Amsterdam, 1756)

Cardonne, Denis-Dominique, *Histoire de l'Afrique et de l'Espagne, sous la domination des Arabes* (Paris, Saillant libr., 1765)

La Rocheguilhem, *Histoire chronologique d'Espagne* (Rotterdam, A. Acher, 1696)

Leti, Gregorio, *La Vie de Philippe II, roi d'Espagne*, traduite de l'italien par M. de Chevrières (Paris, C. Barbin, 1734)

Luna, Miguel de, *Histoire de la conquête d'Espagne par les Mores* (Paris, 1680)

Mignot, Vincent, *Histoire des rois catholiques Ferdinand et Isabelle* (Paris, 1766)

Montgon, Charles-Alexandre de, *Mémoires de Monsieur l'abbé de Montgon publiés par lui-même contenant les différentes négociations dont il a été chargé dans les cours d'Espagne et de Portugal* (Lausanne, Le Clerc libr., 1748-1753)

Orléans, Pierre-Joseph d', *Histoire des royaumes d'Espagne, depuis la destruction de l'empire des Goths, jusqu'à l'entière et parfaite réunion des royaumes de Castille et d'Aragon en une seule monarchie...* revue, continuée et publiée par les Pères Rouillé et Brumoy (Paris, Rollin, 1734)

De l'Essai sur les mœurs *aux paratextes et à la tragédie*

Voltaire s'intéresse à la figure contrastée de Don Pedre, sorte de Janus moral de l'histoire espagnole, bien avant les premières ébauches de sa tragédie, dans l'*Essai sur les mœurs*, au chapitre 77, intitulé: 'Du Prince Noir, du roi de Castille, Don Pedre le Cruel et du connétable Du Guesclin'. On y voit comment la transformation s'opère progressivement jusqu'à la pièce publiée presque vingt ans après.

Comme dans les paratextes de la tragédie, Voltaire insiste sur la brutalité de l'époque afin de relativiser la mauvaise renommée de son héros qu'il entend replacer dans son contexte et dans une vision générale de l'humanité: 'La Castille était presque aussi désolée que

19

la France. Pierre ou Don Pedre, qu'on nomme le Cruel, y régnait. On nous le représente comme un tigre altéré de sang humain[58] et qui sentait de la joie à le répandre: un tel caractère est rarement dans la nature.'[59]

Henri de Transtamare, comme le développera la pièce dès la liste des personnages, est toujours désigné comme un fils illégitime qui s'appuie sur des troupes étrangères pour usurper le trône: 'l'un de ces sept bâtards qui avait d'ailleurs son frère et sa mère à venger, et surtout ses intérêts à soutenir, profita de la conjoncture', 'Le bâtard Henri [...] commença par se faire déclarer roi de Burgos'. Voltaire trouve à Don Pedre de nombreuses circonstances atténuantes que reprend le *Discours historique et critique*: la jeunesse et l'absence d'éducation ('Il monta sur le trône de Castille étant encore mineur et dans des circonstances fâcheuses'), la rivalité de ses demi-frères ('Son père Alphonse XI avait eu sept bâtards de sa maîtresse Eléonore de Gusman'), les complots ('A peine le roi eut-il atteint l'âge de vingt et un an qu'il lui fallut soutenir contre la faction des bâtards une guerre civile') et des vengeances qui ne lui sont pas imputables ('Il combattit, fut vainqueur et accorda la mort d'Eléonore à la vengeance de sa mère'), contrairement au jugement de Froissart.[60] Voltaire présente les événements de façon à disculper Don Pedre. C'est ainsi que, contrairement à de Belloy, il insiste sur la trahison de Blanche de Bourbon 'amoureuse du grand-maître de Saint-Jacques', lave Don Pedre de toute violence envers elle[61] (alors même que la pièce de de Belloy s'ouvre sur la reine captive) et s'interroge: 'Faut-il s'étonner après cela que le roi la laissât dans un château et se consolât dans d'autres amours?'

Quand il ne peut passer sous silence les exécutions sommaires

---

[58] Ces termes reviennent en effet constamment dans la tragédie de de Belloy.

[59] *EM*, éd. Pomeau, t.1, p.731.

[60] Froissart, *Don Pedre de Castille*: 'Don Pedre nourrit une grande colère contre son frère bâtard et contre les barons qui ne respectaient pas leur hommage. Il jura d'en prendre cruelle vengeance qui serait un exemple pour tous' (p.240).

[61] Hormis le vers de regret de Don Pedre: 'J'ai d'une tendre épouse affligé l'innocence' (II.v).

auxquelles se livre Don Pedre, il les inscrit dans un contexte plus large en rapport avec l'époque et la politique des pays voisins, notamment de la France:

Don Pedre eut à la fois à combattre et les Aragonais et ses frères rebelles: il fut encore vainqueur, et rendit sa victoire inhumaine [...] C'est ce qui lui mérita le nom de Cruel, tandis que Jean, roi de France, qui avait assassiné son connétable et quatre seigneurs de Normandie, était nommé Jean le Bon. [62]

selon un parallèle que reprend presque mot pour mot le *Discours historique*:

Pourquoi donna-t-on le surnom de *bon* à ce roi *Jean*, qui commença son règne par faire mourir en sa présence son connétable sans forme de procès; qui assassina quatre principaux chevaliers dans Rouen? [63]

De même, si Voltaire ne peut dissimuler les représailles auxquelles se livre Don Pedre après la victoire de Navarette (que la pièce passe sous silence):

Ce roi traita plusieurs rebelles avec une cruauté que les lois de tous les états autorisent du nom de justice. Don Pedre usa dans toute son étendue du malheureux droit de se venger. [64]

il lui oppose la figure du Prince Noir 'qui avait eu la gloire de le rétablir' et qui 'eut encore celle d'arrêter le cours de ses cruautés'.

L'*Essai sur les mœurs* développe longuement l'épisode de la bataille de Navarette à laquelle la pièce fait juste allusion lors de l'entrevue entre Don Pedre et Du Guesclin (IV.ii.219-25), en soulignant l'intrication des alliances, qui font du Prince Noir un allié de Don Pedre, et de la France, par contrecoup, l'alliée de Transtamare, dans un échiquier international complexe issu de la guerre de Cent Ans: '[La bataille de Navarette] fut plus glorieuse au Prince noir que celles de Crécy et de Poitiers'. Voltaire semble

---

[62] *EM*, éd. Pomeau, t.i, p.732.
[63] Voir les notes explicatives sur les allusions historiques dans le texte du *Discours*.
[64] *EM*, éd. Pomeau, t.i, p.733.

s'inspirer de Froissart, non pour les circonstances de la capture de Don Pedre,[65] mais pour le récit du meurtre. Don Pedre, assiégé dans le château de Montiel, est capturé par un gentilhomme français nommé Pierre le Bègue de Villaines en voulant s'échapper, personnage dont la tragédie de Voltaire et celle de de Belloy font l'économie. Froissart affirme en effet: 'Comme j'en fus informé par la suite, le Bègue dut lui répondre de le suivre en toute confiance, jamais le roi Henri, ni aucun autre ne serait au courant de cette aventure.'[66] Voltaire, dans l'*Essai*, supprime les détails triviaux du meurtre, ainsi que les injures prodiguées par Transtamare qu'il mentionne en revanche dans le *Discours*: 'On dit que, transporté de fureur, il se jeta quoique désarmé sur son frère. Ce qui est vrai, c'est que ce frère lui arracha la vie d'un coup de poignard.'

Au-delà d'une vision totalement renouvelée des personnages qui embellit les uns et noircit les autres, c'est la teneur même des événements que Voltaire entend considérer sous un autre angle, en renversant les perspectives, les traditions et les méthodes historiques. La manœuvre la plus nette procède par désacralisation. Le récit des événements montre combien la notion d'état ou de nation, inexistante, cède devant des conjonctures plus ou moins favorables à un des deux partis en insistant sur la marche inéluctable vers la défaite de Don Pedre, abandonné du Prince Noir:

Quand celui qui soutenait Don Pedre se fut retiré et que Bertrand Du Guesclin se fut racheté, alors le bâtard Transtamare réveilla le parti des mécontents, et Bertrand Du Guesclin, que le roi employait secrètement, leva de nouvelles troupes.[67]

et mal servi par ses troupes musulmanes[68] ('ce nouveau secours le

---

[65] Froissart, *Don Pedre de Castille*: 'Le roi Don Pedre ne se doutait pas du projet d'Henri, aussi ses gens chevauchaient de façon désordonnée et dispersée. Un soir, il trouva refuge pour la nuit dans un château nommé Montiel' (p.242).

[66] Froissart, *Don Pedre de Castille*, p.247.

[67] *EM*, éd. Pomeau, t.1, p.733. La tragédie, si elle discute le problème de l'ingérence, lui donne un rôle officiel d'ambassadeur.

[68] Froissart, *Don Pedre de Castille*, 'Don Pedre travailla tant qu'il réunit en tout, quarante mille hommes, Chrétiens, Juifs et Sarrasins, tous rassemblés sur la marche

rendit plus odieux'). De même, les relations entre les états sont discréditées. Les alliances et les retournements d'alliances sont nombreux et suivent les passions des dirigeants:

La France était infestée par des brigands réunis appelés Malandrins; ils faisaient tout le mal qu'Edouard n'avait pu faire. Henri de Transtamare négocia avec le roi de France Charles V pour délivrer la France de ces brigands et les avoir à son service: l'Aragonais toujours ennemi du Castillan, promit de livrer passage. [69]

La politique apparaît comme un repoussoir, le refuge de ceux qui ne combattent pas, mais complotent comme Transtamare ou calculent comme Charles dans son château de Vincennes, tandis que les derniers guerriers qui incarnent les valeurs chevaleresques s'apprêtent à mourir comme le Prince Noir à Bordeaux et Don Pedre ou endossent, à leur corps défendant, des missions diplomatiques comme Du Guesclin.

Voltaire se sert du personnage de Don Pedre et des jugements contrastés qu'il n'a cessé de susciter pour illustrer ces tournants de l'Histoire. Il l'utilise également pour combattre et ridiculiser une conception et une pratique de l'Histoire. De manière apparemment anecdotique, il s'agit d'abord d'ironiser sur toutes les tentatives manichéennes qui départagent au nom d'une morale expéditive les individus à travers ces surnoms (ces 'sobriquets' dit le *Discours*) attribués aux souverains, selon un leitmotiv qui rythme l'*Essai sur les mœurs*, le *Discours historique et critique*, plusieurs tirades de la tragédie [70] (la tragédie historique étant particulièrement apte à fournir des modèles) et qui scandera les œuvres à venir sur Don Pedre 'le cruel' ou 'le justicier'. Du point de vue de la méthode,

de Séville' (p.241). La tragédie de Voltaire passe sous silence le caractère hétéroclite des partisans de Don Pedre, alors que *Pierre le Cruel* de de Belloy met en scène Altaire, chef vertueux des troupes musulmanes du roi de Castille, mais souligne: 'Voit-on deux Espagnols dans cette immense armée? / De Musulmans, d'Hébreux, elle est toute formée' (II.i).

[69] *EM*, éd. Pomeau, t.i, p.732.
[70] II.v.231-40.

Voltaire s'en prend à la tradition historique qui colporte des faits, sans preuves, par politique, comme à propos de l'empoisonnement de Blanche de Bourbon: 'Elle avait été coupable, il fallait bien qu'on dît qu'elle mourut empoisonnée; mais encore une fois, on ne doit point intenter cette accusation de poison sans preuve. C'était sans doute l'intérêt des ennemis de répandre dans l'Europe qu'il avait empoisonné sa femme.'[71] Il s'agirait donc de revenir à la vérité des faits, notamment en les désignant par leur véritable nom, en réfutant les appellations décernées par ignorance ou par volonté religieuse ou politique. Le devoir d'historien est de démasquer au sens propre les êtres et les faits pour leur rendre leur juste valeur. Dans le cadre de la réhabilitation de Don Pedre par Voltaire, l'intention paradoxale et polémique l'emporte sur ces principes, mais quelques passages montrent bien en quel sens cette entreprise salutaire d'irrespect peut s'exercer, par exemple pour dénoncer l'iniquité des actions entreprises contre Don Pedre, y compris par Du Guesclin, héros national par excellence: 'On a regardé cette entreprise de Bertrand du Guesclin comme une action sainte, et qu'il faisait, dit-il, pour le bien de son âme: cette action sainte consistait à conduire des brigands au secours d'un rebelle contre un roi cruel, mais légitime.'[72]

Pour ce faire, comme dans ses ouvrages ou ses articles contre la Bible, Voltaire procède à une déconstruction des personnages les plus célèbres et les plus révérés par la légende en les situant dans un contexte dénué d'idéalisation. Dès l'*Essai sur les mœurs*, les troupes de Du Guesclin ne sont plus composées que de 'brigands'. Du Guesclin lui-même que la pièce épargnera en grande partie, fait l'objet d'un portrait ambigu: 'Bertrand Du Guesclin, chevalier d'une grande réputation, qui ne cherchait qu'à se signaler et à s'enrichir par les armes, engagea les malandrins à le reconnaître pour chef et à le suivre en Castille'[73] puis carrément critique lorsque Voltaire accuse Du Guesclin d'avoir 'rançonné le pape et sa

71 *EM*, éd. Pomeau, t.i, p.732.
72 *EM*, éd. Pomeau, t.i, p.732.
73 *EM*, éd. Pomeau, t.i, p.732.

cour' (IV.ii.143-46) et conclut dans l'*Essai sur les mœurs*: 'Cette extorsion était nécessaire; mais je ne prononce pas le nom qu'on lui donnerait si elle n'eût pas été faite à la tête d'une troupe qui pouvait passer pour une armée.' [74]

Débaptiser, nommer ou renommer les faits et les êtres procèdent de cette nouvelle pratique historique. De même, Voltaire, dans cet esprit de réhabilitation et de réévaluation, dénonce les tentatives de manipulation historique auxquelles se sont livrés les descendants de Transtamare, successeurs illégitimes de la couronne de Castille, comme le montre la dernière phrase du chapitre de l'*Essai* consacré à cet épisode: [75]

Ainsi périt Don Pedre à l'âge de 34 ans et avec lui s'éteignit la race de Castille. Son ennemi, son frère, son assassin, parvint à la couronne sans autre droit que celui du meurtre: c'est de lui que sont descendus les rois de Castille, qui ont déjà régné en Espagne jusqu'à Jeanne, qui fit passer ce sceptre dans la maison d'Autriche par son mariage avec Philippe le Beau, père de Charles-Quint. [76]

Jugement évidemment différent de celui des *Chroniques* de Froissart, plus événementiel et moral:

Voilà quelle fut la fin de Don Pedre de Castille qui jadis avait régné en grande prospérité; ceux qui l'avaient tué le laissèrent trois jours couché sur le sol, laissant tous les Espagnols se moquer de lui; action qui à mon avis ne fut pas très humaine. Le lendemain, le sire de Montiel vint se rendre au roi Henri qui le reçut et le prit à merci, ainsi que tous ceux qui souhaitaient se tourner vers lui. Ces nouvelles se répandirent dans toute la Castille et tous racontaient comme le roi de Castille avait trouvé la mort. Ses amis en furent peinés et ses ennemis bien soulagés. [77]

---

[74] *EM*, éd. Pomeau, t.1, p.732.

[75] Que souligne également la tragédie par la bouche de Mendose: 'Hélas! dispensez-moi, trop malheureuse reine, / Du récit douloureux d'un combat inégal, / Dont le triste succès à nos neveux fatal, / Faisant passer le sceptre en une autre famille, / A changé pour jamais le sort de la Castille' (V.ii).

[76] *EM*, éd. Pomeau, t.1, p.734.

[77] Froissart, *Don Pedre de Castille*, p.248.

auquel le *Discours historique et critique* fait écho de manière polémique:

L'assassin qui n'avait d'autre droit à la couronne que d'être lui-même ce juif bâtard, titre qu'il osait donner au roi légitime, fut cependant reconnu roi de Castille; et sa maison a régné toujours en Espagne soit dans la lignée masculine, soit par les femmes. Il ne faut pas s'étonner après cela si les historiens ont pris le parti du vainqueur contre le vaincu.

comme la tragédie, à travers les plans que dévoile Transtamare dans la tradition du traître (I.i):

> On avilit ses mœurs, on noircit sa conduite,
> On le rend odieux à l'Europe séduite;
> On le poursuit dans Rome à ce vieux tribunal,
> Qui par un long abus, peut-être trop fatal,
> Sur tant de souverains étend son vaste empire.
> Je l'y fais condamner, et je puis te prédire
> Que tu verras l'Espagne en sa crédulité
> Exécuter l'arrêt dès qu'il sera porté.

ou les recommandations avisées de Mendose (II.v):

> Vous laissez l'imposture attaquant votre gloire,
> Jusque dans l'avenir flétrir votre mémoire!

Incidence des partis pris historiques sur la réception de la pièce

Parmi les critères en jeu dans l'appréciation et la réception de la pièce de Voltaire,[78] le traitement historique constitue une ligne de partage. Si Linguet se contente de signaler que 'le sujet de la pièce est l'usurpation de Henri de Transtamare',[79] Grimm désapprouve le projet voltairien en ces termes:

L'objet principal du poète semble avoir été la mémoire de Pierre le Cruel. Selon lui, ce prince ne fut déclaré Bulgare, et incrédule que pour avoir eu

---

[78] Voir la section 'Réception de *Don Pedre*', p.54s.
[79] *Journal de politique et de littérature*, 5 mars 1775, p.267-70, p.268.

26

des maîtresses, et parce que Henri de Transtamare, son frère bâtard qui
finit par l'égorger de sa propre main, sut mettre adroitement dans ses
intérêts Charles V et la cour de Rome. Monsieur de Voltaire oublie donc
que ce roi, souillé du meurtre de ses frères, s'était rendu plus odieux
encore par la mort violente de sa femme Blanche de Bourbon qu'il
empoisonna pour plaire à Marie de Padilla. Ce sont des faits dont il paraît
difficile aujourd'hui de contester la vérité. [80]

Quant aux *Mémoires secrets*, ils dénoncent 'un bavardage historique, un mélange de philosophie et de déclamation, dont l'assorti-
ment disparate déplaît et fatigue'[81] et La Harpe écrit dans son
Commentaire sur le théâtre de Voltaire:[82]

Ce fut un paradoxe historique qui fit entreprendre à Voltaire la tragédie
de Don Pedre pour réhabiliter la mémoire de ce roi, nommé par les
historiens Pierre le Cruel. Il eut certainement des qualités très estimables,
et son frère naturel, Transtamare, commit en le tuant, un meurtre très
odieux: mais il n'est ni possible ni permis de contredire tous les historiens,
qui sont d'accord sur ses débauches et sur ses cruautés qui en furent la
suite. Voltaire ne rend pas son apologie bien complète, ni bien
intéressante quand il fait dire de lui à Léonore sa femme:

> J'ai peu vu cette cour, Elvire, et je l'abhorre.
> Quel séjour orageux! mais il se peut encore
> Que dans le cœur du roi je réveille aujourd'hui
> Les premières vertus qu'on admirait en lui.
> Ses maîtresses peut-être ont corrompu son âme;
> Le fonds en était pur. (I.3)

Puis La Harpe poursuit en citant intégralement le monologue de
Don Pedre, où celui-ci reconnaît ses errements passés et l'influence
salvatrice de Léonore sur son caractère (III.i.46-64).

---

[80] *Correspondance littéraire, philosophique et critique*, éd. M. Tourneur (Paris, 1877-
1882), 16 vol., t.5, février 1775, p.32-33.
[81] *Mémoires secrets*, t.7, p.284-86.
[82] *Cours de littérature ancienne et moderne* (Paris, 1811), t.2, p.394-95; réédition du
Commentaire sur le théâtre de Voltaire, recueilli et publié par L. P. Decroix (Paris,
1814).

3. *Les paratextes* [83]

Les paratextes des tragédies de Voltaire s'inscrivent dans une stratégie et un jeu rhétorique complexes, liés à la genèse de l'œuvre, aux conditions de sa réception et à sa portée polémique. Ceux de *Don Pedre* n'échappent pas à la règle. Au-delà des conventions affichées d'un genre particulier, celui de l'épître dédicatoire, exercice auquel le patriarche est rompu, et au-delà du discours historique et critique également pratiqué par ailleurs, [84] les paratextes détournent les codes pour établir un dialogue entre eux [85] et avec la pièce qu'ils sont censés présenter, puis relancer les débats politiques, historiques et esthétiques chers à Voltaire. Ils constituent une tribune, particulièrement importante dans le cas d'une pièce non représentée, l'adresse au public changeant ici de modalités et passant de la scène à l'essai.

Pourtant, fidèle à une pratique voltairienne usitée, l'auteur de l'*Epître* se masque derrière l'identité d'un jeune homme que le texte tente à peine de rendre crédible par des détails qui renvoient immédiatement à Voltaire plutôt qu'à son double fictif: 'étant trop

---

[83] L'avertissement de Beuchot précise: 'En tête de la tragédie sont l'*Epître dédicatoire à M. D'Alembert* et le *Discours historique et critique sur la tragédie de Don Pedre*. L'*Epître dédicatoire* a été composée en janvier *1775*, entre l'élection de Malesherbes à l'Académie française, qui est de la fin de décembre *1774*, et sa réception, qui est du 6 février *1775*.' Le *Fragment* est précisément daté du 20 août *1761* puisqu'il appartient à une lettre à l'abbé d'Olivet (voir la note 1 de ce paratexte p.117) ce qui explique son statut particulier et le fait qu'il ne comporte aucune référence à *Don Pedre*.

[84] Ne serait-ce que pour *Les Guèbres*, *OCV*, t.66, p.501-19.

[85] Un premier exemple peut être donné par la phrase inaugurale de l'*Epître*: 'Vous êtes assurément une de ces âmes privilégiées dont l'auteur de *Don Pedre* parle dans son *Discours*' qui renvoie à la fin du premier paragraphe du *Discours*: 'et si vous exceptez quelques âmes privilégiées, quiconque est profondément occupé d'un art est d'ordinaire insensible à tout le reste.' Alors que seuls les deux derniers paratextes pourraient, par leur titre, se répondre, les ponts sont multiples entre les trois. Ainsi, la question de l'histoire domine le *Discours* mais sert de point de départ aux considérations poétiques du *Fragment*, tandis que la question du vers est déjà abordée dans l'*Epître*.

éloigné de la France [...] dans une petite ville, loin de tout secours'.[86] Les déclarations sur le succès dû aux acteurs, la difficulté de la construction d'une pièce ou des vers français, la critique de la 'déclamation ampoulée de rhétorique', de la 'fade déclaration d'amour', des 'insipides barbaries en style wisigoth' signent l'*Epître*. D'ailleurs le 'nous' ('nous nous sommes enhardis'), puis le 'je' ('J'en ai fait imprimer très peu d'exemplaires') se substituent rapidement à la troisième personne, en même temps que la référence à Ovide 'au bord de son tombeau' et la pirouette finale sur l'extrait baptistaire[87] renvoient au patriarche. Les contemporains ne furent pas dupes de ce jeu identitaire. Linguet, après avoir souligné combien Voltaire est reconnaissable sous l'identité mystérieuse du jeune auteur, déclare:

Il est aussi impossible de le méconnaître dans le *Discours historique et critique* sur la tragédie de *Don Pedre* [...]

tandis que les *Mémoires secrets*[88] constatent:

M. de Voltaire, usant des divers travestissements dont il s'est fait un jeu depuis longtemps, suppose que la tragédie de *Don Pedre* est d'un jeune auteur de ses amis qui rend en la personne de M. d'Alembert hommage à toute l'Académie dont il est secrétaire.

L'*Epître à D'Alembert* met en place un système d'éloge sous forme de liste, composée des âmes d'élite que Voltaire choisit comme comité de lecture de *Don Pedre*, tout en justifiant *a posteriori* la décision de ne pas faire représenter la tragédie.[89] Toute l'*Epître* se place sous ce régime, conforme au genre, mais porté ici à un

---

[86] Qui rappellent les évocations omniprésentes de l'éloignement de Voltaire comme dans l'*Epître dédicatoire* au duc de Richelieu de *L'Orphelin de la Chine*.

[87] 'Les folliculaires me diront encore que mon ami n'est pas si jeune; mais je ne leur montrerai pas son extrait baptistaire. Ils voudront deviner son nom; car c'est un très grand plaisir de satiriser les gens en personne; mais son nom ne rendrait la pièce ni meilleure, ni plus mauvaise' (*Epître*).

[88] *Mémoires secrets*, t.7, 11 février 1775, p.284-86.

[89] Nous renvoyons pour ce point à la section 'Réception de Don Pedre', p.60s.

point maximal dans l'expression hyperbolique et dans le nombre des dédicataires convoqués. A partir du compliment obligé, le texte se transforme en une réflexion autour d'une liste de noms équivalant à une esthétique et à une histoire du mérite d'autrui et de la reconnaissance littéraire pour s'achever sur un dernier éloge placé sous le signe de l'amitié sincère. Le texte s'ordonne donc autour des éloges désignant de manière anonyme (sauf D'Alembert dédicataire principal et Condorcet appelé de manière symétrique par son élection à l'Académie des sciences) la communauté académique ('l'arrêt de tous les académiciens'), détaillés selon des périphrases suffisamment claires aux yeux des contemporains immédiats pour que Voltaire n'ait pas jugé utile de mettre un nom en note de bas de page si ce n'est pour Suard et Arnaud (qui ne sont d'ailleurs pas les auteurs de la brochure à laquelle il est fait allusion), [90] mais que l'édition de Kehl identifiera.

L'*Epître* est doublement une pièce de circonstance, en ce qu'elle plaide pour une tragédie et qu'elle s'inscrit dans un contexte étroitement daté et référencé où une œuvre (*Le Siège de Calais*, *Spartacus*, *Mélanie*, *Le Connétable de Bourbon*, les traductions de Virgile, l'*Histoire de François Ier* de Gabriel-Henri Gaillard, *L'Art de peindre* de Claude-Henri Watelet), un élément particulier de la réception (l'enthousiasme du public pour *Le Siège de Calais*, du tsarévitch pour *Mélanie*, la bataille autour du quinzième chapitre de *Bélisaire*, de l'opuscule de Morellet ou du discours de Thomas), une pratique (les déclamations du duc de Nivernais), un événement récent (l'élection de Malesherbes) suffisent à désigner les principaux membres de la république des lettres et leurs activités. Conscient que cette pratique d'une liste hyperbolique de dédicataires se heurte à deux écueils, l'absence d'exhaustivité et la flatterie, Voltaire devance les reproches – que ses contemporains ne manquent pas de lui adresser – en se donnant d'illustres devanciers: Horace, Ovide, l'Arioste et Boileau dont les citations, également sur le modèle de la liste, lui permettent de s'inscrire dans

---

[90] Voir la note 30 de l'*Epître*.

une lignée et surtout dans une réflexion générale sur le public destinataire de l'œuvre. Celui-ci semble composé, quelle que soit l'époque (de l'antiquité aux seizième, dix-septième et dix-huitième siècles) de gens de lettres, de goût (hommes et femmes pour faire bonne mesure) et de protecteurs lettrés, tous également opposés aux critiques professionnels pour lesquels on connaît l'aversion déclarée de Voltaire, regroupés ici sous les termes péjoratifs de 'folliculaire', 'regratier' et de 'détracteur', coutumiers des habituelles pratiques d'attaque personnelle et de calomnie.

Si Voltaire, dans sa *Correspondance*, insiste sur ces éloges,[91] preuve qu'ils s'inscrivent dans une stratégie d'ensemble, les critiques contemporains sont peu convaincus par l'exercice de style et la pirouette finale. Les *Mémoires secrets*[92] ironisent:

Il passe rapidement en revue le plus grand nombre des membres de cette compagnie, et leur présente à tous une dose d'encens, quelquefois un peu trop forte pour des têtes moins philosophiques. Il a saisi cette occasion pour rendre hommage à M. de Buffon[93] qu'il place en premier dans cette espèce de panthéon littéraire dressé à la hâte. C'est une confirmation de la réunion déjà connue de ces deux grands hommes. Le panégyriste n'oublie pas dans sa nomenclature M. de Malesherbes le nouveau récipiendaire, qu'il voudrait bien faire revenir des impressions défavorables qu'a ce magistrat à son sujet, pour son adulation envers le chancelier.[94] Il loue même d'avance les candidats qu'il prévoit devoir siéger incessamment dans le fauteuil, tels que le chevalier de Châtellux, M. le marquis de Condorcet, M. de La Harpe, etc.

[91] A D'Alembert, 28 janvier 1775, D19310: 'un petit livret où l'on vous rend assez faiblement une partie de la justice qui vous est due'. Au duc de Richelieu, 10 février 1775, D19333: 'ne soyez point fâché qu'il soit dédié à un homme qui a cru devoir se plaindre de vous; nous sommes tous frères dans l'Académie, et nous sommes supposés tous très contents les uns des autres'. A Chastellux, 14 mars 1775, D19421: 'votre première lettre dans laquelle vous daigniez me parler avec trop de modestie de la justice que le jeune auteur de *Don Pedre* vous avait rendue'.

[92] *Mémoires secrets*, t.7, 11 février 1775, p.284-86.

[93] Les *Mémoires secrets* insistent sur le rapprochement entre Voltaire et Buffon, 17 janvier 1775, t.7, p.266-67.

[94] De même que sur la correspondance entre Malesherbes et Voltaire au moment de l'élection du premier, 19 janvier 1775, p.269.

pour railler ensuite les lignes concernant de Belloy: 'on sent tout ce qu'a d'amer ce persiflage pour un poète dont la pièce a été si cruellement sifflée'.

Grimm n'est pas en reste:

La tragédie de *Don Pedre* est précédée d'une longue épître dédicatoire à M. d'Alembert, où l'on souffre de voir toute la peine que l'auteur s'est donnée pour louer les principaux membres de l'Académie, les premiers aspirants, les âmes et les grands qui protègent les lettres, enfin la ville et la cour en gros et en détail. Il y a dans cette litanie d'éloges tant de sincérité, tant de délicatesse, tant de désintéressement, que ceux qui ont reçu leur part d'encens se trouvent presque aussi confus que ceux qui ont été oubliés.

et relève les erreurs et les maladresses:

D'ailleurs, comme les petits intérêts dont il s'agit dans cette grande affaire risquent toujours d'être assez mal vus lorsqu'on en est à deux cents lieues, il est échappé au héros de notre siècle plusieurs bévues attribuées par les uns à sa malignité, par les autres à un sentiment que l'on n'aime guère mieux. MM. l'abbé Arnaud et Suard n'ont pas été infiniment flattés de se voir loués sur un seul ouvrage qui n'est point d'eux, mais de l'abbé **. M. Marmontel est peu reconnaissant de ce que, depuis dix ans, on ne parle jamais que de son quinzième chapitre de *Bélisaire*. Les Buffon, les d'Alembert ne comprennent pas trop le profond respect avec lequel l'auteur de *Mérope* et de *Mahomet* traite l'auteur de *Pharamond* et de *Mélanie*, etc. *L'Eloge de la raison* vaut mieux que celui de ces messieurs. [95]

Linguet signale les absents:

On ne dissimulera pas qu'on est un peu étonné de ne pas voir dans cette liste de noms célèbres, ceux du chantre de *Vert-vert* et du peintre de *Didon*. Ce n'est sûrement qu'un oubli de la part du jeune auteur qui se connaît trop bien en poésie pour ne pas apprécier le mérite de ces deux académiciens si dignes de partager l'encens qu'il brûle en l'honneur de leurs confrères. [96]

[95] Grimm, *Correspondance littéraire*, t.11, p.32-33, février 1775.
[96] *Journal de politique et de littérature* du 5 mars 1775, p.269.

Par ailleurs, l'*Epître* justifie de s'adresser à un public restreint en abordant quelques problèmes esthétiques, présents dans d'autres paratextes des tragédies de Voltaire, repris par le *Discours* et plus encore par le *Fragment* qui ne figure ici qu'en raison de sa grande généralité. La recommandation de *Don Pedre* aux académiciens passe par la mise en valeur de principes d'écriture, contre le contexte ambiant et pour une poétique de réaction. Voltaire y défend la 'vérité' du sujet ('les portraits ressemblent') et de l'expression (dont l'*Epître* ne cesse de répéter qu'ils sont inséparables en s'appuyant notamment sur Boileau, contre les 'lieux communs' et 'l'emphase', la 'déclamation ampoulée de rhétorique', la 'fade déclaration d'amour' ou les 'insipides barbaries'). Plus précisément, il insiste sur la construction de la pièce, préoccupation qui englobe l'intrigue et les personnages.

Les éléments sur le style se déclinent autour de la correction de la langue ('les défauts du langage' et les déficiences diverses de l'expression) et du vers, dont Voltaire reprend ici les principaux éléments d'un dossier instruit régulièrement au fil des paratextes de ses tragédies. [97]

Plus que dans les idées développées, la nouveauté réside dans le rapport établi entre ces critères d'exigence et le patronage des différents académiciens invoqués dont l'œuvre sert de miroir à la tragédie du prétendu jeune homme: vérité de Buffon, sensibilité de Condillac, éloquence vertueuse de Marmontel et de Guibert, accents cornéliens de Saurin, raciniens de La Harpe, enthousiasme du spectateur de de Belloy, règles métriques observées par Watelet et Delille, vérité historique de Gaillard, mais aussi talent polémique attribué à Suard et Arnaud. L'esthétique prônée est en effet classique [98] (les références à l'antiquité comme au siècle de Louis

[97] On se souvient que la troisième partie de la préface de l'édition de 1729 d'*Œdipe* s'intitule: 'Des tragédies en prose' et développe l'opposition de Voltaire à La Motte.

[98] Voltaire est partisan d'un progrès de l'art dramatique 'dans son enfance du temps d'Eschyle, comme à Londres du temps de Shakespeare' (*Discours sur la tragédie de Brutus*, *OCV*, t.5, p.171).

XIV et à ses écrivains majeurs tirent leur légitimation de cette réaction) et s'oppose à la mode de ce dernier quart du dix-huitième siècle, indûment favorable, selon Voltaire, à l'opéra comique et aux ariettes.

Le *Discours historique et critique*, conformément à son titre, s'inscrit dans cette double postulation d'une réflexion sur l'histoire et sur le genre dramatique.

Du côté de l'histoire, Voltaire, dans la lignée de l'*Essai sur les mœurs*, réécrit l'histoire du souverain castillan dans la perspective de réhabilitation qui est la sienne et que développe la pièce [99] en s'appuyant sur une réflexion plus vaste sur l'esprit partisan et nationaliste des historiens, l'absence de sources, la fausseté de la tradition et la substitution de la fable à la vérité historique, elle-même incertaine, relative et bridée par le pouvoir et la censure. Ces réflexions débouchent sur un scepticisme généralisé, proche du *Pyrrhonisme de l'histoire*, qui affirme son ignorance, sa volonté de reconsidérer l'histoire sans se laisser influencer par la tradition incarnée ici par les surnoms des rois dont Voltaire se plaît à démontrer l'inanité tout en développant ses attaques habituelles contre le pouvoir temporel des papes, la religion en général et en déplorant l'absence d'éducation comme la violence des mœurs. Concernant l'art dramatique, Voltaire ne reprend que l'idée de la décadence du théâtre, en donnant pour raison l'essor de la philosophie. Mais les deux plans, historique et dramatique, convergent sur l'interrogation centrale de la fin du *Discours*: 'L'Histoire n'ayant donc été trop souvent que le récit des fables et des préjugés, quand on entreprend une tragédie tirée de l'histoire, que fait-on?' [100] La réponse de Voltaire ('L'auteur choisit

---

[99] Voir la section 'Don Pedre: une figure historique controversée', p.13s.

[100] La question préoccupe Voltaire dans toutes ses tragédies historiques, témoin le *Fragment de l'édition de 1730* de *Mariamne* qui réfléchit aux moyens de modifier l'histoire sans la fausser afin d'intéresser le public ('Il est vrai qu'il faut peindre les héros tels qu'ils ont été; mais il est encore plus vrai qu'il faut adoucir les caractères désagréables; qu'il faut songer au public pour qui l'on écrit, encore plus qu'aux héros

la fable ou le préjugé qui lui plaît davantage') pourrait s'accorder mal avec le dessein poursuivi dans *Don Pedre*: le rétablissement de la vérité. Mais les conceptions historiques de Voltaire comme ses principes autour du vrai et du vraisemblable dramatiques l'empêchent de pouvoir prétendre à une vérité absolue, ce qu'appuient les exemples illustrant la relativité des jugements portés sur Scevola, François Ier, Don Pedre lui-même (quand Voltaire se souvient des pièces espagnoles sur le même sujet) et Salomon: de l'histoire au théâtre en passant par la Bible, la boucle est ainsi refermée et le discours peut conclure sur la vanité des entreprises humaines, de la littérature qui les célèbre et des critiques qui la commentent. [101]

Le *Fragment* est en revanche nettement plus orienté vers la réflexion poétique et dramatique. On sait qu'il constitue la partie centrale de la lettre à l'abbé d'Olivet. Il se concentre ici sur le parallèle entre Corneille et Racine, en concluant à la supériorité de ce dernier en relation avec les problèmes essentiels aux yeux de Voltaire que sont la place de l'amour dans la tragédie et le vers, et en éliminant tout ce qui relevait de l'immédiate actualité épistolaire avec l'abbé d'Olivet au sujet du lexique, des *Commentaires sur Corneille* et des souscripteurs. Ainsi reconstruit, le *Fragment* renoue avec l'*Epître* par les références au dix-septième siècle, sa critique des déclarations amoureuses qui portent cette fois sur les tragédies historiques classiques dont Voltaire, en liaison avec le *Discours*,

---

que l'on fait paraître; et qu'on doit imiter les peintres habiles qui embellissent en conservant la ressemblance') ainsi que l'analyse des pièces anglaises inspirées de faits historiques dans le *Discours sur la tragédie* précédant *Brutus* et les audaces de *Zaïre* soulignées dans l'*Epître dédicatoire à M. Falkener*.

[101] Si l'on veut à tout prix dégager une conception voltairienne de l'histoire à travers *Don Pedre* et ses paratextes, celle-ci est sans doute proche de l'idéal évoqué dans la *Lettre à M. Maffei* qui précède *Mérope* et qui oppose une histoire purement événementielle à une 'histoire de l'esprit humain, qui apprend à connaître les mœurs, qui nous trace de faute en faute et de préjugé en préjugé, les effets des passions des hommes; qui nous fait voir ce que l'ignorance, ou un savoir mal entendu, ont causé de maux, et qui suit surtout le fil du progrès des arts, à travers ce choc effroyable de tant de puissances et ce bouleversement de tant d'empires'.

dénonce le caractère précieux[102] et l'absence de vérité des caractères historiques mis sur scène. La suite du *Fragment*, à partir de la mention d'Aristote reprend les idées de Voltaire sur le vers tragique en recourant aux exemples habituels sur la supériorité du vers racinien, en dépit des faiblesses de construction et de caractères, dont *Bérénice* apparaît l'exemple type, et en opposition à Corneille dont Voltaire cite sans ménagement une liste de pièces soi-disant illisibles[103] et qu'il compare à des poètes tragiques mineurs et bien sûr à tous ces dramaturges irréguliers qu'il ne cesse de critiquer dans les paratextes comme dans la *Correspondance*: Shakespeare,[104] Lope de Vega et Calderón.

Si la critique contemporaine de Voltaire n'a guère commenté les idées développées dans ces paratextes, qu'il s'agisse du traitement de l'histoire par la tragédie, des exigences du vers tragique ou des modèles et des contre-modèles invoqués, c'est sans doute qu'elle y a décelé des répétitions, voire des 'scies' voltairiennes, ce que l'insertion du *Fragment* composé quatorze ans auparavant confirme, mais qui n'interdit pas de souligner la cohérence et la continuité du propos dans le cadre d'une tragédie qui entend réécrire l'histoire et revenir à un modèle tragique traditionnel.

---

[102] Il est vrai que Don Pedre échappe à ces figures rhétoriques et n'emploie que les termes consacrés comme dans: 'N'ayez point la rigueur / De douter d'un empire établi sur mon cœur' (I.iv). La critique de la galanterie est une constante des réflexions de Voltaire sur la tragédie (voir entre autres la seconde partie de la *Dissertation sur la tragédie de Sémiramis* et surtout l'*Epître à Madame la duchesse du Maine* précédant *Oreste* qui s'appuie sur l'exemple des deux *Bérénice* et qui se flatte d'avoir donné à la nation une tragédie sans amour).

[103] L'*Epître dédicatoire à Monsieur le duc de La Vallière* de *Sophonisbe* indique une liste très proche pour proposer des réécritures: 'Ne pourrait-on pas employer leur talent à soutenir l'honneur du théâtre français, en corrigeant *Agésilas*, *Attila*, *Suréna*, *Othon*, *Pulchérie*, *Pertharite*, *Œdipe*, *Médée*, *Don Sanche d'Aragon*, *La Toison d'or*, *Andromède?*'

[104] La référence à Shakespeare, constante chez Voltaire qui le sollicite comme repoussoir ou comme ouverture possible (dans le *Discours sur la tragédie de Brutus* par exemple), est d'autant plus intéressante que Don Pedre pourrait être un personnage shakespearien.

4. *Interprétations de* Don Pedre

Nombreuses sont les anthologies dramatiques de Voltaire qui n'incluent pas *Don Pedre*,[105] et nombreux sont les ouvrages généraux sur son théâtre qui ignorent la tragédie[106] ou lui consacrent quelques lignes, souvent négatives, rangeant l'œuvre parmi les productions du grand âge[107] ou la traitant rapidement en série. Ronald S. Ridgway dans *La Propagande philosophique dans les tragédies de Voltaire* écrit ainsi à propos de la signification politique de la pièce que 'Les trois dernières tragédies de Voltaire n'ajoutent rien aux enseignements des *Lois de Minos*, dont la dernière scène peut être considérée comme son testament politique au théâtre.' Il ajoute toutefois en s'appuyant sur la correspondance et la célèbre tirade du roi de Castille (II.vii) que 'Don Pedre doit être mis au rang des pièces de combat', pour conclure: 'Ces vers, de toute évidence, sont ceux qui rappellent les abus des parlements et affirment encore une fois la nécessité d'un gouvernement absolu mais bienveillant.'[108] La signification de *Don Pedre* est pourtant

[105] Les éditions anthologiques privilégient souvent des pièces de la jeunesse ou de la maturité de Voltaire, rarement de la vieillesse (cf. entre autres Jack Rochford Vrooman, *Voltaire's theatre: the cycle from Œdipe to Mérope*, SVEC 75, 1970).

[106] Citons, entre autres, Edouard-Marie-Joseph Lepan, *Vie politique, littéraire et morale de Voltaire* (Paris, 1824), et *Commentaires sur les tragédies et les comédies de Voltaire restées au théâtre, précédés de préfaces historiques sur chacun de ces ouvrages* (Paris, 1826); Abdeljelil Karoui, *La Dramaturgie de Voltaire*, préf. de J. Ehrard (Tunis, 1992); Marvin Carlson, *Voltaire and the theatre of the eighteenth century* (London, 1998).

[107] M. Husserl dans son *Examen des tragédies de Voltaire, esquisse littéraire* écrit ainsi: 'Des dix tragédies que Voltaire a faites depuis *Tancrède*, une grande partie n'a pas été représentée; les autres n'ont paru qu'un instant sur la scène. Il serait inutile de nous étendre sur ces pièces où l'on a peine à reconnaître la verve dramatique de Voltaire' (Vienne, 1906, p.34).

[108] *SVEC* 15 (1961), p.229-30. Les ouvrages généraux sont encore moins prolixes et ne citent jamais *Don Pedre* (cf. *Tragédies tardives: actes du colloque de Besançon des 17 et 18 décembre 1998*, sous la direction de Pierre Frantz et François Jacob, Paris, Champion, 2002; Jean-Pierre Perchellet, *L'Héritage classique, la tragédie entre 1680 et 1814*, Paris, Champion, 2004).

loin d'être aussi simple. Si l'intrigue, soutenue par les effets de construction dramaturgique, n'est guère nouvelle au sein du répertoire tragique voltairien, la pièce pose un certain nombre de problèmes en tant que tragédie politique par le couple de héros mis en scène, par la valeur à donner au 'sénat' et par la participation requise du lecteur-spectateur. Enfin au-delà de la politique, la pièce propose une réflexion teintée de pessimisme sur l'Histoire et sur un monde qui s'achève.

Intrigue et construction

La Harpe constate dans le *Mercure de France*[109] que 'Le fond de la tragédie est d'une extrême simplicité', tandis que René Pomeau donne un résumé plus dynamique: 'Il avait conçu la pièce en 1761, dans la veine romanesque de *Tancrède*: action à rebondissements, qu'il situe à Tolède au quatorzième siècle [...] En sa forme définitive, c'est le drame d'une rivalité tout ensemble amoureuse et politique.'[110]

Voltaire reprend ici une intrigue mettant en scène deux rivaux en politique et en amour, demi-frères de surcroît, dont l'un – et la différence avec les autres configurations de personnages est essentielle – est l'héritier légitime et l'autre un bâtard légitimé par le souverain défunt, son père. Une intrigue amoureuse étroitement liée au contexte personnel et politique envenime le conflit entre les deux frères. Léonore a été promise par le roi Alfonse au bâtard, mais donnée par sa mère au roi qu'elle aime. Une scène d'exposition, assez ambiguë, présentée par Transtamare et son confident et conseiller Almède, montre que le conflit de succession dépasse le cadre castillan, puisque les deux frères ont intéressé à leur querelle l'Angleterre et la France. Le premier acte juxtapose des scènes où chacun des trois protagonistes expose son point de vue et ses projets. Pour Transtamare, il s'agit de soulever

---

[109] Dans un article publié en mai 1775, p.46-70.
[110] *VST*, t.2, p.487.

le peuple et le sénat contre son frère, en attendant l'aide des Français, et de lui enlever Léonore (I.i). Léonore tente une conciliation entre les deux frères, en s'adressant infructueusement à Transtamare (I.ii), puis à Don Pedre (I.iv), tout en rappelant ses motivations à sa confidente (I.iii), tandis que les portraits respectifs des deux rivaux commencent à évoluer. Si le début de l'acte 2 reprend une scène de confidence féminine (II.i), puis renouvelle en l'intensifiant une scène d'affrontement entre Transtamare et Léonore (II.ii), le centre de l'acte est occupé par la première scène opposant directement les trois protagonistes (II.iii), ce que soulignent les distiques des deux rivaux opposant terme à terme leurs droits et prétentions et un duel arrêté par Léonore. Quatre scènes suivent alors autour de Don Pedre présentant sous des formes diverses des démentis à ses affirmations de pouvoir: par l'ironie avec Transtamare (II.iv), par le discours politique de son conseiller et ami Mendose (le premier avant Du Guesclin à amorcer la réflexion historique, II.v), par les faits enfin puisque le sénat mandé par Transtamare lui propose un édit (II.vi), ce qui amène la célèbre tirade de Don Pedre, si souvent citée (II.vii) et l'ordre d'arrestation de Transtamare. Le troisième acte ne comporte que quatre scènes. Les deux premières de bilan politique (III.i) et amoureux qui voit le rôle de Léonore s'accroître (III.ii) préparent les deux coups de théâtre qui suivent. Don Pedre gracie Transtamare et le bannit (III.iii), mais on annonce l'arrivée de Du Guesclin (III.iv). Le quatrième acte, purement politique, sans intervention de Léonore, met d'abord en scène Don Pedre avec Mendose, puis avec Du Guesclin dans une longue scène de conférence politique[111] sur la question de l'ingérence des souverains étrangers et de Rome, de la loyauté d'un soldat vis-à-vis de son souverain et se conclut par la décision de la bataille. Le dernier acte est tout entier

---

[111] La scène entre Don Pedre et Du Guesclin appelle chez les critiques des comparaisons avec d'autres grandes scènes tragiques de confrontation politique ou de conférence comme entre Pompée et Sertorius, Agrippine et Néron, Néron et Narcisse, Zopire et Omar, Zopire et Mahomet, César et Catilina, Octave et Antoine, Antoine et César.

lié à l'issue de celle-ci: attente de Léonore (V.i), récit de l'assassinat du roi (V.ii), troisième affrontement entre Transtamare et Léonore qui se suicide (V.iii) et condamnation des événements et de Transtamare par Du Guesclin (V.iv).

Cette analyse montre que Voltaire, qui réfléchit dès *Œdipe*[112] à la matière dramatique de l'intrigue, tout en puisant dans le vocabulaire tragique habituel (rivalité amoureuse et politique, lutte fratricide), tisse ici une tragédie politique et amoureuse dynamique, grâce aux rebondissements d'une action pourtant prévisible et prévue par Transtamare dont les menaces sont prophétiques, alors que les décisions de Don Pedre et de Léonore produisent les effets inverses de ceux escomptés.

Le texte tire son unité du recoupement des axes politiques et amoureux[113] grâce à la question de la légitimité qui unifie l'ensemble des questions posées par la tragédie: légitimité de Don Pedre ou de Transtamare 'bâtard légitimé' par son père adultère, légitimité de l'amour de Léonore successivement promise aux deux frères et arguant d'un choix personnel,[114] légitimité des ingérences française et papale, légitimité de la mission d'ambassadeur d'un guerrier comme Du Guesclin. Le personnage de Léonore, par voie de conséquence, reprend à la fois le discours traditionnel de celle qui aime l'homme et non le souverain (comme Zaïre) tout en étant partagée entre l'amour et la gloire, et montre une âme plus politique,[115] en tentant, à rebours de l'histoire, de concilier la clémence et le maintien du pouvoir traditionnel.

La rivalité de deux héros masculins autour d'une femme appartient aux ressorts les plus courants de la tragédie (la scène

---

[112] *Lettre III contenant la critique de l'Œdipe de Sophocle.*

[113] La pièce échappe ainsi aux critiques formulées dès *Œdipe, Brutus, Mérope, Oreste*, entre autres, portant sur la place de l'amour dans la tragédie.

[114] III.ii.101-102. Voir Norbert Sclippa dans *La Loi du père et les droits du cœur: essai sur les tragédies de Voltaire* (Genève, 1993), p.98.

[115] Henri Lion critique néanmoins Léonore 'dont la silhouette est si indécise' (*Les Tragédies et les théories dramatiques de Voltaire*, Paris, 1895; réimpr. Genève, Slatkine, 1970, p.369) et Eugene Weinraub la compare à Palmire ('Plays as pedagogical laboratories: *Mahomet* and *Don Pedre*', *SVEC* 115 (1975), p.45-61).

de duel ou de combat singulier est également récurrente, comme la scène de menace).[116] Dès *Œdipe* Voltaire satisfait à cette configuration (en introduisant le personnage de Philoctète), jusqu'à *Irène*, en multipliant les variantes dans *Adélaïde Du Guesclin*, *Olympie*, *Les Scythes* ou *Les Pélopides*. Mais l'originalité dans *Don Pedre* consiste à renoncer aux scènes de générosité cornélienne qui tempéraient la rivalité (dans *Œdipe*, par exemple, Philoctète et Œdipe évoquent moins Don Pedre et Transtamare que Don Pedre et Du Guesclin). D'une pièce à l'autre, si les scènes sont comparables, le registre est différent. Ainsi, la tirade du duc à Taïse dans *Amélie ou le duc de Foix* (I.iii), par la situation de rivalité fraternelle, le poids des serments, l'ingérence étrangère et le caractère immédiat de la demande évoquerait les scènes entre Transtamare et Léonore:

> Le plus léger délai m'est un cruel refus
> Un affront que mon cœur ne pardonnera plus
> [...]
> Unis par trop de droits c'est trop nous séparer
> L'autel est prêt; j'y cours; allez l'y préparer.

si ce n'était l'amour qui fait agir le duc, ce qui renverse la perspective et explique que dès la scène suivante, le dialogue entre le duc et Lisois fasse infiniment plus songer à celui entre Don Pedre et Mendose. Qu'on en juge par ces quelques vers (I.v):

LISOIS

> Seigneur, songez-vous bien que de cette journée,
> Peut-être de l'état dépend la destinée?

LE DUC

> Oui, vous me verrez vaincre ou mourir son époux
> [...]

---

[116] Pallante: 'Il faut sans balancer m'épouser ou périr / Je ne puis rien de plus: c'est à vous de choisir' (*Artémire*, I.ii), et 'Partagez ma fortune, ou servez sous mes lois' (*Don Pedre*, V.iii).

LISOIS

Le salut de l'état m'occupait en ce jour;
Je vous parle du vôtre, et vous parlez d'amour.

Le choix des héros

Ces glissements actanciels doivent être rapprochés d'un problème
qui a immédiatement intrigué la critique contemporaine: celui du
choix du héros dans *Don Pedre*. On a en effet reproché à Voltaire
son indécision entre deux figures héroïques, celles de Don Pedre et
de Transtamare. Dès la publication de la pièce, les critiques
déplorent le caractère insuffisamment tranché des deux frères,
d'abord d'un point de vue historique. La Harpe écrit dans son
Commentaire:[117] 'Dans la vérité ni [Don Pedre] ni Transtamare ne
pouvaient être des personnages intéressants, tous deux se disputant
Léonore et le trône.' Puis d'un point de vue dramaturgique, Henri
Lion écrit:

Dire que Transtamare se rend coupable du crime du fratricide que nous
nous attendions à chaque instant à voir commettre à Don Pedre! Voltaire
eût dû, sans se préoccuper le moins du monde de l'histoire, nous
présenter un Don Pedre réellement bon et généreux, et au contraire un
Transtamare, méchant, haineux et jaloux.[118]

en soulignant que Don Pedre n'est clément que par amour, qu'il
insulte Transtamare et l'exile (III.ii), de même que pour René
Pomeau:

C'est le connétable qui par sa grandeur d'âme s'impose au dénouement
comme le véritable héros de la pièce.[119]

Il est vrai que la scène d'exposition,[120] confiée de manière

---

[117] *Commentaire sur le théâtre de Voltaire*, p.362.
[118] H. Lion, *Les Tragédies et les théories dramatiques de Voltaire*, p.369.
[119] *VST*, t.2, p.487.
[120] L'exposition préoccupe Voltaire dès *Œdipe*: il critique celle de Sophocle et
admet les maladresses de la sienne.

inhabituelle au anti-héros, tend à égarer le spectateur-lecteur dans un premier temps. Les griefs de Transtamare contre un frère qui semble l'avoir dépossédé de son titre, de ses états et de ses amours, l'alliance avec les Français et Du Guesclin, figure hautement légendaire dans une époque qui voit s'épanouir la tragédie nationale et une pièce comme *Adélaïde Du Guesclin*,[121] constituent un réseau d'indices en faveur de Transtamare. Le portrait de Don Pedre intensifie la méfiance, puisqu'il est présenté par son demi-frère comme un séducteur impénitent au sein d'une cour corrompue, amant de Padille, emporté comme le reconnaît Léonore elle-même dans la scène suivante (I.ii):

> Violent comme vous, profondément blessé
> Ne vous efforcez pas de le rendre implacable.

C'est dire que les scènes d'exposition présentent au lecteur-spectateur le souverain castillan en accord avec l'histoire qu'il croit connaître. Pour Georges Bérubé,[122] *Don Pedre* oblige le lecteur-spectateur à opérer une reconstruction en fonction des indices textuels et à réviser ses attentes vis-à-vis de ce personnage référentiel, historique, déjà entrevu au détour de *La Princesse de Navarre* où il est présenté de manière unanime comme un tyran dans les paratextes et le texte lui-même, construits comme un hommage au roi Louis XV, ordonnateur avec le duc de Richelieu de la fête donnée en l'honneur de la dauphine le 23 février 1747. Constance fuit son tuteur Don Pedre, qualifié de 'tyran barbare' et de 'roi cruel qui vous opprime' par sa suivante Leonor (I.i) qui 'aux

---

[121] La référence au connétable est constamment exemplaire dans *Adélaïde Du Guesclin*: 'ADÉLAÏDE / Ici du haut des cieux Du Guesclin me contemple; / De la fidélité ce héros fut l'exemple / Je trahirais le sang qu'il versa pour nos lois / Si j'acceptais la main du vainqueur de nos rois' (I.ii). 'Ce digne connétable en tout cœur a transmis / La haine qu'un Français doit à ses ennemis' (II.v). 'NEMOURS / Du Guesclin, des Français l'amour et le modèle / Aux Anglais si terrible, à son roi si fidèle, / [...] Du Guesclin, nom sacré, nom toujours précieux!' (III.i).

[122] 'Don Pedre dans le théâtre de Voltaire, le cas d'un personnage référentiel', *L'Age du théâtre en France. The Age of theatre in France*, éd. David Trott et Nicole Boursier (Edmonton, 1988), p.107-18.

fers [l']avait abandonnée' (I.i). En 1747, ce parti-pris a une justification politique. Il s'agit de louer Louis XV à travers l'éloge du rôle de la France et de Charles V contre l'Angleterre dans les affaires de Castille, comme en témoigne cet extrait de l'*Avertissement* qui précède *La Princesse de Navarre*:[123]

[L'auteur] a choisi le lieu de la scène sur les frontières de la Castille, et il en a fixé l'époque sous le roi de France Charles V, prince juste, sage et heureux, contre lequel les Anglais ne purent se prévaloir, qui secourut la Castille et qui lui donna un monarque. Il est vrai que l'histoire n'a pu fournir de semblables allégories pour l'Espagne: car il y régnait alors un prince cruel, à ce qu'on dit, et sa femme n'était point une héroïne dont les enfants fussent des héros.

Les contextes différents des années de rédaction de *Don Pedre* et les conceptions historiques de Voltaire modifient les données dans la tragédie. Les indices négatifs massés au début de la pièce s'estompent au fil des actes[124] et n'apparaissent plus qu'à titre d'éléments du passé, un passé que Don Pedre renie sous l'influence de Léonore, qui le conduit plus sûrement que Mendose, mais trop tard, vers une politique de conciliation.

Progressivement, la pièce met en place un système de signes qui inverse le jugement premier du spectateur. L'influence croissante de Léonore sur Don Pedre, la solitude grandissante de ce dernier abandonné de tous lui confère une grandeur tragique, rehaussée par un discours autour des valeurs chevaleresques qui culmine dans la scène avec Du Guesclin et le récit de l'assassinat. Inversement, la politique de Transtamare, l'appel au peuple quasi universellement décrié dans l'univers tragique voltairien[125] (exception faite du peuple romain dans les tragédies républicaines), l'appel à l'opinion publique, à la guerre civile, au pouvoir temporel et spirituel du

[123] *OCV*, t.28A, p.174.
[124] Quelques vestiges de l'image traditionnellement négative de Don Pedre jalonnent le texte: le monologue de défiance qui clôt le premier acte (I.v), l'affrontement avec Transtamare (II.iii), et le retour sur le passé (III.i).
[125] Comme dans, entre autres, *Œdipe, Mariamne, Mahomet, Mérope...*

pape, comme la violence toujours plus forte de ses propos et de ses actions achèvent de le discréditer, avant même la condamnation de Du Guesclin, passé du rôle d'ambassadeur à celui de moraliste.

Plus que dans ses autres tragédies, parce que l'entreprise de réhabilitation du souverain castillan l'y poussait, Voltaire a construit un personnage central qui se caractérise non par l'ambiguïté (car le discours de Don Pedre reste guidé par les mêmes valeurs pendant toute la pièce), mais qui illustre pleinement la notion de relativité historique. Indéfinissable donc, ou plutôt appelé à des dénominations divergentes qui, de surcroît, évoluent au cours de la pièce, [126] ce qui n'a pas manqué de surprendre la critique. [127]

Le spectateur-lecteur est donc appelé à réviser ses jugements au cours de la pièce et à utiliser cet exemple pour reconsidérer les pratiques historiques. C'est en ce sens que le *Discours historique et critique* prend sa pleine mesure et sert effectivement de paratexte à la pièce. La longue suite de paragraphes sur 'tous ces surnoms ou plutôt tous ces sobriquets', qui suit l'interrogation fondamentale 'Qui pourra remonter à la source de nos usages et de nos opinions populaires?', constitue bel et bien une introduction à la leçon mise en scène par la pièce. Pour Eugene Weinraub, *Mahomet* et *Don*

[126] Cette construction appelle l'attention car elle apparaît comme une variante intéressante par rapport aux innovations précédentes. Voltaire a déjà utilisé les ressources dramaturgiques d'un caractère difficile à définir dans *Le Triumvirat* avec Octave par exemple dont Fulvie dit, juste avant l'anaphore qui exemplifie le propos 'Je l'ai vu...': 'Qui peut connaître Octave? et que son caractère / Est différent en tout du grand cœur de son père!' (I.i). Mais la difficulté à définir est posée comme telle, alors que Voltaire dans *Don Pedre* place le spectateur-lecteur devant des portraits antithétiques.

[127] La Harpe reproche à Voltaire de montrer d'abord Transtamare jouer un 'rôle très noble' pour finir 'par une barbarie exécrable'. Pour lui, 'Rien n'est plus mal conçu. Pour donner une idée de la manière dont cette pièce se dénoue et dont elle est écrite, il suffira de citer l'endroit du cinquième acte où l'on rapporte la défaite et la mort de Don Pedre' (c'est-à-dire le récit de Mendose) et il souligne: 'cette basse atrocité est par elle-même dégoûtante et indigne de Transtamare; et de plus, rien n'a indiqué auparavant que Transtamare en fût capable' (*Commentaire sur le théâtre de Voltaire*, p.364-65).

Pedre constituent une leçon d'histoire pour le lecteur-spectateur, destinée à dénoncer les erreurs de jugement qu'une pièce comme *Mahomet* met en scène à travers les personnages des victimes, grâce à une 'chiasmal structure in the presentation of his character and his use of linguistic contrasts'. [128] Dans *Don Pedre*, Voltaire s'autoriserait à tordre la vérité historique, en reprenant sur un mode plus pessimiste et audacieux dû au contexte des affaires Sirven et Etallonde, les thèmes développés dans *Mahomet*, comme la corruption du pouvoir, illustrée par les destins de Charles, Don Pedre et Transtamare, ou l'impuissance de Dieu soulignée par les doutes de Léonore face aux espérances providentialistes de sa confidente ('Quoique le ciel soit juste, il permet bien souvent / Que l'iniquité règne, et marche en triomphant', V.i). De même, l'entrevue entre Du Guesclin et Don Pedre inciterait le lecteur à prendre conscience de la polysémie des termes politiques: les protagonistes se livrant eux-mêmes à cette mise en perspective (IV.ii):

DON PEDRE

Ces grands mots consacrés, de justice, d'honneur,
Ont des sens différents qu'on a peine à comprendre.

GUESCLIN

J'en serai l'interprète, et vous allez m'entendre.

Selon Eugene Weinraub, Voltaire construit sa pièce 'to teach his audience to think for themselves' [129] et oblige les lecteurs à réévaluer leur jugement sur les personnages suivant deux courbes opposées, ascendante pour Don Pedre et descendante pour Transtamare. [130]

---

[128] Weinraub, 'Plays as pedagogical laboratories', p.46.
[129] Weinraub, 'Plays as pedagogical laboratories', p.51.
[130] Selon Weinraub (que nous ne suivrons pas sur ce point), Don Pedre est élevé 'to the saintly heights of a martyr', voir 'Plays as pedagogical laboratories', p.52.

La leçon politique et historique

Très rapidement, la critique, s'appuyant sur la *Correspondance* et sur les passages supprimés dont on n'a pas retrouvé trace, établit des liens entre les différentes phases de rédaction de la tragédie et les affaires occupant conjointement Voltaire. Après les contemporains de Voltaire, Henri Lion est un des premiers à proposer une interprétation systématique de la pièce en relation avec les autres tragédies de la période, comme *Les Guèbres* et *Les Lois de Minos* qui offrent effectivement un certain nombre de ressemblances et qui, pour *Les Guèbres*, sont composés en regard des affaires Calas et Sirven, de même que la rédaction finale de *Don Pedre* se situe au moment de la révision du procès d'Etallonde par contumace en 1774. Pour H. Lion, il s'agit de pièces de combat religieux et politique et 'Il est bien probable que ces vers retranchés visaient, sinon la religion, du moins les prêtres.'[131] Pour R. Pomeau, les modifications entre le premier état de la tragédie et celui que nous connaissons s'expliquent entre autres par l'arrivée sur le trône de Louis XVI. 'Altri tempi, altri cure':[132] les vers à allusions, devenus sans objet, disparaissent et Voltaire 'ne conserve qu'une tirade visant les anciens parlements'.[133]

Si la critique de la cour, des courtisans[134] et du peuple est une constante, l'interprétation à donner au terme de 'sénat' est plus complexe. Comme le montre la *Correspondance* sur la genèse de *Don Pedre* et comme le rappelle justement un article de Paul Ilie,[135] Voltaire emploie le terme pour désigner trois formes différentes de représentation politique, les Cortès espagnols,[136] les états géné-

[131] *Les Tragédies et les théories dramatiques de Voltaire*, p.365.
[132] D19424, 16 avril 1775, à D'Alembert.
[133] *VST*, t.2, p.487.
[134] Comme dans entre autres *Tancrède*, *Mérope* et *Irène*...
[135] 'Voltaire and Spain: the meaning of *Don Pedre*', *SVEC* 117 (1974), p.153-78.
[136] 'Las Cortez de Castille, les députés des états peuvent faire un bel effet sur le théâtre depuis qu'il n'y a plus de petits-maîtres', 29 juin, à d'Argental, D9863.

raux[137] et les parlements au moment de la fin des parlements Maupeou et de l'avènement de Louis XVI. Au-delà de ces significations différentes et de celles habituellement dévolues par Voltaire dans ses autres tragédies, [138] l'utilisation contextuelle dans la pièce renseigne plus sûrement sur la position de Voltaire. Si le sénat peut évoquer une représentation positive, conforme à l'idée que se fait Voltaire du parlement anglais par exemple, celui-ci doit se cantonner dans un rôle limité, comme le déclare Don Pedre lui-même (II.3):

> Entrez dans le sénat, prenez place aux états;
> La loi vous le permet; je ne vous y crains pas.

destiné éventuellement à contrebalancer un pouvoir despotique, comme le conçoit Du Guesclin (IV.ii):

> Des états castillans n'usurpez point les droits;
> Pour qu'on vous obéisse, obéissez aux lois.

Il ne doit en aucun cas s'opposer au pouvoir légitime, en fomentant une révolution de palais (I.i):

> TRANSTAMARE
>
> [...] mais un pouvoir suprême
> S'élève et s'affermit au-dessus du roi même.
> Dans son propre palais les états convoqués
> Se sont en ma faveur hautement expliqués;
> Le sénat castillan me promet son suffrage.

elle-même appuyée sur le peuple:

---

[137] 'Ton *Don Pedre* sera glaçant avec tes états généraux et ta Marie de Padille', aux d'Argental, 20 octobre 1761, D10081.

[138] Hormis dans *Brutus* où il est magnifié, le sénat apparaît comme une force politique dangereuse, maniée par les arrivistes contre toute forme de légitimité et d'humanité comme le montrent entre autres exemples *Mahomet* ('OMAR / Mais puisqu'un vil sénat insolemment partage / De ton gouvernement le fragile avantage', I.iv) ou *Les Scythes* qui évoquent un 'sénat sanglant' (I.i).

LÉONORE

Il m'entraîne en tombant: il me rend la victime
D'un peuple qui le hait, d'un sénat qui l'opprime; (II.i)

DON PEDRE

Il me faut ménager un sénat téméraire,
Un peuple effarouché: mais ne redoutez rien. (I.iv)

qu'il ne représente pas puisqu'il est l'organe des privilégiés et des
conspirateurs (II.vii): [139]

DON PEDRE

Tous ces nobles nouveaux, ce sénat anarchique,
Erigeant la licence en liberté publique,
Ces états désunis dans leurs vastes projets,
Sous les débris du trône écrasant les sujets!
Ils aiment Transtamare, ils flattent son audace;
Ils voudraient l'opprimer s'il régnait en ma place.
Je les punirai tous. Les armes d'un sénat
N'ont pas beaucoup de force en un jour de combat.

L'imposture du 'sénat' dans *Don Pedre* réside dans son alliance
avec la religion et les corps traditionnels, ce qui justifie le vers de
Mendose: 'Souvent le fanatisme inspire un grand courage' (II.vii),
explicité précédemment (II.v):

Mais les grands, le sénat, que Transtamare obsède,
Les organes des lois du peuple révérés,
De la religion les ministres sacrés,
Tout s'unit, tout menace, un dernier coup s'apprête.

La connotation négative est renforcée par les liens avec les
puissances étrangères:

---

[139] Comme le montrent les occurrences du terme dans les projets de Transtamare: 'Va m'attendre au sénat; je cours t'y retrouver; / Nous y concerterons tout ce que je dois faire / Pour ravir Léonore et le trône à mon frère' (I.i), 'Le sénat et mon bras m'affranchissent assez / De ce grand châtiment dont vous me menacez' (II.iii).

LÉONORE

Sire, je ne veux point que la France jalouse,
Votre sénat, les grands, accusent votre épouse
D'avoir immolé tout à son ambition (I.iv)

DON PEDRE

Le traître avec Guesclin vaincu dans Navarette,
Par une fausse paix réparant sa défaite,
Attire à son parti nos peuples aveuglés. (I.iv)

MENDOSE

Jugez de quel espoir le sénat est flatté,
Comme il est insolent avec sécurité,
Comme au nom de Guesclin sa voix impérieuse
Conduit d'un peuple vain la fougue impétueuse! (IV.i)

alors qu'il continue à entretenir la confusion avec une apparente légalité:

TRANSTAMARE

Les états, le sénat, tous les vrais citoyens,
Ont enfin rappelé la liberté publique:
On ne redoute plus ce pouvoir tyrannique. (II.iii)

Le sénat cautionne donc ce qui est politiquement inacceptable aux yeux de Voltaire et achève de se désavouer en servant la cause de Transtamare, comme le montrent ces vers qui concentrent tout ce que rejette Voltaire:

TRANSTAMARE

J'ai pour moi le sénat, le pontife, les grands,
Le jugement de Dieu qui punit les tyrans... (V.iii)

DON PEDRE

Attendez humblement qu'un pontife l'ordonne;
Remettez au sénat les droits de la couronne. (IV.ii)

Parallèlement, la tragédie de *Don Pedre*, à partir de la renommée contrastée sinon contradictoire d'un souverain, ouvre une véritable discussion sur ces tournants historiques, qui voient émerger de nouvelles valeurs et de nouveaux héros, tandis que les derniers représentants sont sommés de disparaître. [140] Outre les habituelles notations temporelles chargées de resserrer l'action dans le cadre imparti et de créer un tempo tragique, la pièce fait état à plusieurs reprises d'une transition entre deux modes de gouvernement, entre deux systèmes de références, celui de la valeur chevaleresque qui s'exerce sur les champs de bataille et celui de la politique, de la diplomatie et, en sa mauvaise part, de l'intrigue. Les héros masculins se répartissent suivant ces axes rhétoriques et drama-turgiques. Don Pedre illustre cette époque révolue, Du Guesclin la période de transition, Charles l'avènement de la politique et Transtamare l'intrigue. Leur maîtrise du temps en découle. Les politiques savent faire coïncider leur action avec le moment opportun:

TRANSTAMARE

Des révolutions voici le temps fatal. (I.i)

ALMÈDE

Charle a choisi ce temps. (I.i)

TRANSTAMARE

Les temps sont bien changés. (II.iii)

tandis que les héros d'un autre temps ne peuvent que déplorer leur inadaptation:

LÉONORE

Dans ces temps malheureux tout se tourne en poison. (II.i)

MENDOSE

Ce cœur, qui n'est pas né pour des temps si coupables. (III.i)

DON PEDRE

Et qui suis-je auprès d'eux moi qui fus leur vainqueur?

---

[140] *Alzire* présente une réflexion comparable avec une issue différente.

[...]
Je regrette, il est vrai, dans cette juste guerre,
Ce fameux prince noir, ce dieu de l'Angleterre,
Ce vainqueur de deux rois qui meurt et qui gémit,
Après tant de combats d'expirer dans son lit. (IV.i)

d'autant plus que les conseils viennent trop tard: [141]

MENDOSE

Peut-être il serait temps qu'un peu de politique
Tempérât prudemment ce courage héroïque; (II.v)

et que la prolongation d'une époque révolue est frappée d'inanité,
comme le montre l'issue de la bataille après un illusoire accord:

DON PEDRE

Toujours prêt comme vous d'en ouvrir la barrière,
Et de recommencer cette noble carrière. (IV.ii)

Don Pedre est une tragédie sur les temps révolus. Au temps
tragique qui ne permet pas à l'action humaine de se déployer ou qui
l'inscrit à contre-temps, s'ajoute la vision pessimiste d'un monde en
train de finir, qui sacrifie ses derniers représentants:

LÉONORE

Cet avenir caché, si loin de notre vue,
Nous console bien peu quand le présent nous tue. (V.i)

MENDOSE

Mais il a négligé ce grand art de la guerre
Que le héros français apprit de l'Angleterre.
Guesclin avec le temps s'est formé dans cet art
Qui conduit la valeur, et commande au hasard. (V.ii)

[141] Comme le montre cet échange entre le roi et Mendose: 'DON PEDRE / [...]
Léonore adorée / M'inspire une vertu que j'avais ignorée. / Elle grave en mon cœur
heureux de lui céder, / Tout ce que tu m'as dit sans me persuader. / Je crois
entendre un dieu qui s'explique par elle; / Et son âme à mes sens donne une âme
nouvelle. / MENDOSE / Si vous aviez plus tôt formé ces chastes nœuds, / Votre
règne sans doute eût été plus heureux. / On a vu quelquefois par des vertus
tranquilles, / Une reine écarter les discordes civiles. / Padille les fit naître; et j'ose
présumer / Que Léonore seule aurait pu les calmer' (III.i).

Le cadre tragique sert moins à relater les malheurs des grands qu'à nourrir une réflexion sur l'histoire. Voltaire, alors qu'il prend des libertés avec l'histoire, refuse tous les accommodements dramaturgiques de la tragédie: aucun jeu sur les identités, aucune issue heureuse comme dans *Artémire* qui voit cette dernière sauvée du supplice, disculpée par Cassandre qui expie et l'engage à se donner à Philotas (alors que les critiques contemporains ont noté la faiblesse de l'apparent remords de Transtamare et que le discours de Du Guesclin met au contraire l'accent sur la succession inique, mais irréversible au trône de Castille), aucun coup de théâtre qui fait revenir à la vie un personnage que l'on croyait mort (comme dans *Adélaïde Du Guesclin*),[142] aucun personnage qui tienne tête au contre-héros (comme Alvarez dans *Alzire*).

Indéniablement, *Don Pedre* n'appartient pas au cycle des tragédies où une conversion in extremis (dans *Alzire*), l'exemple de la vertu (dans *L'Orphelin de la Chine* ou *Adélaïde Du Guesclin*), une justice parfaite (*Les Guèbres*), ne serait-ce qu'une victoire personnelle (*Tancrède*) tempèrent les brutalités de l'Histoire. La symbolique des lieux va d'ailleurs en ce sens. A un extérieur menaçant en cercles concentriques de plus en plus éloignés (Tolède, Montiel, Rome, Vincennes) s'ajoute le resserrement du palais tragique miné de l'intérieur comme le pouvoir de Don Pedre, par le sénat et les allées et venues de Transtamare qui ôte toute possibilité d'évasion au roi et à Léonore, y compris dans ces deux lieux rêvés en accord avec leur rôle, le champ de bataille et le couvent.

---

[142] La comparaison avec *Adélaïde Du Guesclin* est significative car les données sont très proches. Vendôme, comme Transtamare est lié au parti étranger, refuse de reconnaître le roi et il est le rival amoureux de son frère Nemours. Mais la tragédie est bâtie sur le triomphe des valeurs d'éducation, d'évolution et de générosité. Le cinquième acte propose un contrepoint parfait du dénouement de *Don Pedre* avec le monologue de Vendôme revenant sur sa décision fratricide (V.i), la décision d'Adélaïde de l'épouser pour sauver Nemours et surtout l'issue heureuse grâce au subterfuge de Coucy.

5. *Réception de* Don Pedre

Même si, comme l'écrivent R. Pomeau et Henri Lagrave dans 'On a voulu l'enterrer', '*Don Pedre* aurait mérité un meilleur sort',[143] force est de reconnaître que l'accueil des contemporains fut assez tiède et que la critique a rapidement classé la pièce dans les tragédies de la vieillesse ou dans la série des pièces de combat.

Le jugement de Voltaire lui-même oscille entre divers pôles, du plus négatif qui développe les métaphores de la vieillesse et de l'œuvre du grand âge, au plus positif qui présente *Don Pedre* comme l'aboutissement d'une recherche esthétique et comme une arme contre la décadence du genre théâtral et tragique en particulier (ce que développent également les paratextes), sans oublier une position moyenne·qui affecte de ne voir dans cette parution qu'une futilité. Passons rapidement sur les dénégations de valeur qui s'organisent autour de la métaphore du vin,[144] des derniers fruits[145] et de la vieillesse,[146] ou bien encore de la bagatelle,[147] voire de la nullité.[148] Les manœuvres discriminatoires

---

[143] *VST*, t.2, p.487. Ils ajoutent à propos de l'œuvre: 'De la bonne confection: une tragédie voltairienne "de série B", serions-nous tentés de dire.'

[144] 'La lie de mon vin à vous présenter' (au duc de Richelieu, 28 novembre 1774, D19205); 'Si vous aviez le temps de vous amuser ou de vous ennuyer, je pourrais vous envoyer quelque chose dans peu de jours. Ce serait la lie de mon vin. Il vous paraîtra peut-être plat ou aigre' (au duc de Richelieu, 25 janvier 1775, D19310).

[145] 'Pardonnez à ma terre épuisée si elle ne porte pas de meilleurs fruits' (à Chastellux, 10 mars 1775, D19367).

[146] 'Quelque chose de mes derniers moments. Vous lirez cette bagatelle si elle vous amuse, vous la jetterez au feu si elle vous ennuie' (à Thibouville, 9 décembre 1774, D19222); 'le dernier radotage de ma vieillesse et je vous supplie de ne pas le lire car vivant ou mourant je ne veux pas vous ennuyer' (à Anne-Madeleine de La Tour du Pin, 1er février 1775, D19319).

[147] 'Quelque chose pour vous amuser ou vous désennuyer' (à d'Argental le 22 janvier 1775, D19303); 'J'ai peur seulement que vous ne soyez point du tout content de ma petite drôlerie' (au duc de Richelieu, 10 février 1775, D19333).

[148] 'Vous me parlez de tous les mauvais ouvrages que vous avez lus. Je vous en ferai venir un plus mauvais encore. Vous aurez la tragédie de *Don Pedre* dont on n'a tiré que peu d'exemplaires' (à Jean Baptiste Nicolas De Lisle, 10 février 1775,

opèrent un tri parmi les textes composant la première édition séparée: Voltaire feint de mépriser la tragédie au profit des autres textes du recueil composite, en fonction des destinataires et des allusions présentes dans les notes, comme avec Frédéric II [149] ou D'Alembert. [150] Pourtant, il réaffirme l'originalité de sa tragédie:

un ouvrage singulier que je fais principalement pour mériter votre suffrage et pour amuser quelques uns de vos moments, [151]

dont il constate le succès après les quatre éditions séparées et qu'il explique par ce contexte théâtral de décadence contre lequel il entend lutter:

Cela pourrait prouver qu'il y a encore des gens qui aiment les vers passablement faits, et que l'univers n'est pas uniquement asservi aux doubles croches. [152]

La *Correspondance*, en même temps que les premiers échos critiques, renseignent sur les passages qui ont particulièrement recueilli le suffrage des lecteurs, jusqu'à constituer un regard anthologique sur *Don Pedre* et un témoignage du goût des contemporains. La grande scène entre Don Pedre et Du Guesclin fait l'unanimité:

D19332); 'un petit livre nouveau [...] tout indigne qu'il est' (au duc de Wurtemberg, 5 avril 1775, D19404).

[149] 'Le vieux malade de Ferney s'est avisé de faire une tragédie qu'il prend la liberté de mettre aux pieds de Votre Majesté. Il vous supplie de ne pas la lire, parce qu'elle n'en vaut pas la peine; mais daignez du moins jeter un petit coup d'œil sur un petit *Voyage de la raison et de la vérité*, et une note de *La Tactique*, dans laquelle l'éditeur a mis je ne sais quoi qui vous regarde.' Il s'agit de l'éloge appuyé de Frédéric II qui figure dans les deux premières éditions, supprimé par la suite, relatif à l'humanité dont fit preuve le souverain lors de la bataille de Rossbach (à Frédéric II, 4 février 1775, D19321).

[150] 'Cependant il y a dans ce fatras une petite pointe de vérité et de philosophie qui pourra obtenir votre indulgence pour mon jeune étourdi' (à D'Alembert, 28 janvier 1775, D19310).

[151] A d'Argental, 9 décembre 1774, D19219.

[152] A d'Argental, 18 mars 1775, D19377.

Linguet dans une de ses feuilles a eu la témérité de comparer la scène de Don Pedre et de Du Guesclin à celle de Sertorius et de Pompée [153]

de même que

Le rôle de Léonore plaît à toutes les dames de province, mais ces dames ne disposent pas des suffrages de Paris. [154]

Les critiques des contemporains reflètent une disposition analogue. On salue ou on regrette une nouvelle tragédie de l'écrivain octogénaire dans laquelle on s'accorde à reconnaître le génie du grand homme ou, au contraire, on souligne les défauts en sauvant quelques passages dignes de sa réputation passée. La seule unanimité est que personne ne se laisse prendre à la fiction du jeune homme, si habituelle chez Voltaire qu'elle en devient un signe de reconnaissance.

La critique de Grimm donne le ton des échos négatifs. Déjà annoncée après une condamnation sans appel d'*Olympie*, qu'il décrit comme 'la dernière et la plus faible des pièces de M. de Voltaire', [155] la 'nouvelle tragédie, qui aura pour titre *Pierre de Castille, surnommé le Cruel*' fait l'objet d'un long article lors de la première édition séparée, globalement sévère:

Le recueil qu'on vient de recevoir du patriarche de Ferney offrira sans doute beaucoup de pâture nouvelle aux Clément, aux Sabatier, et à tous leurs consorts. Ses meilleurs amis auraient bien désiré qu'il en eût supprimé au moins une partie. La pièce la plus considérable de ce recueil est une tragédie qu'il nous donne pour l'ouvrage d'un jeune homme mais dont il ne montrera point, comme il le dit lui-même, l'extrait baptistaire. Il est à craindre qu'il ne soit trop bien marqué dans la pièce même. *Don Pedre roi de Castille*, annonce le même âge que les *Pertharite* et les *Attila*. [156] Il est aisé cependant d'y reconnaître encore dans plusieurs

---

[153] A d'Argental, 18 mars 1775, D19377.

[154] A d'Argental, 18 mars 1775, D19377.

[155] Grimm, *Correspondance littéraire*, avril 1764, t.5, p.478-80.

[156] Voltaire cite également ces pièces dans le *Fragment du Discours historique*: 'et si on ne peut lire ni *Théodore*, ni *Pertharite*, ni *Don Sanche d'Aragon*, ni *Attila*, ni *Agésilas*, ni *Pulchérie*, ni *La Toison d'or*, ni *Suréna*, etc. etc. etc., c'est que presque tous les vers en sont détestables'...

endroits les traces d'un génie vraiment dramatique, des restes de chaleur, et ce goût de simplicité que l'on a perdu de vue [...]. [157]

Comme ses contemporains, Grimm est frappé par l'audace de la tirade de *Don Pedre* à l'acte 4, et il poursuit:

La prudence avec laquelle le dieu de notre littérature sait plier ses opinions à l'esprit et aux circonstances du moment, n'auraient-elles pas dû l'engager à adoucir la tirade suivante? C'est Don Pedre qui parle:

> Moi! je respecterais ces gothiques ramas
> De privilèges vains que je ne connais pas,
> Eternels aliments de troubles, de scandales,
> Que l'on ose appeler nos lois fondamentales;
> Ces tyrans féodaux, ces barons sourcilleux,
> Sous leurs rustiques toits indigents orgueilleux;
> Tous ces nobles nouveaux, ce sénat anarchique,
> Erigeant la licence en liberté publique;
> Ces états désunis dans leurs vastes projets,
> Sous les débris du trône écrasant les sujets!

Les *Mémoires secrets* renchérissent (t.7, p.284-86):

Quant à la tragédie, elle est assez simple dans sa marche; ce qui est un grand mérite, mais faible de caractère et de coloris. On sent parfaitement la main octogénaire qui a composé cet ouvrage.

L'article de Linguet, inversement, développe de manière exemplaire les points mis en avant par les critiques élogieuses, tant du point de vue des idées que du traitement historique, des caractères que des scènes marquantes et du style:

Les vues philosophiques dont cette pièce est remplie, les connaissances profondes de l'histoire et des mœurs des nations qu'elle suppose, les caractères de Transtamare, de Don Pedre et du Connétable du Guesclin: une scène de politique, de franchise et de grandeur entre le guerrier français et le Prince castillan; des contrastes bien ménagés, des images, des sentiments, des maximes rendues avec des couleurs qui deviennent de

---

[157] Grimm, *Correspondance littéraire*, février 1775, t,11, p.32-33.

plus en plus rares au théâtre, tout trahit en effet le secret de cet éditeur mystérieux. [158]

Linguet précise d'ailleurs que 'Cette pièce est peu susceptible d'un extrait. Ceux qui la liront, le sentiront bien. Pour donner une idée du style à ceux qui ne la liront pas, nous nous contenterons de rapporter quelques vers de la fin' et il cite de larges extraits de l'avant-dernière scène de l'acte 5 (V.iii.145-82) autour de l'affrontement entre Léonore et Transtamare, puis des dernières paroles de Du Guesclin, dont il coupe certains passages et, sans doute peu soucieux de la visée spectaculaire de ce dénouement, modifie certaines didascalies. La tragédie lui inspire un parallèle avec Corneille, précisément amené par le critère de l'âge et des pièces de la vieillesse, à l'avantage de Voltaire:

Ces derniers vers ont un caractère noble et vraiment sublime [...] C'est un morceau du plus grand genre, par le dessein et le coloris. On peut le comparer à la fameuse entrevue entre Pompée et Sertorius de Corneille [...] Il faut oser le dire, parce que cela est vrai, parce qu'il faut être juste. Il y a une différence énorme entre ce fruit de la vieillesse de M. de Voltaire, et ceux de la caducité du père de notre théâtre, et cette différence est honorable au premier. On peut dire avec vérité de cet homme inconcevable, de ce prodige littéraire, 'Tel Sophocle, à cent ans, charmant encore Athènes'.

Le marquis de Luchet, [159] pour sa part, fait l'éloge de Léonore, 'un caractère unique au théâtre français', et de sa dernière tirade à la fin de l'acte 1 scène 3 (où elle espère pouvoir jouer un rôle pacificateur auprès de Don Pedre, I.iii.221-37) dont les 'vers méritent d'être remarqués' selon lui. Mais la suite de l'analyse juxtapose critiques et éloges partiels:

Il résulte de l'examen de cette pièce que cette marche rapide, qui entraîne le spectateur, cette force dans les idées qui le subjugue, cette expression énergique et brûlante, sont autant de sacrifices qu'il faut faire dans un âge

---

[158] *Journal de politique et de littérature*, 5 mars 1775, p.267.
[159] *Histoire littéraire de M. de Voltaire par M. le Marquis de Luchet* (Cassel, 1781), t.3, p.214-16.

extrêmement avancé; mais qu'il est d'autres beautés qu'un grand homme conserve jusqu'à son dernier soupir; et dans ces morceaux où il n'est plus que l'ombre de lui-même, on voit encore ce qu'il a été.

que seuls les connaisseurs apprécieront à l'aune des tragédies précédentes:

De même, on trouve dans les champs de la moderne Ausonie des statues imparfaites, enfouies dans les riches débris de l'antiquité. L'ignorant n'y aperçoit que des trônes inutiles, et les restes d'un grand talent déshonoré. Le savant, au contraire, y trouve des traits précieux, un génie brillant, et malgré quelques imperfections qu'il répare, il est glorieux de son chef d'œuvre, et s'empresse de le placer parmi d'autres plus parfaits encore, dont il avait enrichi sa collection dans des temps plus heureux.

Le premier article de La Harpe paraît dans le *Mercure de France* en mai 1775 (p.46-70): il est entièrement favorable à la tragédie et à Voltaire. La Harpe rappelle les éloges de Voltaire à son endroit dans l'*Epître dédicatoire* à propos de *Mélanie* [160] et s'explique à la fin du texte sur sa position. [161] L'article comprend une présentation historique, suivie d'un long résumé [162] entrecoupé de larges extraits [163] susceptibles de correspondre au goût du public. Il est révélateur de comparer cet article paru du vivant de Voltaire avec l'analyse parue en 1814, [164] qui, comme les articles évoqués

[160] 'On pourrait dire de celui qui rend compte ici de la tragédie de *Dom* [*sic*] *Pedre*: Se quoque principibus permixtum agnovit Achivis [*Enéide*, I.488; 'Lui aussi [Enée] il s'est reconnu aux prises avec les princes achéens']. Mais il sait fort bien que ce qui n'est que justice pour les autres, n'est pour lui qu'indulgence et amitié' (*Mercure de France*, mai 1775, p.51).

[161] 'On sent qu'il ne nous conviendrait point de prononcer un jugement sur un ouvrage de M. de Voltaire. Il est trop au-dessus de nos éloges et de nos critiques, et personne ne reprochera au disciple de ne point juger son maître' (*Mercure de France*, mai 1775, p.70).

[162] 'Tel est l'état des choses, lorsque la pièce commence. Nous en suivrons la marche en nous arrêtant quelquefois sur les détails' (*Mercure de France*, mai 1775, p.54).

[163] Nous signalons en notes en bas de page dans le texte de la tragédie les extraits du *Mercure de France*.

[164] *Commentaire sur le théâtre de Voltaire*, p.366.

précédemment, ne sauve que la fameuse scène de conférence appelée à devenir une référence:

Mais au milieu de tant de défauts et de tant de froideurs, on retrouve encore quelque chose de Voltaire dans un entretien entre Don Pedre et Du Guesclin, dont le dialogue et la diction valent mieux que le reste de la pièce et respirent la franchise et la générosité, qui étaient les caractères de la chevalerie.

Ces réticences de la critique ont une incidence sur l'absence de représentation de *Don Pedre*. A notre connaissance, la pièce n'a jamais été jouée.[165] Les paratextes, et notamment l'*Epître dédicatoire*, développent un argumentaire contre la représentation, opposant l'estime des hommes éclairés aux 'applaudissements passagers du parterre' séduit par le jeu des acteurs (*Epître*), citant Guibert, auteur du *Connétable de Bourbon*, qui 'a donné l'exemple à notre auteur de ne point prodiguer sa pièce sur le théâtre' (*Epître*), mais dont on sait que la tragédie fut néanmoins représentée le 26 août 1775 au château de Versailles, preuve évidente que le théâtre est bien écrit pour être joué et que ce sont les circonstances extérieures qui décident de la possibilité de sa représentation, et que les textes liminaires entrent dans une stratégie complexe de légitimation a posteriori. D'ailleurs, les autres œuvres théâtrales invoquées dans les paratextes ont été représentées, qu'il s'agisse de *Spartacus* ou du *Siège de Calais*, un des plus grands succès du siècle, sans parler des exemples du dix-septième siècle. Quand elles ne l'ont pas été comme *Mélanie* qui ne fut créée qu'en 1791, c'est en raison de la censure ou parce qu'elles ne répondent pas aux attentes du public, ce dont Voltaire semble

---

[165] La pièce est signalée comme 'non représentée' par l'édition de Kehl, ce que confirment les ouvrages de H. Carrington Lancaster, *French tragedy in the reign of Louis XVI and the early years of the French Revolution 1774-1792* (Baltimore, 1953), et A. Tissier, *Les Spectacles à Paris pendant la Révolution: répertoire analytique, chronologique et bibliographique*, t.1: *De la réunion de Etats généraux à la chute de la royauté (1789-1792)* (Genève, 1992) et t.2: *De la proclamation de la République à la fin de la Convention nationale (21 septembre 1792-26 octobre 1795)* (Genève, 2002).

conscient, puisqu'il fustige dans ses paratextes la décadence du goût contre laquelle sa tragédie s'inscrit. S'il prétend préférer être lu plutôt que de se 'voir applaudi un mois de suite au théâtre', c'est parce 'l'art dramatique est prêt à tomber en France'. Sont ainsi flétris successivement les sujets qui 'semblent épuisés', le genre noble prêt à être 'entièrement sacrifié aux ariettes', le vers dont l'art est 'très peu connu', et tout simplement la langue ('les solécismes et les barbarismes dont le théâtre a été infecté; [...] l'obscurité, l'impropriété, l'insuffisance, l'exagération, la sécheresse, la dureté, la bassesse, l'enflure, l'incohérence des expressions'), le public enfin 'dégoûté de tous ses plaisirs comme de ses affections' et les critiques, ravalés au rang de 'folliculaires' prompts à 'satiriser les gens en personne',[166] contre les règles affichées de la déonto-logie critique et littéraire du temps. Le *Discours historique*[167] reprend l'idée de la lecture de la pièce comme seul mode de réception ('lue d'un très petit nombre d'amateurs qui en parcour-ront quelques pages', 'qui consentent à perdre une demi-heure dans la lecture d'une tragédie nouvelle') et explique la décadence dramatique par le nombre de pièces 'dont l'Europe est accablée'.

Pourtant, en dépit de paratextes opposés, sinon résignés à l'absence de représentation, la *Correspondance* nous apprend que la réalité fut autre et que Voltaire, dont on connaît la passion pour le spectacle de théâtre et qui teste ses pièces par l'épreuve de la représentation,[168] envisagea de faire jouer sa pièce.[169] Et ce dès l'origine comme le montre une des premières lettres évoquant *Don Pedre* à d'Argental ('Je commence même à croire qu'un certain

---

[166] Ces citations proviennent de l'*Epître dédicatoire*.

[167] Le *Fragment du Discours* présente une réflexion générale exclusivement consacrée au théâtre, et ne traite pas des questions de représentation et de lecture: c'est pourquoi nous ne l'envisageons pas ici.

[168] Citons entre autres nombreux exemples, celui de *Mariamne* et des réécritures après la représentation de 1724 (*Fragment de la préface de l'édition de 1730*) ou la *Lettre à Mlle Clairon* précédant *Zulime*: 'La tragédie est encore plus faite pour être représentée que pour être lue.'

[169] Ces stratégies de dénégation sont fréquentes, comme le montre entre autres l'exemple de *Mariamne*.

drame ébauché fera un assez passable effet au théâtre')[170] ainsi que les tractations avec Lekain.[171] La pièce cependant n'est pas jouée. Voltaire se réfugie derrière deux explications et ratifie ainsi les idées avancées dans les paratextes: la censure personnelle ou extérieure, la qualité des acteurs de la Comédie-Française et des théâtres parisiens en général. Dans une lettre à La Harpe, le 31 mars 1775 (D19394), il s'insurge:

Le chiffon dont vous me parlez, intitulé *Don Pedre*, n'a jamais été fait pour être joué; il était fait pour une centaine de vers qu'on a retranchés, et pour certaines gens un peu dangereux dont on parlait avec une liberté helvétique. Ce changement gâte tout, énerve tout, et il n'y a pas grand mal. Il y en aurait eu beaucoup si on n'avait pas été obligé à quatre-vingt et un ans de sacrifier à cette sotte vertu, qu'on appelle prudence. Le vieillard a mis un bâillon à l'homme de vingt ans.

Une lettre à d'Argental du 3 avril 1775 (D19402) renchérit et nous renseigne sur un état premier du texte, hélas perdu: 'Je n'avais jamais fait cette tragédie pour être jouée, mais seulement pour y fourrer soixante ou quatre-vingts vers que j'ai ensuite très prudemment retranchés. Il me suffit que ce petit ouvrage ne soit pas méprisé par ceux qui pensent.' Désormais les lettres suivantes insistent sur l'impossibilité de jouer *Don Pedre*, faute de comédiens compétents pour les trois rôles principaux, hormis Lekain:

Mais on ferait très mal de jouer cette pièce au tripot de Paris, qu'on appelait autrefois le Théâtre Français. Il faudrait un Baron et une Lecouvreur avec Lekain. Ce n'est pas là une pièce de spectacle et d'attitudes, et vous n'avez précisément que Lekain dans Paris.[172]

---

[170] A d'Argental, 28 août 1761, D9975.

[171] R. Pomeau et H. Lagrave écrivent: 'Lekain a lu trois fois le texte imprimé. Il le jouerait volontiers, si Voltaire voulait bien retoucher le cinquième acte. Mais Voltaire entend ne s'adresser qu'à une élite' (*VST*, t.2, p.487). Les *Mémoires* de Lekain (Paris, *Collection des mémoires sur l'art dramatique*, t.14, 1822-1825) ne font pas allusion à *Don Pedre*.

[172] A d'Argental, 18 mars 1775, D19377.

comme si, à une tragédie se plaçant à rebours des modes théâtrales et mettant en scène un héros lui-même dépassé par l'évolution historique, répondait dans les faits le vieillissement des acteurs qui avaient assuré le triomphe des pièces de la jeunesse et de la maturité. Même écho dans une lettre à Thibouville du 20 mars 1775 (D19380), qui après avoir signalé les quatre éditions de *Don Pedre* et déploré la décadence du goût ('la barbarie est venue à force d'esprit') et l'opéra-comique qui 'l'emporte sur *Armide* et sur *Phèdre*', répète:

Mais Dieu me préserve qu'il y eût une seule représentation. Je vous répète que seul Lekain peut jouer le rôle de Guesclin, il n'y a jamais eu que Mlle Lecouvreur qui pût faire valoir Léonore et que le seul Baron qui était fait pour Don Pedre. Vous n'avez au Théâtre Français que des marionnettes, et dans Paris que des cabales.

Don Pedre appartient donc au cycle de pièces non jouées comme *Les Lois de Minos* quoiqu'elles eussent été répétées. [173] Situation à laquelle Voltaire, passé les événements immédiats, ne se résout guère, comme le montre une lettre à d'Argental du 2 juin 1777 (D20682) faisant d'abord allusion à *Agathocle*, puis à *Irène*:

Je vous parlerai d'abord de l'ambigu à 5 services, qui probablement sera servi bien froid ou plutôt qu'on n'osera jamais servir [...] L'autre est meilleur [...] Mais il est plaisant entre nous qu'on ait tant mangé de *Zuma* [174] et qu'on n'ait pas seulement essayé de tâter de *Don Pedre*. Le hasard gouverne le monde.

Certaines objections des contemporains peuvent expliquer les réticences des comédiens. Elles touchent à la polémique politique

---

[173] Au duc de Richelieu, 28 novembre 1774, D19205. Lekain (*Collection des mémoires sur l'art dramatique*, t.14, p.234) mentionne en deuxième classe dans ses 'Réflexions sur le tableau des pièces nouvelles divisées en trois différentes classes': '21 mars 1772: De M. de Voltaire *Les Lois de Minos*, tragédie imprimée'.

[174] Tragédie de Pierre François Alexandre Lefèvre, créée en 1776 à Fontainebleau, en 1777 à Paris et imprimée en 1777 chez la Veuve Duchesne, que Voltaire a reçue, comme l'atteste une lettre à l'auteur du 8 février 1777 (D20557).

comme le montrent les articles de réception[175] portant notamment sur la fameuse tirade de Don Pedre contre le sénat, mais également aux bienséances. La Harpe par exemple, déplore le retour de Transtamare à l'avant-dernière scène de l'acte 5.[176]

Il n'en reste pas moins que la tragédie avec ses scènes parallèles entre Don Pedre et Transtamare, entre ces derniers et Léonore, ses coups de théâtre comme l'arrivée de Du Guesclin à la fin du troisième acte, les événements survenus entre les actes (comme le pardon de Léonore entre les actes 2 et 3, le couronnement de Léonore et la remise en liberté de Transtamare entre les actes 3 et 4[177]) n'affiche pas une théâtralité moindre que ses consœurs. Voltaire a même particulièrement soigné quelques mouvements de scène dans une optique de tableau,[178] comme le montrent les didascalies descriptives de la grande scène entre Don Pedre et Du Guesclin,[179] remarquées par les contemporains comme La Harpe:

[175] C'est l'explication avancée par Henry Carrington Lancaster dans *French tragedy in the time of Louis XV and Voltaire: 1715-1774* (New York, 1977), 2 vol., t.2: *Les Guèbres, Les Pélopides, Les Lois de Minos* et *Don Pedre* seraient 'too critical of "parlements", or too reminiscent of Crébillon to be tolerated on stage' (p.596).

[176] 'Qui croirait qu'après ce récit, qui ne serait pas supporté, le poète ose amener sur la scène cet abominable assassin qui vient tranquillement réclamer la main de Léonore dont il a massacré l'époux. Une pareille scène soulèverait encore plus que la récit qui précède. Léonore ne lui répond qu'en se perçant d'un poignard' (*Commentaire sur le théâtre de Voltaire*, p.364.)

[177] La bataille, annoncée par la dernière scène de l'acte 4, censée se dérouler pendant l'entracte et la première scène de l'acte 5 et racontée par Mendose à la scène 2, entre dans la pure tradition tragique et n'est pas moins spectaculaire que toutes les scènes similaires.

[178] Voltaire note toutefois que le déploiement spectaculaire se prête mal à la représentation. Il écrit dans la *Préface* de *Rome sauvée*: 'Cette tragédie paraît plutôt faite pour être lue par les amateurs de l'antiquité, que pour être vue par le parterre. [...] D'ailleurs les représentations de *Catilina* exigent un trop grand nombre d'acteurs, un trop grand appareil'. Il s'en défie d'ailleurs s'il n'est pas que le support de 'beaux vers [qui] valent mieux dans une pièce qu'un régiment de cavalerie' (*Dissertation sur la tragédie ancienne et moderne*, seconde partie, précédant *Sémiramis*).

[179] 'DON PEDRE *se place sur son trône*, MENDOSE *à côté de lui avec quelques Grands d'Espagne*, GUESCLIN, *après avoir salué le roi qui se lève, s'assied vis-à-vis de*

Vient ensuite la scène d'audience, où Don Pedre sur son trône, environné de toute la pompe de la Cour, reçoit l'ambassadeur français. La noblesse du dialogue répond à ce grand appareil. Nous citerons une partie de cette scène, qui certainement produirait sur le théâtre un effet imposant. [180]

ou celles de la dernière scène qui présente un tableau inaugural, [181] proche de l'esthétique troubadour:

LÉONORE *renversée dans un fauteuil*, ELVIRE *la soutenant*, TRANS-TAMARE et ALMÈDE *auprès d'elle*, GUESCLIN et la suite *au fond du théâtre*.

qui s'anime peu à peu par les didascalies suivantes:

> GUESCLIN *entrant au moment où Léonore parlait.*
> [...]
> TRANSTAMARE *courant à Léonore.*
> [...]
> LÉONORE
> [...]
> (*elle fait un effort pour prononcer ces deux vers-ci*)

6. *Intertextualité dramatique autour de* Don Pedre

Très rapidement, le personnage du roi de Castille suscite une importante littérature tant poétique [182] que dramatique en Espagne et en France. [183] Nous ne nous attacherons ici, pour des raisons de

---

lui. *Les gardes sont derrière le trône du roi, et des officiers français derrière la chaise de Guesclin.*'

[180] La Harpe, *Mercure de France*, mai 1775, p.65. Flaubert note également cette didascalie, voir *Le Théâtre de Voltaire*, *SVEC* 51 (1967), p.458.

[181] Il est annoncé par la didascalie de la fin de la scène précédente (V.iii): 'LÉONORE *se soulevant sur le siège où elle est penchée.*' Voir à cet égard la Préface de l'édition de Paris des *Scythes* sur l'art de Lekain et de Mlle Clairon, opposant ces 'tableaux de Michel-Ange' aux 'postures' décriées par les petits-maîtres.

[182] Les poèmes consacrés à Don Pedre ont été réunis dans le recueil *Romancero del Rey Don Pedro (1368-1800)*, déjà cité.

[183] Voir entre autres Gonzalo Moya, *Don Pedro El Cruel* (Madrid, 1975) et le chapitre 'La imagen literaria del rey Don Pedro', p.209-332.

cohérence générique, qu'à la série dramatique, avant et après la tragédie de Voltaire.

Les premières pièces de théâtre sont espagnoles et datent du dix-septième siècle. Lope de Vega écrit plusieurs pièces mettant en scène Don Pedre sous les différentes facettes mises en valeur par sa légende, amoureux, protecteur du pauvre contre les nantis de toute sorte, justicier faisant figure de deus ex machina. Citons entre autres de lui ou lui étant attribuées *La Carbonera* (*La Charbonnière* qui met en scène entre autres Don Pedre, Don Juan Velasco, Don Fernando et Doña Leonor), *Ya anda la de Maçagatos* (*Il va y avoir un grand tapage* avec, entre autres, Don Pedre, Don Manrique, Don Juan, Doña Elvira), *La Niña de plata* (*La Fille aux yeux d'or*[184] qui développe une intrigue amoureuse autour de Dorothée, son amant, le roi et l'infant Don Henri[185]), *Lo Cierto por lo dudoso* (*Le Certain pour le douteux*, Don Pedre et Don Henri sont amoureux de la même dame), *Las Audiencias del rey Don Pedro* (*Les Audiences du roi Don Pedre* avec Don Pedre, Don Tello son frère et Don Garcia de Alvarez maître de Santiago où le roi venge un savetier victime d'une injustice commise par un prêtre),[186] *El Rey Don Pedro en Madrid y el Infançón de Illescas* (*Le Roi Don Pedre à Madrid et l'hidalgo*[187] *d'Illescas*) qui reprend en partie l'épisode du prêtre de Santo Domingo de la Calzada apportant au roi un avertissement du destin). Calderón de la Barca met en scène Henri de Transtamare et Don Pedre dans sa comédie héroïque *El médico de su honra* (*Le Médecin de son honneur*) où Don Pedre

[184] Selon le titre adopté par M. Damas-Hinard, *Théâtre de Lope de Vega*, traduit par M. Damas-Hinard (Paris, Bibliothèque Charpentier, 1892).

[185] Outre cette intrigue amoureuse, la pièce fait allusion à la rivalité des deux frères, au mariage avec Blanche de Bourbon et reprend le motif de la prédiction: un Maure, envoyé par Don Pedre à Henri pour le guérir de sa mélancolie, lui annonce qu'il fera deux voyages en France, que Don Pedre tuera la mère de son demi-frère et que lui-même tuera Don Pedre.

[186] Le motif est repris en 1840 par Francisco de Rojas Zorilla dans *El Zapatero y el Rey* (*Le Savetier et le roi*).

[187] 'L'infanzón' désigne précisément un hidalgo qui n'a aucun droit de domination sur ses terres.

intervient au dénouement de ce sombre drame). Luis Velez de Guevara, dans *El Diablo está en Cantillana* (*Le Diable est à Cantillana*) montre Don Pedre amoureux de la fiancée d'un noble). Agustin Moreto y Cabaña lui consacre *El Valiente justiciero o el rico-hombre de Alcala* (*Le Brave justicier et le riche-homme d'Alcala*) où Don Pedre ayant humilié un noble se bat contre lui et sort vainqueur du combat). Enfin, Juan de la Hoz y Mota dans *El montañes Juan Pascal, primer assistant de Sevilla* (*Le Montagnard Juan Pascal, primer assistant de Séville*) s'inspire de l'anecdote du candilejo (le chandelier) et du montagnard qui devient 'primer assistant' et qui condamne Don Pedre à la suite d'un meurtre. [188] La sentence s'applique grâce à un subterfuge: on coupe la tête d'une statue représentant le roi. Cet épisode est repris par la nouvelle de Dumas *Pierre le Cruel* et un roman espagnol *La Cabeza del Rey Don Pedro* (*La Tête du roi Don Pedre*) de Fernandez y Gonzales.

Si Voltaire n'est pas un grand amateur de théâtre espagnol comme le montrent ses jugements sur Calderón ou Lope de Vega[189] qui lui paraissent aussi barbares que Shakespeare, il possède une certaine culture espagnole, [190] ce qu'atteste la bibliothèque de Ferney. [191] Il connaît les grands textes de la littérature, les

[188] La pièce est traduite et publiée en France sous le titre '*Le Paysan magistrat*, comédie en cinq actes et en prose, imitée de l'espagnol de Calderon, d'après la traduction de M. Linguet, mise au théâtre français, par M. Collot d'Herbois, Paris, aux adresses ordinaires, 1780'. Elle fait d'ailleurs l'économie du personnage du roi.

[189] 'Je vois dans l'homme illustre qui le précéda des scènes sublimes, dont ni Lopez de Véga, ni Calderon, ni Shakespeare, n'avaient même pu concevoir la moindre idée' (*Fragment d'un discours*).

[190] Alfonso de Salvia, 'Voltaire and Spain', *Hispania* 7 (1924), p.60-110; Donald Schier, 'Voltaire's criticism of Calderón', *Comparative literature* 11 (1959), p.340-46; Luigi Derla, 'Voltaire, Calderon e il mito del genio eslege', *Aevum* 36 (1962), p.109-40; Paul Ilie, 'Voltaire and Spain: the meaning of *Don Pedre*', *SVEC* 117 (1974), p.153-78.

[191] Citons entre autres textes littéraires espagnols présents dans le catalogue de Ferney: Calderón de la Barca, *Comedia famosa, Lances di amor e fortuna* (Madrid, 1754); Baltasar Gracián, *Obras* (En Amberes, 1702) et plusieurs œuvres traduites; Jorge de Montemayor, *Le Roman espagnol ou nouvelle traduction de La Diane* (Paris, 1735); Louis-Adrien Du Perron de Castera, *Extraits de plusieurs pièces du théâtre espagnol...* (Paris, Vve Pissot, 1738) (qui ne contient pas d'extraits de pièces mettant en scène Don Pedre).

sources espagnoles de Corneille et de Molière et fait allusion dans le *Discours historique et critique* à une 'tragi-comédie espagnole, où *Pierre*, que nous appelons le *cruel*, n'est jamais appelé que le *justicier*' (sans doute s'agit-il de la pièce de Moreto signalée plus haut). Pourtant, sa réhabilitation de Don Pedre, parce qu'elle est entreprise dans le cadre d'une tragédie historique et politique, délaisse ces aspects mineurs de la légende, plus propres à des comédies, et l'intertexte le plus intéressant semble bien être la pièce de de Belloy, à laquelle la correspondance et les paratextes font allusion. Alors que Voltaire dans le *Fragment du Discours historique et critique* consacre un paragraphe à la comparaison des deux *Bérénice* au détriment de celle de Corneille, les étapes de la rédaction de son *Don Pedre*, les explications qu'il donne dans l'*Epître dédicatoire* et dans le *Discours historique et critique* le placent dans une situation de rivalité analogue. La stratégie est double: encenser de Belloy d'un côté dans l'*Epître* en l'intégrant dans la longue liste des juges réclamés pour la tragédie du prétendu jeune homme,[192] affirmer dans le *Discours* l'antériorité du projet voltairien[193] même si la première représentation parisienne de *Pierre le Cruel* semble démentir ces allégations,[194] pour conclure sur les parfaites relations entre auteurs au sein de la république des lettres. Les critiques contemporains n'ont pas manqué de remarquer cette coïncidence. Citons les *Mémoires secrets*: 'Dans le discours préliminaire, l'auteur s'excuse d'avoir traité un sujet déjà mis au

[192] 'J'en veux pour juge l'auteur du *Siège de Calais*, qui a communiqué son enthousiasme à la Nation, et qui ayant lui-même composé une tragédie de *Don Pedre*, doit regarder mon ami comme le sien, et non comme un rival' (*Epître*).

[193] Voir la section 'Genèse de *Don Pedre*', p.3s.

[194] 'S'il est encore quelques esprits qui consentent à perdre une demi-heure dans la lecture d'une tragédie nouvelle, on doit leur dire d'abord que ce n'est point celle de M. du Belloy qu'on leur présente. L'illustre auteur du *Siège de Calais* a donné au théâtre de Paris une tragédie de *Pierre le cruel*, mais ne l'a point imprimée. Il y a longtemps que l'auteur de *Don Pedre* avait esquissé quelque chose d'un plan de ce sujet. M. du Belloy, qui le sut, eut la condescendance de lui écrire qu'il renonçait en ce cas à le traiter. Dès ce moment l'auteur de *Don Pedre* n'y pensa plus, et il n'y a travaillé sur un plan nouveau que sur la fin de 1774, lorsque M. du Belloy a paru persister à ne point publier son ouvrage' (*Discours*).

théâtre par le grand maître M. Du Belloy. Mais la modestie de cet écrivain, qui n'a pas jugé à propos de faire imprimer son *Pierre le Cruel*, autorise le jeune homme à paraître sur la scène.'[195] Voltaire, depuis Ferney, est au courant des représentations[196] et connaît l'échec de la première représentation de *Pierre le Cruel*, créé le 20 mai 1772. Il écrit à de Belloy le 8 juin 1772 (D17773):

Mon cher et illustre confrère, nous avons affaire, vous et moi, à une drôle de nation [...] Puisqu'on s'est déchaîné contre le Prince Noir et Du Guesclin, il est sûr que Caboche réussira. La décadence du goût est arrivée. *Les Lois de Minos* sont un très faible ouvrage qu'on dit avoir quelques rapports avec *Les Druides*, et qui par conséquent ne sera pas joué. J'en avais fait présent à un avocat. Rien n'était plus convenable à un homme du barreau qu'une tragédie sur les lois. Mais elle n'est bonne qu'à être jouée à la Basoche... Le Prince Noir, du Guesclin étaient de vrais héros faits pour la Cour. Il faut que la cabale ait été bien acharnée pour prévaloir sur ces grands noms, illustrés encore par vous. De tels orages sont l'aveu de votre réputation.

quitte à émettre un jugement plus réservé lors de la mort de de Belloy en 1775, quelques mois après la parution de *Don Pedre*, en écrivant à La Harpe, le 31 mars 1775 (D19394):

Je ne croyais pas, mon cher successeur, que De Belloy était mort[197] lorsque je l'ai presque associé à vous; mais je crois avoir bien fait sentir la prodigieuse différence que je mets entre vous et lui, comme de raison.

Si différente en effet que soit la pièce de de Belloy qui prend le parti opposé de celui de Voltaire dans le traitement du roi de Castille, on ne peut que s'étonner de la convergence des jugements critiques suscités par les deux pièces. Collé évoque dans son *Journal* les aléas de l'unique représentation de février 1772,[198]

---

[195] *Mémoires secrets*, t.7, 11 février 1775, p.284-86.

[196] Le calendrier des représentations apparaît dans sa *Correspondance*: '[les comédiens] ont déjà donné parole à M. du Belloy et ils ont déjà appris sa tragédie de *Don Pedre*' (30 mars 1772, D17664).

[197] De Belloy meurt le 15 mars 1775.

[198] *Journal historique ou Mémoires critiques littéraires*, publiés une première fois en

objet d'une cabale 'infernale' si bien que de Belloy la retire
'sagement' (*Journal*, t.3, p.348). Collé, qui n'a pas vu la pièce,
porte un premier jugement en s'appuyant sur le témoignage des
spectateurs. La chute est attribuée au jeu des acteurs, que Collé
critique abondamment, selon son habitude, tout comme la *Correspondance* de Voltaire s'abrite derrière la médiocrité des actuels
comédiens français pour ne pas donner sa pièce. La différence étant
que Collé n'épargne pas Lekain dont il rapporte 'qu'on l'a
soupçonné d'avoir reçu des ordres de Voltaire pour contribuer à
la chute de l'ouvrage' (*Journal*, t.3, p.357)... Suit une analyse. Dans
un premier temps après l'audition d'une lecture, Collé trouve
l'intrigue 'trop compliquée, trop chargée d'événements et sans
intérêt' (*Journal*, t.3, p.358). Comme ses contemporains pour *Don
Pedre*, il s'interroge sur le statut du héros dans la pièce et déplore la
multiplicité des personnages secondaires autour du couple fratricide: 'Edouard ou le Prince Noir et Du Guesclin, ces deux héros, ne
sont dans cette tragédie que des médiateurs; ce n'est point sur eux
que roule l'intérêt; ils ne sont que des personnages seconds'
(*Journal*, t.3, p.358). La critique se poursuit sur la difficulté de la
tragédie historique comme genre, difficulté qui fait prendre à de
Belloy le parti, redoutable selon Collé, d'une succession de
tableaux à la manière d'une 'lanterne magique' (*Journal*, t.3,
p.358), étrangère à la concentration requise par le théâtre. Une
relecture personnelle de Collé, après les représentation à succès de
Rouen, développe les mêmes reproches en les étayant davantage:
'En regardant cette tragédie comme un morceau d'histoire, et non
pas comme un poème dramatique, j'y vois un très beau tableau des
événements qui se passèrent à l'époque des jours brillants du Prince
Noir et du connétable Du Guesclin', mais une 'non-tragédie'
(*Journal*, t.3, p.356-57, n.1).

Il est intéressant de comparer les deux tragédies pour souligner

---

1807 par Barbier, d'après les neuf volumes autographes déposés à la Bibliothèque du
Louvre et republiés en 1868 par Honoré Bonhomme (Paris, 1868) qui couvrent les
années 1748 à 1772 (moins 1752-1753), t.3, p.338, 348 et 356.

combien le projet de réhabilitation voltairien, inscrit dès la genèse de la pièce, conduit à une écriture dramatique opposée point par point.

La pièce de de Belloy, plus proche des données historiques par le nombre des personnages, les événements et le caractère des héros, met en scène Don Pedre, Edouard, le connétable Du Guesclin, Henri de Transtamare désigné comme 'frère naturel du roi', Blanche de Bourbon, Dom Fernand ministre et général de Don Pedre et Altaire chef des Maures. Si l'action se centre autour de la bataille de Montiel, de Belloy s'autorise à sortir hors du palais tragique conventionnel pour changer de décor à chaque acte: le premier et le dernier acte se déroulent dans la chambre de captivité de Blanche, le deuxième dans le camp de Don Pedre, le troisième dans la tente d'Edouard et le quatrième dans celle de Don Pedre.

L'organisation des personnages contribue au réquisitoire dressé contre Don Pedre. L'accent est mis sur Blanche de Bourbon, simplement mentionnée chez Voltaire. [199] La première scène la montre 'vêtue sans éclat, assise dans l'attitude de l'accablement' dans un décor proche du roman gothique, [200] monologuant plaintivement et accusant sans ambiguïté Don Pedre et Padille (I.i):

> Tout m'aima sur la terre, – hors ma vile rivale,
> Hors mon cruel époux, qui seuls ont condamné
> Ce cœur, plus pur encor qu'il n'est infortuné.

Alors que Voltaire, en inventant le personnage de Léonore, relègue au second plan l'union avec Blanche de Bourbon, de Belloy évoque à travers le récit de la reine captive à Edouard l'épisode du mariage à Burgos, le 'fier dédain' de Don Pedre sous la coupe de Padille et l'injure faite à la France par 'le monarque parjure'. L'annonce de la nullité de son mariage avec Don Pedre, déjà uni à Padille, libère Blanche, comme le lui annonce Edouard (I.iv):

---

[199] II.ii.70-72 et II.v.191.

[200] Dans son récit à Edouard, Blanche évoque la dureté de sa captivité où elle n'a 'Que l'aliment du pauvre... et ne l'eu[t] pas toujours' (I.ii).

71

Et l'auguste Bourbon, que trompa sa promesse,
N'est point esclave et reine, elle est libre et princesse.

ce qui fait de Blanche un enjeu entre Don Pedre et Transtamare
comme Léonore chez Voltaire mais avec cette différence essentielle
que chez de Belloy, elle aime Transtamare et que Don Pedre a
besoin d'elle pour reconquérir son trône.

Aussi, les dénominations morales sont inversées par rapport à
Voltaire, hormis Edouard, figure intangible, réduit à quelques vers
chez Voltaire, mais largement présent chez de Belloy, qui
transcende les camps et les alliances (I.ii):

Pour régner à mon tour le destin m'a fait naître,
J'enseigne à respecter ce qu'un jour je dois être.
Dans les champs de l'honneur, je m'arme contre un roi,
Dans ma cour, dans mes fers, il est un dieu pour moi.
J'estimais Transtamare et sa valeur brillante;
Son âme est grande et fière, humaine et bienfaisante,
Fidèle à l'amitié, ferme dans le malheur.

La présence de Blanche et l'option nationale des pièces de de Belloy
induisent un portrait flatteur de Charles V alors que ce dernier est
présenté de manière ambiguë dans la scène d'exposition de Voltaire
(I.i.13-14), sage mais calculateur, habile à semer la discorde pour en
récolter les fruits et que ce portrait tend à s'obscurcir dans la scène
entre Don Pedre et Du Guesclin, mis par son adversaire dans
l'incapacité de défendre son souverain dont il apparaît comme un
piètre ambassadeur, embarrassé dans une mission étrangère à ses
talents de chevalier. Alors que Voltaire fait du souverain français le
symbole de la politique et de ses compromissions, dans la pièce de
de Belloy Edouard dépeint ce même Charles V, qui est pourtant
son adversaire, comme l'incarnation de la tempérance face à la
passion destructrice de Don Pedre (I.ii):

Charle apprend aux guerriers que la valeur suprême
Pour commander au sort, se commande à soi-même.
Plus terrible pour Londre au fond de son palais
Que son père suivi de cent mille Français.

Du Guesclin reste le représentant de la fidélité, aux rois en général et à son souverain (III.iv):

> Je respecte ce front, puisqu'il fut couronné:
> Mais je sers un monarque avoué par la France
> Un peuple dont mon roi m'a commis la défense.

Henri de Transtamare, 'frère naturel' et non bâtard légitimé, s'oppose à Don Pedre, constamment désigné par des termes péjoratifs émanant de tous les protagonistes ('âmes de sang', I.ii, 'un époux qu'on me peignait sauvage', I.ii, 'tigre ensanglanté', I.iv), comme le soulignent ces vers d'Henri (II.ii):

> Son cœur soupçonne-t-il la générosité?
> [...]
> Je connais trop mon frère et sa rage inhumaine.

Là où la tragédie voltairienne avance la thèse d'un héros en quelque sorte inadapté à l'évolution des mœurs politiques, dernier chevalier égaré dans un monde de ruses élégamment revêtues du terme de diplomatie, chez de Belloy les indications scéniques et les répliques du souverain castillan le montrent comme un être de passion, d'une violence pathologique. Quelques didascalies sont significatives: 'd'un ton d'humeur', 'à Edouard, avec le désordre d'une passion naissante', 'avec la plus grande violence' (I.iii) étayées par des répliques sans équivoque:

> Rien n'est sacré pour moi quand le courroux m'égare
> Malheur à qui me force à devenir barbare
> [...]
> Et je préférerais, comme un sort moins fatal
> La mort de ce que j'aime au bonheur d'un rival. (I.iv)

> [...]
> C'est un torrent fougueux qui, malgré moi, m'entraîne.
> Toutes mes passions ressemblent à de la haine.
> Je ne puis, ni ne veux surmonter leur transport,
> Qui vient leur résister se dévoue à la mort. (I.vi)

que l'on attribuerait volontiers au Transtamare de Voltaire...

Les événements soigneusement omis par Voltaire dans la tragédie ou minimisés dans les paratextes polémiques passent au premier plan qu'il s'agisse des infidélités avec Padille, de leurs agissements coupables (EDOUARD: 'Belle Bourbon, eh quoi lorsque Pedre et Padille / Du bruit de votre mort consternaient la Castille', I.i) ou du paiement héroïque de la rançon de Du Guesclin (II.i). Don Pedre est isolé face à son ministre vertueux qui tient de Mendose chez Voltaire et de Burrhus, mais surtout face à un trio vertueux composé d'Edouard, Henri et Du Guesclin. Là où Voltaire prête une tonalité tragique au personnage de Don Pedre, de Belloy, en multipliant les tableaux (ce que lui reproche Collé) se place à rebours de la tradition légendaire et intente un procès au souverain castillan. Si Léonore et Mendose rêvent un moment à ce qu'aurait pu être le règne de Don Pedre sans ses errements de jeunesse pudiquement réduits à l'influence de ses différentes maîtresses, la pièce de de Belloy égrène les différents meurtres imputés au monarque (I.ii):

> BLANCHE: Le cruel immola ses frères, et leur mère,
> Son tuteur, ses neveux et la sœur de son père.
> Sur son père... on retint son parricide bras
> Et l'ordre de ma mort combla ses attentats.

sus de tous, comme le souligne cette réplique d'Edouard (I.ii):

> Je frémis. Chaque trait rappelle à ma mémoire
> Ce que m'a dit Guesclin, ce que je n'ai pu croire.

L'intrigue amoureuse entre Blanche et Henri explique le changement d'orientation du cinquième acte chez de Belloy qui place la bataille à la fin du quatrième acte pour consacrer son dénouement au règlement de comptes entre Don Pedre et Blanche de nouveau prisonnière, à qui il présente une coupe empoisonnée ou un poignard. Deux dénouements coexistent chez de Belloy. Dans l'un, plus proche des faits, Don Pedre tue Blanche, puis est tué par son frère. Dans l'autre, Henri désarme son frère, lui pardonne tandis que ce dernier se saisit d'une autre arme et se transperce lui-même (V.vii):

BLANCHE
Enfin, te voilà seul coupable de ta mort!

ce qui lave Henri de tout crime.

Des scènes comparables, si ce n'est analogues, se jouent avec une autre configuration de personnages, montrant que le traitement de l'Histoire et le parti pris sont inverses. Ainsi la grande scène de conférence existe chez de Belloy mais entre Edouard et Du Guesclin avec notamment ce distique révélateur (II.i):

Grâce à la politique, à sa fausse grandeur,
La gloire des héros n'est pas toujours l'honneur.

Le débat ne porte pas sur l'ingérence qui offrait matière à discussion, mais relève de la simple morale, celle qui consiste à délivrer Blanche prisonnière au premier et au dernier acte, ou d'une utopie politique qui verrait la France et l'Angleterre cesser d'être ennemies comme le suggère la scène chez de Belloy où Du Guesclin reproche à Edouard son alliance avec Don Pedre et lui oppose la valeur d'Henri:

Sachez que votre bras ici se déshonore
S'il protège un tyran que l'univers abhorre. (II.i)

[...] Chérissez mon ami: comparez le vôtre,
Ce tigre tout souillé de sang et de forfaits:
J'ai placé mieux que vous, l'honneur de vos bienfaits. (II.iv)

C'est Don Pedre qui poursuit Blanche comme le fait Transtamare (I.ii):

Don Pedre me choisit de l'aveu de sa mère
[...] Quand mon troisième lustre à peine finissait,
Déjà sa cruauté sourdement s'annonçait.

et c'est Henri qui aime, est aimé de Blanche et devient le héros chevaleresque, sauveur de la Castille et de la souveraine (I.ii):

Quand le seul rejeton de sa triste famille
Transtamare son frère, entrait dans la Castille:

Couronné par le peuple, appuyé des Français,
Il volait pour briser les fers où je me trouvais.

Ce qui explique les scènes amoureuses entre Henri et Blanche sous
l'œil bienveillant de Du Guesclin (II.iii) (alors que Voltaire se
garde de mêler ce dernier à ces débats sentimentaux): [201]

DU GUESCLIN

Reine, voilà l'époux choisi par votre frère.

De même, c'est Edouard qui, comme le faisait Léonore chez
Voltaire, tente de ramener Don Pedre sur le chemin de la clémence,
en lui rappelant ses promesses non tenues (III.i):

Je crus de votre peuple être le bienfaiteur,
Je crus lui rendre un père, et fus son destructeur;
[...] La réponse est toujours le nom de leurs supplices
[...] Demandez qu'on vous aime, et la haine s'abjure.

alors que la politique de Don Pedre se résume à la vengeance (III.i)
(ce que le héros voltairien refuse pour sa perte):

DON PEDRE *avec impatience.*

Mon peuple m'était cher, quand j'en étais chéri.

Edouard fait office de diplomate dans la grande scène d'affrontement entre les deux frères, comparable à celle de Voltaire. Si
Don Pedre chez de Belloy voit en son frère un usurpateur comme
chez Voltaire ('C'est aux usurpateurs / A flatter par besoin,
d'orgueilleux défenseurs', III.iv), sa violence le déconsidère plus
sûrement:

Ta mère, à ta naissance, a mérité la mort.
(*Edouard et Du Guesclin font un mouvement d'indignation*)

que son refus d'être jugé par son peuple ('Mon peuple est-il mon

---

[201] 'Mais peut-être Guesclin dédaignera d'entrer / Dans ces petits débats qu'il
semblait ignorer. / Son esprit mâle et ferme, et même un peu sauvage, / Des
faiblesses d'amour entend peu le langage' (I.i).

juge?', III.iv). Henri se défend de toute intrigue, s'opposant ainsi à Transtamare chez Voltaire (III.iv):

> Me punisse le Ciel si, par quelques intrigues,
> Tramant contre mon Roi d'ambitieuses ligues,
> Et si, lui dérobant les cœurs de ses sujets
> J'osai jusqu'à son trône élever mes projets.

Quand les scènes ne sont pas inversées par le système des personnages ou des valeurs, elles sont transposées. Ainsi, de Belloy prévoit également une scène de duel entre les deux frères (II.iv) mais Edouard refuse le combat singulier au profit d'une bataille rangée, ce qui permet d'évoquer la bataille de Montiel au quatrième acte (scènes 5 et 6). De même, Don Pedre, à l'avant-dernier acte, évoque devant son ministre et confident, l'amour nouveau qu'il porte à la reine en le comparant avec ses sentiments pour ses maîtresse, comme chez Voltaire (IV.i):

> [...] Non Padille et Péres
> N'avaient jamais porté dans le fond de mon âme
> Ce feu tumultueux qui m'enivre et m'enflamme

pour cependant tenir un discours attribuable à Transtamare dans la tragédie voltairienne devant Blanche de nouveau enchaînée (IV.ii):

> C'est à moi que jadis Valois vous a donnée
> [...]
> Il n'est prétexte, excuse ou loi qui nous retienne

auquel Blanche répond avec les mêmes accents que Léonore au cinquième acte (IV.ii):

> Ah! Tyran, ta menace a dissipé ma crainte.
> Oui, je l'aime: en mourant je le dis sans contrainte.

tandis que les menaces de Don Pedre sont comparables avec celles de Transtamare chez Voltaire (IV.ii):

> Ôtez-la de mes yeux. Allez, qu'on les sépare:
> Qu'on l'enferme où j'ai dit: laissez-moi Transtamare;

(*A Blanche*) Tu ne le verras plus que mort et déchiré.

(*A d'autres gardes*) Et vous, que l'échafaud soit soudain préparé.

Le dix-neuvième siècle est également séduit par la figure de Don Pedre[202] et lui consacre plusieurs drames historiques riches en rebondissements et en débats politiques. *Don Pedre ou le roi et le laboureur*, une tragédie en cinq actes, en vers, d'Antoine-Vincent Arnault est représentée sur le Théâtre Français en 1802 (apparemment de façon fort tumultueuse en raison des applications politiques qui sont faites). Publiée sans lieu, ni date, elle semble avoir été composée en 1799 et comporte une *Epître dédicatoire* au général La Fayette datée de 1818. L'auteur se réclame de Voltaire, mais des *Scythes*, pour la création de son personnage du laboureur.[203] La pièce met en scène le roi de Castille dans une double intrigue, amoureuse et criminelle, enlaçant ainsi deux aspects de la légende de Don Pedre, celle des amours et celle du paysan intègre et sincère promu aux hautes charges juridiques de *primer assistant*. Si la première partie de la pièce semble opter pour une réhabilitation partielle en jouant également sur les surnoms du roi (I.v):

DON PEDRE

Ainsi l'erreur publique, en me rendant complice
De trop nombreux forfaits qu'ignora ma justice
D'un surnom que mon cœur n'aurait pas mérité
Peut me flétrir aux yeux de la postérité.

le dénouement opte pour une condamnation de Don Pedre qui n'est pas sans rappeler celle de Du Guesclin chez Voltaire (V.vi):

JUAN

O Roi! je pleure un fils que m'ont ravi vos coups;
Mais je pleure encore plus sur l'Espagne et sur vous.
[...]

[202] Victor Hugo en revanche, à notre connaissance, ne lui consacre aucune pièce de théâtre.

[203] Une réplique de Juan, le paysan, cependant fait écho au Don Pedre de Voltaire: 'Abrège les instants, et rends cette journée / Exécrable à jamais par ton double hyménée' (V.vi).

DON PEDRE

Je ne suis qu'un tyran! je voulais être roi!

Don Pedre et Zulica ou La Princesse de Grenade, un mélodrame en trois actes, du général J. Thuring, créé à la Gaieté le 24 nivôse an X, met en scène Alphonse roi de Castille et Don Pedre dans une intrigue guerrière et amoureuse avec les Maures. *Don Pedre le mendiant*, un mélodrame en quatre actes de Labrousse et Saint Ernest (pseudonyme E. Brette), créé à l'Ambigu comique le 28 décembre 1837[204] s'attache à la partie de la légende dépeignant Don Pedre pauvre et luttant contre les 'riches hommes'. La pièce se passe à Tolède en 1357 et montre le souverain réduit à la misère par le grand-prieur de Tolède et les ricos-homes, mais invaincu: ('Ce titre de justicier que lui a donné la Castille, il l'a maintenu par son énergique persévérance, par son génie, que rien n'a pu dompter', I.ii) uniquement soutenu par sa fille, son bouffon et le peuple. Après s'être laissé couronné roi des gueux lors d'un festin chez les ricos-homes, Don Pedre se fait reconnaître à l'acte 3 et convoque les ambassadeurs pour un jugement, où après avoir été menacé d'excommunication par un gentilhomme (IV.viii), il fait condamner les ricos-homes sous les acclamations de la foule qui crie 'Gloire au justicier!' (IV.ix). L'opéra-comique *Don Pedre* de Cormon et Grangé sur une musique de F. Poise, créé le 30 septembre 1857 à l'Opéra-comique,[205] s'attache à la figure de Don Pedre incognito se promenant avec de jeunes seigneurs et courtisant les belles. Don Pedre souligne lui-même l'ambiguïté de ses surnoms: 'et si mes ennemis m'ont déjà surnommé le Cruel, je m'en consolerai en pensant que le peuple de Tolède m'appelle aussi Pedre le justicier' (I.v). Une intrigue amoureuse l'oppose à un jeune homme avec qui il se bat en duel, à l'alcade qui veut faire appliquer l'édit interdisant les duels et à un Juif qui l'a dénoncé. Don Pedre se tire avec l'élégance que lui prête la légende du 'candilejo' de ce mauvais pas en tranchant le poignet à sa statue, en

---

[204] S.l.n.d. et Paris, E. Michaud, Pilout, Barba, 1838.
[205] Paris, Michel Lévy frères, 1857.

mariant les jeunes gens et en faisant donner trente coups de bâton au Juif. Un drame en cinq actes et en prose intitulé *Don Pedre d'Aragon*, de Séraphin Pélican (pseudonyme d'Eliacim Jourdain et Camille Dutripon)[206] aborde l'histoire du côté de Pierre IV dit le Cérémonieux qui soutint Henri de Transtamare contre Don Pedre, mais qui semble emprunter à la légende de ce dernier. L'intrigue tourne en effet autour du serment que le roi doit prêter devant le grand justicier et les discussions autour d'une monarchie par élection ou de droit divin (I.iii et iv), tandis qu'on attend l'acte de baptême de Don Pedre attestant sa filiation. Don Pedre, couronné, supprime la Constitution et l'acte 5 s'interroge sur les débuts de ce règne qui commence sous d'heureux ou funestes auspices, reprenant ainsi la double postulation accordée par la légende à Don Pedre de Castille.[207]

7. *Manuscrit et éditions*

Manuscrit

MS1

Manuscrit autographe de l'acte 1, scène 1, publié par Vladimir S. Lublinski dans *Наследие Вольтера в СССР* [L'héritage de Voltaire en URSS] (Moscou, 1937), p.14-18, fac-similés p.9 et 21.

Fernand Caussy, *Inventaire des manuscrits de la bibliothèque de Voltaire conservée à la Bibliothèque impériale publique de Saint-Pétersbourg* (Paris, 1913), p.41.

Saint-Pétersbourg, GpbV: 5-240 (t.9, f.2-5).

---

[206] Bordeaux, impr. de E. Bissei, 1863.

[207] Signalons enfin qu'il existe un scénario d'une page relatif à un film produit par Gaumont en 1909, intitulé 'Don Pierre est cruel' qui s'achève par ces mots prononcés par Don Pedre: '[...] Et l'on m'appelle cruel, parce que droit et justicier, je veux que la loi soit respectée, mais par le diable je suis Pierre Ier... le roi. [...] Mais je pleure du sang, il faut un terrible châtiment, tel que le monde frémisse. Eh bien, je ferai un chapelet de têtes, je mettrai celle de l'archidiacre comme croix, et avec cela, j'enverrai un ambassadeur à Rome... [...] Que le chevalier soit juge, et que l'histoire dise si je fus Pierre le cruel, ou Pierre le justicier...'

Editions

La première édition de *Don Pedre* paraît à Genève au début de 1775 (voir D19267). Voltaire n'en aurait fait imprimer que très peu d'exemplaires, selon l'*Epître dédicatoire* et sa lettre à Jean Baptiste Nicolas De Lisle du 10 février 1775 (D19332). Cette édition est rapidement épuisée et c'est un exemplaire de la deuxième édition que Voltaire envoie le 27 février à Mme Du Deffand, 'parce que j'apprends dans mon lit qu'il n'y a plus d'exemplaires de la première à Genève. Tout est allé, je crois, à Paris' (D19359). En mars, Voltaire déclare qu'il y a eu quatre éditions de *Don Pedre* en quinze jours (D19380), dont deux qu'il ne connaît pas (D19377). De plus amples informations sur les éditions collectives se trouvent ci-dessous, p.565-74.

75G

DON PEDRE, / ROI DE CASTILLE, / *TRAGÉDIE.* / ET AUTRES PIECES. / [*filet gras-maigre orné*] / [Genève: Cramer,]²⁰⁸ *1775.* / [*filet maigre-gras orné*]

In-8. sig. π², †⁸, A-H⁸, I⁶ [A-H $4 signé, en chiffres arabes (-A4, ²⁰⁹ F4)]; pag. [*4*] xvi 139 [1]; réclames par cahier.

[*1*] titre; [*2*] bl.; [*3*] errata;²¹⁰ [*4*] bl.; i-xvi Epître dédicatoire à Monsieur D'Alembert; 1-14 Discours historique et critique sur la tragédie de Don Pedre; [15] bl.; [16] Personnages; 17-87 Don Pedre roi de Castille, tragédie; [88] Avis de l'éditeur;²¹¹ [89]-105 Eloge historique de la raison; 106-10 De l'Encyclopédie; 111-29 Dialogue de Pégase et du vieillard avec des notes de Monsieur de Morza;²¹² 130-39 La Tactique.

---

²⁰⁸ Selon le catalogue de ImV. La correspondance de Voltaire, citée plus haut, indique que la première édition a été imprimée à Genève, mais selon une note de BnC 853 'Les corrections typographiques et plusieurs vignettes sont les mêmes que dans la première édition d'*Irène*', qui a été imprimée à Paris.

²⁰⁹ Présent dans l'exemplaire de la Taylor Institution.

²¹⁰ Cette liste des errata ne figure pas dans la copie BnF 8 Yth 5357; dans la copie Taylor elle est insérée après la p.xvi.

²¹¹ 'Nous ajoutons ce petit ouvrage de M. de Chambon, si connu de la république des Lettres, à la Tragédie de Don Pedre, pour faire un juste volume.'

²¹² Les notes commencent au deuxième tiers de la page 119.

BV3561. Besterman, *Some eighteenth-century Voltaire editions unknown to Bengesco*, *SVEC* 111 (1973), p.80, n° 122. BnC 853. *Voltaire imprimé tout vif: un choix d'éditions suisses 1723-1778*, éd. Jean-Daniel Candaux, Silvio Corsini et Jacques Rychner (Genève, 1994), n° 155. Serguei Karp, *Quand Catherine II achetait la bibliothèque de Voltaire* (Ferney-Voltaire, 1999), p.51, n° 9.

Austin, University of Texas: PQ 2077 D5 1775. Genève, ImV: D Don 1775/1. Oxford, Taylor: V3 D5 1775(2). Paris, Arsenal: 8 BL 14367 (2); Richelieu: 8 RF 14605; BnF: 8 Yth 5357 (microfiche S4104; texte numérisé NUMM 5814066). Saint-Pétersbourg, GpbV: 6-40; 6-42; 9-67.

75P

DON PEDRE, / ROI DE CASTILLE, / *TRAGÉDIE*; / ET AUTRES PIECES. / [*filet*] / 1775 / [*filet*]

In-8. sig. A-I⁸ K² [A-I $4 (-A1), K $1 signé, en chiffres romains]; pag. 148; réclames par cahier.

[1] titre; [2] bl.; [3]-16 Epître dédicatoire à Monsieur d'Alembert; 17-26 Discours historique et critique sur la tragédie de Don Pedre; [27]-97 Don Pedre, tragédie; [98] Avis de l'éditeur;[213] [99]-114 Eloge historique de la raison; 115-19 De l'Encyclopédie; 120-27 Dialogue de Pégase et du vieillard; 128-39 Notes de M. de Morza; 140-48 La Tactique.

'Edition vraisemblablement parisienne, composée des mêmes pièces que la précédente [75G], mais avec quelques variantes', selon le catalogue de la BnF. Bengesco indique Genève, mais n'apporte pas d'arguments à l'appui de cette conclusion.

Bengesco 295. BnC 854.

Austin, University of Texas: PQ 2077 D5 1775b. Genève, BGE: Se 8687 (2). Paris, Arsenal: 8 BL 13505 (4), GD 9251; Richelieu: 8 RF 14604; BnF: Fb 19599, 8 Yth 5356, 8 Yth 5358, 8 Yth 5359, Z Bengesco 118, Z Beuchot 225.

---

[213] 'Nous ajoutons ce petit ouvrage de M. de Chambon, si connu de la république des Lettres, à la Tragédie de Don Pedre, pour faire un juste volume.'

75L1

DON PEDRE, / ROI DE CASTILLE, / *TRAGÉDIE*, / ET AUTRES PIECES, / Par M. De V. / [*bouquet de fleurs*] / A LONDRES. / [*filet gras-maigre orné*] / 1775

In-8. sig.A-P Q² [A-P $2, Q $1 signé, en chiffres romains]; pag. 124; réclames par cahier.

[1] titre; [2] bl.; [3]-16 Epître dédicatoire; 17-24 Discours historique; [25] Don Pedre, tragédie,; [26] Personnages; [27]-81 Don Pedre, Roi de Castille, Tragédie; [82] Avis de l'éditeur;[214] [83]-95 Eloge historique de la raison; 96-99 De l'Encyclopédie; 100-106 Dialogue de Pégase; 107-17 Notes de M. de Morza; 118-24 La Tactique.

Genève, BGE: A 880 (1). Londres, BL: 11783.aa.123. Paris, Arsenal: GD 41617; Richelieu: 8 RF 14606.

75L2

DON PEDRE. / ROI DE CASTILLE, / *TRAGÉDIE*, / EN CINQ ACTES, / *Par M.* DE VOLTAIRE. / [*ornement*] / A LONDRES, / *Et se trouve* / *A TOULOUSE*, / CHEZ Mᵉ. JEAN FLORENT BAOUR, seul / Imprimeur juré de l'Université. / [*filet gras-maigre*] / M. DCC. LXXV. In-8. sig. A-E⁴ F² [A-E $2, F $1 signé, en chiffres romains]; pag. 43 [1]; réclames par cahier.

[1] titre; [2] Personnages; [3]-43 Don Pedre, roi de Castille; [44] en blanc. Les éléments décoratifs ont été utilisés aussi dans l'édition d'*Olympie* publiée à Paris par Le Jay. [Catalogue Austin.]

Austin, Université de Texas: PQ 2077 D5 1775c.

EJ

Evangile du jour, t.12 (1775).

DON PEDRE / ROI DE CASTILLE, / *TRAGÉDIE*. / NOU-VELLE ÉDITION, / *Purgée des fautes qui se trouvent dans les*

---

[214] 'Nous ajoutons les pièces suivantes. La première est de M. de Chambon, si connu dans la République des lettres. Les deux derniers [*sic*], Dialogue de Pégase et du vieillard, et La Tactique ont déjà été imprimées; mais nous les réimprimons parceque [*sic*] les éditions qu'on a faites, sont incorrectes et fautives.'

précédentes. / [*rectangle composé d'ornements typographiques, au milieu duquel figure un soleil*] / *LONDRES,* / [*filet*] / MDCCLXXV.

In-8. sig. A-F⁸ G⁶ [$5 signé (-G5), en chiffres arabes]; pag. 108; réclames par cahier.

[1] titre; [2] bl.; [3]-10 Epître dédicatoire; [11]-17 Discours historique et critique sur la tragédie de Don Pedre; [18] Personnages; [19]-78 Don Pedre, roi de Castille, Tragédie; [79]-90 Eloge historique de la raison, Prononcé dans une Académie de province, par M. de Chambon, suivi d'une pièce sur l'Encyclopédie, d'un Petit Ecrit sur l'arrêt du Conseil du 13 septembre 1774, qui permet le libre commerce des bleds dans le royaume, et de la Tactique. Nouvelle édition, Purgée des fautes qui se trouvent dans les précédentes; [91]-94 De l'Encyclopédie; [95]-99 Petit écrit sur l'arrêt du conseil; [100] Avis des éditeurs;²¹⁵ [101]-108 La Tactique. [Une deuxième partie, p.1-72, présente l'*Histoire de Jenni*.]

L'Evangile du jour fut imprimé par Marc-Michel Rey à Amsterdam.

Bengesco 296. BnC 5271.

Cambridge, UL: S735.d.76.14. Genève, ImV: BA 1769/1 (12-1). Oxford, Bodley: Vet. B5 e.134. Paris, BnF: Z Bengesco 378 (12), Z Beuchot 290 (12), D2 5300 (12); Richelieu: 8 RF 14607.

75LA

DON PEDRE / ROI DE CASTILLE, / *TRAGÉDIE.* / NOU-VELLE ÉDITION, / Purgée des fautes qui se trouvent dans les précédentes. / [*vignette avec harpe, épée et casque*] / A LAUSANNE, / Chez FRANÇOIS GRASSET & COMP., / [*filet gras-maigre*] / M.D.CC.LXXV.

In-8. sig. A-E⁸ F⁴ [A-E $5 (-A1), F $3 signé, en chiffres arabes]; pag. 88; réclames par cahier.

[1] titre; [2] bl.; [3]-13 Epître dédicatoire; 14-23 Discours historique et critique; 24 Personnages; [25]-88 Don Pedre, roi de Castille, tragédie. Reproduit le texte de EJ.

---

²¹⁵ 'Nous donnons ici cette pièce, quoiqu'elle ait déjà paru, mais elle est augmentée d'une note très intéressante, qui ne se trouve pas dans les premières éditions et de la Tactique, augmentée d'une note très intéressante.' Bengesco 296 corrige: 'Nous avons dit que cette note se trouve dans la première édition.'

Bengesco 297. BnC 855.

Austin, Université de Texas: PQ 2077 D5 1775d. Genève, ImV: D Don 1775/2; Bibliothèque cantonale et universitaire Dorigny: NEDA 16614. Paris, BnF: Z Bengesco 119.

75 (S.L.)

DON PEDRE, / ROI DE CASTILLE, / TRAGÉDIE. / *EN VERS ET EN CINQ ACTES.* / Par M. DE VOLTAIRE / [*coupe de fleurs*] / [*filet orné*] / M.DCC.LXXV.

In-8. sig. A-F⁴ [$2 signé (-A1; F2 signé F), en chiffres arabes]; pag. 48; réclames par cahier.

[1] titre; [2] Acteurs; [3]-48 Don Pedre, roi de Castille, tragédie.

Paris, Richelieu: 8 RF 14608. [216]

75G2

DON PEDRE, / *ROI DE CASTILLE,* / TRAGÉDIE / *EN VERS ET EN CINQ ACTES.* / Par M. DE VOLTAIRE / [*coupe de fleurs*] / A GENÈVE, / Chez CRAMER, Imprimeur - Libraire. / [*filet orné*] / M. DCC. LXXV.

In-8. sig. A-F⁴ [$2 signé, en chiffres arabes]; pag. 48; réclames par cahier.

[1] titre; [2] Acteurs; [3]-48 Don Pedre, roi de Castille, Tragédie.

Lausanne, Bibliothèque cantonale et universitaire Dorigny: 1M 1499/30.

75A

DON PEDRE, / ROI DE CASTILLE, / *TRAGÉDIE,* / PAR M. De VOLTAIRE. / [*bouquet de fleurs*] / *A AVIGNON,* / Chez les Frères BONNET, Imprimeurs, Libraires, / Vis-à-vis le Puits des Bœufs / [*filet orné*] / *M. DCC. LXXV.* [217]

8°. sig. A-E⁴ [$2 signé, chiffres arabes]; pag. 40 [p.27 chiffrée '2'; p.39 chiffrée '9']; réclames par cahier.

---

[216] L'exemplaire porte, écrite à la main, la mention 'A GENÈVE / CHEZ CRAMER Imprimeur-Libraire, 48p.'
[217] Caractères décorés pour les lignes 1, 3, 5.

[1] titre; [2] Personnages; [3]-40 Don Pedre, roi de Castille, Tragédie. Oxford, Taylor: V3 D5 1775(1).

NM (1775)

T.19 (1775), p.32-103.

W75G / W75G*

T.10:

321 Supplément au tome neuvième et dernier; 323-32 Epître dédicatoire à Monsieur d'Alembert; 333-41 Discours historique et critique; 342 Personnages; 343-402 Don Pedre; 403-406 Fragment; 407 Table.

Cette édition fournit dans son état corrigé (W75G*) le texte de base de notre édition de *Don Pedre* avec les corrections de Voltaire signalées par Samuel Taylor, 'The definitive text of Voltaire's work: the Leningrad encadrée', *SVEC* 124 (1974), p.62-63, et Jeroom Vercruysse, 'Les éditions encadrées des *Œuvres* de Voltaire de 1775', *SVEC* 168 (1977), p.38. [218]

W75X

T.10:

50 Don Pedre, roi de Castille. Tragédie; 51-60 Epître dédicatoire; 61-69 Discours historique et critique; 70 Acteurs; 71-130 Don Pedre, roi de Castille; 131-34 Fragment d'un discours historique; 135 Table.

76A

DON PEDRE, / ROI DE CASTILLE, / *TRAGÉDIE*, / Par M. De VOLTAIRE / [*motif de fleurs et de fruits*] / A AVIGNON, / Chez les Frères BONNET, Imprimeurs, Libraires, / Vis-à-vis le Puits des Bœufs / [*filet orné*] / M. DCC. LXXVI.

In-8. sig. A-E4 [$2 signé (-A1), en chiffres arabes]; pag. 40; réclames par cahier.

---

[218] *Don Pedre* n'est pas cartonné.

[1] titre; [2] Personnages; [3]-40 Don Pedre, roi de Castille, tragédie.
Réimpression de 75A avec une nouvelle page de titre.
Richelieu: 8 RF 14609.

76R

[*Titre encadré décoratif*] DON PEDRE, / *TRAGÉDIE*, / Par M. DE
VOLTAIRE / [*motif de feuilles*] / [*filet orné*] / M.D.CC.LXXVI.

In-8. sig. A-D⁸ E [$4 signé (-A1), en chiffres romains]; pag. 66; réclames
par cahier.

[1] titre; [2] Personnages; [3]-66 Don Pedre, roi de Castille, tragédie.

L'exemplaire porte, p.[3], un cachet estampé avec le nom de Rouen et la
date de 1777.

Bengesco 298. BnC 857.

Paris, BnF: Z Bengesco 120.

T76

T.9 Supplément: Don Pedre, roi de Castille.

50 Don Pedre, roi de Castille. Tragédie; 51-60 Epître dédicatoire; 61-69
Discours historique et critique; 70 Acteurs; 71-130 Don Pedre, roi de
Castille; 131-34 Fragment d'un discours historique; 135 Table.

[Feuilles de l'édition w75x.]

W71L (1776)

T.25 (1776), p.90-138.

T76X

T.7, p.289-376.

289 Don Pedre, roi de Castille, Tragédie. 1775; 290-301 Epître dédicatoire; 302-11 Discours; 312 Personnages; 313-76 Don Pedre, roi de
Castille, Tragédie.

Paris, Richelieu: 8 RF 14096 (7).

77

[*Les lignes 1, 3, 4 en caractères ornés*] DON PEDRE, / *ROI DE CASTILLE*, / TRAGÉDIE / *EN CINQ ACTES* / ET EN VERS. / *PAR M. DE VOLTAIRE*. / [*filet gras-maigre orné*] / NOUVELLE ÉDITION. / [*filet maigre-gras orné*] / [*ornement typographique*] / *A PARIS*, / Chez N. B. DUCHESNE, Libraire, Rue S. Jacques, au- / dessous de la Fontaine S. Benoît, au Temple du Goût. / [*filet gras-maigre orné*] / M. DCC. LXXVII.

In-8. sig. A-E⁴ [$2 signé, en chiffres arabes]; pag. 40; réclames par cahier. [1] titre; [2] Acteurs; [3]-40 Don Pedre, roi de Castille, tragédie.

Besterman 124.

Genève, ImV: D Don 1777/1.

W68 (1777)

T.26 (1777), p.18-84.

K84

Tome 6: 93 Don Pedre, tragédie, non représentée; 94 bl.; 95-104 Epître dédicatoire; 105-12 Discours historique et critique; 113-15 Fragment d'un Discours historique et critique; 116 Personnages; 117-76 Don Pedre, roi de Castille, Tragédie.

La première version de l'édition de Kehl (K84) reporte pour l'essentiel les corrections de l'encadrée de Leningrad (W75G*).

8. *Traductions*

Hollandais[219]

Don Pedro, koning van Castilje, treurspel. Het Fransche van den Heer Arouet de Voltaire, vrij nagevolgd (Leyde, bij C. Van Hoogeveen, 1779). La traduction en vers de la pièce est précédé de 'Geschied en oordeel-

---

[219] J. Vercruysse, 'Bibliographie provisoire des traductions néerlandaises et flamandes de Voltaire', *SVEC* 116 (1973), p.31-32.

kundig vertoog van den Heer Arouet de Voltaire, wegens het treurspel Don Pedro' ('Discours historique et critique', p.i-viii) et de vers de François Halewijn sur la traduction de C. A. de Wetstein intitulés 'Op het treuerspel Don Pedro koning van Castilje, Het Fransche van den Heer Arouet de Voltaire, vrij nagevolgd door den heer Mr C. A. de Wetstein' (p.ix). La pièce s'achève sur la tirade de Du Guesclin, sans les deux derniers vers de Transtamare.

Italien [220]

Don Pietro, Re di Castiglia, Tragedia, tradotta, Dal Sig. Marchese Francesco Albergati Capacelli, [221] in *Teatro del Signor Di Voltaire Trapostato in lingua italiana* (Venise, Presso Francesco di Niccolo Pezzana, 1774-1776), t.5 (1776), p.273-344.

Don Pietro re di Castiglia tragedia di Mr. Voltaire recata ad uso del teatro italiano dall'avvocato Giulio Cesare Ferrari patrizio carpigiano e poeta di s. a. serenissima il sig. duca di Modena (1794). Best. n° 7, Ferrari p.91.

9. *Principes de cette édition*

Le texte de base est w75G*. Pour établir les variantes, MS1 et les éditions suivantes ont été collationnés: 75G, 75P, 75LI, EJ, 75LA, 75 (S.L.), 76A, 76R, W75G, W75X, T76X, K84. Ces variantes ne portent pas sur la ponctuation, sauf quand elles entraînent des modifications de sens.

Traitement du texte de base

On a respecté l'orthographe des noms propres de personnes et de lieux en ajoutant les accents. On a conservé les italiques du texte de base, sauf dans

---

[220] Theodore Besterman, 'A provisional bibliography of Italian editions and translations of Voltaire', *SVEC* 18 (1961), p.263-310, et surtout Luigi Ferrari, *Le Traduzione italiane del teatro tragico francese nei secoli XVII-XVIII* (Paris, 1925). Je remercie Laurence Macé pour ces renseignements.

[221] Voltaire parle au marquis Francesco Albergati Capacelli de 'l'honneur que vous me faites de me ressusciter moi et mes enfants. Vous les faites assurément mieux parler en italien que je ne les ai fait parler en français' (7 juillet 1776, D20209).

le cas des noms propres de personnes et de lieux, en les ajoutant pour les titres d'œuvres. On a aussi tâché de respecter la ponctuation. [222]

I. Particularités de la graphie

1. Consonnes

— absence de la consonne *p* dans: longtems, tems.
— absence de la consonne *t* dans les finales en *-ans* et en *-ens*: alimens, arrogans, bouillans, combattans, dissimulans, imprudens, indigens, momens, pédans, pressans, puissans, roulans, sanglans, sentimens, sermens, tourmens.
— redoublement de la consonne dans: allarme, allarmée, appaiser, appellé, apperçois, appaiser, fidelle, indiscrette, infidelle, jettant, jetter, rappellé, rappeller, rejetton, secrettes.
— présence d'une seule consonne dans: couroux, falait, tranquile.
— absence de la consonne: appas, Charle et Vincenne (pour des raisons métriques).

2. Voyelles

— emploi de *y* à la place de *i* dans: abyme, ayeux, azyle (ou azile pour la rime pour l'œil), croyent, satyre, satyriser, yvre.
— emploi de *i* à la place de *y* dans: fuiait, effraié, Guienne, stile.

3. Graphies particulières

— emploi de l'orthographe archaïsante: encor, guères, entr'eux, s'entr'ouvrira, hazarde, hazardés, jusques, r'affermi, visigot.
— emploi de & pour 'et' systématiquement sauf en début de phrase.
— rime pour l'œil: par exemple, 'protégés' pour 'protégez' afin de rimer avec 'engagés'.

4. Le trait d'union

— il est présent dans: à-peu-près, grands-hommes, non-seulement, par-là, sans-cesse.
— il est absent dans: vous même, laissant là.

___

[222] Nous remplaçons cependant le point suivi d'un tiret (.–) par des points de suspension.

5. Majuscules

— emploi de la majuscule pour les adjectifs désignant des nations et des peuples.

6. Minuscules

— emploi de la minuscule pour les noms propres de nations et de peuples et aux adjectifs de nationalité substantivés et dans: académie (française), état(s); madame, monsieur, seigneur (en apostrophe); sénat.

II. Particularités d'accentuation

1. Accent aigu

— il est employé au lieu du grave dans: entiérement, grossiéreté, onziéme, piéce, siécle, siége.
— il est absent dans: acquerir, Pedre. [223]
— il est présent dans: céler, dévance, réfuge.

2. Accent grave

— il est absent dans: déja.

3. Accent circonflexe

— il est absent dans: ame, appas, assidument, Cléopatre, connait, grace, plait, reconnait, théatre.
— il est présent dans: anathême, chûte, plûpart, toûjours, trâmer.

4. Le tréma

— il est présent dans: poëme, poësie, poëte, ruïne.

III. Particularités grammaticales

— emploi du pluriel en -*x* dans: loix.
— confusion entre: plus tôt et plutôt; quoi que et quoique; régnai-je, respirai-je et régné-je, respiré-je.
— conjugaison: parcoureront.
— accord du participe présent avec le nom qu'il détermine: roulans.

---

[223] Nous adoptons la graphie espagnole sans accent, conformément à toutes les éditions jusqu'à w75G* comprise, à l'exclusion de K84 qui francise en Pèdre.

DISCOURS
HISTORIQUE ET CRITIQUE
sur la tragédie de *Don Pedre*.

Il est très inutile de savoir quel est le jeune auteur de cette tragédie
nouvelle, qui, dans la foule des pièces de théâtre dont l'Europe est
accablée, [1] ne pourra être lue que d'un très petit nombre d'amateurs
qui en parcourront quelques pages. Lorsque l'art dramatique est
parvenu à sa perfection chez une nation éclairée, on le néglige. On   5
se tourne avec raison vers d'autres études. Les Aristotes et les
Platons succèdent aux Sophocles et aux Euripides. Il est vrai que la
philosophie devrait former le goût; mais souvent elle l'émousse; et
si vous exceptez quelques âmes privilégiées, quiconque est
profondément occupé d'un art, est d'ordinaire insensible à tout   10
le reste.

S'il est encore quelques esprits qui consentent à perdre une
demi-heure dans la lecture d'une tragédie nouvelle, [2] on doit leur
dire d'abord que ce n'est point celle de Mr. du Belloy qu'on leur
présente. L'illustre auteur du *Siège de Calais* a donné au théâtre de   15
Paris une tragédie de *Pierre le Cruel*; mais ne l'a point imprimée. Il y
a longtemps que l'auteur de *Don Pedre* avait esquissé quelque
chose d'un plan de ce sujet. Mr. Du Belloy qui le sut, eut la
condescendance de lui écrire qu'il renonçait en ce cas à le traiter.

6   т76x: Les Ariostes et

[1] La *Lettre de M. de Voltaire à l'Académie française* qui précède *Irène* parle de la
'multitude des productions que fait naître aujourd'hui le goût généralement répandu
de la littérature'.
[2] La *Préface de l'éditeur* des *Guèbres*, dans le contexte de polémique autour d'une
éventuelle représentation (*OCV*, t.66, p.429-77 et p.498) développe des idées
proches: 'Mais on conseilla à l'auteur [...] de la réserver seulement pour le petit
nombre de gens de lettres qui lisent encore ces ouvrages.' La suite de la *Préface*
souligne que l'éditeur ne souhaite pas entrer en concurrence avec des pièces de de
Belloy et de Lemierre.

Dès ce moment l'auteur de *Don Pedre* n'y pensa plus, et il n'y a   20
travaillé sur un plan nouveau que sur la fin de 1774, lorsque Mr. Du
Belloy a paru persister à ne point publier son ouvrage.[3]

Après ce petit éclaircissement, dont le seul but est de montrer les
égards que de véritables gens de lettres se doivent, nous donnons ce
discours historique et critique, tel que nous l'avons de la main   25
même de l'auteur de *Don Pedre*.

Henri de Transtamare, l'un des nombreux bâtards du roi de
Castille Alfonse, onzième du nom, fit à son frère et à son roi Don
Pedre une guerre qui n'était qu'une révolte, en se faisant déclarer
roi légitime de Castille par sa faction. Guesclin depuis connétable   30
de France, l'aida dans cette entreprise.

Cet illustre Guesclin était alors précisément ce qu'on appelait en
Italie et en Espagne un *Condottiero*. Il rassembla une troupe de
bandits et de brigands,[4] avec lesquels il rançonna d'abord le pape
Urbain IV dans Avignon.[5] Il fut entièrement défait à Navarette[6]   35
par le roi Don Pedre et par le grand prince noir, souverain de
Guienne, dont le nom est immortel.[7] C'était ce même prince qui

[3] Voir les sections 'La genèse de *Don Pedre*' et 'Intertextualité dramatique autour
de *Don Pedre*', p.3s et p.65s. *Mémoires secrets*, t.7, 11 février 1775, p.284-86. Voir
l'*Epître dédicatoire* sur ce sujet (n.11). Voltaire possède à Ferney différents ouvrages
de de Belloy: *Le Siège de Calais* (Paris, Duchesne, 1762); *Zelmire* (Paris, Duchesne,
1762); *Gabrielle de Vergy* (Paris, Veuve Duchesne, 1770); *Gaston et Bayard* (Paris,
Veuve Duchesne, 1770); *Mélanges historiques* (Paris, Veuve Duchesne, 1770).

[4] Il s'agit des grandes compagnies évoquées dans l'*Essai sur les mœurs*, voir la
section 'Don Pedre, une figure historique controversée', p.13s.

[5] Cet épisode est rappelé dans la tragédie: 'Oubliez-vous, Monsieur, qu'on vous a
vu vous-même, / Vous qui me vantez Rome, et son pouvoir suprême, / Extorquer ses
tributs, rançonner ses états, / Et forcer son pontife à payer vos soldats?' (IV.ii.143-46).

[6] 'Bientôt sur les bords de l'Ebre et près du village de Navarette, Don Pedre et le
Prince Noir d'un côté, de l'autre Henri de Transtamare et du Guesclin, donnèrent la
sanglante bataille qu'on nomme de Navarette' (*EM*, éd. Pomeau, t.1, p.733).

[7] L'*Essai sur les mœurs* développe plus largement l'éloge et les motivations du
Prince noir: 'Ce prince était souverain de la Guyenne; le roi son père la lui avait cédée
pour prix de ses actions héroïques. Il devait voir d'un œil jaloux le succès des armées
françaises en Espagne et prendre par intérêt et par honneur le parti le plus juste' (*EM*,
éd. Pomeau, t.1, p.733).

avait pris le roi Jean à Poitiers,[8] et qui prit Du Guesclin à
Navarette. Henri de Transtamare s'enfuit en France. Cependant
le parti des bâtards subsista toujours en Espagne. Transtamare,   40
protégé par la France, eut le crédit de faire excommunier[9] le roi son
frère par le pape qui siégeait encore dans Avignon, et qui depuis
peu était lié d'intérêt avec Charles V et avec le bâtard de Castille.
Le roi Don Pedre fut solennellement déclaré *Bulgare et incrédule*;[10]
ce sont les termes de la sentence; et ce qui est encore plus étrange,   45
c'est que le prétexte était que le roi avait des maîtresses.

Ces anathèmes étaient alors aussi communs que les intrigues
d'amour chez les excommuniés et chez les excommuniants; et ces
amours se mêlaient aux guerres les plus cruelles. Les armes des
papes étaient plus dangereuses qu'aujourd'hui. Les princes les plus   50
adroits disposaient de ces armes. Tantôt des souverains en étaient
frappés, et tantôt ils en frappaient. Les seigneurs féodaux les
achetaient à grand prix.

La détestable éducation qu'on donnait alors aux hommes de tout
rang et sans rang, et qu'on leur donna si longtemps, en fit des brutes 55
féroces, que le fanatisme déchaînait contre tous les gouvernements.
Les princes se faisaient un devoir sacré de l'usurpation. Un rescrit[11]
donné dans une ville d'Italie en une langue ignorée de la multitude,
conférait un royaume en Espagne et en Norvège; et les ravisseurs
des états, les déprédateurs les plus inhumains, plongés dans tous les   60

[8] Il s'agit de la bataille de Poitiers, pendant la guerre de Cent ans, le 19 septembre
1356 au cours de laquelle le Prince noir fit prisonnier Jean le Bon.

[9] L'*Essai sur les mœurs* évoque cette excommunication (voir la section 'Don Pedre,
une figure historique controversée', p.13s) ainsi que la tragédie (I.i.111-13).

[10] Le terme est à lier ici à celui de 'bougre' d'après l'étymologie de 'Bulgarus'
habitant de la Bulgarie. Au Moyen-Age, des doctrines religieuses semblables
s'établissent parmi les Bulgares et les Albigeois, ce qui explique le nom de 'bougres'
donné à ces hérétiques. Mais un second sens intervient, pour désigner celui qui se
livre à la débauche et à la sodomie par assimilation haineuse à ces hérétiques, ce qui
explique la connotation actuelle de mépris et d'injure. Voltaire joue ici sur les deux
sens du terme en raillant la condamnation de Don Pedre comme 'Bulgare et
incrédule' donc hérétique, mais ajoute le sens sexuel par l'allusion aux maîtresses du
roi.

[11] *Don Pedre* (IV.ii.159-62).

crimes, étaient réputés saints et souvent invoqués, quand ils s'étaient fait revêtir en mourant d'une robe de frère prêcheur, ou de frère mineur. [12]

Mr. Thomas, dans son discours à l'académie, [13] a dit, que *les temps d'ignorance furent toujours les temps des férocités*. J'aime à répéter des paroles si vraies, dont il vaut mieux être l'écho que le plagiaire. 65

Transtamare revint en Espagne, une bulle dans une main, et l'épée dans l'autre. Il y ranima son parti. Le grand prince noir était malade à la mort dans Bordeaux; il ne pouvait plus secourir Don Pedre. [14] 70

Guesclin fut envoyé une seconde fois en Espagne par le roi Charles V, qui profitait du triste état où le prince noir était réduit.

[12] Le paragraphe suivant résulte d'un ajout de Voltaire, mentionné dans une lettre à Gabriel Cramer (novembre-décembre 1774, D19208): 'Monsieur Cramer est prié de vouloir bien insérer l'addition suivante dans le *Discours historique et critique*. Après ces mots, *s'étaient fait revêtir en mourant d'une robe de frère prêcheur, ou de frère mineur*: Mr. Thomas, dans son discours à l'académie a dit, *que les temps d'ignorance furent toujours les temps des férocités*. J'aime à répéter des paroles si vraies, dont il vaut mieux être l'écho que le plagiaire. Transtamare revint en Espagne une bulle, etc.'

[13] Antoine Léonard Thomas, *Discours de réception à l'Académie française, prononcé le 22 janvier 1767, à la réception de M. Thomas* (Paris, Regnard, 1767). *De l'homme de lettres considéré comme citoyen*: 'Je vais considérer un moment avec vous l'homme de lettres comme citoyen [...] Tout crime, ou particulier ou public, n'est qu'un faux calcul de l'esprit. Il y a un degré de connaissance où le bien serait inévitable. Pour hâter ce moment, il faut hâter les lumières' (p.5). '[L'homme de lettres] peint les infortunés qui gémissent. Il attaque les erreurs, source de tous les maux. Il entreprend de diriger les opinions. Il s'élève contre les préjugés' (p.6). 'La gloire de l'homme qui écrit, Messieurs, est donc de préparer des matériaux utiles à l'homme qui gouverne. Il fait plus; en rendant les peuples éclairés, il rend l'autorité plus sûre. Tous les temps d'ignorance ont été des temps de férocité. L'empire de celui qui commande, n'est alors que l'empire de la force' (p.9). Voltaire possède à Ferney de Thomas: *Éloge de Henri-François d'Aguesseau...* (Paris, Brunel, 1760); *Épître au peuple...* (s.l., 1761); *Ode sur le temps* (Paris, Brunet, 1762); *Éloge de Maximilien de Béthune, duc de Sully...* (Paris, Regnard, 1763); *Éloge de Louis dauphin de France* (Paris, Regnard, 1766); *Essai sur le caractère, les mœurs et l'esprit des femmes dans différent siècles* (Paris, Moutard, 1772); *Œuvres de M. Thomas*, t.1-4 (Amsterdam, Paris, Moutard, 1773).

[14] L'*Essai sur les mœurs* et la tragédie évoquent la maladie du Prince noir, I.i.28-30 et IV.i.71-74.

Guesclin prit Don Pedre prisonnier dans la bataille de Montiel, entre Tolède et Séville. Ce fut immédiatement après cette journée que Henri de Transtamare entrant dans la tente de Guesclin, où l'on gardait le roi son frère désarmé, s'écria: *Où est ce Juif, fils de p... qui se disait roi de Castille?* et il l'assassina à coups de poignard. [15]

L'assassin qui n'avait d'autre droit à la couronne que d'être lui-même ce juif bâtard, titre qu'il osait donner au roi légitime, fut cependant reconnu roi de Castille; et sa maison a régné toujours en Espagne soit dans la lignée masculine, soit par les femmes. [16]

Il ne faut pas s'étonner après cela si les historiens ont pris le parti du vainqueur contre le vaincu. Ceux qui ont écrit l'histoire en Espagne et en France n'ont pas été des Tacites; et Mr. Horace Walpole, envoyé d'Angleterre en Espagne, a eu bien raison de dire, dans ses *Doutes sur Richard III* [17] comme nous l'avons remarqué ailleurs: [18] *Quand un roi heureux accuse ses ennemis, tous*

75

80

85

---

74   75G: bataille de Montier, [*corrigé dans les errata*]

[15] Voir la section 'Don Pedre une figure historique controversée', p.13s., et le récit de Mendose, V.ii.99-103.

[16] Voir la conclusion du chapitre consacré à Don Pedre dans l'*Essai sur les mœurs*, l'exemple de l'Angleterre invoqué par Transtamare, I.i.94-95, et les derniers vers de Du Guesclin, V.iv.159-64.

[17] Horace Walpole, *Historic doubts on the life and reign of King Richard the third*, 2nd ed. (London, 1768; Gloucester, A. Sutton, 1987). La préface signée du 28 novembre 1767 de Walpole développe, à partir de l'exemple de Richard III, une réflexion critique sur l'histoire en général tout à fait comparable aux conceptions voltairiennes dans ce *Discours*, par exemple: 'The murders committed by Henry were indeed executions – and executions pass for prudence with prudent historians; for when a successful king is chief of justice, historians become a voluntary jury' (p.10). Le livre ne figure pas dans le catalogue de Ferney.

[18] *Pyrrhonisme de l'histoire* (1768), ch.17, 'Des écrivains de parti': 'C'est bien pis du temps de la rose rouge et de la rose blanche. M. de Walpole a dit un grand mot dans la préface de ses *Doutes historiques sur Richard III*: "Quand un roi heureux est jugé, tous les historiens servent de témoins".' Deux paragraphes plus loin, Voltaire prend l'exemple de Don Pedre: 'La même chose est arrivée à Pierre le Cruel. Six bâtards de son père excitent contre lui une guerre civile, et veulent le détrôner. Notre Charles-le-Sage se joint à eux, et envoie son Bertrand du Guesclin. Pierre, à l'aide du fameux Prince Noir, bat les bâtards et les Français, Bertrand est fait prisonnier, un des

les historiens s'empressent de lui servir de témoins. Telle est la faiblesse de trop de gens de lettres; non qu'ils soient plus lâches et plus bas que les courtisans d'un prince criminel et heureux, mais leurs lâchetés sont durables. 90

Si quelque vieux leude de Charlemagne s'avisait autrefois de lire un manuscrit de Frédegaire,[19] ou du moine de Saint-Gall, il pouvait s'écrier: ah! le menteur! mais il s'en tenait là; personne ne relevait l'ignorance et l'absurdité du moine: il était cité dans les siècles suivants; il devenait une autorité, et Dom Ruinart rapportait son témoignage dans ses *Actes sincères.*[20] C'est ainsi que toutes les légendes du moyen âge sont remplies des plus ridicules fables; et l'histoire ancienne assurément n'en est pas exempte. 95 100

Ceux qui mentent ainsi au genre humain, sont encore animés souvent par la sottise de la rivalité nationale. Il n'y a guère d'historien anglais qui ait manqué une occasion de faire la satire des Français, et quelquefois avec un peu de grossièreté. Veli et Villaret[21] dénigrent les Anglais autant qu'ils le peuvent. Mézeray[22] 105

---

104   75G, EJ, 75LA: avec une grossièreté ridicule. Veli

---

bâtards est puni: Pierre est alors un grand homme. La fortune change, le grand Prince noir ne donne plus de secours au roi Pierre. Un des bâtards ramène du Guesclin, suivi d'une troupe de brigands qui même ne portaient pas d'autre nom. Pierre est pris à son tour; le bâtard Henri de Transtamare l'assassine indignement dans sa tente: voilà Pierre condamné par ses contemporains. Il n'est plus connu de la postérité que par le surnom de Cruel, et les historiens tombent sur lui comme des chiens sur un cerf aux abois.'

[19] Ou Frédégaire: auteur présumé d'une chronique mérovingienne.

[20] Voltaire possède à Ferney *Les Véritables actes des martyrs, recueillis, revus et corrigés sur plusieurs anciens manuscrits, sous le titre Acta primorum martyrum sincera et selecta...* par le R. P. D. Thierry Ruinart... et traduits en français par Monsieur Drouet de Maupertuy (Paris, Louis Guérin, 1708).

[21] L'abbé Paul-François Velly, *Histoire de France* (1755), 2 vols (jusqu'en 1328); réed. et continuée 1765-1785, 33 vols (jusqu'à 1469) par Claude Villaret. Voltaire possède les tomes 1-24 de l'édition Paris, Desaint et Saillant, 1755-1774.

[22] François Eudes de Mézeray, auteur d'une *Histoire de France*, aux nombreuses rééditions. Voltaire possède à Ferney l'*Abrégé chronologique de l'Histoire de France*

n'épargna jamais les Espagnols; un Tite-Live ne pouvait connaître cette partialité; il vivait dans un temps où sa nation existait seule dans le monde connu, *Romanos rerum dominos*,[23] toutes les autres étaient à ses pieds. Mais aujourd'hui que notre Europe est partagée entre tant de dominations qui se balancent toutes; aujourd'hui que 110 tant de peuples ont leurs grands hommes en tout genre, quiconque veut trop flatter son pays court risque de déplaire aux autres, si par hasard il en est lu, et doit peu s'attendre à la reconnaissance du sien. On n'a jamais tant aimé la vérité que dans ce temps-ci. Il ne reste qu'à la trouver. 115

Dans les querelles qui se sont élevées si souvent entre toutes les cours de l'Europe, il est bien difficile de découvrir de quel côté est le droit; et quand on l'a reconnu, il est dangereux de le dire. La critique, qui aurait dû depuis près d'un siècle, détruire les préjugés sous lesquels l'histoire est défigurée, a servi plus d'une fois à 120 substituer de nouvelles erreurs aux anciennes. On a tant fait que tout est devenu problématique, depuis la loi salique jusqu'au système de Lass; et à force de creuser, nous ne savons plus où nous en sommes.

Nous ne connaissons pas seulement l'époque de la création des 125 sept électeurs en Allemagne, du parlement en Angleterre, de la pairie en France. Il n'y a pas une seule maison souveraine dont on puisse fixer l'origine. C'est dans l'histoire que le chaos est le commencement de tout. Qui pourra remonter à la source de nos usages et de nos opinions populaires? 130

Pourquoi donna-t-on le surnom de *Jean-le-Bon* à ce roi Jean qui commença son règne par faire mourir en sa présence son

---

(Amsterdam, A. Wolfgang, 1673-1674); *Histoire de France avant Clovis...* (Amsterdam, A. Wolfgang, 1696); *Nouvelle Edition revue et corrigée...* (Amsterdam, H. Schelte, 1701); *Mémoires historiques et critiques sur divers points de l'Histoire de France* (Amsterdam, J.-F. Bernard, 1732).

[23] Virgile, *Enéide*, I.283 (numérotation moderne), 'les Romains maîtres de tout'. Le vers complet, célèbre, est 'Romanos, rerum dominos, gentemque togatam'.

connétable sans forme de procès; qui assassina quatre principaux chevaliers dans Rouen; qui fut vaincu par sa faute; qui céda la moitié de la France, et ruina l'autre?[24]   135

Pourquoi donna-t-on à ce Don Pedre, roi légitime de Castille, le nom de *cruel*, qu'il fallait donner au bâtard Henri de Transtamare, assassin de Don Pedre et usurpateur?

Pourquoi appelle-t-on encore *aimé* ce malheureux Charles VI qui déshérita son fils en faveur d'un étranger, ennemi et oppresseur   140 de sa nation, et qui plongea tout l'état dans la subversion la plus horrible dont on ait conservé la mémoire?[25] Tous ces surnoms, ou

---

134-35   75G, EJ, 75LA: qui se conduisit si misérablement pendant tout son règne; qui perdit la moitié de son royaume et qui ruina

139   75G, 75P, 75LI, EJ, 75LA, W75G, T76X: Pourquoi appella-t-on bien-aimé ce malheureux

---

[24] Jean II le Bon peu de temps après son avènement en 1350, fit exécuter sans jugement le connétable Raoul, comte d'Eu, parce qu'il le soupçonnait d'intelligence avec l'Angleterre. Il donna la place vacante à son favori La Cerda que Charles le Mauvais (roi de Navarre et époux de la fille de Jean le Bon) fit assassiner. Jean le Bon profita d'un banquet à Rouen pour exercer ses représailles: Charles fut emprisonné et ses compagnons décapités séance tenante. Le mécontentement des Anglais s'accrut surtout après leur défaite lors du combat des Trente aux environs de Ploërmel; la reprise de la guerre devint inévitable. Jean convoqua les Etats Généraux pour s'assurer des subsides. Le Prince Noir débarqua à Bordeaux, le roi fut fait prisonnier à la bataille de Poitiers (Maupertuis précisément) et emmené à Londres. Son fils Charles assura la régence durant sa captivité, convoqua à deux reprises les Etats Généraux, tandis que la France était livrée à la jacquerie, aux grandes compagnies et que la paix de Brétigny demandait une rançon de trois millions d'écus d'or pour libérer le roi, de même que la renonciation à la Guyenne, au Ponthieu, aux villes de Guînes et de Calais. Le roi rentra en France, laissant en otage son autre fils qui s'échappa. Pour honorer sa parole ou pour d'autres motifs, le roi repartit à Londres où il mourut en 1364.

[25] Charles VI le Bien Aimé ou le Fou, fils de Charles V, régna de 1380 à 1422, mais fut frappé de démence en 1392. La France fut alors livrée à la guerre civile entre Armagnacs et Bourguignons. Le roi d'Angleterre, Henri V, profita des troubles, s'allia aux Bourguignons et remporta la victoire d'Azincourt en 1415. A la fin du règne, fut signé, avec l'aide de la reine Isabeau de Bavière, le traité de Troyes, qui déshéritait le dauphin (futur Charles VII), reconnaissait Henri V comme héritier du royaume et lui confiait la régence.

plutôt tous ces sobriquets, que les historiens répètent sans y attacher de sens, ne viennent-ils pas de la même cause qui fait qu'un marguillier qui ne sait pas lire, répète les noms d'Albert le Grand,[26] de Grégoire Thaumaturge,[27] de Julien l'Apostat,[28] sans savoir ce que ces noms signifient? Telle ville fut appelée la sainte ou la superbe, dans laquelle il n'y eut ni sainteté ni grandeur; tel vaisseau fut nommé le foudroyant, l'invincible, qui fut pris en sortant du port.

145

150

L'histoire n'ayant donc été trop souvent que le récit des fables et des préjugés; quand on entreprend une tragédie tirée de l'histoire, que fait-on? l'auteur choisit la fable ou le préjugé qui lui plaît davantage; celui-ci dans sa pièce pourra regarder Scevola,[29] comme le respectable vengeur de la liberté publique, comme un héros qui punit sa main de s'être méprise en tuant un autre que le fatal ennemi de Rome. Celui-là pourra ne se représenter Scevola que comme un vil espion, un assassin fanatique, un Poltrot,[30] un

155

---

145   75G, 75P, 75LI, EJ, 75LA, W75G, T76X: répètent encor les noms

[26] (Saint) Albert le Grand, théologien et philosophe allemand (vers 1193-1280).

[27] (Saint) Grégoire thaumaturge (vers 213-270), né à Néo-Césarée aujourd'hui Nikasar dans le Pont, célèbre pour ses guérisons miraculeuses et les conversions qu'il aurait obtenues.

[28] Flavius Claudius Julianus, dit Julien l'Apostat, empereur romain de 361 à 363, favorisa d'abord une certaine tolérance religieuse, puis rejeta le christianisme et se fit le restaurateur de la religion païenne.

[29] En latin Caius Mucius Cordus Scaevola, 'le gaucher'. Héros légendaire romain (sixième siècle av. J.C.) qui, durant la guerre contre les Etrusques, s'introduisit dans le camp ennemi et tenta d'assassiner le roi étrusque Porsenna, mais tua un autre homme par erreur. Fait prisonnier, il se laissa brûler la main droite plutôt que de livrer ses complices, d'où son surnom. Impressionné par son héroïsme, Porsenna lui laissa la vie sauve et, comme Mucius Scaevola lui affirmait que d'autres jeunes gens aussi courageux que lui étaient prêts à l'imiter, le roi décida de mettre fin à la guerre.

[30] Jean de Poltrot, sieur de Méré, rallié au protestantisme, blessa mortellement le duc de Guise, chef de l'armée catholique au siège d'Orléans en 1563. Arrêté et mis à la question, il prétendit avoir agi avec des complices et à l'instigation de Coligny. Condamné à mort, il fut écartelé.

Balthazar Gérard, un Jacques Clément.[31] Des critiques penseront
qu'il n'y a point eu de Scevola, et que c'est une fable, ainsi que   160
toutes les histoires des premiers temps de tous peuples sont des
fables; et ces critiques pourront bien avoir raison. Tel Espagnol ne
verra dans François I qu'un capitaine très courageux et très
imprudent, mauvais politique, et manquant à sa parole.[32] Un
professeur du collège royal[33] le mettra dans le ciel pour avoir   165
protégé les lettres. Un luthérien d'Allemagne le plongera en enfer
pour avoir fait brûler des luthériens dans Paris,[34] tandis qu'il les
soudoyait dans l'Empire. Et si les ex-jésuites font encore des pièces
de théâtre, ils ne manqueront pas de dire avec Daniel;[35] *qu'il aurait*

159-62   75L: Gérard. Des critiques
          75G, 75P, 75LI, EJ, 75LA, W75G, T76X: Gérard. Tel Espagnol
164   75G, EJ, 75LA: imprudent, vaincu par sa faute et manquant

[31] Balthazar Gérard, franc-comtois, assassina Guillaume d'Orange en 1584.
Jacques Clément, dominicain et ligueur, assassina Henri III et fut tué sur le
champ. Ces trois fanatiques reviennent souvent sous le plume de Voltaire. Citons,
entre autres, deux paratextes de *Mahomet*, l'*Avis de l'éditeur*: 'C'est précisément
contre les Ravaillac et les Jacques Clément que la pièce est composée' et la *Lettre au
roi de Prusse* qui cite également Ravaillac et consacre un long développement à
Balthazar Gérard et à Poltrot (*OCV*, t.20B, p.146, 149-55).

[32] Voltaire fait allusion à la rivalité avec Charles Quint et aux conflits avec les
Impériaux. Après la bataille de Pavie, le roi François Ier fut fait prisonnier et dut
accepter le sévère traité de Madrid qu'il n'appliqua pas, en conservant la Bourgogne
et en reprenant la guerre après avoir conclu la ligue de Cognac en 1526 avec le pape.

[33] Fondé par François Ier.

[34] *Pyrrhonisme de l'histoire* (1768), ch.38, 'De Samblançai': '[François Ier] a fondé
le Collège royal: oui, mais est-il grand pour cela, et un collège répare-t-il tant
d'horreurs et de bassesses? [...] [François Ier] fait brûler à petit feu, dans la place de
l'Estrapade, de malheureux luthériens, lorsqu'il leur met les armes à la main en
Allemagne.'

[35] Gabriel Daniel, historiographe jésuite. La citation vient de l'*Histoire de France,
depuis l'établissement de la monarchie française dans les Gaules*, qui date de 1713 et que
possède Voltaire à Ferney dans l'édition de 1729 (de même que l'*Histoire de la milice
française...*, Paris Vve Saugrain et P. Prault, Cailleau, Bordelet, 1728). Le tome 5,
largement consacré à François Ier, évoque la réparation et la procession après l'affaire
des placards de 1535: 'Le roi en cette occasion dit tout haut et publiquement ces belles

fait aussi brûler le dauphin, si ce dauphin n'avait pas cru aux   170
indulgences, tant ce grand roi avait de piété.

Nous avons une tragi-comédie espagnole, où *Pierre*, que nous
appelons le *cruel*, n'est jamais appelé que le *justicier*,[36] titre que lui
donna toujours Philippe II. J'ai connu un jeune homme qui avait
fait une tragédie d'Adonias et Salomon.[37] Il y représentait Salomon   175
comme le plus barbare et le plus lâche de tous les parricides ou
fratricides. Savez-vous bien, lui dit-on, que le Seigneur dans un
songe lui donna la sagesse? – Cela peut être, dit-il, mais il ne lui
donna pas l'humanité à son réveil.

Il y a des déclamations de collège, sous le nom d'histoires ou de   180
drames,[38] ou sous d'autres noms, dans lesquelles la nation qu'on

---

paroles, que si son bras était infecté du venin de l'hérésie luthérienne, il le couperait
lui-même et qu'il ne l'épargnerait pas dans ses propres enfants' (p.654). Le
paragraphe suivant évoque les supplices conjugués de l'estrapade et du feu infligés
aux luthériens. La table des matières précise (p.793): 'Il fait une sévère justice des
luthériens qui commençaient à dogmatiser dans le royaume.' Voltaire, *Profession de
foi des théistes* (1768), chapitre 'Des persécutions religieuses', après une évocation des
supplices perpétrés place de l'Estrapade sur l'ordre de François Ier, écrit: 'Le jésuite
Daniel suppose, sur la foi d'un infâme écrivain de ce temps-là, que François Ier dit
publiquement qu'il traiterait ainsi le dauphin son fils s'il donnait dans les opinions
réformées; personne ne croira qu'un roi, qui ne passait pas pour un Néron, ait jamais
prononcé de si abominables paroles.'

[36] Voir la section 'Intertextualité dramatique autour de *Don Pedre*', p.65s.

[37] Aucune édition critique, à notre connaissance, n'a tenté d'élucider cette allusion
de Voltaire. Adonias, quatrième fils de David, fut tué par Salomon dans les querelles
de succession à la mort de David. Outre l'*Adonias* de Louis Des Masures (Lausanne,
J. Chiquelle, 1586) et quelques autres tragédies de collège, l'hypothèse la plus
vraisemblable est l'*Adonias*, représentée au Collège de Louis Le Grand, le 2 août
1702, imprimée chez Louis Sevestre en 1702, reprise le 11 août 1706, attribuée au P.
André Le Camus ou au P. Gabriel-François Le Jay, avec une chorégraphie de
Guillaume-Louis Pecour, dont le sujet est tiré du Livre des Rois.

[38] Flaubert note: 'Histoire de Don Pedre. De l'incertitude de l'histoire, de l'hist.
de Fr. lire la dernière page. "Il y a des déclamations de collège, sous le nom
d'histoires ou de drames"', *Le Théâtre de Voltaire*, *SVEC* 51 (1967), p.444. Nous ne
donnons que les remarques qui nous ont paru intéressantes, non les résumés des
scènes et nous conservons les particularités des abréviations de Flaubert sans écrire
(*sic*) à chaque fois.

célèbre est toujours la première du monde; [39] ses soldats mal payés, les premiers héros du monde, quoiqu'ils se soient enfuis; la ville capitale, qui n'avait guère que des maisons de bois, la première ville du monde; le fauteuil à clous dorés, sur lequel un roi goth ou alain 185
s'asseyait, le premier trône du monde; et l'auteur qui se croit le premier dans sa sphère, serait alors peut-être le plus sot du monde, s'il ne se trouvait des gens encore plus sots, qui font pour vingt sous la critique raisonnée de la pièce nouvelle; critique, qui s'en va le lendemain avec la pièce dans l'abîme de l'éternel oubli. 190

On élève aussi quelquefois au ciel d'anciens chevaliers défenseurs, ou oppresseurs des femmes et des églises, superstitieux et débauchés, tantôt voleurs, tantôt prodigues, combattant à outrance les uns contre les autres pour l'honneur de quelques princesses qui avaient très peu d'honneur. Tout ce qu'on peut faire de mieux (ce 195
me semble) quand on s'amuse à les mettre sur la scène, c'est de dire avec Horace: [40]

Seditione dolis, scelere, atque libidine, et ira,
Iliacos intra muros peccatur et extra.

---

[39] Cette vanité qui fausse l'histoire est déjà dénoncée dans la *Préface de l'éditeur de Paris* de 1766 du *Triumvirat*: 'tout vieux château dont on ignore l'origine a été bâti par César, du fond de l'Espagne au bord du Rhin: on voit partout une tour de César qui ne fit élever aucune tour dans les pays qu'il subjugua.'
[40] Horace, *Epîtres*, Livre Ier, épître II, vers 15-16, traduction François Villeneuve (Les Belles Lettres, Paris, 1995) ('Désunion, fourberies, crime, caprice, colères, ce ne sont que fautes dans les murs et hors des murs d'Ilion').

ÉPÎTRE DÉDICATOIRE À M. D'ALEMBERT, SECRÉTAIRE PERPÉTUEL DE L'ACADÉMIE FRANÇAISE, MEMBRE DE L'ACADÉMIE DES SCIENCES, ETC.

par l'éditeur de la tragédie de *Don Pedre*.

Monsieur,

Vous êtes assurément une de ces âmes privilégiées dont l'auteur de *Don Pedre*[1] parle dans son Discours (*a*). Vous êtes de ce petit nombre d'hommes qui savent embellir l'esprit géométrique par l'esprit de la littérature. L'académie française a bien senti en vous 5 choisissant pour son secrétaire perpétuel,[2] et en rendant cet hommage à la profondeur des mathématiques, qu'elle en rendait un autre au bon goût et à la vraie éloquence.[3] Elle vous a jugé comme l'académie des sciences a jugé Monsieur le marquis de Condorcet;[4] et tout le public a pensé comme ces deux compagnies 10 respectables. Vous faites tous deux revivre ces anciens temps où les plus grands philosophes de la Grèce enseignaient les principes de l'éloquence et de l'art dramatique.

Permettez, Monsieur, que je vous dédie la tragédie de mon ami, qui étant actuellement trop éloigné de la France, ne peut avoir 15

(*a*) Voyez le *Discours historique et critique* qui suit.

---

[1] Don Pedre est la graphie utilisée dans les paratextes et dans la tragédie de toutes les éditions sauf к84 qui francise en 'don Pèdre'.

[2] Jean Le Rond D'Alembert fut élu à l'Académie des sciences en 1741, à l'Académie française en 1754 et en devint le secrétaire perpétuel en 1772.

[3] Gustave Flaubert: 'Il la dédie en même temps à l'Acad. française dont il loue séparément presque tous les membres, mais sans les nommer', *Le Théâtre de Voltaire*, *SVEC* 51 (1967), p.444.

[4] Condorcet, membre de l'Académie des sciences depuis 1769, en avait été nommé secrétaire perpétuel en 1773. Voir *Mémoires secrets*, t.7, 11 février 1775, p.284-86.

l'honneur de vous la présenter lui-même. Si je mets votre nom à la tête de cette pièce, c'est parce que j'ai cru voir en elle un air de vérité assez éloigné des lieux communs et de l'emphase que vous réprouvez.

Le jeune auteur en y travaillant sous mes yeux il y a un mois, dans une petite ville, loin de tout secours, n'était soutenu que par l'idée qu'il travaillait pour vous plaire. [5]

Ut caneret paucis ignoto in pulvere verum. [6]

Il n'a point ambitionné de donner cette pièce au théâtre. Il sait très bien qu'elle n'est qu'une esquisse; mais les portraits ressemblent: c'est pourquoi il ne la présente qu'aux hommes instruits. Il me disait d'ailleurs que le succès au théâtre dépend entièrement d'un acteur ou d'une actrice; [7] mais qu'à la lecture il ne dépend que de l'arrêt équitable et sévère d'un juge et d'un écrivain tel que vous. Il sait qu'un homme de goût ne tolère aujourd'hui ni déclamation ampoulée de rhétorique, ni fade déclaration d'amour à ma princesse, encore moins ces insipides barbaries en style visigot, [8] qui déchirent l'oreille sans jamais parler à la raison et au sentiment, deux choses qu'il ne faut jamais séparer.

Il désespérait de parvenir à être aussi correct que l'académie l'exige, et aussi intéressant que les loges le désirent. Il ne se

[5] La *Lettre de M. de Voltaire à l'Académie française* qui précède *Irène* offre une variation par rapport à ce dispositif: Voltaire ne s'y masque pas et ne détaille pas les académiciens mais la demande affichée reste identique.

[6] La citation exacte de Lucain est 'Ut caneret paucis mersitque hoc pulvere verum', Lucain, *Pharsale*, IX, 577 et non 377 comme le donne Beuchot ('pour ne s'y communiquer qu'au petit nombre, pour enfouir dans cette poussière la vérité', traduction A. Bourgery et Max Ponchony, Paris, 1974).

[7] Cette idée est déjà exprimée dans les *Lettres* sur *Œdipe* et explique le choix d'un comité restreint de lecteurs (*Seconde Lettre*: 'Souvent un acteur doit le succès de sa pièce, ou à l'art des acteurs qui la jouent, ou à la décision de quelques amis accrédités dans le monde, qui entraînent pour un temps les suffrages de la multitude; et le public est étonné, quelques mois après, de s'ennuyer à la lecture du même ouvrage, ouvrage qui lui arrachait des larmes à la représentation', *OCV*, t.1A, p.332).

[8] Une note de la *Lettre de M. de Voltaire à l'académie française* qui précède *Irène* dénonce 'certaines prétendues tragédies écrites en vers allobroges ou vandales'.

dissimulait pas la difficulté de construire une pièce d'intrigue et de caractère, et la difficulté encore plus grande de l'écrire en vers. Car enfin, Monsieur, les vers dans les langues modernes étant privés de cette mesure harmonieuse des deux seules belles langues de l'antiquité;[9] il faut avouer que notre poésie ne peut se soutenir que par la pureté continue du style.

Nous répétions souvent ensemble ces deux vers de Boileau, qui doivent être la règle de tout homme qui parle ou qui écrit.

> Sans la langue, en un mot, l'auteur le plus divin
> Est toujours, quoi qu'il fasse, un méchant écrivain;[10]

Et nous entendions par les défauts du langage, non seulement les solécismes et les barbarismes dont le théâtre a été infecté; mais l'obscurité, l'impropriété, l'insuffisance, l'exagération, la sécheresse, la dureté, la bassesse, l'enflure, l'incohérence des expressions. Quiconque n'a pas évité continuellement tous ces écueils ne sera jamais compté parmi nos poètes.

Ce n'est que pour apprendre à écrire tolérablement en vers français, que nous nous sommes enhardis à offrir cet ouvrage à l'académie en vous le dédiant. J'en ai fait imprimer[11] très peu d'exemplaires, comme dans un procès par écrit on présente à ses juges quelques mémoires imprimés que le public lit rarement.

Je demande, pour le jeune auteur, l'arrêt de tous les académiciens qui ont cultivé assidûment notre langue. Je commence par le

---

[9] La nécessité du vers et de la rime en français et la différence radicale avec le grec et le latin sont déjà exprimées dans la troisième partie de la préface de l'édition de 1729 d'*Œdipe* qui s'intitule 'Des tragédies en prose' et elles sont reprises entre autres dans le *Discours sur la tragédie de Brutus*, cette fois en relation avec l'anglais.

[10] *Art poétique*, t.1, p.161-62. Les deux vers de Boileau s'intègrent en effet dans une série prescriptive bannissant les barbarismes et les solécismes auxquels Voltaire fait allusion immédiatement après la citation (Boileau: 'Mon esprit n'admet point un pompeux barbarisme / Ni d'un vers ampoulé l'orgueilleux solécisme', t.1, p.159-60).

[11] 'On peut croire, d'après cette expression, qu'une première édition de *Don Pedre* ne fut pas mise en vente' (note de Beuchot, *M*, t.7, p.243). La même phrase se trouve dans la *Lettre de M. de Voltaire à l'Académie* qui précède *Irène*: 'Je n'en fais tirer quelques exemplaires que pour avoir l'honneur de vous consulter.'

philosophe inventeur, qui, ayant fait une description si vraie et si   60
éloquente du corps humain, connaît l'homme moral aussi bien qu'il
observe l'homme physique. [12]

Je veux pour juge le philosophe profond qui a percé jusque dans
l'origine de nos idées, sans rien perdre de sa sensibilité.

Je veux pour juge l'auteur du *Siège de Calais*, qui a communiqué   65
son enthousiasme à la nation, et qui ayant lui-même composé une
tragédie de *Don Pedre*, [13] doit regarder mon ami comme le sien, et
non comme un rival.

Je veux pour juge l'auteur de *Spartacus* [14] qui a vengé l'humanité
dans cette pièce, remplie de traits dignes du grand Corneille. Car la   70
véritable gloire est dans l'approbation des maîtres de l'art. Vous
avez dit que rarement un amateur raisonnera de l'art avec autant de
lumière (*b*) qu'un habile artiste. Pour moi j'ai toujours vu que les
artistes seuls rendaient une exacte justice... quand ils n'étaient pas
jaloux.   75

(*b*) *Essai sur les gens de lettres.* [15]

62 k84: physique. [*avec note*: M. de Buffon.] ¶ Je
64 k84: sensibilité. [*avec note*: M. l'abbé de Condillac.] ¶ Je

---

[12] L'édition de Kehl est la première à mettre un nom en note de bas de page pour
élucider les périphrases élogieuses portant sur les contemporains. La Harpe indique
également en notes les noms de Buffon, Condillac et Watelet (*Mercure*, mai 1775,
p.46-70). Voir *Mémoires secrets*, t.7, 11 février 1775, p.284-86, et 17 janvier 1775,
p.266-67, sur la réconciliation avec Buffon.

[13] Il s'agit évidemment de Pierre Laurent Buirette, dit Dormont de Belloy, si
connu que Voltaire juge une note inutile, dont la tragédie *Pierre le Cruel* fut jouée en
1772 et dont la première édition date de 1775 (voir la section 'Intertextualité
dramatique autour de *Don Pedre*', p.65s). *Le Siège de Calais* figure entre autres
œuvres de de Belloy dans la bibliothèque de Ferney.

[14] Bernard-Joseph Saurin, *Spartacus, Tragédie représentée pour la première fois par
les Comédiens français ordinaires du roi le 20 février 1760* (Paris, Prault petit-fils, 1760).
L'ouvrage figure, entre autres œuvres de Saurin, dans la bibliothèque de Ferney.

[15] Le titre complet est *Essai sur la société des gens de lettres avec les grands* (1753). La
citation exacte est: 'Rarement un simple amateur raisonnera de l'art avec autant de
lumières, je ne dis pas qu'un artiste habile, mais qu'un artiste médiocre.' Le livre ne
figure pas dans le catalogue de la bibliothèque de Ferney.

...C'est aux esprits bien faits
A voir la vertu pleine en ses moindres effets;
C'est d'eux seuls qu'on reçoit la véritable gloire. (*c*)

Et je vous avouerai que j'aimerais mieux le seul suffrage de celui qui a ressuscité le style de Racine dans *Mélanie*,[16] que de me voir   80
applaudi un mois de suite au théâtre. (*d*)[17]

(*c*) Acte V des Horaces.[18]

(*d*) J'ose dire hardiment que je n'ai point vu de pièce mieux écrite que *Mélanie*. Ce mérite si rare a été senti par les étrangers qui apprennent notre langue par principes et par l'usage. L'héritier de la plus vaste monarchie de notre hémisphère,[19] étonné de n'entendre que très difficilement le jargon de quelques uns de nos auteurs nouveaux, et   5
d'entendre avec autant de plaisir que de facilité cette pièce de *Mélanie*, et l'éloge de Fénelon,[20] a répandu sur l'auteur les bienfaits les plus honorables: il a fait par goût ce que Louis XIV fit autrefois par un noble amour de la gloire.

77   75L1: Avoir la vertu

[16] Il s'agit du drame en trois actes et en vers de Jean-François de La Harpe, *Mélanie ou la religieuse* imprimé pour la première fois en 1770 (Amsterdam, H.-J.-J. Wan-Harrewelt), créé à Caen et à Paris en 1791 (ce qui explique que Voltaire le choisisse dans cette réflexion sur les pièces de théâtre lues et non représentées), revu et corrigé en 1802 par l'auteur. Voltaire possède l'ouvrage à Ferney (BV1873).

[17] La Harpe: 'Cependant comme l'éditeur joint à ses louanges un témoignage infiniment respectable, l'auteur de cet article se croirait coupable d'ingratitude, s'il le passait sous silence; et il croit devoir le rapporter, non par amour-propre, mais par reconnaissance' (suit la note consacrée à *Mélanie* et au grand duc).

[18] Les trois vers entiers prononcés par le vieil Horace en s'adressant à Horace sont: 'C'est aux rois, c'est aux grands, c'est aux esprits bien faits / A voir la vertu pleine en ses moindres effets; / C'est d'eux seuls qu'on reçoit la véritable gloire'; complétés par: 'Eux seuls des vrais héros assurent la mémoire' (*Horace*, V, scène dernière).

[19] S.A.I. Mgr le Grand Duc de Russie (note de La Harpe, *Mercure*, mai 1775, p.46-70).

[20] *Eloge de François de Salignac de la Motte-Fénelon* (Paris, Vve Regnard impr. et Demonville libr. 1771). Voltaire possède l'ouvrage à Ferney (BV1869).

Je présente la tragédie de *Don Pedre* à l'académicien[21] qui a fait parler si dignement Bélisaire dans son admirable quinzième chapitre dicté par la vertu la plus pure, comme par l'éloquence la plus vraie; et que tous les princes doivent lire pour leur instruction, 85 et pour notre bonheur. Je la soumets à la saine critique de ceux qui dans des discours couronnés par l'académie ont apprécié avec tant de goût les grands hommes du siècle de Louis XIV. Je m'en remets entièrement à la décision de l'auteur éclairé du *Poème de la peinture*,[22] qui seul a donné les vraies règles de l'art qu'il chante, 90 et qui le connaît à fond, ainsi que celui de la poésie.

Je m'en rapporte au traducteur de Virgile,[23] seul digne de le traduire parmi tous ceux qui l'ont tenté; à l'illustre auteur des *Saisons*,[24] si supérieur à Thomson[25] et à son sujet: tous juges irréfragables dans l'art des vers très peu connu, et qui ont été 95 proclamés pour jamais dans le temple de la gloire par les cris mêmes de l'envie.

Je suis bien persuadé que le jeune homme qui met sur la scène Don Pedre et Guesclin, préférerait aux applaudissements passagers du parterre l'approbation réfléchie de l'officier aussi instruit de cet 100 art que de celui de la guerre, qui ayant fait parler si noblement le célèbre connétable de Bourbon, et le plus célèbre chevalier Bayard, a donné l'exemple à notre auteur de ne point prodiguer sa pièce sur le théâtre.[26]

104   K84:   théâtre. [*avec note*: M. de Guibert.] ¶ Il

[21] Jean François Marmontel, *Bélisaire* (Neufchâtel, s.n., 1767). Voir l'édition de Robert Granderoute, Paris, 1994 ('L'affaire de *Bélisaire*', p.x-xx). Voltaire possède l'ouvrage à Ferney (éd. Paris, Merlin, 1767; BV2327).

[22] Claude-Henri Watelet, *L'Art de peindre, poème avec des réflexions sur les différentes parties de la peinture* (Paris, H.-L. Guérin et L.-F. Delatour, 1760).

[23] Jacques Delille, dont la première traduction des *Georgiques* fut publiée en 1769.

[24] Jean-François de Saint-Lambert dont *Les Saisons* parurent en 1769.

[25] James Thomson qui publia *The Seasons* entre 1726 et 1730.

[26] Jacques Antoine Hippolyte Guibert, écrivain et tacticien, composa, entre autres œuvres, l'*Essai général de tactique* paru en 1770 et *Le Connétable de Bourbon*, tragédie

Il souhaite sans doute, d'être jugé par le peintre de François I,   105
d'autant plus que ce savant et profond historien [27] sait d'autant
mieux que personne, que si on dut appeler le roi Charles V *habile*,
ce fut Henri de Transtamare qu'on dut nommer *cruel*. [28]

J'attends l'opinion des deux académiciens philosophes, vos
dignes confrères (*e*) [29] qui ont confondu de lâches et sots délateurs,   110
par une réponse aussi énergique que sage et délicate, et qui savent
juger comme écrire.

Voilà, Monsieur, l'aréopage dont vous êtes l'organe, et par qui je
voudrais être condamné ou absous, si jamais j'osais faire à mon tour
une tragédie, dans un temps où les sujets des pièces de théâtre   115
semblent épuisés; dans un temps où le public est dégoûté de tous ses
plaisirs, qui passent comme ses affections; dans un temps où l'art

(*e*) NB: Il nous est tombé entre les mains depuis peu une réponse de M.
l'abbé Arnaud à je ne sais quelle prétendue dénonciation de je ne sais quel
prétendu théologien, devant je ne sais quel prétendu tribunal: Cette
réponse m'a paru très supérieure à tous les ouvrages polémiques de
l'autre Arnaud.   5

110   K84: [*ajouté en tête de la note (e) de Voltaire*: MM. Suard et l'abbé Arnaud.]

---

en cinq actes et en vers, qui fut représenté le 26 août 1775 au château de Versailles
avec un demi-succès, à une date postérieure à la rédaction de cette *Épître* ce qui
explique l'apparente erreur de Voltaire. La pièce fut publiée en 1776 (Didot l'aîné,
Paris).

[27] Gabriel Henri Gaillard, *Histoire de François Ier*, 1766-1769 (7 vol., Paris,
Saillant). Voltaire possède l'ouvrage à Ferney (BV1419).

[28] Nous gardons ces italiques faisant office de guillemets dans w75G et w75G*
pour ces deux adjectifs.

[29] 'L'opuscule dont parle ici Voltaire est intitulé *Observations sur une dénonciation
de la Gazette littéraire, faite à l'archevêque de Paris* (1765), in 8° de 63 pages. Ces
observations ne sont pas de l'abbé Arnaud, mais de Morellet' (note de Beuchot).
Observations de l'abbé Morellet, s.l., s.d. [1765]. Dans la *Correspondance littéraire*
Grimm indique que le manuscrit fut envoyé à Voltaire pour être imprimé en 'pays
hérétique' (1er juin 1765, t.6, p.294). Il figure dans la bibliothèque de Ferney
(BV2518).

dramatique est prêt à tomber en France après le grand siècle de
Louis XIV? et à être entièrement sacrifié aux ariettes, comme il l'a
été en Italie après le siècle des Médicis.

Je vous dis à peu près ce que disait Horace: [30]

> Plotius et Varius, Maecenas Virgiliusque,
> Valgius et probet haec Octavius, optimus atque
> Fuscus, et haec utinam Viscorum laudet uterque, etc.

Et voyez, s'il vous plaît, comme Horace met Virgile à côté de
Mécène. Ce même sentiment échauffait Ovide dans les glaces qui
couvraient les bords du Pont-Euxin, lorsque dans sa dernière élégie
de Ponto, [31] il daigna essayer de faire rougir un de ces misérables
folliculaires qui insultent à ceux qu'ils croient infortunés; et qui
sont assez lâches pour calomnier un citoyen au bord de son
tombeau.

Combien de bons écrivains dans tous les genres, sont-ils cités
par Ovide dans cette élégie! Comme il se console par le suffrage des
Cotta, des Messala, des Tuscus, des Marius, des Graccus, des
Varus, et de tant d'autres dont il consacre les noms à l'immortalité!
Comme il inspire pour lui la bienveillance de tout honnête homme,
et l'horreur pour un regratier qui ne sait être que détracteur!

Le premier des poètes italiens, et peut-être du monde entier, [32]
l'Arioste (f), nomme dans son quarante-sixième chant, tous les
gens de lettres de son temps, pour lesquels il travaillait, sans avoir

(f) On ne le connaît guère en France que par des traductions très
insipides en prose. C'est le maître du Tasse et de La Fontaine.

---

119   75P, T76X, K84: Louis XIV, et à être
138   T76X: entier, l'Aristote

---

[30] Horace, *Satires*, livre Ier, satire 10, vers 81-83, traduction François Villeneuve,
Paris, 1989 ('Que Plotius et Varius, Mécène et Virgile, et Valgius, et l'excellent
Octavius, et Fuscus approuvent ce que j'écris; et puissent les deux Viscus le louer!').

[31] *De Ponto*, titre conventionnel *Les Pontiques*, livre 4, lettre 16, 'A un envieux'.

[32] 'Opinion de V. sur l'Arioste', Flaubert, *Le Théâtre de Voltaire*, p.444.

pour objet la multitude.[33] Il en nomme dix fois plus que je n'en désigne; et l'Italie n'en trouva pas la liste trop longue. Il n'oublie point les dames illustres dont le suffrage lui était si cher.

Boileau, ce premier maître dans l'art difficile des vers français, Boileau, moins galant que l'Arioste, dit dans sa belle épître à son ami l'inimitable Racine: 145

> *Et qu'importe à nos vers que Perrin les admire,*
> *Que l'auteur de Jonas s'empresse pour les lire?*
> *Pourvu qu'ils sachent plaire au plus puissant des rois,*
> *Qu'à Chantilli Condé les lise quelquefois,*   150
> *Qu'Engien en soit touché, que Colbert et Vivone,*
> *Que La Rochefoucault, Marsillac et Pompone,*
> *Et cent autres qu'ici je ne puis faire entrer,*
> *A leurs traits délicats se laissent pénétrer.*[34]

J'avoue que j'aime mieux le *Maecenas Virgiliusque*, dans   155
Horace, que le *plus puissant des rois* dans Boileau; parce qu'il est plus beau, ce me semble, et plus honnête, de mettre Virgile et le premier ministre de l'empire sur la même ligne, quand il s'agit de goût, que de préférer le suffrage de Louis XIV et du grand Condé à celui des Coras et des Perrins: ce qui n'était pas un grand effort.   160
Mais enfin, Monsieur, vous voyez que, depuis Horace jusqu'à Boileau, la plupart des grands poètes ne cherchent à plaire qu'aux esprits bien faits.

Puisque Boileau désirait avec tant d'ardeur l'approbation de

158-59   K84:   du goût

[33] Le chant 46 de l'*Orlando furioso* évoque effectivement des strophes 1 à 19 (le récit reprend à la strophe 20) les connaissances de l'Arioste. Strophe 3: 'Oh, que je vois de bell' et sages dames / Orner la berge et combien de seigneurs! / Oh, que d'amis! [...]' (éd. bilingue, trad. et notes de Michel Orcel, Paris, 2000). Les Sforza, les Trivulce, les Este et les Borgia sont cités dans la quatrième strophe, les Malateste dans la cinquième et Julie de Gonzague dans la huitième.

[34] Boileau, *Épître* 7, A M. Racine, vers 87-88 et 93-98. Les vers manquants (qui ne conviennent pas à la démonstration de Voltaire dans cette *Épître*) sont: 'Qu'ils charment de Senlis le poète idiot, / Ou le sec traducteur du français d'Amyot: / Pourvu qu'avec éclat leurs rimes débitées, / Soient du peuple goûtées.'

l'immortel Colbert, pourquoi ne travaillerions-nous pas à mériter   165
celle d'un homme qui a commencé son ministère mieux que lui, qui
est beaucoup plus instruit que lui dans tous les arts que nous
cultivons, et dont l'amitié vous a été si précieuse depuis longtemps,
ainsi qu'à tous ceux qui ont eu le privilège de le connaître?
pourquoi n'ambitionnerions-nous pas les suffrages de ceux qui   170
ont rendu des services essentiels à la patrie, soit par une paix
nécessaire, soit par de très belles actions à la guerre, ou par un
mérite moins brillant et non moins utile dans les ambassades, ou
dans les parties essentielles du ministère?

Si ce même Boileau travaillait pour plaire aux La Rochefou-   175
caults de son siècle, nous blâmerait-on de souhaiter le suffrage des
personnes qui font aujourd'hui tant d'honneur à ce nom? à moins
que nous ne fussions tout-à-fait indignes d'occuper un moment
leurs loisirs!

Y a-t-il un seul homme de lettres en France, qui ne se sentît très   180
encouragé par le suffrage de deux de vos confrères, dont l'un a
semblé rappeler le siècle des Médicis en cueillant les fleurs du
Parnasse avant de siéger dans le Vatican, [35] et l'autre, dans un rang
non moins illustre, est toujours favorisé des muses et des grâces,
lorsqu'il parle dans vos assemblées, et qu'il y lit ses ouvrages? [36]   185
c'est en ce sens qu'Horace a dit:

---

169   K84: connaître? [*avec note*: M. Turgot.] Pourquoi
172   75G: soit dans de [*corrigé dans les errata*]
175   75LA: La Rochefoucault
       K84: La Rochefoucauld
183   K84: Vatican, [*avec note*: M. Le Cardinal de Bernis.] et l'autre
185   K84: ouvrages? [*avec note*: M. le duc de Nivernais.] c'est en

---

[35] Voltaire possède *Les Quatre saisons ou les Georgiques françaises, poèmes* (Paris, 1763) (voir *SVEC* 9, p.109, notice 270).
[36] On sait qu'il récitait ses fables lors des réunions de l'Académie française où il fut reçu en 1743.

Principibus placuisse viris non ultima laus est. [37]

Je dis dans le même sens à un homme d'un grand nom, auteur
d'un livre profond *De la félicité publique*: [38] mon ami doit être trop
heureux si vous ne désapprouvez pas *Don Pedre*; c'est à vous de   190
juger les rois et les connétables. J'en dis autant au magistrat qui
entre aujourd'hui dans l'Académie. Puisse-t-il être chargé un jour
du soin de cette félicité publique! [39]

J'ajouterai encore, que le divin Ariosto ne se borne pas à
nommer les hommes de son temps qui faisaient honneur à l'Italie,   195
et pour lesquels il écrivait. Il nomme l'illustre Julie de Gonzague, et
la veuve immortelle du marquis de Pescara, et des princesses de la
maison d'Est et de Malatesta, et des Borgia, des Sforces, des
Trivulces, et surtout des dames célèbres seulement par leur esprit,
leur goût et leurs talents. On en pourrait faire autant en France, si   200
on avait un Arioste. Je vous nommerais plus d'une dame dont le
suffrage doit décider avec vous du sort d'un ouvrage; si je ne
craignais d'exposer leur mérite et leur modestie aux sarcasmes de
quelques pédants grossiers, qui n'ont ni l'un ni l'autre, ou de
quelques futiles petits-maîtres qui pensent ridiculiser toute vertu   205
par une plaisanterie.

Si un folliculaire dit que je n'ai donné de si justes éloges à ceux
que je prends pour juges de mon ami, qu'afin de les lui rendre
favorables, je réponds d'avance que je confirme ces éloges si mon

---

192   K84:   félicité publique! [*avec note*: M. de Malesherbes.] ¶ J'ajouterai
194   75L1, T76X, K84:   Arioste
198   K84:   Sforzes

---

[37] Horace, *Épîtres*, Livre 1, épître 17, vers 35, traduction François Villeneuve
(Paris, 1995) ('Mais plaire aux premiers des hommes n'est pas la dernière des
gloires').
[38] François-Jean de Chastellux, *De La félicité publique, ou considérations sur le sort
des hommes dans les différentes époques de l'histoire* (Amsterdan, M.-M. Rey, 1772). Le
livre figure à Ferney (BV722).
[39] Il entra en 1775 à l'Académie française.

ami est condamné. J'ai demandé pour lui une décision et non des   210
louanges.

Les folliculaires me diront encore que mon ami n'est pas si
jeune; mais je ne leur montrerai pas son extrait baptistaire. Ils
voudront deviner son nom; car c'est un très grand plaisir de
satiriser les gens en personne; mais son nom ne rendrait la pièce ni   215
meilleure, ni plus mauvaise.

Le vôtre, Monsieur, nous est aussi cher que vous l'avez rendu
illustre. Et après votre amitié, vos ouvrages sont la plus grande
consolation de ma vie. Agréez ou pardonnez cet hommage.

FRAGMENT[1] DU DISCOURS HISTORIQUE ET CRITIQUE SUR *DON PEDRE*

Les raisonneurs qui sont comme moi, sans génie, et qui dissertent aujourd'hui sur le siècle du génie, répètent souvent cette antithèse

a-b   K84: Fragment [*avec note*: Ce fragment se trouvait imprimé à la suite de la tragédie de *Don Pèdre*, dans les éditions précédentes.] d'un discours

[1] Beuchot écrit dans une note: 'Je n'ai trouvé ce fragment ni dans l'édition originale de *Don Pèdre*, ni dans le tome X de l'édition encadrée des *Œuvres* de Voltaire, ni dans le tome XXVI de l'édition in 4°, daté de 1777'; cependant, le *Fragment* figure bien à la suite de la pièce dans le tome 10 de l'édition encadrée (p.403-406). Ce *Fragment* est en fait le passage d'une lettre à Pierre Joseph Thoulier d'Olivet, datée du 20 août 1761, D9959. On sait que ce dernier est un ancien préfet de Voltaire à Louis-le-Grand, écrivain spécialiste de Cicéron dont il traduit les *Entretiens sur la nature des dieux* et les *Catilinaires*, historien de l'Académie française à laquelle il appartient et pour laquelle il prononce divers discours dont celui de réception de Voltaire et auteur de plusieurs ouvrages sur la langue française et la prosodie, notamment des *Remarques de grammaire sur la langue de Racine* (1738). A ces divers titres, Voltaire entretient une correspondance nourrie avec lui dont cette longue lettre, liée aux *Commentaires sur Corneille*, qui commence par des remarques ponctuelles sur la langue et plus précisément sur le lexique, puis passe à un examen parallèle des situations et des vers entre *Pertharite* et *Andromaque*, parallèle conclu à l'avantage de Racine par cette phrase: 'Ces idées que le génie de Corneille avait jetées au hasard, sans en profiter, le goût de Racine les a recueillies et les a mises en œuvre; il en a tiré de l'or en cette occasion de *stercore Ennii*'. C'est ici que s'insère le dénommé *Fragment* qui nous intéresse, dont la comparaison entre les tragiques du dix-septième siècle est appelée par les remarques précédentes. La suite de la lettre, après la dernière phrase du *Fragment*, se poursuit par une critique des maximes politiques chez Corneille et reprend le parallèle entre Corneille et Racine en abordant cette fois la passion amoureuse ce qui permet à Voltaire de rappeler ses innovations dans la première version d'*Œdipe* pour laquelle il suivait les conseils de M. Dacier et proposait une tragédie avec des chœurs et sans amour, ce que refusèrent les comédiens. La lettre s'achève par un tableau des souscripteurs de l'édition de Corneille: 'Quel plus bel éloge des arts et quel éloge plus vrai'. Cette lettre a connu différentes éditions, déjà sous diverses formes: dans le *Journal encyclopédique* de Bouillon (1ᵉʳ octobre 1761, 7.1, p.113-26); dans la *Lettre de M. de Voltaire de*

de La Bruyère,[2] que Racine a peint les hommes tels qu'ils sont, et
Corneille tels qu'ils devraient être;[3] ils répètent une insigne
fausseté. Car jamais ni Bajazet, ni Xipharès, ni Britannicus, ni   5
Hippolite n'ont fait l'amour comme ils le font galamment dans les
tragédies de Racine: et jamais César n'a dû dire, dans le *Pompée* de
Corneille, à Cléopâtre, qu'il n'avait combattu à Pharsale que pour
mériter son amour avant de l'avoir vue; il n'a jamais dû lui dire que
son *glorieux titre de premier du monde à présent effectif, est anobli par*   10
celui de captif[4] de la petite Cléopâtre âgée de quinze ans, qu'on lui
amena dans un paquet de linge. Ni Cinna, ni Maxime n'ont dû être
tels que Corneille les a peints. Le devoir de Cinna ne pouvait être
d'assassiner Auguste pour plaire à une fille qui n'existait point. Le
devoir de Maxime n'était pas d'être amoureux de cette même fille,   15

---

l'*Académie française à M. l'abbé d'Olivet, chancelier de la même académie* (s.l., 1761);
dans les *Nouveaux Mélanges philosophiques, historiques, critiques, etc.* (Genève, 1765),
t.3, p.377-84, sous le titre *Lettre de M. de Voltaire de l'Académie française à M. l'abbé*
d'Olivet, chancelier de la même académie; dans les *Lettres chinoises, indiennes et*
tartares, à Monsieur Paw (Paris, 1776), sous le titre *Fragment d'une autre lettre de M. de*
Voltaire à M. d'Olivet, où elle commence comme le *Fragment* à 'Les raisonneurs qui
sont comme moi, sans génie' et s'achève après la critique des maximes cornéliennes à
'je vous demande pardon, monsieur, de vous dire des choses que vous savez mieux que
moi' (en éliminant les pages sur *Œdipe* et sur les souscripteurs).

[2] Flaubert: 'Réfutation du mot de Labruyère. Difficulté de la versif. franç.' (*Le*
Théâtre de Voltaire, p.444.)

[3] La Bruyère: la citation exacte est: 'Si cependant il est permis de faire entre eux
quelque comparaison, et les marquer l'un à l'autre par ce qu'il ont de plus propre,
peut-être que l'on pourrait parler ainsi: "Corneille nous assujettit à ses caractères et à
ses idées, Racine se conforme aux nôtres; celui-là peint les hommes tels qu'ils
devraient être, celui-ci les peint tels qu'ils sont"', *Caractères*, 'Des ouvrages de
l'esprit', paragraphe 54.

[4] Corneille: les vers exacts sont: 'C'était pour acquérir un droit si précieux / Que
combattait partout mon bras ambitieux; / Et dans Pharsale même il a tiré l'épée, /
Plus pour le conserver que pour vaincre Pompée / [...] / C'est ce glorieux titre, à
présent effectif, / Que je viens ennoblir par celui de captif' (*Pompée*, IV.iii). Le
Discours historique et critique [...] *des Guèbres* se moque des mêmes travers en prenant
l'exemple du *Comte d'Essex*. La critique, traditionnelle chez Voltaire, se comprend
d'autant mieux quand on sait que le dénommé *Fragment* appartient à cette longue
lettre à l'abbé d'Olivet.

et de trahir à la fois Auguste, Cinna et sa maîtresse. Ce n'était pas là ce Maxime à qui Ovide écrivait qu'il était digne de son nom. *Maxime qui tanti mensuram nominis imples.*[5] Le devoir de Félix dans *Polyeucte* n'était pas d'être un lâche barbare qui faisait couper le cou à son gendre, *pour acquérir par là de plus puissants appuis, Qui me mettraient plus haut cent fois que je ne suis.*[6]   20

On a beaucoup et trop écrit depuis Aristote sur la tragédie. Les deux grandes règles sont que les personnages intéressent, et que les vers soient bons; j'entends d'une bonté propre au sujet. Ecrire en vers pour les faire mauvais est la plus haute de toutes les sottises.   25

On m'a vingt fois rebattu les oreilles de ce prétendu discours de Pierre Corneille: *ma pièce est finie; je n'ai plus que les vers à faire.*[7] Ce propos fut tenu par Ménandre plus de deux mille ans avant Corneille, si nous en croyons Plutarque dans sa question, *si les Athéniens ont plus excellé dans les armes que dans les lettres?*[8]   30 Ménandre pouvait à toute force s'exprimer ainsi, parce que des vers de comédie ne sont pas les plus difficiles; mais dans l'art tragique, la difficulté est presque insurmontable; du moins chez nous.

Dans le siècle passé, il n'y eut que le seul Racine qui écrivit des   35 tragédies avec une pureté et une élégance presque continues; et le charme de cette élégance a été si puissant, que les gens de lettres et

---

[5] Ovide, *De Ponto*, titre conventionnel *Les Pontiques*, livre 1, lettre 2, 'Maxime, ô toi qui es digne d'un si grand nom' (trad. Nisard). C'est le début de la lettre adressée à Fabius Maximus, familier d'Auguste et appartenant à une des plus anciennes familles de Rome.

[6] Corneille, *Polyeucte*: 'Félix: Polyeucte est ici l'appui de ma famille, / Mais si, par son trépas, l'autre épousait ma fille, / J'acquerrais bien par là de plus puissants appuis, / Qui me mettraient plus haut cent fois que je ne suis' (III.v). Dans le *Discours historique et critique* [...] *des Guèbres*, c'est l'invraisemblance de la conversion de Félix qui est critiquée.

[7] Voltaire écrit déjà dans la *Préface de la première édition de Mariamne*: 'C'est une erreur bien grossière de s'imaginer que les vers soient la dernière partie d'une pièce de théâtre, et celle qui doit le moins coûter. M. Racine, c'est à dire l'homme de la terre qui, après Virgile, a le mieux connu l'art des vers ne pensait pas ainsi.'

[8] La question est effectivement le titre de la section 59, t. 2 des *Œuvres morales et mêlées* de Plutarque, traduction d'Amyot, éd. de 1587.

de goût lui ont pardonné la monotonie de ses déclarations d'amour, et la faiblesse de quelques caractères, en faveur de sa diction enchanteresse. [9]

Je vois dans l'homme illustre qui le précéda des scènes sublimes, dont ni Lopez de Véga, ni Calderon, ni Shakespear, n'avaient même pu concevoir la moindre idée, et qui sont très supérieures à ce qu'on admira dans Sophocle et dans Euripide; mais aussi j'y vois des tas de barbarismes et de solécismes [10] qui révoltent, et de froids raisonnements alambiqués qui glacent; j'y vois enfin vingt pièces entières, dans lesquelles à peine y a-t-il un morceau qui demande grâce pour le reste. [11] La preuve incontestable de cette vérité est, par exemple dans les deux *Bérénices* de Racine et de Corneille. [12] Le plan de ces deux pièces est également mauvais, également indigne du théâtre tragique. Ce défaut même va jusqu'au ridicule. Mais par quelle raison est-il impossible de lire la *Bérénice* de Corneille? [13] par quelle raison est-elle au-dessous des pièces de Pradon, [14] de

[9] L'éloge d'Athalie dans le *Discours historique et critique* [...] *des Guèbres* célèbre 'une diction toujours pure, toujours naturelle et auguste, souvent sublime, qui n'a été donnée qu'à Racine, et qu'on ne reverra probablement jamais.'

[10] Voir l'*Epître dédicatoire*: 'nous entendions par les défauts du langage non seulement les solécismes et les barbarismes dont le théâtre a été infecté [...] et le contexte de la lettre et les préoccupations de son destinataire'.

[11] La *Lettre de M. de Voltaire à l'Académie française* qui précède *Irène* reprend une partie de ce tableau des mérites comparés de Corneille et des théâtres espagnol et anglais: 'eh, quelle différence entre les défauts de Corneille dans ses bonnes pièces et ceux de Shakespeare dans tous ses ouvrages [...] Mais ce qui est bien étrange, c'est qu'alors le théâtre espagnol qui infectait l'Europe, en était le législateur. Lopez de Vega en avouait l'opprobre, mais Shakespeare n'eut pas le courage de l'avouer. Que devaient faire les Anglais? ce qu'on a fait en France, se corriger.'

[12] La *Préface de la première édition de Mariamne* oppose les deux *Phèdre* pour illustrer un propos comparable.

[13] La critique de cette pièce revient constamment, témoin entre autres dans l'*Epître à la duchesse du Maine* précédant *Oreste*: 'aussi le premier fit de *Titus et de Bérénice* un des plus mauvais ouvrages qu'on connaisse au théâtre'.

[14] Dont Voltaire possède à Ferney les *Œuvres* (Paris, Vve Ribou, 1700) (comportant *Pyrame et Thisbé, Tamerlan, Phèdre et Hippolyte, La Troade, Statira, Régulus, Scipion l'Africain*).

Rioupérous,[15] de Danchet,[16] de Péchantré,[17] de Pellegrin?[18] Et
d'où vient que celle de Racine se fait lire avec tant de plaisir, à   55
quelques fadeurs près?[19] D'où vient qu'elle arrache des larmes?...
C'est que les vers sont bons: ce mot comprend tout, sentiments,
vérité, décence, naturel, pureté de diction, noblesse, force,
harmonie, élégance, idées profondes, idées fines, surtout idées
claires, images touchantes, images terribles, et toujours placées à   60
propos. Otez ce mérite à la divine tragédie d'Athalie, il ne lui
restera rien. Otez ce mérite au quatrième livre de l'*Enéide*, et au
discours de Priam à Achille dans Homère, ils seront insipides.
L'abbé du Bos a très grande raison; la poésie ne charme que par les
beaux détails.[20]   65

60-61   w75G: images terribles. Ôtez ce mérite

[15] Théodore Riupeiroux est l'auteur d'une tragédie *Hypermnestre* (Paris, F.
Ribou, 1704). Le catalogue de Ferney ne signale pas d'ouvrage de lui. Voir J.-N.
Pascal, *Noces sanglantes: Hypermnestre, du Baroque aux Lumières. Quatre tragédies de
Gombauld 1644, Abeille 1678, Riupeirous 1704 et Le Mierre 1758* (Perpignan, 1999).
[16] Antoine Danchet, auteur de nombreux livrets d'opéras et de tragédies, *Théâtre*
(Paris, 1751), 3 vol. (le quatrième d'*Œuvres mêlées*). Voltaire possède à Ferney
Alphée et Aréthuse (Paris, Vve Delormel et fils, 1752).
[17] Péchantré (1638-1708) est l'auteur de plusieurs tragédies: *Géta ou l'illustre
vestale* représentée avec succès en 1687, *La Mort de Néron* (1703), *Jugurtha, Joseph
vendu par ses frères* et *Le Sacrifice d'Abraham* représentés au Collège d'Harcourt. Le
catalogue de Ferney ne signale pas d'ouvrage de lui.
[18] L'abbé Simon Joseph Pellegrin est l'auteur de traductions, de poésies sacrées et
d'une importante œuvre dramatique. Voltaire possède à Ferney *Le Nouveau Monde*
(Paris, Vve Ribou, 1723).
[19] Le jugement de Voltaire sur la *Bérénice* de Racine oscille à quelques nuances
près entre la critique du peu de matière et l'éloge du style en dépit des 'fadeurs',
témoins entre autres l'*Epître à la duchesse du Maine* précédant *Oreste*: 'l'autre trouva
le secret d'intéresser pendant cinq actes, sans autre fonds que je vous aime, je vous
quitte'.
[20] Comme le montre une lecture attentive des *Réflexions critiques sur la poésie et sur
la peinture* de l'abbé Dubos (1733) dont Voltaire possède à Ferney la quatrième
édition (Paris, P.-J. Mariette, 1740), Voltaire condense ici librement divers propos de
Dubos. Les citations qui se rapprochent le plus de celle invoquée par Voltaire sont:
'Or c'est à proportion des charmes de la poésie du style qu'un poème nous intéresse',

Si tant d'auteurs savent par cœur des morceaux admirables des *Horaces*, de *Cinna*, de *Pompée*, de *Polyeucte* et quatre vers d'*Héraclius*, c'est que ces vers sont très bien faits; et si on ne peut lire ni *Théodore*, ni *Pertharite*, ni *Don Sanche d'Aragon*, ni *Attila*, ni *Agésilas*, ni *Pulchérie*, ni *La Toison d'or*, ni *Suréna*, etc. 70 etc. etc., c'est que presque tous les vers en sont détestables. Il faut être de bien mauvaise foi pour s'efforcer de les excuser contre la conscience. Quelquefois même de misérables écrivains ont osé donner des éloges à cette foule de pièces aussi plates que barbares; parce qu'ils sentaient bien que les leurs étaient écrites dans ce goût: 75 ils demandaient grâce pour eux-mêmes.

I, 33, p.292, et 'On n'exigeait pas alors que les poésies ne fussent composées, pour ainsi dire, que de beautés contiguës' (I, p.190-91). La formule de Voltaire dans ce *Fragment* est citée par P. Valéry: 'Voltaire a dit merveilleusement bien que la "poésie n'est faite que de beaux détails". Je ne dis pas autre chose', 'Au sujet du *Cimetière marin*' (*Œuvres*, 2 vol., Paris, 1957, t.i, p.1508), cité par Jean Hytier, 'Réminiscences et rencontres valéryennes', *French studies* 34 (1980), p.168-84, qui souligne: 'Bref, comme aurait pu le faire Valéry, Voltaire a stylisé l'abbé Dubos dans un condensé génial' (p.171). Mais Voltaire écrivait dès le *Discours sur la tragédie* de *Brutus*: 'Ce sont les beautés de détails qui soutiennent les ouvrages en vers et qui les font passer à la postérité.'

DON PEDRE, [1]
ROI DE CASTILLE,
TRAGÉDIE,
NON REPRÉSENTÉE

[1] Alors que la graphie est toujours et dans toutes les éditions 'Don Pedre', κ84 francise en 'don Pèdre' partout, sans majuscule à Don.

PERSONNAGES

DON PEDRE, roi de Castille.
TRANSTAMARE, frère du roi, bâtard légitimé.
DU GUESCLIN, général de l'armée française.
LÉONORE DE LA CERDA, princesse du sang.
ELVIRE, confidente de Léonore.   5
ALMÈDE,² ⎫
MENDOSE, ⎪
ALVARE, ⎬ officiers espagnols
MONCADE, ⎪
Suite. ⎭   10

La scène est dans le palais de Tolède.

2   w75G: bâtard légitime [*semble être une coquille*]

² L'accentuation varie selon les éditions pour ce nom, augmentée par le jeu des
majuscules et des minuscules.

124

DON PEDRE, ROI DE CASTILLE
TRAGÉDIE

ACTE PREMIER

SCÈNE PREMIÈRE
TRANSTAMARE, ALMÈDE

TRANSTAMARE

De la cour de Vincenne, aux remparts de Tolède
Tu m'es enfin rendu, cher, et prudent Almède.
Reverrai-je en ces lieux ce brave Du Guesclin?

ALMÈDE

Il vient vous seconder.

TRANSTAMARE

       Ce mot fait mon destin.
Pour soutenir ma cause et me venger d'un frère,   5
Le secours des Français[3] m'est encor nécessaire.
Des révolutions voici le temps fatal.
J'attends tout du roi Charle et de son général.
Qu'as-tu vu, qu'a-t-on fait? dis-moi ce qu'on prépare
Dans la cour de Vincenne au prince Transtamare?   10

ALMÈDE

Charle était incertain. J'ai longtemps attendu
L'effet d'un grand projet qu'on tenait suspendu.
Le monarque éclairé, prudent avec courage,

---

[3] Comme indiqué dans les 'Principes de cette édition' (p.90), nous rétablissons le régime actuel des majuscules pour les adjectifs substantivés de nationalité, alors que w75G donne par exemple 'Ce français..., l'anglais tombe épuisé, l'espagnol...etc.'

(Chez les bouillants Français peut-être le seul sage)
A tous ses courtisans dérobant ses secrets,   15
A pesé mes raisons avec ses intérêts.
Enfin il vous protège; et sur les bords du Tage
Ce valeureux Guesclin, ce héros de notre âge,
Suivi de son armée arrive sur mes pas.

TRANSTAMARE

Je dois tout à son roi.

ALMÈDE
                    Ne vous y trompez pas.   20
[4]Charle, en vous soutenant au bord du précipice,
Vous tend par politique une main protectrice;
En divisant l'Espagne afin de l'affaiblir,
Il veut frapper Don Pedre autant que vous servir.
Pour son intérêt seul il entreprend la guerre. [5]   25
Don Pedre eut pour appui la superbe Angleterre;
Le fameux prince noir[6] était son protecteur;
Mais ce guerrier terrible et de Guesclin vainqueur,
Au milieu de sa gloire achevant sa carrière,
Touche enfin dans Bordeaux son heure dernière.   30
Son génie accablait et la France et Guesclin;
Et quand des jours si beaux touchent à leur déclin,
Ce Français, dont le bras aujourd'hui vous seconde,
Demeure avec éclat seul en spectacle au monde.
Charle a choisi ce temps. L'Anglais tombe épuisé;   35
L'Empire a trente rois, et languit divisé;

30   75G, 75P, 75LI, EJ, 75 (S.L.), 75LA, 76A, 76R, T76X, W75G: Approche dans
Bordeaux de son heure

    [4] Toute cette tirade d'Almède est citée par La Harpe (*Mercure de France*, mai 1775,
p.46-70).
    [5] 'Almède est un politique' (Flaubert, *Le Théâtre de Voltaire*, p.445).
    [6] W75G écrit toujours 'prince noir' sans majuscules.

L'Espagnol est en proie à la guerre civile;
Charle est le seul puissant: et d'un esprit tranquille
Ebranlant à son gré tous les autres états,
Il triomphe à Paris sans employer son bras.   40

TRANSTAMARE

Qu'il exerce à loisir sa politique habile;
Qu'il soit prudent, heureux; mais qu'il me soit utile.

ALMÈDE

Il vous promet Valence, et les vastes pays
Que vous laissait un père, et qu'on vous a ravis.
Il vous promet surtout la main de Léonore,   45
Dont l'hymen à vos droits va réunir encore
Ceux qui lui sont transmis par les rois ses aïeux.

TRANSTAMARE

[7]Léonore est le bien le plus cher à mes yeux.
Mon père, tu le sais, voulut que l'hyménée
Fit revivre par moi les rois dont elle est née.   50
Il avait gagné Rome, elle approuvait son choix;
Et l'Espagne à genoux reconnaissait mes droits.
Dans un asile saint Léonore enfermée
Fuyait les factions de Tolède alarmée;
Elle fuyait Don Pedre...[8] Il la fait enlever;   55
De mes biens, en tout temps ardent à me priver,
Il la retient ici captive avec sa mère.
Voudrait-il seulement l'arracher à son frère?

58   75 (s.l.): Voudraient-ils seulement l'arracher

[7] Toute cette tirade de Transtamare est citée par La Harpe (*Mercure de France*, mai 1775, p.46-70).
[8] Comme indiqué dans les 'Principes de cette édition' (p.90), nous rétablissons les points de suspension (comme dans κ84) à la place du point suivi d'un tiret (. –) systématiquement utilisés dans les éditions du vivant de Voltaire.

Croit-il, de tant d'objets trop heureux séducteur,
De ce cœur simple et vrai corrompre la candeur? 60
Craindrait-il en secret les droits que Léonore
Au trône castillan peut conserver encore?
Prétend-il l'épouser, ou d'un nouvel amour
Etaler le scandale à son indigne cour?
Veut-il des La Cerda déshonorer la fille, 65
La traîner en triomphe après Laure et Padille?
Et d'un peuple opprimé, bravant les vains soupirs,
Insulter aux humains du sein de ses plaisirs?

ALMÈDE

Les femmes en tous lieux souveraines suprêmes,
Ont égaré des rois; et les cours sont les mêmes. 70
Mais peut-être Guesclin dédaignera d'entrer
Dans ces petits débats qu'il semblait ignorer.
Son esprit mâle et ferme, et même un peu sauvage, [9]
Des faiblesses d'amour entend peu le langage.
Honoré par son roi du nom d'ambassadeur, 75
Il soutiendra vos droits, avant que sa valeur
Se serve ici pour vous, dignement occupée
Des dernières raisons, les canons et l'épée,
Mais jusque là Don Pedre est le maître en ces lieux.

TRANSTAMARE

Lui le maître! ah! bientôt tu nous connaîtras mieux. 80
Il veut l'être en effet; mais un pouvoir suprême
S'élève et s'affermit au-dessus du roi même. [10]

---

[9] *Phèdre*: 'Mais fidèle, mais fier, et même un peu farouche' (II.v).
[10] Ce vers résulte d'une variante demandée par Voltaire à Gabriel Cramer (novembre-décembre 1774, D18099): 'Monsieur Cramer est encore prié de ne pas laisser une seule feuille sans que l'auteur l'ait relue et corrigée. Il y a quelques vers à réformer. Par exemple, au Ier acte, Ière scène "S'élève chaque jour au-dessus du roi-même." *Chaque jour* est une franche cheville, corrigez "S'élève et s'affermit au-dessus du roi-même".'

Dans son propre palais les états convoqués
Se sont en ma faveur hautement expliqués;
Le sénat castillan me promet son suffrage.   85
A Don Pedre égalé, je n'ai pas l'avantage
D'être né d'un hymen approuvé par la loi;
Mais tu sais qu'en Europe on a vu plus d'un roi,
Par soi-même élevé, faire oublier l'injure
Qu'une loi trop injuste a faite à la nature.   90
Tout est au plus heureux, et c'est la loi du sort.
Un bâtard, échappé des pirates du Nord,[11]
A soumis l'Angleterre; et, malgré tous leurs crimes,
Ses heureux descendants sont des rois légitimes;
J'ose attendre en Espagne un aussi grand destin.   95

ALMÈDE

Guesclin vous le promet; et je me flatte enfin,
Que Don Pedre à vos pieds peut tomber de son trône,
Si le Français l'attaque, et l'Anglais l'abandonne.

TRANSTAMARE

Tout annonce sa chute; on a su soulever
Les esprits mécontents qu'il n'a pu captiver.   100
[12]L'opinion publique est une arme puissante;
J'en aiguise les traits. La ligue menaçante
Ne voit plus dans son roi qu'un tyran criminel;
Il n'est plus désigné que du nom de cruel;
Ne me demande point si c'est avec justice;   105

---

96   75G, 75P, 75LI, EJ, 75 (S.L.), 76A, 75LA, W75G, 76R, T76X: Guesclin en est
le maître; et je me flatte

[11] 'Il cite à l'appui Guillaume le conquérant. Il devrait ce [me] semble le vanter ou
du moins l'approuver puisqu'il cherche dans sa conduite un étai p^r la sienne propre'
(Flaubert, *Le Théâtre de Voltaire*, p.446).
[12] Ces vers jusqu'à 'Tout cet éclat trompeur avec lui va périr' sont cités par La
Harpe (*Mercure de France*, mai 1775, p.46-70).

Il faut qu'on le déteste, afin qu'on le punisse.
La haine est sans scrupule: un peuple révolté
Ecoute les rumeurs, et non la vérité. [13]
On avilit ses mœurs, on noircit sa conduite,
On le rend odieux à l'Europe séduite;   110
On le poursuit dans Rome à ce vieux tribunal, [14]
Qui par un long abus, peut-être trop fatal,
Sur tant de souverains étend son vaste empire.
Je l'y fais condamner; et je puis te prédire
Que tu verras l'Espagne en sa crédulité   115
Exécuter l'arrêt dès qu'il sera porté:
Mais un soin plus pressant m'agite et me dévore.
A ses sacrés autels il ravit Léonore;
De cette cour profane il faut bien la sauver.
Arrachons-la des mains qui m'en osent priver.   120
Sans doute il s'est flatté du grand art de séduire,
De sa vaine beauté, de ce frivole empire
Qu'il eut sur tant de cœurs aisés à conquérir;
Tout cet éclat trompeur avec lui va périr.
Peut-être qu'aujourd'hui la guerre déclarée   125
Vers la princesse ici m'interdirait l'entrée.
Profitons du seul jour où je puis l'enlever.

---

[13] L'opinion de Voltaire sur le peuple ne varie guère, témoin ce vers de *La Mort de César*: 'Je sais quel est le peuple, on le change en un jour' (I.iv).

[14] '(C'est p^{r}tant cette cour de Rome qui protège Transt. & qui condamne Dom P. Tr. devrait avoir un peu d'indulgence p^r elle. Mais la philosophie est sans pitié. Voilà comme outre l'inconvénient de faire parler à un personnage un langage faux, contraire à ses idées, on dégrade même le type sous lequel on a voulu le montrer. Tr. est un gredin s'il fait condamner son frère à un tribunal que lui-même ne respecte pas? S'il le révère au contraire, s'il est dans la superstition, il devient plus honnête homme, plus conforme à l'idée que V. a voulu en donner. Trans. est le héros* de la pièce; car tous les personn de V. sont d'un seul morceau, ni bons, ni méchants à demi. Pas de variétés, de nuages, d'homme duplex, c'est à dire de vrai drame, de tragédie intérieure. Est-ce là le procédé de la nature? Etait-ce là celui de Shakespeare, cette seconde nature de Dieu?) * réfl. juste mais fausse ici. Tr. n'est pas le héros, c'est D.P. Il n'est criminel qu'à la fin' (Flaubert, *Le Théâtre de Voltaire*, p.446-47).

130

Va m'attendre au sénat; je cours t'y retrouver;
Nous y concerterons tout ce que je dois faire
Pour ravir Léonore et le trône à mon frère.   130
La voici. Le destin favorise mes vœux.

SCÈNE II

TRANSTAMARE, LÉONORE, ELVIRE

LÉONORE

Prince, en ces temps de trouble, en ces jours malheureux
Je n'ai que ce moment pour vous parler encore.
Bientôt vous connaîtrez ce qu'était Léonore,
Quelle était sa conduite, et son nouveau devoir;   135
Mais au palais du roi gardez de me revoir.
Je veux, je dois sauver d'une guerre intestine
Et vous, et tout l'Etat penchant vers sa ruine.
Le roi vient sur mes pas; j'ignore ses projets;
Il donne en frémissant quelques ordres secrets;[15]   140
Il vous nomme, il s'emporte; et vous devez connaître
Quel sort on se prépare en luttant contre un maître.
Je vous en avertis. Epargnez à ses yeux
D'un superbe ennemi l'aspect injurieux.
C'est ma seule prière.

TRANSTAMARE

      Ah! qu'osez-vous me dire?   145

LÉONORE

Ce que je dois penser, ce que le ciel m'inspire.

---

130   75G: à son frère [*corrigé dans les errata*]

---

[15] Voltaire avait dit dans *Mariamne*, III.iii: 'Il donne en frémissant / Quelques ordres secrets' (Beuchot).

TRANSTAMARE

Quoi! vous que ce ciel même a fait naître pour moi,
Dont mon père en mourant me destina la foi,
Vous dont Rome et la France ont conclu l'hyménée,
Vous que l'Europe entière à moi seul a donnée,   150
Je ne vous reverrais que pour vous éviter?
Vous ne me parleriez que pour mieux m'écarter!

LÉONORE

Le devoir, la raison, votre intérêt l'exige.
Tout ce que j'aperçois m'épouvante et m'afflige.
Seigneur, d'assez de sang nos champs sont inondés,   155
Et vous devez sentir ce que vous hasardez.

TRANSTAMARE

Je sais bien que Don Pedre est injuste, intraitable,
Qu'il peut m'assassiner.

LÉONORE

                    Il en est incapable. [16]
A l'insulter ainsi c'est trop vous appliquer.
Puisse enfin la nature à tous deux s'expliquer!   160
Elle parle par moi, Seigneur, je vous conjure
De ne point faire au roi cette nouvelle injure.
Ménagez, évitez votre frère offensé,
Violent comme vous, profondément blessé.
Ne vous efforcez point de le rendre implacable;   165
Laissez-moi l'apaiser.

TRANSTAMARE

                    Non, chaque mot m'accable.
Je vous parle des nœuds qui nous ont engagés;

---

[16] 'Léonore sait bien qu'il en est fort capable, mais c'est pour faire une réponse, un trait' (Flaubert, *Le Théâtre de Voltaire*, p.447).

Et vous me répondez que vous me protégez!
Je ne vous connais plus. Que cette cour altère
Vos premiers sentiments et votre caractère! 170

LÉONORE

Mes justes sentiments ne sont point démentis;
Je chérirai le sang dont nous sommes sortis,
Et les rois nos aïeux vivront dans ma mémoire.
Pour la dernière fois si vous daignez m'en croire,
Dans son propre palais gardez-vous d'outrager 175
Celui qui règne encor, et qui peut se venger.

TRANSTAMARE

Que vous importe à vous que mon aspect l'offense?

LÉONORE

Je veux qu'envers un frère il use de clémence.

TRANSTAMARE

La clémence[17] en Don Pedre! épargnez-vous ce soin.
De la mienne bientôt il peut avoir besoin; 180
Je n'en dirai pas plus; mais, quoi que j'exécute,
Léonore est un bien qu'un tyran me dispute:
Je n'ai rien entrepris que pour vous posséder;
Vous me verrez mourir plutôt que vous céder.
Vous me verrez, Madame.

(*Il sort.*)

---

172   76A: Je chérirais le sang

[17] 'Obs. ces répliques sur le mot même: de la clémence..., un maître etc.' (Flaubert, *Le Théâtre de Voltaire*, p.448).

SCÈNE III

LÉONORE, ELVIRE

LÉONORE

Où me suis-je engagée? 185

ELVIRE

Je frémis des périls où vous êtes plongée,
Entre deux ennemis qui s'égorgeant pour vous,
Pourront dans le combat vous percer de leurs coups.
Promise à Transtamare, à son frère donnée,
Prête à former ces nœuds d'un secret hyménée, 190
Dans l'orage qui gronde en ce triste séjour,
Quelle cruelle fête, et quel temps pour l'amour!

LÉONORE

Elvire, il faut t'ouvrir mon âme toute entière.
Je voulais consacrer ma pénible carrière
Au vénérable asile où dans mes premiers jours, 195
J'avais goûté la paix loin des perfides cours.
Le sombre Transtamare, en cherchant à me plaire,
M'attachait encor plus à ma retraite austère.
D'une mère sur moi tu connais le pouvoir;
Elle a détruit ma paix, et changé mon devoir. 200
Dans les dissensions de l'Espagne affligée,
Au parti de Don Pedre en secret engagée,
Pleine de cet orgueil qu'elle tient de son sang,
Elle me précipite en ce suprême rang:
Elle me donne au roi. Le puissant Transtamare 205
Ne pardonnera point le coup qu'on lui prépare.
Je replonge l'Espagne en un trouble nouveau;
De la guerre en tremblant j'allume le flambeau,
Moi, qui de tout mon sang aurais voulu l'éteindre.
Plus on croit m'élever, plus ma chute est à craindre. 210

Le roi, qui voit l'Etat contre lui conjuré,
Cache encor mon secret dans Tolède ignoré:
Notre cour le soupçonne, et paraît incertaine.
Je me vois exposée à la publique haine,
Aux fureurs des partis, aux bruits calomnieux;[18]   215
Et de quelques côtés que je tourne les yeux,
Ce trône m'épouvante.

ELVIRE

Ou je suis abusée,
Ou votre âme à ce choix ne s'est point opposée.
Si les périls sont grands, si dans tous les états
Les cours ont leurs dangers, le trône a ses appâts.   220

LÉONORE

Jamais le rang du roi n'éblouit ma jeunesse.
Peut-être que mon cœur avec trop de faiblesse
Admira sa valeur et ses grands sentiments.
Je sais quel fut l'excès de ses égarements,
J'en frémis; mais[19] son âme est noble et généreuse.   225
Elvire, elle est sensible autant qu'impétueuse.
Et s'il m'aime en effet, j'ose encore espérer
Que des jours moins affreux pourront nous éclairer.
L'auguste La Cerda, dont le Ciel me fit naître,
M'inspira ce projet en me donnant un maître.   230
Ah! si le roi voulait, si je pouvais un jour
Voir ce trône ébranlé raffermi par l'amour!
Si comme je l'ai cru les femmes étaient nées
Pour calmer des esprits les fougues effrénées,

---

[18] Flaubert dit à propos de ces plaintes de Léonore: 'Cela n'est rien en comparaison de ce que lui disait Elvire tout à l'heure quand elle la voyait: Entre deux ennemis qui, s'égorgeant pour vous, / Pourront dans le combat vous percer de leurs coups' (*Le Théâtre de Voltaire*, p.448).

[19] Ces vers jusqu'à 'leurs sanglantes mains' sont cités par La Harpe (*Mercure de France*, mai 1775, p.46-70).

Pour faire aimer la paix aux féroces humains,   235
Pour émousser le fer en leurs sanglantes mains!
Voilà ma passion, mon espoir et ma gloire. [20]

ELVIRE

Puissiez-vous remporter cette illustre victoire!
Mais elle est bien douteuse; et je vous vois marcher
Sur des feux que la cendre à peine a pu cacher.   240

LÉONORE

J'ai peu vu cette cour, Elvire, et je l'abhorre.
Quel séjour orageux! mais il se peut encore
Que dans le cœur du roi je réveille aujourd'hui
Les premières vertus qu'on admirait en lui.
Ses maîtresses peut-être ont corrompu son âme;   245
Le fonds en était pur. [21]

ELVIRE

                        Il vient à vous, Madame,
Osez donc parler.

SCÈNE IV

DON PEDRE, LÉONORE, ELVIRE

LÉONORE

Sire, ou plutôt cher époux,

246   75G: Le fond en

[20] Cette tirade de Léonore est admirée et intégralement citée dans l'analyse de la pièce par Luchet (*Histoire littéraire de M. de Voltaire par M. le marquis de Luchet*, t.3, p.214-16, p.215).

[21] Cette tirade de Léonore sert d'exemple à La Harpe pour montrer que la réhabilitation de Don Pedre par Voltaire est incomplète et hasardeuse (*Commentaire sur le théâtre de Voltaire*, recueilli et publié par L. P. Decroix, Paris, Maradan, 1814, p.361).

Souffrez que Léonore embrasse vos genoux.
   (*Il la retient.*)[22]
Ma mère est votre sang, et sa main m'a donnée
Au maître généreux qui fait ma destinée.   250
Vous avez exigé qu'aux yeux de votre cour
Ce grand événement se cache encore un jour;
Mais vous m'avez promis de m'accorder la grâce
Qu'implorerait de vous mon excusable audace.
Puis-je la demander?

DON PEDRE

        N'ayez point la rigueur   255
De douter d'un empire établi sur mon cœur.
Votre couronnement d'un seul jour se diffère;
Il me faut ménager un sénat téméraire,
Un peuple effarouché: mais ne redoutez rien.
Parlez, qu'exigez-vous?

LÉONORE

        Votre bonheur, le mien.[23]   260
Celui de la Castille, une paix nécessaire.
Seigneur, vous le savez, la princesse ma mère
M'a remise en vos mains dans un espoir si beau.
Les ans et les chagrins l'approchent du tombeau.
Je joins ici ma voix à sa voix expirante.   265
Comme elle en ces moments la patrie est mourante.
La discorde en fureur en ces lieux alarmés
Peut se calmer encor, Seigneur, si vous m'aimez.
Ne m'ouvrez point au trône un horrible passage
Parmi des flots de sang, au milieu du carnage;   270
Et puissent vos sujets, bénissant votre loi,
Par vous rendus heureux vous aimer comme moi!

---

[22] Flaubert relève cette didascalie (*Le Théâtre de Voltaire*, p.449).

[23] '(Jamais de réponse par le mot propre). C'est de ne pas allumer de discorde' (Flaubert, *Le Théâtre de Voltaire*, p.449).

DON PEDRE

Plus que vous ne pensez votre discours me touche.
La raison, la vertu parlent par votre bouche.
Hélas! vous êtes jeune; et vous ne savez pas 275
Qu'un roi qui fait le bien ne fait que des ingrats.
Allez, des factieux n'aiment jamais leur maître.
Quoi qu'il puisse arriver, je le suis, je veux l'être.[24]
Ils subiront mes lois; mais daignez m'en donner;
Vous pouvez tout sur moi, que faut-il?

LÉONORE

Pardonner. 280

DON PEDRE

A qui?

LÉONORE

Puis-je le dire?

DON PEDRE

Eh bien?

LÉONORE

A Transtamare.

DON PEDRE

Quoi! vous me prononcez le nom de ce barbare!
Du criminel objet de mon juste courroux!

LÉONORE

Peut-être il est puni, puisque je suis à vous.
Alfonse votre père à sa main m'a promise, 285
Il lui donna Valence, et vous l'avez conquise.

---

[24] Ce dernier hémistiche est dans *La Mort de César*, II.ii (Beuchot).

138

Je lui portais pour dot d'assez vastes états.
Il les espère encore, et n'en jouira pas.
Sire, je ne veux point que la France jalouse,
Votre sénat, les grands, accusent votre épouse   290
D'avoir immolé tout à son ambition,
Et de n'être en vos bras que par la trahison.
De ces soupçons affreux la triste ignominie
Empoisonnerait trop ma malheureuse vie.

DON PEDRE

Ecoutez, je vous aime: et ce sacré lien,   295
En vous donnant à moi, joint votre honneur au mien.
Sachez qu'il n'est ici de perfide et de traître
Que ce prince rebelle, et qui s'obstine à l'être.
Trompé par une femme, et par l'âge affaibli,
Mettant près du tombeau tous mes droits en oubli,   300
Alfonse mauvais roi, non moins que mauvais père,
(Car je parle sans feinte, et ma bouche est sincère)
Alfonse, en égalant son bâtard à son fils,
Nous fit imprudemment pour jamais ennemis.
D'une province entière on faisait son partage;   305
La moitié de mon trône était son héritage.
Que dis-je! on vous donnait!... plus juste possesseur,
J'ai repris tous mes biens des mains du ravisseur.
Le traître avec Guesclin vaincu dans Navarette,
Par une fausse paix réparant sa défaite,   310
Attire à son parti nos peuples aveuglés.[25]
Il impose au Sénat, aux Etats assemblés,
Faible dans les combats, puissant dans les intrigues,
Artisan ténébreux de fraudes et de brigues,

314   76A: ténébreux des fraudes et des brigues

[25] Cf. Antoine: 'Précipitons ce peuple inconstant et facile', *La Mort de César*, III.viii.

Il domine en secret dans mon propre palais.   315
Il croit déjà régner... Ne me parlez jamais
De ce dangereux fourbe et de ce téméraire:
Cessez.

LÉONORE

Je vous parlais, Seigneur, de votre frère.

DON PEDRE

Mon frère! Transtamare!... Il doit n'être à vos yeux
Qu'un opprobre nouveau du sang de nos aïeux,   320
Un enfant d'adultère, un rejeton du crime;
Et l'étrange intérêt qui pour lui vous anime,
Est un coup plus cruel à mon esprit blessé
Que tous ses attentats qui m'ont trop offensé.

LÉONORE

De quoi vous plaignez-vous, quand je le sacrifie,   325
Quand vous donnant mon cœur, et hasardant ma vie,
Mon sort à vos destins s'abandonne aujourd'hui?
Ma tendresse pour vous, et ma pitié pour lui
A vos yeux irrités sont-elles une offense?
Je vous vois menacé des armes de la France: 330
Les états, le sénat, unis contre vos droits,
Ont élevé déjà leur redoutable voix.
M'est-il donc défendu de craindre un tel orage?

DON PEDRE

Non, mais rassurez-vous, du moins sur mon courage.

329 75G, 75P, 75LI, 75 (S.L.), 76A, T76X: irrités seraient-elles une
     76R: irrités seraient-ils une
332 75G, 75P, 75G, 75LI, 75*, 75LA, 75 (S.L.), 76A, 76R, W75G, W75X,
     T76X: Elèvent contre vous leur

LÉONORE

Vous n'en avez que trop; et, dans ces jours affreux,   335
Ce courage, peut-être, est funeste à tous deux.

DON PEDRE

Rien n'est funeste aux rois que leur propre faiblesse.

LÉONORE

Ainsi votre refus rebute ma tendresse!
A peine l'hyménée est prêt de nous unir.
Je vous déplais, Seigneur, en voulant vous servir.   340

DON PEDRE

Allez plaindre Don Pedre, et flatter Transtamare.

LEONORE

Ah! vous ne craignez point que mon esprit s'égare
Jusqu'à le comparer à Don Pedre, à mon roi.
Je vous parlais pour vous, pour l'Espagne et pour moi:
Je vois qu'il faut suspendre une plainte indiscrète;   345
Qu'une femme est esclave, et qu'elle n'est point faite
Pour se jeter, Seigneur, entre le peuple et vous.
J'ai cru que la prière apaisait le courroux;
Qu'on pouvait opposer à vos armes sanglantes
De la compassion les armes innocentes...   350
Mais je dois respecter de si grands intérêts...
J'avais trop présumé... Je sors, et je me tais.

(Elle sort.)

SCÈNE V

DON PEDRE *seul*

Qu'une telle démarche et m'étonne, et m'offense!

339   w75g: de vous unir [*semble être une coquille*]

Transtamare avec elle est-il d'intelligence?
M'aurait-elle trompé sous le voile imposteur   355
Qui fascinait mes yeux par sa fausse candeur?
Croit-elle en abusant du pouvoir de ses charmes,
Vaincre par sa faiblesse, et m'arracher mes armes?
Est-ce amour? Est-ce crainte? Est-ce une trahison?
Quels nouveaux attentats confondent ma raison!   360
Régnai-je, juste Ciel! et respirai-je encore? [26]
Tout m'abandonnerait!... et jusqu'à Léonore!...
Non... je ne le crois point... mais mon cœur est percé.
   Monarque malheureux, amant trop offensé; [27]
Oppose à tant d'assauts un cœur inébranlable;   365
Mais surtout garde-toi de la trouver coupable.

Fin du premier acte.

---

[26] Toutes les éditions donnent: 'Régnai-je, juste Ciel, et respirai-je encore?' alors
que le présent s'impose et donne 'régné-je, respiré-je'; corrigé en к84.
[27] Toutes les éditions décalent ce vers.

142

ACTE II

SCÈNE PREMIÈRE

LÉONORE, ELVIRE

LÉONORE

Je n'avais pas connu jusqu'à ce triste jour
Le danger d'être simple, et d'ignorer la cour.
Je vois trop qu'en effet il est des conjonctures
Où les cœurs les plus droits, les vertus les plus pures,
Ne servent qu'à produire un indigne soupçon.   5
Dans ces temps malheureux tout se tourne en poison.
Au fond de mes déserts pourquoi m'a-t-on cherchée?
Au séjour de la paix pourquoi suis-je arrachée?
Ah! si l'on connaissait le néant des grandeurs, [1]
Leurs tristes vanités, leurs fantômes trompeurs,   10
Qu'on en détesterait le brillant esclavage!

ELVIRE

Ne pensez qu'à Don Pedre, au nœud qui vous engage,
Songez que, dans ces temps de trouble et de terreur
De lui seul après tout dépend votre bonheur.

LÉONORE

Le bonheur! ah, quel mot ta bouche me prononce!   15
Le bonheur! à nos yeux l'illusion l'annonce,
L'illusion l'emporte et s'enfuit loin de nous.
Mon malheur, chère Elvire, est d'aimer mon époux;
Il m'entraîne en tombant: il me rend la victime
D'un peuple qui le hait, d'un sénat qui l'opprime;   20

---

[1] 'et encore 3 vers sur le néant des grandeurs' (Flaubert, *Le Théâtre de Voltaire*, p.451).

143

De Transtamare enfin, dont la témérité
Ose me reprocher une infidélité:
Comme si, de mon cœur s'étant rendu le maître,
Par ma lâche inconstance il eût cessé de l'être,
Et si déjà formée aux vices de la cour, 25
Je trahissais ma foi par un nouvel amour!
C'est là surtout, c'est là l'insupportable injure
Dont j'ai le plus senti la profonde blessure.

SCÈNE II

LÉONORE, ELVIRE, TRANSTAMARE, suite

TRANSTAMARE

Oui, je vous poursuivrai dans ces murs odieux,
Souillés par mes tyrans, et pleins de nos aïeux. 30
Ces lieux où des états l'autorité sacrée
A toute heure à mes pas donne une libre entrée;
Où ce roi doit[2] dicter ses ordres absolus,
Que déjà dans Tolède on ne reconnaît plus.
C'est dans le sénat même assis pour le détruire, 35
C'est au temple,[3] en un mot, que je veux vous conduire;
C'est là qu'est votre honneur et votre sûreté,
C'est là que votre amant vous rend la liberté.

LÉONORE

De tant de violence indignée et surprise,
Fidèle à mes devoirs, à mon maître soumise, 40
Mais écoutant encore un reste de pitié
Que cet excès d'audace a mal justifié,
Je voulais vous servir, vous rapprocher d'un frère,

---

[2] Alors que toutes les éditions donnent 'croit', l'édition encadrée de Leningrad lui substitue 'doit', correction qui paraît peu pertinente et que K84 n'applique pas.
[3] '(jamais l'église, ça eût fait rire)' (Flaubert, *Le Théâtre de Voltaire*, p.451).

Rappeler de la paix quelque ombre passagère.
De ces vœux mal conçus mon cœur fut occupé;   45
Mais tous deux à l'envi vous l'avez détrompé.
Dans ces tristes moments, tout ce que je puis dire,
C'est que mon sang, mon Dieu, ce jour que je respire,
Ce palais où je suis, tout m'impose la loi
De chérir ma patrie, et d'obéir au roi.   50

TRANSTAMARE

Il n'est point votre roi; vous êtes mon épouse;
Vous n'échapperez point à ma fureur jalouse;
Oui, vous m'appartenez: la pompe des autels,
L'appareil des flambeaux, les serments solennels,
N'ajoutent qu'un vain faste aux promesses sacrées,   55
Par un père, et par vous dès l'enfance jurées.
Ces nœuds, ces premiers nœuds dont nous sommes liés,
N'ont point été par vous encor désavoués:
Rome les consacra: rien ne peut les dissoudre.
N'attirez point sur vous les éclats de sa foudre. 4   60
Quoi! l'air empoisonné que nous respirons tous,
A-t-il dans ce palais pénétré jusqu'à vous?
Pourriez-vous préférer à ce nœud respectable
La vanité trompeuse et l'orgueil méprisable
De captiver un roi dont tant d'autres beautés   65
Partageaient follement les infidélités?
Vous n'avilirez point le sang qui vous fit naître
Jusqu'à leur disputer la conquête d'un traître,
D'un monarque flétri par d'indignes amours;
Et qui, si l'on en croit, de fidèles discours,   70

56   75 (S.L.): Par un père, par vous
60   75 (S.L.): de la foudre

4 '(Il a montré plus hᵗ qu'il n'y croyait pas Ici il en parle comme du meilleur
argument en faveur d'une chose qui l'intéresse. Evidemment T. est un drôle')
(Flaubert, *Le Théâtre de Voltaire*, p.452).

Jaloux sans être tendre a dans sa frénésie
De sa femme au tombeau précipité la vie.

LÉONORE

Quoi! vous cherchez sans cesse à le calomnier?

TRANSTAMARE

Et vous vous abaissez à le justifier!
Tremblez de partager le poids insupportable   75
Dont la haine publique a chargé ce coupable.
Il faut me suivre, il faut dans les bras du sénat...

LÉONORE

Si vous entrepreniez cet horrible attentat,
Si vous osiez jamais...

SCÈNE III[5]

LÉONORE, TRANSTAMARE *sur le devant avec sa suite*,
DON PEDRE *dans le fond avec la sienne*, MENDOSE

DON PEDRE *à Mendose, dans l'enfoncement.*
                    Tu vois ce téméraire,
Qui jusqu'en ma maison vient braver ma colère;   80
Ce protégé de Charle. Il vient à ses vainqueurs
Apporter des Français les insolentes mœurs...
Aux yeux de la princesse il ose ici paraître!
Sans frein, sans retenue, il marche, il parle en maître...
Comte, un tel entretien ne vous est point permis.   85
Dans la foule des grands, à votre rang admis,

85   K84: maître... ¶ [*ajout de didascalie:*] (à Transtamare.) ¶ Comte,

[5] 'Scène de bravade imitée de Corneille en dialogue confus. Ils mettent enfin l'épée à la main. L. se jette entr'eux et les sépare comme Adélaïde entre Vendôme et Nemours' (Flaubert, *Le Théâtre de Voltaire*, p.452).

Vous pourrez dans les jours de pompe solennelle
Vous présenter de loin prosterné devant elle.
Entrez dans le sénat, prenez place aux états;
La loi vous le permet; je ne vous y crains pas.   90
Vous y pouvez tramer vos cabales secrètes;
Mais respectez ces lieux, et songez qui vous êtes.

TRANSTAMARE

Le fils du dernier roi prend plus de liberté;
Il s'explique en tous lieux; il peut être écouté;
Il peut offrir sans crainte un pur et noble hommage.   95
Rome, le roi de France, et des grands le suffrage,
Ont quelque poids encore, et pourront balancer
Tout ce qu'à ma poursuite on voudrait opposer.
Léonore est à moi; sa main fut mon partage.

DON PEDRE

Et moi je vous défends d'y penser davantage.   100

TRANSTAMARE

Vous me le défendez?

DON PEDRE

Oui.

TRANSTAMARE

De mes ennemis
Les ordres quelquefois m'ont trouvé peu soumis.

DON PEDRE

Mais quelquefois aussi malgré Rome et la France,
En Castille on punit la désobéissance.

TRANSTAMARE

Le sénat et mon bras m'affranchissent assez   105
De ce grand châtiment dont vous me menacez.

DON PEDRE

Ils vous ont mal servi dans les champs de la gloire.
Vous devriez du moins en garder la mémoire.

TRANSTAMARE

Les temps sont bien changés. Vos maîtres et les miens,
Les états, le sénat, tous les vrais citoyens,   110
Ont enfin rappelé la liberté publique:
On ne redoute plus ce pouvoir tyrannique,
Ce monstre, votre idole, horreur du genre humain,
Que votre orgueil trompé veut rétablir en vain.
Vous n'êtes plus qu'un homme avec un titre auguste,   115
Premier sujet des lois, et forcé d'être juste.

DON PEDRE

Eh bien! crains ma justice, et tremble en tes desseins.

TRANSTAMARE

S'il en est une au ciel, c'est pour vous que je crains:
Gardez-vous de lasser sa longue patience.

DON PEDRE *tirant à moitié son épée.*

Tu mets à bout la mienne avec tant d'insolence.   120
Perfide! défends-toi contre ce fer vengeur.

TRANSTAMARE *mettant aussi la main à l'épée.*

Sire, oseriez-vous bien me faire cet honneur? [6]

LÉONORE *se jetant entre eux, tandis que Mendose et
Almède les séparent.*

Arrêtez, inhumains! Cessez barbares frères...
Cieux toujours offensés! destins toujours contraires!
Verrai-je en tous les temps ces deux infortunés   125

---

[6] Ce vers est cité par La Harpe (*Mercure de France*, mai 1775, p.46-70).

Prêts à souiller leurs mains du sang dont ils sont nés!
N'entendront-ils jamais la voix de la nature?

DON PEDRE

Ah! je n'attendais pas cette nouvelle injure,
Et que pour dernier trait Léonore aujourd'hui
Pût en nous égalant me confondre avec lui.   130
C'en est trop.

LÉONORE

Quoi! c'est vous qui m'accusez encore!

DON PEDRE

Et vous me trahiriez, vous, dis-je, Léonore!

LÉONORE

Et vous me reprochez dans ce désordre affreux,[7]
De vouloir épargner un crime à tous les deux!
Vous me connaissez mal: apprenez l'un et l'autre   135
Quels sont mes sentiments, et mon sort, et le vôtre.
Transtamare, sachez que vous n'aurez enfin,
Quand vous seriez mon roi, ni mon cœur, ni ma main.
Sire, tombe sur moi la justice éternelle
Si jusqu'à mon trépas je ne vous suis fidèle.   140
Mais la guerre civile est horrible à mes yeux;
Et je ne puis me voir entre deux furieux,
Misérable sujet de discorde et de haine,
Toujours dans la terreur, et toujours incertaine,
Si le seul de vous deux qui doit régner sur moi   145
Ne me fait pas l'affront de douter de ma foi.

---

128   W75G: n'attendais par cette [*Nous corrigeons cette coquille.*]

[7] Toute cette tirade de Léonore est citée par La Harpe (*Mercure de France*, mai
1775, p.46-70).

Vous m'arrachiez, Seigneur, au solitaire asile,
Où mon cœur loin de vous était du moins tranquille.
Je me vois exilée en ce cruel séjour,
Dans cet antre sanglant que vous nommez la cour.   150
Je la fuis; je retourne à la tombe sacrée
Où j'étais morte au monde, et du monde ignorée.
Qu'une autre se complaise à nourrir dans les cœurs
Les tourments de l'amour et toutes ses fureurs,
A mêler sans effroi ses langueurs tyranniques   155
Aux tumultes sanglants des discordes publiques;
Qu'elle se fasse un jeu du malheur des humains,
Et des feux de la guerre attisés par ses mains;
Qu'elle y mette à son gré sa gloire et son mérite:
Cette gloire exécrable est tout ce que j'évite.   160
Mon cœur qui la déteste est encore étonné
D'avoir fui cette paix pour qui seule il est né;
Cette paix qu'on regrette au milieu des orages.
Je vais, loin de Tolède et de ces grands naufrages,
M'ensevelir, vous plaindre, et servir à genoux   165
Un maître plus puissant, et plus clément que vous.

(Elle sort.)

SCÈNE IV

DON PEDRE, TRANSTAMARE, suite

DON PEDRE

Elle échappe à ma vue, elle fuit, et sans peine!
J'ai soupçonné son cœur, j'ai mérité sa haine.
   (à sa suite)
Léonore!... courez, qu'on vole sur ses pas;
Mes amis, suivez-la, qu'on ne la quitte pas;   170

---

147   75P, 75LI, 76A, 76R, T76X: Vous m'arrachez, Seigneur
151   W75G: je retombe à la tombe [*semble être une coquille*]
162   76R, T76X: pour qui seul il est né

Veillez avec les miens sur elle et sur sa mère...
    Toi, qui t'oses parer du saint nom de mon frère,[8]
Va, rends grâce à ce sang par toi déshonoré,
Rends grâce à mes serments: j'ai promis, j'ai juré
De respecter ici la liberté publique.   175
Tu m'osais reprocher un pouvoir tyrannique!
Tu vis, c'en est assez pour me justifier;
Tu vis, et je suis roi!... Garde-toi d'oublier
Qu'il me reste en Espagne encor quelque puissance.
Cabale avec les tiens dans Rome et dans la France,   180
Intrigue en ton sénat, soulève les états,
Va, mais attends le prix de tes noirs attentats.

        TRANSTAMARE *en sortant avec sa suite.*

Sire, j'attends beaucoup de la clémence auguste
Du frère le plus tendre, et du roi le plus juste.

SCÈNE V

DON PEDRE, MENDOSE

DON PEDRE

Tremblez, tyrans des rois, le châtiment vous suit.   185
Que dis-je! malheureux! à quoi suis-je réduit!
J'ai laissé de ses pleurs Léonore abreuvée,
Ainsi que mes sujets contre moi soulevée.
Quoi! toujours de mes mains j'ourdirai mes malheurs!
C'était donc mon destin d'éloigner tous les cœurs!   190
J'ai d'une tendre épouse affligé l'innocence.
Mon peuple m'abandonne, et le Français s'avance.
Prêt de faire une reine et d'aller aux combats,
A tant de soins pressants mon cœur ne suffit pas
Allons... il faut porter le fardeau qui m'accable.   195

[8] Toutes les éditions placent ce vers en retrait.

MENDOSE

Sire, vous permettez qu'un ami véritable,
(Je hasarde ce nom si rare auprès des rois)
Libre en ses sentiments s'ouvre à vous quelquefois.
Vos soldats, il est vrai s'approchent de Tolède;
Mais les grands, le sénat, que Transtamare obsède,   200
Les organes des lois du peuple révérés,
De la religion les ministres sacrés,
Tout s'unit, tout menace, un dernier coup s'apprête.
Déjà même Guesclin, dirigeant la tempête,
Marche aux rives du Tage, et vient y rallumer   205
La foudre qui s'y forme et va tout consumer.
Peut-être il serait temps qu'un peu de politique
Tempérât prudemment ce courage héroïque;
Que vous attendissiez, chaque jour offensé,
Le moment de punir sans avoir menacé.   210
De vos fiers ennemis nourrissant l'insolence,
Vous les avertissez de se mettre en défense.
De Léonore ici je ne vous parle pas:
L'amour bien mieux que moi, finira vos débats.
Vous êtes violent, mais tendre, mais sincère;   215
Seigneur un mot de vous calmera sa colère.
Mais, quand le péril presse et peut vous accabler,
Avec vos oppresseurs il faut dissimuler.

DON PEDRE

A ma franchise, ami, cet art est trop contraire;
C'est la vertu du lâche... Ah, d'un maître sévère,   220
D'un cruel, d'un tyran, s'ils m'ont donné le nom,[9]
Je veux le mériter à leur confusion.
Trop heureux les humains dont les âmes dociles
Se livrent mollement aux passions tranquilles!
Ma vie est un orage; et dans les flots plongé,   225

___

[9] 'Il veut mériter le nom de tyran' (Flaubert, *Le Théâtre de Voltaire*, p.453).

Je me plais dans l'abîme où je suis submergé.
Rien ne me changera, rien ne pourra m'abattre.

MENDOSE

Mon prince, à vos côtés vous m'avez vu combattre,
Vous m'y verrez mourir. Mais portez vos regards
Sur ces gouffres profonds ouverts de toutes parts;   230
Voyez de vos rivaux la fatale industrie,
Par des bruits mensongers séduisant la patrie,
S'appliquant sans relâche à vous rendre odieux,
Tromper l'Europe entière, et croire armer les cieux;
Des superstitions faire parler l'idole,   235
Vous poursuivre à Paris, vous perdre au Capitole.
Et par le seul mépris vous avez repoussé
Tous ces traits qu'on vous lance, et qui vous ont blessé!
Vous laissez l'imposture attaquant votre gloire,
Jusque dans l'avenir flétrir votre mémoire!   240

DON PEDRE

Ah! dure iniquité des jugements humains! [10]
Fantômes élevés par des caprices vains!
J'ai dédaigné toujours votre vile fumée;
Je foule aux pieds l'erreur qui fait la renommée.
On ne m'a jamais vu fatiguer mes esprits   245
A chercher un suffrage à Rome ou dans Paris.
J'ai vaincu, j'ai bravé la rumeur populaire.
Je ne me sens point né pour flatter le vulgaire.
Ou tombons, ou régnons. L'heureux est respecté;
Le vainqueur devient cher à la postérité,   250
Et les infortunés sont condamnés par elle.
Rome de Transtamare embrasse la querelle;
Rome sera pour moi quand j'aurai combattu,

---

[10] Ces vers jusqu'à 'que ceux de mon épée' sont cités par La Harpe (*Mercure de France*, mai 1775, p.46-70).

Quand on verra ce traître à mes pieds abattu
Me rendre en expirant ma puissance usurpée.   255
Je ne veux plus de droits que ceux de mon épée...
Mais quel jour! Léonore!... Il devait être heureux...
Pour son couronnement quel appareil affreux!
Que ce triomphe, hélas, peut devenir horrible!
Je me faisais, cruelle, un plaisir trop sensible   260
De détruire un rival au fond de votre cœur,
C'est là que j'aspirais à régner en vainqueur...
On m'ose disputer mon trône et Léonore!
Allons, ils sont à moi; je les possède encore.

SCÈNE VI

DON PEDRE, MENDOSE, ALVARE

ALVARE

Le sénat castillan vous demande, Seigneur.   265

DON PEDRE

Il me demande? moi!

ALVARE

              Nous attendons l'honneur
De vous voir présider à l'auguste assemblée
Par qui l'Espagne enfin se verra mieux réglée.
Le prince votre frère a déjà préparé
L'édit qui sous vos yeux doit être déclaré.   270

DON PEDRE

Qui! mon frère!

260   w75G*: Je me <faisais> ↑ᵛfesais⁺
271   75 (S.L.): Quoi! mon frère!

ALVARE

Au sénat que faut-il que j'annonce?

DON PEDRE

Je suis son roi. Sortez... et voilà ma réponse,

ALVARE

Vous apprendrez la leur.

SCÈNE VII

DON PEDRE, MENDOSE, suite [11]

DON PEDRE *à sa suite.*

            Eh bien, vous le voyez,
Les ordres de mes rois me sont signifiés;
Transtamare les signe, il commande, il est maître;   275
On me traite en sujet!... je serais fait pour l'être,
Pour servir enchaîné, si le même moment
Qui voit de tels affronts ne voit leur châtiment.
  (*à Moncade*)
Chef de ma garde, à moi!... je connais ton audace.
Serviras-tu ton roi, qu'on trahit, qu'on menace,   280
Qu'on ose mépriser?

MONCADE

            Comme vous j'en rougis;
Mon cœur est indigné. Commandez, j'obéis.

---

276   75P, 75G, 75LI, EJ, 75 (S.L.), 75LA, 76A, 76R, W75G, T76X: je serai fait

[11] L'ensemble des éditions, y compris K84, ne mentionne pas Moncade dans la liste des personnages de cette scène alors qu'il s'y exprime, mais semble compris dans la 'suite' de Don Pedre.

DON PEDRE

Ne ménageons plus rien; fais saisir Transtamare,
Et le perfide Almède, et l'insolent Alvare:
Tu seras soutenu. Mes valeureux soldats   285
Aux portes de Tolède avancent à grands pas.
Etonnons par ce coup ces graves téméraires
Qui détruisent l'Espagne et s'en disent les pères.
Leur siège est-il un temple? et, grâce aux préjugés,
Est-ce le Capitole où les rois sont jugés?   290
Nous verrons aujourd'hui leur audace abaissée.
Va, d'autres intérêts occupent ma pensée.
Exécute mon ordre au milieu du sénat,
Où le traître à présent règne avec tant d'éclat.

MONCADE

Cette entreprise est juste, aussi bien que hardie;   295
Et je vais l'accomplir au péril de ma vie.
Mais craignez de vous perdre.

DON PEDRE

                              A ce point confondu,
Si je ne risque tout, crois-moi, tout est perdu.

MENDOSE

Arrêtez un moment... daignez songer encore
Que vous bravez des lois qu'à Tolède on adore.   300

DON PEDRE

[12]Moi! je respecterais ces gothiques ramas [13]
De privilèges vains que je ne connais pas,

[12] Toute cette tirade de Don Pedre est évidemment citée par La Harpe (*Mercure de France*, mai 1775, p.46-70).
[13] Le terme revient dans *Irène*: '[...] Si cette cour inique / Osait lever sur vous le glaive despotique, / Comptez sur vos amis: vous verrez devant eux / Fuir ce pompeux ramas d'esclaves orgueilleux' (II.i).

Eternels aliments de troubles, de scandales,
Que l'on ose appeler nos lois fondamentales;
Ces tyrans féodaux, ces barons sourcilleux,   305
Sous leurs rustiques toits indigents orgueilleux;
Tous ces nobles nouveaux, ce sénat anarchique,
Erigeant la licence en liberté publique,
Ces états désunis dans leurs vastes projets,
Sous les débris du trône écrasant les sujets!   310
Ils aiment Transtamare, ils flattent son audace;
Ils voudraient l'opprimer s'il régnait en ma place.
Je les punirai tous. Les armes d'un sénat
N'ont pas beaucoup de force en un jour de combat. [14]

MENDOSE

Souvent le fanatisme [15] inspire un grand courage.   315

DON PEDRE

Ah! l'honneur et l'amour en donnent davantage.

Fin du second acte.

---

[14] 'Déclamations contre les privilèges féodaux, contre l'anarchie féodale. Mais il les punira tous' (Flaubert, *Le Théâtre de Voltaire*, p.455).

[15] 'Mais de quel fanatisme s'agit-il? est-il question?' (Flaubert, *Le Théâtre de Voltaire*, p.455).

ACTE III

SCÈNE PREMIÈRE

DON PEDRE, MENDOSE

MENDOSE

Il est entre vos mains surpris et désarmé.
Disposez de ce tigre avec peine enfermé,
Prêt à dévorer tout si l'on brise sa chaîne. [1]
Des grands de la Castille une troupe hautaine
Rassemble avec éclat ce cortège nombreux   5
D'écuyers, de vassaux qu'ils traînent après eux;
Restes encor puissants de cette barbarie
Qui vint des flancs du Nord inonder ma patrie.
Ils se sont réunis à ce grand tribunal
Qui pense que leur prince est au plus leur égal;   10
Ils soulèvent Tolède à leur voix trop docile.

DON PEDRE

Je le sais... Mes soldats sont enfin dans la ville.

MENDOSE

Le tonnerre à la main nous pouvons l'embraser,
Frapper les citoyens, mais non les apaiser.
Animé par les grands tout un peuple en alarmes   15
Porte aux murs du palais des flambeaux et des armes;
Jusqu'en votre maison je vois autour de vous
Des courtisans ingrats vous servant à genoux,

15   W75G: Animés par

[1] La métaphore est courante dans le vocabulaire tragique et dans les tragédies de Voltaire, témoin, entre autres, ce vers de *La Mort de César*: 'Flatter encor ce tigre à l'instant qu'on l'enchaîne' (I.iv).

158

Mais servant encor plus la cabale des traîtres,
Préférer Transtamare au pur sang de leurs maîtres;   20
La triste vérité ne peut se déguiser.

DON PEDRE

J'aime qu'on me la dise, et sais la mépriser.
Que m'importent ces flots dont l'inutile rage
Se dissipe en grondant et se brise au rivage?
Que m'importent ces cris des vulgaires humains?   25
La seule Léonore est tout ce que je crains.
Léonore!... crois-tu que son âme offensée
Rendue à mon amour ait pu dans sa pensée
Etouffer pour jamais le cuisant souvenir
D'un affront dont sa haine aurait dû me punir?   30

MENDOSE

Vous l'avez assez vu, son retour est sincère.

DON PEDRE

Son ingénuité, qui dut toujours me plaire,
Laisse échapper des traits d'une mâle fierté
Qui joint un grand courage à sa simplicité.

MENDOSE

Sa conduite envers vous était d'une âme pure.   35
Vertueuse sans art, ignorant l'imposture,
Voulant que ce grand jour fût un jour de bienfaits,
Au sein de la discorde elle a cherché la paix.
Ce cœur, qui n'est pas né pour des temps si coupables
Se figurait des biens qui sont impraticables;   40
Sa vertu la trompait. Je vois avec douleur
Que tout corrompt ici votre commun bonheur.
Quel parti prenez-vous, et que devra-t-on faire
De cet inébranlable et terrible adversaire
Qui dans sa prison même ose encor vous braver?   45

DON PEDRE

Léonore!... à ce point as-tu su captiver
Un cœur si détrompé, si las de tant de chaînes,
Dont le poids trop chéri fit ma honte et mes peines?
J'abjurais les amours et leurs folles erreurs.
Quoi! dans ces jours de sang, et parmi tant d'horreurs,   50
Cette candeur naïve et sa noble innocence
Sur mon âme étonnée ont donc plus de puissance,
Que n'en eurent jamais ces fatales beautés
Qui subjuguaient mes sens de leurs fers enchantés,
Et des séductions déployant l'artifice   55
Egaraient ma raison soumise à leur caprice!
Padille m'enchaînait et me rendait cruel;
Pour venger ses appâts je devins criminel.
Ces temps étaient affreux. Léonore adorée
M'inspire une vertu que j'avais ignorée.   60
Elle grave en mon cœur heureux de lui céder,
Tout ce que tu m'as dit sans me persuader.
Je crois entendre un Dieu qui s'explique par elle;
Et son âme à mes sens donne une âme nouvelle. [2]

MENDOSE

Si vous aviez plutôt formé ces chastes nœuds,   65
Votre règne sans doute eût été plus heureux.
On a vu quelquefois par des vertus tranquilles,
Une reine écarter les discordes civiles.
Padille les fit naître; et j'ose présumer
Que Léonore seule aurait pu les calmer.   70
C'est Don Pedre, c'est vous, et non le roi qu'elle aime. [3]
Les autres n'ont chéri que la grandeur suprême.

[2] La Harpe cite cette tirade pour montrer l'ambiguïté du caractère de Don Pedre (*Commentaire sur le théâtre de Voltaire*, p.362).
[3] Cette affirmation glose les vers de Léonore à Elvire: 'Jamais le rang du roi n'éblouit ma jeunesse' (I.iii.221).

Elle revient vers vous, et je cours de ce pas
Contenir si je puis le peuple et les soldats;
A vos ordres sacrés toujours prêt à me rendre.   75

DON PEDRE

Je te joindrai bientôt, cher ami, va m'attendre.

SCÈNE II

DON PEDRE, LÉONORE

DON PEDRE

Vous pardonnez enfin; vos mains daignent orner
Ce sceptre que l'Espagne avait dû vous donner.
Compagne de mes jours, trop orageux, trop sombres,
Vous seule éclaircirez la noirceur de leurs ombres.   80
Les farouches esprits que je n'ai pu gagner,
Haïront moins Don Pedre en vous voyant régner.
Dans ces cœurs soulevés, dans celui de leur maître,
Le calme qui nous fuit pourra bientôt renaître.
Je suis loin, maintenant d'offrir à vos désirs   85
D'une brillante cour la pompe et les plaisirs;
Vous ne les cherchez pas. Le trône où je vous place
Est entouré du crime, assiégé par l'audace;
Mais s'il touche à sa chute, il sera relevé,
Et dans un sang impur heureusement lavé: 90
Ecrasant sous vos pieds la ligue terrassée,
Il reprendra par vous sa splendeur éclipsée.

LÉONORE

Vous connaissez mon cœur; il n'a rien de caché. 4

87   75L1: ne le cherchez

⁴ 'Léon. lui répond par un long discours de deux pages interrompu par un seul vers
de D.P.' (Flaubert, *Le Théâtre de Voltaire*, p.456).

Lorsque j'ai vu le vôtre à la fin détaché
Des indignes objets de votre amour volage, 95
J'ai sans peine à mon prince offert un pur hommage.
Vainement votre père expirant dans mes bras,
Et prétendant régner au-delà du trépas,
Pour son fils Transtamare aveugle en sa tendresse,
Avait en sa faveur exigé ma promesse. 100
Bientôt par ma raison son ordre fut trahi;
Et plus je vous ai vu, plus j'ai mal obéi.
Enfin, j'aimais Don Pedre en fuyant sa couronne.
Et je ne pense pas que son cœur me soupçonne
D'avoir pu désirer cette triste grandeur, 105
Qui sans vous aujourd'hui ne me ferait qu'horreur.
Mais si de mon hymen la fête est différée,
Si je ne règne pas, je suis déshonorée.
Vous pouvez par mépris pour la commune erreur,
Braver la voix publique: et je la crains, Seigneur. 110
Je veux qu'on me respecte, et qu'après vos faiblesses,
On ne me compte pas au rang de vos maîtresses.
Ma gloire s'en irrite: et dans ces tristes jours
La retraite, ou le trône était mon seul recours.
Votre épouse à vos yeux se sent trop outragée. 115

DON PEDRE

Avant la fin du jour vous en serez vengée.

LÉONORE

Je ne prétend pas l'être. Ecoutez seulement
Tous les justes sujets de mon ressentiment.
J'ai peu du cœur humain la fatale science;
Mais j'ouvre enfin les yeux. Ma prompte expérience 120
M'apprend ce qu'on éprouve à la suite des rois.

103   76A: Enfin j'aime Don Pedre
    75P, 75LI, 76R, T76X: Enfin j'aimai Don Pedre

Je vois comme on s'empresse à condamner leur choix:
On accuse de tout quiconque a pu leur plaire.
De l'estrade des grands descendant au vulgaire,
Le mensonge sans frein, sans pudeur, sans raison,   125
S'accroît de bouche en bouche, et s'enfle de poison. [5]
C'est moi, si l'on en croit votre cour téméraire,
C'est moi dont l'artifice a perdu votre frère,
C'est moi qui l'ai plongé dans la captivité
Pour garder ma conquête avec impunité.   130
Vous dirai-je encor plus? une troupe effrénée,
Qui devrait souhaiter, bénir mon hyménée,
D'une voix mensongère insulte à nos amours;
Mon oreille a frémi de leurs affreux discours.
Je vois lancer sur vous des regards de colère.   135
On déteste le roi qu'on dut chérir en père.
Pouvez-vous endurer tant d'horribles clameurs,
De menaces, de cris, et surtout tant de pleurs?
Pour la dernière fois écartez de ma vue
Ce spectacle odieux qui m'indigne et me tue.   140
Faut-il passer mes jours à gémir, à trembler?
Détournez ces fléaux unis pour m'accabler.
Il en est encor temps. Le Castillan rebelle,
Pour peu qu'il soit flatté, par orgueil est fidèle.
Ah! si vous opposiez au glaive des Français   145
Le plus beau bouclier, l'amour de vos sujets!
En spectacle à l'Espagne, en butte à tant d'envie,
Je ne puis supporter l'horreur d'être haïe.
Je crains en vous parlant de réveiller en vous
L'affreuse impression d'un sentiment jaloux.   150
Je puis aller trop loin, je m'emporte, mais j'aime.
Consultez votre gloire; et jugez-vous vous-même. [6]

---

[5] 'La manie de la périphrase, du tout, voilà des origines de Delille' (Flaubert, *Le Théâtre de Voltaire*, p.456).

[6] 'Et elle finit, en péroraison' (Flaubert, *Le Théâtre de Voltaire*, p.456).

DON PEDRE.[7]

J'ai pesé chaque mot, et je prends mon parti.
  (*à sa suite*)
Déchaînez Transtamare, et qu'on l'amène ici.

LÉONORE

Prenez garde, cher prince. Arrêtez... sa présence   155
Peut vous porter encor à trop de violence.
Craignez.

DON PEDRE

C'est trop de crainte; et vous vous abusez.

LÉONORE

J'en ressens, il est vrai... C'est vous qui la causez.

SCÈNE III

DON PEDRE, LÉONORE, TRANSTAMARE, suite

DON PEDRE

Approche, malheureux, dont la rage ennemie[8]
Attaqua tant de fois mon honneur et ma vie.   160
Esclave des Français qui t'es cru mon égal,
Audacieux amant qui t'es cru mon rival,
Ton œil se baisse enfin, ta fierté me redoute;
Tu mérites la mort, tu l'attends... mais écoute.
  Tu connais cet usage en Espagne établi,[9]   165
Qu'aucun roi de mon sang n'ose mettre en oubli.
A son couronnement une nouvelle reine,

---

[7] w75G oublie le changement de personnage et inclut la réplique de Don Pedre dans celle de Léonore.

[8] 'L'apostrophe de D.P. à Tr. est étonnante de mauvais goût' (Flaubert, *Le Théâtre de Voltaire*, p.456).

[9] Toutes les éditions décalent ce vers.

Opposant sa clémence à la justice humaine,
Peut sauver à son gré l'un de ces criminels
Que pour être en exemple au reste des mortels,   170
L'équité vengeresse au supplice abandonne.
Voici ta reine enfin.

TRANSTAMARE

Léonore!

DON PEDRE

                              Elle ordonne
Que malgré tes forfaits, malgré toutes les lois,
Et malgré l'intérêt des peuples et des rois,
Ton monarque outragé daigne te laisser vivre.   175
J'y consens... Vous, soldats, soyez prêts à le suivre.
Vous conduirez ses pas dès ce même moment
Jusqu'aux lieux destinés pour son bannissement.
Veillez toujours sur lui, mais sans lui faire outrage,
Sans me faire rougir de mon juste avantage.   180
Tout indigne qu'il est du sang dont il est né,
Ménagez de mon père un reste infortuné...
En est-ce assez, madame, êtes-vous satisfaite?

LÉONORE

Il faudra qu'à vos pieds ce fier sénat se jette.
Continuez, seigneur, à mêler hautement   185
Une sage clémence, au juste châtiment.
Le sénat apprendra bientôt à vous connaître,
Il saura révérer, et même aimer un maître;
Vous le verrez tomber aux genoux de son roi.

TRANSTAMARE

Léonore, on vous trompe; et le sénat et moi   190
Nous ne descendons point encor à ces bassesses.

169   75G: de ses criminels [*corrigé dans les errata*]

Vous pouvez d'un tyran ménageant les tendresses,
Céder à cet éclat si trompeur et si vain
D'un sceptre malheureux qui tombe de sa main.
Il peut dans les débris d'un reste de puissance   195
M'insulter un moment par sa fausse clémence,
Me bannir d'un palais qui peut-être aujourd'hui
Va se voir habité par d'autres que par lui.
Il a dû se hâter. Jouissez infidèle,
D'un moment de grandeur où le sort vous appelle.   200
Cet éclat vous aveugle, il passe, il vous conduit
Dans le fond de l'abîme où votre erreur vous suit.

DON PEDRE

Qu'on le remène; allez, qu'il parte et qu'on le suive.

SCÈNE IV

DON PEDRE, LÉONORE, MONCADE, TRANSTAMARE, suite

MONCADE

Seigneur, en ce moment, Guesclin lui-même arrive.

LÉONORE

O ciel!

TRANSTAMARE *en se retournant vers Don Pedre.*

　　Je suis vengé plutôt que tu ne crois   205
Va, je ne compte plus Don Pedre au rang des rois.
Frappe avant de tomber, verse le sang d'un frère.
Tu n'as que cet instant pour servir ta colère.
Ton heure approche, frappe. Oses-tu?

DON PEDRE

　　　　　　　　　　C'est en vain

Que tu cherches l'honneur de périr par ma main.   210
Tu n'en étais pas digne, et ton destin s'apprête;
C'est le glaive des lois que je tiens sur ta tête.
(On emmène Transtamare.)
(à Moncade)
Qu'on l'entraîne... Et Guesclin?

MONCADE

                    Il est près des remparts,
Le peuple impatient vole à ses étendards.
Il invoque Guesclin comme un dieu tutélaire. [10]   215

LÉONORE

Quoi! je vous implorais pour votre indigne frère!
Mes soins trop imprudents voulaient vous réunir!
Je devais vous prier, seigneur, de le punir.
Que faire, cher époux, dans ce péril extrême?

DON PEDRE

Que faire? le braver, couronner ce que j'aime,   220
Marcher aux ennemis, et dès ce même jour,
Au prix de tout mon sang mériter votre amour.

MONCADE

Un chevalier français en ces murs le devance,
Et pour son général, il demande audience...

DON PEDRE

Cette offre me surprend, je ne puis le celer: 225
Quoi! lorsqu'il faut combattre, un Français veut parler?

---

[10] Froissart: 'Tandis que [Don Pedre] faisait ce grand rassemblement et tandis que le roi Henri se tenait devant Tolède, Messire Bertrand du Guesclin gagna les rangs de ce dernier avec deux mille combattants; il fut reçu avec une immense joie par tous les hommes du siège' (Don Pedre de Castille, p.241).

MONCADE

Il est ambassadeur et général d'armée.

DON PEDRE

Si j'en crois tous les bruits dont l'Espagne est semée,
Il est plus fier qu'habile; et dans cet entretien
L'orgueil de ce Breton pourrait choquer le mien.   230
Je connais sa valeur, et j'en prends peu d'alarmes.
En Castille, avec lui, j'ai mesuré mes armes;
Il doit s'en souvenir; mais puisqu'il veut me voir.
Je suis prêt en tout temps à le bien recevoir;
Soit au palais des rois, soit aux champs de la gloire.   235
     (à *Léonore*)
Enfin je vais chercher la mort ou la victoire.
Mais avant le combat hâtez-vous d'accepter
Le bandeau qu'après moi votre front doit porter.
Je pouvais, j'aurais dû dans cette auguste fête,
De mon lâche ennemi vous présenter la tête,   240
Sur son corps tout sanglant recevoir votre main;
Mais je ne serai pas ce Don Pedre inhumain,
Dont on croit pour jamais flétrir la renommée:
Et du pied de l'autel je vole à mon armée,
Montrer aux nations que j'ai su mériter   245
Ce trône et cette main qu'on m'ose disputer.

Fin du troisième acte.

ACTE IV

SCÈNE PREMIÈRE

DON PEDRE, MENDOSE

MENDOSE

Quoi! vous vous exposiez à ce nouveau danger?
Quoi! Don Pedre autrefois si prompt à se venger, [1]
De ce grand ennemi n'a pas proscrit la tête! [2]

DON PEDRE

Léonore a parlé, ma vengeance s'arrête.
Elle n'a pas voulu qu'aux marches de l'autel   5
Notre hymen fût souillé du sang d'un criminel.
Sans elle, cher ami, j'aurais été barbare,
J'aurais de ma main même immolé Transtamare;
Je l'aurais dû... n'importe.

MENDOSE

             Et voilà ces Français
Dont le premier exploit, et le premier succès   10
Sont de vous enlever par un sanglant outrage
Ce prisonnier d'état qui vous servait d'otage.
Jugez de quel espoir le sénat est flatté,
Comme il est insolent avec sécurité,
Comme au nom de Guesclin sa voix impérieuse   15
Conduit d'un peuple vain la fougue impétueuse!
Tandis que Léonore a du bandeau royal

---

[1] Voltaire se souvient ici des premiers assassinats commis par Don Pedre. Voir la section 'Don Pedre: une figure historique controversée' p.13s.

[2] Cf. *La Mort de César*, la scène entre Antoine et César: 'ANTOINE / Il faudrait être craint: c'est ainsi que l'on règne / CÉSAR / Va, ce n'est qu'aux combats que je veux qu'on me craigne' (I.iv).

(Présent si digne d'elle, et peut-être fatal)
Orné son front modeste où la vertu réside,
D'arrogants factieux une troupe perfide   20
Abjurait votre empire, et presque sous vos yeux
Elevait Transtamare au rang de vos aïeux.
A peine ce Guesclin touchait à nos rivages,
Tous les grands à l'envi, lui portant leurs hommages,
Accouraient dans son camp, le nommaient à grands cris   25
L'ange de la Castille envoyé de Paris.
Il commande, il s'érige un tribunal suprême,
Où lui seul va juger la Castille et vous-même.
Scipion fut moins fier et moins audacieux,
Quand il nous apporta ses aigles et ses dieux.   30
Mais ce qui me surprend, c'est qu'agissant en maître,
Il prétende apaiser les troubles qu'il fait naître;
Qu'il vienne en ce palais vous ayant insulté,
Et qu'armé contre vous il propose un traité.

DON PEDRE

Il ne fait qu'obéir au roi qui me l'envoie. [3]   35
L'orgueil de ce Guesclin se montre et se déploie
Comme un ressort puissant avec art préparé,
Qu'un maître industrieux fait mouvoir à son gré.
Dans l'Europe aujourd'hui tu sais comme on les nomme;
Charle a le nom de sage, et Guesclin de grand homme.   40
Et qui suis-je auprès d'eux moi qui fus leur vainqueur?
Je pourrais des Français punir l'ambassadeur, [4]
Qui m'osant outrager à ma foi se confie.

---

[3] Ces vers jusqu'à 'mais je suis chevalier' sont cités par La Harpe (*Mercure de France*, mai 1775, p.46-70).

[4] Voir entre autres l'ouvrage *Le Parfait ambassadeur... composé en espagnol par don Antonio de Vera et de Cuñiga,... et traduit en françois par le sieur Lancelot*, œuvre très utile et nécessaire à tous ministres d'Estat, gouverneurs de province, secrétaires et princes (Paris, A. de Sommainville, 1635) qui donne des exemples historiques mais ne parle ni de Don Pedre, ni de Du Guesclin.

Plus d'un roi s'est vengé par une perfidie;
Et les succès heureux de ces grands coups d'état   45
Souvent à leurs auteurs ont donné quelque éclat:
Leurs flatteurs ont vanté cette infâme prudence.
Ami, je ne veux point d'une telle vengeance.
Dans mes emportements et dans mes passions,
Je respecte plus qu'eux les droits des nations.   50
J'ai déjà sur Guesclin ce premier avantage;
Et nous verrons bientôt s'il l'emporte en courage.
Un Français peut me vaincre, et non m'humilier.
Je suis roi, cher ami, mais je suis chevalier;
Et si la politique est l'art que je méprise,   55
On rendra pour le moins justice à ma franchise.
Mais surtout Léonore est-elle en sûreté?

MENDOSE

Vous avez donné l'ordre, il est exécuté.
La garde castillane est rangée auprès d'elle,
Prête à fondre avec moi sur le parti rebelle.   60
Aux portes du palais les Africains[5] placés
En défendent l'approche aux mutins dispersés.
Vos soldats sont postés dans la ville sanglante;
Toute l'armée enfin frémit, impatiente,
Demande le combat, brûle de vous venger   65
Du lâche Transtamare, et d'un fier étranger.

DON PEDRE

Je n'ai point envoyé Transtamare au supplice!...
Mon épée est plus noble et m'en fera justice.
Sous les yeux de Guesclin je vais le prévenir.

67   76R: au supplice?

[5] Pour les musulmans de l'armée de Don Pedre, voir la section 'Don Pedre: une figure historique controversée', p.13s.

Va, c'est dans les combats qu'il est beau de punir... 70
Je regrette, il est vrai, dans cette juste guerre,
Ce fameux prince noir, ce dieu de l'Angleterre,
Ce vainqueur de deux rois qui meurt et qui gémit,
Après tant de combats d'expirer dans son lit.
C'eût été pour ma gloire un moment plein de charmes 75
De le revoir ici compagnon de mes armes.
Je pleure ce grand homme; et Don Pedre aujourd'hui,
Heureux ou malheureux, sera digne de lui...
    Mais je vois s'avancer une foule étrangère[6]
Qui se joint sous mes yeux aux drapeaux de l'Ibère, 80
Et qui semble annoncer un ministre de paix:
C'est Guesclin qui s'avance au gré de mes souhaits.
Ami, près de ton roi prends la première place.
Voyons quelle est son offre, et quelle est son audace.

SCÈNE II

DON PEDRE *se place sur son trône*, MENDOSE *à côté de lui avec quelques grands d'Espagne*, GUESCLIN, *après avoir salué le roi qui se lève, s'assied vis-à-vis de lui. Les gardes sont derrière le trône du roi, et des officiers français derrière la chaise de Guesclin.*[7]

GUESCLIN

Sire, avec sûreté je me présente à vous, 85
Au nom d'un roi puissant, de son honneur jaloux,
Qui d'un vaste royaume est aujourd'hui le père,
Qui l'est de ses voisins, qui l'est de votre frère,

---

  [6] Toutes les éditions décalent ce vers.

  [7] Flaubert note cette didascalie (Flaubert, *Le Théâtre de Voltaire*, p.458), de même que La Harpe: 'Vient ensuite la scène d'audience, où Don Pedre sur son trône, environné de toute la pompe de la Cour, reçoit l'ambassadeur français. La noblesse du dialogue répond à ce grand appareil. Nous citerons une partie de cette scène, qui certainement produirait sur le théâtre un effet imposant' (La Harpe, *Mercure de France*, mai 1775, p.46-70, p.65).

Et dont la généreuse et prudente équité
N'a fait verser de sang que par nécessité.   90
J'apporte au nom de Charle ou la paix ou la guerre.
Faut-il ensanglanter, faut-il calmer la terre?
C'est à vous de choisir. Je viens prendre vos lois.

DON PEDRE

Vous-même expliquez-vous, déterminez mon choix.
Mais dans votre conduite on pourrait méconnaître   95
Cette rare équité de votre auguste maître,
Qui, sans m'en avertir dévastant mes états,
Me demande la paix par vingt mille soldats.
Sont-ce là les traités qu'à Vincenne on prépare?...
    (*Il se lève, Guesclin se lève aussi.*)
De quel droit osez-vous m'enlever Transtamare? [8]   100

GUESCLIN

Du droit que vous aviez de le charger de fers.
Vous l'avez opprimé, Seigneur, et je le sers.

DON PEDRE

De tous nos différends vous êtes donc l'arbitre?

GUESCLIN

Mon roi l'est.

DON PEDRE

        Je voudrais qu'il méritât ce titre.
Mais vous! qui vous fait juge entre mon peuple et moi?   105

---

[8] '(On a parlé de cet enlèvement qui a dû s'effectuer entre le 3ᵉ et le 4ᵉ acte [...],
mais pas assez clairement. M. l'appelle "ce prisonnier d'Etat qui vous servait
d'otage"). Dialogue coupé, mots à effets de sens' (Flaubert, *Le Théâtre de Voltaire*,
p.458). Ce vers répond à l'indignation de Mendose: 'Et voilà ces Français / Dont le
premier exploit, et le premier succès / Sont de vous enlever par un sanglant outrage /
Ce prisonnier d'état qui vous servait d'otage' (IV.i.9-12).

GUESCLIN

Je vous l'ai déjà dit, votre allié, mon roi,
Que votre père Alfonse en fermant la paupière
Chargea d'exécuter sa volonté dernière.
Le vainqueur des Anglais sur le trône affermi,
Et quand vous le voudrez, en un mot, votre ami.   110

DON PEDRE

De l'amitié des rois l'univers se défie:
Elle est souvent perfide, elle est souvent trahie.
Mais quel prix y met-il?

GUESCLIN

            La justice, Seigneur.

DON PEDRE

Ces grands mots consacrés, de justice, d'honneur,
Ont des sens différents qu'on a peine à comprendre.   115

GUESCLIN

J'en serai l'interprète, et vous allez m'entendre.
Rendez à votre frère, injustement proscrit, [9]
Léonore et les biens qu'un père lui promit,
Tous ses droits reconnus d'un sénat toujours juste,
Dans Rome confirmés par un pouvoir auguste;   120
Des états castillans n'usurpez point les droits;
Pour qu'on vous obéisse, obéissez aux lois:
C'est là ce qu'à ma cour on déclare équitable,
Et Charle est à ce prix votre ami véritable.

DON PEDRE

Instruit de ses desseins, et non pas effrayé,   125
Je préfère sa haine à sa fausse amitié.

[9] Toute cette partie de scène jusqu'à 'je vous refuse tout, excepté mon estime' est
citée par La Harpe, *Mercure de France*, mai 1775, p.46-70.

S'il feint de protéger l'enfant de l'adultère,
Le rebelle insolent qu'il appelle mon frère,
Je sais qu'il n'a donné ces secours dangereux
Que pour mieux s'agrandir en nous perdant tous deux.   130
Divisez pour régner, voilà sa politique:
Mais il en est une autre où Don Pedre s'applique;
C'est de vaincre. Et Guesclin ne doit pas l'ignorer.
Agent de Transtamare, osez-vous déclarer
Que vous lui destinez la main de Léonore?...   135
Léonore est ma femme... Apprenez plus encore:
Sachez que votre roi, qui semble m'accabler,
Des secrets de mon lit ne doit point se mêler;
Que de l'hymen des rois Rome n'est point le juge.
Je demeure surpris que, pour dernier refuge,   140
Au tribunal de Rome on ose en appeler,
Et qu'un guerrier français s'abaisse à m'en parler. [10]
Oubliez-vous, monsieur, qu'on vous a vu vous-même,
Vous qui me vantez Rome, et son pouvoir suprême,
Extorquer ses tributs, rançonner ses états,   145
Et forcer son pontife à payer vos soldats? [11]

GUESCLIN

On dit qu'en tous les temps ma cour a su connaître
Et séparer les droits du monarque et du prêtre.
Mais peu fait pour toucher ces ressorts délicats,

131   75LI, 76A, T76X: Diviser pour régner [*sans italiques*]
      K84: Divisez pour régner [*avec italiques*]
137   75G, 75P, 75LI, EJ, 75 (S.L.), 75LA, 76A, 76R, T76X: qui pense m'accabler

[10] L'étonnement de Don Pedre répond à la mise en garde d'Almède (I.i.71-74): 'Mais peut-être Guesclin dédaignera d'entrer / Dans ces petits débats qu'il semblait ignorer. / Son esprit mâle et ferme, et même un peu sauvage, / Des faiblesses d'amour entend peu le langage.'
[11] '[Du Guesclin] rassembla une troupe de bandits et de brigands, avec lesquels il rançonna d'abord la pape Urbain IV dans Avignon' (*Discours historique*).

Je combats pour mon prince, et je ne l'instruis pas.   150
Qu'on ait lancé sur vous ce qu'on nomme anathème, [12]
Que l'épouse d'un frère ou vous craigne ou vous aime,
Je n'examine point ces intrigues des cours,
Ces abus des autels, encor moins vos amours.
Vous ne voyez en moi qu'un organe fidèle   155
D'un roi l'ami de Rome, et qui s'arme pour elle.
On va verser le sang; et l'on peut l'épargner:
Fléchissez, croyez-moi, si vous voulez régner.

DON PEDRE

J'entends, vous exigez ma prompte déférence
A ces rescrits de Rome émanés de la France.   160
Charle adore à genoux ces étonnants décrets,
Ou les foule à ses pieds suivant ses intérêts;
L'orgueil me les apporte au nom de l'artifice!
Vous m'offrez un pardon pourvu que j'obéisse!
Ecoutez... Si j'allais, du même zèle épris, [13]   165
Envoyer une armée aux remparts de Paris,
Si l'un de mes soldats disait à votre maître:
'Sire, cédez le trône où Dieu vous a fait naître;
Cédez le digne objet pour qui seul vous vivez;
Et de tous ces trésors à vos mains enlevés   170
Enrichissez un traître, un fils d'une étrangère,
Indigne de la France, indigne de son père.
Gardez-vous de donner vos ordres absolus
Pour former des soldats, pour lever des tributs,
Attendez humblement qu'un pontife l'ordonne,   175
Remettez au sénat les droits de la couronne,

[12] 'Ces anathèmes étaient alors aussi communs que les intrigues d'amour chez les excommuniés et chez les excommuniants; et ces amours se mêlaient aux guerres les plus cruelles' (*Discours historique*).

[13] '(Cette figure de style fait penser à celle de Mably 'Sire' auraient dû dire les états généraux de 1336 et là-dessus un discours de six pages)' (Flaubert, *Le Théâtre de Voltaire*, p.460).

Et Don Pedre à ce prix veut bien vous protéger...'
Votre maître, à ce point se sentant outrager,
Pourrait-il écouter sans un peu de colère
Ce discours insultant d'un soldat téméraire?   180

GUESCLIN

Je veux bien avouer que votre ambassadeur
S'expliquerait fort mal avec tant de hauteur.
Rien ne justifierait l'orgueil et l'imprudence
De donner des leçons et des lois à la France.
Charle s'en tient, seigneur, à la foi des traités.   185
Songez aux derniers mots par Alfonse dictés;
Ils ont rendu mon roi le tuteur et le père
De celui que Don Pedre eût dû traiter en frère.

DON PEDRE

Le tuteur d'un rebelle! ah! noble chevalier,
Qu'il vous coûte en secret de le justifier!   190
J'en appelle à vous-même, à l'honneur, à la gloire.
Votre prince est-il juste?

GUESCLIN

          Un sujet doit le croire.
Je suis son général, et le sers contre tous,
Comme je servirais si j'étais né sous vous.
Je vous ai déclaré les arrêts qu'il prononce,   195
Je n'y veux rien changer, et j'attends la réponse;
Donnez-la sans réserve; il faut vous consulter.
Je viens pour vous combattre, et non pour disputer.
Vous m'appelez soldat; et je le suis sans doute.
Ce n'est plus qu'en soldat que Guesclin vous écoute.   200
Cédez, ou prononcez votre dernier refus.

DON PEDRE

Vous l'aviez dû prévoir; et vous n'en doutez plus.

Je vous refuse tout excepté mon estime.
Je considère en vous le guerrier magnanime,
Qui combat pour son roi par zèle et par honneur;   205
Mais je ne puis en vous souffrir l'ambassadeur.
Portez à vos Français les ordres despotiques
De ce roi renommé parmi les politiques:
Qui du fond de Vincenne, à l'abri des dangers,
Sème en paix la discorde entre les étrangers.   210
Sa sourde ambition qu'on appelle prudence [14]
Croit sur mon infortune établir sa puissance.
Il viole chez moi les droits des souverains,
Qu'il a dans ses états soutenu par vos mains.
Pour vous, noble instrument de sa froide injustice,   215
Vous, dont il acheta le sang et le service, [15]
Vous, chevalier breton, qui m'osez présenter
Un combat généreux qu'il n'oserait tenter,
Votre valeur me plaît quoique très indiscrète;
Mais ressouvenez-vous des champs de Navarette.   220

GUESCLIN

Sire, le prince anglais, je ne puis le nier,
Vainquit à Navarette, et m'y fit prisonnier.
Je ne l'oublirai point. Une telle infortune
A de meilleurs guerriers en tout temps fut commune;
Et je ne viens ici que pour la réparer.   225

DON PEDRE

Dans les champs de l'honneur hâtez-vous donc d'entrer.

---

[14] Ce vers illustre de manière exemplaire la façon dont les protagonistes accordent une valeur différente aux mots. On se souvient du portrait de Charles fait par Almède: 'Le monarque éclairé, prudent avec courage, / (Chez les bouillants Français peut-être le seul sage) / A tous ses courtisans dérobant ses secrets, / A pesé mes raisons avec ses intérêts' (I.i.13-16).

[15] Voir le passage dans le *Discours* où Voltaire appelle Du Guesclin un 'condottiero' (p.94).

Toujours prêt comme vous d'en ouvrir la barrière,
Et de recommencer cette noble carrière,
Je vous donne le choix et des lieux, et du temps;
La route a dû lasser vos braves combattants.   230
En quel jour, en quel lieu voulez-vous la bataille? [16] (a)

GUESCLIN

Dès ce moment, Seigneur, et sous cette muraille.
A vous voir d'assez près j'ai su les préparer:
Et cet honneur si grand ne peut se différer.

DON PEDRE

Marchons, et laissant-là ces disputes frivoles,   235
Venez revoir encor les lances espagnoles.
Mais jusqu'à ce moment de nous deux souhaité,
Usez ici des droits de l'hospitalité...
    Cher Mendose, ayez soin qu'une de vos escortes [17]
Le guide avec honneur au-delà de nos portes.   240
    (à Guesclin)
Acceptez mon épée.

(a) C'était encore l'usage en ce temps-là. [18]

235   K84: laissons-là ces disputes

[16] '(Chevaleresque de théâtre si l'on veut mais qui doit faire effet)' (Flaubert, _Le Théâtre de Voltaire_, p.461).

[17] Toutes les éditions décalent ce vers.

[18] Il s'agit de la note qui figure dans toutes les éditions, à l'exception de K84 qui donne: 'C'était encore l'usage en ce temps-là. Le dernier exemple qu'on en connaisse fut celui de la bataille d'Azincourt, où les généraux français envoyèrent demander le jour et le lieu au roi d'Angleterre. Cet usage venait des peuples du Nord; il y était très ancien. Bojorix, roi ou général des Cimbres, demanda le jour et le lieu de la bataille à Marius, qui, craignant qu'un refus ne parût aux Barbares une marque de timidité, et n'augmentât leur courage, leur assigna le surlendemain, et la plaine de Verceil.' Beuchot précise dans une note: 'Les éditions données du vivant de l'auteur ne contiennent que la moitié de la première ligne de cette note. Le reste a paru pour le première fois dans les éditions de Kehl.'

GUESCLIN

Une telle faveur
Est pour un chevalier le comble de l'honneur.
Plût au ciel que je pusse avec quelque justice,
Sire, ne la tirer que pour votre service![19]

Fin du quatrième acte.

[19] Cette scène est presque unanimement admirée des critiques contemporains et modernes, entre autres de La Harpe (*Commentaire sur le théâtre de Voltaire*, p.366).

ACTE V

SCÈNE PREMIÈRE

LÉONORE, ELVIRE

LÉONORE

Succomberai-je enfin sous tant de coups du sort?
Une mère à mes yeux dans les bras de la mort...[1]
Un époux que j'adore et que sa destinée
Fait voler aux combats du lit de l'hyménée...
Un peuple gémissant, dont les cris insensés   5
M'imputent tous les maux sur l'Espagne amassés...
De Transtamare enfin la détestable audace
Dont le fer me poursuit, dont l'amour me menace...
Ai-je une âme assez forte, un cœur assez altier
Pour contempler mes maux et pour les défier?   10
Avant que l'infortune accablât ma jeunesse,
Je ne me connaissais qu'en sentant ma faiblesse,
Peut-être qu'éprouvé par la calamité
Mon esprit s'affermit contre l'adversité.
Il me semble du moins, au fort de cet orage,   15
Que plus j'aime Don Pedre et plus j'ai de courage.

ELVIRE

Notre sexe, Madame, en montre quelquefois
Plus que ces chevaliers vantés par leurs exploits.
Surtout l'amour en donne; et d'une âme timide
Ce maître impérieux fait une âme intrépide: 20
Il développe en nous d'étonnantes vertus

15   EJ: de ces orages

[1] '(C'est la 1ère fois qu'on parle de cette mère)' (Flaubert, *Le Théâtre de Voltaire*,
p.461). C'est inexact, Transtamare dit: 'Il la retient ici captive avec sa mère' (I.i.57).

Dont les germes cachés nous étaient inconnus.
L'amour élève l'âme, et faibles que nous sommes
Nous avons su donner des exemples aux hommes.

LÉONORE

Ah! je me trompe, Elvire, un noir abattement   25
A cette fermeté succède à tout moment...
Don Pedre, cher époux! que n'ai-je pu te suivre,
Et tomber avec toi si tu cesses de vivre!

ELVIRE

A vaincre Transtamare il est accoutumé.
Que votre cœur sensible un moment alarmé,   30
Reprenne son courage et sa mâle assurance.

LÉONORE

Oui, Don Pedre, il est vrai, me rend mon espérance.
Mais Guesclin!

ELVIRE

            Vous pourriez redouter sa valeur?

LÉONORE

Je brave Transtamare, et crains son protecteur.
Si Don Pedre est vaincu sa mort est assurée.   35
Je le connais trop bien: sa main désespérée
Cherchera, je le vois, la mort de rang en rang,
Déchirera son sein, s'entrouvrira le flanc,
Plutôt que de tomber dans les mains d'un rebelle.

ELVIRE

Détournez loin de vous cette image cruelle.   40
Reine, le ciel est juste, il ne donnera pas
Cet exemple exécrable à tous les potentats,
Qu'un traître, un révolté, l'enfant de l'adultère,
Opprime impunément son monarque et son frère.

LÉONORE

Quoique le ciel soit juste, il permet bien souvent   45
Que l'iniquité règne, et marche en triomphant: [2]
Et si pour nous venger, Elvire, il ne nous reste
Que le recours du faible au jugement céleste,
Et l'espoir incertain qu'enfin dans l'avenir
Quand nous ne serons plus le ciel saura punir,   50
Cet avenir caché, si loin de notre vue,
Nous console bien peu quand le présent nous tue.
Pardonne, je m'égare; et le trouble et l'effroi,
Plus forts que la raison m'entraînent malgré moi.
Tu vois avec pitié ce passage rapide   55
De l'excès du courage au désespoir timide.
Telle est donc la nature!... il me faut donc lutter
Contre tous ses assauts!... et je veux l'emporter!
    N'entends-tu pas de loin la trompette guerrière, [3]
Les cris des malheureux roulant dans la poussière,   60
Des peuples, des soldats, les confuses clameurs,
Et les chants d'allégresse et les cris des vainqueurs?... [4]
Le tumulte redouble, et l'on me laisse, Elvire... [5]
Je ne me soutiens plus... on vient à moi... j'expire.

[2] 'Léonore n'a pas g^{de} confiance dans le ciel et répond assez philosophiquement. Mais il me semble que dans cette réponse il y a autre chose encore, une espèce de mélancolie à travers le doute et comme une amertume douce qui en colore la sécheresse' (Flaubert, *Le Théâtre de Voltaire*, p.462).

[3] Toutes les éditions décalent ce vers.

[4] '(C'est partout, toujours, en semblable occasion la même description, les mêmes mots)' (Flaubert, *Le Théâtre de Voltaire*, p.463).

[5] '(Un mot sur ce 'et l'on me laisse'. Est-ce Elvire qui quitte la reine p^r aller par exemple voir ce qui se passe ou bien qq'un de sa suite? Mais elle n'est pas indiquée. Lequel serait le mieux comme effet? Elvire, sans doute, mais alors il faudrait que cela fût plus développé. Cela pourrait devenir le sujet d'un mouvement. P^r la perspective scénique, deux ou trois personnes dans le fonds s'en allant doucement, à qq. intervalles rempliraient bien, il me semble, le fonds du tableau. Ce n'est pas, je crois, ce qui se faisait. On ne faisait rien. L'exclamation de Léonore était dite seulement p^r ajouter à sa situation lamentable, sans arrière pensée)' (Flaubert, *Le Théâtre de Voltaire*, p.463).

ELVIRE

C'est Mendose, c'est lui; c'est l'ami de son roi;   65
Il paraît consterné.

SCÈNE II

LÉONORE, MENDOSE, ELVIRE

MENDOSE

Fiez-vous à ma foi,
Venez, Reine, cédez à nos destins contraires;
Fuyez, s'il en est temps, du palais de vos pères.
Il doit vous faire horreur.

LÉONORE

Ah! c'en est fait enfin!
Transtamare est vainqueur!

MENDOSE

Non, c'est le seul Guesclin;   70
C'est Guesclin dont le bras et le puissant génie
Ont soumis la Castille à la France ennemie.
Henri de Transtamare indigne d'être heureux,
Ne sait qu'en abuser... et par un crime affreux...

LÉONORE

Quel crime? Ah juste Dieu!
(*Elle tombe dans son fauteuil.*)

MENDOSE

Si l'excès du courage   75
Suffisait dans les camps pour donner l'avantage,
Le roi, n'en doutez point, aurait vu sous ses pieds
Ses vainqueurs dans la poudre expirer foudroyés.

68   K84: Fuyez, il en

Mais il a négligé ce grand art de la guerre
Que le héros français apprit de l'Angleterre.   80
Guesclin avec le temps s'est formé dans cet art
Qui conduit la valeur, et commande au hasard.
Don Pedre était guerrier, et Guesclin capitaine.
Hélas! dispensez-moi, trop malheureuse reine,
Du récit douloureux d'un combat inégal, [6]   85
Dont le triste succès à nos neveux fatal,
Faisant passer le sceptre en une autre famille,
A changé pour jamais le sort de la Castille.
Par sa valeur trompé, Don Pedre s'est perdu:
Sous son coursier mourant ce héros abattu   90
A bientôt du roi Jean [7] subi la destinée.
Il tombe, on le saisit.

LÉONORE

Exécrable journée!
Tu n'es pas à ton comble? [8] il vit du moins?...
   (*en se relevant*)

MENDOSE

Hélas!
Le généreux Guesclin le reçoit dans ses bras,
Il étanche son sang, il le plaint, le console,   95
Le sert avec respect, engage sa parole
Qu'il sera des vainqueurs en tout temps honoré,
Comme un prince absolu de sa cour entouré.

94   75G: Le général Guesclin [*corrigé dans les errata*]

[6] Au-delà de la prétérition traditionnelle, la question du récit préoccupe Voltaire
dès le *Discours sur la tragédie de Brutus*.
[7] 'Que fait le roi Jean?' Note de La Harpe, *Commentaire sur le théâtre de Voltaire*,
1814. Jean II le Bon fut capturé à Poitiers en 1356 par Edouard, prince de Galles.
[8] 'Le comble d'une journée?' Note de La Harpe, *Commentaire sur le théâtre de
Voltaire*, 1814.

Alors il le présente à l'heureux Transtamare...
Dieu vengeur! qui l'eût cru?...le lâche, le barbare   100
Ivre de son bonheur, aveugle en son courroux,
A tiré son poignard, a frappé votre époux;
Il foule aux pieds ce corps étendu sur le sable... 9
Fuyez, dis-je, évitez l'aspect épouvantable
De ce lâche ennemi, né pour vous opprimer,   105
De ce monstre assassin qui vous osait aimer.

LÉONORE

Moi, fuir!... et dans quels lieux!... O cher et saint asile! 10
Où je devais mourir oubliée et tranquille,
Recevras-tu ma cendre?

MENDOSE

                          On peut à vos vainqueurs
Dérober leur victime, et leur cacher vos pleurs.   110
Tout blessé que je suis, le courage et le zèle
Donnent à la faiblesse une force nouvelle.

LÉONORE

C'en est trop... cher Mendose... ayez soin de vos jours.

MENDOSE

Le temps presse, acceptez mes fidèles secours;
Regagnons vos états, ces biens de vos ancêtres.   115

---

101   75G: bonheur, enflammé de courroux [*corrigé dans les errata*]

---

9 Ces vers depuis 'Si l'excès du courage' jusqu'à 'sur le sable' sont cités par La
Harpe dans son *Commentaire sur le théâtre de Voltaire*, p.363, pour donner une idée du
dénouement de l'intrigue et du style de Voltaire avec des critiques ponctuelles sur
l'évocation du roi Jean et sur l'exclamation de Léonore.
10 '(Les héroïnes de V. veulent toutes se retirer dans des couvents)' (Flaubert, *Le
Théâtre de Voltaire*, p.464).

LÉONORE

Moi des biens, des états!... je n'ai plus que des maîtres...
Mène-moi chez ma mère, au fond de ce palais,
Que j'expire avec elle, et que je meure en paix...
Ah! Don Pedre!...

(*Elle retombe.*)

SCÈNE III

LÉONORE, MENDOSE, TRANSTAMARE, ELVIRE, suite

TRANSTAMARE

Arrêtez. Qu'on garde l'infidèle,
Qu'on arrête Mendose et qu'on veille autour d'elle...   120
    Madame, c'est ici que je viens rappeler [11]
Des serments qu'un tyran vous a fait violer.
Vous n'êtes plus soumise au joug honteux d'un traître,
Qui perfide envers moi, vous obligeait à l'être.
J'ajoute la Castille à tant d'autres états   125
Envahis par Don Pedre et gagnés par mon bras:
Le diadème et vous, vous êtes ma conquête.
Vainqueur de mon tyran, ma main est toujours prête
A mettre à vos genoux trois sceptres réunis,
Qu'aujourd'hui la valeur et le sort m'ont remis.   130
Rome me les donnait par ses décrets augustes
Que le succès confirme et rend encor plus justes.
J'ai pour moi le sénat, le pontife, les grands,
Le jugement de Dieu qui punit les tyrans...
C'est lui qui me conduit au trône de Castille,   135
C'est lui qui de nos rois met en mes mains la fille,
Qui rend à Léonore un légitime époux
Et qui sanctifiera les droits que j'ai sur vous.
J'ai honte en ce moment de vous aimer encore.

---

[11] Toutes les éditions décalent ce vers.

Mais puisqu'un ennemi m'enleva Léonore,   140
Je reprends tous mes droits que vous avez trahis.
Lorsque j'ai combattu, vous en étiez le prix.
Vous avez tant changé dans ce jour mémorable,
Qu'un changement de plus ne vous rend point coupable.
Partagez ma fortune, ou servez sous mes lois. [12]   145

LÉONORE *se soulevant sur le siège où elle est penchée.*

Entre ces deux partis il est un autre choix,
Qui demande peut-être un peu plus de courage...
Il pourrait effrayer et mon sexe et mon âge...
Il est coupable... affreux... mais vous m'y réduisez.
Le voici.
(*Elle se tue.*) [13]

SCÈNE IV ET DERNIÈRE

LÉONORE *renversée dans un fauteuil*, ELVIRE *la soutenant*, TRANSTAMARE et ALMÈDE *auprès d'elle*, GUESCLIN et la suite *au fond du théâtre*.

GUESCLIN *entrant au moment où Léonore parlait.*

Ciel! mes yeux seraient-ils abusés?   150
Don Pedre assassiné! Léonore expirante!

[12] La Harpe déplore le retour de Transtamare sur scène: 'Qui croirait qu'après ce récit, qui ne serait pas supporté, le poète ose amener sur la scène cet abominable assassin qui vient tranquillement réclamer la main de Léonore dont il a massacré l'époux. Une pareille scène soulèverait encore plus que la récit qui précède. Léonore ne lui répond qu'en se perçant d'un poignard' (*Commentaire sur le théâtre de Voltaire*, p.364).
[13] '(Il y a plus surprise que terreur dans ces coups inattendus. Avec quelle arme se tue-t-elle? Où l'a-t-elle prise? Elle n'a pas pu s'en douter avant la scène précéd. où elle a appris la m^t de D.P. et elle n'est pas sortie de la scène depuis. C'est une résolution subite. Fait-il de l'effet? J'en doute.)' (Flaubert, *Le Théâtre de Voltaire*, p.465). La mort sur scène fait partie des revendications de Voltaire contre le carcan des bienséances depuis longtemps (notamment dans le *Discours sur la tragédie de Brutus*).

TRANSTAMARE *courant à Léonore.*

Tu meurs!... ô jour sanglant d'horreur et d'épouvante!

LÉONORE

Laisse-moi, malheureux! que t'importent mes jours?
Va, je hais ta pitié, j'abhorre ton secours...
(*Elle fait un effort pour prononcer ces deux vers-ci.*)   155
A ta seule clémence, ô Dieu, je m'abandonne!
Pardonne-moi ma mort. C'est lui qui me la donne.

TRANSTAMARE

Où suis-je? et qu'ai-je fait?

GUESCLIN

           Deux crimes que le ciel
Aurait dû prévenir d'un supplice éternel...
Enfin, vous régnerez, barbare que vous êtes,   160
Vous jouirez en paix des horreurs que vous faites;
Vous aurez des flatteurs à vous plaire assidus,
Des suppôts du mensonge à vos ordres vendus,
Qui tous dissimulant une action si noire,
Se déshonoreront pour sauver votre gloire: 165
Moi, qui n'ai jamais su ni feindre, ni plier,
Je vous dégrade ici du rang de chevalier.
Vous en êtes indigne, et ce coup détestable
Envers l'honneur et moi vous a fait trop coupable.
Tyran, songez-vous bien qu'un frère infortuné,   170
Assassiné par vous, vous avait pardonné?
Je retourne à Paris faire rougir mon maître
Qui vous a protégé ne pouvant vous connaître,
Et je vous punirais si j'osais prévenir
Les ordres de mon roi qu'il me faut obtenir,   175
Si je pouvais agir par ma propre conduite;
Si je livrais mon cœur au courroux qui l'irrite.
Puisse Dieu, par pitié pour vos tristes sujets,

Vous donner des remords égaux à vos forfaits!
Puissiez-vous expier le sang de votre frère!   180
Mais puisque vous régnez, mon cœur en désespère. [14]

TRANSTAMARE

Je m'en dis encor plus... Au crime abandonné...
Léonore, et mon frère, et Dieu m'ont condamné. [15]

Fin du cinquième et dernier acte.

---

[14] Cette tirade de Du Guesclin suscite les lignes suivantes de La Harpe: 'Du Guesclin accable Transtamare de reproches' et il commente le vers 'Je vous dégrade ici du rang de chevalier': 'Ce vers est très noble mais il ne peut réparer de si énormes fautes' (*Commentaire sur le théâtre de Voltaire*, p.365).

[15] La Harpe: 'Son remords est aussi froid que son crime' (*Commentaire sur le théâtre de Voltaire*, p.365).

Olympie

Critical edition

by

Theodore E. D. Braun

TABLE OF CONTENTS

INTRODUCTION

i. *Genesis and evolution of* Olympie

'Je suis bien vieux', complained Voltaire to d'Argental on 3 October 1761. 'Pourrai-je faire encore une tragédie? Qu'en pensez-vous? Pour moi je tremble. Vous m'avez furieusement remis au tripot, ayez pitié de moi' (D10052). [1] Voltaire announced in this manner his current project, the composition of *Olympie*, to which he alluded again in a letter to the same correspondent eight days later: 'Je m'arrache pour vous écrire à quelque chose de bien singulier que je fais pour vous plaire ô mes chers anges' (D10069). His play (or rather, the first draft of his play) completed, he wrote three letters on 20 October dealing with his manner of composition and with the subject matter. With some exaggeration (intended not only as a *boutade* but also as a means of emphasising the religious implications of the play) he compared, in a letter to D'Alembert,

---

[1] Because there has not been a substantial body of criticism related to the composition and evolution of *Olympie* (only three references to the play are made in the index to *Studies on Voltaire and the eighteenth century / SVEC*), we are relying heavily in this section on Voltaire's correspondence, which is a rich source of information and critical judgements. The articles I mention are Theodore E. D. Braun, 'Voltaire, *Olympie*, and Alexander the great', *SVEC* 140 (1975), p.63-72; Jeroom Vercruysse, 'La Première d'*Olympie*: trois lettres de Mme Denis aux Constant d'Hermenches', *SVEC* 163 (1976), p.19-29; and Jean Balcou, '*Olympie* et ses notes, ou les remarques historiques d'*Olympie*', *SVEC* 2003:3, p.207-12. Two articles in the *Revue Voltaire* 7 (2007), touch lightly on the tragedy: Elisa Jaubert, 'Récupération théorique et exploitation pratique: le théâtre de Voltaire en Allemagne (1730-1770)', p.37-52, and Marjolein Hageman, 'La réception du théâtre de Voltaire aux Pays-Bas', p.89-97; Jaubert's article devotes half of one sentence to *Olympie* (p.46), while Hageman's gives the play a 9-line paragraph (p.93). Mathé Allain in 'Voltaire et la fin de la tragédie classique française', *The French Review* 39 (1965), p.384-93 quotes from the 'Remarques' to act 1, sc.4, on the need for *tableaux animés*.

the composition of *Olympie* with the creation of the world (D10080):

Mais tout vieux que je suis, je viens de faire un tour de force, une espièglerie de jeune homme. J'ai fait une tragédie en six jours, mais il y avait tant de spectacle, tant de religion, tant de malheurs, tant de *nature* que j'ai peur que cela ne soit ridicule. L'œuvre des six jours est sujette à rencontrer des railleurs.

The 'tour de force', the 'espièglerie de jeune homme' to which Voltaire referred is not merely his astonishing ability to compose a play in six days; it is rather the fact that he had found a way to criticise the Church and chastise the clergy (by showing them how they should behave in political situations) while apparently writing about the religious practices of the pre-Christian time of Alexander the Great. As far as the spectacle is concerned, it should be borne in mind that *Olympie* was Voltaire's first tragedy written after the Paris stage was cleared of spectators by the generosity of the comte de Lauraguais in 1759, and Voltaire, as we shall see, attempted to make full use of the enlarged playing area, all the more so in that he had been unable to do so in *Sémiramis* (1748). This use of spectacle runs the risk of appearing ridiculous because it is bathed in 'tant de *nature*', that is, sensibility. [2] Not that Voltaire's tragic theatre had ever been other than a *théâtre de sensibilité*; on the contrary, a general weakness of his theatre, already evident in *Zaïre* (1732) and to an even greater extent in *Alzire* (1736) and subsequent plays, is the abuse of sensibility and pathos. But he was aware that in *Olympie* he had gone much too far. Thus his fear of being railed at.

He underlines his use of sensibility in his letter to La Marche of the same day, writing: 'Je suis ému plus qu'un autre des sentiments de la nature, car c'est ce qui domine dans la pièce dont je vous parle. C'est ce qui me faisait verser des larmes en écrivant cet ouvrage avec la rapidité des passions' (D10084). Indeed, his description of

---

[2] See R. S. Ridgway, *Voltaire and sensibility* (Montreal and London, 1973), p.163-96. Since Ridgway's book was published, sensibility has been recognised as a major component of Voltaire's work, both fiction and non-fiction.

his manner of composition suggests the fever of inspiration which the Romantics were to affect: already 'dans un moment d'enthousiasme', with 'le sujet d'une tragédie [qui] me passait par la tête', Voltaire, spurred on by a letter from La Marche (whom he calls 'le génie qui m'a conduit') found his subject matter, which he could speak of only in superlatives:

tout ce que les grands noms ont de plus imposant, tout ce que la religion secrète des anciens, si sottement calomnié par nous, avait de plus auguste, de plus terrible, et de plus consolant, ce que les passions ont de plus déchirant, les grandeurs de ce monde de plus vain et de plus misérable, et les infortunes humaines de plus affreux. Ce sujet s'est emparé de moi avec tant de violence que j'ai fait la pièce en six jours, en comptant un peu les nuits. Ensuite il a fallu corriger.

His corrections were to continue for two years, and were not always useful.

The third letter dealing with *Olympie* written on 20 October 1761 was sent to Voltaire's 'anges', the comte and comtesse d'Argental. He tells them that during a rehearsal of *Mérope* 'Le diable [...] entra dans mon corps. Le diable? Non pas, c'était un ange de lumière, c'était vous. L'enthousiasme me saisit. Esdras n'a jamais dicté si vite. Enfin en six jours de temps j'ai fait ce que je vous envoie. Lisez, jugez, mais pleurez' (D10081). If we are to believe Voltaire, his inspiration came from La Marche and the d'Argentals. It would be more accurate to say that he was very much occupied with the religious question at the time, with the battle of the *philosophes* against the forces of religion (Lefranc de Pompignan, Fréron, the Calas case, the *Encyclopédie*, etc.), and needed a vehicle for his ideas. The idea of a tragedy full of sensibility and pathos appealed to him. He saw it perhaps as an effort to combat the inroads of bourgeois tragedy which, despite Diderot's failures with *Le Fils naturel* (1757) and *Le Père de famille* (1758), appealed to the tastes of the time. That he asked his 'beloved angels' to judge and to weep, that is, to apply critical judgement while allowing themselves to be moved emotionally, supports this conjecture. He then discusses the subject of the play, subtly underlining the parallel to be drawn between the religions of antiquity and the Catholicism of his day. He is so sure that his correspondents will approve of his play that he ends his letter by suggesting the names of two actresses who might play the major female leads:

Il y a deux ans que je cherchais un sujet; je crois l'avoir trouvé. Mais, dira madame d'Argental, c'est un couvent, c'est une religieuse, c'est une confession, c'est une communion. Oui madame, et c'est par cela même que les cœurs seront déchirés. Il faut se retrouver à la tragédie pour être attendri. La veuve du maître du monde aux carmélites, retrouvant sa fille épouse de son meurtrier, tout ce que l'ancienne religion a de plus auguste, ce que les plus grands noms ont d'imposant, l'amour le plus malheureux, les crimes, les remords, les passions, les plus horribles infortunes! En est-ce assez? J'ai imaginé comme un éclair et j'ai écrit avec la rapidité de la foudre. Je tomberai peut-être comme la grêle. [...] Donnez la veuve d'Alexandre à Duménil, la fille d'Alexandre à Clairon et allez.

We can conclude from the evidence of these letters that Voltaire, after a long search for subject matter for a new tragedy, found what he needed in early 1761. Within a week he had completed a draft of the play, which he then corrected and sent to his friends in Paris. His play was to be an indirect attack on revealed religion in general and on Christianity in particular by establishing that certain doctrines and practices of Christianity (confession, communion, convents, etc.) were commonplace in antiquity, and that the religions of antiquity were every bit as august, terrifying, and consoling as Christianity. His tragedy was to be in the current mode of sensibility, and was to deal with the family of Alexander the Great. It was to take advantage of the spectacle that the theatre afforded. Such indeed are among the main characteristics of *Olympie*.

Olympie, however, was not without defects, and in a letter to D'Alembert dated 25 February 1762, Voltaire admitted that the 'œuvre de six jours' had not, like Jehovah's, resulted in a harmonious world: 'Il n'appartient qu'au dieu de Moyse de créer en six jours un monde. J'avais fait le chaos' (D10342). He repeats the same idea in similar words to Thibouville on the same day (D10343). Nor was he alone in recognising the fact that he had worked too fast; Jean Huber[3] said of *Olympie* in April: 'Au vrai elle a été faite trop vite, en sorte qu'à tous moments il faut y retoucher' (D10415). Huber states that he had dared offer Voltaire some advice, and that Voltaire answered that he had had the same idea. Indeed, according to Huber, the playwright 'écoute avec une patience d'ange toutes les objections que tous ses acteurs lui font, et il corrige en conséquence'. What Huber states as a compliment is in fact a weakness in Voltaire: he listened to advice from too many friends and acquaintances, few of whom, including the d'Argentals, regularly gave him sound advice; an example of the poor imagination and bad advice he received from his angels can be found in 'Observations de Mr. d'Argental' and in the 'Mémoire pour *Olympie*' (D10155); some good advice can be found in the 'Fragment d'Observations de M. d'Argental' (D10157).[4]

Bernis alone offered sound criticisms on a regular basis, and did not hesitate to to point out some structural deficiencies and tell his friend that the play needed at least six more days of work to correct the style (D10201). Voltaire quickly made use of these suggestions (D10210, D10307). Chauvelin had identified the same weaknesses as had Bernis, and Voltaire was quick to acknowledge his error (D10273). In telling Bernis that he had made use of his suggestions, the playwright adds that the 'œuvre de six jours [...] est devenu un [*sic*] œuvre de six semaines' (D10283).

In a letter to Damilaville dated 9 March 1762 (D10367), Voltaire explained in a different manner the chaos he had taken six days to

---

[3] The Genevan artist Jean Huber was at this time a frequent visitor to Ferney. His reputation was almost entirely dependent on his caricatures, *coupures*, and paintings of Voltaire, as noted by Philippe Bordes's review of Garry Apgar, *L'Art singulier de Jean Huber: voir Voltaire* (Paris, 1995) in *The Burlington Magazine*, vol.138, no.1122, September 1996, p.608.

[4] See below, p.385-86.

create and so long to correct. His explanation is instructive because he reveals something of his method of composition:

Un peintre fait en six jours l'esquisse d'un tableau, et avant d'y mettre des couleurs et d'en arrêter toute l'ordonnance, il le fait voir à des amateurs. Comment peuvent-ils s'étonner que le tableau n'ait pas été achevé? comment peuvent-ils critiquer des couleurs qui ne sont pas encore sur le toile? Comment mes frères ont-ils pu imaginer que la pièce était faite? est-ce parce que ce léger croquis a été dessiné en vers au lieu de l'être en prose? Mais ne savez vous pas que je fais toujours mes esquisses en vers, parce que la prose me glace?

If we are to believe Voltaire – and in view of the fact that his practice was frequently in conformity with his example – his first version of a new play would often be in verse; he would send this draft to those among his friends whom he considered to have taste and judgement, and would then adopt any of their changes that seemed to him to improve his rough sketch. His analogy with an artist's painting seems particularly appropriate, since he did in fact make considerable alterations in the general plan of his new play, rewriting the final three acts (see, e.g., D10791 to Chauvelin in November 1762 and D10324, D10746, D10748, D10791). He also made a substantial number of changes in the versification, as the manuscript variants (here presented in the notes) indicate. He continued to make minor changes through several editions of the work.

In this same letter to Damilaville (D10367), Voltaire makes it clear that the purpose of the play was not so much to portray the tragedy of Cassandre or that of Olympie, as a desire to prove that many of the mysteries and practices of Catholicism derive from paganism. This is a major defect in the play as theatre, since the playwright's attention is necessarily drawn away from characterisation, plot construction and psychological analysis, and for that matter from the stimulation of terror and the evocation of pity in the spectators. The tears of the audience come rather from the situation in which the characters find themselves than from some truth about the human condition that the author has led them to realise. The spectators are instead encouraged to think about the old and the new religions and to compare the ideal priest of the play with the clergy of eighteenth-century France. Voltaire expresses himself on this point with great clarity and with his usual irony:

Mais songez, comme dit Rabelais, qu'il y a des choses profondes sous cette écorce. On a voulu mettre au théâtre la religion des prétendus païens, faire voir dans des notes que notre sainte religion a tout pris de l'ancienne, jusqu'à la confession et à la communion à laquelle nous avons seulement ajouté avec le temps la transsubstantiation, qui est le dernier effort de l'esprit. Je crois rendre par ces notes un très grand service au christianisme que les impies attaquent de tous côtés. Ainsi, mes frères, priez dieu que la pièce réussisse pour l'édification publique.

Although he had already made some changes in the text of *Olympie*, Voltaire's ideas in March 1762 were identical to those he had expressed in October 1761. They were not to change despite the numerous further alterations he was to work into the text of the play and the notes that were to accompany it in print.

In the absence of a manuscript of the tragedy, it is not easy to determine exactly what the play was like in the various stages of its evolution. The correspondence does, however, offer some clues. In general, the evidence we have shows that the author, while never changing the basic purpose of the play, did make a significant number of improvements to the plot construction, in adding to the interest of both Cassandre and Olympie, and in versification. We also see the principal character being identified successively as Statira, Cassandre, and Olympie, with the high priest always important, and the villain, Antigone, scarcely mentioned.

The better to understand what changes were made in the various stages of the play's development, it is useful to begin with a detailed résumé of *Olympie* as it now exists, since that is the only extant version. While discovering in what way the play as originally written differed from its present form, we can also attempt to establish a chronology of its evolution.

In the exposition, Act 1, Cassandre explains that as a young man, fifteen years previously, he had handed Alexander the Great a beaker of poison sent from Athens. He was, however, only an instrument of the assassination: being unaware of the plot, he was therefore innocent of intentional crime. Later, to save the life of his father, Antipater, king of Macedonia, he stabbed Statira, Alexander's widow, fearing that she might urge her subjects to kill the Macedonian leaders. At Cassandre's pleading, Antipater spared the life of the infant Olympie, daughter of Alexander and Statira, and enslaved her. As the play opens, Cassandre, having succeeded his father as king of Macedonia, has come to Ephesus to be cleansed by the gods of the remorse he feels for his part in the double assassination, and to marry Olympie, now a girl of sixteen, if he can establish her identity as a daughter of Alexander. Since she is Cassandre's slave, Antigone asks his ally for her hand in return for military support, but Cassandre's answer is vague and evasive. Cassandre then enters the temple where, in the presence of assembled priests and priestesses, he exchanges marriage vows with Olympie. Antigone warns of future bloodshed.

In Act 2, the Hiérophante or high priest sends for a woman whom he has sheltered in the temple for fifteen years, and asks her to crown Olympie with flowers. The woman reveals her identity, under questioning, as Statira, widow of Alexander and victim of Cassandre, and whose life has been saved by an Ephesian woman who is now a lower-ranking priestess. The high priest kneels before her, but she renounces all worldly ambitions. When Olympie arrives, the temple shakes. Statira notices Olympie's resemblance to Alexander, and when she hears her story suspects she is her daughter. Her suspicions are confirmed when the Hiérophante brings word that Antigone believes Olympie to be Alexander's daughter. Statira tells Olympie that Cassandre had poisoned Alexander and attempted to murder Statira herself. The act ends with the news that the armies of Cassandre and Antigone are preparing for battle just outside the temple walls.

Act 3 opens with Cassandre confirming Olympie's lineage.

When he asks the priestess accompanying Olympie to deliver his bride to him, he discovers that he is speaking to Statira, who accuses him of the assassination of Alexander, of attempting to kill her, and of trying to take Olympie from her. Olympie, in her turn, declares she will never see him again, and seeks protection from her mother. Statira allies herself with Antigone, accepting him as her defender and future son-in-law; but Olympie refuses his hand because she still loves Cassandre.

As Act 4 opens, Cassandre and Antigone prepare to fight a duel, but they are disarmed and separated by the priests. Cassandre, fearing that his marriage will be annulled because of Statira's refusal to pardon him, tries to abduct Olympie, but he must first resist the forces of Antigone. When the fighting starts (offstage), Cassandre is apparently on the road to victory; Statira, believing that her daughter has been carried off, seizes a sacrificial knife and kills herself. The high priest and Olympie hurry to attend her in her dying moments.

Statira's death is reported in Act 5. She died in Olympie's arms, bidding her daughter to marry Antigone. When Olympie then seeks permanent refuge in the temple, the high priest tells her that the law does not allow such a choice: she must either have her marriage vows annulled and marry Antigone, or remain the bride of Cassandre. She asks to defer her choice until Statira's body has been burned on the pyre. Cassandre and Antigone renew their pleas; Olympie rejects Antigone and admits her love for Cassandre, despite his crimes. She stabs herself and leaps into the fire. Cassandre then kills himself. Antigone is left to ponder what the future holds for him.

In the first version (the rough draft in verse that Voltaire sent to the d'Argentals, Bernis, his niece Mme de Fontaine, Chauvelin, and others), both Antigone and Cassandre had been guilty of poisoning Alexander (D10167). In addition, Cassandre had not only stabbed Statira, he had also dragged her in the dust, a fact which made him considerably more culpable and thus an object of greater interest. Bernis had written of this: 'Statira lui reproche deux fois qu'après l'avoir poignardée il l'a traînée sur la poussière; je retrancherais cette circonstance atroce, qui rend Cassandre encore plus dégoûtant qu'odieux' (D10307). Also Cassandre is superstitious and vacillating and his remorse can scarcely be of interest, since it is the product of his fear and the weakness of his character. By contrast, Antigone, although equally guilty of crimes, is in this version the more interesting character (D10201, D10307). The details of Statira's death – whether it took place during the sacking of Babylon or in battle, for instance – were also unclear (D10307). As far as Olympie is concerned, her love for Cassandre is not clearly shown, and the marriage scene is rather cold (D10167). Besides, Olympie owes no real debt to Cassandre: it was not he who had spared her life (D10388).

Act 2 appears to have been unchanged except for details. Act 3, however, had a closing scene in which Antigone and Cassandre, having decided to fight a duel, leave the temple (D10167, D10341).

It appears that in Act 4 Cassandre had tried to dissuade Antigone from the duel and that Antigone had refused (D10167). Statira reappeared in this act, in a scene with Olympie in which she told her daughter of Antigone's plot to ambush Cassandre on his way out of the temple. Olympie warned Cassandre not to leave the temple but without telling him why; he nevertheless went out as he had decided to do (D10167, D10333). At the end of the act, Antigone returned alone (D10167). There was quite a bit of 'fracas' at the end of the act (D10791), a probable reference to the attempted assassination of Cassandre.

It appears that this assassination attempt failed, however, since Statira died of sorrow in her daughter's arms and in the presence of Cassandre (D10253). This scene probably took place on stage at the beginning of Act 5, since it is referred to as one of the five tableaux of the play (D10311); alternatively it might have been reported by a witness, as in the final version, or have taken place in Act 4 (see D10388). Otherwise, except for some changes in versification, this act seems to have been untouched.

In preparing a revision of his new play, Voltaire rejected a great many suggestions made by the d'Argentals, Thibouville, D'Alembert, Chauvelin, Bernis, and others. One of these would have involved providing Olympie with a confidante (D10147, D10167, D10173, D10176); another would have had Cassandre ignorant of the fact that Olympie was the daughter of Alexander and Statira (D10314, D10319, D10349). Either of these changes would have significantly altered the development of the play, and would not have proven useful; in fact, the second suggestion would make the entire play incomprehensible, since part of the drama derives precisely from Cassandre's ambition to inherit Alexander's throne through marriage with the emperor's daughter.

Voltaire rightly rejected a suggestion that *Olympie* begin with a love scene between Cassandre and Olympie (D10147, D10167, D10176), because such a scene would have drawn attention away from the action and purpose of the play. Although he followed Bernis's advice that Cassandre should be seen to be responsible for having saved Olympie's life and that she be aware of his having done so, he did not have him save her life at the risk of his own, as Bernis had also suggested (D10344).

Mme d'Argental, whom Voltaire playfully calls Mme Scalinger, had found that Olympie's answer to her mother was too vague when Statira proposed (III.v) that she marry Antigone (D10167). But Voltaire intended this ambiguity for dramatic effect, and saw that too definite a response would have weakened the drama.

The d'Argentals wanted to see more action in the final act, and proposed extensive changes to the text. They would have had Voltaire eliminate the irony they saw in the word 'félicité' spoken by Cassandre (V.vii, l.269) just before his suicide (D10167). They would have substituted for Olympie's spectacular death on her mother's funeral pyre a banal suicide with a knife (D10366).

Voltaire did not, however, reject all criticism, and within five months *Olympie* (at this point called *Cassandre*) had undergone significant changes. Cassandre had been rendered innocent of poisoning Alexander, although he had the consciousness of guilt (D10210, D10253). This change eliminated weaknesses in the character of Cassandre that Bernis had pointed out (D10201). Voltaire later improved Cassandre's character by making him less villainous: for example, he no longer had dragged Statira's body through the dust. Antigone had also been made innocent of crime in the assassination of Alexander. This gave more verisimilitude to Statira's offering him as a husband to Olympie (D10183, D10253). The marriage service had been 'warmed up' and Olympie's love for Cassandre made clearer (D10167). These changes were effected by creating two new scenes, or by reworking existing ones (D10271), probably I.ii and iv. These changes in the exposition do not affect the action of the play, but they do establish the characters and the circumstances leading up to the present situation.

In Act 3, important additions were made to speeches by Cassandre in scene 1 (l.27-38) and by the high priest in scene 2 (l.73-82) (D10171, D10341). The final scene was left unaltered.

Act 4 still contained the assassination plot against Cassandre, and Statira implored Olympie to marry Antigone; but Olympie avowed her love for Cassandre, Statira fainted from sorrow, and Cassandre reappeared in what Voltaire, at the time of the first performance at Ferney (24 March 1762), thought was a touching tableau (D10256, D10388).

The fifth act was probably as in the final version, except that Statira died of sorrow rather than of a self-inflicted wound (see D10253).

Voltaire reported on 19 January 1762 that there were 400 new lines in the play (D10278), and on 14 March that 'Les anges ni vous ni moi ne connaissaient la pièce il y a quinze jours' (D10371), which is to say that in late February and early March many significant revisions had been made. In fact, the last three acts were entirely different from those in his original draft (D10424). Act 4 was the one act changed the most, and was to be altered considerably between the second stage and the third and final one.

During the first performance at Ferney Voltaire saw that changes had to be effected in Act 4. In a letter to Collini dated

23 April 1762 – almost exactly one month after that performance – Voltaire says that before writing to his former secretary he wanted to know his work himself, 'et pour le connaître il a fallu le faire jouer' (D10424). After a few sentences in which he speaks of the effect of the spectacle and of the need for great actors in the play, he remarks: 'J'ai senti à la représentation qu'il manquait beaucoup de nuances à ce tableau. J'y travaille encore.' He writes essentially the same thing to his 'divins anges' three days later (D10429), and seeks advice from Bernis (to whom he says he has already had the play performed three times) (D10531) and from the Elector Palatine (D10560). Bernis's counsels (D10576) are, with some modifications, incorporated into the text; they affect, in general, the versification and certain conceptions of characterisation, particularly that of Cassandre. The Elector Palatine's reactions are unknown. When he replied late in July (D10612), he had not yet seen the play produced at his court. Voltaire remained dissatisfied with his tragedy, but was unable to find the key to correcting it until October 1762, about a year after its original composition. His new version of Act 4 constitutes the final major change incorporated into *Olympie* and gave the tragedy its ultimate form. Thereafter, changes would be relatively minor as far as the conduct of the scenes and acts is concerned.

In a letter dated 2 January 1763, Voltaire tells the d'Argentals that nearly two months earlier he had had 'le bonheur de me rencontrer avec une de vos idées' (D10874). He is referring to the 'Observations de Mr. D'Argental' (see below, p.379f.), although he rejected the major portions of the suggestions contained therein. The 'Observations' indicate that the final act would have been entirely different from what we have now if Voltaire had followed their advice. This advice was offered in order to eliminate Statira's 'mort bizarre', the 'défaut majeur' of the play in their minds. Statira, recovered from a fainting spell which she would have suffered in the preceding act, would be saddened by Olympie's passion for Cassandre, who at that moment would be in battle against Antigone just outside the temple. He would defeat

Antigone and then enter to carry off his bride to Macedonia. Statira, in despair, would utter curses against Cassandre, and kill herself, dying in the arms of her daughter and the lower-ranking priestess. Olympie would ask Cassandre to allow her at least to attend to her final duties towards her mother; he would agree to do so, and after a scene during which the high priest arrived, Olympie would end the play as in the final version, by leaping into the burning pyre. Voltaire in fact made use of only one of these suggestions: Statira would kill herself as Cassandre was fighting Antigone. But she would die offstage and the scene would be reported by the high priest (IV.viii, l.261-292) and Hermas (V.i, l.5-16).[5]

Voltaire had rewritten the final scenes of Act 4 because, as he said to Bernis on 7 October 1762 (D10746), he noted during a new performance of the play that 'Statira s'évanouissait mal à propos', and that 'l'amour d'Olympie n'était pas assez développé'. He was more specific to Collini, to whom he wrote on the same day: 'Mais la mort de Statira, son évanouissement sur le théâtre m'ont glacé, et l'amour d'Olympie ne m'a pas paru assez développé' (D10748). With this letter he sent a 'nouvelle leçon' of the play, which might very well be the final version of Act 4. The corrections indicated would be contained in the final scene of Act 3, where Olympie reveals to Statira her love for Cassandre, and scenes 6, 7, and 8 of Act 4, in which the ambush of Cassandre is eliminated and the death of Statira is reported by the high priest rather than being presented on stage (the tableau is completed by Hermas in the opening scene of Act 5). His reasons for removing Statira from the scene in Act 4 and for the other changes made are stated clearly in a letter to Chauvelin dated 1 November 1762 (D10791):

---

[5] The evidence in the correspondence would seem to suggest, then, that the 'Observations' were written between the first performance of *Olympie* at Ferney near the end of March 1762 and the end of October of the same year, that is, between the second and third versions of the play as detailed below.

Je me suis aperçu que Statira n'était là qu'un trouble-fête. Elle venait après une scène intéressante des deux amants, on souhaiterait qu'elle pardonnât, mais au contraire elle réjouissait avec sa fille de ce qu'on allait tuer son amant, elle s'évanouissait quand sa fille lui représentait qu'une religieuse ne devait pas être si vindicative; alors Statira devenait presque odieuse, et sa mort était très froide. Ainsi tout le spectacle préparé pour émouvoir ne faisait qu'un effet ridicule. De plus le retour de Cassandre auprès d'Olympie n'était pas vraisemblable. Pourquoi quitter le combat? comment Antigone ne le suivait-il pas? Mille raisons enfin concouraient pour faire supprimer une situation qui belle en elle-même était très mal placée.

Chauvelin, against Voltaire's wishes, sent the correction to the d'Argentals (D10791, D10808). Voltaire wrote to the d'Argentals on 21 November 1762 that he had put *Olympie* under lock and key in order to look at it later with a fresh eye, and promised them a sound version for Lent (D10806). In the letter to his 'angels' of 2 January 1763 (D10874), referred to above, Voltaire sent a new version of the final scene of Act 4, a scene to be much amended in detail but not at all in spirit.

We can now date the three stages of the evolution of *Olympie* as follows:

1. *Olympie* was sketched, in full and in verse, in a week, in early or mid October 1761, then corrected and sent to certain correspondents on the 20th.

2. A corrected version was completed in March 1762, and was performed at Ferney on the 24th.

3. The final version was completed in the period October 1762-January 1763, and was to be further revised. Later changes, as well as all extant alternative readings, can be found in the variants and in the notes.

Each version of *Olympie* is a clear improvement over the preceding one, a situation which did not always obtain with Voltaire's plays. In this case, his friends, particularly cardinal de Bernis, along with the d'Argentals and other members of their group, offered much sound advice concerning verisimilitude in plot and characterisation, and pointed out numerous instances where the author's versification left something to be desired.

The decriminalisation of Cassandre's part in the assassination of Alexander, the conditions surrounding his attempted murder of Statira and his treatment of her supposed corpse, and his generous pleading that his father spare the life of the infant Olympie change him from an odious figure whom it would be criminal for Olympie to love, into a warm and pathetic hero whose dilemma the public could understand, whose religious sentiment seems more credible, and whose political ambition is tempered by a genuine love for Olympie. By contrast, little details (noted in the variants and notes) make Antigone progressively more evil in character despite the fact that, like Cassandre, he is rendered innocent of Alexander's death. His dominant characteristic becomes his ruthless and unprincipled drive for power, which is shown to be his only reason for wanting to marry Olympie and for respecting the laws of his religion. Statira achieves a stature of significance and remains worthy of our sympathy despite her implacable hatred of Cassandre and her blind lust for revenge, which lead her to choose an infamous conspirator and an unworthy rival as a husband for her daughter. As Voltaire realised (D10791) she would indeed have become an odious figure had she reappeared on stage, and her death, far from being moving, would have been received coldly by the audience. The replacement of the final scenes in Act 4 by the present ones also strengthened the role of Olympie, who until then had been a passive figure, dominated by Cassandre, Statira and to a lesser extent by the high priest. Her decisive action at the end of the play thus seems more in line with her character than it was in the earlier versions.

It has already been noted that the altered action of the play also eliminated some of the improbable situations of the earlier versions. One such was Cassandre's return to Olympie in Act 4, which would have meant that he had left the battle for reasons unknown, and Antigone's unexplained failure to pursue him (D10791). Similarly, Statira's death by a self-inflicted wound is more credible than her earlier death from sorrow; and the fact that the action is done offstage and reported to Olympie by the tearful high priest renders it all the more pathetic, and heightens the drama attendant on Olympie's final decision. Voltaire did not, however, eliminate all lack of verisimilitude; perhaps he did not even intend to do so. Yet he could easily have added verses to obviate Bernis's criticism of 4 February 1762 that 'on ne comprend pas comment Cassandre a pu se méprendre au point de tuer une femme pour un homme, ou si c'est une femme qu'il a voulu tuer, qu'il n'ait pas reconnu la veuve d'Alexandre' (D10307). And to Mme d'Argental's criticism that Olympie's appearance at the altar in IV.iv and v is completely unexplained, for 'elle arrive encore sans nulle raison, puisqu'on ne sait pourquoi elle sort ni où elle va', his reply, in an annotation to the letter, is to acknowledge the point and make a weak excuse: 'Je conviens qu'Olympie rencontre Cassandre, il n'y a pas d'art à cela, mais c'est une chose permise, et sans cette licence qui est d'usage, peu d'acteurs pourraient se parler' (D10167).

Nevertheless, Voltaire chose carefully which pieces of advice to heed, and in general chose well. If *Olympie* is a less than satisfying tragedy aesthetically, the fault lies far less with the revisions than with the conception, or rather with the focus of the whole work.

2. *The focus of* Olympie *and the* Remarques

As Voltaire's focus shifted from one character to another, he altered the title of the play from *Statira* to *Cassandre* or *Cassandre-Olympie* before settling on the definitive title. The naming of a play is important in fixing the focus of attention: for instance, were *Zaïre* named *Orosmane* after its most interesting and best developed character, Voltaire's most durable tragedy would suffer seriously from an unavoidable comparison with *Othello*, for the hero's jealousy would loom as a more powerful issue than the play's religious theme. The case of *Olympie* is more complicated.

If Statira, a dominating and unforgiving woman, were to be the principal character, the focus of attention would shift from the love interest and from Cassandre's political career to the desire for revenge on the part of Statira and to Cassandre's regicide, which is of course the origin of this desire for vengeance. Such a focus would not allow Voltaire to criticise the Church and to chastise the clergy, since he would be attempting to win the spectators' sympathy for a heroine who is at once unappealing and justly motivated for vengeance. Besides, although she is a priestess, and is therefore a resident of the temple at Ephesus, her role is only tangentially related to the religious lesson Voltaire is preaching, namely that elements of the Christian religions, from the establishment of convents and monasteries to the practice of confession and communion, all existed in pre-Christian antiquity and that there is nothing inherently divine about them. Voltaire must have been quick to recognise this dilemma, for although he at first referred to his tragedy as *Statira* (D10087), he changed the title and the focus, within a week, to 'Olympie ou Cassandre' (D10099).

Cassandre's role is directly related to the religious lesson of the tragedy. He is not (as is Statira) a refugee in a convent where he has come to seek asylum. On the contrary, he has come to perform a religious act: he is being initiated into the mysteries of the prevailing religion. He is making a general confession, and he is doing penance for the great crime in his past. He is presented as a true believer, whose soul is racked with remorse. To this extent, the use of Cassandre as the focal point of interest is admirable. But Cassandre's role is not merely religious: it is also political and amatory. Despite his apparent sincerity in undergoing the initiation, one suspects that he has a double ulterior motive: to marry Olympie, whom he loves, and – since she is the only known survivor of Alexander's family – to inherit the Empire. Voltaire apparently sensed this weakness in naming his play *Cassandre*, and hesitated for a long time between *Cassandre* and *Olympie*, even referring to the play at times (see D10366 and D10419) as *Cassandre-Olympie* before adopting *Olympie* as the definitive title in October 1762 (D10746).

In doing so, Voltaire shifted attention from the main active characters to a passive one who is an innocent victim of political circumstances beyond her control, a young girl devoted to her religious and family duties: a perfect image of a certain ideal of Christian saintliness and the kind of heroine bound to appeal to the sensibility of the audience.[6] Seen from Olympie's perspective, Statira's apparent blood-lust can be interpreted more kindly as a natural desire to avenge her husband's assassination and the attempt made on her own life. At the same time, Cassandre's political ambitions are overshadowed by a tender reciprocal love which is further intensified by Olympie's gratitude to the man to whom she literally owes her life. Her youth (she is barely 16) and her inexperience make her dependent on the adult characters and on the religious law as interpreted by the high priest. In short, the choice of Olympie as the principal role best suited Voltaire's purpose in writing the play. Nevertheless, the choice he made was not without its drawbacks.

For one thing, Olympie is a weak and uninteresting character until the last one or two acts. Her passivity, her innocence, and her trusting nature all conspire to make her colourless. Furthermore, the choice of Olympie as the nominally principal character cannot alter the fact that it is Cassandre who is at the play's dramatic centre. His role in particular would have had to be reduced and made less dominant, and Olympie would have had to become a more active character from the beginning of the play. This would have changed the nature of her relationship to the high priest, to Statira, and to Antigone as well as to Cassandre. Paradoxically, however, such a change in Olympie's character would have diminished her effectiveness as a figure representing a modern Christian woman in pre-Christian times. As a result, the neat union of title role and central theme would not have been possible.

The problem that confronted Voltaire – namely, how to write a serious play whose theme and whose action are not directly related

---

[6] See Ridgway, p.181.

to each other – was in fact aesthetically insoluble. The religious parallels that Voltaire was intending to show do not depend in any way on the characters in the play, on their relationship, their conflicts, their ambitions, or their personalities. These parallels are introduced as it were in passing. It is true that they are developed in the *Remarques*, but since the spectators must depend on what they see on the stage, they are left with only a vague impression of similarities (the high priest as a kind of pope, the priests and priestesses as monks and nuns, the initiation as a prototype of Christian sacraments). The major weakness of the play as theatre is, then, an aesthetic one, specifically a weakness of conception and of focus. In order to correct this defect, Voltaire would have had to write a significantly different play, which is to say that in order to be aesthetically successful *Olympie* would have required extensive reworking from its basic concept to its characters, conflicts, and plot development. This Voltaire did not want to do, since he had in mind less the aesthetic than the philosophical effect the play would have on the spectators. To deliver his message the play would have to appeal to the audience's sensibility and have enough dramatic force to be accepted as a play in its own right: aesthetic perfection was of little importance, although aesthetic considerations could not be altogether ignored. [7]

In any case, Voltaire made it clear to the d'Argentals on 25 February 1762 that the play was written primarily to carry its message in print rather than on stage (D10339):

Mais ô mes divins anges le drame de Cassandre est plus mystérieux que vous ne pensez. Vous ne songez qu'au brillant théâtre de la petite ville de Paris; et le grave auteur de Cassandre a de plus longues vues. Cet ouvrage

---

[7] In fact *Olympie* was probably chosen as the definitive title less for aesthetic or even dramatic ends than for a personal and artistic reason: Mlle Clairon would more readily accept the title role than a more subordinate one (D10341). Bachaumont reported on 27 February 1762 (about the same time as the letter cited) that d'Argental withdrew the tragedy because Clairon refused to take the second role (*Mémoires secrets*, vol.16, p.145).

est un emblème; que veut-il dire? que la confession, la communion, la profession de foi etc. etc. sont visiblement prises des anciens. Un des plus profonds pédants du monde, et c'est moi, a fait une douzaine de commentaires par A et par B à la suite de cet ouvrage mystique, et je vous assure que cela est édifiant et curieux. Le tout ensemble fera un singulier recueil pour les âmes dévotes.

On the same day he wrote to D'Alembert somewhat more explicitly (D10342):

J'ai choisi ce sujet moins pour faire une tragédie que pour faire un livre de notes à la fin de la pièce, notes sur les mistères, notes sur la conformité des expiations anciennes et des nôtres, sur les devoirs des prêtres, sur l'unité d'un dieu prêchée dans tous les mistères, sur Alexandre et ses consorts, sur le suicide, sur les bûchers où les femmes se jettaient dans la moitié de l'Asie. Cela m'a paru curieux, et susceptible d'une hardiesse honnête.

In fact, these are among the subjects of Voltaire's *Remarques*, and the reader, far from being left with only the vague impression of parallels between religions of antiquity and Christianity that must have struck the spectator, cannot help noticing the intended similarities. In this sense the printed version of *Olympie* is far superior to the stage version, since the *Remarques* sharpen the reader's focus and make him realise that what he is reading is less a tragedy than a dramatised philosophical tract. Indeed, the first *remarque* takes, in Beuchot and Moland, the form of a note, attached to the opening line of the play. It immediately draws attention to the religious parallels that the author will develop in the text of the play, and subsequent notes also treat of these parallels. The final note, discussing suicide (a frequent Voltairean theme) is attached to the end of the final scene in which both Olympie and Cassandre kill themselves on stage (Statira's suicide is reported earlier in the act). Thus at the beginning and at the end of the play the reader's attention is drawn to the *Remarques*, a resource the spectator does not have. While it would be neither just nor accurate to say that *Olympie* is merely an illustration of the points developed in the *Remarques*, or an excuse for printing them, it is certain that reading both together produces a significantly different impression from reading the play alone or from being a spectator in the theatre.

In the first *remarque* Voltaire begins by justifying Cassandre's participation in the mysteries and expiations at Ephesus. He then quickly turns to a discussion of the origin of these religious practices (with a brief historical and comparative analysis) and to a description of the ceremonies. He ends by demonstrating that Cassandre has every right to be initiated into the mysteries of the religion, thus leading the reader back to the text. But the reader's attitude to the text has now been shaped: he has a clue to the hidden purpose for which the play was written. Some parallels between ancient religions and Christianity have been established; and Voltaire suggests, without explicitly stating it, that as these religious practices are of human and not divine origin, so also Christian religious ceremonies, including the sacraments, are merely human inventions. According to Voltaire, all ancient religions, with the exception of Judaism, had a belief in some form of immortality of the soul and in the unity of the Supreme Being: 'Tous différaient, mais tous étaient fondés sur la créance d'une vie à venir, et sur celle d'un seul Dieu.' He goes on to suggest that the multiplicity of minor gods in pagan religions is parallelled by the belief in saints in the Christian religions; the crowds are allowed to adore multiple deities, but the initiates believe in a single god.[8] In other words, all ancient religions were fundamentally alike: all were founded on the principles of deism (except for Judaism, which as we have seen Voltaire thought had no belief in immortality). After a brief description of the ceremonies – men wandering on a darkened stage, moaning until enlightened by a figure of God who consoled them and exhorted them to lead a pure life – Voltaire asserts that criminals would confess their crimes to the high priest and swear that they would commit no more sins.

[8] In a letter to the d'Argentals he had underlined this point: 'A l'égard de dieu, vous savez que toute l'antiquité dit également dieu et les dieux, comme nous dieu et les saints' (D10128).

214

In a *remarque* referring to II.ii, l.80, Voltaire states these parallels most explicitly: 'Il est à croire qu'on dirait; Voilà une tragédie jouée dans un couvent; Statira est religieuse, Cassandre a fait une confession générale, l'Hiérophante est un directeur etc.' (see below, p.363). He adds that there will also be 'des lecteurs éclairés et sensibles, qui pourront être attendris de ces mêmes ressemblances'. He states that the ancients had institutions resembling monasteries, that confession is a very ancient practice, and concludes: 'Si ces mœurs, ces usages ont quelque conformité avec les nôtres, ils doivent porter plus de terreur et de pitié dans nos âmes.'

It scarcely seems possible that a reader, having pondered these two *remarques*, could fail to see one of the principal purposes of the play, or that the reader's interpretation of the characters and the action could fail to be coloured by them. Similarly, the image of the high priest – whose role was Voltaire's 'particular favourite' and which he enjoyed playing, perhaps because he viewed this priest as an 'apostle of *bienfaisance* and an enlightened minister of a God of clemency'[9] – could not possibly pass unnoticed as a model of priestly behaviour as interpreter of the law and as one who was above all political intrigues. This is the message of the *remarque* appended to III.ii, l.75 and 77. It is all the stronger since it is attached to lines that clearly relate to the separation of church and state, and since Voltaire states explicitly in the opening sentence: 'Cet exemple d'un prêtre qui se renferme dans les bornes de son ministère de paix, nous a paru d'une très grande utilité' (see below, p.364). This is the longest of the *Remarques*. It is important on two counts: first, Voltaire pits his high priest against Joad in order to demonstrate that Joad's character and actions, and indeed the main thrust of *Athalie*, are contrary to what a priest's manner should be; second, Voltaire seizes this occasion to ridicule the Bible in order to argue against revealed religion. The second argument follows Voltaire's usual method of attack and does not need elaboration.

[9] Ridgway, p.26-27.

Furthermore, it is incidental to the main points that Voltaire is making in the play and in the *Remarques*, except in the sense that he is attempting to prove that revealed religious principles are very few (in sum, that one God exists and the soul is immortal) and that further 'revelations' are hoaxes. The first point is more central to the purpose of *Olympie*, because Joad and the entire thrust of *Athalie* represent a point of view entirely opposed to the principles that Voltaire hopes to establish in his play and because at the time *Athalie* was considered a model religious play. This explains the polemical tone of the *remarque*.

Briefly, Voltaire's argument against Joad is as follows. Joad's character is too far removed from the mildness and impartiality that his ministry demands; he is a violent fanatic. There is, furthermore, no good reason for him to oppose Athalie's adoption of young Joas, her grandson. She is already very old (106, by Voltaire's calculation) and would have no reason to have the little boy killed, especially since he is the last survivor of her family. While it is true, says Voltaire, that she had used reprisals against her enemies, 'Athalie n'était certainement pas si coupable que Jéhu', whose crimes were immense. Nor did Joad have any right to arm his priests and have his queen assassinated in her extreme old age; he was, after all, her subject and had sworn his fidelity to her. In order that such a murder not revolt everyone, continues Voltaire, God himself would have to descend to Earth in the sight of all the people and order the assassination; but he did not do so. Joad did not even consult God nor offer the slightest prayer before taking his actions. 'N'est-il pas donc clair', cries Voltaire, '[...] que le rôle et le caractère de Joad dans *Athalie*, peuvent être du plus mauvais exemple, s'ils n'excitent pas la plus violente indi-gnation?' He accuses Joad of a crime against nature intended to retain his authority a bit longer, and suggests that if a king had such a man as Joad in his kingdom, he should put him in prison.

The contrast between the high priest's behaviour and that of Joad is powerful: kindly, peace-loving, apolitical, open and courageous, the Hiérophante is also fatherly, *sensible*, *bienfaisant*, a faithful interpreter of divine law. He is in every respect the opposite of Joad, and illustrates the kind of role that Voltaire considered proper for a priest. It goes without saying that in Voltaire's mind the priests of his day behaved more like Joad than like the high priest; the play thus aimed at chastising the clergy and criticising the Church. From this point of view, the focus was not on Olympie, Statira or Cassandre, but rather on the high priest. Voltaire was never able to resolve this problem of focus, which, as has already been stated, is the play's principal weakness.

Voltaire must have considered the final *remarque*, on suicide, to be indispensable, especially in view of the fact that there are no fewer than three suicides in *Olympie*. He begins by saying that representations of suicide are common on the French stage, and that spectators are unlikely to want to imitate the actors in this regard. He does, however, see that in certain situations sensitive and unhappy persons might be brought to do so. Noting that in modern France suicide was prohibited, Voltaire states that in ancient Greece and Rome, though not explicitly allowed, it was not a punishable crime: indeed many societies sanctioned the practice by honouring the perpetrators or through certain customs.

Voltaire then argues in defence of suicide by comparing it to 'ces homicides volontaires, et légitimes par toutes les lois', that is, the destruction of life in warfare. Does this type of killing do less harm to society than suicide? A rhetorical question, of course. He hastens to add that he is not speaking of citizens defending their nation and their king in battle but rather of mercenary soldiers, whom he seems to look on as hired murderers and whose heroism pales before that of Cato, Cassius, and Brutus. However, he appears to be voicing his objection to all non-defensive wars, for in the next paragraph he praises the Quakers for their refusal to pay taxes in support of the imperial war in Canada that had just ended.

Voltaire concludes this note by asking what beliefs those who commit suicide hold. Do they believe in the immortality of the soul? Are they seeking a happier life in the hereafter? Do they expect to be absolved by some general life force? Do they believe

217

that the individual ceases to exist upon death? If persons who have decided to end their lives were to explain their reasons for doing so and expose their philosophy of life, all mankind would profit from their experience.

Voltaire is clearly arguing that suicide is not as great a social evil as the authorities would have us believe, and in any case is a lesser evil than the legalised murder of warfare. As far as the philosophy of life is concerned, it might be assumed that Statira, Olympie and Cassandre are all true believers; but whether or not this implies belief in the immortality of the soul is not apparent in the play. Voltaire himself seems never to have removed all doubts from his belief in personal immortality, and this *remarque* might be seen as a sort of public acknowledgement of his hesitations. In any case, Statira, Olympie and Cassandre do not explain their thoughts on this subject, except perhaps by implication: all three choose death over life in a moment of desperation, when continuing to live seems to them to be a burden beyond their ability to bear.

This *remarque*, then, while underlining the religious intentions of the author, clarifies neither the motivations of his characters nor the author's personal beliefs. Furthermore, it does not sharpen the focus of *Olympie* as a dramatic work, although it does treat an important aspect of religious philosophy which is only implicit in the play itself.

3. *The sources and the characters*

Although Voltaire mentions or alludes to Gautier de Coste de La Calprenède's *Cassandre* twice in his correspondence and once in the *Remarques*, this ten-volume novel cannot be considered a source of *Olympie*. [10] He writes to the duchess of Saxe-Gotha on 24

---

[10] Voltaire possessed two copies of La Calprenède's *Cassandre*, the 10-volume edition (Paris, 1645-1651; BV1803), and a 3-volume edition abridged by A. N. de La Rochefoucauld, marquis de Surgères (Paris, 1752; BV1804). See also *CN*, vol.5, p.105-106.

December 1761: 'Votre palais ressemble à la maison de Polemon, du roman de Cassandre, dans laquelle les héros des deux partis se trouvent tous sans savoir pourquoi' (D10227). About two months later, in a letter he writes to Chauvelin as if he were Cassandre's secretary, he explicitly indicates that he is not imitating La Calprenède. After a brief exposition of the background against which the play is constructed, he notes that if Cassandre were unaware of Olympie's identity, the only way to bring about a recognition scene would be by some clumsy device that itself would direct attention away from the main line of the story: 'Je ne vois d'autre réponse à cet argument que de bâtir un roman à la façon de Calprenède et de supposer un tas d'aventures impro-bables, d'amener quelque vieillard, quelque nourrice qu'il faudrait interroger; et ce nouveau fil romprait infailliblement le fil de la pièce' (D10349). Finally, at the end of the second paragraph of the *remarque* attached to II.ii, l.80, he says that 'La Calprenède fait retrouver Statira dans un puits; ne vaut-il pas mieux la retrouver dans un temple?' It is true that Plutarch, in chapter 77 of his *Life of Alexander*, says that Roxane, aided by Perdiccas, killed Statira and her sister, threw their bodies in a well, and filled the well with earth, which indicates that La Calprenède based his version on Plutarch, whereas Voltaire invented his own manner of resurrecting Statira. Indeed, these three references show that Voltaire, although familiar with La Calprenède's *Cassandre*, did not use it as source material except perhaps in the idea of resurrecting Statira.

Plutarch's account of the story of Alexander and of Statira's fate was known to Voltaire (he quotes him in the *Remarque* attached to I.ii, l.110),[11] but, as in the case of Statira's escape from death and the manner of killing her, he purposely differs from the historical accounts. Antipater and Cassandre had nothing to do with

---

[11] Voltaire had an English translation of Plutarch: *Plutarch's lives of the illustrious Greeks and Romans* (London, 1713; BV2772), and French translations by Jacques Amyot (Genève, 1535; BV2773) and by André Dacier (Amsterdam, 1734; BV2774). See also *CN*, vol.7, p.119-22.

Alexander's death, and Plutarch rejects the story of the poisoning, which he recounts in chapter 77. Furthermore, he states in chapter 74 that it was not Cassandre but his brother Iolas who was Alexander's chief cup-bearer.

In a general sense, Voltaire's main source for the background of the play is his knowledge of the political history of the ancient world and of the religions of antiquity, together with their beliefs, practices and institutions. In his *remarque* attached to I.ii, l.110 he specifically mentions Plutarch and Juvenal, but his knowledge of classical Greek history was certainly not limited to these two authors, and in any case, he altered history where dramatic effect required that he do so, just as Corneille and Racine had done before him.

There can be no doubt that Corneille's *Le Cid* was in Voltaire's mind when he was composing *Olympie*: not only was he working at this time on his *Commentaires* on Corneille, but the great author's niece was then living at Ferney. The resemblances lie principally in the struggles between love and duty or between passion and will going on within Olympie, in the situation she finds herself in. There is, too, a cornelian ring to certain lines, such as IV.vii, l.233: 'Faut-il tant de combats pour remplir son devoir?' Olympie's lover is associated with the assassination of her father and is guilty of attempting to murder her mother, just as Chimène's lover had killed her father in a duel; and both Rodrigue and Cassandre acted in defence of their aged fathers. Like Chimène, Olympie chooses duty over love, but cannot completely repress her emotions, which burst out despite her best efforts.

Olympie is not, however, a reworking of *Le Cid*; furthermore, Voltaire no doubt sensed that Olympie would be unfavourably compared to Chimène, which is perhaps why he wrote to Thibouville on 23 November 1761 (D10173):

Olympie est une fille de quinze ans, simple, tendre, effrayée, qui prend à la fin un parti affreux parce que son ingénuité a causé la mort de sa mère, et qui n'élève la voix qu'au dernier vers quand elle se jette dans le bûcher.

[...] Ce n'est point Chimène car elle révolterait au lieu d'attendrir, si elle avouait d'abord sa passion pour l'empoisonneur de son père, et pour l'assassin de sa mère. Chimène peut avec bienséance aimer encore celui qui vient de se battre honorablement contre son brutal de père.

Nor could Voltaire use Corneille's expedient of a foreign war at the end of the play to suggest a happy ending, for whereas Cassandre is the king, Rodriguez is but a young nobleman. Besides, given Olympie's choice of alternatives – to marry either a man she detests or her parents' murderer whom she loves – it is difficult to see how in either case she would be able to endure life afterwards. Suicide seems to be the only way out of her dilemma, but that was a choice that Chimène did not seriously consider. Nevertheless, despite these differences that the subject matter imposed on the playwright, the influence of Corneille on Voltaire is evident in *Olympie*.

There appear to be no specific sources for *Olympie* other than those named above. The situations, the characters, and the purpose of the play are all products of Voltaire's imagination and of the comments and suggestions of his friends. The situations are entirely of his invention, the characters (when not pure inventions, as are Olympie and the high priest) often differ in important ways from their historical counterparts, and the religion of Ephesus bears a striking resemblance to Voltairean deism.

The plot and the situations have been examined at length above, through the analysis of the genesis of the play, and the religious theme has been discussed in the section devoted to the focus of the tragedy. Let us now turn to an examination of Voltaire's adaptations of historical sources in creating the roles of Statira, Cassandre, and Antigone. [12]

Stateira, also known as Barsine, was the eldest daughter of Darius III (Dareius Codomannus), whom Alexander defeated in battle in 331 and pursued to the confines of his former kingdom of

[12] My article, 'Voltaire, *Olympie*, and Alexander the great', was based on the first draft of this portion of the introduction.

Persia. In 330 Darius was murdered by one of his friends. Alexander profited from this circumstance by offering Darius an elaborate funeral, which earned him some political advantage. Stateira married Alexander at Susa in 324, thereby becoming his second wife. When Alexander died a year later, his first wife, Roxane, was pregnant, and later bore a son, Alexander Aegus, also known as Alexander IV. Believing Stateira to be pregnant, and possibly bearing a son who would have a legitimate claim to a part of Alexander's empire, Roxane killed Stateira and her sister with the assistance of Perdiccas, and buried them in a well. In *Olympie*, although Statira is the daughter of Darius and the wife of Alexander, she is presented as having already borne Olympie, and as having been the victim of an assassination attempt on the part of Cassandre, who was attempting to defend his father, Antipater, during the struggle for power following Alexander's death in 323. She is also represented as having somehow managed to survive the assassination attempt. No mention is made of Roxane or of Alexander Aegus.

Statira is a strong character. Her influence pervades the play from the beginning (when Cassandre, despite the extenuating circumstances, deplores having murdered her and is in Ephesus to confess and expiate his crime), and continues to the very end of the action. This is all the more surprising in that she appears on stage in only two acts, and speaks only about 240 lines. While on stage, however, she dominates in every way. Accustomed to special treatment, even in the monastery (where she reveals her identity in the course of the first public ceremony she has attended in her fifteen years as a priestess), she exacts the respect of all who come into contact with her: the high priest bows down before her; Cassandre cannot face her with the boldness he shows to other characters; Olympie is submissive; even Antigone is subdued in her presence. Despite her great affection for her daughter, her unquenchable and monomaniacal desire for revenge makes her an unsympathetic character. Perhaps, given the circumstances of the attempt on her life, her attitude is understandable and even pardonable. Yet her intransigent refusal to forgive Cassandre, despite his apparently genuine grief and remorse, and despite the attentions he has showered upon her daughter (whose very life he had persuaded his father to spare), and despite the couple's powerful mutual love, puts her in strong contradiction with the forgiveness that is part and parcel of Voltaire's deism. The pathos of her situation and the prestige of her exalted rank do not prevent her from being, in the end, an antipathetic character. Voltaire did well to banish her from the stage after the third act. She would indeed have been little more than a 'trouble-fête', 'presque odieuse', as he sensed as he moved into his final revisions of the play.

Cassander (354-297) was the son of Antipater, King of Macedonia and supreme regent in 321 on the murder of Perdiccas by Seleucus and Antigonus, *inter alia*, and after a disastrous attempt by Perdiccas to defeat Ptolemy at Memphis. When Antipater died in 319, it was not Cassander who succeeded him, but Polysperchon; Cassander did not affirm his right to the throne for a few years. He was connected to Alexander's family through his marriage with Alexander's sister, Thessalonica. We have seen that Plutarch rejected the story that Antipater had his son poison Alexander. In chapter 74 of the *Life of Alexander* Plutarch recounts that Cassander's fear and hatred of the emperor dated from the time he had laughed on first seeing the Babylonians lying prostrate before Alexander, in the oriental manner. Alexander had reacted by seizing Cassander and beating his head against a wall. Later, he threatened Cassander's family. Cassander is reported to have put Alexander's mother, Olympias, to death before his marriage to Thessalonica, and to have murdered Roxane and her son, Alexander Aegus, the rightful ruler of Macedonia. He took the title of King of Macedonia in 305, a title confirmed in 301 with the defeat of Antigonus at Ipsus.

The events of *Olympie* take place about fifteen years after Alexander's death, thus 308 B.C., around the time Cassander declared himself King of Macedonia. Olympie's name is obviously

derived from that of Alexander's mother, Olympias. The murder
of Roxane is replaced in the play by the attempted murder of
Statira, and Voltaire has Cassandre save the life of Statira's child,
who is a daughter rather than a son. Cassandre's marriage to
Olympie suggests Cassander's marriage to Thessalonica. In
addition, Voltaire lent credence to the story of the attempted
poisoning of Alexander, made Cassandre believe that Alexander
had been trying to impose himself as a deity while renouncing his
Greek origins in favour of his Oriental empire, and had him revere
Alexander rather than fear and hate him. He also made Cassander,
who was 31 when Alexander died, an innocent and unknowing
youth of perhaps 18 or 21 at the time. Indeed, it might be argued
that Voltaire's Cassandre bears little resemblance to the historical
Cassander, who appears to have been a rather ruthless, although
weak, king. Furthermore, Cassander survived the events in the
play by some ten or twelve years.

In the play, Cassandre's behaviour is inconsistent. Sometimes he
seems to be a sincere believer, at other times he appears to be
motivated principally by a combination of love and politics. The
reason for this is that, as he himself explains (IV.iv, l.133-36), he
came to Ephesus to become an initiate, in order to marry Olympie.
In other words, the motives of love, religion and politics are all
inextricably intertwined. Depending on which interest predomi-
nates at the moment, his religious convictions may or may not be
sincere. But the effects of his initiation are clear. He is to be
punished for his rebellion against the gods, a rebellion he displays
in his duel with Antigone, in his battle against his foe's forces in the
temple grounds, and in his desire to abduct Olympie, thereby
violating the sanctity of the temple. On the other hand, his remorse
is undoubtedly heartfelt.

Cassandre is the central figure in the play: the story is not
Olympie's but his. Everything revolves about him. Except for
Olympie, he speaks the most lines (about 340) in the tragedy.
Although he is off stage throughout the second act, his presence is
felt there in Statira's account of her near-death and in the reactions

of Olympie and the high priest. The drama can be seen as a clash between Statira and Cassandre presented from the point of view of an observer sympathetic to Cassandre. Cassandre tries desperately to follow the dictates of his conscience and of his religion, but is conquered by his love and his ambitions: his spirit is broken at the end of the play when Olympie kills herself after avowing her love for him. Although fate seems to work actively against him, he is less a tragic than a pathetic figure: he seems to be a victim more of love than of the gods; he is weak and vacillating rather than marked by a fatal flaw; he is too human, too ordinarily human, to be a great tragic hero. Voltaire wanted this role played 'avec la plus grande chaleur' (D10688). Nevertheless, he told Bernis on 5 July 1763 that 'Cassandre est toujours le personnage qui m'intéresse le moins' (D10476). This is a pity, since Cassandre is the only well-rounded character in the play, the only one who is not a caricature. If Voltaire had concentrated less on religious parallels and more on this character, he could have written a much more durable play.

Antigone is the closest of the three to his historical counterpart. Antigonus I Monophthalmus (382-301) and his power struggle against Cassander are fairly accurately reflected in the play. Antigonus had received the kingdoms of Phrygia, Lycia and Pamphylia on Alexander's death, but in 321 he fled to Antipater in Macedonia to escape Perdiccas. While he was in Macedonia, news arrived of Perdiccas's death. Antipater, now named the supreme regent, restored Antigonus to his throne. Antigonus, having joined forces with Cassander, defeated Eumenes (the general of Polysperchon, whom Cassander wanted to replace as king of Macedonia) in 316, and then tried to rule the kingdom for himself. After a long series of wars, Antigonus became king of Asia, while Cassander won Europe. But Antigonus continued his intrigues and battles against Cassander until he was finally defeated at Ipsus in 301 by Cassander's allies, notably Seleucus. Antigonus died later that year at the age of 80. It should be noted that while, at the time of the action of *Olympie*, the historical Antigonus would have been 73 or 74 years of age, the character of Antigone seems to be just a few years older than Cassandre, perhaps 45. As we have seen, this corresponds to the age of the historical Cassander, who in the play seems to be about ten years younger, about 35. Voltaire made use of Antigonus's ambitions, his taste for intrigue, his double-crossing tactics and his ruthless behaviour when creating the character of Antigone. The brief period of alliance between the two men is evoked, and their various ambitions are presented as the reason for the rupture of their alliance. Antigonus did not survive Cassander's death, however, as Antigone does that of Cassandre.

Antigone is a flat character, a cartoon, a melodramatic villain. His devotion to Statira and his reverence for Alexander are obviously feigned. His motivations are purely political: even his love for Olympie, if it be love he feels for her, is subordinate to his political ambitions. Energetic, ruthless, and cruel, his quest for power is insatiable. The concluding words of the play are so out of line with his character as it has been developed that his apparent conversion is not credible, even in the context of Voltairean melodrama. As Cideville remarked, he plays a role that is cold and borders on the useless (D11833).

Having altered historical facts for his dramatic purposes, and having created the fictional Statira, Cassandre and Antigone, Voltaire created two characters of pure invention, Olympie and the Hiérophante. According to Voltaire, Olympie is a young, simple, frightened girl who finds herself in an impossible situation (D10173, quoted above). She is the obligatory heroine of a Voltaire melodrama: 'innocent, ardent, [...] charmingly feminine [...], endowed with "extreme tenderness", and exciting pity rather than admiration'.[13] Although her role is the longest in the play (about 345 lines), and although she is the only character to appear in every act, Olympie is quite passive until the very end of the play. Evidently deeply in love with Cassandre, she is totally under his domination at the beginning of the play. After the recognition scene with Statira, however, she is completely submissive to her

---

[13] Ridgway, p.181.

mother's interests and desires, except where her tender love for Cassandre is concerned: she refuses Antigone's offer of marriage. When Statira dies, she follows the dictates of the high priest. It is only in the final act that she demonstrates her own will, in her interviews with Cassandre and Antigone, in the last scene in the presence of the rivals and the high priest, and in her spectacular suicide which follows her admission of love for Cassandre despite his crimes against her parents.

Voltaire seems to have conceived of the pyre scene as the most important in the tragedy, one without which the play would fail. Although acknowledging that the situation is 'assez forcée' at the end, with the two lovers insisting that Olympie choose between them at the very time her mother's body is burning on the pyre, Voltaire says in a letter to the d'Argentals on 5 March 1764 'si Olympie ne se jette pas dans le bûcher aux yeux de ses deux amants le grand tragique est manqué' (D11749). For modern readers or spectators, 'tragic' is the wrong word: we are not seized by the terror of the girl's situation, we are not driven to admire her courage; instead, we feel the pathos of her choice, we pity her. Voltaire underlines the emphasis on the pathetic rather than on the tragic when he indicates to Collini on 4 September 1762 how he wants the final act played (D10688):

Il faut au dernier acte un air recueilli, et plein d'un sombre désespoir; c'est là surtout qu'il est nécessaire de mettre de longs silences entre les vers. Il faut au moins deux ou trois secondes en récitant *Apprends – que je t'adore – et que je m'en punis.* Un silence après *apprends*; un silence après *que je t'adore*.

Such a manner of playing the last scene would guarantee tears in the spectators' eyes, tears of pity shed for the melodramatic gesture of the heroine as she ends her life.

The high priest was Voltaire's example of the ideal ecclesiastic, by contrast with Joad in Racine's *Athalie*, a point already discussed. The religion he preached, however, differs somewhat from ordinary Voltairean deism, as practised in Eldorado, for instance, or as preached in *Alzire*. In *Olympie* he puts stress on rituals (confession, the marriage ceremony), the mysteries of the divinity (that sense of fate or tragic destiny that is rare in Voltaire's works),[14] mysterious events interpreted as being of supernatural origin (the earthquake), religious dogmas (the separation of temporal and spiritual domains, the laws relating to Olympie's marriage vows), and distinctions made between the true religion of the initiates (monotheism) and the religion of the populace (polytheism).

As we have seen, the high priest was one of Voltaire's favourite roles. As Olympie is the obligatory young and innocent heroine, so the high priest is one of a long line of 'vieillards sensibles'[15] who include Lusignan (in *Zaïre*), Alvarez (in *Alzire*), Cicéron (in *Rome sauvée*), and many others. Voltaire played the role of the Hiérophante wearing 'une grande barbe blanche avec une mitre de deux pieds de haut, et un manteau beaucoup plus beau que celui d'Aaron' (D11761, to the d'Argentals, 11 March 1764). But his spectacular costume was less important and imposing than his manner of portrayal: 'Mais quelle onction était dans mes paroles!' he exclaims; 'Je faisais pleurer les petits garçons.' Indeed, the high priest, interpreted as a 'vieillard sensible', can produce the effect Voltaire claims to have produced at Ferney, especially when he must comfort Olympie while telling her of Statira's suicide. He is admirable when he disarms her two lovers, and when, later, he prepares to end the hostilities that are profaning the temple grounds. He must express his sadness when he interprets the strictures of the law to Olympie, outlining her pathetic choices: marry a man she detests but whom her mother has chosen to defend

---

[14] This sense of tragic destiny is accepted by all the characters, even the most active among them, who strive to behave as though destiny did not exist or its decrees could be changed. Voltaire seems to be pursuing the question of man's fate and, returning to a belief in providence, perhaps to be trying to counter the influence of the atheists among the *philosophes*. In any event, there are frequent direct references to *le sort* and *la destinée* (II.i, l.13; II.vi, l.305-306; III.i, l.34; III.iii, l.138, etc.).

[15] Ridgway, p.181.

her, or remain married to a man whom she loves but who, however unwittingly, has caused the death of both her parents.

This role, along with those of Statira and Cassandre, is one of the most important in the play, and one of the most active. Although speaking only about 255 lines, the fewest spoken by a major figure, he dominates the scene by having 46% of the lines spoken while he is onstage, compared to 44% for Cassandre and Statira, 43% for Antigone, and only 39% for Olympie. In addition, he determines the course of action by his interventions, explanations, and interpretations. He remains, however, somewhat poorly developed as a character, being more of a type than an individual: in this respect it is interesting to note that his name is never mentioned; he is referred to by his title, as the 'grand prêtre' or the 'hiérophante'.

In fact, with the exception of Cassandre, whose psychology is probed to some extent, all the characters are caricatures, silhouettes, flat cartoon figures without depth. This type of characterisation is perhaps inevitable in a play such as *Olympie*, which is less a tragedy than a melodrama, and in which the characters and indeed the plot count for less than and are subordinate to the religious-philosophic message for which the play was written. We should not ask for more, because, given Voltaire's intentions, as seen in the analysis of the play's focus, he could not have created his characters differently. The drama being a vehicle for his ideas, the characters had of necessity to be more interesting to the essential message of the play than as well-developed individuals living full and rounded lives and whose psychological depths have been sounded by the author. We may regret the shallowness of the psychological study in *Olympie*, but the nature of the genre in which Voltaire was working dictated his decisions. Furthermore, the audience for which he wrote approved of his choice: *Olympie* was a success at the box office, as will be seen in the following discussion.

4. *Spectacle and performance*

Writing to Damilaville on about 30 March 1762 (D10397), Voltaire compared his own notion of action to Diderot's idea of panto-mime, [16] and spoke briefly about the importance of spectacle in all his previous tragedies, especially *Tancrède*:

Mais ici toute la pièce est un tableau continuel. Aussi a-t-elle fait le plus prodigieux effet. *Mérope* n'en approche pas, quant à l'appareil et à l'action; et cette action est toujours nécessaire, elle est toujours annoncée par les acteurs mêmes. Je voudrais qu'on perfectionnât ce genre qui est le seul tragique, car les conversations sont à la glace, et les conversations amoureuses sont à l'eau de rose.

Shortly before, intending to dedicate *Olympie* to Ivan Ivano-vitch Shuvalov, he had explained his notions of spectacle and action in somewhat greater detail (see the appendix for the full text of this dedication, which Voltaire did not publish). According to Voltaire in that document, French tragedy suffered from two defects, the first of which was the 'vide d'action', which he describes as follows:

Tout était en longues conversations sans grands coups de théâtre, sans appareil, sans ces grands mouvements qui déchirent l'âme, sans ces grands tableaux qui importent a[ux] yeux et à l'esprit. [...] On jouait dans un espace de dix pieds carrés, et César paraissait en chapeau et en perruque carrée au milieu de deux cents Français en perruque qui se rangeaient à peine pour le laisser passer.

The second defect that Voltaire noted was in part a result of the first: it was 'la froideur' of a five-act conversation, 'une espèce d'élégance uniforme, sans intérêt et sans chaleur'. He adds: 'On avait touché le cœur, mais on ne l'avait pas remué, transporté,

---

[16] See Diderot's *De la poésie dramatique*, section 21, a sort of preface to *Le Père de famille* (1758). Diderot also discusses his ideas on pantomime and tableaux in the *Entretiens avec Dorval*, which introduces and comments on *Le Fils naturel* (1757). *Le Père de famille* had been performed with little success (due at least in part to the actors' hostility to Diderot's reforms) in 1761.

déchiré.' He goes on to point out the existence of these defects in Racine and Corneille, and the remedy for them as demonstrated in Shakespeare, implying that a combination of Shakespearean action and French classical regularity would bring the art of tragedy to its perfection. This is precisely what he had been attempting to achieve for over thirty years.

With the stage now cleared of spectators, and with a much larger acting space consequently available to the players, more attention could be paid to spectacle. In addition, Voltaire had, at least since *Alzire* (1736), been calling for the use of more authentic styles of costume; and his use of coups de théâtre, tableaux and pathos is well known.

Although Voltaire calls *Olympie* a 'tragédie d'une espèce toute nouvelle', a 'spectacle d'un genre nouveau' (D10424, D10419), in a cautious moment he had referred to it more accurately as a 'genre un peu nouveau' (D10341). In fact, it is a sentimental tragedy of the type he alluded to in his dedicatory letter to Shuvalov (the kind of tragedy he had himself been writing since his return from England in 1729), modified by a greater use of spectacle since the clearing of the spectators from the stage in 1759. According to Voltaire, what is new about the genre is the use of numerous tableaux and the appeal to the eye, and the alternation between touching sentimental scenes and terrifying tragic ones (D10341); 'toute la pièce est un tableau continuel' (D10397); 'ce sont des tableaux continuels' (D10424).

What precisely does Voltaire mean by this word 'tableau'? Henri Lion explains that for Voltaire a tableau is 'ou l'effet produit sur les personnages par un coup de théâtre quelconque, d'où leurs jeux de physionomie et leurs attitudes, ou bien une situation pathétique encadrée par une mise en scène et un décor somptueux'.[17] He expands on this definition in his analysis of the Voltaire tableau (p.292-93):

---

[17] Henri Lion, *Les Tragédies et les théories dramatiques de Voltaire* (Paris, 1895), p.291-92.

Voltaire lie ici, plus étroitement qu'il ne pense, la décoration et le spectacle à l'action même, et davantage encore la pantomime des acteurs à cette action. Encore ne lui suffit-il pas d'en appeler au jeu des acteurs qui jouent un rôle dans la pièce, il en appelle en outre au jeu de tous les comparses. [... L]'œuvre dramatique n'est plus qu'une suite de peintures vivantes, amenées par des moyens extérieurs, encadrées dans un appareil et une décoration ingénieuse, un mélange d'action, de spectacle et de pantomime, ce qui est également un mélange de Quinault, de Voltaire et de Diderot.

Olympie is, then, a sentimental tragedy blended with elements of pantomime and tableaux à la Diderot, with elements of the *tragédie lyrique* as practised by Quinault. All these elements are carefully balanced so as to make as much use as possible of visual effects, while evoking the tears of the audience by the pathos of the situation and the hoped-for magic of poetry.

  Voltaire originally had one striking tableau of this sort in each act, as he explains in a letter to the d'Argentals (D10311):

Coup de théâtre du mariage	1er tableau
Statira reconnue, reconnaissant sa fille	2e tableau
Le gr. prêtre mettant les holà, Statira levant	
son voile et pétrifiant Cassandre	3e tableau
Statira mourante, sa fille à ses pieds et Cassandre effaré	4e tableau
Le Bûcher	5e tableau

These tableaux are designed, as Lion suggests, as an integral part of the tragedy; they help produce a total effect on the spectators, affecting their emotions all the more strongly in that their senses are stimulated at the same time as their minds are stirred by the poetry and by the tragic or pathetic situations in which the characters find themselves. [18] Of the tableaux, the most important to Voltaire is the last: in a moment of exaggeration he states: 'J'avais fait ce Cassandre ou cette Olympie uniquement pour le

---

[18] It is interesting to note that of the five tableaux mentioned, all are coups de théâtre except for the fourth, which in the play's final version is reported by the Hiérophante in tears.

cinquième acte' (D10366). It is this scene that he describes briefly to Collini (D10424) after a performance at Ferney; and later he states its absolute necessity in a letter to the d'Argentals (D11749; see above, p.227).

Voltaire tried to arrange matters in such a way as to produce as great a visual effect as possible. His stage directions are quite precise; the setting is described in detail; he offers glimpses of spectacular scenes so as to whet the spectator's appetite (for example, a procession of priests and priestesses is described at the end of scene 3 of the first act; the colorful scene is visible as scene 4 opens; the actors then form the background to the wedding of Cassandre and Olympie, which is the first coup de théâtre and the first tableau); silent actors, or *comparses* (crowds of citizens, soldiers, priests and priestesses), move on and off stage as required. Like Diderot, however, he was aware of the fact that the *comédiens* were not accustomed to the kind of acting that his new type of tragedy called for: they tended to declaim rather than to act. Voltaire wanted a more realistic delivery together with a sense of collaboration with the set designer and the actors: 'Ce genre un peu nouveau demande le plus grand concert de tous les acteurs et du décorateur' (D10341), a difficult task since its success depends upon 'des comédiens qui soient autant de grands peintres, et qui sachent se transformer en peintures vivantes' (D10424). One of the reasons Diderot's *Père de famille* had failed on the stage was precisely the failure of the actors to perform in this way, a fact with which Voltaire was surely familiar.

A significant part of the effect *Olympie* was to have on the spectators, then, was to come from the author's use of spectacle as a means of reinforcing the emotional impact of the play. It might be argued that Voltaire's excessive interest in spectacle drew his attention away from other elements in the play, such as dramatic focus, versification and poetry, verisimilitude, characterisation, plot delineation and tragic as opposed to pathetic situations.[19] He

---

[19] Not that Voltaire neglected these elements: he was, on the contrary, well aware

nevertheless did enliven the French – and particularly the Parisian – stage. He made effective use of pageantry, forced the actors into a new mode of performance, and succeeded in drawing tears from the eyes of spectators who wanted nothing more than to be affected. As a curious result, he helped pave the way for the ultimate success of the *drame bourgeois* which he disliked so thoroughly. Sedaine's *Le Philosophe sans le savoir* would be a success the very next year, and Diderot's disciples Beaumarchais and Mercier, among others, would perfect their master's genre, to Voltaire's dismay.

5. *Performances and critical reaction*

Although Voltaire says that *Olympie* was performed at Ferney three times before the end of June 1762 (D10531), the correspondence reveals only two performances. The first was on 24 March 1762 before 'Trois cents personnes de tout rang, et de tout âge' (D10388), including the daughters of Geneva's Calvinist ministers, and was followed by a supper for 200 spectators and a ball (D10394). The second performance took place on 20 April (D10419). A third performance was indeed put on, albeit on 23 September of the same year (D10723).[20]

According to Collini, Voltaire's former secretary and the Palatine Elector's then current private secretary, *Olympie* was played at Mannheim on 30 September 1762 (D10694, D10741). A second performance took place there on 7 October. Other performances followed the appearance of the 1763 printed edi-

---

of their importance. Hence he wrote to Bernis: 'une tragédie ne doit pas plaire seulement aux yeux. Je m'adresse à votre cœur et à vos oreilles. [...] Voyez surtout si vous êtes touché [...] Si la pièce est froide la faute est irréparable' (D10531).

[20] Mme Denis discusses the première performance of *Olympie* at Ferney on 24 March 1762. See the perceptive article by Jeroom Vercruysse, 'La Première d'*Olympie*: trois lettres de Mme Denis aux Constant d'Hermenches', *SVEC* 163 (1976), p.19-29.

tions.[21] The tragedy was staged in Bordeaux,[22] The Hague and Amsterdam (D11483), and performances were expected in Moscow and Saint Petersburg (D11078, D11483); Voltaire says that it was put on in the provinces 'avec des acteurs de la foire' and in foreign lands 'quand on veut une fête brillante' (D11422).[23]

The Comédie-Française first performed *Olympie* on 17 March 1764; it was withdrawn after its tenth performance on 7 April. It was revived after the author's death, but acted only six times in the six years 1781-1787.[24] The *Registres* show that attendance was good for the ten performances in 1764, averaging over 970 spectators who produced about 2700 livres in receipts per performance (the high was 1100 spectators and 3668 livres at the première, the low 829 spectators and 1760 livres at the eighth performance on 2 April; at the final performance 1000 spectators paid 2740 livres). This is an excellent record for the time, and lends

[21] The *Avis*, signed by Collini, that appeared in the first editions, reflects the remarks Voltaire had made to Collini in the letters mentioned above. See the *Avis* in the appendix below. It is noteworthy that Collini claims that the Remarques were responses to points that he made.

[22] The *Iris de Guienne*, a monthly magazine published in Bordeaux and under the protection of the maréchal de Richelieu, Voltaire's friend, published a review of the 10 September 1763 production of *Olympie* in its October 1763 issue, p.132-42. The acting troupe there, established in 1750, was the first residential theatrical company in Bordeaux. The author of the article indicates that the public's reactions paralleled, or rather announced, those of the Paris spectators six months later during the first performance at the Théâtre Français. Of particular interest to modern readers might be what he has to say about Antigone: 'On a trouvé le rôle d'Antigone en général peu intéressant pour le spectateur, et bien ingrat pour l'Acteur; il semble n'être là que pour servir d'ombre et faire sortir le caractère de Cassandre' (p.134).

I owe this reference to M. Henri Lagrave, who sent me a copy of the article and a cordial letter including some of the information given at the beginning of this note.

[23] The play was performed also at the Grand Théâtre de la Monnaie in Brussels on 12 February 1765, recorded in *Annonces et avis divers des Pays Bas* of the same date. Further performances took place on 21 November 1772 and 22 June 1775; see Calendrier électronique des spectacles sous l'ancien régime et sous la révolution (cesar.org.uk).

[24] Henry Carrington Lancaster, *French tragedy in the time of Louis XV and Voltaire 1715-1774* (Baltimore, London and Paris, 1950), vol.2, p.424.

some support to Voltaire's contention that the first run was short because Clairon did not want to play what she must finally have realised was a secondary role (D11841).

The correspondence is replete with details concerning arrangements for the staging of *Olympie* in Paris from the spring of 1762 until its first performance two years later. Casting the various roles and making revisions to the text seem to have been the major difficulties to overcome. Some of the revisions consisted of lines cut by the actors or substituted by d'Argental, as can be seen in the notes to the text. The casting problems are not unrelated to the focus and the relative importance of the leading female roles. The original opening date had been set for 27 February 1762 (a few days after the first Ferney performance), but Dumesnil and Clairon both wanted to play Olympie. Voltaire did not at first want Clairon in this role, believing it was not in her character, but the d'Argentals thought she would excel in it (D10147, D10173). Voltaire came to agree with them in a few months (D10341); however, it may be that he conceived of Statira as being better performed by Dumesnil, and Clairon as being the best available actress for Olympie (D10343). Nevertheless, he had first thought of Clairon as Statira (D10256). In the end, Dumesnil played Statira, while Clairon, possibly because the title of the play changed from *Cassandre* to *Olympie*, played the young heroine, thus making it seem that she was the leading actress (D10341). Both actresses had, in a sense, the leading role, for Voltaire thought of Statira as being the major female role until her death, at which point Olympie became the lead role (D10147). He expressed this idea differently, calling Statira 'le grand rôle' (D10173) and Olympie 'le rôle [...] le plus beau' (D10371).

Lekain took the role of Cassandre, with the approval of Voltaire, who wanted the author's share to go to him and the leading actress (D10343). Bellecour played Antigone. Voltaire, who had at Ferney performed as the Hiérophante, was displeased with the choice of Brizard in this role. In a letter to the d'Argentals of 11 March 1764 (D10921) he wrote of his own performing of the part, with its striking costume, and the 'onction' in his delivery that caused tears even in young boys: 'Mais votre Brisart est un prêtre à la glace, il n'attendrira personne; je n'ai jamais conçu comment l'on peut être froid; cela me passe; quiconque n'est pas animé est indigne de vivre. Je le compte au rang des morts.'

Throughout the long process of composition and revision, Voltaire had depended especially on the critical advice of the d'Argentals and of Bernis, and to a lesser extent on that of various other friends and acquaintances, such as Huber and Lekain. To the extent that their ideas seemed to strengthen plot, characterisation, or dramatic effect, he tried to incorporate them into the text of his evolving play. Perhaps he accepted too much advice; in any case, although the tragedy was a box-office success, artistically it generally disappointed Voltaire's friends and provided his enemies with a ready-made target.

On 6 April 1764 D'Alembert wrote a paragraph of support for the play in which the flatness of his tone and certain criticisms belie his words of praise (D11814):

parlons d'*Olympie*. Je vous félicite de son grand succès. Vous y avez fait des changements heureux. Le rôle de Statira et celui de l'hiérophante sont beaux, celui de Cassandre a des moments qui intéressent; celui [*sic*] d'Antigone et d'Olympie m'ont paru faibles. Mais Mlle Clairon y est admirable au dernier acte. Quand elle serait un mandement d'évêque, ou l'*Encyclopédie*, elle ne se jetterait pas au feu de meilleure grâce; Voiture lui dirait qu'on ne lui reprochât pas de n'être bonne ni à rôtir ni à bouillir; le spectacle est d'ailleurs grand et auguste, et cela s'appelle une tragédie bien étoffée; la représentation m'a fait un grand plaisir, et la lecture que j'en ai refaite depuis a ajouté au plaisir de la représentation.

Cideville, writing to Voltaire on 17 April 1764 (D11833), a week after the play's final performance, states that he has seen it '6 ou 7 fois'. He praises the use of the enlarged stage for dramatic effect, spectacle and action, comparing *Olympie* in this respect to *Sémiramis* in a complimentary manner: 'Vous donnez à la scène un spectacle nouveau du même genre.' His brief résumé of the play corresponds perfectly with Ridgway's analysis of Voltaire's formula for sentimental tragedy. [25] Indeed, the scenes that Cideville singles out for praise prove that Voltaire wrote with the sentimental tastes of his audiences in mind:

La catastrophe est effrayante et le rôle de l'hiérophante est complètement beau, le spectacle admirable et d'un grand effet. Il n'y a rien de plus frappant que ce temple qui s'ouvre et qui, devant Antigone, montre aux yeux des spectateurs Olympie jurant entre les mains du grand prêtre un amour éternel à Cassandre. Il n'y a rien de plus imposant que de voir ces filles consacrées aux dieux d'Ephèse en accomplissant le culte et les cérémonies; et Statire [sic] sous le nom d'Arzane, quand elle s'acquitte du devoir de l'Etat qu'elle a embrassé, se trouve la fille de Darius, la veuve d'Alexandre et la mère d'Olympie.

In this play there is, in Ridgway's terms, 'an innocent, ardent and charmingly feminine heroine' endowed with 'extreme tenderness' and who excites pity rather than admiration. Cideville in this letter characterises Olympie as a 'tendre' and 'vertueuse' girl who loves Cassandre 'passionnément'. Olympie's passive role cannot provoke admiration, but does engender pity.

Cideville underlines, however, some of the most important weaknesses of the play in its details: the 'froideur' of the role of Antigone, and the fact that while not 'absolument inutile [...] il le paraît trop souvent' (thus seconding, unknowingly, the judgement seen in the *Iris de Guienne*; see above, n.22). Furthermore, Cassandre tells Sostène too much about the secret of Olympie's birth, 'sans nécessité, car il ne peut tirer aucun service de cette confidence; il répète un peu les mêmes choses'. Cideville could – perhaps should – have added that by revealing these secrets to Sostène and to the audience, the effect of the recognition scene is lessened considerably.

Calling on his forty-year friendship with Voltaire, his admiration for him, and his desire that Voltaire should be above all criticism, Cideville adds:

[25] Ridgway, p.181.

je voudrais encore que le premier de nos poètes eût un peu plus de soin des détails et du stile [...] Il y a plusieurs fois d'employé le mot de ma femme, qui n'est point assez noble, la rime d'Alexandre avec celle du mot répandre revient trop souvent; le mot de 'je persiste' que dit Antigone est de la conversation. Fille de Roi des Rois, veuve d'un demi dieu dont se sert Statire [*sic*] y est plus d'une fois employé. Dans la scène 5ᵉ du 4ᵉ acte Olympie dit à Cassandre qui veut l'enlever

       Si ma mère pouvait te pardonner etc.[26]

Je ne sais si ce sentiment n'est point déplacé soit que la situation présente d'Olympie ne permet pas ce retour d'amour si passioné.

Cideville apparently sensed but could not put his finger on other weaknesses in the versification: *fureur* used a dozen times, *horreur/ horrible* over 30 times, *malheureux* also over 30 times, *affreux* and *auguste* almost 20 times each, *ah!* and *hélas!* also about 20 times each; these words appear in the rhyme some 30 times in all. His criticisms are just and justified, and are among those most frequently repeated by contemporaries and by later critics.

Fréron, writing long before the Paris performances of *Olympie*, thought that Voltaire had planned to produce a spectacular play, one which is 'tout en spectacle; il aurait pû en faire un bel opéra'.[27] He criticised Voltaire for working too hard at amazing the audience: there are in *Olympie* all sorts of spectacular scenes, 'une cérémonie de mariage, une procession, deux reconnaissances, une bataille, trois suicides, un enterrement, un beau feu, etc.', not to mention what Statira recounts of Cassandre's past: 'un empoison-nement, une autre bataille, un meurtre, Statira sauvée par un miracle, et devenue religieuse'. Fréron also found it odd that in a temple dedicated to Diana, and in which 'il n'y avait que des filles qui faisaient vœu de virginité', Voltaire had put priests and priestesses together; besides, he said, the cult of Vesta was Roman, and probably unknown in Ephesus. Voltaire, he con-

---

[26] This line does not appear in any of the printed versions of the play.

[27] *Année littéraire* (1763), t.3, p.99-100.

cluded, made use of poetic licence more than anyone else. Finally, like Cideville, he noted that Voltaire had neglected his style.

Bachaumont claimed that the costumes and stage settings alone cost 10,000 livres, and noted 'Il est à craindre que toute cette pompe ne puisse soutenir la pièce, d'un échafaudage bizarre, monstrueux et d'un coloris lâche et faible.' After the first performance he wrote: 'Cette pièce n'a fait effet que sur les yeux: à deux ou trois scènes près, tout le reste a paru long, ennuyeux, languissant.' The second performance, he judged, was much better, thanks to significant cuts in the dialogue, for which Clairon was primarily responsible. [28] Favart, writing to Durazzo on 6 April 1764, noted that *Olympie* was attracting 'le plus grand concours de spectateurs' although it was not a particularly good play: 'les chûtes mêmes de Voltaire effaçaient les triomphes de tous les autres tragiques de ce siècle'. [29] Grimm had expressed the same idea more directly in May 1763: 'M. de Voltaire, faible et languissant, vaut encore mieux que nos autres poètes dans toute leur vigueur.' He judged the play cold, criticised the weakness of characterisation (finding Cassandre improbable and uninteresting), and felt that the resemblance between the religion at Ephesus and Christianity was purely Voltaire's invention. Nevertheless, he thought the play would succeed because of the tableaux and the spectacle. Indeed, he said it could be made into a fine Italian opera. On seeing the play a year later, his first impressions, which had been based on a print version of the tragedy, were reinforced; and his criticisms, although largely unaltered, were expressed more colourfully. [30]

The *Mercure de France*, mentioning but not elaborating on the 'beauté' and the 'splendeur' of *Olympie*'s spectacle, confirmed the enthusiasm of the audience; its fuller report on the play is written in carefully guarded language, commenting only on the performance of the actors (especially Clairon) and on the beauty and pomp of

[28] *Mémoires secrets*, vol.2, p.35, 36, 37.

[29] *Mémoires et correspondance littéraires, dramatiques et anecdotiques de C. S. Favart* (Paris, 1808), vol.2, p.199.

[30] *Correspondance littéraire*, vol.5, p.279-81, 479-80.

the spectacle. It did publish, however, 'Vers sur la tragédie d'*Olympie*', in which the author, one L.P.T.T., states that while there might be much to object to in the play, his answer to a critic would be the tears he had shed at the performance. [31]

Charles Collé attacked *Olympie* with a sort of embittered pleasure. He called the play 'un ouvrage de la caducité de Voltaire', a 'drame insipide', a 'misérable rapsodie'. [32] The splendour of the spectacle could not dissipate the 'mortel ennui' inspired by *Olympie*, which he described as follows:

Une fable mal faite et impossible, des caractères froids et sans vraisemblance, des situations forcées, manquées, et qu'on trouve partout, des coups de théâtre petits et puériles, un quatrième et un cinquième acte vides d'action et de sens commun, une versification d'une platitude si singulière, que l'on a de la peine à se persuader que c'est Voltaire qui ait rimaillé cette pièce.

The pyre scene was improbably placed inside the temple rather than outside, and was furthermore 'puérile et absurde', but the tragedy itself was even more so: 'Toute cette pompe théâtrale [...] est bien ridicule quand la pièce est mauvaise; l'on veut parler aux yeux, et c'est au cœur qu'il faut parler.' He attributed the success of the play to 'la cabale et les fanatiques de Voltaire, l'étalage d'un vain spectacle et le mauvais goût de la nation'. In short, there is nothing of merit in *Olympie*, according to Collé.

La Porte and Chamfort, on the other hand, report the effect of *Olympie* on the average theatre-goer: 'la réussite justifie les personnes éclairées qui ont excité les acteurs à la faire paraître au grand jour du théâtre. Toutes les situations théâtrales d'*Olympie*, forment des tableaux animés. Le mariage, le combat singulier, le bûcher, produisent le plus grand effet.' [33]

---

[31] *Mercure de France* (avril 1764), part 1, p.195, and part 2, p.17, 172-73.

[32] *Journal et Mémoires*, nouvelle édition (Paris, 1868), vol.2, p.343-45. There is also a fragment of a letter on *Olympie* in which the same arguments are presented in similar terms in the *Correspondance inédite de Collé* (Paris, 1864), vol.4, p.347-51.

[33] *Dictionnaire dramatique* (Paris, 1776), vol.2, p.124-25.

La Harpe, however, puts his finger on one aspect of the plot (which he calls 'un roman mal conçu') that other critics seem to have ignored: Voltaire should not have put insurmountable obstacles in the way of Cassandre and Olympie. Olympie's suicide has as its cause, he says, the fact that she cannot marry Cassandre, and his suicide is caused by the despair he feels at losing her; the dénouement depends on the sacrifice of this love. But since there is no hope for this love, the end is too easily foreseen, making the play uninteresting. A second major defect in the play, in La Harpe's judgement, is that 'Le style est d'une extrême incorrection',[34] harsh words from an admirer of Voltaire's theatre, who in this instance is in agreement with Cideville's remarks.

Two nineteenth-century critics, Flaubert and Lion, add further insight into the strengths and weaknesses of *Olympie*. Flaubert organised some notes on Voltaire's theatre into a rough draft for a book which he left unpublished and incomplete. This manuscript has been published by Theodore Besterman under Flaubert's own title, *Le Théâtre de Voltaire*, in *SVEC* 50-51 (1967). Flaubert's general practice was to write a detailed summary of the action of a play, interspersed with commentary, some of which is of interest to us here. For instance, he points out that 'la mise en scène dans V. est toujours soigneusement indiquée et longuement décrite', and he compares this practice with Hugo's in *Hernani* (vol.50, p.333). In a similar vein, where Statira, having revealed her identity says: 'Je pleure, je l'avoue, une fille, un enfant / Arrachée à mes bras sur mon corps tout sanglant', Flaubert comments (p.336):

Je l'avoue est fort joli. Observons encore ce corps tout sanglant auquel elle a soin de penser pour ajouter à l'horreur de l'énlèvement: enlever un enfant sur un corps tout sanglant! C'est bien pis. Qu'on n'aille plus nous dire que l'école moderne seule cherche à faire de l'effet par la peinture extérieure. Jamais V. n'y manque et ce sont les personnages eux mêmes qui se décrivent.

---

[34] *Lycée ou Cours de littérature ancienne et moderne* (Paris, an VII), vol.10, p.391-95.

The debt of later dramatists to this aspect of Voltaire's theatre has seldom been more clearly stated; indeed, it has generally been overlooked. Flaubert is puzzled, however, by the fact that Antigone makes a moral reflexion on the play's action only at the very end instead of rejoicing at Cassandre's death, when he becomes the master. Antigone closes the tragedy by asking the gods: 'A quoi réservez-vous ma déplorable vie?' Flaubert wonders 'en quel sens déplorable? moins déplorable que jamais au contraire. Est-ce d'attendrissement d'avoir vu tout cela?' (p.351). This is the most plausible explanation possible for this curious closing invocation, an explanation which takes into account the aesthetics of the theatre of sensibility.

On the other hand, Flaubert senses that Voltaire, with his elaborate scenery, is basically fighting the unity of place (p.331, 334, 339): Voltaire cannot limit the action within the confines of a single place, as defined by the stage practice of classical tragedy. The marriage ceremony, furthermore, is 'une action sur la scène et non plus un récit, ce qui penche au drame'. In Flaubert's view, Voltaire's use of spectacle carries him further from tragedy than he had imagined – a fact which Lion was to analyse and which has been discussed above. This marriage scene, says Flaubert, is not connected to what precedes it nor to what follows: it is there not for its dramatic content but purely as spectacle. Like many other critics, Flaubert in effect states that Voltaire has tried to appeal too much to the eyes. Unlike the others, however, he explains the essential weakness of Voltaire's procedure by means of an analysis of a concrete example: 'Quoi de plus froid que ces portes de temple qui s'ouvrent et se ferment comme une boîte p^r laisser voir le mariage à un moment donné et puis tout rentre comme devait, Antigone se remet à parler avec Hermas. Dans Shakespear c'eût été pendant l'action et non après' (p.333). We learn from this analysis exactly in what manner and to what degree Voltaire failed to integrate the action and spectacle of Shakespeare with the regularity of Racine.

The last important critic to pay significant attention to *Olympie* was Henri Lion. [35] We have already seen his remarks on the use of spectacle in this tragedy, and his suggestion that Voltaire shows affinities with both Diderot and Quinault in this respect, which is to say that *Olympie* is derived in part from the *drame* and the *tragédie lyrique*, or at least partakes of the nature of both of these genres. This analysis is the most important portion of his criticism (see especially p.286-95 and 305-11).

Lion synthesises much of what had already been pointed out since the time of the composition of the play. He notes that *Olympie* is full of *invraisemblances* and that the reason it ultimately fails is that it speaks too much to the eyes. He agrees with La Harpe that the play lacks interest (p.300). In addition, it lacks psychological depth: the characters are at best 'marionnettes dramatiques' (p.301). The style is 'lâche et monotone' (p.302), a frequent criticism, as we have seen. Lion distinguishes himself from earlier critics in noting a lack of focus in the play, but he does not analyse this defect (p.299).

Subsequent critics have tended to be silent about *Olympie*, and add little new to our appreciation of the play. [36] Henry Carrington Lancaster is a rare exception to this rule. [37] He notes that Voltaire was 'far from having a clear conception of his characters when he began his play'. Cassandre's character is weakened by the emphasis placed on the horror of his crimes in the first two acts. He dismisses Olympie, but judges it unfortunate that Voltaire had Statira appear in only two acts. He finds the Hiérophante 'full of human sympathy' and seems to regret that French audiences have continued to prefer Joad to him. As far as the spectacle is concerned, Lancaster believes that *Olympie* outshone *Tancrède*,

---

[35] *Les Tragédies et les théories dramatiques de Voltaire.*

[36] An American Ph.D. dissertation, Robert Emmett Pyle's *Voltaire's minor comedies and tragedies* (see *Dissertation abstracts*, vol.17 (1957), p.1547) discusses *Olympie* and other plays. *Olympie* is also touched on, in articles too numerous to list here, as an example of Voltaire's use of spectacle or of his converting the stage into a forum for philosophical ideas.

[37] See his *French tragedy in the time of Louis XV and Voltaire*, vol.2, p.421-25.

noting that at the first performance there were 83 soldier super-
numeraries (a figure reduced to 28 in later performances).

We may conclude with Lancaster that *Olympie* is one of
Voltaire's 'least meritorious tragedies, one in which characters
and dramatic situations are sacrificed in order to dazzle the eyes of
the spectators and to warn priests against meddling in politics'. If
the Church did not find this play heretical, he continues, 'those who
adhered to the classical tradition and preferred psychological
analysis to pantomime may well have done so'. In any case, the
defects of the play strike us more today than they did in 1764, when
audiences reacted favourably to the pathos and to the novelty of the
spectacle. But even if we consider the play an aesthetic failure, we
should not overlook what Flaubert saw in Voltaire's dramaturgy as
his unrecognised contribution to subsequent generations and
schools of authors; nor should we ignore the beauty of detail in
certain lines, situations and scenes, or the character of the high
priest, certainly one of the finest examples of clerical dignity ever to
grace the French stage.

6. *Manuscript and editions*

Manuscript

MS 1

Contemporary copy by Lekain of the role of Cassandre.

18 pp. [*1*] Title page: *Année 1763* / Septième Role. Cassandre / Dans
Olimpie Tragédie Nouvelle / De Monsieur De Voltaire; [*2*] Personnages; 1-15 Rôle de Cassandre; [16] Blank.

Paris, Bibliothèque de la Comédie-Française: Ms 20016 (11).

Editions

Further information on the collective editions may be found on p.565-74
below.

063FL1

OLIMPIE / *TRAGÉDIE* / NOUVELLE / DE Mr. DE VOLTAIRE. / *Suivie de Remarques Historiques.* / [*ornament*] / [*row of typographical ornaments*] / *FRANCFORT & LEIPSIC,* / MDCCLXIII.

[*Half-title:*] OLIMPIE / *TRAGÉDIE.*

8°; sig.)(⁴ (-)(4), A-H⁸, I⁴ [ )(1 ns, A-H $5, I $3 signed, arabic]; pag. vi.136; page catchwords.

[i] Title; [ii] bl.; [iii]-vi Avis de l'éditeur; [1] half-title; [2] Acteurs; [3]-112 Olimpie; 113-36 Remarques à l'occasion de cette pièce.

'Beuchot (*Œuvres de Voltaire*, éd. Garnier, t.5 du *Théâtre*, p.95) cite une édition pet. in-8 de viii et 156 pp. avec l'adresse de *Francfort et Leipzig*, qu'il regarde comme l'édition originale d'*Olympie*. Nous n'avons pas retrouvé cette édition dans sa collection; mais comme il ne fait pas mention de celle en 136 pp. qui y figure, sous le n° 606, nous sommes porté à croire qu'il y a eu faute d'impression, et qu'il faut lire vi et 136, au lieu de viii et 156' (Bengesco 255).

The *Avis de l'éditeur* is signed by Collini, secretary of the Elector Palatine. The play was first performed on 24 March 1763 at Ferney, then on 30 September at Schwetzingen, and 17 March 1764 in Paris.

Bengesco 255; BnC 1302.

Geneva, ImV: D Olympie 1763/4. Oxford, Taylor: V3.O5.1763(3). Paris, BnF: Rés. Z. Beuchot 606.

063FL2

OLIMPIE / *TRAGÉDIE* / NOUVELLE / DE Mᴿ. DE VOLTAIRE. / *Suivie de Remarques Historiques.* / [*large symmetrical ornament*] / [*thick-thin rule*] / *FRANCFORT & LEIPSIC,* / MDCCLXIII.

[*Half-title:*] OLIMPIE / *TRAGÉDIE.*

8°; sig.)(⁴, A-G⁸, H⁴ [ )(1,)(4 ns; A-G $5, H $3 signed, arabic]; pag. viii.119 [p.19 numbered 16].

[i] Title; [ii] bl.; [iii]-vi Avis de l'éditeur; [vii] half-title; [viii] Acteurs; [1]-96 Olimpie; [97]-119 Remarques à l'occasion de cette pièce.

Like the first edition, this bears evidence of its German origin, including the typography, and the use of ')(' to sign the preliminaries.

Bengesco 256; BnC 1303.

Austin, TX, University of Texas Library, Harry Ransom Centre Book Collection: PQ 2077 O5 1763. Geneva, ImV: D Olympie 1763/5. London, BL: 11740.k.53.(2.). Munich, Bayerische Staatsbibliothek: P.o.gall.2249. Paris, BnF: Rés. Z. Beuchot 76(3).

063G

OLYMPIE, / *TRAGÉDIE* / NOUVELLE / [*decorative type:*] *DE Mr. DE VOLTAIRE. / Suivie de Remarques historiques. / [ornament] /* A GENEVE. / [*thick-thin rule*] / *M. DCC. LXIII.*

[*Half-title:*] OLYMPIE, / *TRAGÉDIE* / NOUVELLE / *DE Mr. DE VOLTAIRE*

8°; sig. π, A-H⁸, I⁶ [$2 (-A1, I4) signed, roman]; pag. [2].v.[i].134; quire catchwords.

[*1*] half-title; [*2*] bl.; [i] title page; [ii] bl.; [iii]-v Avis de l'éditeur; [vi] Acteurs; [1]-111 Olympie; [112] bl.; [113]-134 Remarques à l'occasion de la tragédie d'Olympie.

Reproduces 063FL1 and 063FL2.

BnC states that it was probably published 'en Belgique'.

Bengesco 258; BnC 1304.

Geneva, ImV: BE54(1). Oxford, Taylor: V3.O5.1763(2). Paris, BnF: 8° Yth 23324, Rés. Z. Beuchot 609. Stockholm, Kunglinge biblioteket: Litt. Fransk Saml. teaterstycken Kaps. 115.

063FL3

OLYMPIE, / *TRAGÉDIE NOUVELLE* / DE / M. DE VOL-TAIRE. / *Suivie de Remarques Historiques. / [ornament] /* A FRANCFORT ET LEIPSICK. / [*rule*] / M. DCC. LXIII.

8°; sig. A-M⁴, χ, a-b⁴ [$2 signed (-A1), roman; aij sig. Aij]; pag. 98.xvi; quire catchwords (absent at the end of gathering B).

[1] Title; [2] bl.; [3-5] Avis de l'éditeur; 6 Acteurs; [7]-98 Olympie; j-xvj Remarques à l'occasion de cette pièce.

BnC regards this as a Parisian edition; the text differs in places from the German editions.

Bengesco 257; BnC 1305.

Geneva, ImV: D Olympie 1763/1. Paris, BnF: Yf. 6607, 8° Yth. 12999, Rés. Z. Bengesco 96 and 976, Rés. Z. Beuchot 607.

063FL4

OLYMPIE, / *TRAGÉDIE NOUVELLE* / DE / M. DE VOL-TAIRE. / *Suivie de Remarques Historiques*. / [*large symmetrical ornament*] / A FRANCFORT ET LEIPSICK. / De l'Imprimerie de KNOCH & ESSLINGER, / Libraires associés. / [*thick-thin rule*] / M. DCC. LXIII. 12°; sig. A-D¹², E⁶ [A-D $6, E $3 signed, roman]; pag. 92.xvi; quire catchwords.

[1] Title; [2] bl.; [3-5] Avis de l'éditeur; 6 Acteurs; [7]-91 Olympie; [92] bl.; j-xvj Remarques à l'occasion de cette pièce.

BnC regards this as a Parisian edition, and as similar to 063FL3, but with some variants. However, the typography and signatures are not typical of Parisian practice, and the imprint may well be genuine.

Bengesco 259; BnC 1306.

Manchester: John Rylands University Library R67511.

063FL5

OLYMPIE, / *TRAGÉDIE NOUVELLE* / DE / M. DE VOL-TAIRE. / *Suivie de Remarques Historiques*. / [*ornament*] / A FRANC-FORT ET LEIPSICK. / De l'Imprimerie de KNOCH & ESSLINGER, / Libraires associés. / [*thick-thin rule*] / M. DCC. LXIII. 8°. sig. A-I⁴, K² [$1 signed]; pag.76; quire catchwords.

[1] Title; [2] Acteurs; [3-4] Avis; [5]-67 Olympie; [68] bl.; 69-76 Remarques.

Oxford, Taylor: V3.O5.1763(1). Versailles: Rodouan D738.

063FL6

OLYMPIE, / *TRAGÉDIE NOUVELLE* / DE / M. DE VOL-TAIRE. / *Suivie de Remarques Historiques*. / [*ornament*] / A FRANC-

FORT ET LEIPSICK, / De l'Imprimerie de KNOCH & ESSLINGER, / Libraires associés. / [*thick-thin rule*] / M. DCC. LXIII.

8°; sig. [A]⁴, B-I⁴, K¹ [$1 signed]. pag. 74; quire catchwords.

[1] Title; [2] Acteurs; [3-4] Avis de l'éditeur; 5-64 Olympie, tragédie; 65-74 Remarques à l'occasion de cette pièce.

Yale: Beinecke Library Hfd3 73at.

063A

OLYMPIE, / *TRAGÉDIE NOUVELLE* / DE / M. DE VOL-TAIRE. / *Représentée pour la première fois par les Comédiens / ordinaires de S. A. S. E. Monseigneur l'Electeur / Palatin, sur le Théâtre de Schwetzingen, le 30 / Septembre & le 7 Octobre de l'année passée.* / [*ornament composed of flowers and leaves*] / A AVIGNON, / Chez *LOUIS CHAMBEAU*, Imprimeur-Libraire, / près les RR. PP. Jésuites. / [*triple rule*] / M. DCC. LXIII.

8°; sig. A-F⁴, G² [A-G $2 (-A1, C2) signed, arabic]; pag. 52; quire catchwords.

[1] Title; [2] Acteurs; [3]-52 Olympie, tragédie.

Geneva, ImV: D Olympie 1763/3. Cf. 065A1.

063G

OLYMPIE, / TRAGÉDIE / NOUVELLE / DE MR. de Voltaire. / Suivie de Remarques historiques / [*vignette*] / A GENEVE. / M. DCC. LXIII.

8°. sig. π², A-G⁸ [$4 signed, arabic]; pag. iv.112; page catchwords.

[1] Title [2] bl.; [III]-V Avis de l'éditeur; [VI] bl.; [3] Acteurs; [4]-111 OLYMPIE, / TRAGÉDIE; [112] bl.

The unsigned preliminaries have been inserted between the first and second leaves of gathering A.

Budapest, National Széchényi Library 55.675 / Raktár.

063P

OLIMPIE, / *TRAGÉDIE*, / Par Monsieur de VOLTAIRE. / [*ornament*] / A PARIS, / Chez DUCHESNE, Libraire, ruë Saint /

Jacques, au-dessous de la Fontaine Saint- / Benoît, au temple du goût. / [*ornamental triple rule*] / *Avec Approbation & Privilége du Roi, 1763.* 8°. sig. A-G⁴, χ [$2 signed, roman]; pag. 58; quire catchwords.

[1] Title; [2] Acteurs; [3-57] Olimpie, tragédie; [58] bl.

The Paris imprint is genuine.

Geneva, ImV: D Olympie 1763/2. London, BL: RB.23.a.208.

T62 (1763)

Vol. 5, p.[277]-354: *Olympie, Tragédie nouvelle, suivie de Remarques historiques.*

Remarques, p.355-68.

Not all copies of T62 contain this text, added after the original publication.

The copy examined is in a private collection.

064P

OLYMPIE, / *TRAGÉDIE NOUVELLE* / DE M. DE VOLTAIRE; / *SUIVIE* / DE REMARQUES HISTORIQUES: / *Représentée pour la première fois par les* Comédiens Français ordinaires du Roi, / *le 14 Mars 1764*; / NOUVELLE ÉDITION, / Revue & corrigée , & conforme à la / Représentation. / [*rule*] / Le prix est de 30 sols. / [*rule*] / [*ornament*] / *A PARIS*, / Chez DUCHESNE, Libraire, rue Saint Jacques, / au-dessous de la Fontaine Saint Benoît, / au Temple du Goût. / [*thick-thin rule*] / M. DCC. LXIV. / *AVEC APPROBATION ET PERMISSION.*

[*Half-title:*] OLYMPIE, / *TRAGÉDIE* / NOUVELLE.

12°; sig. A-D¹², E⁶ [A-D $6 (-A1, A2), E $3 signed, arabic]; pag. 108; quire catchwords.

[1] half title; [2] Table des Pièces qui composent le Théâtre de M. de Voltaire, en cinq Volumes; [3] title; [4] bl.; 5-7 Avis de l'éditeur; 8 Acteurs; [9]-90 Olympie, tragédie; 91-108 Remarques à l'occasion de cette pièce.

Bengesco 260; BnC 1307.

Austin, TX, University of Texas Library, Harry Ransom Centre Book

Collection: PQ 2077 O5 1764. Oxford: VF. Geneva, BGE: Hf5002*/ 32(2). Paris, BnF: Rés. Z. Bengesco 97.

W64G (1763)

Vol.10 (pt.2), p.111-92: *Olimpie, Tragédie; Suivie de Remarques historiques.*

Remarques, p.193-214.

W64R

Vol.17 (pt.2), p.642-715: *Olympie, tragédie.*

T64P

Vol.5, p.1-108: *Olympie: tragédie, suivie de remarques historiques, représentée pour la première fois par les Comédiens français ordinaires du Roi, le 14 mars 1764.*

This is the collective edition containing 064P (see above).

Geneva, ImV: BC 1764/2.

065A1

OLYMPIE, / *TRAGÉDIE* / DE / M. DE VOLTAIRE. / *Représentée pour la première fois par les Comédiens / ordinaires de S. A. S. E. Monseigneur l'Electeur / Palatin, sur le Théâtre de Schwetzingen, le 30 / Septembre & le 7 Octobre de l'année passée.* / [ornament] / A AVIGNON, / Chez *LOUIS CHAMBEAU*, Imprimeur-Libraire, / près les RR. PP. Jésuites. / [*triple rule*] / M. DCC. LXV.

8°; sig. A-F⁴, G² [A-G $2 (-A1) signed, arabic]; pag. 52; quire catchwords.

[1] Title; [2] Acteurs; [3]-52 Olympie, tragédie.

A reprint or reissue of 063A.

Austin, TX, University of Texas Library, Harry Ransom Centre Book Collection: PQ 2077 O5 1765. Paris, BnF: Z Bengesco 975. Zurich, ZB: CC 2054.

065A2

OLYMPIE, / TRAGÉDIE / DE / M. DE VOLTAIRE. / Représentée pour la premiere fois par les Comédiens ordi-/naires de S. A. S. E. Monseigneur l'Electeur Palatin, / sur le Théâtre de Schwetzingen, le 30 Septembre & le / 7 Octobre de l'année passée. / [*ornament composed of flowers and branches*] / A AVIGNON. / Chez JACQUES GARRIGAN, Imprimeur-Libraire; / place St. Didier. / [*thick-thin rule*] / M. DCC. LXX. / Avec Approbation & permission.

8°. sig. A-F⁴ [$2 signed, arabic]; pag. 48; quire catchwords.

[1] Title; [2] Acteurs; 3-48 Olympie, tragédie.

Uses the same title page ornament as 063A, and may well have come from the same printers.

Paris, Arsenal: GD-15204.

T67

Vol.5, p.373-479: *Olympie, tragédie; suivie de remarques historiques: Représentée pour la première fois par les Comédiens français ordinaires du Roi, le 14 mars 1764.*

Geneva, BGE: Hf5002*/1(1*). Oxford, VF. Paris, BnF: Rés. Yf 3391.

068

OLYMPIE, / *TRAGÉDIE* / NOUVELLE, / *Par M. de VOL-TAIRE.* / [*large symmetrical ornament composed of flowers*] / *A LIEGE,* / Chez D. DE BOUBERS, Imprimeur-Libraire, / sur le Pont d'Isle, à la Ville de Bruxelles. / [*rule*] / *M .DCC. LXVIII.*

8°. sig. A-D⁸ [$4 (-A1) signed, arabic]; pag. v.64; quire catchwords.

[i] Title; [ii] bl.; [iii]-v Avis de l'éditeur [signed] Colini, secrétaire intime & historiographe de S.A.E. Palatine; [vi] Acteurs; [7]-64 Olympie, tragédie.

Brussels: Bibliothèque royale: III 45.770 A (KBR, Réserve précieuse)

T68

Vol.5, p.373-479: *Olympie, tragédie suivie de remarques historiques, représentée pour la première fois par les Comédiens français ordinaire du Roi, le 14 mars 1764.*

w68

Vol.5, p.397-491: *Olimpie, Tragédie. Suivie de Remarques historiques.*
The base text.

069

[*Decorative type:*] *OLYMPIE,* / [*decorative type:*] TRAGEDIE; /
SUIVIE / DE REMARQUES HISTORIQUES. / *Représentée pour la
premiere fois par* / *les Comédiens françois ordinaires du Roi,* / *le 14. mars
1764.* / [*ornament*] / [*thick-thin rule*] / A VIENNE, / CHEZ JEAN-
THOM. DE TRATTNERN, / IMPRIMEUR ET LIBRAIRE DE LA COUR.
/ [*rule*] / MDCCLXIX.

8°; A-E⁸, F⁴, χ² [$5 signed, arabic (-F4ν)]; pag. 91; quire catchwords.
[1] Title; 2 Acteurs; [3]-91 Olympie [No *Remarques historiques*].
Oxford, Taylor: V3.O5.1769, V3.A2.1764 (24). The second of these
volumes is composed of plays with different dates and origins which have
been bound together.

070

OLYMPIE, / *TRAGÉDIE* / *DE* / MONSIEUR DE VOLTAIRE.
Représentée pour la première fois par les / Comédiens ordinaires de S. A.
S. E. Mon- / seigneur l'Electeur Palatin, sur le Théatre / de Schwetz-
ingen, le 30 Septembre & le 7 / Octobre de l'année passée. / [*ornament
composed of flowers and leaves*] / *A AVIGNON.* / Chez JACQUES
GARRIGAN, Imprimeur-Libraire; / place St. Didier. / [*thick-thin rule*]
/ M. DCC. LXX. / *Avec Approbation & permission.*

8°. sig. A-F⁴ [$2 signed, arabic]; pag. 48 (p.31 is unnumbered); quire
catchwords.

[1] Title; [2] Acteurs ; 3-48 Olympie, tragédie.

Uses the same title page ornament as 063A and 065A, both of which may
well have come from the same printers.

Apart from the different setting of the title page, this edition is identical to
065A, of which it is either a reissue or a *remise en vente*.

Geneva, ImV: BE 74(9).

T70

Vol.5, p.373-479: *Olympie, tragédie suivie de remarques historiques, représentée pour la première fois par les Comédiens français ordinaire du Roi, le 14 mars 1764.*

According to BnF, this is a 'Réimpression de l'édition de 1768, chaque volume ayant même composition, même nombre de pages et mêmes planches'.

Bengesco 313; BnC 627.

Paris, BnF: Yf 4267.

W70G

Vol.10 (pt.2), p.111-214: *Olimpie, Tragédie; Suivie de Remarques historiques.*

W70L (1772)

Vol.18, p.1-104: *Olimpie, tragédie; Suivie de remarques historiques.*

O71

OLYMPIE, / *TRAGÉDIE* / DE / M. DE VOLTAIRE. / *Représentée pour la premiere fois par les Comé- / diens ordinaires de S. A. S. E. Monseigneur / l'Electeur Palatin, sur le Théâtre de Schwet- / zingen* [sic]*, le 30 Septembre & le 7 Octobre. / Conforme à l'édition in-4°. donnée par l'Auteur.* / [*ornament: flowers tied with ribbon*] / *A PARIS,* / Chez LE JAY, Libraire, rue S. Jacques, au-dessus / de la rue des Mathurins, au Grand Corneille. / [*thick-thin rule*] / M. DCC. LXXI.

8°; sig. A-G⁴ [$2 signed, roman (-A1, E2)]; pag. 55; quire catchwords.
[1] Title; [2] Acteurs; [3]-55 Olympie, tragédie.

According to the Austin catalogue, the woodcut head-pieces were also used in the Paris 1771 edition of *L'Enfant prodigue* published by Prault fils.

Bengesco 261.

Austin, TX, University of Texas Library, Harry Ransom Centre Book Collection: PQ 2077 O5 1771. Oxford, Taylor: Vet.Fr.II.B.1905(8).

W71L (1772)

Vol.4, p.325-400: *Olimpie, Tragédie. Suivie de Remarques historiques.*

O72

OLYMPIE, / TRAGÉDIE / *DE* / M. DE VOLTAIRE. / *Représentée pour la première fois par les Comédiens / ordinaires de S. A. S. E. Monseigneur l'Electeur / Palatin, sur le théâtre de SchWetzingen* [sic], *le 30. / septembre & le 7 / octobre de l'année passée.* / [*ornament composed of typographical devices*] / *A PARIS,* / Chez N. B. DUCHESNE, Libraire, rue S. Jacques, au- /dessus de la Fontaine S. Bénoît, au Temple du Goût. / [*ornamental rule*] / M. DCC. LXXII. / *Avec Approbation & permission.*

8°; sig A-F⁴ [$2 signed (-A1); A-C roman, D-F arabic]; pag. 48; quire catchwords.

[1] Title; [2] Acteurs; [3]-48 Olympie, tragédie.

Geneva, ImV: D Olympie 1772/1.

W72X

Vol.10 (pt.2), p.111-92: *Olympie, tragédie.*

Remarques, p.193-214.

(In Taylor, V1 1770 G/2 10.ii (dated 1773), *Olympie* is p.113-230.)

T73N

Vol.6: p.85-195: *Olimpie, tragédie.*

W72P (1773)

Vol.5, p.379-466: *Olympie, tragédie.*

Remarques, p.467-92.

O74

[*Text within ornamental frame*] / OLIMPIE, / *TRAGÉDIE.* / Par M. DE VOLTAIRE. / [*ornament*] / [*ornamental rule*] / M. DCC. LXXIV.

8°. sig. A-E⁸, F² [A-E $4, F $1 signed, roman]; pag. 84; quire catchwords.

[1] Title; [2] Acteurs; [3]-84 Olimpie, tragédie.

Bengesco 264.

Brussels, BR: Faber 288/4 (Magasin - Réserve précieuse: Niv. -2).

074P1

OLYMPIE, / *TRAGÉDIE,* / PAR M. DE VOLTAIRE. / *NOU-VELLE ÉDITION.* / [*vignette*] / *A PARIS,* / Par la Compagnie des Libraires. / [*thick-thin rule*] / M. DCC. LXXIV. / *Avec Approbation & Privilège du Roi.*

8°· sig. A-H⁴ [A ns; B-H $1]; pag. 64; quire catchwords.

[1] Title; [2] Acteurs [3]-64 Olympie, tragédie.

P.37 is numbered 3.

Two of the woodcut head-pieces were also used in the 1767 edition of *Les Scythes* published in Bordeaux by Jean Chappuis (Austin catalogue).

Austin, TX, University of Texas Library, Harry Ransom Centre Book Collection: PQ 2077 O5 1774. Geneva, ImV: D Olympie 1774/3.

074P2

OLYMPIE, / *TRAGÉDIE*; / *SUIVIE DE* / REMARQUES HISTORIQUES. / *Représentée par les Comédiens Français*; / *le 14 Mars 1764.* / NOUVELLE ÉDITION, / Revue & corrigée, & conforme à la / Représentation. / Par Mʳ. DE VOLTAIRE. / [*ornament*] / A PARIS, / Chez la Veuve DUCHESNE, Libraire, rue / Saint Jacques, au Temple du Goût. / [*ornamental rule*] / *M. DCC. LXXIV.*

8°; sig. A-I⁴, K¹ [$1 signed (-A1)]; pag. iv.[5]-74; no catchwords.

[i] Title; [ii] bl.; iij Avis de l'éditeur [signed] Colini, Secrétaire intime, & Historiographe de S.A.S.E. Palatine; iv Acteurs; [5]-65 Olympie, tragédie; 66-74 Remarques à l'occasion de cette pièce.

Reproduces 064P2.

Bengesco 262; BnC 1309.

Geneva, ImV: D Olympie 1774/1; Paris, BnF: Rés. Z. Bengesco 98 and 611.

The ImV also has a copy (D Olympie 1774/2) with a printed paper label reading: Chez DELAVIGNE fils, au Cabinet de Lecture, / Bue [*sic*] Bourg-l'Abbé, n°. 34, au passage de l'Ancre.

074B

[*Decorative type:*] OLYMPIE, / *TRAGÉDIE* / De Monsieur DE VOLTAIRE. / *Représentée pour la premiere fois, par les Comédiens /
ordinaires de S. A. S. E. Monseigneur l'Electeur / Palatin, sur le Théâtre de Schvvetȝingen, le 30 / Septembre 1764* [*sic*]. *Et à Paris le ...* [*sic*] *Décembre de la / même année.* / NOUVELLE ÉDITION, / *Corrigée sur le Manuscrit de Paris.* / [*ornament*] / *A BRUXELLES*, / Et se vend à Lyon, chez CASTAUD, / Libraire & March. de Musique. / [*thick-thin rule*] / M. DCC. LXXIV. / *Avec Approbation & Permission.*

8°; sig. A-H⁴, I² [$2 signed, arabic]; pag. 68; quire catchwords.

[1] Title; [2] Acteurs; [3]-67 Olympie; [68] bl.

BnC: 'Même texte que l'édition Duchesne [064P1], mais sans les passages indiqués entre guillemets, coupés à la représentation, mais où les derniers vers de la dernière scène sont restitués conformément au texte de la première édition. Sans l'*Avis de l'éditeur*, ni les *Remarques*.'

Bengesco 263; BnC 1312.

Geneva, BG: BGE S 9960. Oxford, Taylor: V3.O5.1774. Paris, BnF: Rés. Z. Beuchot 610.

W75G

Vol.6, p.1-104: *Olympie, tragédie. Suivie de Remarques historiques.*

W75X

Vol.5, p.1-104: *Olimpie, tragédie. Suivie de Remarques historiques.*

076

[*The first five lines in decorative type:*] OLYMPIE, / *TRAGEDIE* / EN CINQ ACTES / *DE* / M. DE VOLTAIRE. / *Représentée pour la premiere fois, par les / Comédiens ordinaires de S. A. S. E. Mon- / seigneur l'Electeur Palatin, sur le Théâtre / de Schwetȝingen, le 30 Septembre & le 7 / Octobre de l'année passée.* / [*ornament*] / [*decorative type:*] *A PARIS*, / Chez RUAULT, Libraire, / rue de la Harpe. / [*decorative rule*] / [*decorative type:*] *M. DCC. LXXVI.*

8°. sig. A-F⁴, G² [A-F $2 (-A1), G $1 signed, arabic]; pag.52.

[1] Title; [2] Acteurs; [3]-51 Olimpie, tragédie; [52] bl.

Washington, Library of Congress: PQ2077.E7 1779.

T77

Vol.6, p.199-311: *Olimpie, tragédie, suivie de remarques historiques.*

[199] Title; [200] Acteurs; 201-289 Olimpie, tragédie; 290-311 Remarques à l'occasion d'Olimpie

Naples, BN: LP30885; Oxford, VF.

K84

Vol.5, p.1-81: *Olimpie, tragédie*; p.82-91: *Notes sur Olimpie.* The Remarques are styled as 'Notes' and linked to the text by italic letters in parentheses.

Translations

Dutch

1764

OLIMPIA, / *TREURSPEL.* / Gevolgd naar het Fransche / van den Heere / DE VOLTAIRE. / [*engraving*] / Te AMSTEL-DAM, / By Izaak Duim, Boekverkooper, op den hoed / van den Voorburgwal en de Stilsteeg, 1764.
London, BL: 636.c.13.(4.).

Italian [38]

1768

OLIMPIA / TRAGEDIA / *DEL SIG. DI VOLTAIRE* / TRA-DOTTA / in versi italiani / E recitata nel Teatro di san salva-

---

[38] See Theodore Besterman, 'A Provisional bibliography of Italian editions and translations of Voltaire', *SVEC* 18 (1961), p.292-93.

DORE / il Carnovale dell' Anno 1768. / [*ornament*] / IN VENEZIA / Nella Stamperia di CARLO PALESE / CON LICENZA DE' SUPER-IORI. / [1768]

8°. sig. [A1], π^2, A2-A8, B-G⁸; pp. [iv], 111, [i bl.]

[The two leaves inserted into the first signature contain an unsigned dedication by the translator].

Florence: Biblioteca nazionale: 5.7.157.

1798

OLIMPIA / *TRAGEDIA* / DEL SIGNOR / DI VOLTAIRE./ *Traduzione del signor* / LEONARDO CAPITANACHI. / [*ornament*] / IN VENEZIA / MDCCXCVIII. / *CON PRIVILEGIO.*

8°. sig. a-d⁸, c⁴; pp. 69.

[1] Title; [2] Personaggi; 3-67 Olimpia; 68-69 Notizie storico-critiche sopra l'Olimpia

Printed in '*Teatro moderno*', Vol. XX, p. 1-69.

Rome: Biblioteca apostolica vaticana: N35.8.1.13, 1

Principles of this edition

The base text is w68, being the first embodiment of the final state of the text. The following editions have been collated: MS1, 063FL1, 063FL2, 063FL3, 063A, 063P, 064P, W64G, W64R, T67, 069, W70L, W71L, W72X, 074B, 074P1, 074P2, W75G, K84.

Treatment of the base text

The punctuation of the base text has been retained, as has the spelling of proper names, with the exception of Olimpie, for which the familiar form Olympie has been substituted. The spelling of other words has been modernised. Examples are as follows:

- Doubled consonants where modern French has single: jetter, allarmes.
- Single consonants instead of double: pouront, couroux.
- Omission of p and t in the endings -emps, ents, -ants, etc.: longtems, sermens, enfans, mourans.

– Omission of d before s in verbal forms: enens, prens.
– Use of m instead of n: solemnel.
– Omission of p before t: promt, domtés.
– Omission of s in singular imperatives: reconnai, appren.
– Use of x instead of s: loix.
– Use of y instead of i: proye, yvre.
– Use of i instead of y: fuiant.
– Use of e instead of a: aventure.
– Use of z instead of s: hazards.
– Use of the acute accent instead of the grave: achéveront, cinquiéme.
– Use of the circumflex accent where modern French has no accent: toûjours, nâquis.
– Absence of the circumflex accent: sauvates, ame, grace.
– Use of the circumflex accent instead of the grave: blasphême.
– Use of the dieresis where modern French has none: avouë, envoïe, vuë.
– Use of the hyphen where modern French has none: grand-homme.

OLYMPIE

Tragédie
Suivie de Remarques historiques

ACTEURS

CASSANDRE, fils d'Antipatre, roi de Macédoine.

ANTIGONE, roi d'une partie de l'Asie.

STATIRA, veuve d'Alexandre.

OLYMPIE, fille d'Alexandre et de Statira.

L'HIÉROPHANTE, ou grand-prêtre, qui préside à la   5
célébration des grands mystères.

SOSTÈNE, officier de Cassandre.

HERMAS, officier d'Antigone.

Prêtres.

Initiés.

Prêtresses.   10

Soldats.

Peuple.

La scène est dans le temple d'Ephèse, où l'on célèbre les grands
mystères. Le théâtre représente le temple, le péristyle, et la place
qui conduit au temple.   15

a   w70L: PERSONNAGES
1   064P: [*adds:*] *M. le Kain.*
     MS1: Cassandre Lekain
2   MS1, 064P: [*adds:*] *M. Bellecourt.*
3   MS1, 064P: [*adds:*] *Mlle Dumesnil.*
4   MS1, 064P: [*adds:*] *Mlle Clairon.*
4-5   MS1: [*inserts:*] Sosthènes M. D'Auberval
5   MS1, 064P: [*adds:*] *M. Brisard.*
6   064P: [*adds:*] *M. D'Auberval.*
     MS1: [*absent*]
7   MS1, 064P: [*adds:*] *M. Blainville.*
8   064P: UNE PRÊTRESSE. *Mme Préville.*
8-12   MS1: 8. Une prêtresse M^{de} Preville / 4. Initiés / 2. Prêtres à la suite de
l'Hiérophante / 10. Prêtresses à la suite de Statira / 12. Prêtres du temple / 16.
Peuple etc.
11   T67, 069: [*absent*]
13-14   MS1: La scène est à Ephèse, Partie dans l'intérieur du temple, partie dans
le parvis, et dans l'avant scène

262

ACTE PREMIER

SCÈNE PREMIÈRE

Le fond du théâtre représente un temple dont les trois portes fermées sont ornées de larges pilastres: les deux ailes forment un vaste péristyle. SOSTÈNE *est dans le péristyle; la grande porte s'ouvre;* CASSANDRE *troublé et agité vient à lui. La grande porte se referme.*

CASSANDRE

Sostène, on va finir ces mystères terribles.[1]
Cassandre espère enfin des dieux moins inflexibles.
Mes jours seront plus purs, et mes sens moins troublés.
Je respire.

SOSTÈNE

   Seigneur, près d'Ephèse assemblés,
Les guerriers qui servaient sous le roi votre père,   5
Ont fait entre mes mains le serment ordinaire.
Déjà la Macédoine a reconnu vos lois.
De ses deux protecteurs Ephèse a fait le choix.
Cet honneur qu'avec vous Antigone partage,
Est de vos grands destins un auguste présage.   10
Ce règne qui commence à l'ombre des autels,
Sera béni des dieux et chéri des mortels.
Ce nom d'initié, qu'on révère et qu'on aime,
Ajoute un nouveau lustre à la grandeur suprême.
Paraissez.

---

14 063FL3, 074P1: nouveau titre à

[1] D'Argental had wanted *Olympie* to open with a love scene, but Voltaire argued against such an opening in this play (D10147, 12 November 1761).

263

CASSANDRE

Je ne puis: tes yeux seront témoins   15
De mes premiers devoirs et de mes premiers soins.
Demeure en ces parvis... Nos augustes prêtresses
Présentent Olympie aux autels des déesses.
Elle expie en secret, remise entre leurs bras,
Mes malheureux forfaits qu'elle ne connaît pas.   20
D'aujourd'hui je commence une nouvelle vie.
Puisses-tu pour jamais, chère et tendre Olympie,
Ignorer ce grand crime avec peine effacé,
Et quel sang t'a fait naître, et quel sang j'ai versé!

SOSTÈNE

Quoi! Seigneur, une enfant vers l'Euphrate enlevée,   25
Jadis par votre père à servir réservée,
Sur qui vous étendiez tant de soins généreux,
Pourrait jeter Cassandre en ces troubles affreux!

CASSANDRE

Respecte cette esclave à qui tout doit hommage.
Du sort qui l'avilit je répare l'outrage.   30
Mon père eut ses raisons pour lui cacher le rang
Que devait lui donner la splendeur de son sang...
Que dis-je? ô souvenir! ô temps! ô jour de crimes!
Il la comptait, Sostène, au nombre des victimes
Qu'il immolait alors à notre sûreté...   35
Nourri dans le carnage et dans la cruauté,
Seul je pris pitié d'elle, et je fléchis mon père:
Seul je sauvai la fille, ayant frappé la mère.[2]
Elle ignora toujours mon crime et ma fureur.

20   063FL3, 074PI: Des malheureux
29   063FL3, 064P, 074PI, 074P2: Respectez

[2] 'Dès ce moment,' wrote Voltaire, 'je sentis que Cassandre devenait le personnage le plus intéressant' (D10388, to Villars, 24 [25] March 1762).

Olympie! à jamais conserve ton erreur! 40
Tu chéris dans Cassandre un bienfaiteur, un maître.
Tu me détesteras, si tu peux te connaître.

SOSTÈNE

Je ne pénètre point ces étonnants secrets,
Et ne viens vous parler que de vos intérêts.
Seigneur, de tous ces rois que nous voyons prétendre 45
Avec tant de fureurs au trône d'Alexandre,
L'inflexible Antigone est seul votre allié...

CASSANDRE

J'ai toujours avec lui respecté l'amitié;
Je lui serai fidèle.

SOSTÈNE

        Il doit aussi vous l'être.
Mais depuis qu'en ces murs nous le voyons paraître, 50
Il semble qu'en secret un sentiment jaloux
Ait altéré son cœur, et l'éloigne de vous.

CASSANDRE (à part.)

Et qu'importe Antigone!... O mânes d'Alexandre!
Mânes de Statira! grande ombre! auguste cendre!
Restes d'un demi-dieu justement courroucés, 55
Mes remords et mes feux vous vengent-ils assez?
Olympie! obtenez de leur ombre apaisée
Cette paix à mon cœur si longtemps refusée;
Et que votre vertu dissipant mon effroi,
Soit ici ma défense, et parle aux dieux pour moi... 60
Eh quoi! vers ces parvis à peine ouverts encore,
Antigone s'approche, et devance l'aurore!

46   063FL3, T67, 069, 074P1, K84: de fureur au
49   064P, 074B, 074P2: fidèle / SOSTÈNE / Eh! devrait-il moins l'être?
53   T67, 069: Et qu'importe? Antigone!
       W75G, K84: Et qu'importe Antigone?

SCÈNE II

CASSANDRE, SOSTÈNE, ANTIGONE, HERMAS

ANTIGONE (*à Hermas au fond du théâtre.*)

Ce secret m'importune, il le faut arracher.
Je lirai dans son cœur ce qu'il croit me cacher.
Va, ne t'écarte pas.

CASSANDRE (*à Antigone.*)

        Quand le jour luit à peine,   65
Quel sujet si pressant près de moi vous amène?

ANTIGONE

Nos intérêts. Cassandre, après que dans ces lieux
Vos expiations ont satisfait les dieux,
Il est temps de songer à partager la terre.
D'Ephèse en ces grands jours ils écartent la guerre.   70
Vos mystères secrets des peuples respectés,
Suspendent la discorde et les calamités;
C'est un temps de repos pour les fureurs des princes.
Mais ce repos est court, et bientôt nos provinces
Retourneront en proie aux flammes, aux combats   75
Que ces dieux arrêtaient, et qu'ils n'éteignent pas.
Antipatre n'est plus. Vos soins, votre courage
Sans doute achèveront son important ouvrage.
Il n'eût jamais permis que l'ingrat Séleucus,
Le Lagide insolent, le traître Antiochus,   80
D'Alexandre au tombeau dévorant les conquêtes,
Osassent nous braver, et marcher sur nos têtes.

62c 063FL1, 063FL2, 063FL3, 064P, W64R, 074P1, 074P2: (*à Hermas au fond.*)¶
67 064P, T67, 069: Nos intérêtes, Cassandre; après

CASSANDRE

Plût aux dieux qu'Alexandre à ces ambitieux
Fît du haut de son trône encor baisser les yeux!
Plût aux dieux qu'il vécût!

ANTIGONE

    Je ne puis vous comprendre. 85
Est-ce au fils d'Antipatre à pleurer Alexandre?
Qui peut vous inspirer un remords si pressant?
De sa mort, après tout, vous êtes innocent.

CASSANDRE

Ah! j'ai causé sa mort.

ANTIGONE

    Elle était légitime.
Tous les Grecs demandaient cette grande victime. 90
L'univers était las de son ambition.
Athène, Athène même, envoya le poison,
Perdicas le reçut, on en chargea Cratère;
Il fut mis dans vos mains des mains de votre père,
Sans qu'il vous confiât cet important dessein. 95
Vous étiez jeune encor; vous serviez au festin,
A ce dernier festin du tyran de l'Asie.

CASSANDRE

Non, cessez d'excuser ce sacrilège impie.

ANTIGONE

Ce sacrilège!... Eh quoi! vos esprits abattus
Erigent-ils en dieu l'assassin de Clitus, 100
Du grand Parménion le bourreau sanguinaire,
Ce superbe insensé qui flétrissant sa mère,
Au rang du fils des dieux osa bien aspirer,
Et se déshonora pour se faire adorer?

Seul il fut sacrilège. Et lorsqu'à Babilone   105
Nous avons renversé ses autels et son trône,
Quand la coupe fatale a fini son destin,
On a vengé les dieux, comme le genre humain.

CASSANDRE

J'avoûrai ses défauts: mais quoi qu'il en puisse être,
Il était un grand homme, et c'était notre maître.   110

ANTIGONE

Un grand homme!

CASSANDRE

Oui sans doute.

ANTIGONE

Ah! c'est notre valeur,
Notre bras, notre sang qui fonda sa grandeur;[3]
Il ne fut qu'un ingrat.

CASSANDRE

O mes dieux tutélaires!
Quels mortels ont été plus ingrats que nos pères?
Tous ont voulu monter à ce superbe rang.   115
Mais de sa femme enfin pourquoi percer le flanc?
Sa femme!... ses enfants!... Ah! quel jour, Antigone!

ANTIGONE

Après quinze ans entiers ce scrupule m'étonne.
Jaloux de ses amis, gendre de Darius,
Il devenait Persan, nous étions les vaincus.   120
Auriez-vous donc voulu que vengeant Alexandre,

---

[3] 'Notre bras' is an energetic use of synecdoche; the use of the singular underlines the collective valour of the living and the dead ('notre valeur', 'notre sang') who had fought for Alexander.

La fière Statira dans Babilone en cendre,
Soulevant ses sujets nous eût immolés tous
Au sang de sa famille, au sang de son époux?
Elle arma tout le peuple: Antipatre avec peine   125
Echappa dans ce jour aux fureurs de la reine.
Vous sauvâtes un père.

CASSANDRE

       Il est vrai: mais enfin
La femme d'Alexandre a péri par ma main.

ANTIGONE

C'est le sort des combats. Le succès de nos armes
Ne doit point nous coûter de regrets et de larmes.   130

CASSANDRE

J'en versai, je l'avoue, après ce coup affreux;
Et couvert de ce sang auguste et malheureux,
Etonné de moi-même, et confus de la rage
Où mon père emporta mon aveugle courage,
J'en ai longtemps gémi.

ANTIGONE

      Mais quels motifs secrets   135
Redoublent aujourd'hui de si cuisants regrets?
Dans le cœur d'un ami j'ai quelque droit de lire;
Vous dissimulez trop.

CASSANDRE

      Ami... que puis-je dire?
Croyez ... qu'il est des temps où le cœur combattu
Par un instinct secret revole à la vertu,   140
Où de nos attentats la mémoire passée

123   063FL1: Soulevant les sujets

269

Revient avec horreur effrayer la pensée.

ANTIGONE

Oubliez, croyez-moi, des meurtres expiés;
Mais que nos intérêts ne soient point oubliés
Si quelque repentir trouble encor votre vie,   145
Repentez-vous surtout d'abandonner l'Asie
A l'insolente loi du traître Antiochus.
Que mes braves guerriers, et vos Grecs invaincus,
Une seconde fois fassent trembler l'Euphrate.
De tous ces nouveaux rois dont la grandeur éclate,   150
Nul n'est digne de l'être, et dans ses premiers ans
N'a servi, comme nous, le vainqueur des Persans.
Tous nos chefs ont péri.

CASSANDRE

Je le sais, et peut-être
Dieu les immola tous aux mânes de leur maître. [4]

ANTIGONE

Nous restons, nous vivons, nous devons rétablir   155
Ces débris tout sanglants qu'il nous faut recueillir.
Alexandre en mourant les laissait au plus digne.
Si j'ose les saisir, son ordre me désigne. [5]
Assurez ma fortune, ainsi que votre sort.

143-55   074B: pensée. / Ils sont tous expiés, nous devons rétablir
143-54   064P, T67, 069, 074P2: [*l.143-54 are preceded by quotation marks
(apparently to indicate that they were not spoken at the performance)*]
153-55   074P2: Tous les chefs ont péri. / CASSANDRE / Je le sais, et peut-être /
Ils sont tous expiés, nous devons rétablir
155   064P: Ils sont tous expiés, nous devons rétablir

---

[4] Voltaire is underlining a belief in monotheism, which he repeats in the
Remarques referring to I.i.
[5] What Antigone states here will be confirmed by Statira in III.v, l.278-79.

270

Le plus digne de tous sans doute est le plus fort. [6]   160
Relevons de nos Grecs la puissance détruite:
Que jamais parmi nous [7] la discorde introduite
Ne nous expose en proie à ces tyrans nouveaux,
Eux qui n'étaient pas nés pour marcher nos égaux.
Me le promettez-vous?

CASSANDRE

    Ami, je vous le jure;   165
Je suis prêt à venger notre commune injure.
Le sceptre de l'Asie est en d'indignes mains;
Et l'Euphrate, et le Nil ont trop de souverains.
Je combattrai pour moi, pour vous, et pour la Grèce.

ANTIGONE

J'en crois votre intérêt, j'en crois votre promesse; 170
Et surtout je me fie à la noble amitié
Dont le nœud respectable avec vous m'a lié.
Mais de cette amitié je vous demande un gage,
Ne me refusez pas.

CASSANDRE

    Ce doute est un outrage.
Ce que vous demandez est-il en mon pouvoir? 175
C'est un ordre pour moi, vous n'avez qu'à vouloir.

ANTIGONE

Peut-être vous verrez avec quelque surprise

---

167 MS1, 063FL2, 064P, W64G, W70L: est dans d'indignes
171 063A: je m'en fie

[6] This maxim recalls the opening line of La Fontaine's fable 'Le Loup et l'Agneau': 'La raison du plus fort est toujours la meilleure', and helps establish Antigone's villanous nature.
[7] 'entre nous', in D10576, to Bernis, 10 juin [juillet] 1762.

Le peu qu'à demander l'amitié m'autorise.
Je ne veux qu'une esclave.

CASSANDRE

Heureux de vous servir,
Ils sont tous à vos pieds; c'est à vous de choisir.   180

ANTIGONE

Souffrez que je demande une jeune étrangère (a)
Qu'aux murs de Babilone enleva votre père.
Elle est votre partage; accordez-moi ce prix
De tant d'heureux travaux pour vous-même entrepris.
Votre père, dit-on, l'avait persécutée.   185
J'aurai soin qu'en ma cour elle soit respectée:
Son nom est... Olympie.

CASSANDRE

Olympie!

ANTIGONE

Oui, seigneur.

CASSANDRE *à part*

De quels traits imprévus il vient percer mon cœur!...
Que je livre Olympie?

ANTIGONE

Ecoutez, je me flatte
Que Cassandre envers moi n'a point une âme ingrate.   190
Sur les moindres objets un refus peut blesser,
Et vous ne voulez pas, sans doute, m'offenser?

(a) L'acteur doit ici regarder attentivement Cassandre.

181   w70L: [*omits note* (a)]

272

CASSANDRE

Non; vous verrez bientôt cette jeune captive;
Vous-même jugerez s'il faut qu'elle vous suive,
S'il peut m'être permis de la mettre en vos mains.   195
Ce temple est interdit aux profanes humains.
Sous les yeux vigilants des dieux et des déesses,
Olympie est gardée au milieu des prêtresses.
Les portes s'ouvriront quand il en sera temps.
Dans ce parvis ouvert au reste des vivants,   200
Sans vous plaindre de moi, daignez au moins m'attendre.
Des mystères nouveaux pourront vous y surprendre;
Et vous déciderez si la terre a des rois
Qui puissent asservir Olympie à leurs lois.
        (*Il rentre dans le temple, et Sostène sort.*)

SCÈNE III

ANTIGONE, HERMAS (*dans le péristyle.*)

HERMAS

Seigneur, vous m'étonnez: quand l'Asie en alarmes   205
Voit cent trônes sanglants disputés par les armes,
Quand des vastes Etats d'Alexandre au tombeau
La fortune prépare un partage nouveau,
Lorsque vous prétendez au souverain empire,
Une esclave est l'objet où ce grand cœur aspire!   210

ANTIGONE

Tu dois t'en étonner. J'ai des raisons, Hermas,
Que je n'ose encor dire, et qu'on ne connaît pas.
Le sort de cette esclave est important peut-être
A tous les rois d'Asie, à quiconque veut l'être,
A quiconque en son sein porte un assez grand cœur,   215

209   063FL3, 064P, 074P1, 074P2: prétendez un souverain

Pour oser d'Alexandre être le successeur.
Sur le nom de l'esclave, et sur ses aventures,
J'ai formé dès longtemps d'étranges conjectures.
J'ai voulu m'éclaircir: mes yeux dans ces remparts[8]
Ont quelquefois sur elle arrêté leurs regards.   220
Ses traits, les lieux, le temps où le ciel la fit naître,
Les respects étonnants que lui prodigue un maître,
Les remords de Cassandre, et ses obscurs discours,
A ces soupçons secrets ont prêté des secours.
Je crois avoir percé ce ténébreux mystère.   225

HERMAS

On dit qu'il la chérit, et qu'il l'élève en père.

ANTIGONE

Nous verrons... Mais on ouvre, et ce temple sacré
Nous découvre un autel de guirlandes paré.
Je vois des deux côtés les prêtresses paraître.
Au fond du sanctuaire est assis le grand-prêtre.   230
Olympie et Cassandre arrivent à l'autel!

SCÈNE IV

*Les trois portes du temple sont ouvertes. On découvre tout
l'intérieur. Les prêtres d'un côté, et les prêtresses de l'autre,
s'avancent lentement. Ils sont tous vêtus de robes blanches avec
des ceintures dont les bouts pendent à terre.* CASSANDRE *et*

226-30   064P, 074B, 074P2: mystère. / On ouvre. Quel spectacle au fond du
sanctuaire! / De quelle pompe, ô ciel! préparée avec soin, / Cassandre a-t-il osé me
vouloir pour témoin? / Faut-il me voir forcé de souffrir cet outrage, / Et qu'un vain
fanatisme enchaîne ici ma rage! Olympie et Cassandre arrivent à l'autel!
231d-f   063FL1, 063FL2, 063FL3, 064P, W64R, 074P1, 074P2: *ceintures bleues*

---

[8] Antigone is presumably referring to the ramparts of the city, unless the temple is
fortified; but the hiérophante preaches a peaceful religion (cf. II.v, l.300-304).

274

OLYMPIE *mettent la main sur l'autel.* ANTIGONE *et* HERMAS
*restent dans le péristyle avec une partie du peuple qui entre par les
côtés.*

CASSANDRE

Dieu des rois et des dieux, être unique, éternel!
Dieu qu'on m'a fait connaître en ces fêtes augustes,
Qui punis les pervers, et qui soutiens les justes,
Près de qui les remords effacent les forfaits,   235
Confirmez, Dieu clément, les serments que je fais.
Recevez ces serments, adorable Olympie;
Je soumets à vos lois et mon trône et ma vie;
Je vous jure un amour aussi pur, aussi saint,
Que ce feu de Vesta qui n'est jamais éteint.   240
Et vous, filles des cieux, vous augustes prêtresses,
Portez avec l'encens mes vœux et mes promesses
Au trône de ces dieux qui daignent m'écouter,
Et détournez les traits que je peux mériter.

OLYMPIE

Protégez à jamais, ô dieux en qui j'espère,   245
Le maître généreux qui m'a servi de père,
Mon amant adoré, mon respectable époux.
Qu'il soit toujours chéri, toujours digne de vous!
Mon cœur vous est connu. Son rang et sa couronne
Sont les moindres des biens que son amour me donne. 250
Témoins des tendres feux à mon cœur inspirés,

---

dont les bouts pendent à terre. CASSANDRE *et* OLYMPIE *mettent la main sur l'autel.*
ANTIGONE *et* HERMAS *restent dans le péristyle.*¶
131g   MS1: Cassandre en mettant la main sur l'autel
234   064P, 074P2: Qui punit les pervers et qui soutient les
236   MS1, 064P, T67, 069, 074P2: que j'ai faits
238   MS1: et l'Asie;
251   β, W70L, W75G: Témoin [*error*]
251   063FL1, 063FL2, 063FL3, W64R, 074P1: feux par lui seul inspirés

Soyez-en les garants, vous qui les consacrez.
Qu'il m'apprenne à vous plaire, et que votre justice
Me prépare aux enfers un éternel supplice,
Si j'oublie un moment, infidèle à vos lois,   255
Et l'état où je fus, et ce que je lui dois.

CASSANDRE

Rentrons au sanctuaire où mon bonheur m'appelle.
Prêtresses, disposez la pompe solennelle,
Par qui mes jours heureux vont commencer leur cours:
Sanctifiez ma vie, et nos chastes amours.   260
J'ai vu les dieux au temple, et je les vois en elle;
Qu'ils me haïssent tous, si je suis infidèle!...
Antigone, en ces lieux vous m'avez entendu;
Aux vœux que vous formiez, ai-je assez répondu?
Vous-même prononcez, si vous deviez prétendre   265
A voir entre vos mains l'esclave de Cassandre.
Sachez que ma couronne, et toute ma grandeur,
Sont de faibles présents indignes de son cœur.
Quelque étroite amitié qui tous deux nous unisse,
Jugez si j'ai dû faire un pareil sacrifice.   270
    (*Ils rentrent dans le temple, les portes se ferment, le peuple
sort du parvis.*)

257   MS1, 064P, 074B, 074P2: Pour hâter les instants d'une union si belle
261-66   MS1, 064P, 074B, 074P2: Antigone jugez si vous deviez prétendre /
Qu'on remît en vos mains l'esclave de Cassandre.
266   T67: Avoir entre
270   MS1, 064P, 074B, 074P2: Voyez si
270a   063FL1, 063FL2, 063FL3, 064P, T67, 069, 074P1, 074P2: (*Ils rentrent
dans le temple, et les portes se ferment.*)

276

SCÈNE V

ANTIGONE, HERMAS (*dans le péristyle.*)

ANTIGONE

Va, je n'en doute plus, et tout m'est découvert.
Il m'a voulu braver, mais sois sûr qu'il se perd.
Je reconnais en lui la fougueuse imprudence
Qui tantôt sert les dieux, et tantôt les offense;
Ce caractère ardent qui joint la passion   275
Avec la politique et la religion;
Prompt, facile, superbe, impétueux et tendre,
Prêt à se repentir, prêt à tout entreprendre. [9]
Il épouse une esclave! Ah! tu peux bien penser
Que l'amour à ce point ne saurait s'abaisser.   280
Cette esclave est d'un sang que lui-même il respecte.
De ses desseins cachés la trame est trop suspecte.
Il se flatte en secret qu'Olympie a des droits
Qui pourront l'élever au rang de roi des rois.
S'il n'était qu'un amant, il m'eût fait confidence   285
D'un feu qui l'emportait à tant de violence.
Va, tu verras bientôt succéder sans pitié
Une haine implacable à la faible amitié.

HERMAS

A son cœur égaré vous imputez peut-être
Des desseins plus profonds que l'amour n'en fait naître.   290
Dans nos grands intérêts souvent nos actions
Sont, vous le savez trop, l'effet des passions.
On se déguise en vain leur pouvoir tyrannique;

291-306   074B: [*absent*]
291   064P: Dans ces grands

[9] This portrait is one of the relatively few presented in Voltaire's theatre.

Le faible quelquefois passe pour politique:
Et Cassandre n'est pas le premier souverain   295
Qui chérit une esclave et lui donna la main.
J'ai vu plus d'un héros subjugué par sa flamme,
Superbe avec les rois, faible avec une femme.

ANTIGONE

Tu ne dis que trop vrai. Je pèse tes raisons.
Mais tout ce que j'ai vu, confirme mes soupçons.   300
Te le dirai-je enfin? les charmes d'Olympie
Peut-être dans mon cœur portent la jalousie.
Tu n'entrevois que trop mes sentiments secrets.
L'amour se joint peut-être à ces grands intérêts.
Plus que je ne pensais leur union me blesse.   305
Cassandre est-il le seul en proie à la faiblesse? [10]

HERMAS

Mais il comptait sur vous. Les titres les plus saints
Ne pourront-ils jamais unir les souverains?
L'alliance, les dons, la fraternité d'armes,
Vos périls partagés, vos communes alarmes,   310
Vos serments redoublés, tant de soins, tant de vœux,
N'auraient-ils donc servi qu'au malheur de tous deux?
De la sainte amitié n'est-il donc plus d'exemples?

ANTIGONE

L'amitié, je le sais, dans la Grèce a des temples;
L'intérêt n'en a point, mais il est adoré.   315
D'ambition sans doute, et d'amour enivré,
Cassandre m'a trompé sur le sort d'Olympie.
De mes yeux éclairés Cassandre se défie.

309-12   074B: [*absent*]

[10] 'accusé de faiblesse', in D10576, to Bernis, 10 juin [juillet] 1762.

Il n'a que trop raison. Va, peut-être aujourd'hui
L'objet de tant de vœux n'est pas encore à lui.   320

HERMAS

Il a reçu sa main... Cette enceinte sacrée
  (*Les initiés, les prêtres, et les prêtresses traversent le fond de
la scène, ayant des palmes ornées de fleurs dans les mains.*)
Voit déjà de l'hymen la pompe préparée.
Tous les initiés, de leurs prêtres suivis,
Les palmes dans les mains inondent ces parvis, [11]
Et l'amour le plus tendre en ordonne la fête.   325

ANTIGONE

Non, te dis-je, on pourra lui ravir sa conquête...
Viens, je confierai tout à ton zèle, à ta foi;
J'aurai les lois, les dieux, et les peuples pour moi.
Fuyons pour un moment ces pompes qui m'outragent,
Entrons dans la carrière où mes desseins m'engagent;   330
Arrosons, s'il le faut, ces asiles si saints,
Moins du sang des taureaux, que du sang des humains.

Fin du premier acte.

320a-32   074B: [*absent*]
          064P, T67, 069, 074P2: [*preceded by quotation marks*]
321a-b   063FL1, 063FL3, 074P1, 074P2: *traversent le fond de la scène en
processsion.*)
          063FL2, 064P: scène en procession, ayant

[11] Two unnecessary lines, since the spectator sees what is described.

ACTE II

SCÈNE PREMIÈRE

L'HIÉROPHANTE, LES PRÊTRES, LES PRÊTRESSES

(Quoique cette scène et beaucoup d'autres se passent dans l'intérieur du temple, cependant, comme les théâtres sont rarement construits d'une manière favorable à la voix, les acteurs sont obligés d'avancer dans le péristyle; mais les trois portes du temple ouvertes, désignent qu'on est dans le temple.)

L'HIÉROPHANTE

Quoi! dans ces jours sacrés! quoi! dans ce temple auguste,
Où Dieu pardonne au crime, et console le juste,
Une seule prêtresse oserait nous priver
Des expiations qu'elle doit achever!
Quoi! d'un si saint devoir Arzane se dispense!   5

UNE PRÊTRESSE (*a*)

Arzane en sa retraite, obstinée au silence,
Arrosant de ses pleurs les images des dieux,
Seigneur, vous le savez, se cache à tous les yeux.
En proie à ses chagrins, de langueurs affaiblie,
Elle implore la fin d'une mourante vie.[1]   10

(*a*) Ce rôle doit être joué par la prêtresse inférieure qui est attachée à Statira.

d   063FL1, 063FL2, 064P, W64G, W70L: Les trois portes du temple sont ouvertes. Quoique
g   063FL3, 063P, W64G, W64R, W70L, W72X, 074B, 074P1, 074P2: *péristyle. Les trois portes du temple sont ouvertes.*)

[1] One of the most poetic lines in the play.

280

L'HIÉROPHANTE

Nous plaignons son état, mais il faut obéir;
Un moment aux autels elle pourra servir.
Depuis que dans ce temple elle s'est enfermée,
Ce jour est le seul jour où le sort l'a nommée.
Qu'on la fasse venir. (*b*) La volonté du ciel   15
Demande sa présence, et l'appelle à l'autel.
De guirlandes de fleurs par elle couronnée,
Olympie en triomphe aux dieux sera menée.
Cassandre initié dans nos secrets divins,
Sera purifié par ses augustes mains.   20
Tout doit être accompli. Nos rites, nos mystères,
Ces ordres que les dieux ont donnés à nos pères,
Ne peuvent point changer, ne sont point incertains,
Comme ces faibles lois qu'inventent les humains.

SCÈNE II

L'HIÉROPHANTE, PRÊTRES, PRÊTRESSES, STATIRA

L'HIÉROPHANTE *à Statira.* ²

Venez; vous ne pouvez, à vous-même contraire,   25
Refuser de remplir votre saint ministère.
Depuis l'instant sacré qu'en cet asile heureux
Vous avez prononcé d'irrévocables vœux,
Ce grand jour est le seul où Dieu vous a choisie,
Pour annoncer ses lois aux vainqueurs de l'Asie.   30
Soyez digne du Dieu que vous représentez.

(*b*) La prêtresse inférieure va chercher Arzane.

21   063FL3, 064P, 074PI, 074P2: Nos rites [064P: rits], et nos mystères

² Can Statira have been sought, found, and brought into the High Priest's presence in the time required to recite $9\frac{1}{2}$ lines?

STATIRA (*couverte d'un voile qui accompagne son visage sans le*
cacher, et vêtue comme les autres prêtresses.)

O ciel! après quinze ans qu'en ces murs écartés,
Dans l'ombre du silence au monde inaccessible,
J'avais enseveli ma destinée horrible,
Pourquoi me tires-tu de mon obscurité?   35
Tu veux me rendre au jour, à la calamité...
  (*à l'Hiérophante.*)
Ah! Seigneur, en ces lieux lorsque je suis venue,
C'était pour y pleurer, pour mourir inconnue;
Vous le savez.

L'HIÉROPHANTE

   Le ciel vous prescrit d'autres lois;
Et quand vous présidez pour la première fois   40
Aux pompes de l'hymen, à notre grand mystère,
Votre nom, votre rang ne peuvent plus se taire;
Il faut parler.

STATIRA

   Seigneur, qu'importe qui je sois?
Le sang le plus abject, le sang des plus grands rois,
Ne sont-ils pas égaux devant l'Etre suprême?   45
On est connu de lui bien plus que de soi-même.
De grands noms autrefois avaient pu me flatter;
Dans la nuit de la tombe il les faut emporter.
Laissez-moi pour jamais en perdre la mémoire.

L'HIÉROPHANTE

Nous renonçons sans doute à l'orgueil, à la gloire;   50
Nous pensons comme vous: mais la Divinité
Exige un aveu simple, et veut la vérité.

36a w70L: à Hiérophante

Parlez... Vous frémissez!

STATIRA

Vous frémirez vous-même...
(*aux prêtres et aux prêtresses.*)
Vous qui servez d'un Dieu la majesté suprême,
Qui partagez mon sort, à son culte attachés,   55
Qu'entre vous et ce Dieu mes secrets soient cachés!

L'HIÉROPHANTE

Nous vous le jurons tous.

STATIRA

Avant que de m'entendre,
Dites-moi s'il est vrai que le cruel Cassandre
Soit ici dans le rang de nos initiés?

L'HIÉROPHANTE

Oui, madame.

STATIRA

Il a vu ses forfaits expiés!...   60

L'HIÉROPHANTE

Hélas! tous les humains ont besoin de clémence.
Si Dieu n'ouvrait ses bras qu'à la seule innocence,
Qui viendrait dans ce temple encenser les autels?
Dieu fit du repentir la vertu des mortels.
Tel est l'ordre éternel à qui je m'abandonne,   65

53 064P: Vous frémiriez vous-même.
57 063FL3, 074PI: Non; nous le
60 064P: expiés?
65-66 K84: Ce juge paternel voit du haut de son trône / La terre trop coupable,
et sa bonté pardonne.

Que la terre est coupable, et que le ciel pardonne. [3]

STATIRA

Eh bien, si vous savez pour quel excès d'horreur,
Il demande sa grâce, et craint un dieu vengeur,
Si vous êtes instruit qu'il fit périr son maître,
(Et quel maître, grands dieux!) si vous pouvez connaître,　　70
Quel sang il répandit dans nos murs enflammés,
Quand aux yeux d'Alexandre à peine encor fermés,
Ayant osé percer sa veuve gémissante,
Sur le corps d'un époux il la jeta mourante;
Vous serez plus surpris, lorsque vous apprendrez　　75
Des secrets jusqu'ici de la terre ignorés.
Cette femme élevée au comble de la gloire,
Dont la Perse sanglante honore la mémoire,
Veuve d'un demi-dieu, fille de Darius...
Elle vous parle ici, ne l'interrogez plus.　　80
　　　(*Les prêtres et les prêtresses élèvent les mains, et s'inclinent.*)

L'HIÉROPHANTE

O dieux! qu'ai-je entendu? Dieux que le crime outrage,
De quels coups vous frappez ceux qui sont votre image!
Statira dans ce temple! Ah! souffrez qu'à genoux
Dans mes profonds respects...

STATIRA

　　　　　　　　Grand-prêtre, levez-vous.
Je ne suis plus pour vous la maîtresse du monde;　　85

69　064P: instruit qui fit
72　064P, 074B: Quand les yeux
74　064P, 074B, 074P2: Sur mille corps sanglants il
80　074P1: vous prie d'ici
80a　074B: [*stage directions absent*]

[3] This maxim sums up one of the principal themes of *Alzire*.

284

Ne respectez ici que ma douleur profonde.
Des grandeurs d'ici-bas voyez quel est le sort.
Ce qu'éprouva mon père au moment de sa mort
Dans Babilone en sang je l'éprouvai de même.
Darius, roi des rois, privé du diadème,   90
Fuyant dans des déserts, errant, abandonné,
Par ses propres amis se vit assassiné.
Un étranger, un pauvre, un rebut de la terre,
De ses derniers moments soulagea la misère.
      (*Montrant la prêtresse inférieure.*)
Voyez-vous cette femme, étrangère en ma cour?   95
Sa main, sa seule main m'a conservé le jour.
Seule elle me tira de la foule sanglante
Où mes lâches amis me laissaient expirante.
Elle est Ephésienne; elle guida mes pas
Dans cet auguste asile au bout de mes Etats.   100
Je vis par mille mains ma dépouille arrachée,
De mourants et de morts la campagne jonchée,
Les soldats d'Alexandre érigés tous en rois,
Et les larcins publics appelés grands exploits.
J'eus en horreur le monde, et les maux qu'il enfante,   105
Loin de lui pour jamais je m'enterrai vivante.
Je pleure, je l'avoue, une fille, une enfant
Arrachée à mes bras sur mon corps tout sanglant.
Cette étrangère ici me tient lieu de famille.
J'ai perdu Darius, Alexandre et ma fille;   110
Dieu seul me reste. [4]

L'HIÉROPHANTE
Hélas! qu'il soit donc votre appui!

99   064P: elle guide mes

[4] 'C'est Statira qui est le grand rôle. Ah comme nous pleurions à ces vers!'
(D10147, à d'Argental, 12 November 1761). A similar remark is made in a letter to
Thibouville (D10173, 23 November 1761).

Du trône où vous étiez, vous montez jusqu'à lui.
Son temple est votre cour. Soyez-y plus heureuse
Que dans cette grandeur auguste et dangereuse,
Sur ce trône terrible, et par vous oublié, 115
Devenu pour la terre un objet de pitié.

STATIRA

Ce temple quelquefois, seigneur, m'a consolée:
Mais vous devez sentir l'horreur qui m'a troublée,
En voyant que Cassandre y parle aux mêmes dieux
Contre sa tête impie implorés par mes vœux. 120

L'HIÉROPHANTE

Le sacrifice est grand, je sens trop ce qu'il coûte;
Mais notre loi vous parle, et votre cœur l'écoute.
Vous l'avez embrassée.

STATIRA

                    Aurais-je pu prévoir,
Qu'elle dût m'imposer cet horrible devoir?
Je sens que de mes jours, usés dans l'amertume, 125
Le flambeau pâlissant s'éteint et se consume;
Et ces derniers moments que Dieu veut me donner,
A quoi vont-ils servir?

L'HIÉROPHANTE

                    Peut-être à pardonner.
Vous-même vous avez tracé votre carrière;
Marchez-y sans jamais regarder en arrière. 130
Les mânes affranchis d'un corps vil et mortel
Goûtent sans passions un repos éternel.
Un nouveau jour leur luit, ce jour est sans nuage;
Ils vivent pour les dieux, tel est notre partage.
Une retraite heureuse amène au fond des cœurs 135
L'oubli des ennemis, et l'oubli des malheurs.

STATIRA

Il est vrai; je fus reine, et ne suis que prêtresse.
Dans mon devoir affreux soutenez ma faiblesse.
Que faut-il que je fasse?

L'HIÉROPHANTE

Olympie à genoux
Doit d'abord en ces lieux se jeter devant vous.   140
C'est à vous à bénir cet illustre hyménée.

STATIRA

Je vais la préparer à vivre infortunée:
C'est le sort des humains.

L'HIÉROPHANTE

Le feu sacré, l'encens,
L'eau lustrale, les dons offerts aux dieux puissants,
Tout sera présenté par vos mains respectables.   145

STATIRA

Et pour qui, malheureuse! Ah! mes jours déplorables
Jusqu'au dernier moment sont-ils chargés d'horreur!
J'ai cru dans la retraite éviter mon malheur;
Le malheur est partout; je m'étais abusée.
Allons, suivons la loi par moi-même imposée.   150

L'HIÉROPHANTE

Adieu, je vous admire autant que je vous plains.
Elle vient près de vous.

(*Il sort.*)

141   k84: C'est à vous de bénir
147   w64r: d'horreurs!
        o64p, o69: d'horreur?
148   o64p: dans ma retraite

SCÈNE III

STATIRA, OLYMPIE (*Le théâtre tremble.*)

STATIRA

Lieux funèbres et saints,
Vous frémissez!... J'entends un horrible murmure;
Le temple est ébranlé!... Quoi! toute la nature
S'émeut à son aspect! Et mes sens éperdus   155
Sont dans le même trouble et restent confondus?

OLYMPIE *effrayée*

Ah! madame! ...

STATIRA

Approchez, jeune et tendre victime;
Cet augure effrayant semble annoncer le crime.
Vos attraits semblent nés pour la seule vertu.

OLYMPIE

Dieux justes! soutenez mon courage abattu!...   160
Et vous, de leurs décrets auguste confidente,
Daignez conduire ici ma jeunesse innocente.
Je suis entre vos mains, dissipez mon effroi.

STATIRA

Ah! j'en ai plus que vous!... Ma fille, embrassez-moi...
Du sort de votre époux êtes-vous informée?   165
Quel est votre pays? Quel sang vous a formée?

OLYMPIE

Humble dans mon état, je n'ai point attendu
Ce rang où l'on m'élève, et qui ne m'est pas dû.

156   o64p, w64g, w70l: confondus!

288

Cassandre est roi, madame; il daigna dans la Grèce,
A la cour de son père élever ma jeunesse.   170
Depuis que je tombai dans ses augustes mains,
J'ai vu toujours en lui le plus grand des humains.
Je chéris un époux, et je révère un maître;
Voilà mes sentiments, et voilà tout mon être.

STATIRA

Qu'aisément, juste ciel, on trompe un jeune cœur!   175
De l'innocence en vous que j'aime la candeur!
Cassandre a donc pris soin de votre destinée?
Quoi! d'un prince ou d'un roi vous ne seriez pas née!

OLYMPIE

Pour aimer la vertu, pour en suivre les lois,
Faut-il donc être né dans la pourpre des rois?   180

STATIRA

Non, je ne vois que trop le crime sur le trône.[5]

OLYMPIE

Je n'étais qu'une esclave.

STATIRA

　　　　　　　　　Un tel destin m'étonne.
Les dieux sur votre front, dans vos yeux, dans vos traits,
Ont placé la noblesse ainsi que les attraits.[6]
Vous esclave!

OLYMPIE

　　　　　Antipatre en ma première enfance   185
Par le sort des combats me tint sous sa puissance;

[5] These three lines develop a thought already expressed by Statira, II.ii, l.43-45.
[6] Here, as elsewhere in his works, Voltaire associates a noble countenance with an aristocratic title, or rather, with an aristocratic lineage.

Je dois tout à son fils.

STATIRA

     Ainsi vos premiers jours
Ont senti l'infortune, et vu finir son cours!
Et la mienne a duré tout le temps de ma vie...
En quels temps, en quels lieux fûtes-vous poursuivie 190
Par cet affreux destin qui vous mit dans les fers?

OLYMPIE

On dit que d'un grand roi, maître de l'univers,
On termina la vie, on disputa le trône, [7]
On déchira l'empire, et que dans Babilone
Cassandre conserva mes jours infortunés 195
Dans l'horreur du carnage au glaive abandonnés.

STATIRA

Quoi! dans ces temps marqués par la mort d'Alexandre,
Captive d'Antipatre, et soumise à Cassandre!

OLYMPIE

C'est tout ce que j'ai su. Tant de malheurs passés,
Par mon bonheur nouveau doivent être effacés. 200

STATIRA

Captive à Babilone!... O puissance éternelle!
Vous faites-vous un jeu des pleurs d'une mortelle?
Le lieu, le temps, son âge ont excité dans moi
La joie et les douleurs, la tendresse et l'effroi.
Ne me trompé-je point? Le ciel sur son visage, 205
Du héros mon époux semble imprimer l'image...

---

[7] In an earlier version, this line began: 'On retrancha la vie' (D10576, from Bernis, 10 June [July] 1762).

OLYMPIE

Que dites-vous?

STATIRA

Hélas! tels étaient ses regards,
Quand moins fier et plus doux, loin des sanglants hasards,
Relevant ma famille au glaive dérobée,
Il la remit au rang dont elle était tombée,   210
Quand sa main se joignit à ma tremblante main.
Illusion trop chère, espoir flatteur et vain!
Serait-il bien possible!... Ecoutez-moi, princesse,
Ayez quelque pitié du trouble qui me presse.
N'avez-vous d'une mère aucun ressouvenir?   215

OLYMPIE

Ceux qui de mon enfance ont pu m'entretenir,
M'ont tous dit qu'en ce temps de trouble et de carnage,
Au sortir du berceau, je fus en esclavage.
D'une mère jamais je n'ai connu l'amour.
J'ignore qui je suis, et qui m'a mise au jour...   220
Hélas! vous soupirez, vous pleurez, et mes larmes
Se mêlent à vos pleurs, et j'y trouve des charmes...
Eh quoi! vous me serrez dans vos bras languissants!
Vous faites pour parler des efforts impuissants! [8]
Parlez-moi.

---

210   063FL3, 074PI: Il l'a remise au
218   064P: fus dans l'esclavage

[8] The actresses should be performing in such a manner that these four lines are unnecessary. Besides, a person in a state of intense emotion is unlikely to be describing the external signs of that state. Compare the 'Seconde lettre à M. Fawkener' published with *Zaïre*, where Voltaire criticises Aaron Hill's version of *Zara* for a similar fault: 'Il lui dit cet hémistiche: / Zayre, vous pleurez. / Il aurait dû lui dire auparavant: / Zayre, vous vous roulez par terre' (*OCV*, vol.8, p.417).

STATIRA

Je ne puis... Je succombe... Olympie!   225
Le trouble que je sens me va coûter la vie.

SCÈNE IV

STATIRA, OLYMPIE, L'HIÉROPHANTE

L'HIÉROPHANTE

O prêtresse des dieux! ô reine des humains!
Quel changement nouveau dans vos tristes destins!
Que nous faudra-t-il faire, et qu'allez-vous entendre?

STATIRA

Des malheurs; je suis prête, et je dois tout attendre. [9]   230

L'HIÉROPHANTE

C'est le plus grand des biens, d'amertume mêlé;
Mais il n'en est point d'autre. Antigone troublé,
Antigone, les siens, le peuple, les armées,
Toutes les voix enfin, par le zèle animées,
Tout dit que cet objet à vos yeux présenté,   235
Qui longtemps comme vous fut dans l'obscurité,
Que vos royales mains vont unir à Cassandre,
Qu'Olympie...

STATIRA

Achevez.

226   063FL3, 064P, W70L, 074P1, 074P2: sens va me coûter
233   064P, 074P2: siens, les peuples, les

[9] This very weak reply sounds almost ridiculous in the circumstances.

L'HIÉROPHANTE

Est fille d'Alexandre. [10]

STATIRA (*courant embrasser Olympie.*)

Ah! mon cœur déchiré me l'a dit avant vous.
O ma fille! ô mon sang! ô nom fatal et doux!   240
De vos embrassements faut-il que je jouisse,
Lorsque par votre hymen vous faites mon supplice!

OLYMPIE

Quoi! vous seriez ma mère, et vous en gémissez!

STATIRA

Non, je bénis les dieux trop longtemps courroucés.
Je sens trop la nature et l'excès de ma joie;   245
Mais le ciel me ravit le bonheur qu'il m'envoie:
Il te donne à Cassandre!

OLYMPIE

Ah! si dans votre flanc
Olympie a puisé la source de son sang,
Si j'en crois mon amour, si vous êtes ma mère,
Le généreux Cassandre a-t-il pu vous déplaire?   250

L'HIÉROPHANTE

Oui, vous êtes son sang, vous n'en pouvez douter,
Cassandre enfin l'avoue, il vient de l'attester.

---

239   064P, 074P2: dit devant vous
241-44   064P, 074B, 074P2: [*absent*]
250a-54a   064P, 074P2: [*absent*]

---

[10] Unfortunately, this coup de théâtre fails, because there have been too many clues: the half-expressed thoughts of Antigone and of Cassandre, Statira's mention of a lost daughter, the circumstances surrounding Olympie's birth and upbringing, Olympie's *cri du sang* (II.iii, l.221-22).

OLYMPIE

Pourrez-vous toutes deux avec lui réunies
Concilier enfin deux races ennemies?

OLYMPIE

Qui? lui? votre ennemi! Tel serait mon malheur!   255

STATIRA

D'Alexandre ton père il est l'empoisonneur.
Au sein de Statira dont tu tiens la naissance,
Dans ce sein malheureux qui nourrit ton enfance,
Que tu viens d'embrasser pour la première fois,
Il plongea le couteau dont il frappa les rois.   260
Il me poursuit enfin jusqu'au temple d'Ephèse;
Il y brave les dieux, et feint qu'il les apaise;
A mes bras maternels il ose te ravir; [11]
Et tu peux demander si je dois le haïr!

OLYMPIE

Quoi! d'Alexandre ici le ciel voit la famille!   265
Quoi! vous êtes sa veuve! Olympie est sa fille!
Et votre meurtrier, ma mère, est mon époux!
Je ne suis dans vos bras qu'un objet de courroux!
Quoi! cet hymen si cher était un crime horrible! [12]

L'HIÉROPHANTE

Espérez dans le ciel.

OLYMPIE

Ah! Sa haine inflexible   270

253   074P1: Puissiez-vous
255   064P, 074P2: Quoi! lui? [064P: lui!]

[11] These unfounded and irrational charges reveal the implacable hatred which
Statira feels towards Cassandre; she is utterly incapable of forgiveness.
[12] Olympie seems slow to grasp the meaning of all that has been said. But see III.v,
l.257, n.

D'aucune ombre d'espoir ne peut flatter mes vœux;
Il m'ouvrait un abîme en éclairant mes yeux.
Je vois ce que je suis, et ce que je dois être.
Le plus grand de mes maux est donc de me connaître! [13]
Je devais à l'autel où vous nous unissiez,   275
Expirer en victime, et tomber a vos pieds.

SCÈNE V

STATIRA, OLYMPIE, L'HIÉROPHANTE, UN PRÊTRE.

LE PRÊTRE

On menace le temple; et les divins mystères
Sont bientôt profanés par des mains téméraires.
Les deux rois désunis disputent à nos yeux
Le droit de commander où commandent les dieux.   280
Voilà ce qu'annonçaient ces voûtes gémissantes,
Et sous nos pieds craintifs nos demeures tremblantes.
Il semble que le ciel veuille nous informer
Que la terre l'offense, et qu'il faut le calmer. [14]
Tout un peuple éperdu, que la discorde excite,   285
Vers les parvis sacrés vole et se précipite.
Ephèse est divisée entre deux factions.
Nous ressemblons bientôt aux autres nations.

[13] A melodramatic statement, but an accurate one. It will be restated in IV.vii,
l.245-48.

[14] The priest seems to imply that the earthquake is an active intervention on the
part of the deity in the affairs of men, a position that Voltaire rejects elsewhere in his
works, as in his *Poème sur le désastre de Lisbonne*. The reason for the earthquake
remains ambiguous: see II.iii, l.158, where it is said to announce a crime (presumably
the marriage between Olympie and Cassandre), and l.154-56 where it appears to be
the objective correlative of the intuitive fear that the two women feel as they are
about to be reunited. Did Voltaire seriously intend the earthquake to mean three
different things, or is he rather suggesting that people often interpret natural
phenomena as acts of God? The verb *sembler* in II.iii, l.158 and II.v, l.283 support this
latter view, but the ambiguity of Voltaire's intentions remains.

La sainteté, la paix, les mœurs vont disparaître;
Les rois l'emporteront, et nous aurons un maître.　　　　290

L'HIÉROPHANTE

Ah! qu'au moins loin de nous ils portent leurs forfaits!
Qu'ils laissent sur la terre un asile de paix!
Leur intérêt l'exige... O mère auguste et tendre,
Et vous... dirai-je, hélas! l'épouse de Cassandre?
Au pied de ces autels vous pouvez vous jeter.　　　　295
Aux rois audacieux je vais me présenter.
Je connais le respect qu'on doit à leur couronne;
Mais ils en doivent plus à ce Dieu qui la donne.
S'ils prétendent régner, qu'ils ne l'irritent pas.
Nous sommes, je le sais, sans armes, sans soldats.　　　300
Nous n'avons que nos lois, voilà notre puissance.
Dieu seul est mon appui, son temple est ma défense;
Et si la tyrannie osait en approcher,
C'est sur mon corps sanglant qu'il lui faudra marcher. [15]
　　(*L'Hiérophante sort avec le prêtre inférieur.*)

SCÈNE VI

STATIRA, OLYMPIE

STATIRA

O destinée! ô Dieu des autels et du trône!　　　　305
Contre Cassandre au moins favorise Antigone. [16]
Il me faut donc, ma fille, au déclin de mes jours,

295　063FL2, 064P, W64G, 069, T67, W70L: Aux pieds de
299　064P, 074P2: S'ils aiment à régner,

[15] The normal sequence of tenses would demand *faudrait* here; a negligence on Voltaire's part.
[16] This short prayer, repeated in III.v, l.281, will be answered, but at the price of Olympie's death, and with at best an uncertain future for Antigone.

De nos seuls ennemis attendre des secours,
Rechercher un vengeur au sein de ma misère,
Chez les usurpateurs du trône de ton père! 310
Chez nos propres sujets, dont les efforts jaloux
Disputent cent Etats, que j'ai possédés tous!
Ils rampaient à mes pieds, ils sont ici mes maîtres.
O trône de Cyrus! ô sang de mes ancêtres!
Dans quel profond abîme êtes-vous descendus! 315
Vanité des grandeurs, je ne vous connais plus.

OLYMPIE

Ma mère, je vous suis... Ah! dans ce jour funeste,
Rendez-moi digne au moins du grand nom qui vous reste.
Le devoir qu'il prescrit, est mon unique espoir.

STATIRA

Fille du roi des rois ... remplissez ce devoir. 320

Fin du second acte.

304b-20   074B: [*Scene 6 absent*]
          064P, 074P2: [*preceded by quotation marks*]
308   064P, 074P2: attendre du secours,
309   063FL3, 064P, 074P1, 074P2: Et chercher un
315   W71L: êtes-vous descendu

ACTE III

SCÈNE PREMIÈRE
(*Le temple est fermé.*)

CASSANDRE, SOSTÈNE (*dans le péristyle.*) [1]

CASSANDRE

La vérité l'emporte, il n'est plus temps de taire
Ce funeste secret qu'avait caché mon père.
Il a fallu céder à la publique voix.
Oui, j'ai rendu justice à la fille des rois.
Devais-je plus longtemps, par un cruel silence,   5
Faire encore à son sang cette mortelle offense?
Je fus coupable assez.

SOSTÈNE

              Mais un rival jaloux
Du grand nom d'Olympie abuse contre vous.
Il anime le peuple, Ephèse est alarmée.
De la religion la fureur animée,   10
Qu'Antigone méprise, et qu'il sait exciter,
Vous fait un crime affreux, un crime à détester,
De posséder la fille, ayant tué la mère.

4-5   MS1, 064P, 074B, 074P2: rois. / De son père en ses mains je mettais [MS1, 064P, 074P2: j'ai remis] l'héritage / Conquis par Antipatre, aujourd'hui mon partage. / Heureux par mon amour, heureux par mes bienfaits, / Une fois en ma vie avec moi-même en paix, / Devais-je

---

[1] In the lost original version, and in a suppressed scene, the hiérophante had said at the beginning of Act III, 'peuples, secondez-moi', which Voltaire changed to 'Dieu vous parle par moi' in order to avoid the seditious and bellicose ring of such words in a priest's mouth (D10099, to the d'Argentals, 26 October 1761).

CASSANDRE

Les reproches sanglants qu'Ephèse peut me faire,
Vous le savez, grand Dieu, n'approchent pas des miens.   15
J'ai calmé, grâce au ciel, les cœurs des citoyens;
Le mien sera toujours victime des furies,
Victime de l'amour et de mes barbaries.
Hélas! j'avais voulu qu'elle tînt tout de moi,
Qu'elle ignorât un sort qui me glaçait d'effroi.   20
De son père en ses mains je mettais l'héritage
Conquis par Antipatre, aujourd'hui mon partage.
Heureux par mon amour, heureux par mes bienfaits,
Une fois en ma vie avec moi-même en paix,
Tout était réparé, je lui rendais justice.   25
D'aucun crime après tout mon cœur ne fut complice.
J'ai tué Statira, mais c'est dans les combats,
C'est en sauvant mon père, en lui prêtant mon bras;
C'est dans l'emportement du meurtre et du carnage,
Où le devoir d'un fils égarait mon courage;   30
C'est dans l'aveuglement que la nuit et l'horreur
Répandaient sur mes yeux troublés par la fureur.
Mon âme en frémissait avant d'être punie
Par ce fatal amour qui la tient asservie.
Je me crois innocent au jugement des dieux,   35
Devant le monde entier, mais non pas à mes yeux,
Non pas pour Olympie, et c'est là mon supplice,
C'est là mon désespoir. Il faut qu'elle choisisse
Ou de me pardonner, ou de percer mon cœur,

---

14   MSI, 064P, 074B, 074P2: C'est un reproche affreux qu'Ephèse
15-26   MSI, 064P: [*absent*]
21-24   064P, 074B, 074P2: [*moved to between lines 4 and 5*]
30   063FL3, 064P, 074PI, 074P2: égarait le courage
31-32   063FLI, 063FL2, 063FL3, 074PI: qu'un nuage d'horreur / Répandait
sur

Ce cœur désespéré, qui brûle avec fureur. [2]   40

SOSTÈNE

On prétend qu'Olympie, en ce temple amenée,
Peut retirer la main qu'elle vous a donnée.

CASSANDRE

Oui, je le sais, Sostène; et si de cette loi
L'objet que j'idolâtre abusait contre moi,
Malheur à mon rival, et malheur à ce temple.   45
Du culte le plus saint je donne ici l'exemple;
J'en donnerais bientôt de vengeance et d'horreur.
Ecartons loin de moi cette vaine terreur.
Je suis aimé: son cœur est à moi dès l'enfance,
Et l'amour est le dieu qui prendra ma défense.   50
Courons vers Olympie.

SCÈNE II

CASSANDRE, SOSTÈNE, L'HIÉROPHANTE
(*sortant du temple.*)

CASSANDRE

       Interprète du ciel,
Ministre de clémence, en ce jour solennel,
J'ai de votre saint temple écarté les alarmes.
Contre Antigone encor je n'ai point pris les armes.
J'ai respecté ces temps à la paix consacrés;   55
Mais donnez cette paix a mes sens déchirés.
J'ai plus d'un droit ici, je saurai les défendre.

---

[2] The word *fureur* appears at the rhyme twice in these 9 lines (l.32 and 40), and *horreur* appears twice at the rhyme in 17 lines (l.31 and 47); a negligence in versification.

Je meurs sans Olympie, et vous devez la rendre.
Achevons cet hymen.

L'HIÉROPHANTE

Elle remplit, seigneur,
Des devoirs bien sacrés, et bien chers à son cœur.   60

CASSANDRE

Tout le mien les partage. Où donc est la prêtresse
Qui doit m'offrir ma femme, et bénir ma tendresse?

L'HIÉROPHANTE

Elle va l'amener. Puissent de si beaux nœuds
Ne point faire aujourd'hui le malheur de tous deux!

CASSANDRE

Notre malheur!... Hélas! cette seule journée   65
Voyait de tant de maux la course terminée.
Pour la première fois un moment de douceur
De mes affreux chagrins dissipait la noirceur.

L'HIÉROPHANTE

Peut-être plus que vous Olympie est à plaindre.

CASSANDRE

Comment? que dites-vous?... Eh! que peut-elle craindre?   70

L'HIÉROPHANTE (*s'en allant.*)

Vous l'apprendrez trop tôt.

CASSANDRE

Non, demeurez. Eh quoi!
Du parti d'Antigone êtes-vous contre moi?

58-59   063A, 074P1: Achevons cet hymen. La fille d'Alexandre, / Que fait-elle?
Parlez.

L'HIÉROPHANTE

Me préservent les cieux de passer les limites
Que mon culte paisible à mon zèle a prescrites!
Les intrigues des cours, les cris des factions,   75
Des humains que je fuis les tristes passions,
N'ont point encor troublé nos retraites obscures:[3]
Au dieu que nous servons, nous levons des mains pures.
Les débats des grands rois prompts à se diviser,
Ne sont connus de nous que pour les appaiser;   80
Et nous ignorerions leurs grandeurs passagères,
Sans le fatal besoin qu'ils ont de nos prières.
Pour vous, pour Olympie, et pour d'autres, seigneur,
Je vais des immortels implorer la faveur.[4]

CASSANDRE

Olympie!...

L'HIÉROPHANTE

En ces lieux ce moment la rappelle.[5]   85
Voyez si vous avez encor des droits sur elle.
Je vous laisse.
    (*Il sort, et le temple s'ouvre.*)

---

82   064P, 074P2: le pressant besoin

---

[3] 'Seigneur, ne troublent point nos...' (D10273, to Chauvelin, 19 January 1762).

[4] Despite the fine sentiments developed here, the hiérophante does indeed basically support Antigone's position; cf. IV.viii, l.267-68, where he opposes not Antigone but Cassandre, and V.iii, l.121-22, where he clearly states that Olympie should annul her marriage to Cassandre and marry Antigone.

[5] 'Ce moment la rappelle' is a strange expression, evidently brought in for the rhyme.

SCÈNE III

CASSANDRE, SOSTÈNE, STATIRA, OLYMPIE

CASSANDRE

Elle tremble, ô ciel! et je frémis!...
Quoi! vous baissez les yeux de vos larmes remplis!
Vous détournez de moi ce front où la nature
Peint l'âme la plus noble, et l'ardeur la plus pure!   90

OLYMPIE (*se jetant dans les bras de sa mère.*)

Ah! barbare!... Ah! madame!

CASSANDRE

Expliquez-vous, parlez.
Dans quels bras fuyez-vous mes regards désolés?
Que m'a-t-on dit? Pourquoi me causer tant d'alarmes?
Qui donc vous accompagne et vous baigne de larmes?

STATIRA (*se dévoilant et se retournant vers Cassandre.*)

Regarde qui je suis.

CASSANDRE

A ses traits... à sa voix...   95
Mon sang se glace!... Où suis-je? et qu'est-ce que je vois?

STATIRA

Tes crimes.

CASSANDRE

Statira peut ici reparaître!

88   MSI: Qui!
94a   063FLI, 063FL2, 063FL3: *dévoilant ou se*
       064P, T67, 074P2: *se détournant vers*

STATIRA

Malheureux! reconnais la veuve de ton maître,
La mère d'Olympie.

CASSANDRE

O tonnerres du ciel,
Grondez sur moi, tombez sur ce front criminel!   100

STATIRA

Que n'as-tu fait plus tôt cette horrible prière?
Eternel ennemi de ma famille entière,
Si le ciel l'a voulu, si par tes premiers coups,
Toi seul as fait tomber mon trône et mon époux;
Si dans ce jour de crime, au milieu du carnage,   105
Tu te sentis, barbare, assez peu de courage
Pour frapper une femme, et, lui perçant le flanc
La plonger de tes mains dans les flots de son sang,
De ce sang malheureux laisse-moi ce qui reste.
Faut-il qu'en tous les temps ta main me soit funeste?   110
N'arrache point ma fille à mon cœur, à mes bras;
Quand le ciel me la rend, ne me l'enlève pas.
Des tyrans de la terre à jamais séparée,⁶
Respecte au moins l'asile où je suis enterrée.
Ne viens point, malheureux, par d'indignes efforts,   115
Dans ces tombeaux sacrés, persécuter les morts.

CASSANDRE

Vous m'avez plus frappé que n'eût fait le tonnerre,
Et mon front à vos pieds n'ose toucher la terre.

101-102   T67: prière, / Eternel ennemi de ma famille entière?
106   064P, 074P2: Tu t'es senti
115   063FL3, 064P, 074P1, 074P2: par différents efforts

⁶ The word *séparée* refers to Statira, a negligence permitted in eighteenth-century grammar.

Je m'en avoue indigne après mes attentats;
Et si je m'excusais sur l'horreur des combats,   120
Si je vous apprenais que ma main fut trompée
Quand des jours d'un héros la trame fut coupée,
Que je servais mon père en m'armant contre vous,
Je ne fléchirais point votre juste courroux.
Rien ne peut m'excuser... Je pourrais dire encore   125
Que je sauvai ce sang que ma tendresse adore, [7]
Que je mets à vos pieds mon sceptre et mes Etats.
Tout est affreux pour vous!... Vous ne m'écoutez pas!
Ma main m'arracherait ma malheureuse vie
Moins pleine de forfaits que de remords punie,   130
Si votre propre sang, l'objet de tant d'amour,
Malgré lui, malgré moi ne m'attachait au jour.
Avec un saint respect j'élevai votre fille;
Je lui tins lieu quinze ans de père et de famille;
Elle a mes vœux, mon cœur, et peut-être les dieux   135
Ne nous ont assemblés dans ces augustes lieux
Que pour y réparer, par un saint hyménée,
L'épouvantable horreur de notre destinée.

STATIRA

Quel hymen!... O mon sang! tu recevrais la foi,
De qui? De l'assassin d'Alexandre et de moi!   140

OLYMPIE

Non... ma mère, éteignez ces flambeaux effroyables,
Ces flambeaux de l'hymen entre nos mains coupables;
Eteignez dans mon cœur l'affreux ressouvenir
Des nœuds, des tristes nœuds qui devaient nous unir.
Je préfère (et ce choix n'a rien qui vous étonne)   145
La cendre qui vous couvre au sceptre qu'il me donne.

---

[7] In an earlier version, we read 'que ma fureur adore' (D10576, to Bernis, 10 June [July] 1762).

Je n'ai point balancé; laissez-moi dans vos bras
Oublier tant d'amour avec tant d'attentats.
Votre fille en l'aimant devenait sa complice.
Pardonnez, acceptez mon juste sacrifice.   150
Séparez, s'il se peut, mon cœur de ses forfaits.
Empêchez-moi surtout de le revoir jamais.

STATIRA

Je reconnais ma fille, et suis moins malheureuse.
Tu rends un peu de vie à ma langueur affreuse.
Je renais... Ah! grands dieux! vouliez-vous que ma main   155
Présentât Olympie à ce monstre inhumain?
Qu'exigiez-vous de moi? quel affreux ministère,
Et pour votre prêtresse, hélas! et pour sa mère!
Vous en avez pitié; vous ne prétendiez pas
M'arrêter dans le piège où vous guidiez mes pas.   160
    Cruel, n'insulte plus et l'autel, et le trône.
Tu souillas de mon sang les murs de Babilone;
J'aimerais mieux encore une seconde fois
Voir ce sang répandu par l'assassin des rois,
Que de voir mon sujet, mon ennemi... Cassandre,   165
Aimer insolemment la fille d'Alexandre.

CASSANDRE

Je me condamne encore avec plus de rigueur.
Mais j'aime, mais cédez à l'amour en fureur.
Olympie est à moi; je sais quel fut son père;
Je suis roi comme lui, j'en ai le caractère,   170
J'en ai les droits, la force, elle est ma femme enfin.

157 063FL3, 063P, T67, 074P1, 074P2: Qu'exigiez-vous
159 063P: Vous en aviez pitié
160 063P: vous guidiez mes
165 064P, 074B, 074P2: mon meurtrier. . . Cassandre
166 W72P: Aimer impunément la
170 064P, T67, 069: Je suis roi; comme lui j'en ai le caractère,

Rien ne peut séparer mon sort et son destin.
Ni ses frayeurs, ni vous, ni les dieux, ni mes crimes,
Rien ne rompra jamais des nœuds si légitimes.
Le ciel de mes remords ne s'est point détourné;   175
Et puisqu'il nous unit, il a tout pardonné.
Mais si l'on veut m'ôter cette épouse adorée,
Sa main qui m'appartient, sa foi qu'elle a jurée,
Il faut verser ce sang, il faut m'ôter ce cœur,
Qui ne connaît plus qu'elle, et qui vous fait horreur.   180
Vos autels à mes yeux n'ont plus de privilège;
Si je fus meurtrier, je serai sacrilège.
J'enlèverai ma femme à ce temple, à vos bras,
Aux dieux même, à nos dieux, s'ils ne m'exauçaient pas.
Je demande la mort, je la veux, je l'envie,   185
Mais je n'expirerai que l'époux d'Olympie.
Il faudra malgré vous que j'emporte au tombeau
Et l'amour le plus tendre, et le nom le plus beau,
Et les remords affreux d'un crime involontaire,
Qui fléchiront du moins les mânes de son père.   190
  (*Cassandre sort avec Sostène.*)

SCÈNE IV
STATIRA, OLYMPIE

STATIRA

Quel moment! quel blasphème! ô ciel qu'ai-je entendu!
Ah! ma fille, à quel prix mon sang m'est-il rendu!
Tu ressens, je le vois, les horreurs que j'éprouve;
Dans tes yeux effrayés ma douleur se retrouve;
Ton cœur répond au mien; tes chers embrassements,   195
Tes soupirs enflammés consolent mes tourments;

173   w64G, w70L: Ni les frayeurs
181   064P: mes vœux n'ont
195-98   074B: [*absent*]

Ils sont moins douloureux, puisque tu les partages.
Ma fille est mon asile en ces nouveaux naufrages.
Je peux tout supporter, puisque je vois en toi
Un cœur digne en effet d'Alexandre et de moi.   200

OLYMPIE

Ah! le ciel m'est témoin si mon âme est formée
Pour imiter la vôtre, et pour être animée
Des mêmes sentiments, et des mêmes vertus.
O veuve d'Alexandre! ô sang de Darius!
Ma mère!... Ah! fallait-il qu'à vos bras enlevée,   205
Par les mains de Cassandre on me vît élevée?
Pourquoi votre assassin prévenant mes souhaits,
A-t-il marqué pour moi ses jours par ses bienfaits?
Que sa cruelle main ne m'a-t-elle opprimée!
Bienfaits trop dangereux! Pourquoi m'a-t-il aimée?   210

STATIRA

Ciel! qui vois-je paraître en ces lieux retirés?
Antigone lui-même!

SCÈNE V
STATIRA, OLYMPIE, ANTIGONE

ANTIGONE

O reine, demeurez.
Vous voyez un des rois formés par Alexandre,
Qui respecte sa veuve, et qui vient la défendre.
Vous pourriez remonter, du pied de cet autel,   215
Au premier rang du monde où vous plaça le ciel,
Y mettre votre fille, et prendre au moins vengeance
Du ravisseur altier qui tous trois nous offense.

211   074P2: Ciel! que vois-je
211-12   063P, 074P1: [*These lines, to 'lui-même', are spoken by Olympie.*]

Votre sort est connu, tous les cœurs sont à vous;
Ils sont las des tyrans que votre auguste époux   220
Laissa par son trépas maîtres de son empire;
Pour ce grand changement votre nom peut suffire.
M'avouerez-vous ici pour votre défenseur?

STATIRA

Oui, si c'est la pitié qui conduit votre cœur,
Si vous servez mon sang, si votre offre est sincère. [8]   225

ANTIGONE

Je ne souffrirai pas qu'un jeune téméraire
Des mains de votre fille et de tant de vertus
Obtienne un double droit au trône de Cyrus.
Il en est trop indigne; et pour un tel partage
Je n'ai pas présumé qu'il ait votre suffrage.   230
Je n'ai point au grand-prêtre ouvert ici mon cœur;
Je me suis présenté comme un adorateur,
Qui des divinités implore la clémence.
Je me présente à vous armé de la vengeance.
La veuve d'Alexandre, oubliant sa grandeur,   235
De sa famille au moins n'oublîra point l'honneur.

STATIRA

Mon cœur est détaché du trône et de la vie;
L'un me fut enlevé, l'autre est bientôt finie.
Mais si vous arrachez aux mains d'un ravisseur
Le seul bien que les dieux rendaient à ma douleur,   240
Si vous la protégez, si vous vengez son père,

221   063P: maîtres dans cet empire
239   063FL3, 064P, 074P2: arrachez au moins d'un
240   063FL1: à la douleur

[8] This decision is not as shockingly sudden as it might appear; Voltaire had
prepared it in Statira's speech, II.vi, l.305-306.

Je ne vois plus en vous que mon dieu tutélaire.
Seigneur, sauvez ma fille au bord de mon tombeau,
Du crime et du danger d'épouser mon bourreau.

ANTIGONE

Digne sang d'Alexandre, approuvez-vous mon zèle?   245
Acceptez-vous mon offre, et pensez-vous comme elle?

OLYMPIE

Je dois haïr Cassandre.

ANTIGONE

       Il faut donc m'accorder
Le prix, le noble prix que je viens demander.
Contre mon allié je prends votre défense.
Je crois vous mériter, soyez ma récompense.   250
Toute autre est un outrage, et c'est vous que je veux.
Cassandre n'est pas fait pour obtenir vos vœux.
Parlez; et je tiendrai cette gloire suprême
De mon bras, de la reine, et surtout de vous-même.
Prononcez; daignez-vous m'honorer d'un tel prix?   255

STATIRA

Décidez.

OLYMPIE

       Laissez-moi reprendre mes esprits...
J'ouvre à peine les yeux. Tremblante, épouvantée, [9]
Du sein de l'esclavage en ce temple jetée;
Fille de Statira, fille d'un demi-dieu,
Je retrouve une mère en cet auguste lieu,   260
De son rang, de ses biens, de son nom dépouillée,

---

[9] If Olympie seems to be a naïve ingénue, that is Voltaire's intention. See the letter
D10173, to Thibouville, 23 November [1761]), quoted in the introduction, p.220.

Et d'un sommeil de mort à peine réveillée;
J'épouse un bienfaiteur... il est un assassin.
Mon époux de ma mère a déchiré le sein.
Dans cet entassement d'horribles aventures,   265
Vous m'offrez votre main pour venger mes injures. [10]
Que puis-je vous répondre?... Ah! dans de tels moments,
   (*embrassant sa mère.*)
Voyez à qui je dois mes premiers sentiments.
Voyez si les flambeaux des pompes nuptiales
Sont faits pour éclairer ces horreurs si fatales,   270
Quelle foule de maux m'environne en un jour,
Et si ce cœur glacé peut écouter l'amour.

STATIRA

Ah! je vous réponds d'elle, et le ciel vous la donne.
La majesté peut-être, ou l'orgueil de mon trône,
N'avait pas destiné dans mes premiers projets   275
La fille d'Alexandre à l'un de mes sujets;
Mais vous la méritez en osant la défendre.
C'est vous qu'en expirant désignait Alexandre.
Il nomma le plus digne, et vous le devenez.
Son trône est votre bien, quand vous le soutenez.   280
Que des dieux immortels la faveur vous seconde!
Que leur main vous conduise à l'empire du monde! [11]
Alexandre et sa veuve, ensevelis tous deux, [12]
Lui dans la tombe, et moi dans ces murs ténébreux,
Vous verront sans regret au trône de mes pères: 285

281   069: faveur nous seconde

[10] The preceding 10 lines give a succinct summary of the exposition.

[11] Lines 274-82 were added to correct a deficiency which Bernis had pointed out to Voltaire; see D10576 from Bernis, 10 June [July] 1762, and D10594 to Bernis, 19 July 1762.

[12] An earlier version had another line at this point, beginning 'Combattez et régnez' (D10594).

Et puissent désormais les destins moins sévères
En écarter pour vous cette fatalité
Qui renversa toujours ce trône ensanglanté!

ANTIGONE

Il sera relevé par la main d'Olympie.
Montrez-vous avec elle aux peuples de l'Asie.   290
Sortez de cet asile, et je vais tout presser,
Pour venger Alexandre, et pour le remplacer.

(Il sort.)

SCÈNE VI
STATIRA, OLYMPIE

STATIRA

Ma fille, c'est par toi que je romps la barrière
Qui me sépare ici de la nature entière;
Et je rentre un moment dans ce monde pervers,   295
Pour venger mon époux, ton hymen, et tes fers.
Dieu donnera la force à mes mains maternelles
De briser avec toi tes chaînes criminelles.
Viens remplir ma promesse, et me faire oublier,
Par des serments nouveaux, le crime du premier.   300

OLYMPIE

Hélas!...

STATIRA

Quoi! tu gémis?

OLYMPIE

Cette même journée
Allumerait deux fois les flambeaux d'hyménée!

STATIRA

Que dis-tu?

OLYMPIE

Permettez, pour la première fois,
Que je vous fasse entendre une timide voix.
Je vous chéris, ma mère, et je voudrais répandre 305
Le sang que je reçus de vous et d'Alexandre,
Si j'obtenais des dieux, en le faisant couler,
De prolonger vos jours ou de les consoler.

STATIRA

O ma chère Olympie!

OLYMPIE

Oserai-je encor dire
Que votre asile obscur est le trône où j'aspire? 310
Vous m'y verrez soumise, et foulant à vos pieds
Ces trônes malheureux pour vous seule oubliés.
Alexandre mon père, enfermé dans la tombe,
Veut-il que de nos mains son ennemi succombe?
Laissons-là tous ces rois, dans l'horreur des combats, 315
Se punir l'un par l'autre, et venger son trépas.
Mais nous, de tant de maux victimes innocentes,
A leurs bras forcenés joignant nos mains tremblantes, [13]
Faudra-t-il nous charger d'un meurtre infructueux?
Les larmes sont pour nous, les crimes sont pour eux. 320

STATIRA

Des larmes! Et pour qui les vois-je ici répandre?
Dieux! m'avez-vous rendu la fille d'Alexandre?
Est-ce elle que j'entends?

OLYMPIE

Ma mère...

309   063FL3, 074PI: Oserai-je leur dire

[13] See II.iii, l.211 for another use of this image ('ma tremblante main').

STATIRA

O ciel vengeur! ...

OLYMPIE

Cassandre! ...

STATIRA

Explique-toi; tu me glaces d'horreur.
Parle.

OLYMPIE

Je ne le puis.

STATIRA

Va, tu m'arraches l'âme,   325
Finis ce trouble affreux; parle, dis-je.

OLYMPIE

Ah! madame,
Je sens trop de quels coups je viens de vous frapper.
Mais je vous chéris trop pour vouloir vous tromper.
Prête à me séparer d'un époux si coupable,
Je le fuis... mais je l'aime.

STATIRA

O parole exécrable!   330
Dernier de mes moments, cruelle fille, hélas!
Puisque tu peux l'aimer, tu ne le fuiras pas.
Tu l'aimes! Tu trahis Alexandre et ta mère!
Grand Dieu! j'ai vu périr mon époux et mon père;
Tu m'arrachas ma fille, et ton ordre inhumain   335
Me la fait retrouver pour mourir de sa main!

330   064P, 074B, 074P2: O destin qui m'accable!

OLYMPIE

Je me jette à vos pieds...

STATIRA

Fille dénaturée!

Fille trop chère!...

OLYMPIE

Hélas! de douleurs dévorée,
Tremblante à vos genoux, je les baigne de pleurs.
Ma mère, pardonnez.

STATIRA

Je pardonne... et je meurs. 340

OLYMPIE

Vivez, écoutez-moi. [14]

STATIRA

Que veux-tu?

OLYMPIE

Je vous jure,
Par les dieux, par mon nom, par vous, par la nature,
Que je m'en punirai, qu'Olympie aujourd'hui
Répandra tout son sang avant que d'être à lui. [15]
Mon cœur vous est connu. Je vous ai dit que j'aime; 345
Jugez par ma faiblesse, et par cet aveu même, [16]

---

338   063A: de douleur dévorée

[14] 'Hélas, écoutez-moi' (D10770, to Chauvelin, 17 October 1762).
[15] In an earlier version Voltaire had 'plutôt que d'être à lui' (D10770). Olympie's suicide is announced by these two lines, and is further prepared at the end of Act IV (l.294).
[16] 'mon aveu' (D10770).

OLYMPIE

Si ce cœur est à vous, et si vous l'emportez
Sur mes sens éperdus que l'amour a domptés.
Ne considérez point ma faiblesse et mon âge;
De mon père et de vous je me sens le courage. [17]   350
J'ai pu les offenser, je ne peux les trahir; [18]
Et vous me connaîtrez en me voyant mourir.

STATIRA

Tu peux mourir, dis-tu, fille inhumaine et chère!
Et tu ne peux haïr l'assassin de ton père!

OLYMPIE

Arrachez-moi ce cœur: vous verrez qu'un époux,   355
Quelque cher qu'il me fût, y régnait moins que vous.
Vous y reconnaîtrez ce pur sang qui m'anime.
Pour me justifier prenez votre victime,
Immolez votre fille.

STATIRA

                    Ah! j'en crois tes vertus;
Je te plains, Olympie, et ne t'accuse plus.   360
J'espère en ton devoir, j'espère en ton courage.
Moi-même j'ai pitié d'un amour qui m'outrage.
Tu déchires mon cœur, et tu sais l'attendrir.
Console au moins ta mère en la faisant mourir.
Va, je suis malheureuse, et tu n'es point coupable.   365

OLYMPIE

Qui de nous deux, ô ciel! est la plus misérable? [19]

Fin du troisième acte.

365   069: point coupable?

[17] 'Du sang que je naquis je' (D10770).
[18] 'vous trahir' (D10770).
[19] A weak, melodramatic line to close an act.

316

ACTE IV

SCÈNE PREMIÈRE

ANTIGONE, HERMAS (*dans le péristyle.*)

HERMAS

Vous me l'aviez bien dit; les saints lieux profanés
Aux horreurs des combats vont être abandonnés. [1]
Vos soldats près du temple occupent ce passage.
Cassandre ivre d'amour, de douleur et de rage,
Des dieux qu'il invoquait défiant le courroux,   5
Par cet autre chemin s'avance contre vous.
Le signal est donné: mais dans cette entreprise
Entre Cassandre et vous le peuple se divise.

ANTIGONE (*en sortant.*)

Je le réunirai.

SCÈNE II

ANTIGONE, HERMAS, CASSANDRE, SOSTÈNE

CASSANDRE (*arrêtant Antigone.*)

Demeure, indigne ami,
Infidèle allié, détestable ennemi,   10
M'oses-tu disputer ce que le ciel me donne?

ANTIGONE

Oui. Quelle est la surprise où ton cœur s'abandonne!

8c   063A, 064P, T67, 069, 074P2: (*en arrêtant Antigone.*)

---

[1] Antigone had predicted this combat at the end of Act I (l.327-32).

La fille d'Alexandre a des droits assez grands
Pour faire armer l'Asie, et trembler nos tyrans.
Babilone est sa dot, et son droit est l'empire. 15
Je prétends l'un et l'autre; et je veux bien te dire
Que tes pleurs, tes regrets, tes expiations,
N'en imposeront pas aux yeux des nations.
Ne crois pas qu'à présent l'amitié considère,
Si tu fus innocent de la mort de son père. 20
L'opinion fait tout; elle t'a condamné. [2]
Aux faiblesses d'amour ton cœur abandonné,
Séduisait Olympie en cachant sa naissance.
Tu crus ensevelir dans l'éternel silence
Ce funeste secret dont je suis informé. 25
Ce n'est qu'en la trompant que tu pus être aimé.
Ses yeux s'ouvrent enfin; c'en est fait; et Cassandre
N'ose lever les siens, n'a plus rien à prétendre.
De quoi t'es-tu flatté? Pensais-tu que ses droits
T'élèveraient un jour au rang de roi des rois? 30
Je peux de Statira prendre ici la défense.
Mais veux-tu conserver notre antique alliance?
Veux-tu régner en paix dans tes nouveaux Etats?
Me revoir ton ami? t'appuyer de mon bras? ...

CASSANDRE

Eh bien?

ANTIGONE

  Cède Olympie, et rien ne nous sépare. 35
Je périrai pour toi; sinon, je te déclare
Que je suis le plus grand de tous tes ennemis.
Connais tes intérêts, pèse-les, et choisis.

14 074P1: trembler les tyrans

[2] Voltaire was to make use of 'l'opinion' during the Calas affair, which occupied him extensively in 1762, the year after the original composition of *Olympie*.

CASSANDRE

Je n'aurai pas de peine, et je venais te faire
Une offre différente, et qui pourra te plaire.   40
Tu ne connais ni loi, ni remords, ni pitié,
Et c'est un jeu pour toi de trahir l'amitié.
J'ai craint le ciel du moins: tu ris de sa justice,
Tu jouis des forfaits dont tu fus le complice;
Tu n'en jouiras pas, traître...

ANTIGONE

                        Que prétends-tu?   45

CASSANDRE

Si dans ton âme atroce il est quelque vertu,
N'employons pas les mains du soldat mercenaire,
Pour assouvir ta rage et servir ma colère.
Qu'a de commun le peuple avec nos factions?
Est-ce à lui de mourir pour nos divisions?   50
C'est à nous, c'est à toi, si tu te sens l'audace
De braver mon courage, ainsi que ma disgrâce.
Je ne fus pas admis au commerce des dieux,
Pour aller égorger mon ami sous leurs yeux;
C'est un crime nouveau: c'est toi qui le prépares.   55
Va, nous étions formés pour être des barbares.
Marchons; viens décider de ton sort et du mien,
T'abreuver de mon sang, ou verser tout le tien.

ANTIGONE

J'y consens avec joie, et sois sûr qu'Olympie
Acceptera la main qui t'ôtera la vie.   60
(*Ils mettent l'épée à la main.*)

41   MS1, 063FL3, 064P, T67, 069, 074P1, 074P2: ni lois, ni
59-60   064P, 074B, 074P2: et mon impatience / Par le moindre délai se ferait
violence.

SCÈNE III

CASSANDRE, ANTIGONE, HERMAS, SOSTÈNE.

L'HIÉROPHANTE *sort du temple précipitamment, avec les prêtres et les initiés, qui se jettent avec une foule de peuple entre Cassandre et Antigone, et les désarment.*

L'HIÉROPHANTE

Profanes, c'en est trop. Arrêtez, respectez
Et le dieu qui vous parle, et ses solennités.
Prêtres, initiés, peuple, qu'on les sépare.
Bannissez du lieu saint la discorde barbare.
Expiez vos forfaits... Glaives, disparaissez.   65
Pardonne, Dieu puissant! vous rois, obéissez.

CASSANDRE

Je cède au ciel, à vous.

ANTIGONE

               Je persiste; et j'atteste
Les mânes d'Alexandre et le courroux céleste,
Que tant que je vivrai, je ne souffrirai pas
Qu'Olympie à mes yeux passe ici dans ses bras;   70
Et que cet hyménée illégitime, impie,
Est la honte d'Ephèse, et l'horreur de l'Asie.

CASSANDRE

Sans doute il le serait si tu l'avais formé.

62   063FL3, 064P, T67, 069, 074PI, 074P2: et les solennités
66   064P, 069, T67: Pardonnez, Dieu
73   MSI, 064P, 074B, 074P2: Va, ton lâche artifice est ce qui fait horreur.

L'HIÉROPHANTE

D'un esprit plus remis, d'un cœur moins enflammé,
Rendez-vous à la loi, respectez sa justice;   75
Elle est commune à tous, il faut qu'on l'accomplisse.
La cabane du pauvre, et le trône des rois
Egalement soumis entendent cette voix;
Elle aide la faiblesse, elle est le frein du crime,
Et délie à l'autel l'innocente victime.   80
Si l'époux, quel qu'il soit, et quel que soit son rang,
Des parents de sa femme a répandu le sang,
Fût-il purifié dans nos sacrés mystères,
Par le feu de Vesta, par les eaux salutaires,
Et par le repentir plus nécessaire qu'eux,   85
Son épouse en un jour peut former d'autres nœuds.
Elle le peut sans honte, à moins que sa clémence
A l'exemple des dieux, ne pardonne l'offense. ³
Statira vit encor, et vous devez penser
Que du sort de sa fille elle peut disposer.   90
Respectez les malheurs et les droits d'une mère, ⁴

74-75   064P, 074B, 074P2: Modérez, l'un et l'autre, une indigne fureur; /
Rendez-vous à la loi, révérez sa justice
84   063FL3, 074P1: par ses eaux
86   K84: en ce jour
89-92   K84: La loi donne un seul jour, elle accourcit le temps / Des chagrins
attachés à ces grands changements: / Mais surtout attendez les ordres d'une mère; /
Elle a repris ses droits, le sacré caractère
89-90   064P, 074B, 074P2: Statira vit enfin, et vous devez savoir / Que sa fille
est encor soumise à son pouvoir.

³ The absurd detail of this law, neatly tailored to the circumstances of the play,
make a remarkable contrast with the justice of the general principle stated just before.
⁴ L.89-91 replace a single earlier line: 'Tout dépend d'Olympie, et surtout de sa
mère' (D10388, to Villars, 24 [25] March 1762). Voltaire added these lines, he tells
Collini, in order to give a reason for this law, which allows Olympie only one day to
choose between Cassandre and Antigone (D10688, 4 September 1762). In this letter
l.92 reads: 'Elle a repris ces droits, ce sacré caractère'. The present reading of these
four lines first appears in D10932, to Collini, 21 June 1763.

Les lois des nations, le sacré caractère
Que la nature donne, et que rien n'affaiblit.
A son auguste voix Olympie obéit.
Qu'osez-vous attenter, quand c'est à vous d'attendre   95
Les arrêts de la veuve, et du sang d'Alexandre? [5]
　　(*Il sort avec sa suite.*)

ANTIGONE

C'est assez, j'y souscris, pontife, elle est à moi.
　　(*Antigone sort avec Hermas.*)

SCÈNE IV

CASSANDRE, SOSTÈNE (*dans le péristyle.*)

CASSANDRE

Elle n'y sera pas, cœur barbare et sans foi.
Arrachons-la, Sostène, à ce fatal asile,
A l'espoir insolent de ce coupable habile,   100
Qui rit de mes remords, insulte à ma douleur,
Et tranquille et serein vient m'arracher le cœur.

SOSTÈNE

Il séduit Statira, seigneur, il s'autorise
Et des lois qu'il viole, et des dieux qu'il méprise.

CASSANDRE

Enlevons-la, te dis-je, aux dieux que j'ai servis,   105
Et par qui désormais tous mes soins sont trahis.
J'accepterais la mort, je bénirais la foudre;

102　063FL3, 074PI: Qui, tranquille

---

[5] In an earlier version we read: 'Obéissez comme elle, il faut tous deux attendre / Ce que doit prononcer la veuve d'Alexandre' (D10388, to Villars, 24 [25] March 1762).

Mais qu'enfin mon épouse ose ici se résoudre
A passer en un jour à cet autel fatal
De la main de Cassandre à la main d'un rival! 110
Tombe en cendres ce temple avant que je l'endure.
Ciel! tu me pardonnais. Plus tranquille et plus pure
Mon âme à cet espoir osait s'abandonner;
Tu m'ôtes Olympie, est-ce là pardonner?

SOSTÈNE

Il ne vous l'ôte point: ce cœur docile et tendre, 115
Si soumis à vos lois, si content de se rendre,
Ne peut jusqu'à l'oubli passer en un moment.
Le cœur ne connaît point un si prompt changement.
Elle peut vous aimer sans trahir la nature.
Vos coups dans les combats portés à l'aventure 120
Ont versé, je l'avoue, un sang bien précieux.
C'est un malheur pour vous que permirent les dieux.
Vous n'avez point trempé dans la mort de son père.
Vos pleurs ont effacé tout le sang de sa mère.
Ses malheurs sont passés, vos bienfaits sont présents. 125

CASSANDRE

Vainement cette idée apaise mes tourments.
Ce sang de Statira, ces mânes d'Alexandre,
D'une voix trop terrible ici se font entendre.
Sostène, elle est leur fille; elle a le droit affreux
De haïr sans retour un époux malheureux. 130
Je sens qu'elle m'abhorre, et moi je la préfère
Au trône de Cyrus, au trône de la terre.
Ces expiations, ces mystères cachés,
Indifférents aux rois, et par moi recherchés,

119-122   064P, 074B, 074P2: [*absent*]
125-36   074B: [*absent*]
129   MSI: [*after a marginal cross*] Olympie est
131   MSI: Sosthène elle

Elle en était l'objet; mon âme criminelle 135
Ne s'approchait des dieux que pour s'approcher d'elle.
(*apercevant Olympie.*)

SOSTÈNE

Hélas! la voyez-vous en proie à ses douleurs?
Elle embrasse un autel, et le baigne de pleurs. [6]

CASSANDRE

Au temple, à cet autel, il est temps qu'on l'enlève.
Va, cours, que tout soit prêt.
(*Sostène sort.*)

SCÈNE V

CASSANDRE, OLYMPIE

OLYMPIE (*courbée sur l'autel sans voir Cassandre.*)
                          Que mon cœur se soulève! 140
Qu'il est désespéré!... qu'il se condamne! ... hélas!
(*apercevant Cassandre.*)

136   064P, T67: SOSTÈNE (*apercevant Olympie.*)
138   074PI: autel, le baigne de ses pleurs
140a-b   063FLI, 063FL2: CASSANDRE, OLYMPIE (*courbée sur l'autel sans voir Cassandre.*)

OLYMPIE
141   064P, 074B, 074P2: qu'il se déteste! ... hélas!

[6] Two unnecessary lines, which describe what the spectators should be able to see.
  Originally, Statira was to die of sorrow (D10366, to the d'Argentals, 8 March [1762]), on stage at the end of Act IV while Cassandre was attempting to carry Olympie off, as he wrote to the d'Argentals (D10145, 11 November 1761 and D10311, 6 February [1762]). Earlier, Sostène said, probably at this point, 'Elle baigne de pleurs les larmes [changed to 'genoux'] de sa mère' [altered to 'sa malheureuse mère']. L.137 would have had to be different in that version, too (D10124, to d'Argental, *c.*1 November 1761). See also l.292 and 296, notes.

Que vois-je?

CASSANDRE

Votre époux.

OLYMPIE

Non, vous ne l'êtes pas.
Non, Cassandre... jamais ne prétendez à l'être.

CASSANDRE

Eh bien, j'en suis indigne, et je dois me connaître.
Je sais tous les forfaits que mon sort inhumain   145
Pour nous perdre tous deux a commis par ma main.
J'ai cru les expier, j'en comble la mesure.
Ma présence est un crime, et ma flamme une injure...
Mais, daignez me répondre... ai-je par mes secours
Aux fureurs de la guerre arraché vos beaux jours?   150

OLYMPIE

Pourquoi les conserver?

CASSANDRE

Au sortir de l'enfance,
Ai-je assez respecté votre aimable innocence?
Vous ai-je idolâtrée?

OLYMPIE

Ah! c'est là mon malheur.

CASSANDRE

Après le tendre aveu de la plus pure ardeur,
Libre dans vos bontés, maîtresse de vous-même,   155
Cette voix favorable à l'époux qui vous aime,

145   O74P2: mon cœur inhumain

OLYMPIE

Aux lieux où je vous parle, à ces mêmes autels,
A joint à mes serments vos serments solennels!

OLYMPIE

Hélas! il est trop vrai! ... Que le courroux céleste
Ne me punisse pas d'un serment si funeste!   160

CASSANDRE

Vous m'aimiez, Olympie!

OLYMPIE

                        Ah! pour comble d'horreur,
Ne me reproche pas ma détestable erreur.
Il te fut trop aisé d'éblouir ma jeunesse;[7]
D'un cœur qui s'ignorait tu trompas la faiblesse,
C'est un forfait de plus... Fuis-moi; ces entretiens   165
Sont un crime pour moi, plus affreux que les tiens.

CASSANDRE

Craignez d'en commettre un plus funeste peut-être,
En acceptant les vœux d'un barbare et d'un traître;
Et si pour Antigone...

OLYMPIE

                        Arrête, malheureux.
D'Antigone et de toi je rejette les vœux.   170
Après que cette main lâchement abusée,
S'est pu joindre à ta main de mon sang arrosée,
Nul mortel désormais n'aura droit sur mon cœur.
J'ai l'hymen, et le monde, et la vie en horreur.[8]
Maîtresse de mon choix, sans que je délibère,   175

---

[7] Statira had said the same thing (II.iii, l.175), and Antigone had elaborated on the thought (IV.ii, l.22-26). It is unclear whether Olympie has reached this conclusion herself or through the influence of Statira or Antigone.

[8] Another beautiful line. There are too few of these in the play.

Je choisis les tombeaux qui renferment ma mère;
Je choisis cet asile, où Dieu doit posséder
Ce cœur qui se trompa quand il put te céder.
J'embrasse les autels, et déteste ton trône,
Et tous ceux de l'Asie... et surtout d'Antigone.   180
Va-t-en, ne me vois plus... Va, laisse-moi pleurer
L'amour que j'ai promis, et qu'il faut abhorrer.

CASSANDRE

Eh bien de mon rival si l'amour vous offense,
Vous ne sauriez m'ôter un rayon d'espérance;
Et quand votre vertu rejette un autre époux,   185
Ce refus est ma grâce; et je me crois à vous.
Tout souillé que je suis du sang qui vous fit naître,
Vous êtes, vous serez la moitié de mon être,
Moitié chère et sacrée, et de qui les vertus
Ont arrêté sur moi les foudres suspendus,   190
Ont gardé sur mon cœur un empire suprême,
Et devraient désarmer votre mère elle-même.

OLYMPIE

Ma mère!... Quoi! ta bouche a prononcé son nom!
Ah! si le repentir, si la compassion,
Si ton amour au moins peut fléchir ton audace,   195
Fuis les lieux qu'elle habite, et l'autel que j'embrasse,
Laisse-moi.

CASSANDRE

Non, sans vous je n'en saurais sortir.
A me suivre à l'instant vous devez consentir.
    (*Il la prend par la main.*)
Chère épouse, venez.

179-182   064P, 074P2: [*absent.* MS1 *gives evidence of a late cut: The last line and a half were written as cue lines, but deleted and replaced with lines 177-78.*]
    190   MS1: sur vous les

OLYMPIE (*la retirant avec transport.*)
          Traite-moi donc comme elle;
Frappe une infortunée à son devoir fidèle;   200
Dans ce cœur désolé porte un coup plus certain.
Tout mon sang fut formé pour couler sous ta main.
Frappe, dis-je.

CASSANDRE
          Ah! trop loin vous portez la vengeance;
J'eus moins de cruauté, j'eus moins de violence,
Le ciel sait faire grâce, et vous savez punir;   205
Mais c'est trop être ingrate, et c'est trop me haïr.

OLYMPIE
Ma haine est-elle juste, et l'as-tu méritée? ...
Cassandre, si ta main féroce, ensanglantée,
Ta main qui de ma mère osa percer le flanc,
N'eût frappé que moi seule, et versé que mon sang,   210
Je te pardonnerais, je t'aimerais... barbare. [9]
Va, tout nous désunit.

CASSANDRE
          Non, rien ne nous sépare.
Quand vous auriez Cassandre encor plus en horreur,

203   MS1, 074B, 074P2: C'est là ma destinée. / CASSANDRE / Ah! c'est trop de vengeance;
206   MS1, 064P, 074B, 074P2: Est-ce donc votre époux qu'il vous fallait haïr?
213-14   MS1, 064P, 074B, 074P2: Vous ne punirez point des crimes, des malheurs, / Vengés par mes remords, effacés par mes pleurs, / Oubliés par les dieux, expiés par vous-même. / Vous avez à l'autel prononcé je vous aime, / Ce mot saint et sacré ne peut se profaner. / OLYMPIE / Ah, si ma mère encor pouvait te pardonner! / CASSANDRE / Donnez-lui cet exemple. / OLYMPIE / Eh, le puis-je? /

[9] 'Cette scène a été très attendrissante', Voltaire wrote, 'et à ces mots [l.207-11], les deux acteurs pleuraient, et tous les spectateurs étaient en larmes' (D10388, to Villars, 24 [25] March 1762).

Quand vous m'épouseriez pour me percer le cœur,
Vous me suivrez... Il faut que mon sort s'accomplisse.   215
Laissez-moi mon amour, du moins pour mon supplice.
Ce supplice est sans terme, et j'en jure par vous.
Haïssez, punissez, mais suivez votre époux.

SCÈNE VI

CASSANDRE, OLYMPIE, SOSTÈNE

SOSTÈNE

Paraissez, ou bientôt Antigone l'emporte.
Il parle à vos guerriers, il assiège la porte.   220
Il séduit vos amis près du temple assemblés.
Par sa voix redoutable ils semblent ébranlés.
Il atteste Alexandre, il atteste Olympie.
Tremblez pour votre amour, tremblez pour votre vie.
Venez.

CASSANDRE

A mon rival ainsi vous m'immolez!   225
Je vais chercher la mort, puisque vous le voulez.

OLYMPIE

Moi, vouloir ton trépas!... Va, j'en suis incapable...
Vis loin de moi. [10]

CASSANDRE / Oui, cruelle. / J'aurai ma grâce enfin des dieux, de vous, et d'elle. / Mais eussiez-vous Cassandre encore plus en horreur, / Dussiez-vous m'épouser pour me percer le cœur,

[10] It was probably at this point that, in an earlier version, Olympie told Cassandre: 'De ce temple surtout garde-toi de sortir', because Statira had just told her that Cassandre would be assassinated while leaving the temple (D10333, to d'Argental, 16 February 1762). He was indeed supposed to meet his death there (D10341, to d'Argental, 24 February 1762). In this version Statira was on stage in scene 4 and was

CASSANDRE

Sans vous, le jour m'est exécrable,
Et s'il m'est conservé, je revole en ces lieux;
Je vous arrache au temple, ou j'y meurs à vos yeux.   230
(*Il sort avec Sostène.*)

SCÈNE VII

OLYMPIE (*seule*)

Malheureuse!... Et c'est lui qui cause mes alarmes!
Ah! Cassandre, est-ce à toi de me coûter des larmes?
Faut-il tant de combats pour remplir son devoir? [11]
Vous aurez sur mon âme un absolu pouvoir,
O sang dont je naquis, ô voix de la nature!   235
Je m'abandonne à vous, c'est par vous que je jure
De vous sacrifier mes plus chers sentiments...
Sur cet autel, hélas! j'ai fait d'autres serments...
Dieux! vous les receviez; ô dieux! votre clémence
A du plus tendre amour approuvé l'innocence.   240
Vous avez tout changé... mais changez donc mon cœur;
Donnez-lui la vertu conforme à son malheur...
Ayez quelque pitié d'une âme déchirée,
Qui périt infidèle, ou meurt dénaturée.
Hélas! j'étais heureuse en mon obscurité,   245
Dans l'oubli des humains, dans la captivité,
Sans parents, sans état, à moi-même inconnue...

243-50   074P2: [*absent*]
243   063A: Avez-vous quelque pitié [*sic, producing an extra foot*]
245-49   074B: Cassandre, c'en est fait, sans doute, il faut te fuir,

---

later to die on stage in one of the five 'tableaux pour le salon' that Voltaire mentions in D10311 (to d'Argental, 6 February 1762). Statira was to die saying to Olympie: 'Mais je meurs en t'aimant' (D10576, from Bernis, 10 June [July] 1762).

[11] The Cornelian ring of this line was no accident: Voltaire was working on his *Commentaires* to Corneille's plays when he wrote *Olympie*.

Le grand nom que je porte, est ce qui m'a perdue.
J'en serai digne au moins... Cassandre, il faut te fuir,
Il faut t'abandonner... mais comment te haïr?...　　　　　250
　　　Que peut donc sur soi-même une faible mortelle?
Je déchire en pleurant ma blessure cruelle:
Et ce trait malheureux que ma main va chercher,
Je l'enfonce en mon cœur au lieu de l'arracher.

SCÈNE VIII

OLYMPIE, L'HIÉROPHANTE, Prêtres, Prêtresses

OLYMPIE

Pontife, où courez-vous? Protégez ma faiblesse.　　　　　255
Vous tremblez!... vous pleurez!... [12]

L'HIÉROPHANTE

　　　　　　　　　　　Malheureuse princesse!
Je pleure votre état.

OLYMPIE

　　　　Ah! soyez-en l'appui.

L'HIÉROPHANTE

Résignez-vous au ciel, vous n'avez plus que lui.

OLYMPIE

Hélas! que dites-vous? [13]

L'HIÉROPHANTE

　　　　O fille auguste et chère!

251　064P, 074P2: Ah! ... Que peut sur soi-même
254b　063FL1, 063FL3, 064P, 074P1: OLYMPIE, L'HIÉROPHANTE, suite

[12] According to D10874 (to Mme d'Argental, 7 January 1763), Olympie
continues: 'quelle douleur vous presse?'
[13] 'Comment? que dites-vous?' (D10874).

La veuve d'Alexandre...

OLYMPIE

      Ah! justes dieux!... ma mère!   260
Eh bien?...

L'HIÉROPHANTE

  Tout est perdu. Les deux rois furieux,
Foulant aux pieds les lois, armés contre les dieux,
Jusque dans les parvis [14] de l'enceinte sacrée,
Encourageaient leur troupe au meurtre préparée.
Déjà coulait le sang, déjà le fer en main,   265
Cassandre jusqu'à vous se frayait un chemin.
J'ai marché contre lui, n'ayant pour ma défense
Que nos lois qu'il oublie, [15] et nos dieux qu'il offense.
Votre mère éperdue, et s'offrant à ses coups,
L'a cru maître à la fois et du temple [16] et de vous.   270
Lasse de tant d'horreurs, lasse de tant de crimes,
Elle a saisi le fer qui frappe les victimes,
L'a plongé dans ce flanc où le ciel irrité
Vous fit puiser la vie et la calamité.

OLYMPIE (*tombant entre les bras d'une prêtresse.*)
Je meurs... soutenez-moi... marchons... Vit-elle encore?   275

274a 063FL1, 063FL2, 063FL3, 064P, 074P1, 074P2: [*stage directions absent*]
275-94 064P, 074B, 074P2: Je meurs, soutenez-moi, – respire-t-elle encore? /
Que j'expire à ses yeux, que ce sang que j'abhorre / Confondu dans le sien... /
L'HIÉROPHANTE / Soumettez-vous aux dieux. / Elle vit, vous attend, venez fermer
ses yeux.

---

[14] 'Tout est perdu, les deux rois furieux / Bravant également et nos lois et nos
dieux, / Franchissent les parvis...' (D10874). D'Argental recommended that
Antigone be killed in this battle; Voltaire rejected the suggestion (D10444).
[15] D10874 reads 'les lois qu'il viole'.
[16] The same letter reads 'de ce temple'.

L'HIÉROPHANTE

Cassandre est à ses pieds; il gémit, il l'implore;
Il ose encor prêter ses funestes secours
Aux innocentes mains qui raniment ses jours.
Il s'écrie, il s'accuse, il jette au loin ses armes.

OLYMPIE (*se relevant.*)

Cassandre à ses genoux!

L'HIÉROPHANTE

                 Il les baigne de larmes.   280
A ses cris, à nos voix, elle rouvre les yeux;
Elle ne voit en lui qu'un monstre audacieux,
Qui lui vient arracher les restes de sa vie,
Par cette main funeste en tout temps poursuivie.
Faible, et se soulevant par un dernier effort,   285
Elle tombe, elle touche au moment de la mort.
Elle abhorre à la fois Cassandre et la lumière.
Et levant à regret sa débile paupière,
Allez, m'a-t-elle dit, ministre infortuné
D'un temple malheureux par le sang profané, [17]   290
Consolez Olympie: elle m'aime, et j'ordonne
Que pour venger sa mère, elle épouse Antigone. [18]

276   063FL1, 063FL2, 063FL3, 074P1: est devant elle; il
278   063FL1, 063FL2, 063FL3, 074P1: Aux vertueuses mains
279a-280   063FL1, 063FL2, 063FL3, W64R, 074P1: [*The Hiérophante continues
speaking:*] Il embrasse ses pieds, il les baigne de larmes.
283   063FL3: arracher le reste de

[17] D10874 indicates these lines spoken by the hiérophante: 'Cassandre est à ses
pieds, et de sa main sanglante / Luy prodigue en pleurant ses funestes secours. / Il
demande la mort, et veille sur ses jours. / Elle abhorre, elle craint Cassandre et la
lumière / Et levant vers le ciel sa débile paupière, / Allez, m'a t'elle dit, ministre
infortuné / De cet azile saint par le sang profané'.
[18] 'L'aspect de Cassandre', wrote Voltaire, 'augmentant les maux de nerfs de
Statira rend sa mort bien plus vraisemblable [...] Bien des gens croient que Statira

OLYMPIE

Allons mourir près d'elle... Exaucez-moi, grands dieux!
Venez, guidez mes pas; venez fermer nos yeux.

L'HIÉROPHANTE

Armez-vous de courage, il doit ici paraître.   295

OLYMPIE

J'en ai besoin, seigneur ... et j'en aurai peut-être. [19]

Fin du quatrième acte

295   063FL1, 063FL2, 063FL3, W64R, 074P1: Armez-vous de courage. /
OLYMPIE / O sang qui m'a fait naître!

---

voyant que sa fille aime Cassandre s'est aidée d'un peu de sublimé' (D10258, to the
d'Argentals, 10 January 1762).

Nevertheless, there is a severe lack of probability in the time required for the
actions of scenes 7 and 8. Cassandre has managed to reach the door and fight a battle,
during which the despairing Statira mortally wounds herself; and to weep at Statira's
feet while she gasps her dying wishes to the venerable hiérophante, who returns
inside the temple and finds Olympie – all in the time it takes for her to recite 24 lines.
The priest needs about 30 lines to describe the scene.

[19] Voltaire wrote to d'Argental: 'il y a six ou sept jours que Cassandre clôt votre
quatrième acte, et que ce quatre est tout changé' (D10256, 8 June 1762). This version
of the play has been lost, as has a yet earlier version ending the fourth act with
Antigone (D10258). There were 400 new lines in the play, which, according to
Voltaire, changed it entirely (D10273, to Chauvelin, 10 June 1762).

ACTE V

SCÈNE PREMIÈRE

ANTIGONE, HERMAS (*dans le péristyle.*)

HERMAS

La pitié doit parler, et la vengeance est vaine.
Un rival malheureux n'est pas digne de haine.
Fuyez ce lieu funeste. Olympie aujourd'hui,
Seigneur, sera perdue, et pour vous, et pour lui.

ANTIGONE

Quoi! Statira n'est plus!

HERMAS

               C'est le sort de Cassandre,   5
D'être toujours funeste au grand nom d'Alexandre.
Statira succombant au poids de sa douleur,
Dans les bras de sa fille expire avec horreur.
La sensible Olympie à ses pieds étendue,
Semble exhaler son âme à peine retenue.   10
Les ministres des dieux, les prêtresses en pleurs,
En mêlant leurs regrets accroissent leurs douleurs. [1]
Cassandre épouvanté sent toutes leurs atteintes.
Le temple retentit de sanglots et de plaintes.
On prépare un bûcher, et ces vains ornements,   15
Qui rappellent la mort aux regards des vivants.
On prétend qu'Olympie en ce lieu solitaire
Habitera l'asile où s'enfermait sa mère;
Qu'au monde, à l'hyménée arrachant ses beaux jours,

---

[1] The word 'douleur' appears at the rhyme twice in six lines; a negligence. Similarly, 'horreur' appears twice in 21 lines (l.8 and 28).

Elle consacre aux dieux leur déplorable cours;   20
Et qu'elle doit pleurer dans l'éternel silence
Sa famille, sa mère, et jusqu'à sa naissance.

ANTIGONE

Non, non, de son devoir elle suivra les lois.
J'ai sur elle à la fin d'irrévocables droits.
Statira me la donne: et ses ordres suprêmes   25
Au moment du trépas sont les lois des dieux mêmes.
Ce forcené Cassandre, et sa funeste ardeur,
Au sang de Statira font une juste horreur.

HERMAS

Seigneur, le croyez-vous?

ANTIGONE

                        Elle-même déclare
Que son cœur désolé renonce à ce barbare.   30
S'il ose encor l'aimer, j'ai promis son trépas.
Je tiendrai ma parole, et tu n'en doutes pas.

HERMAS

Mêleriez-vous du sang aux pleurs qu'on voit répandre,
Aux flammes du bûcher, à cette auguste cendre?
Frappés d'un saint respect, sachez que vos soldats   35
Reculeront d'horreur, et ne vous suivront pas.

ANTIGONE

Non, je ne puis troubler la pompe funéraire;
J'en ai fait le serment, Cassandre la révère:
Je sais qu'il est des lois qu'il me faut respecter,
Que pour gagner le peuple, il le faut imiter.   40
Vengeur de Statira, protecteur d'Olympie,

39-44 063FL1, 063FL2, 063FL3, W64R, 074P1: Elle suspend les coups que
mon bras doit porter; / Mais, passé ce moment, rien ne doit m'arrêter.

Je dois ici l'exemple au reste de l'Asie.
Tout parle en ma faveur; et mes coups différés
En auront plus de force et sont plus assurés.
(*Le temple s'ouvre.*)

SCÈNE II

ANTIGONE, HERMAS, L'HIÉROPHANTE,
prêtres, *s'avançant lentement.*

OLYMPIE *soutenue par les* PRÊTRESSES: *elle est en deuil.*

HERMAS

On amène Olympie à peine respirante.   45
Je vois du temple saint l'auguste Hiérophante
Qui mouille de ses pleurs les traces de ses pas.
Les prêtresses des dieux la tiennent dans leurs bras. [2]

ANTIGONE

Ces objets toucheraient le cœur le plus farouche,
(*à Olympie.*)
Je veux bien l'avouer... Permettez que ma bouche,   50
En mêlant mes regrets à vos tristes soupirs,
Jure encor de venger tant d'affreux déplaisirs.
L'ennemi qui deux fois vous priva d'une mère,
Nourrit dans sa fureur un espoir téméraire.
Sachez que tout est prêt pour sa punition.   55
N'ajoutez point la crainte à votre affliction.
Contre ses attentats soyez en assurance.

OLYMPIE

Ah! Seigneur, parlez moins de meurtre et de vengeance.
Elle a vécu... je meurs au reste des humains.

---

[2] Unnecessary lines that describe what the spectators can see for themselves.

ANTIGONE

Je déplore sa perte autant que je vous plains.   60
Je pourrais rappeler sa volonté sacrée,
Si chère à mon espoir, et par vous révérée:
Mais je sais ce qu'on doit, dans ce premier moment,
A son ombre, à sa fille, à votre accablement.
Consultez-vous, madame, et gardez sa promesse.   65
    (*Il sort avec Hermas.*)

SCÈNE III

OLYMPIE, L'HIÉROPHANTE, prêtres, prêtresses.

OLYMPIE

Vous, qui compatissez à l'horreur qui me presse,
Vous, ministre d'un dieu de paix et de douceur,
Des cœurs infortunés le seul consolateur,
Ne puis-je sous vos yeux consacrer ma misère
Aux autels arrosés des larmes de ma mère?   70
Auriez-vous bien, seigneur, assez de dureté
Pour fermer cet asile à ma calamité?
Du sang de tant de rois c'est l'unique héritage;
Ne me l'enviez pas; laissez-moi mon partage.

L'HIÉROPHANTE

Je pleure vos destins, mais que puis-je pour vous?   75
Votre mère en mourant a nommé votre époux.
Vous avez entendu sa volonté dernière,
Tandis que de nos mains nous fermions sa paupière;
Et si vous résistez à sa mourante voix,
Cassandre est votre maître; il rentre en tous ses droits.   80

71-74   064P, 074P2: [*preceded by quotation marks*]

338

OLYMPIE

J'ai juré, je l'avoue, à Statira mourante,
De détourner ma main de cette main sanglante;
Je garde mes serments.

L'HIÉROPHANTE

                    Libre encor dans ces lieux,
Votre main ne dépend que de vous et des dieux.
Bientôt tout va changer. Vous pouvez, Olympie,   85
Ordonner maintenant du sort de votre vie.
On ne doit pas sans doute allumer en un jour
Et les bûchers des morts, et les flambeaux d'amour.
Ce mélange est affreux; mais un mot peut suffire,
Et j'attendrai ce mot sans oser le prescrire.   90
C'est à vous à sentir, dans ces extrémités,
Ce que doit votre cœur au sang dont vous sortez.

OLYMPIE

Seigneur, je vous l'ai dit; cet hymen, et tout autre,
Est horrible à mon cœur, et doit déplaire au vôtre.
Je ne veux point trahir ces mânes courroucés;   95
J'abandonne un époux... c'est obéir assez.
Laissez-moi fuir l'hymen et l'amour et le trône.

L'HIÉROPHANTE

Il faut suivre Cassandre, ou choisir Antigone.
Ces deux rivaux armés, si fiers et si jaloux,
Sont forcés maintenant à s'en remettre à vous.   100
Vous préviendrez d'un mot le trouble et le carnage,
Dont nos yeux reverraient l'épouvantable image,
Sans le respect profond qu'inspirent aux mortels

84   063FLI, 063FL2, 063FL3, W64R, 074PI: Votre état, votre main, ne dépend
que des dieux.
87   063FL3, 064P, T67, 069, 074PI, 074P2: allumer dans un

Cet appareil de mort, ce bûcher, ces autels,
Et ces derniers devoirs, et ces honneurs suprêmes,   105
Qui les font pour un temps rentrer tous en eux-mêmes.
La piété se lasse, et surtout chez les grands.
J'ai du sang avec peine arrêté les torrents.
Mais ce sang dès demain va couler dans Ephèse.
Décidez-vous, princesse, et le peuple s'apaise.   110
Ce peuple qui toujours est du parti des lois, [3]
Quand vous aurez parlé, soutiendra votre choix.
Sinon, le fer en main, dans ce temple, à ma vue,
Cassandre en réclamant la foi qu'il a reçue,
D'un bien qu'il possédait, a droit de s'emparer,   115
Malgré la juste horreur qu'il vous semble inspirer.

OLYMPIE

Il suffit; je conçois vos raisons et vos craintes.
Je ne m'emporte plus en d'inutiles plaintes.
Je subis mon destin; vous voyez sa rigueur ...
Il me faut faire un choix... il est fait dans mon cœur,   120
Je suis déterminée.

L'HIÉROPHANTE

Ainsi donc d'Antigone
Vous acceptez les vœux, et la main qu'il vous donne?

OLYMPIE

Seigneur, quoi qu'il en soit, peut-être ce moment
N'est point fait pour conclure un tel engagement.
Vous-même l'avouez; et cette heure dernière,   125
Où ma mère a vécu, doit m'occuper entière...
Au bûcher qui l'attend vous allez la porter?

121   063FL3, 074PI: Ainsi donc Antigone...

[3] A propagandistic line.

340

L'HIÉROPHANTE

De ces tristes devoirs il faut nous acquitter.
Une urne contiendra sa dépouille mortelle;
Vous la recueillerez.

OLYMPIE

        Sa fille criminelle   130
A causé son trépas... Cette fille du moins
A ses mânes vengeurs doit encor quelques soins.

L'HIÉROPHANTE

Je vais tout préparer.

OLYMPIE

            Par vos lois que j'ignore,
Sur ce lit embrasé puis-je la voir encore?
Du funèbre appareil pourrai-je m'approcher?   135
Pourrai-je de mes pleurs arroser son bûcher?

L'HIÉROPHANTE

Hélas! vous le devez; nous partageons vos larmes.
Vous n'avez rien à craindre; et ces rivaux en armes
Ne pourront point troubler ces devoirs douloureux.
Présentez des parfums, vos voiles, vos cheveux,   140
Et des libations la triste et pure offrande.
    (*Les prêtresses placent tout cela sur un autel.*)

OLYMPIE (*à l'Hiérophante.*)

C'est l'unique faveur que sa fille demande...
    (*à la prêtresse inférieure.*)
    Toi qui la conduisis dans ce séjour de mort,
Qui partageas quinze ans les horreurs de son sort,
Va, reviens m'avertir quand cette cendre aimée   145
Sera prête à tomber dans la fosse enflammée.
Que mes derniers devoirs, puisqu'ils me sont permis,

Satisfassent son ombre... Il le faut.

LA PRÊTRESSE

J'obéis.

(*Elle sort.*)

OLYMPIE (*à l'Hiérophante.*)

Allez donc; élevez cette pile fatale;
Préparez les cyprès, et l'urne sépulcrale;   150
Faites venir ici ces deux rivaux cruels;
Je prétends m'expliquer aux pieds de ces autels,
A l'aspect de ma mère, aux yeux de ces prêtresses,
Témoins de mes malheurs, témoins de mes promesses.
Mes sentiments, mon choix, vont être déclarés.   155
Vous les plaindrez peut-être, et les approuverez.

L'HIÉROPHANTE

De vos destins encor vous êtes la maîtresse.
Vous n'avez que ce jour, il fuit, et le temps presse.
(*Il sort avec les prêtres.*)

SCÈNE IV

OLYMPIE *sur le devant; les* Prêtresses *en demi-cercle au fond.*

OLYMPIE

O toi, qui dans mon cœur à ce choix résolu,
Usurpas à ma honte un pouvoir absolu,   160
Qui triomphes encor de Statira mourante,
D'Alexandre au tombeau, de leur fille tremblante,

149-51   064P, 074B, 074P2: Achevez donc, Seigneur, cette pompe fatale, /
Préparez les cyprès et l'urne sépulcrale; / J'attends puisqu'il le faut ces deux rivaux
cruels;
          T67, 069: Achevez donc, Seigneur, cette pompe fatale, / [*then* β]
158b-66   064P, 074P2: [*preceded by quotation marks*]

De la terre et des cieux contre toi conjurés,
Règne, amant malheureux, sur mes sens déchirés.
Si tu m'aimes hélas! si j'ose encor le croire,   165
Va, tu payeras bien cher ta funeste victoire.

SCÈNE V

OLYMPIE, CASSANDRE, les prêtresses

CASSANDRE

Eh bien, je viens remplir mon devoir et vos vœux.
Mon sang doit arroser ce bûcher malheureux.
Acceptez mon trépas, c'est ma seule espérance;
Que ce soit par pitié plutôt que par vengeance.   170

OLYMPIE

Cassandre!

CASSANDRE

Objet sacré! chère épouse!...

OLYMPIE

Ah cruel!

CASSANDRE

Il n'est plus de pardon pour ce grand criminel.
Esclave infortuné du destin qui me guide,
Mon sort en tous les temps est d'être parricide.
(*Il se jette à genoux.*)
Mais je suis ton époux, mais malgré ses forfaits,   175

173   ms1: Objet infortuné
174a   063fl1, 063fl2, 063fl3, w64r, 074p1: [*stage directions occur after l.180, a more appropriate point*]
          063a: *à ses genoux*
          t67, 069: *aux genoux d'Olympie*
          064p, 074p2: [*stage directions occur after l.176*] *aux genoux d'Olympie*

343

Cet époux t'idolâtre encor plus que jamais.
Respecte en m'abhorrant cet hymen que j'atteste.
Dans l'univers entier Cassandre seul te reste.
La mort est le seul dieu qui peut nous séparer.
Je veux en périssant te voir et t'adorer.   180
Venge-toi, punis-moi: mais ne sois point parjure.
Va, l'hymen est encor plus saint que la nature. [4]

OLYMPIE

Levez-vous, et cessez de profaner du moins
Cette cendre fatale et mes funèbres soins.
Quand sur l'affreux bûcher dont les flammes s'allument,   185
De ma mère en ces lieux les membres se consument,
Ne souillez pas ces dons que je dois présenter;
N'approchez pas, Cassandre, et sachez m'écouter.

SCÈNE VI

OLYMPIE, CASSANDRE, ANTIGONE, prêtresses

ANTIGONE

Enfin, votre vertu ne peut plus s'en défendre.

180-81   064P, 074P2: t'adorer. / OLYMPIE / O dieux qui l'entendez. Dieux
cachez-lui mes larmes. / CASSANDRE / Mais indigne de vivre, indigne de tes
charmes / J'ose encor exiger qu'un barbare après moi, / Un rival odieux n'obtienne
point ta foi. / Venge-toi

180-88   MS1: t'adorer. / OLYMPIE / O dieux qui l'entendez, Dieux cachez-lui
mes larmes. / CASSANDRE / Mais indigne de vivre, indigne de tes charmes, / J'ose
encor exiger qu'un barbare après moi, / Un rival odieux n'obtienne point ta foi; / Ta
bouche l'a promis, ton cœur n'est point parjure; / Vas, l'hymen est encor plus saint
que la nature. / (il s'élève) [*A rule here implies that the rest of the scene is cut.*]
074B: [*In* 074B, *the additional lines follow l.188 and close the scene.*]

181   064P, 074B, 074P2: Ta bouche l'a promis, ton cœur n'est point parjure.

189-97   064P, T67, 074P2: S'il ose vous parler, j'aurai la même audace: / J'ai le
droit qu'il usurpe: il vous demande grâce, / Je demande justice; il insulte les morts, /

[4] A maxim of dubious validity, and which rings false.

Statira vous dictait l'arrêt qu'il vous faut rendre.   190
J'ai respecté les morts, et ce jour de terreur.
Vous en pouvez juger, puisque mon bras vengeur
N'a point encor de sang inondé cet asile,
Puisqu'un moment encore à vos ordres docile,
Je vous prends en ces lieux pour son juge et le mien.   195
Prononcez votre arrêt, et ne redoutez rien.
On vous verra, madame, et du moins je l'espère,
Distinguer l'assassin du vengeur d'une mère.
La nature a des droits. Statira dans les cieux
A côté d'Alexandre arrête ici ses yeux.   200
Vous êtes dans ce temple encore ensevelie;
Mais la terre et le ciel observent Olympie.
Il faut entre nous deux que vous vous déclariez.

OLYMPIE

J'y consens: mais je veux que vous me respectiez.
Vous voyez ces apprêts, ces dons que je dois faire   205
A nos dieux infernaux, aux mânes d'une mère;
Vous choisissez ce temps, impétueux rivaux,
Pour me parler d'hymen au milieu des tombeaux!
Jurez-moi seulement, soldats du roi mon père, [5]
Rois après son trépas, que si je vous suis chère,   210
Dans ce moment du moins, reconnaissant mes lois,
Vous ne troublerez point mes devoirs et mon choix.

Je viens pour les venger. / CASSANDRE / Non, perfide, je sors; / Suis-moi.
ANTIGONE / Je te suivrai. Commence par entendre / L'irrévocable arrêt que sa
bouche doit rendre. / Princesse, prononcez, et ne redoutez rien; Vous êtes en ces
lieux et son juge et le mien; / Vous saurez aisément, et, du moins, je l'espère
 192 063FL3, 074PI: en pourrez juger
 196 069: Prononcez notre arrêt
 197 064P, 074PI: (ou du moins je l'espère)

 [5] Beuchot notes that 'Dans *Artémire*, acte Ier, scène Ire, ...Voltaire avait dit:
"Soldats sous Alexandre, et rois après sa mort".'

CASSANDRE

Je le dois, je le jure; et vous devez connaître
Combien je vous respecte et dédaigne ce traître.

ANTIGONE

Oui, je le jure aussi, bien sûr que votre cœur   215
Pour ce rival barbare est pénétré d'horreur.
Prononcez, j'y souscris.

OLYMPIE

     Songez, quoi qu'il en coûte,
Vous-même l'avez dit, qu'Alexandre m'écoute.

ANTIGONE

Décidez devant lui.

CASSANDRE

     J'attends vos volontés.

OLYMPIE

Connaissez donc ce cœur que vous persécutez,[6]   220
Et vous-mêmes jugez du parti qui me reste.
Quelque choix que je fasse, il doit m'être funeste.
Vous sentez tout l'excès de ma calamité.
Apprenez plus, sachez que je l'ai mérité.
J'ai trahi mes parents, quand j'ai pu les connaître;   225
J'ai porté le trépas au sein qui m'a fait naître.
Je trouvais une mère en ce séjour d'effroi,

219-34 064P, 074P2: [*preceded by quotation marks*]

[6] 'C'est une situation assez forcée, assez peu vraisemblable que deux amants viennent presser mademoiselle de faire un choix dans le temps qu'on brûle mad sa mère; mais je voulais me donner le plaisir du bûcher, et si Olympie ne se jette pas dans le bûcher aux yeux de ses deux amants, le grand tragique est manqué' (D11749, Voltaire to the d'Argentals, 5 March 1764).

Elle est morte en mes bras, elle est morte pour moi.
Elle a dit à sa fille, à ses pieds désolée,
Epousez Antigone, et je meurs consolée.   230
Alors elle agonise; et moi, pour l'achever,
Je la refuse.

ANTIGONE

Ainsi vous pouvez me braver!
Outrager votre mère, et trahir la nature!

OLYMPIE

A ses mânes, à vous, je ne fais point d'injure;
Je rends justice à tous, et je la rends à moi...   235
Cassandre, devant lui je vous donnai ma foi;
Voyez si nos liens ont été légitimes;
Je vous laisse en juger: vous connaissez vos crimes,
Il serait superflu de vous les reprocher;
Réparez-les un jour.

CASSANDRE

Je ne puis vous toucher!   240
Je ne peux adoucir cette horreur qui vous presse!

OLYMPIE

Je vais vous éclaircir: gardez votre promesse.
(*Le temple s'ouvre; on voit le bûcher enflammé.*)

231 064P, K84: Elle était expirante; et moi
242 K84: Il faut vous éclaircir

SCÈNE DERNIÈRE

OLYMPIE, CASSANDRE, ANTIGONE, L'HIÉROPHANTE, prêtres, prêtresses

LA PRÊTRESSE INFÉRIEURE

Princesse, il en est temps.

OLYMPIE (*à Cassandre.*)

       Vois ce spectacle affreux!
Cassandre, en ce moment, plains-toi, si tu le peux.
Contemple ce bûcher, contemple cette cendre.   245
Souviens-toi de mes fers, souviens-toi d'Alexandre:
Voilà sa veuve, parle, et dis ce que je dois.

CASSANDRE

M'immoler.

OLYMPIE

      Ton arrêt est dicté par ta voix...
Attends ici le mien. (*a*) Vous, mânes de ma mère,
Mânes à qui je rends ce devoir funéraire,   250
Vous qu'un juste courroux doit encore animer,
Vous recevrez des dons qui pourront vous calmer.
De mon père et de vous ils sont dignes peut-être...
Toi, l'époux d'Olympie, et qui ne dus pas l'être,
Toi, qui me conservas par un cruel secours,   255
Toi, par qui j'ai perdu les auteurs de mes jours,

(*a*) Elle monte sur l'estrade de l'autel qui est près du bûcher. Les prêtresses lui présentent les offrandes.

252   064P, 069, 074P2: recevrez les dons
253a   063FL3, 064P, 069, T67, 074P1, 074P2: [*stage directions:*] (*A Cassandre*)
254-58   064P, 074P2: [*preceded by quotation marks*]

Toi, qui m'as tant chérie, et pour qui ma faiblesse
Du plus fatal amour a senti la tendresse,
Tu crois mes lâches feux de mon âme bannis...
Apprends... que je t'adore... et que je m'en punis. 260
Cendres de Statira, recevez Olympie.
  (*Elle se frappe, et se jette dans le bûcher.*)

TOUS ENSEMBLE (b)

Ciel!

CASSANDRE (courant au bûcher.)

  Olympie!

LES PRÊTRES

  O ciel!

ANTIGONE

  O fureur inouïe!

CASSANDRE

Elle n'est déjà plus, tous nos efforts sont vains.
  (*Revenant dans le péristyle.*)
En est-ce assez, grands dieux! ... Mes exécrables mains

(*b*) L'Hiérophante, les prêtres, et les prêtresses témoignent leur
étonnement et leur consternation.

261b   074B: LES PRÊTRES
261b-262   MS1: CASSANDRE (*courant au bûcher*) / Ciel! / ANTIGONE / Ô ciel! /
CASSANDRE / Olympie! / ANTIGONE / Ô ciel! Ô fureur inouïe! [*sic, making an
extra two syllables*]
261   063FL2, 063FL3, 064P, 074P1, 074P2: ANTIGONE, (*courant aussi*)
263a   064P: [*stage direction absent*]
264-70   064P, 074P2: Dieux, vous avez comblé mes funestes destins. / Eh bien!
mânes si chers qui fûtes mes victimes, / Recevez tout mon sang pour expier mes
crimes.

Ont fait périr mon roi, sa veuve et mon épouse! ... [7]   265
Antigone, ton âme est-elle encor jalouse?
Insensible témoin de cette horrible mort,
Envîras-tu toujours la douceur de mon sort?
De ma félicité si ton grand cœur s'irrite,
Partage-la, crois-moi, prends ce fer, et m'imite. [8]   270
     (*Il se tue.*)

L'HIÉROPHANTE

Arrêtez!... O saint temple! ô Dieu juste et vengeur!
Dans quel palais profane a-t-on vu plus d'horreur!

ANTIGONE

Ainsi donc Alexandre et sa famille entière,
Successeurs, assassins, tout est cendre et poussière.
Dieux, dont le monde entier éprouve le courroux,   275
Maîtres des vils humains, pourquoi les formiez-vous?
Qu'avait fait Statira? qu'avait fait Olympie?
A quoi réservez-vous ma déplorable vie?

Fin du cinquième et dernier acte.

270a   MS1: (*Il se tue.*) fin du rôle de Cassandre de 459 vers.
273-78   o64P, o74P2: [*preceded by quotation marks*]

---

[7] Driven by remorse, Cassandre blames himself for three deaths, of which he is the direct and willing cause of none. It is his remorse that drives him to suicide – the third in the play.

[8] Bernis objected to 'ce poignard jeté au nez d'Antigone', saying 'si cette action n'est pas ridicule, elle est au moins inutile' (D10226, 24 December 1761; see also D10201, 10 December 1761, from Bernis to Voltaire); but Voltaire did not take his advice.

350

REMARQUES À L'OCCASION D'*OLYMPIE*

INTRODUCTION[1]

In a letter sent to Damilaville but addressed to 'mes frères en Béelzebuth' and dated 9 March 1762 (D10367), Voltaire reveals that *Olympie* was written not for itself, that is, as a tragedy based on the succession to Alexander's throne, but for another purpose entirely:

On a voulu mettre au théâtre la religion des prétendus païens, faire voir dans des notes que notre sainte religion a tout pris de l'ancienne, jusqu'à la confession et à la communion à laquelle nous avons seulement ajouté avec le temps la transsubstantiation, qui est le dernier effort de l'esprit. Je crois rendre par ces notes un très grand service au christianisme que les impies attaquent de tous côtés. Ainsi, mes frères, priez dieu que la pièce réussisse pour l'édification publique.

He had already made this point to the d'Argentals on 22 February (D10339):

Mais ô mes divins anges le drame de Cassandre est plus mystérieux que vous ne pensez. Vous ne songez qu'au brillant théâtre de la petite ville de Paris; et le grave auteur de Cassandre a de plus longues vues. Cet ouvrage est un emblème; que veut il dire? que la confession, la communion, la profession de foi etc. etc. sont visiblement prises des anciens. Un des plus profonds pédants du monde, et c'est moi, a fait une douzaine de commentaires par A et par B à la suite de cet ouvrage mystique, et je vous assure que cela est édifiant et curieux. Le tout ensemble fera un singulier recueil pour les âmes dévotes.

---

[1] The title of the *Remarques* varies. In 063FL3 and 074P2 it is *Remarques à l'occasion de cette pièce*; in w64R it is *Remarques à l'occasion de la tragédie d'Olympie*; in K84 it is *Notes sur Olympie, Par M. de Voltaire*. Editions lacking the *Remarques* include 063A, 063P, w72P, 074B and 074PI.

He was somewhat more explicit that same day in a letter to D'Alembert (D10342):

J'ai choisi ce sujet moins pour faire une tragédie que pour faire un livre de notes à la fin de la pièce, notes sur les mistères, sur la conformité des expiations anciennes et des nôtres, sur les devoirs des prêtres, sur l'unité d'un dieu prêchée dans tous les mistères, sur Alexandre et ses consorts, sur le suicide, sur les bûchers où les femmes se jettaient dans la moitié de l'Asie. Cela m'a paru curieux, et susceptible d'une hardiesse honnête. [2]

Olympie was thus, according to these letters, primarily designed as a carrier for this message dealing with the borrowings that the early Christians took from the religions of antiquity in the Middle East and incorporated into their own ostensibly new religion.

And yet, somewhat over a year later, Voltaire gave a different (albeit related) reason for writing this tragedy. He wrote to his 'anges', the d'Argentals, on 10 June 1763 (D11261):

On m'a mandé qu'on avait imprimé Olympie à Paris et qu'on avait supprimé la seule note pour laquelle je souhaitais que l'ouvrage fût public. Il est bon de connaître les juifs tels qu'ils sont et de voir de quels pères les chrétiens descendent. Le fanatisme est bien alerte en France sur tout ce qui peut l'égratigner. Ce monstre craint la raison comme les serpents craignent les cigognes.

The note to which he refers is the longest of the notes, dealing with selected items taken from the history if the Israelites, and with the representation of the high priest Joad as an ideal cleric in Racine's *Athalie* (the note is appended to *Olympie*, III.ii). His own man of reason and compassion, the hiérophante or high priest, is contrasted with Racine's high priest, who is represented as a fanatic. In addition, Voltaire tries to show that it is essential to separate politics and religion, and to separate Church and State, if one is to have a well run and well organised society.

---

[2] We have already examined this issue in Section 2, 'The focus of *Olympie* and the *Remarques*' of our Introduction to the play, from the point of view of the damage this stated purpose caused to the tragedy. We are here looking at the *Remarques* from another angle, as a little brochure added to the end of the play.

In other words, he seems to be saying that he has written the tragedy with two purposes in mind, and in June 1763 that the more important purpose (not even mentioned in February 1762) dealt with the veracity of the Bible, the bloody history of the Jewish people, and the relationship between religious and civil authorities. And he claims that this is the only note for which he wanted the work to be made public, a remark further supported by Jean Balcou's interpretation of Voltaires's statements on this issue: 'Ce qui a réellement motivé Voltaire est net: mettre en scène le contre-exemple de Joad et faire d'*Olympie* une contre-*Athalie*'.[3]

The two themes are closely related in two ways: first, the borrowings from ancient religions, given the general theocratic mixture of Church and State found in virtually all the societies of the eastern Mediterranean states, shows that practices prevalent in past ages have been continued to the present time, whether these practices be good or bad. Thus, the sacraments of confession and communion, the existence of convents and monasteries, a religious hierarchy that interacts with the civil authority, all flourish in a world where Church and State are one. In *Olympie* Voltaire effectively invents a society that does not function this way, but rather reflects his own sense of a more perfect world. The hiérophante, and not Joad, is the emblem of this society, one which he fervently wishes France and more generally Europe will strive to emulate.

The hiérophante represents the second way the two themes are related, because in fact he is the central figure in the *Remarques*, and perhaps is central as an emblem although not as a character in the play itself. We have seen that the play, while named in a conventional way after the young heroine, has three strong and mature characters at its core: Cassandre (from whose perspective the play is represented), Statira (whose monomaniacal hatred of

---

[3] Jean Balcou, '*Olympie* et ses notes, ou les remarques historiques d'*Olympie*', *SVEC* 2003:3, p.207-12 (present reference, p.210). This appears to be the only study devoted to the *Remarques*.

Cassandre greatly weakens her character as a potential heroine), and the hiérophante (whose interpretation of canonical law does not interfere with the rights of the secular authorities). It is hard to come away from a reading of the play without feeling great admiration for the high priest, who alone seems capable of carrying out the duties and obligations of his office, as the others are not. This tragedy, set in antiquity, is designed to speak to the present.

And it is this act of addressing the present that ties the notes dealing with two other themes that were of contemporary importance to the more enduring questions discussed above: the importance of spectacle in the spectators' theatrical experience (notes to I.iv and IV.iii) and the question of suicide (note to the last scene of act 5). Both seem to be Voltaire's answers to problems raised in the late 1750s. The first of these is related to Diderot and the *drame* and Voltaire's desire to preserve French tragedy to the extent possible, while at the same time moving toward an accommodation with prevailing taste as Voltaire saw it evolving. The second of these themes, one of great importance to his contemporaries and to himself, had been revived by Rousseau's characters' discussion of suicide in *Julie, ou la Nouvelle Héloïse*.[4] In both cases, Voltaire – not unlike the high priest – tries to find a middle ground between extreme beliefs, showing understanding and toleration for violently opposing points of view. His moderate support of enhancing the theatrical experience by taking advantage of the larger playing surfaces made possible in Paris and incorporated into new theatres in provincial cities, and of acknowledging the moral dismay before the spectacle of suicide and at the same time seeing the moral arguments in favour of self-immolation in certain cases, is in keeping with his beliefs and practices of the past and those he will espouse in his current and future battles.

We can therefore see how all these subjects form together, as Voltaire has presented them, a coherent whole. As we have seen at

[4] A detailed study of these themes would lead us too far from the subject of the brochure Voltaire had written, as they would move away from the world of religion and politics towards the worlds of aesthetics and the morality of a particular act.

the outset of this brief introduction or presentation, he wanted his notes to be kept together and to be read as a whole, as an entity. However, Beuchot and following him Moland tore the *Remarques* apart, treating them as footnotes, some of which are so long that they interfere with a sustained reading of the play. This practice has the advantage of keeping the notes and the text to which they refer, or from which they spring to life, together; but it has the disadvantage of so fracturing the text that Voltaire's stated intention and his actual practice in the editions he was responsible for are completely lost. Jean Balcou admirably sums up the unity of the whole and the regrettable fragmentation that the text has endured for over a century and a half (p.212):

Ce sont paradoxalement les notes qui vont faire qu'on s'y intéresse [à la tragédie elle-même]. Dans l'édition originale on suit, guidé par la présentation, à partir d'alexandrins stratégiques qui ont force de titres, le développement de 'remarques historiques' comme autant d'articles composant un opuscule philosophique; alors l'audace des commentaires fait redécouvrir la tragédie elle-même et son pouvoir d'actualisation. Consulter les différentes éditions permet aussi de participer au travail de Voltaire qui est toujours de l'ordre du passionnel. Enfin disposer de la correspondance de l'auteur est un privilège inégalable, et qui, en l'état, nous est réservé. Celle-ci, en la circonstance, s'étend de 1761 à 1764 sur les quelques trois ans où se définit la lutte contre 'l'infâme'. Que d'éléments alors à tirer de ce qu'on peut appeler les 'bloc-notes' d'*Olympie*! Quant à l'édition Beuchot-Moland, elle impose, par la confusion entretenue des notes en bas du texte, une lecture doublement gênante, et donc manquée. Celle, attendue, de la Voltaire Foundation n'en est que plus ardemment désirée.

REMARQUES
À L'OCCASION D'*OLYMPIE*

ACTE I

SCÈNE I

Sostène, on va finir ces mystères terribles. [I.i]*

Ces mystères et ces expiations sont de la plus haute antiquité, et
commençaient alors à devenir communs chez les Grecs. Philippe
père d'Alexandre, se fit initier aux mystères de la Samothrace avec
la jeune Olimpias qu'il épousa depuis. C'est ce qu'on trouve dans   5
Plutarque au commencement de la vie d'Alexandre, et c'est ce qui
peut servir à fonder l'initiation de Cassandre et d'Olympie.

Il est difficile de savoir chez quelle nation on inventa ces
mystères. On les trouve établis chez les Perses, chez les Indiens,
chez les Egyptiens, chez les Grecs. Il n'y a peut-être point   10
d'établissement plus sage. La plupart des hommes, quand ils sont
tombés dans de grands crimes, en ont naturellement des remords.
Les législateurs qui établirent les mystères et les expiations,
voulurent également empêcher les coupables repentants de se
livrer au désespoir, et de retomber dans leurs crimes.   15

La créance de l'immortalité de l'âme était partout le fondement
de ces cérémonies religieuses. Soit que la doctrine de la métem-
psycose fût admise, soit qu'on reçût celle de la réunion de l'esprit
humain à l'esprit universel; soit que l'on crût, comme en Egypte,
que l'âme serait un jour rejointe à son propre corps; en un mot,   20

a-b   063FL3, T67, 074P2: *Remarques à l'occasion de cette pièce*
      W64R: Remarques à l'occasion de la tragédie d'Olympie
      K84: Notes sur Olympie, Par M. de Voltaire.
      069: [all remarques absent]

* This *remarque* has similarities with the article 'Expiation' of *QE* (*OCV*, vol.41).

quelle que fût l'opinion dominante, celle des peines et des récompenses après la mort était universelle chez toutes les nations policées.

Il est vrai que les Juifs ne connurent point ces mystères, quoiqu'ils eussent pris beaucoup de cérémonies des Egyptiens. La raison en est que l'immortalité de l'âme était le fondement de la doctrine Egyptienne, et n'était pas celui de la doctrine Mosaïque. Le peuple grossier des Juifs, auquel Dieu daignait se proportionner, n'avait même aucun corps de doctrine: il n'avait pas une seule formule de prière générale établie par ses lois. On ne trouve ni dans le Deutéronome, ni dans le Lévitique, qui sont les seules lois des Juifs, ni prière, ni dogme, ni créance de l'immortalité de l'âme, ni peines, ni récompenses après la mort. C'est ce qui les distinguait des autres peuples; et c'est ce qui prouve la divinité de la mission de Moyse, selon le sentiment de Monsieur Warburton, évêque de Worcester. [1] Ce prélat prétend que Dieu daignant gouverner lui-même le peuple Juif, et le récompensant ou le punissant par des bénédictions, ou des peines temporelles, ne devait pas lui proposer le dogme de l'immortalité de l'âme, dogme admis chez tous les voisins de ce peuple.

Les Juifs furent donc presque les seuls dans l'antiquité, chez qui les mystères furent inconnus. Zoroastre les avait apportés en Perse, Orphée en Thrace, Osiris en Egypte, Minos en Crète, Ciniras en Chypre, Erectée dans Athènes. Tous différaient, mais tous étaient fondés sur la créance d'une vie à venir, et sur celle d'un seul Dieu. C'est surtout ce dogme de l'unité de l'Etre suprême qui fit donner partout le nom de *mystères* à ces cérémonies sacrées. On laissait le peuple adorer des Dieux secondaires, des petits Dieux, comme les appelle Ovide, *vulgus Deorum*, c'est-à-dire les âmes des héros que l'on croyait participantes de la divinité, et des êtres mitoyens entre Dieu et nous. Dans toutes les célébrations des mystères en Grèce,

25

30

35

40

45

50

23-42   063FL3, 064P: policées. / Zoroastre avait apporté ces mystères en Perse,

[1] Warburton was bishop of Gloucester.

soit à Eleusis, soit à Thèbes, soit dans la Samothrace, ou dans les autres isles, on chantait l'hymne d'Orphée;

Marchez dans la voie de la justice, contemplez le seul maître du monde, le Démiurgos. Il est unique, il existe seul par lui-même; tous 55 *les autres êtres ne sont que par lui; il les anime tous: il n'a jamais été vu par des yeux mortels, et il voit au fond de nos cœurs.*

Dans presque toutes les célébrations de ces mystères, on représentait sur une espèce de théâtre, une nuit à peine éclairée, et des hommes à moitié nus, errants dans ces ténèbres, poussants 60 des gémissements et des plaintes, et levants les mains au ciel. Ensuite venait la lumière, et l'on voyait le Démiurgos qui représentait le maître et le fabricateur du monde, consolant les mortels, et les exhortant à mener une vie pure.

Ceux qui avaient commis de grands crimes, les confessaient à 65 l'Hiérophante, et juraient devant Dieu de n'en plus commettre. On les appelait dans toutes les langues d'un nom qui répond à *Initiatus*, *Initié*, celui *qui commence une nouvelle vie*, et qui entre en communication avec les dieux, c'est-à-dire, avec les héros, et les demi-dieux, qui ont mérité par leurs exploits bienfaisants d'être 70 admis après leur mort auprès de l'Etre suprême.

Ce sont là les particularités principales qu'on peut recueillir des anciens mystères dans Platon, dans Cicéron, dans Porphire, Eusèbe, Strabon et d'autres.

Les parricides n'étaient point reçus à ces expiations: le crime 75 était trop énorme. Suétone rapporte que Néron, après avoir assassiné sa mère, ayant voyagé en Grèce, n'osa assister aux mystères d'Eleusine. Zozime prétend que Constantin, après avoir fait mourir sa femme, son fils, son beau-père, et son neveu, ne put jamais trouver d'hiérophante qui l'admît à la participation 80 des mystères.

On pourrait remarquer ici que Cassandre est précisément dans

60-61   T67: errant [...] poussant [...] levant
73   063FL3, 064P: mystères de Platon
74   063FL3, 064P: et autres

le cas où il doit être admis au nombre des initiés. Il n'est point coupable de l'empoisonnement d'Alexandre; il n'a répandu le sang de Statira que dans l'horreur tumultueuse d'un combat, et en défendant son père. Ses remords sont plutôt d'une âme sensible, et née pour la vertu, que d'un criminel qui craint la vengeance céleste.

85

SCÈNE II

Il était un grand-homme. (Alexandre.) [l.110];

Il est bon d'opposer ici le jugement de Plutarque sur Alexandre, à tous les paradoxes, et aux lieux communs qu'il a plu à Juvénal [2] et à ses imitateurs [3] de débiter contre ce héros. Plutarque dans sa belle comparaison d'Alexandre et de César, dit que *le héros de la Macédoine semblait né pour le bonheur du monde, et le héros Romain pour sa ruine*. En effet, rien n'est plus juste que la guerre d'Alexandre, général de la Grèce, contre les ennemis de la Grèce, et rien de plus injuste que la guerre de César contre sa patrie.

90

95

Remarquez surtout que Plutarque ne décide qu'après avoir pesé les vertus et les vices d'Alexandre et de César. J'avoue que Plutarque, qui donne toujours la préférence aux Grecs, semble avoir été trop loin. Qu'aurait-il dit de plus de Titus, de Trajan, des Antonins, de Julien même, sa religion à part? Voilà ceux qui paraissaient être nés pour le bonheur du monde, plutôt que le meurtrier de Clitus, de Calistène et de Parménion.

100

85   063FL3, 064P, T67: du combat
92-93   063FL3, 064P: de Macédoine était né
        T67: de Macédoine semblait né
94   063FL3, 064P: rien de plus
95-96   W72X: Grèce, rien

[2] *Satires*, X, 168-72; XIV, 311-14.
[3] *Satires*, XII, 100-108.

SCÈNE IV

Protégez à jamais, ô dieux en qui j'espère. [l.245]

Ce spectacle ferait peut-être un bel effet au théâtre, si jamais la 105
pièce pouvait être représentée. Ce n'est pas qu'il y ait aucun mérite
à faire paraître des prêtres et des prêtresses, un autel, des
flambeaux, et toute la cérémonie d'un mariage. Cet appareil, au
contraire, ne serait qu'une misérable ressource, si d'ailleurs il
n'excitait pas un grand intérêt, s'il ne formait pas une situation, s'il 110
ne produisait pas de l'étonnement et de la colère dans Antigone, s'il
n'était pas lié avec les desseins de Cassandre, s'il ne servait à
expliquer le véritable sujet de ses expiations. C'est tout cela
ensemble qui forme une situation. Tout appareil dont il ne résulte
rien, est puérile. Qu'importe la décoration au mérite d'un poème? 115
Si le succès dépendait de ce qui frappe les yeux, il n'y aurait qu'à
montrer des tableaux mouvants. La partie qui regarde la pompe du
spectacle, est sans doute la dernière; on ne doit pas la négliger, mais
il ne faut pas trop s'y attacher. [4]

Il faut que les situations théâtrales forment des tableaux animés. 120
Un peintre qui met sur la toile la cérémonie d'un mariage, n'aura
fait qu'un tableau assez commun, s'il n'a peint que deux époux, un
autel et des assistants. Mais s'il y ajoute un homme dans l'attitude
de l'étonnement et de la colère, qui contraste avec la joie des deux
époux, son ouvrage aura de la vie et de la force. Ainsi au second 125
acte Statira qui embrasse Olympie avec des larmes de joie, et

109-10   064P, T67: qu'une pauvre ressource
110   063FL3, 064P, T67: il n'existait pas
119   063FL3, 064P, T67: pas s'y attacher
          063FL2, W64G, W64R, W70L, W72X: pas s'y trop attacher
120   064P: Il ne faut pas que les situations

[4] Voltaire appears to be arguing against an *excessive* use of spectacle, since what he says here puts him in essential agreement with Diderot on this point. Diderot had expressed his thoughts on the subject barely two or three years earlier with *Le Fils naturel* and *Le Père de famille*.

l'Hiérophante attendri et affligé; ainsi au troisième acte Cassandre reconnaissant Statira avec effroi, et Olympie dans l'embarras et dans la douleur; ainsi au quatrième acte Olympie aux pieds d'un autel, désespérée de sa faiblesse, et repoussant Cassandre qui se jette à ses genoux; ainsi au cinquième, la même Olympie s'élançant dans le bûcher aux yeux de ses amants épouvantés, et des prêtres, qui tous ensemble sont dans cette attitude douloureuse, empressée, égarée, qui annonce une marche précipitée, les bras étendus, et prêts à courir au secours; toutes ces peintures vivantes formées par des acteurs pleins d'âme et de feu, pourraient donner au moins quelque idée de l'excès où peuvent être poussées la terreur et la pitié, qui sont le seul but, la seule constitution de la tragédie. Mais il faudrait un ouvrage dramatique, qui étant susceptible de toutes ces hardiesses, eût aussi les beautés qui rendent ces hardiesses respectables.

Si le cœur n'est pas ému par la beauté des vers, par la vérité des sentiments, les yeux ne seront pas contents de ces spectacles prodigués; et loin de les applaudir, on les tournera en ridicule, comme de vains suppléments qui ne peuvent jamais remplacer le génie de la poésie.

Il est à croire que c'est cette crainte du ridicule, qui a presque toûjours resserré la scène française dans le petit cercle des dialogues, des monologues, et des récits. Il nous a manqué de l'action; c'est un défaut que les étrangers nous reprochent, et dont nous osons à peine nous corriger. On ne présente cette tragédie aux amateurs que comme une esquisse légère et imparfaite d'un genre absolument nécessaire.

Par ce feu de Vesta qui n'est jamais éteint.[l.240] [5]

154-160   063FL2, 063FL3, 064P, W64R: [*lack this remarque entirely*]. [The line should begin: 'Que ce feu de Vesta...']

[5] (This *remarque* appears here, though logically it should precede the previous one.) Fréron, reviewing the play in Collini's edition, objected to this line (*Année littéraire*, 1763, 3 [24 avril 1763], p.100); Voltaire appears to be replying to his objection as well as to that of Bernis (D10201, dated 10 December 1761).

Le feu de Vesta était allumé dans presque tous les temples de la 155
terre connue. Vesta signifiait *feu* chez les anciens Perses, et tous les
savants en conviennent. Il est à croire que les autres nations firent
une divinité de ce feu, que les Perses ne regardèrent jamais que
comme le symbole de la divinité. Ainsi une erreur de nom produisit
la déesse Vesta, comme elle a produit tant d'autres choses. 160

ACTE II

SCÈNE II

Elle (Statira) vous parle ici, ne l'interrogez plus. [l.80]

Non seulement les défauts de cette tragédie ont empêché l'auteur
d'oser la faire jouer sur le théâtre de Paris, mais la crainte que le peu
de beautés qui peut y être, ne fût exposé à la raillerie, a retenu
l'auteur encore plus que ses défauts. La même légèreté qui fit 165
condamner *Athalie* pendant plus de vingt années par ce même
peuple qui applaudissait à la *Judith* de Boyer, les mêmes prétextes
qui servirent à jeter du ridicule sur un prêtre et sur un enfant,
peuvent subsister aujourd'hui. Il est à croire qu'on dirait, Voilà une
tragédie jouée dans un couvent; Statira est religieuse, Cassandre a 170
fait une confession générale, l'Hiérophante est un directeur etc.

Mais aussi, il se trouvera des lecteurs éclairés et sensibles, qui
pourront être attendris de ces mêmes ressemblances, dans lesquelles d'autres ne trouveront que des sujets de plaisanterie. Il n'y a
point de royaume en Europe qui n'ait vu des reines s'ensevelir les 175
derniers jours de leur vie dans des monastères après les plus
horribles catastrophes. Il y avait de ces asyles chez les anciens,
comme parmi nous. La Calprenède fait retrouver Statira dans un
puits;[6] ne vaut-il pas mieux la retrouver dans un temple?

168   w64r: jeter le ridicule
173   o64p: de cette même ressemblance, dans

[6] Gautier de Coste de La Calprenède, *Cassandre* (Paris, 1664), 10 vols.

Quant à la confession de ses fautes dans les cérémonies de la 180
religion, elle est de la plus haute antiquité, et est expressément
ordonnée par les lois de Zoroastre, qu'on trouve dans le *Sadder*.
Les initiés n'étaient point admis aux mystères sans avoir exposé le
secret de leurs cœurs en présence de l'Etre suprême. S'il y a
quelque chose qui console les hommes sur la terre, c'est de pouvoir 185
être réconcilié avec le ciel, et avec soi-même. En un mot, on a tâché
de représenter ici ce que les malheurs des grands de la terre ont
jamais eu de plus terrible, et ce que la religion ancienne a jamais eu
de plus consolant et de plus auguste. Si ces mœurs, ces usages ont
quelque conformité avec les nôtres, ils doivent porter plus de 190
terreur et de pitié dans nos âmes.

Il y a quelquefois dans le cloître je ne sais quoi d'attendrissant et
d'auguste. La comparaison que fait secrètement le lecteur entre le
silence de ces retraites et le tumulte du monde, entre la piété
paisible qu'on suppose y régner et les discordes sanglantes qui 195
désolent la terre, émeut et transporte une âme vertueuse et sensible.

ACTE III
SCÈNE II

Les intrigues des cours, les cris des factions,
N'ont point encor troublé nos retraites obscures.
(*C'est l'Hiérophante qui parle*.) [l.75, 77]

Cet exemple d'un prêtre qui se renferme dans les bornes de son 200
ministère de paix, nous a paru d'une très grande utilité, et il serait à
souhaiter qu'on ne les représentât jamais autrement sur un théâtre
public qui doit être l'école des mœurs. Il est vrai qu'un personnage
qui se borne à prier le ciel, et à enseigner la vertu, n'est pas assez
agissant pour la scène; mais aussi il ne doit pas être au nombre des 205
personnages dont les passions font mouvoir la pièce. Les héros
emportés par leurs passions agissent, et un grand-prêtre instruit.

186   064P, T67, 074P2: être réconciliés avec

Ce mélange heureusement employé par des mains plus habiles pourra faire un jour un grand effet sur le théâtre.

On ose dire que le grand-prêtre Joad dans la tragédie d'*Athalie* semble s'éloigner trop de ce caractère de douceur et d'impartialité qui doit faire l'essence de son ministère. [7] On pourrait l'accuser d'un fanatisme trop féroce, lorsque rencontrant Mathan en conférence avec Jozabeth, au-lieu de s'adresser à Mathan avec la bienséance convenable, il s'écrie: 210 215

> Quoi! fille de David, vous parlez à ce traître!
> Vous souffrez qu'il vous parle! et vous ne craignez pas
> Que du fond de l'abîme entr'ouvert sous ses pas,
> Il ne sorte à l'instant des feux qui vous embrasent,
> Ou qu'en tombant sur lui ces murs ne vous écrasent! 220
> Que veut-il? De quel front cet ennemi de Dieu
> Vient-il infecter l'air qu'on respire en ce lieu?

Mathan semble lui répondre très pertinemment en disant,

> On reconnaît Joad à cette violence;
> Toutefois il devrait montrer plus de prudence; 225
> Respectez une Reine etc. [8]

On ne voit pas non plus pour quelle raison Joad ou Jojada s'obstine à ne vouloir pas que la Reine Athalie adopte le petit Joas. Elle dit en propres termes à cet enfant, 'Je n'ai point d'héritier, je prétends vous traiter comme mon propre fils.' [9] 230

Athalie n'avait certainement alors aucun intérêt à faire tuer Joas.

---

219   063FL2, 064P: Il en sorte
226-344a   064P: etc. / ACTE IV
230-344a   063FL3: fils.' / ACTE IV

---

[7] Voltaire said that this section, notable for its attacks on Racine's *Athalie* and on the Old Testament, was 'la seule note pour laquelle je souhaitais que l'ouvrage fût publié. Il est bon de connaître les Juifs tels qu'ils sont et de voir de quels pères les Chrétiens descendent' (D11261, to the d'Argentals, 10 June [1763]).

[8] *Athalie*, III.v, l.1019-26, 1027-29.

[9] *Athalie*, II.v, l.693 and 698.

Elle pouvait lui servir de mère, et lui laisser son petit royaume. Il est très naturel qu'une vieille femme s'intéresse au seul rejeton de sa famille. Athalie en effet était dans la décrépitude de l'âge. Les Paralipomènes [10] disent que son fils Ochosias ou Achazia avait quarante-deux ans quand il fut déclaré Melk, ou roitelet. Il régna environ un an. Sa mère Athalie lui survécut six ans. Supposons qu'elle fût mariée à quinze ans, il est clair qu'elle avait au moins soixante-quatre ans. Il y a bien plus. Il est dit dans le quatrième livre des Rois [11] que Jéhu égorgea quarante-deux frères d'Ochosias, et cet Ochosias était le cadet de tous ses frères. A ce compte, pour peu qu'un des quarante-deux frères eût été majeur, Athalie devait être âgée de cent six ans, quand le prêtre Joad la fit assassiner. (*a*)

Je n'examine point ici comment le père d'Ochosias pouvait avoir quarante ans et son fils quarante-deux quand il lui succéda. [12] Je n'examine que la tragédie. Je demande seulement de quel droit le prêtre Joad arme ses Lévites contre la reine à laquelle il a fait serment de fidélité? De quel droit trompe-t-il Athalie en lui promettant un trésor? De quel droit fait-il massacrer sa reine dans la plus extrême vieillesse?

Athalie n'était certainement pas si coupable que Jéhu qui avait fait mourir soixante et dix fils du Roi Achab, et mis leurs têtes dans des corbeilles, à ce que dit le quatrième livre des Rois. [13] Le même

---

(*a*) Voici le compte:

Athalie se marie à 15. ans.	15.
Elle a quarante-deux fils.	42.
Ochosias le quarante-troisième commence à régner à 42. ans.	42.
Il règne un an.	1.
Athalie règne après lui 6. ans.	6.

Somme totale 106.

---

[10] 2 Chronicles 22:2; 2 Kings 8:26 says he was 22 years old.
[11] 2 Kings 10:14.
[12] 2 Chronicles 21:20. The age given in this verse is 32.
[13] 2 Kings 10:7.

livre rapporte[14] qu'il fit exterminer tous les amis d'Achab, tous ses courtisans et tous ses prêtres.   255

Cette reine avait à la vérité usé de représailles. Mais appartenait-il à Joad de conspirer contre elle et de la tuer? Il était son sujet: et certainement dans nos mœurs et dans nos lois il n'est pas plus permis à Joad de faire assassiner sa reine, qu'il n'eût été permis à l'archevêque de Cantorbéry d'assassiner Elizabeth, parce qu'elle   260 avait fait condamner Marie Stuart.

Il eût fallu, pour qu'un tel assassinat ne révoltât pas tous les esprits, que Dieu, qui est le maître de notre vie et des moyens de nous l'ôter, fût descendu lui-même sur la terre d'une manière visible et sensible, et qu'il eût ordonné ce meurtre; or c'est   265 certainement ce qu'il n'a pas fait. Il n'est pas dit même que Joad ait consulté le Seigneur, ni qu'il lui ait fait la moindre prière avant de mettre sa reine à mort. L'Ecriture dit seulement[15] qu'il conspira avec ses Lévites, qu'il leur donna des lances, et qu'il fit assassiner Athalie *à la porte aux chevaux*,[16] sans dire que le Seigneur   270 approuvât cette conduite.

N'est-il donc pas clair, après cette exposition, que le rôle et le caractère de Joad dans *Athalie*, peuvent être du plus mauvais exemple, s'ils n'excitent pas la plus violente indignation? Car pourquoi l'action de Joad serait-elle consacrée?   275

Dieu n'approuve certainement pas tout ce que l'histoire des Juifs rapporte. L'Esprit Saint a présidé à la vérité avec laquelle tous ces livres ont été écrits. Il n'a pas présidé aux actions perverses dont on

260-61   063FL2, W64R: parce qu'elle avait fait mourir Jeanne Gray, sa rivale au Trône
269   063FL2: ses prêtres, qu'il
275   063FL2: l'action abominable de
275   063FL2, W64R: consacrée? Est-ce qu'elle est écrite dans un livre juif? //
276   063FL2, W64R: Mais Dieu n'approuve

[14] 2 Kings 10:11.
[15] 2 Kings 11:10.
[16] 2 Kings 11:16.

y rend compte. Il ne loue ni les mensonges d'Abraham, d'Isaac et
de Jacob,[17] ni la circoncision imposée aux Sichémites pour les   280
égorger plus aisément,[18] ni l'inceste de Juda avec Thamar sa belle-
fille,[19] ni même le meurtre de l'Egyptien par Moyse.[20] Il n'est point
dit que le Seigneur approuve l'assassinat d'Eglon roi des Moabites
par Aod ou Eud;[21] il n'est point dit qu'il approuve l'assassinat de
Sizera par Jaël,[22] ni qu'il ait été content que Jephté, encore teint du   285
sang de sa fille, fît égorger quarante-deux mille hommes d'Ephraïm
au passage du Jourdain, parce qu'ils ne pouvaient pas bien
prononcer *Shibolet*.[23] Si les Benjamites du village de Gabaa
voulurent violer un Lévite, si on massacra toute la tribu de
Benjamin, à six cent personnes près,[24] ces actions ne sont point   290
citées avec éloge.

Le St. Esprit ne donne aucune louange à David pour s'être mis,
avec cinq cents brigands chargés de dettes, du parti du roitelet Akis
ennemi de sa patrie,[25] ni pour avoir égorgé les vieillards, les
femmes, les enfants et les bestiaux des villages alliés du roitelet,   295
auquel il avait juré fidélité, et qui lui avait accordé sa protection.[26]

L'Ecriture ne donne point d'éloge à Salomon pour avoir fait
assassiner son frère Adonija,[27] ni à Bahasa pour avoir assassiné

284-88   w64G: Eud; Abimelec petit-fils de Gédéon n'est point loué pour avoir
assommé soixante et dix de ses frères. Jephté, encore teint du sang de sa fille, fait
égorger quarante-deux mille hommes d'Ephaïm au passage du Jourdain, parce qu'ils
ne pouvaient pas prononcer Shibolet, et cette boucherie n'est pas canonisée. / Si les
293   063FL2, w64R: cinq cents brigands, du parti

[17] Genesis 12:13, 20:13, 26:7, and 27:19.
[18] Genesis 34.
[19] Genesis 38.
[20] Exodus 2:12.
[21] Judges 3:21.
[22] Judges 4:21.
[23] Judges 12:6.
[24] Judges 20.
[25] 1 Samuel 22:2.
[26] 1 Samuel 27:9.
[27] 1 Kings 2:25.

Nadab, [28] ni à Zimri ou Zamri [29] pour avoir assassiné Ela et toute sa famille, ni à Amri ou Homri pour avoir fait périr Zimri, ni à Jéhu pour avoir assassiné Joram.   300

Le St. Esprit n'approuve point que les habitants de Jérusalem assassinent le roi Amasias fils de Joas, [30] ni que Sellum fils de Jabès assassine Zacharias fils de Jéroboam, [31] ni que Manahem assassine Sellum fils de Jabès, [32] ni que Facée fils de Romeli assassine Facéia   305 fils de Manahem, [33] ni qu'Ozée fils d'Ela assassine Facée fils de Romeli. [34] Il semble au contraire que ces abominations du peuple de Dieu sont punies par une suite continuelle de désastres presque aussi grands que ses forfaits.

Si donc tant de crimes et tant de meurtres ne sont point excusés   310 dans l'Ecriture, pourquoi le meurtre d'Athalie serait-il consacré sur le théâtre?

Certes, quand Athalie dit à l'enfant, Je prétends vous traiter *comme mon propre fils*; Jozabeth pouvait lui répondre: 'Eh bien, Madame, traitez-le donc comme votre fils, car il l'est: vous êtes sa   315 grand-mère; vous n'avez que lui d'héritier; je suis sa tante: vous êtes vieille; vous n'avez que peu de temps à vivre; cet enfant doit faire votre consolation. Si un étranger et un scélérat comme Jéhu,

---

301-10   063FL2, W64R: Joram, etc. / Si donc
318-26   063FL2, W64R: consolation. On nous avait perdus mal à propos dans votre esprit. Nous ne croyons point tout ce qu'on vous impute, ni ce qu'on impute à Jéhu. Tant de crimes ne sont pas vraisemblables. Le moyen que Jéhu ait fait égorger en un jour quatre-vingts rois, et que, pour vous venger d'un étranger, vous ayez égorgé tous les enfants de votre fils Ochosias! Cela n'est pas dans la nature, cela est absurde. Il est impossible qu'une gran'mère massacre tous ses petits enfants, parce qu'on a tué son mari, son père et sa mère. Au contraire

---

[28] 1 Kings 15:27.
[29] In 1 Kings 16 the name given is Zimri.
[30] 2 Kings 14:19.
[31] 2 Kings 15:8, 10.
[32] 2 Kings 15:8, 14.
[33] 2 Kings 15:23, 25.
[34] 2 Kings 15:30.

Melk de Samarie, assassina votre père et votre mère; s'il fit égorger
soixante et dix fils de vos frères, et quarante-deux de vos enfants, il   320
n'est pas possible que pour vous venger de cet abominable
étranger, vous prétendiez massacrer le seul petit-fils qui vous
reste: vous n'êtes pas capable d'une démence si exécrable et si
absurde: ni mon mari, ni moi ne pouvons avoir la fureur insensée
de vous en soupçonner: ni un tel crime, ni un tel soupçon ne sont   325
dans la nature. Au contraire on élève ses petits-fils pour avoir un
jour en eux des vengeurs. Ni moi, ni personne ne pouvons croire
que vous ayez été à la fois dénaturée et insensée. Elevez donc le
petit Joas; j'en aurai soin, moi qui suis sa tante, sous les yeux de sa
grand-mère.'   330

Voilà qui est naturel, voilà qui est raisonnable: mais ce qui ne
l'est peut-être pas, c'est qu'un prêtre dise; J'aime mieux exposer le
petit enfant à périr, que de le confier à sa grand-mère; j'aime mieux
tromper ma reine, et lui promettre indignement de l'argent pour
l'assassiner, et risquer la vie de tous les Lévites par cette   335
conspiration, que de rendre à la reine son petit-fils. Je veux
garder cet enfant, et égorger sa grand-mère, pour conserver plus
longtemps mon autorité. C'est là au fond la conduite de ce prêtre.

J'admire comme je le dois, la difficulté surmontée dans la
tragédie d'*Athalie*, la force, la pompe, l'élégance de la versification,   340
le beau contraste du guerrier Abner et du prêtre Mathan. J'excuse la
faiblesse du rôle de Jozabeth; j'excuse quelques longueurs; mais je
crois que si un roi avait dans ses Etats un homme tel que Joad, il
ferait fort bien de l'enfermer.

---

332   063FL2: l'est pas
335-36   063FL2: cette infâme conspiration
339   063FL2: J'estime, comme

370

ACTE IV

SCÈNE III

Profanes, c'en est trop. Arrêtez, respectez   345
Et le Dieu qui vous parle, et ses solemnités. [l.61-62]

Il serait à souhaiter que cette scène pût être représentée dans la
place qui conduit au péristile du temple; mais alors cette place
occupant un grand espace, le vestibule un autre, et l'intérieur du
temple ayant une assez grande profondeur, les personnages qui   350
paraissent dans ce temple ne pourraient être entendus. Il faut donc
que le spectateur supplée à la décoration qui manque.

On a balancé longtemps si on laisserait l'idée de ce combat
subsister, ou si on la retrancherait. On s'est déterminé à la
conserver, parce qu'elle paraît convenir aux mœurs des person-   355
nages, à la pièce qui est toute en spectacles, et que l'Hiérophante
semble y soutenir la dignité de son caractère. Les duels sont plus
fréquents dans l'antiquité qu'on ne pense. Le premier combat dans
Homère est un duel à la tête des deux armées, qui le regardent, et
qui sont oisives; et c'est précisément ce que propose Cassandre.   360

ACTE V

SCÈNE DERNIÈRE

Apprends que je t'adore et que je m'en punis.
(*Olympie en se jetant dans le bûcher.*) [l.260]

Le suicide est une chose très commune sur la scène française. Il
n'est pas à craindre que ces exemples soient imités par les
spectateurs. Cependant, si on mettait sur le théâtre un homme tel   365
que le Caton d'Adisson, philosophe et citoyen, qui ayant dans une

344b   064P: SCENE V
346   063FL3, 064P, T67: et les solemnités [*as in the text of the play*]
365   063FL3, 064P: sur un théâtre
366   064P: que Caton

main le *Traité de l'immortalité de l'âme* de Platon, et une épée dans l'autre, prouve par les raisonnements les plus forts, qu'il est des conjonctures, où un homme de courage doit finir sa vie, il est à croire que les grands noms de Platon et de Caton réunis, la force des raisonnements et la beauté des vers, pourraient faire un assez puissant effet sur des âmes vigoureuses et sensibles, pour les porter à l'imitation dans ces moments malheureux où tant d'hommes éprouvent le dégoût de la vie. 370

Le suicide n'est pas permis parmi nous. Il n'était autorisé ni chez les Grecs, ni chez les Romains par aucune loi, mais aussi n'y en avait-il aucune qui le punît. Au contraire, ceux qui se sont donné la mort, comme Hercule, Cléomène, Brutus, Cassius, Arria, Petus, Caton, l'empereur Othon etc. ont tous été regardés comme des grands hommes et comme des demi-dieux. 375
380

La coutume de finir ses jours volontairement sur un bûcher a été respectée de temps immémorial dans toute la haute Asie; et aujourd'hui même encore, on en a de fréquents exemples dans les Indes orientales.

On a tant écrit sur cette matière, que je me bornerai à un petit nombre de questions. 385

Si le suicide fait tort à la société, je demande si ces homicides volontaires, et légitimés par toutes les lois, qui se commettent dans la guerre, ne font pas un peu plus de tort au genre humain?

Je n'entends pas par ces homicides, ceux qui s'étant voués au service de leur patrie et de leur Prince, affrontent la mort dans les batailles: je parle de ce nombre prodigieux de guerriers auxquels il est indifférent de servir sous une puissance ou sous une autre, qui traffiquent de leur sang comme un ouvrier vend son travail et sa journée, qui combattront demain pour celui contre qui ils étaient armés hier, et qui sans considérer ni leur patrie ni leur famille, tuent, et se font tuer pour des étrangers. Je demande en bonne foi si 390
395

379-80   064P, T67: comme de grands
380-426   063FL3: demi-dieux. // [*ends at this point*]
380-412   064P: demi-dieux. / Que pensent

cette espèce d'héroïsme est comparable à celui de Caton, de Cassius, et de Brutus? Tel soldat, et même tel officier, a combattu tour-à-tour pour la France, pour l'Autriche et pour la Prusse.   400

Il y a un peuple sur la terre, dont la maxime non encore démentie, est de ne se jamais donner la mort, et de ne la donner à personne. Ce sont les Philadelphiens, qu'on a si sottement nommé Quakers. Ils ont même longtemps refusé de contribuer aux frais de la dernière guerre qu'on faisait vers le Canada pour   405 décider à quels marchands d'Europe appartiendrait un coin de terre endurci sous la glace pendant sept mois, et stérile pendant les cinq autres. Ils disaient pour leurs raisons que des vases d'argile tels que les hommes, ne devaient pas se briser les uns contre les autres pour de si misérables intérêts.   410

Je passe à une seconde question.

Que pensent ceux qui parmi nous périssent par une mort volontaire? Il y en a beaucoup dans toutes les grandes villes. J'en ai connu une petite, où il y avait une douzaine de suicides par an. Ceux qui sortent ainsi de la vie pensent-ils avoir une âme   415 immortelle? Espèrent-ils que cette âme sera plus heureuse dans une autre vie? Croyent-ils que notre entendement se réunit après notre mort à l'âme générale du monde? Imaginent-ils que l'entendement est une faculté, un résultat des organes, qui périt avec les organes mêmes, comme la végétation dans les plantes est détruite quand les   420 plantes sont arrachées, comme la sensibilité dans les animaux, lorsqu'ils ne respirent plus, comme la force, cet être métaphysique, cesse d'exister dans un ressort qui a perdu son élasticité?

Il serait à désirer que tous ceux qui prennent le parti de sortir de la vie, laissassent par écrit leurs raisons, avec un petit mot de leur   425 philosophie. Cela ne serait pas inutile aux vivants et à l'histoire de l'esprit humain.

426   064P: philosophie: ce ne

MÉMOIRE POUR *OLYMPIE*

We are grouping three letters under the title given to the first by the copyist of the original manuscripts. These letters are among the documents in BnF 12938, which seems to have been unavailable to Theodore Besterman when he was preparing the 'definitive' correspondence of Voltaire. The text has been modernised as to spelling (and in some cases, punctuation).

The first of these letters is numbered as document no.190, occupying p.484-89. It bears the date 1762, without indication of day or month. Moland says of it: 'Ce Mémoire, édité par MM. de Cayrol et François, *Lettres inédites de Voltaire* (1856), tome II, page 601, est de 1764', without any indication of the grounds for that attribution. Besterman, D10155 to d'Argental, indicates the date as [November 1761], also without proof; he also dates D10156 and D10157 in the same manner, and states that D10155 'clearly belongs to the same period as Best.D10167 and D10171', which he dates as *c.*20 November 1761 and 23 November 1761, respectively. It is difficult to place our documents in any particular time period, but the manuscript indication seems to be the wisest choice.

The second letter is numbered as document no.191, and bears the title 'Observations de M. d'Argental', and occupies p.493-500. There are a few relatively minor differences between the Moland, and therefore the Besterman, editions and the manuscript. But there is a long passage omitted by Cayrol and by Moland, who states simply: 'Après avoir indiqué de nouveaux changements, l'habile et sincère critique termine ainsi.' What is omitted is about half the letter. We have restored this deletion here. D10156 maintains this deletion presumably because Besterman did not have access to the manuscript in question.

The third and final letter, document no.194, is entitled 'Fragment d'observations de Mr. d'Argental, et réponse[s] de Voltaire en marge', on the manuscript, p.507-508. There is a deletion here, too, of a final paragraph, which we have likewise restored.

What is the interest of these three letters, and indeed of the numerous letters which we have cited from the correspondence in our introduction? Moland hits the right note when he cites Cayrol and François:

Cette discussion, disent les éditeurs, qui renferme d'ailleurs d'excellents principes dramatiques, n'a pas paru sans intérêt. On y voit le travail intérieur du cabinet de l'écrivain, comment il composait et corrigeait, ainsi que le jugement et la franchise de ses critiques familiers. On remarquera, par exemple, avec quelle force de conviction et quelle liberté de paroles, malgré l'autorité de tant de succès, ils condamnent d'avance les scènes froides et la poésie débile d'Olympie.

The discussion is therefore important not only for understanding Voltaire's manner of composing this tragedy, but also almost all of his theatre.

MÉMOIRE POUR *OLYMPIE*

[D10155, to d'Argental; on the manuscript BnF 12938, the date is given as 1762 (no month or day)]

1° Si on retranche quelque chose au quatrième acte, qui est beaucoup trop court, il ne lui restera presque rien.

2° Quand on a averti Cassandre en présence d'Olympie qu'Antigone est entré en armes, quand Cassandre est sorti pour le combattre, il faut absolument qu'Olympie apprenne à la fin de cet acte ce qui est arrivé, 5 parce que le lieu du combat est trop près pour qu'elle n'en ait pas des nouvelles, parce que le spectateur en attend, parce que tout presse, parce qu'il est ridicule, dans une telle situation, de finir un acte par un monologue sur l'amour. Si elle quitte le théâtre, où va-t-elle? Sort-elle pour aller voir les combattants? Cela serait absurde. Est-ce pour aller 10 chez sa mère? Rien de plus plat. Ce serait un moyen sûr de n'avoir ni un quatrième acte, ni un cinquième.

3° Quand on lui apporte les nouvelles de ce combat, si on se contente de lui dire qu'on est aux mains, elle le savait déjà; la terreur n'augmente pas, et tout ce qui ne l'augmente pas la diminue. 15

4° L'hiérophante étant le seul homme qui peut lui parler, il serait ridicule qu'il s'écartât de Statira et des combattants pour n'apprendre rien de nouveau à Olympie. Il faut donc qu'il lui annonce une nouvelle, et que cette nouvelle soit plus frappante que tout ce qui s'est passé.

5° L'hiérophante ne peut se rendre auprès d'Olympie que dans le cas où 20 Statira mourante le prie de lui amener sa fille, car il faut une raison terrible pour que ce grand prêtre quitte son poste.

6° Si Statira n'a pas arrêté la fureur des deux princes en se donnant à leurs yeux un coup de poignard, il n'y a aucune raison pour laquelle ces deux rivaux ne continuent pas de combattre, et la victoire de l'un ou de l'autre 25 étant alors décidée, le vainqueur devient le maître absolu d'Olympie et du temple. Il n'y a plus de cinquième acte. Le vainqueur enlève Olympie: elle se tue, si elle veut; mais il n'y a plus de tragédie, parce qu'il n'y a plus de suspension.

Si on porte au cinquième acte le combat des deux rivaux et la mort de 30 Statira, il est impraticable, il est contre toute vraisemblance que dans l'instant même ces deux princes demandent sa fille en mariage. On n'a pas même le temps de préparer le bûcher de la mère; tout se ferait avec une précipitation ridicule et révoltante. Il faut absolument, entre le quatrième et le cinquième, entre la mort de Statira et la proposition du mariage, un 35 intervalle qu'on peut supposer de quelques heures, sans quoi ce cinquième acte paraîtrait le comble de l'absurdité. Il est si odieux, si horrible de proposer un mariage à une fille dont la mère vient de se tuer dans l'instant même, qu'on ne conçoit pas comment une telle idée peut se présenter.

Les empressements des deux amants, le jour même de la mort de Statira, 40 ont déjà quelque chose de si étrange que si le grand prêtre n'avait pas par ses discours diminué cette horreur, elle ne serait pas tolérable. Mais si, dans le moment même où l'on suppose qu'Olympie apprendrait la mort de sa mère, le grand prêtre lui parlait de songer à prendre un mari, cette proposition, alors si déplacée, serait sifflée de tout le monde. Mais il n'est 45 pas contre la bienséance que ce grand prêtre, au quatrième acte, lui dise simplement ce que sa mère, qui n'est pas encore morte, lui recommande.

7° Il paraît donc d'une nécessité absolue que Statira meure à la fin du quatrième, et qu'Olympie ait le temps de prendre sa résolution entre le quatrième et le cinquième. 50

377

8° Cette résolution de se jeter dans le bûcher de sa mère ne peut être prise qu'avec un peu de temps; il faut au moins laisser celui des funérailles. Mais figurez-vous l'effet insupportable que ferait ici une action trop pressée: 'Votre mère vient de se tuer dans le moment; épousez vite Cassandre ou Antigone. Nous allons brûler votre mère tout d'un temps.' 55
En vérité, un tel arrangement épouvante.

9° On dira peut-être qu'on peut faire mourir Statira entre le quatrième et le cinquième, et c'est précisément ce que j'ai fait: elle se donne le coup de poignard au quatrième. Olympie, qui court à elle, la trouve encore vivante; elle meurt dans ses bras, elle lui recommande d'épouser 60
Antigone. C'est cet ordre d'épouser Antigone qui fait le fondement du cinquième, et qui le rend vraisemblable.

10° Il ne faut pas croire que le spectacle d'Olympie en deuil, au milieu des prêtresses en habit blanc, soit une chose à négliger. Ceux qui ont vu jouer la pièce ont trouvé le contraste très attendrissant. 65

11° Pour envisager la chose de tous les sens, songez qu'au cinquième acte, ou bien l'on apprend la mort de Statira à sa fille, ou bien elle la sait déjà; si elle la sait, il n'y a rien à changer à la pièce, c'est ainsi que je l'ai faite; si on la lui apprend, reste-t-elle sur le théâtre, ou s'en va-t-elle? Si elle reste, quelle horreur! quel défaut de bienséance d'écouter ses deux amants! Si 70
elle s'en va, quel prétexte aurait-elle de revenir? Qui occuperait le théâtre en son absence? Qui écouterait-on? Pourrait-elle quitter le corps de sa mère, dès qu'une fois elle serait près de ce corps? Reviendrait-elle chercher ses amants? Qu'aurait-elle à leur dire? Il faut que ses amants lui parlent malgré elle, mais non pas qu'elle vienne les chercher. 75
Que conclure de tout cet examen? Qu'il faut se contenter de retravailler quelques vers qui ne sont pas assez bien faits, que le cinquième acte doit subsister tel qu'il est, et que, s'il fait à Paris la moitié seulement de l'effet qu'il a produit ailleurs, on ne doit pas être mécontent. 80

378

OBSERVATIONS DE M. D'ARGENTAL
SUR *OLYMPIE*

[D10156, from d'Argental, undated on the manuscript]

On ne saurait dissimuler que la mort extraordinaire, surnaturelle, de Statira ne choque également tout le monde. Il ne faut pas espérer qu'elle réussisse mieux au théâtre qu'à la lecture. Il est, au contraire, plus que probable que cette mort tuera la pièce, et que le 5. ne produira point d'effet. [1]   5

* Voilà ce qu'on propose pour y remédier et rendre, en même temps, le 5. plus chaud et plus brillant. Que le 4ᵉ acte finisse comme il finit, qu'Olympie donne également l'ordre à Cassandre de ne pas quitter l'enceinte du temple, bien entendu qu'on saura mieux ce que cet ordre veut dire. Que Cassandre, resté seul, cherche un moment à en pénétrer le   10 sens, mais dise que quel qu'il soit y[2] ne saurait y obéir, qu'il a trop à craindre que pendant qu'on le retient là, Antigone, favorisé par Statira, ne lui enleva[3] Olympie. Qu'il dise qu'il a pris toutes ses précautions. que ses soldats étaient cachés dans les environs du temple, prêts à se rassembler au 1ᵉʳ signal, que ce signal est donné, qu'il va se mettre à leur côté en   15 sortant de là, pour prévoir ou remédier à tout ce qui peut se passer contre ses intérêts. Qu'il sorte effectivement, qu'Antigone, qui lui a dressé cette embuscade, que Statira a annoncée, trouve à qui parler, et qu'il s'engage un combat véritable.

Que le 5 ouvre par Statira, revenant de son évanouissement, mais   20 encore faible, languissante. [4] Qu'elle soit accompagnée de sa fille, et[5] de

---

[1] Moland, following Beuchot and Cayrol, deletes all of the text of the ms. of BnF 12938, section 191, p.493-98, with the remark 'Après avoir indiqué de nouveaux changements, l'habile et sincère critique termine ainsi:'. The missing text is reproduced here, with spelling modernised and set between asterisks.

[2] This use of *y* for *il* has a long history, and conforms to the spoken language. This is probably an error on the part of the scribe or secretary.

[3] The imperfect subjunctive is called for here: *enlevât*, or, better yet, the present subjunctive *enlève*. Another scribal error?

[4] A note is placed here in the left margin of the page: 'où aurait-il de l'inconvénient qu'il y eût un fauteuil dans le parvis; il y en a bien un dans celui d'Athalie?'

[5] The phrase 'd'Olympie' is crossed out here.

la prêtresse, qu'elle dise qu'elle ne sait où porter son trouble et son inquiétude, sa douleur. Qu'elle s'afflige à l'excès de l'amour de sa fille pour Cassandre. [6] Que cette fille pénétrée, confuse, accablée de remords de l'état où elle met sa mère, parle pourtant de sa passion franchement, la laisse voir dans toute sa force, en montrant en même temps l'horreur qu'elle en a, et qu'elle se fait à elle-même, en disant qu'elle l'abhorre, qu'elle l'a [i.e., la] déteste, qu'elle l'abjure; mais que sa mère doit sentir qu'avec un pareil sentiment dans le cœur elle ne saurait se donner à Antigone, et qu'elle est résolue à [7] consacrer sa vie aux dieux et à sa mère. Que sur cela le grand prêtre arrive, qu'il leur apprenne le combat, qu'il peut même avoir vu du minaret du temple, parce que cela donne occasion d'un récit animé, peint. Que Statira fasse des voeux ardents pour le succès d'Antigone, qu'Olympie craigne également le vainqueur quel qu'il soit, parce que si Antigone l'est [8] son amant périt, et que quoiqu'elle ne doive pas montrer ce sentiment elle l'a, et si c'est Cassandre elle ne peut plus lui échapper. Qu'elle se jette aux pieds du grand prêtre en disant qu'il n'y a pas un moment à perdre pour la soustraire à la violence dont elle est menacée en la recevant sur-le-champ au nombre des prêtresses; que le grand prêtre lui dise que cela ne se peut pas, parce que suivant la loi, elle n'est pas libre, qu'il va rentrer pour se prosterner aux pieds des autels, et supplier les dieux de préserver le temple de la fureur des princes, qu'elles peuvent se réfugier aux autels souterrains. [9]

Il passe le premier, et lorsqu'il est déjà rentré dans le temple et qu'elles vont y entrer à sa suite, Cassandre arrive l'épée à la main, suivi de ses soldats, il les arrête, il fait entourer Olympie par ses soldats. Il leur apprend qu'il a vaincu Antigone, qu'il l'a mis dans ses fers; on proposerait qu'il l'eût tué, ce qui serait égal, mais c'est pour éviter un Thébaïde. Olympie peut [10] avoir là un morceau très fort, Statira peut parler aussi ou

[6] A note is here placed on the bottom of the page: 'mais sans aigreur, sans violence, d'une manière touchante, qui confond encore plus la fille'.

[7] Originally, 'se consacrer'; on the manuscript the word 'se' is crossed out and 'sa vie' is inserted above the line after 'consacrer'.

[8] The words 'est vainqueur' are replaced by 'l'est' ['vainqueur' is crossed out, 'l'' is inserted].

[9] A note is placed here in the left margin: 'Ces autels souterrains qu'on n'a jamais blâmé que quand on prétendait qu'elles [*i.e.* ils] fissent partie de la scène, peuvent être là fort bien placés.'

[10] The word 'aller' is crossed out.

rester accablée, cela dépend de l'auteur. Cassandre [11] répondra qu'il a 50
perdu tout égard, toute considération (non pas pour elle) mais pour le
temple, qu'il est entouré de son armée, qu'il volait l'en arracher quand il
l'a rencontrée. Qu'il ne reconnaît plus une prétendue loi qu'on a voulu lui
objecter, qu'il ne reconnaît que celle de son amour, appuyé d'un droit
incontestable, puisqu'elle est enfin sa femme, et qu'il va la conduire en 55
Macédoine où il est le roi reconnu et paisible, comme cela a été annoncé
au commencement de la pièce. Qu'il se mette en devoir de l'emmener.
Qu'alors Statira, à qui toute espèce d'espérance est ôtée, puisque son
défenseur, Antigone, ne peut plus lui donner aucun secours, et qu'elle
voit sa fille au pouvoir de son ennemi sans que rien [12] l'en puisse tirer, fait 60
un morceau d'imprécations contre Cassandre et se tue. Cela fait un
mouvement qui fait reculer les soldats, Cassandre lui-même; Olympie
vole à sa mère qui expire dans ses bras, et dans ceux de la prêtresse. On
l'emporte, elle tente de la suivre, Cassandre l'en empêche, cependant il
fait écarter ses soldats, il veut lui dire quelque chose; Olympie absorbée, 65
comme il est naturel, ne l'écoute pas, et pendant ce moment prend son
parti, qui est de dissimuler, sentant qu'elle ne peut lui échapper. Elle lui
dit qu'elle voit bien qu'elle doit subir son sort, qu'elle s'y soumet, mais
qu'au moins elle demande à rendre les derniers devoirs à sa mère. Il y
consent. C'est à M. de V. à traiter cette scène, qui parait devoir être 70
courte, comme elle doit l'être. Le grand prêtre arrive. Ce grand prêtre qui
voit le temple entouré de l'armée de Cassandre, prêt à être profané et
saccagé, qui sent que Cassandre a bien pris son parti et secoue tout joug,
ne saurait, à moins d'être fou, lui parler parler comme il a fait jusque là, lui
ordonner impérieusement de rendre Olympie. Mais il doit pourtant 75
conserver son caractère, et lui dire que malgré son manque de respect
pour la loi, son ingratitude pour les dieux qui l'ont initié à leurs mystères
et dont il a assiégé le temple, il espère qu'il ne poussera pas l'impiété
jusqu'à troubler la cérémonie funèbre qui se prépare, [13] et la dureté pour
Olympie jusqu'à la priver de recevoir les cendres de sa mère dont le 80
bûcher se prépare. Il dira à Olympie qu'on lui apportera l'urne; Olympie,
continuant sa dissimulation, dira au grand prêtre qu'elle explique
l'abandon de tout secours où elle est réduite entre les mains de Cassandre,

---

[11] The phrase 'qui est entièrement' is written above the line.
[12] A 'ne' is needed here, but is not in the manuscript.
[13] The words 'qui se prépare' are added just above the line.

comme un arrêt des Dieux qui décide sa destinée; qu'elle y est soumise; qu'elle l'a dit à Cassandre, qu'elle n'a désiré effectivement[14] que de rendre les derniers devoirs à sa mère, que Cassandre le permet. On viendra dire, non à Olympie, mais au grand prêtre que tout est prêt. Olympie demandera à Cassandre de ne point l'approcher, de ne la point troubler dans ce triste devoir, et d'écouter ce qu'elle lui dira dans cet unique et dernier moment de liberté.[15] Il le promettra,[16] elle aura un morceau tel que M. de V. le voudra et se jettera dans le bûcher. On[17] objectera peut-être le peu de temps pour dresser le bûcher, mais on est accoutumé au theatre a voir faire beaucoup de choses en peu de temps, peut-être dira-t'on aussi que Statira pourrait bien n'être pas morte, mais ce n'est pas là non plus une objection théâtrale. Au théâtre on est toujours bien mort dès qu'on est frappé.

Si M. de V. n'aime pas la 1ère scene du 5 telle qu'on l'a exposée, on imagine une autre façon, c'est que Statira et Olympie ouvrent l'acte instruit[es][18] du combat, que Statira fasse des voeux ardents pour Antigone, qu'Olympie comme dans l'autre n'ait que des malheurs à attendre de l'issue de ce combat, qu'elle soit même si frappée de la crainte d'être livrée à Cassandre s'il est vainqueur, qu'elle dise à sa mère, rentrons, je vais me jeter aux pieds du grand prêtre, pour que dans cet unique moment qui peut rester pour me soustraire à ce malheur, il me reçoive[19] au nombre des prêtresses.[20] Que dans l'instant qu'elles veulent y entrer, Cassandre arrive etc. comme dans l'autre façon. C'était même ainsi qu'on en avait d'abord eu l'idée, mais on a pensé que le grand prêtre,

[14] 'Effectivement' is added just above the line.

[15] A note is placed here at the bottom of the page: 'ce que Cassandre peut entendre de ce qu'allant devenir son époux, son roi, son maître elle ne se permettra plus de rappeler le passé'.

[16] A note is placed here in the left margin: 'et doit tout permettre sentant que désormais elle ne peut lui échapper, et se flattant peut-être que le cœur d'Olympie étant pour lui, ce sentiment l'emportera avec le temps, doit vouloir la gagner, par toute la condescendance qui ne va pas à le priver d'elle'.

[17] The word 'trouvera' is crossed out.

[18] An ink blot covers the last two letters of this word.

[19] The words 'que dans' are crossed out here, and 'il me reçoive' is written above this, and the rest of the sentence up to and including 'que dans' is placed in the space between the lines.

[20] Here is placed a note in the left margin: 'N'ayant que ce même parti à prendre si Antigone est vainqueur'.

après avoir fait un personnage aussi important dans toute la pièce, paraîtrait trop peu, s'il ne venait[21] qu'après la mort de Statira. Il serait pourtant possible encor de cette façon qu'il vînt soit pour dire aux princesses que faites vous ici pendant ce qui se passe, venez vous refugier dans les lieux souterrains; qu'il parlât du combat; si on ne craignait pas que cela affaiblît le moment de l'arrivée de Cassandre que l'avantage tourne du côté de Cassandre, alors il serait encor plus beau à Olympie de demander qu'on la reçut sur le chanp parmi les prêtresses, quand elle n'a plus à craindre que d'être forcée à se livrer à ce qu'elle aime sans qu'il y ait de sa faute. Enfin, tout cela peut s'ajuster, et M. de V. sait mieux que personne comment.

Une autre raison qui a fait donner la préférence à la première leçon, c'est que cela a paru cette occasion qu'on cherchait tant pour Olympie, de montrer sa passion; elle le peut sans manquer à sa mère qui alors entre avec bonté et compassion dans son état. Elle le peut sans indécence, par conséquent sans révolter, puisqu'elle en sent tout l'odieux,[22] qu'elle est déchirée de remords et[23] entièrement résolue à abandonner celui qui en est l'objet. On a pensé que cela pouvait faire une scène très belle et très intéressant.

Il est vrai qu'il faut convenir que dans ce plan, le développement de la passion d'Olympie est moins nécessaire parce que ne tenant plus seule le 5e[24] acte, il n'est pas aussi essentiel qu'elle intéresse au dernier point pour le soutenir; mais enfin cet intérêt n'est-il pas fait pour ajouter beaucoup au succès, et par conséquent n'est-il pas précieux de le lui faire inspirer.

Récapitulons.* Dans ce plan, on ôte la défaut majeur de la mort bizarre de Statira. On rend Cassandre agissant; disons mieux, on le fait être ce qu'il doit être, et faire ce qu'il doit faire: car n'est-il pas inconcevable qu'un roi jeune, passionnément amoureux, qui a une armée,[25] reste dans sa cellule à dire son chapelet pendant qu'il s'agit de tout pour lui; qu'il se laisse arrêter par une prétendue loi dont il doit se moquer; qu'il attende que son sort soit décidé par un prêtre qui le traite comme un enfant, et une jeune personne, qui à la vérité l'aime, mais qui dépend d'une mère

---

[21] The words 'que depuis' are crossed out.
[22] The word 'et' is crossed out.
[23] The phrase 'déchiree de remords et' is written above the line.
[24] The word 'premier' is crossed out and '5e' is written above it.
[25] The clause 'qui a une armée' is written above the line.

impérieuse qui est son ennemie mortelle, et qui n'a que de trop fortes   140
armes contre lui? Encore une fois, peut-on concevoir que, dans une
situation aussi critique, il reste les mains dans ses poches [26] à attendre ce
qui en arrivera? Cette résignation est celle d'un novice (jésuite encore)
qui n'ose penser que d'après son général, mais elle n'est pas celle d'un roi
armé du plus respectable, du [plus] [27] incontestable de tous les droits, de   145
celui d'époux. Mais Cassandre est fait ainsi: il a fait des expiations, il craint
les dieux. Oui, il a fait des expiations, mais quand? dans un temps où tout
cela se rapportait à son amour, en était autant d'actes, innocentait (si on
peut se servir de ce terme) sa passion à ses yeux. Enfin, quand rien de
tout cela n'allait contre son but. D'ailleurs on nous a peint ce même   150
Cassandre comme variable, tantôt craintif, tantôt téméraire, tantôt
soumis, tantôt révolté; ainsi on ne peut pas dire qu'on le fait changer
tout d'un coup de caractère. Au contraire, on justifie celui qu'on lui a
donné. Et assurément si [28] ce caractère est tel, c'est bien le moment de la
variation, celui de ne pas tenir compte de ces scrupules de religion qui   155
l'intimidaient, ni de rien, quand on veut lui ôter sa femme qu'il adore.
Cela est dans la nature; le reste n'y est pas.

Il résulte un autre avantage de ce plan qui est le plus grand, d'avoir un
5 en action, en grands mouvements, au lieu d'un qui ne roule que sur les
difficultés successives qu'on fait à cette Olympie, qui n'a pas trouvé le   160
secret d'intéresser sur son projet de se faire religieuse et qui la mènent à se
brûler: [29] acte froid, vide, et qui sera la pierre d'achoppement de la pièce.

Au reste, on est bien éloigné de croire en avoir imaginé un où il n'y ait
rien [à] dire: il faudrait qu'on fût devenu fou à enfermer. On l'est tout
autant d'avoir voulu dicter les discours que doivent tenir les personnages.   165
Mais quand on veut faire un plan, il faut bien imaginer les scènes; quand
on parle des scènes, il faut bien dire à peu près sur quoi on croit qu'elles
doivent rouler. [30] Il n'y a peut-être dans tout cela rien qui vaille, à la
bonne heure; mais si cela peut servir à faire entendre à M. de V. qu'il ne

[26] One might expect to read 'les poches' here, but the manuscript reads 'ses
poches'.

[27] The word 'plus 'is crossed out here, and replaced by 'moins', also crossed out,
placed above the line; the sense of the sentence clearly requires 'plus'.

[28] The expression 's'il' is replaced by 'si'.

[29] The manuscript reads 'à se brûler', but Moland has 'au bûcher' here. In the
manuscript, 'et qui la mènent à se brûler' is written above the line.

[30] The words 'mais ce qu'on a voulu' are crossed out.

faut pas que Statira meure subitement, qu'il faut qu'Olympie intéresse et   170
touche, qu'il faut surtout un 5 plus étoffé, plus digne de terminer une belle
pièce que celui qui existe, qu'il y entre ou n'y entre pas la moindre chose
de tout ceci, on n'aura pas regret à sa peine.

FRAGMENT D'OBSERVATIONS DE M. D'ARGENTAL SUR *OLYMPIE* ET RÉPONSES DE VOLTAIRE EN MARGE

[D10157, from the d'Argentals, undated on the manuscript]

Il y a dans le 5ᵉ acte quelque chose qui manque, que nous sentons, et que
nous ne pouvons pas définir, une certaine langueur qui le tuera, si vous
n'y remédiez. Cela vient peut-être de ce que Cassandre n'y est pas assez
vif et assez pressant, qu'il raisonne assez juste, mais qu'il ne sent point
assez vivement. Nous n'aimons point par exemple qu'il dise: 5
    Elle [Statira] nous séparait, son trépas nous rejoint.
C'est une idée malhonnête et choquante à présenter à Olympie dans ce
terrible moment.[31] Nous pensons qu'il faudrait refaire ce couplet de
Cassandre. Nous vous avions parlé de quelques vers qui étaient à changer
comme: 10
    Dans l'excès de vos maux, qui doivent nous toucher!
Nous toucher! Comme cela est faible pour des maux excessifs![32]
    Cassandre m'épousait, et cet hymen peut-être
    Réparait tous les maux où le ciel me fit naître.
Des maux où le ciel fit naître![33]   15
    Voici une remarque du second acte:
    Pour bénir cet hymen à nos autels promis,[34]
    Les époux par ses mains doivent se voir unis.

---

[31] The Voltaire notes in this letter, including the present one, are written in the left margin. In his edition, Th. Besterman says in his commentary that 'All the lines criticised have disappeared from *Olympie*' and that the 'notes were apparently written by Voltaire on the ms.' These notes are indeed on BnF12938. The first reads: 'On peut adoucir cette idée, mais le fond en est très vrai.'

[32] 'Ce n'est qu'un mot aisé à corriger' [Voltaire's note].

[33] 'Corrigé' [Voltaire's note].

[34] 'Corrigé' [Voltaire's note, referring to 'promis', which he underlined].

385

Ce qui s'est passé n'est donc que des fiançailles et les désigne exactement, au lieu qu'il faut qu'ils soient mariés,[35] et très mariés,[36] et irrévocable-   20
ment: aussi le sont-ils dans tout le cours de la pièce, puisqu'il n'y a que la qualité de meurtrier[37] qu'on découvre à Cassandre qui peut rompre le mariage;[38] et si cela n'était pas ainsi, point de pièce.[39]

Il faut donc que ces époux, qui viennent d'être unis par les mains de la prêtresse, doivent être bénis. C'est une dernière cérémonie, une   25
solemnité qui rend le mariage plus respectable, plus saint, mais ce ne peut être que cela.[40]

---

[35] 'Mariés. Oui' [Voltaire's note].

[36] 'Oui, oui' [Voltaire's note].

[37] The word 'assassin' is crossed out; 'meurtrier' is inserted in the line above.

[38] 'Mariés, oui. – Corrigé, corrigé' [Voltaire's note].

[39] 'Pour Dieu, renvoyez-moi mes guenilles. Je tâcherai de les renvoyer dignes de vos ailes' [Voltaire's note].

[40] This paragraph is missing from D10157.

APPENDIX 1:
LETTER OF DEDICATION

The following draft of a letter of dedication is addressed to Ivan Ivanovitch Shuvalov. It dates from late 1761 or early 1762; Voltaire asked Shuvalov's permission to dedicate it to him in a letter of 14 November 1761 (D10154). It seems possible that Voltaire had already drafted the dedication as of this letter, since what he says there conforms exactly to the draft we know of:

J'ai fait depuis peu une tragédie d'un genre assez singulier. Si vous le permettez je vous la dédierai, et ma dédicace sera un discours sur l'art dramatique dans lequel j'essaierai de présenter quelques idée neuves. Ce sera pour moi un plaisir bien flatteur de vous dire publiquement tout ce que je pense de vous, et des beaux arts, et du bien que vous leur faites.

Voltaire repeated his offer to dedicate *Olympie* to Shuvalov in a letter dated 23 December 1761 (D10224); Shuvalov accepted this offer a month later (D10281).

However, the dedication was apparently never completed in polished form; the existing version is clearly a rough draft. Why Voltaire never published it is not clear. Lublinsky, in his edition of the text, states cryptically that political reasons probably dictated that it remain unpublished. Whatever the reason, *Olympie* was published in 1763 by Voltaire's former secretary, Collini, without a dedication, and subsequent editions also lacked a dedication.

Voltaire in this letter seems to be referring indirectly to Diderot's attempt at reform in the theatre, with which he was partially in agreement, especially in striking tableaux, in more natural action on the part of the actors, and in greater realism in stage settings and in costumes. However, Voltaire wanted to maintain the aristocratic genre of tragedy and insisted on a verse form, whereas Diderot's reform envisaged the new bourgeois genre of *drame*, written in prose. Although it was Diderot's reform which ultimately won out, Voltaire was more aware than he of the possible dangers of his new tragic genre. He says in the dedication:

Il se pourra faire qu'un jour ces nouveautés mêmes corrompront le théâtre et la littérature. L'extraordinaire et le gigantesque seront à la place du naturel, le forcé à la place du simple. Le décorateur l'emportera sur l'auteur, et au lieu de tragédies on aura la rareté, la curiosité.

For the rest, Voltaire's literary criticism as expressed in this letter shows the usual myopic nationalism characteristic of French classicism, with its insistence on the rules, on the unities and on the presumed perfection of the French theatre by comparision with the English and Spanish stage.

The text of the manuscript was published with notes and a Russian translation by V. S. Lublinsky in *Textes nouveaux de la Correspondance de Voltaire: Lettres de Voltaire* (Moscou et Leningrad, Editions de l'Academie des Sciences de l'URSS, 1956), p.263-76. The text presented here is modernised; the numerous deletions are not indicated, since Lublinsky's easily accessible work is very complete, and shows every alteration, however minor.

I am indebted to my colleague, Leonard DiLisio, for his help in reading Lublinsky's notes and introduction.

A Mr de Shouvalof

L'art de la tragédie fut regardé depuis longtemps comme un des plus beaux chez les peuples polis. Il fallait aux premiers Grecs des jeux tels que la course, la lutte et le disque dans un temps où la force du corps faisait le principal mérite des hommes. Quand les esprits furent cultivés on eut besoin des arts de l'esprit. [1] C'est ce qu'on a vu chez toutes les nations; c'est ce qu'on voit aujourd'hui singulièrement dans la vôtre. Il n'y en a a point qui ait joint plus rapidement la culture des sciences à la profession dure et pénible des armes, et [qui] ait réuni si tôt ce double avantage.

5

---

[1] A marginal note reads as follows: 'L'art de la tragédie parut renfermer tous les arts: architecture, peinture, perspective, musique, éloquence, poésie, etc. ¶C'est dans les temps les plus florissants que ces arts sont cultivés.'

Il n'y a pas soixante ans que les fondements de votre ville impériale de Pétersbourg furent jetés, [2] et vous y avez depuis longtemps des académies   10
savantes et des théâtres magnifiques, tandis que vos guerriers vont se signaler aux bords de l'Oder et de l'Elbe.

Compterai-je parmi ces nouveaux prodiges celui de parler notre langue aussi purement qu'à Paris, de juger nos écrits avec autant de goût et plus d'impartialité? C'est ce que vous me faites apercevoir, Monsieur,   15
depuis deux ans que j'ai l'honneur d'être avec vous en commerce de lettres. Vous ne vous êtes pas borné à vous former le goût et à enrichir votre esprit des plus belles connaissances sans sortir de votre cour. Vous répandez l'amour des sciences, et l'académie que vous avez [3] fondée à Moscou vous doit ses lumières comme son établissement.   20

Votre auguste impératrice [4] a été la première qui ait encouragé l'édition de notre grand Corneille. Il n'eût pu jouir de son temps d'une telle gloire. C'est à vous que ses descendants la doivent. C'est sous le soixantième degré de latitude que *Le Cid* [et] *Cinna* trouvent aujourd'hui des protecteurs. L'Europe littéraire, malgré les guerres qui la troublent,   25
est une vaste académie dont les membres se correspondent du fonds du golfe de Finlande jusqu'à la ville où fleurirent les Cicérons, les Horaces et les Virgiles.

Pour donner un exemple de cette correspondance heureuse ainsi pour signaler mon estime et mon amitié, j'ai l'honneur de vous dédier cette   30
tragédie nouvelle, et de faire avec vous quelques réflexions sur cet art devenu si commun et si difficile.

Lorsqu'une langue n'est pas encore épurée, quand les terminaisons n'en sont pas harmonieuses, qu'un heureux assemblage [5] de voyelles et de consonnes, de syllabes brèves et longues n'a pas encore adouci la rudesse   35
de la prononciation, on fait longtemps de pénibles et de vains efforts dans tous les genres d'écrire. Nous nous essayâmes il y a plus de deux siècles, mais ce n'est guère que depuis cent trente ans que notre langue est devenue digne de l'honneur que vous lui faites de la parler si bien. Et c'est

[2] Saint Petersburg (later Petrograd, then Leningrad, until 1991) was founded by Peter the Great in 1703.

[3] 'vous avez' is crossed out in the ms, but is clearly required by the text.

[4] Catherine the Great. The edition of Corneille's works she subscribed to is of course the one that Voltaire was preparing at that time.

[5] Voltaire, having added 'assemblage', evidently forgot to cross out 'concours', the word which 'assemblage' replaced.

par le théâtre que nous avons commencé. C'est de tous les arts celui où 40
nous avons le plus réussi.

Nous commençâmes, du temps de nos rois François Ier et Henri
second au seizième siècle, par imiter les Grecs. Nous les imitâmes très
mal, et nos mœurs étant absolument différentes bientôt notre théâtre le
fut aussi. 45

Il fallait que la tragédie fût la représentation parfaite de grands
événements, des passions et de leurs effets, qu'on fît parler les hommes
comme ils doivent parler, et que le langage de la poésie en élevant l'âme et
en charmant les oreilles n'ôtât rien au naturel et à la vérité. Et c'est à cette
loi que se rapportent toutes les autres. De toutes les règles de cet art, celle 50
d'émouvoir des esprits raisonnables et délicats est sans doute la plus
difficile.

Le plus médiocre génie peut observer la loi des trois unités absolument
indispensable et sans laquelle une pièce sera toujours irrégulière. Il est
plus difficile de ne laisser jamais le théâtre vide, de faire toujours paraître 55
et disparaître les personnages avec raison. Mais cet art, tout nécessaire
qu'il est, n'est pas encore celui de plaire. C'est seulement n'être pas
défectueux.

Quand on manque à toutes ces règles, on est barbare. Celui qui en est
instruit et qui les néglige semble dire à sa nation: 'Je ne vous crois pas 60
digne d'une pièce régulière.' Vous avez des cordonniers et des savetiers
avec Jules César et Brutus, des fossoyeurs avec Hamlet.

Lope de Vega disait: 'Quand je veux écrire pour ma patrie, j'enferme
Aristote, Sophocle, Terrence sous la clef,' etc.

Nous avons longtemps erré dans les mêmes deserts sauvages, et quand 65
nous avons voulu retourner à Athènes nous n'avons été qu'à Paris, etc.

Malgré nos défauts, qui sont très grands, nous sommes pourtant les
seuls dont on traduise encore et dont on joue les pièces – c'est qu'il y a
dans toutes nos bonnes pièces plusieurs scènes très naturelles, et que la
nature se fait sentir partout. C'est surtout qu'elles sont écrites sagement et 70
avec une élégance noble, etc.

Il n'y a que ces ouvrages qu'on traduise dans toutes les langues;
témoin le *Colomb* d'Addison,[6] bien écrit d'un bout à l'autre, etc.

---

[6] Lublinsky reads *Colon* here, but the correct reading is almost certainly *Caton*.
Addison's *Cato* was acted in 1713, and was frequently referred to by French critics as
an example of a regular tragedy.

Parmi quatre ou cinq mille tragédies, nous en avons tout au plus huit ou dix où les personnages disent toujours, et bien, ce qu'on doit dire – ce sont ces pièces et celles qui semblent en approcher quoique de très loin qui ont donné la vogue au théâtre de France. 75

Quand notre théâtre semblait être parvenu à sa perfection, et laisser loin derrière lui les théâtres de Rome et d'Athènes, on commença à s'apercevoir qu'il y régnait deux grands défauts qui à la longue le rendraient insipide. 80

Le premier est le vide d'action. Tout était en longues conversations sans grands coups de théâtre, sans appareil, sans ces grands mouvements qui déchirent l'âme, sans ces grands tableux qui imposent a[ux] yeux et à l'esprit. Ce défaut avait sa source dans un reste de barbarie. La scène n'était point un objet principal de la première magistrature comme dans Athènes et dans Rome. On l'abandonnait à des histrions qui d'un jeu de paume long et étroit faisaient le théâtre d'Alexandre, de César et d'Auguste. On jouait dans un espace de dix pieds carrés, et César paraissait en chapeau et en perruque carrée au milieu de deux cents Français en perruque qui se rangeaient à peine pour le laisser passer. 85

Le second défaut, qui venait en partie du premier, est la froideur qui résulte à la longue de cinq actes en conversation et sans appareil. C'est une espèce d'élégance uniforme, sans intérêt et sans chaleur. On avait touché le cœur, mais on ne l'avait pas remué, transporté, déchiré. La tragédie faisait de beaux effets, mais non pas des effets terribles. 95

Saint-Evremond fut le premier qui dit que [...] [7]

César dit qu'il est comme l'étoile polaire, qui ne change point de place même quand les autres courent. C'est du ridicule, les savetiers romains avec Brutus; c'est du bas, César qu'on tue sur le théâtre; c'est du barbare, mais ce n'est pas de l'ennuyeux. 100

Y a-t-il quelque chose de pis? Oui, de longues conversations froides et insipides.

On fit peu d'attention à la réflexion trop vraie de Saint-Evremond. C'était comme si du temps de Lully quelqu'un s'était avisé de dire que sa musique était monotone et faible. 105

Les esprits se raffinent lentement. Il a fallu près d'un siècle pour s'apercevoir de cette plaie secrète découverte par Saint-Evremond. Et

---

[7] There is a break in the text at this point, and a portion of the letter is lost. In a marginal note, Voltaire wrote: 'César, Shakespeare.'

enfin quand Paris eut un théâtre un peu moins mesquin, moins étroit, moins gothique que celui sur lequel on avait joué si longtemps, quand la scène fut dégagée de la foule des spectateurs qui la défiguraient, on fut tout étonné de sentir ce qui[8] nous manquait. 110

On voyait un père écouter tranquillement et sans répondre un mot le récit de la mort de son fils.[9] On assistait à de longues conversations politiques.[10] On comprit enfin que nous avions de bons morceaux et presque point de vraies tragédies. 115

Je me souviens d'avoir vu autrefois à Londres, dans une pièce toute irrégulière et presque en tout sauvage, une scène entre Brutus et Cassius.[11] Ils se querellaient avec indécence je l'avoue. Ils se disaient des choses que les honnêtes gens bien élevés n'entendent point parmi nous. Mais enfin il y avait tant de naturel, de vérité et de force que j'étais ému. Et on ne l'est jamais à ces froides contestations politiques qu'on a autrefois admirées sur le théâtre. Elles font plaisir au lecteur, mais elles laissent le spectateur trop tranquille. 120

La tragédie est une peinture vivante, un tableau animé où les personnages doivent agir. Le cœur humain veut être agité. On cherche à voir une mère qui court au-devant de son fils en danger, les cheveux épars, les sanglots à la bouche, la terreur et la mort dans les yeux. On veut de la violence, des poignards levés, des révolutions frappantes, des passions funestes, des crimes, des remords, le désespoir suivi de félicité, l'élévation suivie d'une chute rapide. C'est la véritable tragédie, dont on a un exemple dans le cinquième acte de *Rodogune*. 125 130

Espérons qu'il se trouve bientôt quelque génie qui exécutera ces idées, qui les embellira du charme de la poésie sans violer[12] en rien les lois du langage ni celles du théâtre. 135

Quand même le genre ne serait pas le meilleur, il serait évidemment nécessaire. On se lasse de ce qui n'est qu'élégant ou politique. Le sublime qui paraît comme des éclairs dans la nuit frappe l'âme et ne la tire point de son assiette. Ce genre nouveau produira de véritables acteurs; nous n'avons eu que des récitateurs. 140

[8] The ms reads 'ce que', which is clearly an oversight.
[9] In *Phèdre*, V.vi.
[10] A probable reference to *Cinna*.
[11] *Julius Caesar*, IV.iii.
[12] Voltaire, having added 'violer', forgot to cross out 'manquer', the word which 'violer' replaced.

Il faut les personnages de Michel-Ange en action, et non des figures inanimées. Il faut souvent que la voix tonne et que les éclairs étincellent dans les yeux, tantôt que les larmes coulent et que les sanglots étouffent une voix mourante. J'ai vu quelques traits de ce tableau que je trace, mais en général les acteurs étaient plus loin encore de leur art que les auteurs.   145

Quand même ce genre de tragédie ne serait pas le plus attachant, le plus terrible, il faudrait l'adopter au moins pour quelque temps, car la variété est nécessaire dans tous les arts et dans tous les plaisirs.

Si on ne représentait des tragédies que certaines solemnités, nous en aur[i]ons assez, mais dans une ville telle que Paris il en faut tous les jours.   150
On est obligé de frapper l'esprit par des nouveautés.

Il se pourra faire qu'un jour ces nouveautés mêmes corrompront le théâtre et la littérature. L'extraordinaire et le gigantesque seront à la place du naturel, le forcé à la place du simple. Le décorateur l'emportera sur l'auteur, et au lieu de tragédies on aura la rareté, la curiosité.   155

Le goût n'est pas chez tous les peuples.

De même que jamais les asiatiques n'ont connu la musique à parties, la peinture, la belle sculpture, l'architecture régulière, ils n'ont jamais connu l'éloquence et la poésie, ils ont les fables de Lokman ou d'Esope, mais ni Zeuxis, ni Démosthène, ni Sophocle. [13]   160

De même, il y a des nations qui ont eu de grands philosophes mais jamais de Molière ni de Racine. La force leur a été donnée, l'élégance et le goût refusé. Ils n'ont ni peintres ni tragiques ni comiques qui plaisent aux nations policées.

Les raisons sont l'influence du peuple toujours un peu grossier dans   165
nos climats septentrionaux, assez riche, assez désœuvré pour vouloir des spectacles, trop peu délicat pour s'y connaître.

Aussi les gens de goût de cette nation achètent les tableaux italiens, ont de la musique italienne, et lisent nos auteurs.

Il faut de temps pour changer le goût d'une nation.   170

Vous ne connaissez point la scène française; et à peine commence-t-elle à être connue parmi nous. On n'a fait pendant longtemps que réciter des vers, prononcer de longs dialogues ou de longs soliloques. D'abord, on les déclamait d'une manière ampoulée; ensuite, on les récita du ton dont on lut une histoire.   175

---

[13] If Voltaire's judgement seems as sweeping as it is erroneous, his ignorance in these matters was shared by most of his contemporaries.

393

Enfin, on est parvenu à peindre les sentiments par la parole, par le geste, par toute action du corps, par le silence même. Voilà la vraie représentation de la tragédie. Il faut que chaque acte puisse être un tableau touchant et terrible, et que les attitudes des acteurs soient telles qu'aucun pinceau ne puisse les égaler. [14]

180

[14] In the margin opposite the last lines, Voltaire wrote: 'Racine a seul de ces coups de théâtre produits par le seul sentiment et amenés avec un art dont on n'approcha jamais. *Rodogune* $5^{\text{ème}}$ acte et les quatre de[rniers(?)] seuls vrais spectacles. Aussi *Athalie* si ce miracle de la dispersion d'une armée, etc.'

APPENDIX 2:
AVIS DE L'ÉDITEUR

Voici une nouvelle tragédie. J'espère que le public me saura gré de la lui présenter.

M. de Voltaire en envoya le manuscrit, il y a quelque temps, à S.A.S.E. Mgr l'Electeur Palatin. Ce prince connu dans l'Europe par des talents qui le rendent plus respectable sur le trône, voulut voir l'effet de cette pièce. Il la fit jouer par ses comédiens sur le théâtre de Schwetzingen le 30 sept. et le 7 octobre de l'année passée, tandis que l'auteur de son côté en essayait chez lui des représentations. L'auteur qui m'honore de sa correspondance, et sous les ordres duquel j'ai eu le bonheur de travailler autrefois cinq ans, m'envoya aussi le manuscrit de cette pièce, et me fit parvenir les changements qu'il y faisait tous les jours. Spectateur des représentations qu'on donna de cette tragédie à Schwetzingen, je l'instruisis du succès qu'elle y avait eu, et je pris la liberté de lui faire part de quelques-unes de mes observations. Il daigna répondre à ces observations par des remarques qui se trouvent ici à la suite de la pièce.

Le genre de cette tragédie a paru neuf. La pompe du spectacle fut admirable dans le palais de S.A.S.E. Beaucoup de situations théâtrales et frappantes ont paru jeter de l'intérêt sur la conduite de la pièce, et inspirer une pitié et une terreur attendrissantes. Tout contribua à l'horreur du dénouement et de la catastrophe. J'ose assurer que de tous les coups de poignard qu'on se donne sur la scène tragique, aucun n'a plus attendri que la fin d'*Olympie*. La décoration était magnifique. Le bûcher disposé avec art faisait frémir; c'était de véritables flammes. L'autel sur lequel était Olympie laissait voir tout ce spectacle. Les prêtres et les prêtresses arrangés loin d'elle en demi-cercle laissaient à la princesse toute la liberté de se précipiter. Le spectacle fut digne de toute la magnificence et de tout le goût de Leurs Altesses Sérénissimes Electorales. Il ne manqua à cette fête que le plaisir d'y voir celui auquel je suis si attaché, et pour qui mon maître conserve les bontés les plus constantes. Je lui donne une marque de mon zèle en faisant imprimer son ouvrage.

Colini
Secrétaire intime, et historiographe
de S.A.S.E. Palatine

Avis

Critical edition

by

David Williams

TABLE DES MATIÈRES

INTRODUCTION

The publication at the beginning of February 1761 of Voltaire's *Avis*, or 'déclaration sur mes Lettres' (D9597), was the direct consequence of the controversial publicity surrounding his acceptance of responsibility for Marie Françoise Corneille, a collateral descendant of Pierre Corneille.[1] Since the time of Ponce Denis Ecouchard Lebrun's initial appeal to Voltaire on behalf of the impoverished Corneille family in a letter written *c.*25 October 1760 containing a thirty-three verse ode drawing attention to Marie Corneille's plight and that of her father Jean-François (D9349)[2] and Voltaire's subsequent agreement to invite Marie Corneille to Ferney (D9382), rumour and innuendo regarding Voltaire's motives had started to circulate in Paris, and speculation continued unchallenged.[3] The publication of Lebrun's ode together with the correspondence with Voltaire served only to intensify public interest in the affair.[4] In addition to the gossip, formal objections

---

[1] For a full account of this episode, together with relevant bibliographical information, see D. Williams, 'Voltaire's guardianship of Marie Corneille and the pursuit of Fréron', *SVEC* 98 (1972), p.27-46; *Commentaires sur Corneille*, *OCV*, vol.53 (Introduction), p.27-63; *VST*, vol.2 (1995), p.87-95.

[2] Jean-François Corneille was a descendant of one of Pierre Corneille's brothers.

[3] See D9431, D9437 note. Reporting on Parisian literary life to Charles de Cobenzl on 28 July 1760, and enclosing a copy of Lebrun's ode and the correspondence with Voltaire, Godefroid van Swieten noted: 'On assure qu'un parti de dévots et de dévotes ne veut pas consentir à remettre cette demoiselle entre les mains de Voltaire: on craint pour son pucelage et son salut. Il faudra voir si ce zèle se bornera à des clabauderies, ou si on mettra la demoiselle en état de conserver son pucelage et de faire son salut à Paris, moyennant une bonne pension', cited by G. Charlier, 'Une correspondance littéraire inédite', *Revue d'histoire littéraire de la France* 27 (1920), p.106. Much of the scepticism about Voltaire's philanthropic gesture emanated from Mme Molé's circle; see D9448, D9454, *OCV*, vol. 53 (Introduction), p.36, note 23; *VST*, vol.2, p.88.

[4] *Ode et lettres à Monsieur de Voltaire en faveur de la famille du grand Corneille: par monsieur Le Brun, avec la réponse de M. de Voltaire* (Paris, 1760; BV1970). This

had come from the authorities at the convent of Saint-Antoine where Marie Corneille had been staying just prior to her arrival in the household of Evrard Titon Du Tillet, where Lebrun's attention had first been drawn to her straitened circumstances. [5]

Despite the controversy, by the end of November 1760 everything was ready for Marie Corneille's departure for Ferney (D9432). It was at this critical point, however, that Voltaire discovered that Lebrun had published with his ode the recent correspondence between them. He communicated his displeasure at this indiscretion to Thiriot on 8 December: 'Monsieur le Brun est le maître de son ode, mais il ne devait pas je crois faire imprimer ma prose' (D9449). On the following day he expressed his disquiet directly to Lebrun: 'Ma réponse à vos lettres ne méritait certainement pas de paraître à la suite de votre ode. Les lettres qu'on écrit avec simplicité, qui partent du cœur et auxquelles l'ostentation ne peut avoir part, ne sont pas faites pour le public. Ce n'est pas pour lui qu'on fait le bien, car souvent il le tourne en ridicule. La basse littérature cherche toujours à tout empoisonner; elle ne vit que de ce métier' (D9453).

Because of the exigencies of the *permission tacite*, Lebrun's

---

work was reprinted under the title *L'Ombre du grand Corneille, ode en faveur de Mlle Corneille, avec deux lettres à Monsieur de Voltaire, suivie de sa réponse* (Paris, 1760). It was reprinted in *La Wasprie, ou l'ami Wasp* (Berne, 1761), 'deux volumes d'injures contre Fréron' (*Correspondance littéraire*, vol.4, 15 July 1761, p.442). On the increased publicity surrounding the publication of Lebrun's ode, see particularly D9451, D9454, D9464, D9470; *OCV*, vol.53 (Introduction), p.32-33.

[5] E. Chapuisat, 'A propos de Voltaire et de Marie Françoise Corneille', *Le Temps* (9 February 1938), p.3. Prior to Lebrun's intervention, Titon Du Tillet had already helped with the Corneille family's expenses, see *OCV*, vol.53 (Introduction, p.28-29, note 6). It was through Titon Du Tillet that Jean-Francois had made contact with Fréron who persuaded the Comédie-Française to stage a benefit performance of *Rodogune*. The income from this had paid for Marie Corneille's education at Saint-Antoine until the money was exhausted, at which point Lebrun made his appeal to Voltaire. Lebrun's intervention brought to an end Fréron's own plan to prepare an edition of Corneille's plays for the financial benefit of Marie Corneille, for which he had obtained the *privilège* on 9 December 1760, see *VST*, vol.2, p.87 and 676.

publisher Pierre Guy[6] had arranged for the ode, together with Lebrun's original letter to Voltaire and Voltaire's reply, to be issued by Duchesne in Geneva, and it came to Voltaire's attention that Lebrun's ode and his correspondence were being advertised in Paris by the bookseller as a work with a Genevan imprint. Voltaire anticipated accurately the interpretation that was soon to be placed on matters:

Il est triste que votre libraire Duchesne ait mis le titre de Geneve à votre ode, à votre lettre et à ma réponse. Il semblerait que j'ai eu le ridicule de faire moi même imprimer ma lettre. Vous savez que quand la main droite fait quelque bonne œuvre, il ne faut pas qu'elle le dise à la main gauche. Je vous supplie très instamment de faire ôter ce titre de Geneve. Votre ode doit être imprimée hautement à Paris: c'est dans l'endroit où vous avez vaincu que vous devez chanter le *te deum*. On n'imprime que trop à Paris sous le titre de Geneve. On croit que j'habite cette ville.

Voltaire was equally dismayed that his letter of welcome, written with Mme Denis and addressed directly to Marie Corneille (D9421), was also public property, [7] and his indignation now began to focus on Fréron who had published on 10 December a long article on the Marie Corneille affair in the *Année littéraire* including a cruelly satirical analysis of Lebrun's ode, together with abusive commentary on the exchange of letters between the poet and Voltaire. [8] Voltaire felt it necessary to repudiate Fréron's damaging insinuations (D9540, D9544) and at the same time ensure that the arrangements being made for Marie Corneille's stay at Ferney

[6] Guy was by now handling the affairs of Duchesne's widow. Voltaire was to have further problems with this publisher in connection with the *Commentaires sur Corneille*; see *OCV*, vol.53, p.153.

[7] See also D9445. The letter was printed in the *Année littéraire* (vol.8, 10 December 1760, p.162-63) and in the *Mercure de France* (vol.1, January 1761, p.115-16) under the title *Lettre de M. de Voltaire à Mlle Corneille, insérée dans une de ses lettres à M. Le Brun*.

[8] *Année littéraire*, vol.8 (10 December 1760), p.145-64. See also G. Desnoiresterres, *Voltaire et la société française au XVIIIe siècle* (Paris, 1871-1876), vol.6, p.32; D. Williams, 'Voltaire's guardianship of Marie Corneille and the pursuit of Fréron' p.37-46.

were not susceptible to public criticism. He was particularly anxious about the possible harm being done to Marie Corneille's marriage prospects by Fréron's dangerous calumny regarding the hospitality given by Voltaire's to an ex-actor from the Comédie-Française in the previous year, and he urged both Lebrun and Jean-François Corneille to take legal action against Fréron (D9544, D9584). [9] As a result of Fréron's article Voltaire found himself committed to a public defence of Lebrun, and less happily to a defence of Lebrun's ode (D9540, D9697).

It was against this background of mounting tension and dispute, which would continue until May 1761, [10] that the *Avis* was composed. Voltaire decided that he must extricate himself from the public embarrassment arising from the publication of his correspondence with Lebrun, and on 13 January 1761 he wrote to Thiriot: 'Je vous prie mon cher ami, vous, ou Mr d'Amilaville *musarum amantem*, d'avoir la charité d'envoyer au *Mercure*, aux petites affiches, à toutes les petites feuilles, l'avertissement ci-joint; il est necessaire' (D9539). The enclosed notice was dated 12 January 1761. Voltaire was then dismayed to learn that the text of the *Avis* had been altered without his permission, and he protested to both Thiriot and Damilaville on 31 January (D9587):

Je suis très fâché que les impies aient rayé de ma pancarte, le culte et les exercises de religion, parce que je remplis tous ces devoirs avec la plus grande exactitude; [11] on ne devait pas non plus mettre *dans les terres*, au

[9] 'Il faut avouer qu'en sortant du couvent, Mlle Corneille va tomber en de bonnes mains' (*Année littéraire*, vol.8 (1760), p.163-64). On the repercussions of Fréron's allusion to the inferred relationship between Voltaire and the dental surgeon and former actor in question, Louis L'Ecluze de Thilloy, and Voltaire's subsequent action, see D. Williams, 'Voltaire's guardianship of Marie Corneille and the pursuit of Fréron', p.37-39; *VST*, vol.2, p.88-89.

[10] See D9862; D. Williams, 'Voltaire's guardianship of Marie Corneille and the pursuit of Fréron', p.38-46.

[11] Protestations of decorum feature prominently in all Voltaire's reports on Marie Corneille's progress throughout the early months of 1761, but the main public statement on her continuing piety was sent to Capacelli on 23 December 1760 (D9492). See also D9494, D9498, D9523, D9653.

lieu de *mes terres*, parce que je ne suis pas obligé d'aller à la messe dans les terres d'autrui, mais je suis obligé d'y aller dans les miennes. Mes amis verront la preuve de ce que je prends la liberté de leur représenter, dans ma lettre [12] à Mr le marquis Albergati.

Two days later Voltaire thanked Thiriot and Damilaville for the arrangements made to publish the *Avis* in the journals, and reiterated at further length his concern that the text should not be tampered with in any way (D9597):

Il m'est très important que Genêve qui n'est qu'à une lieue de mon séjour ne passe point pour un magasin clandestin d'éditions furtives. Je leur ai très grande obligation de vouloir bien détruire ce soupçon injuste qui n'est déjà que trop répandu.

Je les supplie aussi très instamment de ne rien changer à ma déclaration; l'article du *culte* et *des devoirs de la réligion* est essentiel; je dois parler de ces devoirs, parce que je les remplis, et que surtout, j'en dois l'exemple à Mlle Corneille que j'élève. Il ne faut pas qu'après les calomnies punissables de Fréron, on puisse soupçonner que Made Denis et moi nous ayons fait venir l'héritière du nom de Corneille aux portes de Genêve pour ne pas professer hautement la religion du roi et du royaume. On a substitué à cet article nécessaire, que *je m'occupe de ce qui intéresse mes amis.* On doit concevoir combien cela est déplacé; pour ne rien dire de plus. Je ne dois point compte au public de ce qui intéresse mes amis, mais je lui dois compte de la religion de mlle Corneille.

J'insiste avec la même chaleur sur le changement qu'on veut faire dans ce que je dis de l'ode de Mr Lebrun. Je dis, *qu'il y a dans son ode des strophes admirables,* et cela est vrai. Les trois dernières strophes, surtout, me paraissent aussi sublimes que touchantes; et j'avoue qu'elles me déterminèrent sur le champ à me charger de Mlle Corneille, et à l'élever comme ma fille. Ces trois dernières strophes me paraissent *admirables,* je le répète. Vous voulez mettre à la place *sentiments admirables,* mais un sentiment de compassion n'est point admirable; ce sont ces strophes qui le sont. Je demande en grâce qu'on imprime ce que j'ai dit, et non pas ce qu'on croit que j'ai dû dire. Je sais bien qu'il y a des longueurs dans l'ode, et des expressions hasardées. Le partage de Mr Lebrun est de rendre son

---

[12] D9492.

ode parfaite en la corrigeant; et le mien de louer ce que j'y trouve de parfait.

On the same day Voltaire wrote to Lebrun explaining the reasons for the steps he had taken (D9599):

C'est une chose très importante pour moi; il ne faut pas qu'on croie dans le public que je fasse imprimer à Genève aucune brochure, en effet, on n'en imprime aucune dans cette ville dont je suis éloigné de deux lieues, et il est nécessaire qu'on le sache, vous en sentez toutes les conséquences.

Je vous ai rendu, Monsieur, toute la justice que je vous dois dans cet avertissement, et je me suis livré à tout ce que mon goût et mon cœur m'ont dicté.

Apart from a passing allusion in a letter to Gabriel Cramer on 5 February (D9606), there is no further reference to the 1761 *Avis* in Voltaire's correspondence. The *Avis* remains in many ways a peripheral text, whose interest emerges only within a context of narrow historical circumstances. The text does, however, throw further light on Voltaire's increasing awareness in 1761 of his public responsibility and accountability for the welfare of Corneille's descendant. Behind this minor polemical text looms the much larger drama of Voltaire's commitment for the next three years to the monumental enterprise to produce a complete edition of Corneille's theatre for the benefit of 'le sang du grand Corneille' (D9862).

An oblique allusion in a note to Cramer written on 5 February 1761,[13] suggests that the *Avis* might have been printed separately in Geneva by the Cramer press, but no Cramer edition of the text appears to exist. The *Avis* does not appear in any of the collective editions of Voltaire's works until 1830 when Beuchot included it as part of the collection of *Mélanges* in volume 40 of his edition under the title *Avis, 1761*.[14] The annotations by Clogenson to MS3 indicate preparation of the text for a printed edition of Voltaire's

[13] 'Puis-je voir le mémoire, et l'avis circulaire?' (D9606).
[14] *Œuvres de Voltaire avec préfaces, avertissements, notes, etc. Par M. Beuchot* (Paris, 1828-1840), vol.40, p.194-96. Bengesco 2163.

works, but the *Avis* was not printed in the edition to which Clogenson contributed. [15] Moland followed Beuchot, reproducing also the latter's editorial commentary (*M*, vol.24, p.159-60). Prior to Beuchot, therefore, the only printed versions are those published in 1761 in the *Mercure de France*, under the title *Avertissement de la part de M. de Voltaire*, [16] in the *Journal encyclopédique* under the title *Avis envoyé par M. de Voltaire, pour être inséré dans ce journal* [17] and in the 1829-1831 Taschereau edition of Grimm's *Correspondance littéraire* as a letter under the heading *A M****. [18]

Two eighteenth-century manuscript copies of the *Avis* have survived, together with an early nineteenth-century copy, and these manuscripts are described below. [19] The base text is MS1, not written in Voltaire's hand but presenting a copy of the original text of the *Avis* sent to Damilaville and Thiriot and the amendments to which he objected so strongly.

Manuscripts and editions

Manuscripts

MS1

A copy of the complete text of the *Avis*, very carefully written in an unknown hand on the recto and verso of a single sheet, 234mm x 185mm. Centred on a separate line above the text is the date: '12 janvr. 1761'.

---

[15] *Œuvres complètes de Voltaire, avec des remarques et des notes historiques, scientifiques et littéraires, par MM. Arago, Auguis, Clogenson, Daunou, Dubois, Etienne, François de Neufchâteau, J.-V. Leclerc, Nodier, etc.* (Paris, 1824-1834). Bengesco 2155.

[16] *Mercure de France*, vol.1 (February 1761), p.223-24.

[17] *Journal encyclopédique*, vol.1 (1 February 1761), p.145-46.

[18] *Correspondance littéraire, philosophique et critique de Grimm et de Diderot depuis 1753 jusqu'en 1790. Nouvelle édition* [...] *où se trouvent rétablies pour la première fois les phrases supprimées par la censure impériale*, [ed. J. Taschereau] (Paris, 1829-1831; 15 vols), vol.3 (15 April 1761), p.43-45. The *Avis* was not included in M. Tourneux's edition of the *Correspondance littéraire de Grimm et de Meister* (Paris, 1877-1882).

[19] See also A. Brown, 'Calendar of Voltaire manuscripts other than correspondence' (*SVEC* 77 (1970), p.15).

Voltaire's name, though not his signature, is at the foot of the sheet. This ms copy presents the unauthorised changes proposed by Damilaville and Thiriot, together with the corresponding deletions to Voltaire's original text. On Voltaire's concerns about these proposed changes, see D9587 and D9597. MS1 has nonetheless sufficient authority to be accepted as the base text for the present edition.

Paris, BnF: ms.fr. 12941, f.469-70 (n.194).

MS2

A copy of the complete text written on one side of a single sheet 123mm x 66mm under the title centred above the text in two lines: 'aux auteurs du Mercure 12 de janv. 1761'. There are two footnotes containing corrections, each occupying two lines, written in the same hand. The first is keyed to the word *strophes* (line 10) and reads: 'Lisez: sentimens. Note de l'édition de Grimm, p.162 (Grimm 1re part. T.3).' Between the two lines of the footnote another note, written in a different hand, has been inserted: 'Voir lett. de Volt. du 2 fevrier 1761'. The letter in question is D9597. The second correction is keyed to a space left in the text after the word *religion* (line 31): 'Lisez: *de ce qui interesse mes amis*'. The text presented in this ms contains all but one of the corrections required by Voltaire in D9587 and D9597. There are variants to MS1 at lines a, b, 2, 4, 11, 14, 19, 26, 30, 35-36.

Paris, BnF: ms.fr. 12944, f.94.

MS3

A nineteenth-century copy of the complete text, annotated by Clogenson and written on the recto and verso of a single sheet 214mm x 162mm. The ms has a preliminary annotation centred in parenthesis: 'Corresp. litt. de Grimm, vol.3, p.43, éd. de 1829)' followed by the title written on the third and fourth lines: 'Lettre ... / à M. Damilaville' [Damilaville: *struck out*] / 12 janvier'. The year '1761' has been added in parenthesis on the fifth line in the top right-hand corner of the ms. A footnote written by Clogenson is keyed to the word 'Lettre' in the title: 'Cette lettre, extraite de la correspondance de Grimm, 15 April 1761, fut insérée, sous le titre d'*Avis*, dans le *Journal encylopédique* du 1er février de la même année, p.145

(Clog.).' The preliminary reference to Grimm's correspondence, the annotated title, the date written on the recto side of the ms and five editorial footnotes written on the verso are all in the same hand, the footnotes all terminating with the abbreviation 'Clog.' There are variants to MS1 at lines a, b, 2, 4, 11, 14, 19, 26, 30, 35-36.

Paris, BnF: ms.fr. 12944, f.95-96.

Editions

MF

Mercure de France, journal politique, littéraire et dramatique (Paris, 1724-1825).

Vol.1 (February 1761), p.223-24: Avertissement de la part de M. de Voltaire.

There are variants to MS1 at lines a, b, 10, 16, 28, 30, 35-36.

JE

Journal encyclopédique ou universel, par une société de gens de lettres (Liège, 1756-1793).

Vol.1 (1 February 1761), p.145-46: Avis envoyé par M. de Voltaire, pour être inséré dans ce journal.

There are variants to MS1 at lines a, b, 10, 16, 26, 29, 30, 32, 35-36.

CLT (1829-1831)

Correspondance littéraire, philosophique et critique de Grimm et de Diderot depuis 1753 jusqu'en 1790, [ed. J. Taschereau] (Paris, 1829-1831; 15 vols).

Vol.4 (15 April 1761), p.43-45: A M.***.

The footnotes contained in MS2 are printed in this text. There are variants to MS1 at lines a, b, 2, 14, 26, 35-36.

Principles of this edition

As there is no authorised printed version of the *Avis*, the base text is MS1. This manuscript is a copy of Voltaire's original draft of the *Avis* sent to

Damilaville and Thiriot with the offending changes and deletions proposed by the recipients, to which Voltaire objected in D9587 and D9597. Collation has been restricted to MS2 and to the eighteenth-century printed versions of the *Avis* in *MF*, *Je* and *CLT*, about which Voltaire was particularly anxious (see D9539 and Introduction, p.402-404). The variants appearing in these journals reflect the differing degree to which Voltaire's requests for the restoration of his text were respected.

Treatment of the base text

The base text is presented in accordance with established editorial practice relating to manuscripts. Original punctuation, accents and lack of accents, grammar and capitalisation have been retained. The only orthographical changes made relate to the substitution of *v* for *u*, *j* for *i*, and the elimination of the long *s*. The title *Avis* is an editorial gloss. Deleted text has been restored in accordance with Voltaire's clear instructions in D9587, and the unauthorised changes made to the original text are recorded in the variants. The ms has one authorised change at line 26 (see p.410 below, note 4).

[AVIS]

12 janvr. 1761

Ayant vu dans plusieurs journaux l'Ode et les lettres de M. Le Brun, Secrétaire de S.A.S Mgr le Prince de Conti, avec mes réponses annoncées sous le titre de Geneve, je suis obligé d'avertir que Duchesne les a imprimées à Paris;[1] que je ne publie point mes lettres, encore moins celles des autres, et qu'aucun des petits ouvrages qu'on débite à Paris sous le nom de Geneve, n'est connu dans cette ville.

C'est d'ailleurs outrager la France, que de faire accroire qu'on a été obligé d'imprimer en pays étranger l'Ode de M. Le Brun, la quelle fait honneur à la patrie, par les Strophes[2] admirables dont elle est pleine, et par le Sujet qu'elle traite. Les lettres dont M. Le Brun m'a honoré, sont encore un monument très précieux. C'est lui

---

a MS2: aux auteurs du Mercure
   MF: *AVERTISSEMENT DE LA PART DE M. DE VOLTAIRE.*
   JE: *AVIS ENVOYÉ PAR M. DE VOLTAIRE, POUR ÊTRE INSÉRÉ DANS CE JOURNAL.*
   CLT: A M.***.
b MS2: 12 de janv. 1761
   JE, MF: [*missing*]
   CLT: du 12 janvier 1761.
2 MS2: Son Altesse Serenissime Monseigneur
   CLT: Monseigneur
4 MS2: imprimés
10 <Strophes> ↑Sentimens+
   MF, JE: sentiments admirables
11 MS2: pleines

---

[1] See Introduction, p.400-401.
[2] On Voltaire's objection to 'sentiments', see D9597 and Introduction, p.403-404.

et M. Titon du Tillet, si connu par son zèle patriotique,[3] qui seuls
ont pris soin dans Paris de l'héritiere du nom du grand Corneille, et
qui m'ont procuré l'honneur inestimable, d'avoir chez moi la 15
descendante du premier des Français qui ait fait respecter notre
patrie des étrangers dans le premier des arts. C'est donc à Paris, et
non à Geneve, ni ailleurs, qu'on a dû imprimer, et qu'on a imprimé
en effet ce qui regarde ce grand-homme. Les petits billets que j'ai
pu ecrire sur cette affaire, ne contiennent que des détails obscurs, 20
qui assurément ne meritent pas de voir le jour.

Je dois avertir encore que je ne demeure, ni n'ai jamais demeuré
à Geneve, où plusieurs personnes mal informées m'écrivent; que si
j'ai une maison de campagne dans le territoire de cette ville, ce n'est
que pour être à portée des Secours dans une vieillesse infirme; que 25
je vis dans mes terres[4] en France, honoré des bienfaits du Roi et des
privileges singuliers qu'il a daigné accorder à ces terres: qu'en y
méprisant du plus souverain mépris les insolens calomniateurs de la
littérature, et de la philosophie, je n'y suis occupé que de mon zele

14   MS2, CLT: l'heritiere du grand Corneille
16   MF, JE: premier Français
19   MS2: le grand homme
26   <des> ↑mes+
      MS2, MF, JE, CLT: des terres
28   MF: méprisant les
29   JE: littérature, de la philosophie, je ne suis occupé

[3] See Introduction, n.5. The allusion is to the commission given by Titon Du
Tillet to the sculptor Louis Garnier for the bronze statue known as *Le Parnasse
français*, to be displayed eventually in the *Bibliothèque du roi*. This was the model for a
much larger monument which was never executed due to the heavy costs involved.
Titon Du Tillet published a *Description du Parnasse français, exécuté en bronze, suivie
d'une liste alphabétique des poètes et des musiciens rassemblés sur ce monument* (Paris,
1727) of which Voltaire possessed a 1732 edition (BV3313). A third supplement was
published in 1760.
[4] Voltaire objected to 'les terres' in D9587, but the correction to 'mes' has been
made on this ms. See also D9597 and Introduction, p.402-403.

et de ma reconnaissance pour mon Roi, du culte et de tous les   30
exercices de ma religion[5] et des soins de l'agriculture.

Je dois ajouter qu'il m'est revenu que plusieurs personnes se
plaignaient de ne recevoir point de réponses de moi; j'avertis que je
ne reçois aucune lettre cachetée de cachets inconnus, et qu'elles
restent toutes à la poste. Fait au Château de Ferney, pays de Gex,   35
province de Bourgogne le 12 janvier 1761. Voltaire.

30   <du culte et de tous les exercices de ma religion> ↑de ce qui intéresse mes
amis+
     MS2: Roi, de ce qui intéresse mes amis, et des soins <du culte et de tous les
exercices de ma religion>
     MF, JE: roi, de ce qui intéresse mes amis, et des soins
32   JE: se plaignent
35-36   MS2, CLT: poste.// [Fait [...] Voltaire. *missing*]
     MF, JE: poste. 1761. Signé Voltaire.

[5] On Voltaire's objection and request for the restoration of his original text at this
point, see D9587, D9597 and Introduction, n.9, 11.

Parallèle d'Horace, de Boileau, et de Pope

Critical edition

by

David Williams

TABLE OF CONTENTS

INTRODUCTION

On 1 November 1760 an article appeared in the *Journal encyclopédique* comparing the merits of Horace, Boileau and Pope. [1] In this comparison the author had singled out the English poet for particular praise in terms reminiscent of Voltaire's own eulogy of Pope in the 'Exorde' to the *Poème sur la loi naturelle*, published five years earlier. [2] This article was the third of three *Parallèles* printed in the *Journal encyclopédique*, the first of which had appeared on 15 October as the *Parallèle entre Shakespeare et Corneille, traduit de l'anglais*, and the second in 1 November as the *Parallèle entre Otway et Racine, traduit littéralement de l'anglais*. [3] The publication of all three articles coincided with Voltaire's growing alarm in 1760 with the impact of England on French theatrical and poetic traditions, against which he would offer in due course a monumental defence of those traditions in the form of the 1764 *Commentaires sur Corneille*. [4] His immediate response to the provocations of the *Parallèle entre Shakespeare et Corneille* and the *Parallèle entre Otway et Racine*, both purporting to be translations from English sources, was the *Appel à toutes les nations de l'Europe*, the first edition of which was published by Prault *fils* in 1761 as volume 18 (Part 2) of the *Suite de la collection complète des œuvres de M. de ********. Nouveau volume pour joindre*

---

[1] *Journal encyclopédique ou universel*, vol.7 (1760), part 3, p.122-26.

[2] 'Nos premiers entretiens, notre étude première / Etaient, je m'en souviens, Horace avec Boileau. / [...] / Mais Pope approfondit ce qu'ils ont effleuré / D'un esprit plus hardi, d'un pas plus assuré, / / Il porta le flambeau dans l'abîme de l'être; / Et l'homme avec lui seul apprit à se connaître' (*M*, vol.9, p.441-42).

[3] *Journal encyclopédique*, vol. 7 (1760), part 2, p.100-105; part 3, p.117-22. The appearance of the first *Parallèle* was noted on 9 December 1760 in a letter to Mme d'Argental (D9452).

[4] See Introduction to the *Commentaires sur Corneille*, *OCV*, vol. 53, p.89-105.

aux autres, a supplementary volume to w56.[5] His response to the third *Parallèle*, also entitled the *Parallèle d'Horace, de Boileau et de Pope*, was composed sometime between December 1760 and January 1761, and printed anonymously with the first edition of the *Appel à toutes les nations*.[6]

To some extent, Voltaire's *Parallèle d'Horace, de Boileau et de Pope* can be seen as part of a corpus of critical writings issued in defence of France's classical heritage against the importation of foreign models, a campaign going back many years which would culminate in the 1776 open letter to the Academy[7] following the announcement of the publication of the first volume of Letourneur's translation of Shakespeare's works.[8] The main focus of that campaign was the 'enfant maussade' of English theatre, and in particular Shakespeare, against whom Voltaire had commenced systematic hostilities in 1758.[9] In the *Parallèle d'Horace, de Boileau et de Pope* Voltaire extended his campaign to the French *épître morale*, over which the superior merits of Alexander Pope's poetry had been asserted by the author of the third offending *Journal encyclopédique* article. Pope is therefore the first poet to be reappraised although, unlike that of the *Appel*, the subject-matter of the *Parallèle* is by no means confined to the English problem.

As with his earlier admiration for the wild genius of Shakespeare, by 1760 Voltaire felt the need, through the anonymous

[5] *Appel à toutes les nations de l'Europe, des jugements d'un écrivain anglais; ou Manifeste au sujet des honneurs du pavillon entre les théâtres de Londres et de Paris* ([Paris, Prault *fils*], 1761). NV61 (Part 2), p.1-94. See D. Williams, 'Voltaire's war with England: the appeal to Europe 1760-1764', *SVEC* 179 (1979), p.79-100; 'Voltaire and Thomas Otway', *SVEC* 2008:10, p.251-62.

[6] NV61 (Part 2), p.95-111. Prault was advised of the impending arrival of the manuscript of the *Appel* on 16 December 1760 (D9473).

[7] *Lettre de M. de Voltaire à l'Académie française lue dans cette Académie à la solennité de la Saint-Louis, le 25 auguste 1776* (*M*, vol.30, p.350-70).

[8] Pierre-Prime-Félicien Letourneur [Le Tourneur], *Shakespeare traduit de l'anglais* (Paris 1776-1782).

[9] D7741. See Introduction, *Commentaires sur Corneille*, *OCV*, vol.53, p.276-301; D. Williams, *Voltaire: literary critic*, *SVEC* 48 (1966), p.194-243.

persona he adopted in the *Parallèle*, to modify his position on Pope, whom he had once hailed as 'the best poet of England, and at present, of all the world' (D3030). Voltaire had met Pope in 1726, [10] and might well have had contact with him as early as 1724. [11] In 1733 Pope's *Essay on man* had been a revelation, [12] and Voltaire had always acknowledged its influence on his own *Discours en vers sur l'homme*, [13] at the same time harbouring privately some serious reservations. [14] In the *Parallèle*, however, he sought to nuance his well-known admiration for the *Essay* with sufficient delicacy to avoid openly contradicting his earlier position which had been reiterated in the 'Exorde' to the 1756 *Poème sur la loi naturelle*. [15] In an earlier intimation of the underlying motive behind the composition of the *Parallèle* the *Poème sur la loi naturelle* is extolled as a model of the genre, 'ouvrage philosophique et moral, dans lequel la poésie reprend son premier droit, celui d'enseigner la vertu,

---

[10] In September/October 1726 Voltaire sent Pope warm greetings and condolences on the latter's injuries in a coaching accident (D301). The reference in this letter to John Dennis might suggest an early familiarity with *The Dunciad*. See also Introduction, *An Essay on epic poetry*, *OCV*, vol.3B, p.131-34.

[11] See Pope's letter to Caryll of 25 December 1725, Alexander Pope, *Correspondence*, ed. G. Shelburn (Oxford, 1956), vol.2, p.354.

[12] Voltaire received the *Essay* in May 1733 (D609). See also D301, D415, D980, D2890; G. R. Havens, 'Voltaire and Alexander Pope', *Essays on Diderot and the Enlightenment in honor of Otis Fellows*, ed. J. Pappas (Geneva, 1974), p.124-50.

[13] D1697, D1746. See the Introduction to the *Discours en vers sur l'homme*, ed. H. T. Mason, *OCV*, vol.17, p.392-94; R. G. Knapp, *The Fortunes of Pope's 'Essay on Man' in eighteenth-century France*, *SVEC* 82 (1971), p.79-122; R. Shackleton, 'Pope's *Essay on man* and the French Enlightenment', *Papers presented at the second David Nichol Smith memorial seminar, Canberra 1970* (Canberra, 1973), p.3-7, 10-14; A. Gunny, 'Pope's satirical impact on Voltaire', *Revue de littérature comparée* 49 (1975), p.92-102; *Voltaire and English literature: a study of English literary influences on Voltaire*, *SVEC* 177 (1979), p.211-12.

[14] See, for example, the letter to Mme Du Deffand (18 March 1736) in which Pope's 'obscurités' are criticised (D1039). See also D1746; *Notebooks*, vol.1, p.58, 61, 239. The evidence of the *Notebooks* reveals a close intimacy with Pope's satirical poetry. On the echoes of *The Dunciad* in the *Temple du goût*, see A. Gunny, *Voltaire and English literature*, p.219-21.

[15] See below, p.427, note 3.

l'amour du prochain, l'indulgence; et où l'auteur développe les principes de la loi universelle que Dieu a mis dans tous les cœurs' (lines 13-16). Voltaire conceded that Pope's *Essay* was still 'un très bon ouvrage' and that the work of neither Horace, Boileau, 'ni aucun poète' could be compared to it, but he now introduced a note of caution, taking issue with the line 'All partial evil, universal good'. This summative formula is identified as 'le précis de tout l'ouvrage' (lines 57-59) whose meaning remained opaque, 'un chaos, comme tous les autres systèmes; mais on l'a orné de diamants' (lines 65-66). Writing to Cideville in 1756, with reference to the praise to be given to Pope in the 'Exorde', Voltaire had expressed private reservations about Pope's advocacy of the *tout est bien* theory,[16] but in the public arena of the *Poème sur la loi naturelle*, the *Poème sur le désastre de Lisbonne* and *Candide*, criticism of Pope continued to be mainly inferred, and explicit responsibility for the 'cruel philosophy' placed more squarely on the shoulders of Leibniz and Wolff. Voltaire's relative public reticence over Pope's contribution to the advancement of providentialism ends in the *Parallèle*. With the concise, unambiguous criticism of the philosophical elements in Pope's *Essay on man* at lines 56-66, Pope's international reputation for unrivalled excellence as an exponent of the *épître morale*, a reputation which Pope owed in no small measure to Voltaire himself, is now openly questioned.

Voltaire's repudiation of the paean to Pope in the *Journal encyclopédique* is then reinforced with two other examples of Pope's art. Neither Horace nor Boileau was ever guilty of debasing the *épître morale* with such crude invective as that directed against Lord Hervey in *An Epistle* [...] *to Dr Arbuthnot*, which Voltaire quotes at length in translation (lines 73-100). The offending lines, written in

---

[16] 'Comme je ne suis pas en tout de l'avis de Pope, malgré l'amitié que j'ai eue pour sa personne et l'estime sincère que je conserverai toute la vie pour ses ouvrages, j'ai cru devoir lui rendre justice dans ma préface aussi bien qu'à notre illustre ami monsieur l'abbé du Rénal qui lui a fait l'honneur de le traduire, et souvent lui a rendu le service d'adoucir les duretés de ses sentiments' (D6821). See also D6603, D6607, D6726, D6738, D6792, D6797, D6973, D6978, D7001, D7297.

a style more appropriate to 'un de ses porteurs de chaise', are presented to the reader as part of the wider contentious issue of the aesthetic legitimacy of variations in national tastes, and of the unique idiosyncrasies of English taste in particular. In this respect, Pope's treatment in the *Parallèle* offers further evidence of the distance Voltaire had travelled by the early 1760s from the relativism characterising his approach to the tensions between 'beautés universelles' and 'beautés locales' in the *Essay upon the epick poetry of the European nations* in 1727, an approach sustained in general terms until the mid 1740s. [17]

Pope's flaws as a poet are further exposed with a much more aggressive commentary on *The Dunciad*. On 7 July 1760 Voltaire wrote to Thiriot: 'La Dunciade de Pope me paraît un sujet manqué' (D9044), a view to be elaborated in the *Parallèle* a few months later with a translation of 'un des plus délicats passages' [18] taken from the second canto of *The Dunciad*. As in the case of the translated extract from *An Epistle* [...] *to Dr Arbuthnot*, and also in the cases of Shakespeare and Otway in the *Appel à toutes les nations*, Voltaire's translation techniques ensure maximum exposure of the French reader to the shocking contrast between the chaste classicism of the European moral epistle in the tradition of Horace and Boileau, and the promiscuous affront to neo-classical standards of *bienséance* in Pope's poetry. Voltaire's reassertion of those standards in the face of the decadence he detected in contemporary literary style and language becomes more emphatic with a restatement of the principle of genre hierarchy, and a reminder to the reader of the modest status of odes, satires, *épîtres* and other 'lieux communs de

---

[17] The publication of Pierre-Antoine de La Place's *Le Théâtre anglais* (London 1746-1749) marked a major turning point in Voltaire's position on this issue. The full measure of his change of direction can be seen in particular in the 1750 *Dissertation sur les principales tragédies anciennes et modernes* (*M*, vol.5, p.181), the 1757 article 'Goût' in the *Dictionnaire philosophique* (*M*, vol.19, p.270, 289). See also R. Naves, *Le Goût de Voltaire* (Paris, 1936), p.323-45; D. Williams, *Voltaire: literary critic*, p.154-57, 238-42; Introduction to *Commentaires sur Corneille*, *OCV*, vol.53, p.284-301.

[18] See below, line 114, NV61 variant.

morale' in that hierarchy. The skills required for the minor genres of poetry, even in the case of Pope, Horace and Boileau, were not equivalent, either technically or aesthetically, to those required for tragedy: 'Qu'une tragédie est difficile! et qu'une épître, une satire sont aisées! Comment donc oser mettre dans le même rang un Racine et un Despréaux!' (lines 160-61).

With the attack on the poetry of Jean-Baptiste Rousseau, [19] one of the most popular and prolific writers of odes, satires and *épîtres morales* among Voltaire's contemporaries in the first half of the eighteenth century, and a poet with an established European reputation, [20] the argument changes direction. Having impressed upon the reader the flaws in Pope's poetry, and the superior status of the *Poème sur la loi naturelle* as an exemplar of moral and philosophical poetry, Voltaire turns his attention in the last six paragraphs to the work of his only other serious poetic rival, arguably the main target of the *Parallèle*. If Pope was simply a purveyor of the ideas of others, and his poetry marred by personal vindictiveness, poor taste and typical English ignorance of the *bienséances*, Rousseau's *épîtres* were the epitome of falseness, mediocrity, and debased language: 'quel faux dans les sujets et quelles contorsions dans le style' (line 167-68). Rousseau's poetry was little more than rhymed prose laced with absurd paradoxes,

---

[19] Voltaire had warned Louis Racine against Rousseau's poetry in 1742 in the *Conseils à M. Racine sur son poème de La Religion, M*, vol.23, p.182-83. On the general history of Voltaire's relations with Rousseau and their developing enmity prior to 1761, see P. Bonnefon, 'Une inimitié littéraire au XVIIIᵉ siècle, d'après des documents inédits: Voltaire et J. B. Rousseau', *Revue d'histoire littéraire de la France* 9 (1902), p.745-95; S. Menant, *La Chute d'Icare: la crise de la poésie française 1700-1750* (Geneva, 1981), p.348-49; H. T. Mason, 'Voltaire and Louis Racine', *Voltaire and his world: studies presented to W. H. Barber* (Oxford, 1985), p.102-103, 110; *VST*, vol.2, p.47.

[20] 'Le plus célèbre poète du début du siècle [...], le maître incontesté de la poésie lyrique', S. Menant, *La Chute d'Icare*, p.131, 298; H. A. Grubbs, 'The vogue of J. B. Rousseau', *Publications of the Modern Languages Association of America* 55 (1940), p.139-66. On Voltaire's debt as a young poet to Rousseau, see also Menant, p.301-303.

and a far cry from the standards set by Boileau (and, by implication, Voltaire). In 1732 relations with Rousseau had deteriorated as a consequence of insulting letters which Rousseau had circulated after the success of *Zaïre*,[21] to which Voltaire had responded in 1733 in the *Temple du goût* with a denunciation of Rousseau's poisonous satirical style.[22] Rousseau's muse had been banished from the Temple, and his verse consigned to the flames. The quarrel with Rousseau intensified further in May 1736 with the publication in the *Bibliothèque française* of a long letter by Rousseau (D1078) expressing objections to the 'affronts' contained in the *Epître sur la calomnie*[23] to which Voltaire replied on 20 September (D1150). In the seventh *discours* of the *Discours en vers sur l'homme* Voltaire made further disparaging reference to Rousseau as a mere rhymer and imitator of Marot,[24] and in the same year he published a detailed analysis of three of Rousseau's *épîtres* in the *Utile Examen des trois dernières épîtres du sieur Rousseau*.[25] The quarrel was reignited in 1742 with the publication of Louis Racine's poem *La Religion*, to which an offending *Epître de M. Rousseau à M. Racine* and a *Réponse à l'épître de M. Rousseau, contre les esprits forts* had been appended. Voltaire's response was the 1742 *Conseils à M. Racine* containing further attacks on Rousseau's 'style marotique'.[26]

---

[21] D523, D528, D561. See also O. R. Taylor's account in the introduction to *Le Temple du goût*, *OCV*, vol.9, p.53, note 84.

[22] 'Qui t'arma de ces lâches traits, / Trempés au poison satirique, / Dont tu t'enivres à longs traits', *Le Temple du goût*, *OCV*, vol.9, p.141, lines 314-16; p.145, lines 358-60.

[23] 'Ce vieux rimeur, couvert d'ignominies, / Organe impur de tant de calomnies, / Cet ennemi du public outragé, / Puni sans cesse, et jamais corrigé, / Ce vil Rufis [...]' (*M*, vol.10, p.236). In the 1739 *Mémoire sur la satire* Voltaire expressed regret for the intemperate language he had used against Rousseau (*OCV*, vol.20A, p.175, lines 273-81).

[24] *Discours en vers sur l'homme*, *OCV*, vol.17, p.522, lines 1-4 (κ84 variant). See also the reference to 'nos petits rimailleurs' in D1452.

[25] *OCV*, vol.16, p.341-52.

[26] *M*, vol.23, p.182. See also *Le Temple du goût*, *OCV*, vol.9, p.138-45; 'Style', *Questions sur l'Encyclopédie*, *M*, vol.20, p.443; Naves, *Le Goût de Voltaire*, p.215.

In the *Parallèle* Voltaire reaffirms his long-standing criticism of the themes, ideas and marotic style of Rousseau's verse in the specific context of the *Epître à Marot* and the *Epître à M. le comte de* ***.[27] Thus, in spite of the lack of reference to Rousseau in the title of the *Parallèle*, Voltaire devotes more attention to the work of 'cet écrivain mélancolique' (line 198) than to the designated subjects Horace, Boileau and Pope. Moreover, the crucial parallel to which the attention of the reader is consistently drawn in the case of all four poets, implicitly and explicitly, is with Voltaire himself. Throughout the *Parallèle* Voltaire is engaged effectively in a reassertion of his own status as a poet whose credentials and reputation as an exponent of the art of the *épître morale* were unassailable, and to which his achievements in the superior genre of tragedy only added further authority.[28]

The first edition of the *Parallèle d'Horace, de Boileau et de Pope* was published in 1761 in NV61 (Part 2, p.95-111). A revised second edition appeared in 1764 in the *Contes de Guillaume Vadé* (GV64, p.211-21). The revised text was reprinted subsequently with few changes in w64G (vol.5 (part 3), p.246-55), w70G (vol.5 (part 3), p.246-55), w68 (vol.15 (part 2, 1771), p.376-82), w71L (vol.15, p.413-20), w71P (vol.5 (1771), p.261-72), w70L (vol.17 (1772), p.330-40), w72P (vol.18 (1773), p.273-84, w75G (vol. 34, p.32-39), and K84 (vol.47, p.316-24). No manuscript appears to have survived.

---

[27] On Rousseau's relationship with the future duc de Noailles, and the merits of this *épître*, see S. Menant, *La Chute d'Icare*, p.244-45. Voltaire comments on the withdrawal of Noailles's protection of Rousseau in the *Temple du goût*, *OCV*, vol.9, p.140, note *p*.

[28] Voltaire was conscious of his public status as mentor to other poets. See for example his advice to crown prince Frederick (D1407, D1430, D1432); the *Remarques sur deux épîtres d'Helvétius*, *OCV*, vol.18C, p.41-68; *Conseils de Voltaire à Helvétius sur la composition et sur le choix d'une épître morale*, *OCV*, vol.18C, p.79-82 and Introduction, p.72-74.

Editions

Further information on the collective editions may be found on p.565-74 below.

NV61

Vol.18 (Part 2), p.95-111: Parallèle d'Horace, de Boileau et de Pope.

Published by Prault, this is the second part of a supplementary volume to Cramer's 1756 seventeen-volume edition of Voltaire's works (w56), and is the first edition of the text. It is preceded by the *Appel à toutes les nations de l'Europe*. The volume consists only of these two texts.

GV64

P.211-21: Parallèle d'Horace, de Boileau et de Pope.

Re-issued as Part 3 of volume 5 of w64G and later related editions. Several different editions of the *Contes de Guillaume Vadé* appeared in 1764, with varying content. Voltaire made significant changes in GV64 to the first edition of the text of the *Parallèle* at lines 1, 3, 12, 17, 34, 41-43, 43-44, 103-108, 110-12, 114, 128-29, 137-38, 142-43, 159, 165, 169, 174, 192-93.

Bengesco 660; Trapnell GV; BnC 2058 and see note to BnC 73.

Oxford, Taylor: Vet.Fr.II.B.1962. Paris, BnC: Rés Z Beuchot 25(2), Z 27263.

W64G

Vol.5, part 3 (*Contes de Guillaume Vadé*), p.246-55: Parallèle d'Horace, de Boileau et de Pope.

Oxford, VF.

W70G

Vol.5, part 3 (*Contes de Guillaume Vadé*), p.246-55: Parallèle d'Horace, de Boileau et de Pope.

Paris, BnF: Z 24742.

w68 (1771)

Vol.15, part 2 (1771), p.376-82: Parallèle d'Horace, de Boileau et de Pope.

The final corrections to the *Parallèle* are made in the Cramer quarto edition at lines 54-55 and 210 (see below, p.425). There are no further changes to the text until k84.

Oxford, VF.

w71L

Vol.15, p.413-20: Parallèle d'Horace, de Boileau et de Pope.

The text of the *Parallèle* follows w68 (1771).

Oxford, VF.

w71P

Vol.5 (1771), p.261-72: Parallèle d'Horace, de Boileau et de Pope.

The six volumes comprising this edition were reprinted in w72P, see BnC 152, note. The text of the *Parallèle* follows w68 (1771).

Paris, BnF: Z 24794.

w70L (1772)

Vol.27 (1772), p.330-40: Parallèle d'Horace, de Boileau et de Pope.

The text of the *Parallèle* follows w68 (1771).

Oxford, VF.

w72P (1773)

Vol.18 (1773), p.273-84 Parallèle d'Horace, de Boileau et de Pope.

The text of the *Parallèle* follows w68 (1771).

Paris, BnF: Z 24813.

w75G

Vol.34, p.32-39: Parallèle d'Horace, de Boileau et de Pope.

The *encadrée* edition produced, in part at least, under Voltaire's general supervision. Voltaire made no changes in w75G to the text of the *Parallèle* printed by Cramer in w68 (1771).

Oxford, VF.

K84

Vol.47, p.316-24: Parallèle d'Horace, de Boileau et de Pope.

The Kehl editors made three minor changes to w75G at lines 62, 103, 111.

Oxford, VF.

Principles of this edition

The base text is w75G. The following editions have been collated: NV61 (Part 2), GV64, w64G, w70G, w68 (1771), w71L, w71P, w70L (1772), w72P (1773), w75G, k84. No changes to the text occurred in editions published during Voltaire's lifetime after 1768, and no manuscript appears to have survived.

Treatment of the base text

The following corrections have been made: *Sporns* (line 102) has been corrected to *Sporus* (supplied in k84); *put* (line 78) has been corrected to *pue*; *alliés* (line 186) has been corrected to *alliées*; the punctuation ?.. after *qu'importe* (line 202) has been removed; *Tours au châtel* (line 210) has been corrected to *Tours ou châtel* (supplied in w68. The period after the title has been removed). Otherwise, the base text has been treated in accordance with normal editorial principles: original punctuation has been respected, and the only modifications to the text needed to conform with modern usage relate to:

1. Consonants

– the double consonant *ll* was used in fidelle
– the single consonant *b* was used in: rabins
– the single consonant *l* was used in: intervale
– the single consonant *n* was used in: marionette
– the single consonant *p* was not used in: batista
– the single consonant *r* was used in: poura, pouraient, pouront
– the double consonant *tt* was used in: jettons

— *t* was not used in: diamans, excellens, fondemens, méchans, piquan
— *x* was used instead of *s* in: loix

2. Vowels

— *e* was used instead of *ai* in: vilenie
— the final *e* was omitted in: encor
— *i* was used intead of *y* in: stile
— *u* was used in: vuide
— *y* was used instead of *i* in: mylord, satyres, soye

3. Accents

— *à* was used instead of *a* in: à general good
— the acute accent was used in: piéce, séche, seiziéme, siécle
— the circumflex accent was used in: mêlange, plûpart, système
— was not used in: ame, épitre, graces, infame, théatre
— the diaresis was used in: poëme, poësie, poëte

4. Capitalisation

— the initial letter in personified nouns was not capitalised in: La Bêtise
— the initial letter in names of persons was not used in: la Motte
— the initial letter in titles was not capitalised in: *essai, épître à m. le comte de* ***

5. Various

— the abbreviation *Mr.* was used in: Mr. le comte de, Mr. le duc de.
— the ampersand was used
— the final *s* was used to pluralise invariable compound nouns in: ouï-dires
— the hyphen was used in: grands-hommes, quart-d'heure
— the hyphen was not used in: petit maître, petite maîtresse

PARALLÈLE D'HORACE, DE BOILEAU, ET DE POPE

Le *Journal encyclopédique*, l'un des plus curieux et des plus instructifs de l'Europe, nous instruit d'un parallèle entre Horace, Boileau, et Pope, fait en Angleterre.[1] Il nous rappelle des vers adressés au roi de Prusse,[2] dans lesquels Pope a la préférence sur le Français et sur le Romain: 5

> Quelques traits échappés d'une utile morale,
> Dans leurs piquants écrits brillent par intervalle;
> Mais Pope approfondit ce qu'ils ont effleuré:
> D'un esprit plus hardi, d'un pas plus assuré,
> Il porta le flambeau dans l'abîme de l'être;   10
> Et l'homme, avec lui seul, apprit à se connaître.

Ces vers se trouvent à la tête du poème sur la loi naturelle,[3] ouvrage philosophique et moral, dans lequel la poésie reprend son premier droit, celui d'enseigner la vertu, l'amour du prochain, l'indulgence; et où l'auteur développe les principes de la loi   15
universelle que Dieu a mis dans tous les cœurs. Nous convenons avec l'auteur que l'*Essai sur l'homme* de l'illustre Pope est un très bon ouvrage, et que ni Horace, ni Boileau, ni aucun poète n'ont rien fait dans ce genre. Rousseau est le seul qui ait tenté quelque chose d'approchant, dans une pièce de vers intitulée, on ne sait   20
pourquoi, *Allégorie*: il fait ses efforts pour expliquer le système de

---

1   NV61: Le même *Journal*
3-4   NV61: vers de m. de Voltaire au roi
12   NV61: poème de m. de Voltaire sur
17   NV61: avec m. de Voltaire que

---

[1] See Introduction, p.415, note 1.
[2] *Je*, vol.7 (1760), part 3, p.122.
[3] 'Exorde', *M*, vol.9, p.441-42.

Platon: mais que cet ouvrage est faible, languissant! Ce n'est ni de la poésie, ni de la philosophie; il ne prouve ni ne peint.

> L'homme et les dieux de ton souffle animés,
> Du même esprit diversement formés, 25
> Furent doués, par ta bonté fertile,
> D'une chaleur plus vive ou moins subtile,
> Selon les corps ou plus vifs, ou plus lents,
> Qui de leur feu retardent les élans;
> Par ces degrés de lumière inégale, 30
> Tu sus remplir le vide et l'intervalle
> Qui se trouvait, ô magnifique roi,
> De l'homme aux dieux, et des dieux jusqu'à toi;
> Et dans cette œuvre éclatante, immortelle,
> Ayant comblé ton idée éternelle, 35
> Tu fis du ciel la demeure des dieux,
> Et tu mis l'homme en ces terrestres lieux,
> Comme le terme et l'équateur sensible
> De l'univers invisible et visible. [4]

Il n'est pas étonnant que cette pièce soit demeurée dans l'oubli; 40
c'est, comme on voit, un galimatias de termes impropres, un tissu
d'épithètes oiseuses en prose dure et sèche que l'auteur a rimée.

Il n'en est pas ainsi de l'*Essai* de Pope; jamais vers ne rendirent
tant de grandes idées en si peu de paroles. C'est le plan des lords
Shaftesbury et Bolingbroke exécuté par le plus habile ouvrier; aussi 45
est-il traduit dans presque toutes les langues de l'Europe. Nous
n'examinons pas si cet ouvrage, si fort et si plein, est orthodoxe; si
même sa hardiesse n'a pas contribué à son prodigieux débit; s'il ne
sape pas les fondements de la religion chrétienne, en tâchant de

---

34   NV61: éclatante, éternelle,

41-43   NV61: termes impropres, un tissu d'épithètes oiseuses, un vrai chaos. ¶Il

43-44   NV61: ne formèrent tant

---

[4] Jean-Baptiste Rousseau, *Allégorie I: Sophronyme, Œuvres complètes de Boileau-Despréaux, précédés des œuvres de Malherbe, suivis des œuvres poétiques de J. B. Rousseau* (Paris, 1840), p.672.

prouver que les choses sont dans l'état où elles devaient être   50
originairement, et si ce système ne renverse pas le dogme de la
chute de l'homme, et les divines écritures. Nous ne sommes pas
théologiens; nous leur laissons le soin de confondre Pope,
Shaftesburi, Bolingbroke, Leibnitz et d'autres grands hommes;
nous nous en tenons uniquement à la philosophie et à la poésie.   55
Nous osons, en cherchant à nous éclairer, demander comment il
faut expliquer ce vers qui est le précis de tout l'ouvrage:

All partial evil a general good. [5]

Tout mal particulier est le bien général.

Voilà un étrange bien général que celui qui serait composé des   60
souffrances de chaque individu! Entendra cela qui pourra. Bolingbroke s'entendait-il bien lui-même, quand il digérait ce système?
Que veut dire: *Tout est bien?* Est-ce pour nous? Non, sans doute.
Est-ce pour Dieu? Il est clair que Dieu ne souffre pas de nos maux.
Quelle est donc au fond cette idée platonicienne? Un chaos,   65
comme tous les autres systèmes; mais on l'a orné de diamants.

Quant aux autres épîtres de Pope qui pourraient être comparées
à celles d'Horace et de Boileau, je demanderai si ces deux auteurs,
dans leurs satires, se sont jamais servis des armes dont Pope se sert.
Les gentillesses dont il régale milord Harvey, l'un des plus   70
aimables hommes d'Angleterre, sont un peu singulières; les voici
mot pour mot:

Que Harvey tremble! Qui? cette chose de soie!
Harvey, ce fromage mou fait de lait d'ânesse!
Hélas! il ne peut sentir ni satire ni raison.   75
Qui voudrait faire mourir un papillon sur la roue?
Pourtant je veux frapper cette punaise volante à ailes dorées,
Cet enfant de la boue qui se peint et qui pue,

54-5   NV61, GV64: Leibnitz; nous nous en
62   K84: il rédigeait ce

[5] 'All partial evil, universal good', Alexander Pope, *Essay on man*, ed. Maynard
Mack (London, 1950), p.51, line 292.

Dont le bourdonnement fatigue les beaux esprits et les belles,
Qui ne peut tâter ni de l'esprit, ni de la beauté: 80
Ainsi l'épagneul bien élevé se plaît civilement
A mordiller le gibier qu'il n'ose entamer.
Son sourire éternel trahit son vide . . .
Comme les petits ruisseaux se rident dans leurs cours,
Soit qu'il parle avec son impuissance fleurie,   85
Soit que cette marionnette barbouille les mots que le compère lui souffle;
Soit que crapaud familier à l'oreille d'Eve,
Moitié écume, moitié venin, il se crache lui-même en compagnie,
En quolibets, en politique, en contes, en mensonges;
Son esprit roule sur des ouï-dire, entre ceci, et cela;   90
Tantôt haut, tantôt bas, petit-maître ou petite-maîtresse;
Et lui-même n'est qu'une vile antithèse;
Etre amphibie, qui, en jouant les deux rôles,
La tête frivole et le cœur gâté,
Fat à la toilette, flatteur chez le roi,   95
Tantôt trotte en lady, tantôt marche en milord.
Ainsi les rabbins ont peint le tentateur
Avec face de chérubin, et queue de serpent.
Sa beauté vous choque, vous vous défiez de son esprit;
Son esprit rampe et sa vanité lèche la poussière. [6]   100

[6] 'Let Sporus tremble – "What? that Thing of silk,
      Sporus, that mere white curd of Ass's milk?
      Satire or Sense, alas! can Sporus feel?
      Who breaks a Butterfly upon a Wheel?
      Yet let me flap this Bug with gilded wings,
      This painted Child of Dirt that stinks and stings;
      Whose Buzz the Witty and the Fair annoys,
      Yet Wit ne'er tastes, and Beauty ne'er enjoys,
      So well-bred Spaniels civilly delight
      In mumbling of the Game they dare not bite.
      Eternal Smiles his Emptiness betray,
      As shallow Streams run dimpling all the way.
      Whether in florid Impotence he speaks,
      And, as the Prompter breathes, the Puppet speaks;
      Or at the Ear of Eve, familiar Toad,
      Half Froth, half Venom, spits himself abroad,
      In Puns, or Politicks, or Tales, or Lyes,

Il est vrai que Pope a la discrétion de ne pas nommer le lord qu'il désigne; il l'appelle honnêtement Sporus, du nom d'un infâme prostitué à Néron. Vous observerez encore que la plupart de ces invectives tombent sur la figure de milord Harvey, et que Pope lui reproche jusqu'à ses grâces. Quand on songe que c'était un petit 105 homme contrefait, bossu par devant et par derrière, qui parlait ainsi, on voit à quel point l'amour-propre et la colère sont aveugles.

Les lecteurs pourront demander si c'est Pope, ou un de ses porteurs de chaise qui a fait ces vers. Ce n'est pas là absolument le style de Despréaux. Ne sera-t-on pas en droit de conclure que la 110 politesse et la décence ne sont pas les mêmes en tout pays?

Pour mieux faire sentir encore, s'il se peut, cette différence que la nature et l'art mettent souvent entre des nations voisines, jetons les yeux sur une traduction fidèle d'un passage de la *Dunciade* de Pope; c'est au chant second. La Bêtise a proposé des prix pour celui 115 de ses favoris qui sera vainqueur à la course. Deux libraires de

103   K84: prostitué de Néron
103-108   NV61: Néron. ¶Les lecteurs
110-12   NV61: Despréaux. Ne conclura-t-on pas de ce petit écrit que la politesse d'une nation n'est pas la politesse d'une autre? ¶Pour mieux
111   K84: en tous pays
114   NV61: fidèle d'un des plus délicats passages de

> Or Spite, or Smut, or Rymes, or Blasphemies.
> His Wit all see-saw between *that* and *this*,
> Now high, now low, now Master up, now Miss,
> And he himself one vile Antithesis.
> Amphibious Thing! that acting either Part,
> The trifling Head, or the corrupted Heart!
> Fop at the Toilet, Flatt'rer at the Board,
> Now trips a Lady, and now struts a Lord.
> Eve's Tempter thus the Rabbins have exprest,
> A Cherub's face, a Reptile all the rest;
> Beauty that shocks you, Parts that none will trust,
> Wit that can creep, and Pride that licks the dust.'

(*An Epistle from Mr. Pope to Dr. Arbuthnot*, lines 305-333. See *Poems of Alexander Pope* (*Imitations of Horace*), ed. J. Butt, London, 1950, vol.4, p.117-20).

Londres disputent le prix: l'un est Lintot, personnage un peu pesant; l'autre est Curl, homme plus délié: ils courent, et voici ce qui arrive:

> Au milieu du chemin on trouve un bourbier   120
> Que madame Curl avait produit le matin:
> C'était sa coutume de se défaire au lever de l'aurore
> Du marc de son souper, devant la porte de sa voisine.
> Le malheureux Curl glisse; la troupe pousse un grand cri;
> Le nom de Lintot résonne dans toute la rue;   125
> Le mécréant Curl est couché dans la vilainie,
> Couvert de l'ordure qu'il a lui-même fournie, etc. [7]

Le portrait de la mollesse dans le *Lutrin* [8] est d'un autre genre; mais on dit qu'il ne faut pas disputer des goûts.

Une autre conclusion que nous oserons tirer encore de la   130
comparaison des petits poèmes détachés, avec les grands poèmes, tels que l'épopée et la tragédie, c'est qu'il faut les mettre à leur place. Je ne vois pas comment on peut égaler une épître, une ode, à une bonne pièce de théâtre. Qu'une épître, ou ce qui est plus aisé à faire, une satire, ou ce qui est souvent assez insipide, une ode,   135
soit aussi bien écrite qu'une tragédie, il y a cent fois plus de mérite à

128-29   NV61: genre; mais chaque nation a son goût.

---

[7] 'Full in the middle way there stood a lake
>   Which Curl's Corinna chanc'd that morn to make,
>   (Such was her wont, at early dawn to drop
>   Her evening cates before his neighbour's shop,)
> Here fortun'd Curl to slide; loud shout the band,
>   And Bernard! Bernard! rings thro' all the Strand.
>   Obscene with filth the Miscreant lies bewray'd,
>   Fal'n in the plash his wickedness had lay'd.'
(*The Dunciad*, ed. J. Sutherland, *Poems of Alexander Pope*, London, 1950, vol.5, p.105-107, lines 65-72). On Pope's relationship with the printer Edmond Curll, who had printed some of Pope's private letters without consent in 1727, and the significance of this incident, see the notes to these lines (p.106-107).

[8] *Le Lutrin*, see *Œuvres complètes de Boileau*, ed. A. Adam *et al* (Paris, 1966), p.199-200.

faire celle-ci, et plus de plaisir à la voir, que non pas à transcrire ou à lire des lieux communs de morale. Je dis lieux communs; car tout a été dit. Une bonne épître morale ne nous apprend rien; une bonne ode encore moins; elle peut tout au plus amuser un quart d'heure les gens du métier; mais créer un sujet, inventer un nœud et un dénouement, donner à chaque personnage son caractère, et le soutenir, faire en sorte qu'aucun d'eux ne paraisse et ne sorte sans une raison sentie de tous les spectateurs, ne laisser jamais le théâtre vide, faire dire à chacun ce qu'il doit dire, avec noblesse et sans enflure, avec simplicité sans bassesse; faire de beaux vers qui ne sentent point le poète, et tels que le personnage aurait dû en faire s'il parlait en vers, c'est là une partie des devoirs que tout auteur d'une tragédie doit remplir, sous peine de ne point réussir parmi nous. Et quand il s'est acquitté de tous ces devoirs, il n'a encore rien fait. *Esther* est une pièce qui remplit toutes ces conditions; mais quand on l'a voulu jouer en public, on n'a pu en soutenir la représentation.[9] Il faut tenir le cœur des hommes dans sa main; il faut arracher des larmes aux spectateurs les plus insensibles, il faut déchirer les âmes les plus dures. Sans la terreur et sans la pitié, point de tragédie; et quand vous auriez excité cette pitié et cette terreur, si avec ces avantages vous avez manqué aux autres lois, si vos vers ne sont pas excellents, vous n'êtes qu'un médiocre écrivain, qui avez traité un sujet heureux.

Qu'une tragédie est difficile! et qu'une épître, une satire sont

137-38   NV61: que non pas à faire et à lire des
142-43   NV61: caractère, le soutenir, le rendre intéressant, et augmenter cet intérêt de scène en scène; faire en sorte qu'aucun
159   NV61: traité selon des règles un

[9] See also 'Art dramatique', *Questions sur l'Encyclopédie*, *OCV*, vol.39, p.79-80; *Siècle de Louis XIV*, M, vol.14, p.474-75; *Commentaires sur Corneille*, *OCV*, vol.55, p.635, lines 65-71, p.1052, lines 86-90; *La Canonisation de Saint Cucufin*, M, vol.27, p.422-23; D. Williams, 'Voltaire et le tragique racinien', *La Réception de Racine à l'âge classique: de la scène au monument*, ed. N. Cronk and A. Viala, *SVEC* 2005:8, p.124-27.

433

aisées! Comment donc oser mettre dans le même rang un Racine et un Despréaux! Quoi! on estimerait autant un peintre de portrait qu'un Raphaël? Quoi! une tête de Rimbran sera égale au tableau de la transfiguration, ou à celui des noces de Cana?

Nous savons que la plupart des épîtres de Despréaux sont belles, qu'elles posent sur le fondement de la vérité, sans laquelle rien n'est supportable; mais pour les épîtres de Rousseau, [10] quel faux dans les sujets et quelles contorsions dans le style! qu'elles excitent souvent le dégoût et l'indignation! Que veut dire une épître à Marot, dans laquelle il prétend prouver qu'il n'y a que les sots qui soient méchants? que ce paradoxe est ridicule! [11]

Sylla, Catilina, César, Tibère, Néron même, étaient-ils des sots? Le fameux duc de Borgia était-il un sot? Et avons-nous besoin d'aller chercher des exemples dans l'histoire ancienne? Peut-on, d'ailleurs, souffrir la manière dure et contrainte, dont cette idée fausse est exprimée?

> Et si parfois on vous dit qu'un vaurien
> A de l'esprit, examinez-le bien,
> Vous trouverez qu'il n'en a que le casque,
> Et qu'en effet c'est un sot sous le masque. [12]

Le casque de l'esprit. Bon Dieu, est-ce ainsi que Despréaux écrivait? Comment souffrir le langage de l'épître à M. le duc de Noailles, qu'il baptisa, dans ses dernières éditions, d'*Epître à M. le comte de C...*

165 NV61: savons que les épîtres
169 NV61: laquelle il veut prouver
174 NV61: histoire profane?

[10] See Introduction, p.420-22.
[11] On Rousseau's *Epître à Marot* see also the *Eloge de M. de Crébillon*, *OCV*, vol.56A, p.308, lines 234-48. Cf. *Conseils à M. Racine sur son poème De la Religion*, *M*, vol.23, p.182.
[12] '[...] casque, / Et vous direz: C'est un [...]', *A Clément Marot* (*Œuvres complètes de Boileau-Despréaux* [...] *suivis des œuvres poétiques de J. B. Rousseau*, p.628).

> Jaçoit qu'en vous gloire et haute naissance   185
> Soient alliées à titres et puissance,
> Que de splendeurs et d'honneurs mérités
> Votre maison luise de tous côtés,
> Si toutefois ne sont-ce ces bluettes
> Qui vous ont mis en l'estime où vous êtes. [13]   190

Ce malheureux burlesque, ce mélange impertinent du jargon du seizième siècle, et de notre langue, si méprisé par les gens de goût, ne peut donner de prix à un sujet qui par lui-même n'apprend rien, ne dit rien, n'est ni utile, ni agréable.

Un des grands défauts de tous les ouvrages de cet auteur, c'est   195
qu'on ne se retrouve jamais dans ses peintures; on ne voit rien *qui rende l'homme cher à lui-même*, comme dit Horace: point d'aménité, point de douceur. [14] Jamais cet écrivain mélancolique n'a parlé au cœur. Presque toutes ses épîtres roulent sur lui-même, sur ses querelles avec ses ennemis; le public ne prend aucune part à ces   200
pauvretés: on ne se soucie pas plus de ses vers contre La Motte, que de ses roches de Salisburi: qu'importe

> ... qu'entre ces roches nues
> Qui par magie en ces lieux sont venues,
> S'en trouve sept, trois de chacune part,   205
> Une au-dessus; le tout fait par tel art,
> Qu'il représente une porte effective,
> Porte vraiment bien faite et bien naïve;
> Mais c'est le tout; car qui voudrait y voir
> Tours ou châtel, doit ailleurs se pourvoir. [15]   210

192-93   NV61: si frondé par un auteur assez connu, ne peut

[13] 'naissance / soit alliée à titre et [...] / Que de splendeur [...]', *A M. le comte de **** (*Œuvres complètes de Boileau-Despréaux* [...] *suivis des œuvres poétiques de J. B. Rousseau*, p.630).

[14] Horace, *Satires*, I.4; I.6.

[15] 'Or noterez qu'entre [...] en ce lieu sont venues / S'en trouvent [...] / Tours ou châtel', *La Grotte de Merlin* (*Œuvres complètes de Boileau-Despréaux* [...] *suivis des œuvres poétiques de J. B. Rousseau*, p.662). *La Grotte de Merlin* was originally entitled *Les Roches de Salisbury*, see p.662, note 2.

Ces détestables vers et ce malheureux sujet, peuvent-ils être comparés à la plus mauvaise tragédie que nous ayons? Nous sommes rassasiés de vers: une denrée trop commune est avilie. Voilà le cas du *ne quid nimis*. [16] Le théâtre où la nation se rassemble est presque le seul genre de poésie qui nous intéresse aujourd'hui; encore ne faudrait-il pas avoir des poèmes dramatiques tous les jours:

Namque voluptates commendat rarior usus. [17]

---

[16] '[...] nam id arbitror / ad prime in vita esse utile, ut nequid nimis [This is what I value most in life: no excess!]', Terence, *Andria*, in *Terence*, ed. J. Marouzeau (Paris, 1942), vol.1, p.128, lines 60-61.

[17] '[...] quia sunt talis quoque taedia vitae magna: / voluptates commendat rarior usus [It is rarity that gives zest to pleasure]', Juvenal, Satire 11, *Satires*, ed. G. G. Ramsay (London, 1918), p.234, lines 206-207.

De la nation française

Edition critique

par

Jacqueline Hellegouarc'h

TABLE DES MATIÈRES

INTRODUCTION

Histoire du texte

Le texte intitulé 'De la nation française' dans les *Questions sur l'Encyclopédie* et dans l'édition de Kehl, faisait partie de l'article 'François, ou Français', paru en 1757 dans le tome 7 de l'*Encyclopédie* (voir *OCV*, t.33, p.94-104).

On suit la genèse de cet article à travers la correspondance de Voltaire. Quand il écrit le 19 mai 1754 à Mme Du Deffand que D'Alembert lui 'a fait cent fois trop d'honneur',[1] il est clair qu'on lui a proposé de collaborer au *Dictionnaire*. En décembre 1755, il travaille à la lettre F. Le 9, il demande des instructions en ce qui concerne l'extension des articles, celle de 'Français' en particulier: 'Je demande si, en traitant *Français* sous l'acception de peuple, on ne doit pas aussi parler des autres significations de ce mot.'[2] Le 28, il 'demande un peu de temps' pour cet article qui est 'terrible' et pour lequel il manque de livres 'dans ma solitude de Monrion'.[3] Le 10 février [1756] il promet d'y travailler 'dès que je serai de retour à mes petites Délices'.[4] Mais le 13 il éprouve le besoin 'avant de travailler à l'article *français*' d'envoyer 'quelque homme zélé [...] à la Bibliothèque royale [...] consulter les manuscrits du dixième et onzième siècle, s'il y en a dans le jargon barbare qui est devenu depuis la langue française', pour découvrir 'quel est le premier de ces manuscrits qui emploie le mot *français* au lieu de celui de *franc* [...]. Si le roman de *Philomena*, écrit au dixième siècle, en langue moitié romance moitié française, se trouve à la Bibliothèque du roi, on y rencontrera peut-être ce que j'indique.'[5] Toutefois le 9 mars il

---

[1] D5822. Le 26 décembre [1755], il parlera aux Cramer de 25 articles (D6651).

[2] A D'Alembert, D6619.

[3] A D'Alembert, D6655.

[4] A D'Alembert, D6724.

[5] A Briasson, D6731. Cette recherche fut confiée à l'abbé Salier. Voir la lettre à D'Alembert du 9 mars [1756], D6770.

promet à D'Alembert '*français*' pour 'la fin du mois à mon retour aux Délices, quand même l'abbé Salier ne trouverait pas l'histoire véritable de Guillaume au gros nez' (D6770). Dès le 24 du même mois, il 'envoie ce que je peux sur le mot *français*' en proposant de 'faire allonger l'article par gens plus savants' car 'je sens qu'il en faudrait davantage' (D6803). Il ne livrait alors qu'une partie de l'article définitif puisque le 13 novembre il envoie 'une petite queue' pour '*Français* par un *a*': [6] il s'agit sans doute des paragraphes de la fin qui concernent l'histoire de la langue et qui supposent une connaissance précise de ce roman de *Philomena*, [7] qu'il envoyait étudier à la Bibliothèque royale. En mai de l'année suivante, le tome 7 de l'*Encyclopédie* n'a toujours pas paru: 'je crois qu'on aura la paix avant que vous ayez donné le septième volume', écrit Voltaire à D'Alembert. [8] Le 6 décembre, l'ouvrage étant sorti, Voltaire l'attend avec impatience; [9] le 29, il l'a reçu depuis assez longtemps pour avoir eu le temps 'de lire et de relire votre excellent article Genève'. [10]

L'article 'François ou Français' publié alors comportait, avant et après le texte 'De la nation française', plusieurs paragraphes que nous donnerons en variante.

Il a continué à paraître sous cette forme, avec le titre 'Du mot Francais' ou 'Du mot François' dans toutes les éditions des *Mélanges*, 'encadrée' comprise. Au cours de ces dix-huit années, le texte n'a pratiquement pas été modifié. Seuls, la graphie de *françois* et des imparfaits et quelques infimes détails distinguent la version primitive de celle des *Mélanges* de 1761. Ensuite plus rien ne change.

---

[6] A D'Alembert, D7055.

[7] Voir ci-dessous dans les variantes le deuxième paragraphe de la fin de l'article tel qu'il a paru dans l'*Encyclopédie* et dans les *Mélanges*. Toute cette partie sera remplacée dans les *Questions sur l'Encyclopédie* par une nouvelle section intitulée 'De la langue française', où il ne sera plus question du roman.

[8] Le 22 mai [1757], D7266.

[9] A D'Alembert, D7499.

[10] A D'Alembert, D7539.

A partir de 1771 une nouvelle version paraît dans les *Questions sur l'Encyclopédie*. De l'article précédent elle ne comporte que les paragraphes 'De la nation française'; en revanche ceux-ci sont précédés d'un long historique et suivis d'une section intitulée 'De la langue française'; l'ensemble constituant la question 'Franc ou Franq, France, François, Français'.

La partie conservée a été revue par l'auteur. L'affirmation concernant la permanence du caractère des Gaulois a été modérée (ligne 13: 'et *les traces* du caractère des Gaulois'), l'explication de la survie du royaume considérablement modifiée par une addition (ligne 114: 'mais (survie) surtout par les divisions de l'Allemagne et de l'Angleterre'). Certaines éditions remplacent *Julien* par *Aurélien*, et substituent 'comme du temps d'Aurélien' ou 'comme le rapporte Aurélien' (lignes 126-27).[11]

L'auteur revoit encore le texte modifié avant de le publier en 1774 dans les *Questions* des *Œuvres complètes* in-4° (w68). Des affirmations concernant la spécificité du 'génie' des peuples sont atténuées ou nuancées. Le nom de *Julien* est rétabli ligne 128, mais dans la phrase telle qu'elle a été rectifiée pour l'impression dans les *Questions* en 1771, sans retour au texte primitif donné par l'*Encyclopédie* ou les *Mélanges*. Les *Questions* de l'édition 'encadrée' ne portent pas trace d'une nouvelle révision; on y retrouve même la faute 'Mosopogon' (au lieu de 'Misopogon').

L'édition de Kehl a réuni les deux versions, à quelques lignes près, sans souci de cohérence. Elle a inséré dans le texte de la question 'Franc ou Franq; France, François, Français', entre les parties 'De la nation française' et 'Langue française', sous un nouveau titre 'François' et un sous-titre 'Section première', tous les paragraphes, sauf le troisième, de l'article initial qui avaient été supprimés à partir de 1771 pour la publication dans les *Questions*.

---

[11] Ligne 127: Voltaire rappelle alors ce que 'rapporte' (voir variante *Encyclopédie* et toutes éditions des *Mélanges*) un empereur romain des 'mœurs sévères' des Gaulois. Il a cité une phrase de 'l'empereur Julien' parlant du caractère 'sérieux et sévère' des Parisiens.

Sources

Ecrit à l'époque où Voltaire met au point l'édition de 1756 de l'*Essai sur les mœurs*, cet article se fonde sur la documentation rassemblée pour cette œuvre. La plupart des faits sont empruntés à l'histoire du Moyen-Age et de la Renaissance; presque toutes les allusions peuvent être éclairées par des passages de l'*Essai*,[12] malgré quelques divergences.

Toutefois, comme on l'a vu, Voltaire a fait lui-même dans sa bibliothèque et fait faire à Paris dans la bibliothèque du Roi des recherches destinées spécialement à ces pages.

Il cite quelques-unes de ses sources: des œuvres en langue vulgaire des dixième et onzième siècles – en particulier le roman de *Philomena* – la *Guerre des Gaules* de César – dont l'exemplaire conservé dans sa bibliothèque porte des traces de lecture (BV605; *CN*, t.2, p.19-21) – Agathias et Julien, qu'il n'a vraisemblablement pas lus dans le texte grec:[13] il a pu connaître Agathias par la traduction française de l'*Histoire de l'empereur Justinien* publiée en 1671 par M. Cousin, la traduction latine de 1660 ou plutôt peut-être les *excerpta* parus en 1739 dans les *Rerum gallicarum et francicarum scriptores*. Quant au *Misopogon* de Julien, il l'a lu dans la traduction publiée par La Bléterie en 1748, qu'il possédait et annotait (BV1797; *CN*, t.5, p.40).

Dans cet ouvrage il a pu trouver non seulement le détail qu'il mentionne, mais une confirmation – pour le moins – de la thèse qu'il soutient ici de l'existence d'un caractère propre à chaque peuple et de sa pérennité.[14]

Il attribue ce fait à l'action du 'climat' et du 'sol'. Entrevue déjà par Platon, Hippocrate, Aristote, Varron ou Jean Bodin par exemple, l'influence du climat a été décrite dans la première moitié du dix-huitième siècle entre autres par le chevalier

---

[12] Voir les notes ci-dessous.

[13] Voltaire, dit-on, ne lisait pas le grec couramment comme le latin: voir ci-dessous n.15 au texte.

[14] Voir ci-après n.5.

Chardin,[15] l'abbé Dubos[16] – qu'appréciait beaucoup Voltaire –, John Arbuthnot,[17] François-Ignace Espiard de la Borde,[18] Buffon,[19] et surtout Montesquieu dans le chapitre de l'*Esprit des lois* intitulé 'Comment les hommes sont différents dans les divers climats'.[20] Vers 1750, c'est une idée d'actualité.

La position que prend ici Voltaire est toutefois nuancée, dès l'origine, et elle se nuance encore au fil des éditions. Il fait une part à l'action de causes morales sur le caractère des peuples: gouvernement, religion, éducation. Il rejoint encore ainsi Montesquieu qui écrit dans un autre chapitre de l'*Esprit des lois*: 'Plusieurs choses gouvernent les hommes: le climat, la religion, les lois, les maximes du gouvernement, les exemples des choses passées, les mœurs, les manières; d'où il se forme un esprit général qui en résulte.'[21]

Etablissement du texte

Nous avons adopté le dernier texte revu par Voltaire: celui de la section 'De la nation française' des *Questions sur l'Encyclopédie* imprimé en 1774 dans les *Œuvres complètes* in-4° (w68 QE) et en 1775 dans l'édition dite encadrée (w75G QE).

Nous avons corrigé *Mosopogon* ligne 53 et modernisé l'orthographe.

Pour les paragraphes de l'article primitif conservés dans les seuls *Mélanges* et que nous donnons en variantes, nous avons adopté le

---

[15] *Voyages* (Amsterdam, 1711), t.6.

[16] *Réflexions critiques sur la poésie et la peinture* (Paris, 1719).

[17] Dans un ouvrage traduit en français en 1742 sous le titre *Essais des effets de l'air sur le corps humain*.

[18] *Essais sur le génie et le caractère des nations*, divisés en six livres (Bruxelles, 1743), 3 vols in-12. Voir par exemple t.1, p.87: 'le climat est cette cause principale qui préside au génie des peuples'.

[19] *Histoire naturelle*, t.3: *Variétés dans l'espèce humaine* (Paris, 1749), p.371-530: plus particulièrement p.391 et 528s.

[20] *Esprit des lois*, livre 14, ch.2. Voir aussi les chapitres suivants.

[21] *Esprit des lois*, livre 19, ch.4.

texte publié en 1761 (TS61), qui n'a subi par la suite que d'infimes modifications graphiques que l'on peut attribuer à l'éditeur.

Editions

De plus amples informations sur les éditions collectives se trouvent ci-dessous, p.565-74.

ENC

ENCYCLOPÉDIE / OU / DICTIONNAIRE RAISONNÉ / DES SCIENCES, / DES ARTS ET DES MÉTIERS, / *PAR UNE SOCIETÉ DE GENS DE LETTRES.* / [...] / TOME SEPTIEME. / [*motif*] / A PARIS, / [...] / M. DCCLVII.
P.284-87: FRANÇOIS, *ou* FRANÇAIS.

TS61

P.54-65: *Du mot*, Français.

W64R

T.17, 2e partie, p.385-96: Du mot, *Français*.

NM

Seconde partie, p.319-26: *Du mot* François.

W68 MÉL

T.17, p.477-85: *Du mot* Français.

QE71

QUESTIONS / SUR / *L'ENCYCLOPÉDIE*, / PAR / DES AMATEURS. / [*filet*] / *SIXIEME PARTIE.* / [*filet*] / [*ornement*] / [*double filet*] / M.DCC.LXXI.
P.156-63: De la nation Française.

444

Bengesco 1408.
Paris, BnF: Z Beuchot 730 (6).

QE72

QUESTIONS / SUR / *L'ENCYCLOPÉDIE.* / [*filet*] / *SIXIEME PARTIE.* / [*filet*] / QUESTIONS / SUR / *L'ENCYCLOPÉDIE,* / *DISTRIBUÉES EN FORME DE* DICTIONNAIRE. / PAR / DES AMATEURS. / FAB.-GUE. / [*filet*] / *SIXIEME PARTIE.* / [*filet*] / SECONDE EDITION. / [*ornement*] / LONDRES. / M.DCC.LXXII.

P.131-37: De la nation Française.
Bengesco 1410.
Paris, BnF: Z Beuchot 731 (6).

W72P (1773)

T.16, p.115-23: Du mot français.

QE73

QUESTIONS / SUR / L'ENCYCLOPÉDIE. / [*filet*] / *SIXIEME PARTIE.* / [*filet*] / QUESTIONS / SUR / *L'ENCYCLOPÉDIE,* / PAR / DES AMATEURS. / NOUVELLE ÉDITION CORRIGÉE / [*filet*] / *SIXIEME PARTIE.* / [*filet*] / [*ornement*] / [*double filet orné*] / M.DCC.LXXIII.

P.156-63: De la nation Française.
Paris, BnF: Z 24781.

W68 QE (1774)

T.23, *Questions sur l'Encyclopédie*, t.3: p.245-50: De la nation Française.

W75G MÉL

T.37, p.168-73: *Du mot* Français.

W75G QE

T.28, *Questions sur l'Encyclopédie*, t.4, p.384-89: De la nation Française.

K84

T.40, *Dictionnaire philosophique*, t.4, p.349-55: De la nation française.

Traitement du texte de base

On a conservé les italiques du texte de base, sauf dans les cas suivants: on imprime en romain les noms propres de personnes, et les noms de famille, les citations en langues modernes, et le discours direct. On a également respecté la ponctuation du texte de base. Ailleurs le texte de base a fait l'objet d'une modernisation portant sur la graphie, l'accentuation et la grammaire. Les particularités du texte de base dans ces trois domaines étaient les suivantes:

I. Consonnes

– absence de la consonne *p* dans: longtems, tems
– absence de la consonne *t* dans les finales en *–ans* et en *–ens*: agrémens, amusemens, dépendans, emportemens, habillemens, habitans
– redoublement de consonnes contraire à l'usage actuel dans: appella, appellaient
– emploi de *x* au lieu de *s* dans: loix

II. Voyelles

– emploi de *y* au lieu de *i* dans: ayeux

III. Particularités d'accentuation

1. L'accent aigu

– il est employé au lieu de l'accent grave dans: dixiéme, entiérement, légéreté, seiziéme, siécle

2. L'accent grave

– il est absent dans: déja

3. L'accent circonflexe

– il est absent dans: ame, disgraces
– il est employé dans: dûs, toûjours

446

IV. Majuscules

– les majuscules ont été supprimées dans les adjectifs suivants: Carlovingienne, Romaines

V. Divers

– le trait d'union a été supprimé dans les expressions suivantes: à-peu-
près, C'est-là, en-deça
– quoi qu'il (au lieu de 'quoiqu'il')

DE LA NATION FRANÇAISE

Lorsque les Francs s'établirent dans le pays des premiers Welchs, que les Romains appelaient Gallia, la nation se trouva composée des anciens Celtes ou Gaulois [1] subjugués par César, des familles romaines qui s'y étaient établies, des Germains qui y avaient déjà fait des émigrations, et enfin des Francs qui se rendirent maîtres du pays sous leur chef Clovis. [2] Tant que la monarchie qui réunit la Gaule et la Germanie subsista, tous les peuples depuis la source du Veser jusqu'aux mers des Gaules, portèrent le nom de Francs. [3] Mais lorsqu'en 843, au congrès de Verdun, sous Charles le Chauve,

5

a ENC: FRANÇOIS, *ou* FRANÇAIS
  TS61: *DU MOT* FRANÇAIS
  W64R: DU MOT *FRANÇAIS*
  NM, W68 MÉL, W75G MÉL: *Du mot* FRANÇAIS
  W72P: DU MOT FRANÇAIS
1 QE73, K: Welches
8 TS61, W64R, NM, W72P: Weser

[1] Voir César, *Guerre des Gaules*, I.1: 'tertiam [partem Galliae incolunt] qui ipsorum lingua Celtae, nostra Galli appellantur', c.-à-d.: 'la troisième [partie de la Gaule est habitée par un peuple] qui dans sa langue se nomme Celte, et dans la nôtre Gaulois'.

[2] *L'Histoire universelle* [...] *traduite de l'anglais* (Amsterdam, 1747), plus nuancée, cite plusieurs chefs francs, dont Clovis dut triompher avant d'établir 'sa puissance dans les Gaules' (t.13, 1752, p.649, 666, 670).

[3] En 1769, avant d'écrire dans une addition au chapitre 17 de l'*Essai sur les mœurs*: 'Cependant en France le nom de Franc prévalut toujours', Voltaire fait cette réserve: 'Remarquons attentivement que Charlemagne paraissait ne se point considérer comme un Franc. La race de Clovis et de ses compagnons francs fut toujours distincte des Gaulois. L'Allemand Pépin et Karl son fils furent distincts des Francs. Vous en trouverez la preuve dans le capitulaire de Karl ou Charlemagne concernant ses métairies, art.4: "Si les Francs commettent quelque délit dans nos possessions, qu'ils soient jugés suivant leurs lois"' (*OCV*, t.22, p.284). Sur les discussions au sujet de l'origine des Francs et sur l'étendue attribuée à la *Francia*, voir par exemple l'*Histoire universelle*, t.13 (1752), p.622-23.

la Germanie et la Gaule furent séparées, le nom de Francs resta aux   10
peuples de la France occidentale, qui retint seule le nom de France.

On ne connut guère le nom de Français que vers le dixième
siècle.[4] Le fond de la nation est de familles gauloises, et les traces
du caractère des anciens Gaulois ont toujours subsisté.

En effet, chaque peuple a son caractère comme chaque homme;[5]   15
et ce caractère général est formé de toutes les ressemblances que la
nature et l'habitude ont mises entre les habitants d'un même pays,
au milieu des variétés qui les distinguent. Ainsi le caractère, le
génie, l'esprit français, résultent de ce que les différentes provinces
de ce royaume ont entre elles de semblable. Les peuples de la   20
Guienne et ceux de la Normandie diffèrent beaucoup: cependant
on reconnaît en eux le génie français, qui forme une nation de ces
différentes provinces, et qui les distingue des Italiens et des
Allemands. Le climat[6] et le sol impriment évidemment aux

12   et partout ENC: François
13-14   ENC, TS61, W64R, NM, W68 MÉL, W72P, W75G MÉL: et le caractère
14   ENC, TS61, W64R, NM, W68 MÉL, W72P, W75G MÉL: Gaulois a toujours
19   ENC: de tout ce
21   et de suite TS61, W64R, NM, W72P: Guyenne
23   ENC, TS61, W64R, NM, W68 MÉL, QE71, QE72, W72P, QE73, W75G
MÉL: distingue au premier coup d'œil des

[4] Dans une addition de 1761 au chapitre 24 de l'*Essai*, Voltaire datera du traité de
Verdun l'apparition du nom *Français*: 'C'est à cette époque (843) que les savants dans
l'histoire commencent à donner le nom de Français aux Francs' (*OCV*, t.22, p.365).
Bloch Wartburg date de 1080, dans *La Chanson de Roland*, la première apparition du
mot. Le dictionnaire de La Martinière (article 'France', 1740) semble employer
indifféremment *Francs* et *François*.

[5] Cf. le *Misopogon* de l'empereur Julien cité plus loin par Voltaire: 'de même que
chez les plantes il est normal que les caractères spécifiques se transmettent
durablement, qu'il y ait même peut-être une absolue similitude entre les rejetons
et la souche primitive, de la même façon on peut croire que parmi les hommes les
mœurs des descendants reproduisent celles des ancêtres' (éd. Les Belles Lettres §18 –
La Bléterie, t.2, p.30).

[6] *Climat* en ce sens est encore considéré par le dictionnaire de Trévoux en 1752
comme une appellation employée par 'le vulgaire'. Pour le lexicographe, *climat*

hommes, comme aux animaux et aux plantes, des marques qui ne 25
changent point. Celles qui dépendent du gouvernement, de la
religion, de l'éducation, s'altèrent. [7] C'est là le nœud qui explique
comment les peuples ont perdu une partie de leur ancien caractère,
et ont conservé l'autre. Un peuple qui a conquis autrefois la moitié
de la terre, n'est plus reconnaissable aujourd'hui sous un gouverne- 30
ment sacerdotal; mais le fond de son ancienne grandeur d'âme
subsiste encore, quoique caché sous la faiblesse.

Le gouvernement barbare des Turcs [8] a énervé de même les
Egyptiens et les Grecs, sans avoir pu détruire le fond du caractère et
la trempe de l'esprit de ces peuples. 35

Le fond du Français est tel aujourd'hui, que César a peint le
Gaulois, prompt à se résoudre, ardent à combattre, impétueux dans
l'attaque, se rebutant aisément. [9] César, Agatias, et d'autres, disent
que de tous les barbares, le Gaulois était le plus poli. [10] Il est encore,

38 ENC, W72P: Agathias

---

désigne un 'espace déterminé sur la surface de la terre selon la longueur des plus
grands jours d'été'. Sur la théorie des climats, voir l'introduction.

[7] Cf. *Essai*, ch.197, addition de 1761: 'Trois choses influent sans cesse sur l'esprit
des hommes: le climat, le gouvernement, et la religion, c'est la seule manière
d'expliquer l'énigme de ce monde' (éd. R. Pomeau, t.2, p.806). Mais dans le même
chapitre il avait écrit auparavant sans faire allusion à l'influence du climat: 'Il résulte
de ce tableau que tout ce qui tient intimement à la nature humaine se ressemble d'un
bout de l'univers à l'autre; que tout ce qui peut dépendre de la coutume est différent,
et que c'est un hasard s'il se ressemble. L'empire de la coutume est bien plus vaste que
celui de la nature' (t.2, p.810).

[8] Sur les méfaits des Turcs, voir par exemple *Essai*, ch.197: 'nous ne connaissons
presque aucune ville bâtie par [les Turcs]; ils ont laissé dépérir les plus beaux
établissements de l'antiquité; ils règnent sur des ruines' (t.2, p.806).

[9] Voir en effet César, *Guerre des Gaules*, III.19: 'ut ad bella suscipienda Gallorum
alacer ac promptus est animus, sic mollis ac minime resistens ad calamitates
perferendas mens eorum est', c.-à-d.: 'autant les Gaulois sont, pour prendre les
armes, enthousiastes et prompts, autant ils manquent, pour supporter les revers, de
fermeté et de ressort'; et III.8: 'sunt Gallorum subita et repentina consilila', c.-à-d.:
'les décisions des Gaulois sont soudaines et impulsives'. Cf. aussi III.10. Voir aussi
Moreri, art. 'France. Du pays, et des habitants de la France'.

[10] Moreri dans l'article 'France. Du génie des Français', parle, lui aussi, de 'la

dans le temps le plus civilisé, le modèle de la politesse de ses 40
voisins,[11] quoiqu'il montre de temps en temps des restes de sa
légèreté, de sa pétulance et de sa barbarie.[12]

41-43   ENC, TS61, W64R, NM, W68 MÉL, QE71, QE72, W72P, QE73, W75G
MÉL: voisins. // Les habitants

---

politesse [...] que l'on avait admirée dans les Gaules'. On lit effectivement dans
l'*Histoire de l'empereur Justinien*, d'Agathias, livre 1, ch.2, §3, in: *Histoire de
Constantinople depuis le règne de l'ancien Justin*, traduite par M. Cousin (Paris,
1671), t.2: 'les Français ne vivent pas dispersés à la campagne à la façon des Barbares
[...]. Enfin ils me semblent extrêmement polis'. Cf. aussi la traduction latine du même
passage dans le *Recueil des historiens des Gaules et de la France*, t.2 (1739), p.47. Mais
nous n'avons trouvé ni chez César ni chez d'autres un éloge de la politesse gauloise à
proprement parler. Toutefois un certain nombre d'auteurs anciens, dont César,
disent que les Gaulois sont plus civilisés que leurs voisins, qu'ils s'intéressent à
certaines sciences, et cultivent les belles-lettres et l'éloquence. Voir, entre autres,
César, *Guerre des Gaules*, IV.3, VI.14; St Jérôme, *Epist.* XCV *Ad rusticum monachum*,
Libr. adversus vigilantium (in *Recueil des historiens des Gaules et de la France*, t.1, par
Dom Martin Bouquet, Paris, 1738, p.744 et 743, où une note renvoie, à propos de
l'éloquence, à Juvénal, *Satyr.* 15, et à Symmarque, I.9, *Epist.* 83), Claudien, *Libr. de
quarto consulatu honorii* (in *Recueil*, p.770 où une note renvoie à propos des belles-
lettres aux professeurs d'Ausone, Euménius et autres). Dans le tome 13 de l'*Histoire
universelle* que Voltaire pratiquait beaucoup (voir notre introduction aux pages *De la
population de l'Amérique* publiées en 1756), il est question (p.325 et 624), sinon de la
politesse, du moins des 'vertus sociales' des Gaulois, 'comme l'hospitalité, [...] la
justice et la fidélité' (avec référence à Diodore de Sicile, livre V; César, livre VI;
Aristote, *De mirabil. auditu*; Procope, *Hist. Goth.*, III.35, IV.27; et Agathias, livre I).
Il y est question aussi de leur habileté dans certains sciences (p.317), de leur
éloquence (p.318 avec référence à Caton le Censeur), de leur goût pour la poésie
(p.314), pour la musique et la danse (p.321-22 avec référence à Posidonius), des
qualités de leur style (p.315 avec référence à Diodore de Sicile, livre V), et de leurs
Académies nombreuses et très fréquentées sous l'Empire (p.318 avec référence à
Tacite, *Annales*, III.43; Suétone, *Caligula*, 20; Juvenal, *Satires*, I.6; Professeurs
d'Ausone). Il est à noter que Voltaire lui-même, dans l'*Avant-propos* de l'*Essai*, loin
de parler de cette politesse, insiste sur la barbarie des Gaulois (*OCV*, t.22, p.89), en
s'appuyant encore sur le témoignage de César; il est vrai qu'il date de 1740 cet avant-
propos.

[11] Cf. le dictionnaire de Moreri, article 'France. Du pays et des habitants de la
France'.

[12] Cf. une phrase du *Siècle de Louis XIV*: 'Les Condé et les Coligny [...]

Les habitants des côtes de la France furent toujours propres à la marine: les peuples de la Guienne composèrent toujours la meilleure infanterie; ceux qui habitent les campagnes de Blois et   45 de Tours ne sont pas, dit le Tasse,

    ... Gente robusta, e faticosa,

    La terra molle, e lieta, e dilettosa

    Simili a se gli abitator', produce. [13]

Mais comment concilier le caractère des Parisiens de nos jours,   50 avec celui que l'empereur Julien, le premier des princes et des hommes après Marc-Aurèle, [14] donne aux Parisiens de son temps? 'J'aime ce peuple,' dit-il dans son Misopogon, 'parce qu'il est sérieux et sévère comme moi.' [15] Ce sérieux qui semble banni

53   w68 QE, w75G QE, K: Mosopogon

---

bouleversèrent l'Etat à l'envi. La légèreté et l'impétuosité de la nation, la fureur de la nouveauté, et l'enthousiasme, firent pendant quarante ans du peuple le plus poli un peuple de barbares' (*Œuvres historiques*, éd. Pléiade, p.1044; *Le Siècle de Louis XIV*, ch.26: 'Du calvinisme au temps de Louis XIV').

[13] *La Jérusalem délivrée*, chant 1, st.62. Voici la traduction de l'ensemble de la stance: 'Etienne d'Amboise en conduit cinq mille de Blois et de Tours. Ce n'est pas une race robuste et infatigable, bien qu'ils soient tout reluisants de fer. Cette terre de mollesse, de plaisirs et de voluptés, produit des habitants qui lui ressemblent. Leur impétuosité est vive aux premiers chocs, mais elle s'affaiblit et s'éteint facilement ensuite.'

[14] Dans l'article 'Julien', paru en 1756 dans la *Suite des Mélanges*, quatrième partie, Voltaire écrit: 'si vous le suivez dans sa maison, dans les camps, dans les batailles, dans ses mœurs, dans sa conduite, dans ses écrits, vous le trouverez partout égal à Marc-Aurèle. Ainsi cet homme, qu'on a peint abominable, est peut-être le premier des hommes, ou peut-être le second' (*OCV*, t.45B, p.190). Dans l'article 'Julien' du *Dictionnaire philosophique*, publié en 1767, l'empereur sera dit 'en tout égal à Marc-Aurèle, le premier des hommes' (*OCV*, t.36, p.272).

[15] Voltaire, qui ne lisait pas couramment le grec (voir par exemple la lettre à Thiriot du 7 mai 1739, D2005), devait connaître l'œuvre de Julien par la traduction de La Blèterie, qui figure dans sa bibliothèque (BV1797). Nous n'y avons pas trouvé textuellement la phrase citée, mais nous en avons retrouvé l'esprit t.2, p.59s.: 'je suis naturalisé gaulois [...]. J'ai passé ma vie au milieu d'hommes incapables de faire leur cour et de flatter, accoutumés à vivre simplement et librement avec tout le monde. Je commandais à des peuples courageux et guerriers qui ne connaissaient les plaisirs de

aujourd'hui d'une ville immense, devenue le centre des plaisirs,   55
devait régner dans une ville alors petite, dénuée d'amusements:
l'esprit des Parisiens a changé en cela, malgré le climat. [16]

L'affluence du peuple, l'opulence, l'oisiveté, qui ne peut
s'occuper que des plaisirs et des arts, et non du gouvernement,
ont donné un nouveau tour d'esprit à un peuple entier.   60

Comment expliquer encore par quels degrés ce peuple a passé
des fureurs qui le caractérisèrent du temps du roi Jean, de Charles
VI, de Charles IX, de Henri III, et de Henri IV même, [17] à cette
douce facilité de mœurs que l'Europe chérit en lui? [18] C'est que les
orages du gouvernement et ceux de la religion poussèrent la   65
vivacité des esprits aux emportements de la faction et du
fanatisme; [19] et que cette même vivacité, qui subsistera toujours,
n'a aujourd'hui pour objet que les agréments de la société. Le
Parisien est impétueux dans ses plaisirs, comme il le fut autrefois
dans ses fureurs. Le fond du caractère, qu'il tient du climat, est   70
toujours le même. S'il cultive aujourd'hui tous les arts dont il fut

l'amour que dans un légitime mariage [...]. Le théâtre me paraissait presque aussi
ridicule qu'à ces peuples [...]. J'avais trop de sympathie avec les Gaulois pour n'en
être pas aimé'. Cf. texte et traduction, éd. Belles-Lettres, §30 et 32 en particulier.

[16] Voltaire revient sur ce sujet dans l'article 'Climat' des *Questions sur l'Encyclopédie*: 'On pourrait demander à ceux qui soutiennent que l'atmosphère fait tout,
pourquoi l'empereur Julien dit dans son *Misopogon* que ce qui lui plaisait dans les
Parisiens, c'était la gravité de leur caractère et la sévérité de leurs mœurs; et pourquoi
ces Parisiens, sans que le climat ait changé, sont aujourd'hui des enfants badins à qui
le gouvernement donne le fouet en riant, et qui eux-mêmes rient le moment d'après,
en chansonnant leurs précepteurs?' (*OCV*, t.40, p.131).

[17] A propos de ces fureurs voir par exemple l'*Essai*, chapitres 76 (t.1, p.729), 78
(t.1, p.738), 80 (t.1, p.752).

[18] Cf. une addition de 1761 au chapitre 80 de l'*Essai sur les mœurs*, 'De la France du
temps de Charles VII': 'Que les citoyens d'une ville immense, où les arts, les plaisirs
et la paix règnent aujourd'hui, où la raison même commence à s'introduire,
comparent les temps, et qu'ils se plaignent s'ils l'osent' (*OCV*, t.22, p.293).

[19] Cf. *Essai*, ch.80, 'De la France du temps de Charles VII': 'Ce n'est pas assez de
la cruauté pour porter les hommes à de telles exécutions, il faut encore ce fanatisme
composé de supersitition et d'ignorance, qui a été la maladie de presque tous les
siècles' (t.1, p.752).

privé si longtemps, ce n'est pas qu'il ait un autre esprit, puisqu'il n'a point d'autres organes; mais c'est qu'il a eu plus de secours; et ces secours il ne se les est pas donnés lui-même, comme les Grecs et les Florentins, chez qui les arts sont nés comme des fruits naturels de   75
leur terroir:[20] le Français les a reçus d'ailleurs; mais il a cultivé heureusement ces plantes étrangères; et ayant tout adopté chez lui, il a presque tout perfectionné.[21]

Le gouvernement des Français fut d'abord celui de tous les peuples du nord: tout se réglait dans les assemblées générales de la   80
nation:[22] les rois étaient les chefs de ces assemblées, et ce fut presque la seule administration des Français dans les deux premières races, jusqu'à Charles le Simple.

Lorsque la monarchie fut démembrée[23] dans la décadence de la race carlovingienne, lorsque le royaume d'Arles s'éleva,[24] et que   85

80   ENC: dans des assemblées
82   QE72: administration de Français

[20] Cf. *Chapitre des arts*: 'Dans cette mort générale des arts on avait toujours plus de signes de vie en Italie qu'ailleurs [...] au XIVᵉ siècle, quand la langue italienne commença à se polir, et le génie des hommes à se développer dans leur langue maternelle, ce furent les Florentins qui défrichèrent les premiers ce champ couvert de ronces [...]. Le climat de Toscane semble être un des premiers favorables aux arts et à l'esprit humain' (*Essai*, t.2, p.821), et: 'dans le temps que Dante, Pétrarque faisaient naître la poésie, la peinture sortait aussi du tombeau, et toutes ces nouveautés étaient dues aux Florentins' (t.2, p.831), et chapitre 121: 'La gravure en estampes, inventée à Florence au milieu du XVᵉ siècle, était un art tout nouveau' (t.2, p.170). Cf. aussi t.2, p.168.

[21] Cf. une addition de 1761 au ch.125 de l'*Essai*: 'Tous les arts furent protégés par lui [François Iᵉʳ]; mais il fut obligé de faire venir des peintres, des sculpteurs, des architectes, d'Italie' (t.2, p.202). Cf. aussi ch.118 (1756), 'Idée générale du XVIᵉ siècle' (t.2, p.134).

[22] Le gouvernement par assemblées est celui des peuples chasseurs-conquérants: voir *Essai*, ch.18 (1761); Charlemagne lui-même était 'obligé à de très grands ménagements devant une nation de guerriers assemblée en parlement' (*OCV*, t.22, p.293).

[23] Voir *Essai*, ch.24, 'Etat de l'Europe après la mort de Louis le Débonnaire' (*OCV*, t.22, p.363, 365).

[24] 'Un second fils de l'empereur Lothaire, nommé Charles, eut la Savoie, le Dauphiné, une partie du Lyonnais, de la Provence et du Languedoc. Cet Etat

les provinces furent occupées par des vassaux peu dépendants de la couronne, le nom de Français fut plus restreint; sous Hugues Capet, Robert, Henri et Philippe, on n'appela Français que les peuples en deçà de la Loire.[25] On vit alors une grande diversité[26] dans les mœurs, comme dans les lois des provinces demeurées à la couronne de France. Les seigneurs particuliers qui s'étaient rendus les maîtres de ces provinces, introduisirent de nouvelles coutumes dans leurs nouveaux états. Un Breton, un Flamand, ont aujourd'hui quelque conformité, malgré la différence de leur caractère, qu'ils tiennent du sol et du climat: mais alors ils n'avaient entre eux presque rien de semblable.

Ce n'est guère que depuis François I, que l'on vit quelque uniformité dans les mœurs et dans les usages. La cour ne commença que dans ce temps à servir de modèle[27] aux provinces

90

95

87   ENC: restreint; et sous
93   ENC, TS61, W64R, NM, W68 MÉL, QE71, QE72, W72P, QE73, W75G MÉL: Breton, un habitant de Flandres ont

---

composa le royaume d'Arles du nom de la capitale, ville autrefois opulente et embellie par les Romains, mais alors petite, pauvre, ainsi que toutes les villes en-deçà des Alpes' (*Essai*, ch.24, *OCV*, t.22, p.370).

[25] 'Hugues Capet [...] possédait depuis longtemps le duché de France, qui s'étendait jusqu'en Touraine' (*Essai*, ch.38, t.1, p.446). Dans le même chapitre, Voltaire nomme France le royaume qui 's'étendait des environs de l'Escaut et de la Meuse jusqu'à la mer Britannique, et des Pyrénées au Rhône' (t.1, p.443).

[26] 'Vers le temps de Hugues Capet', 'chaque province avait ou ses comtes ou ses ducs héréditaires [...]. De tout cela s'était fait cet assemblage monstrueux de membres qui ne formaient point un corps' (*Essai*, ch.38, t.1, p.443). 'Chaque seigneur un peu considérable faisait battre monnaie' (ch.39, t.1, p.448).

[27] Sur l'influence de François Ier et de sa cour, comparer certains passages de l'*Essai*: 'malgré les guerres [...] et malgré les querelles de religion [...] ce même génie [...] adoucit d'abord les mœurs des hommes dans presque toutes les provinces de l'Europe chrétienne. La galanterie de la cour de François Ier opéra en partie ce grand changement. Il y eut entre Charles-Quint et lui une émulation [...]; et cette émulation, qui se communiqua à tous les courtisans, donna à ce siècle un air de grandeur et de politesse inconnu jusqu'alors' (ch.118, t.2, p.135). Cf. aussi: 'La France, sous ce prince [François Ier], commençait à sortir de la barbarie, et la langue

réunies; mais en général, l'impétuosité dans la guerre, et le peu de discipline, furent toujours le caractère dominant de la nation. [28] 100

La galanterie et la politesse commencèrent à distinguer les Français sous François I. Les mœurs devinrent atroces depuis la mort de François II. Cependant au milieu de ces horreurs, il y avait toujours à la cour une politesse que les Allemands et les Anglais 105 s'efforçaient d'imiter. On était déjà jaloux des Français dans le reste de l'Europe, en cherchant à leur ressembler. Un personnage d'une comédie de Shakespear [29] dit, qu'à toute force on peut être poli, sans avoir été à la cour de France.

Quoique la nation ait été taxée de légèreté par César et par tous 110 les peuples voisins, [30] cependant ce royaume si longtemps démembré, et si souvent prêt à succomber, s'est réuni et soutenu

108   ENC: Shakespeare
112   w72P: souvent près de succomber

prenait un tour moins gothique [...]. Tous les arts furent protégés par lui, mais [...] ce ne fut pas ce qui commença à polir la langue française; ce fut l'esprit du roi et celui de sa cour à qui l'on eut cette obligation' (ch.125, addition de 1761, t.2, p.202-203).

[28] Cf. ce que dit encore Voltaire dans ses *Mémoires* à propos de la bataille de Rosbach: 'on n'avait pu faire en trois ou quatre ans, avec des Français peu disciplinables, ce qu'on avait fait pendant cinquante ans avec des Prussiens' (*OCV*, t.45C, p.417). Il écrit toutefois dans le chapitre 122 de l'*Essai* à propos de la bataille de Marignan: 'les Français furent toujours sur la défensive: c'est, me semble, une preuve assez forte que les Français, quand ils sont bien conduits, peuvent avoir ce courage patient qui est quelquefois aussi nécessaire que l'ardeur impétueuse qu'on leur accorde' (t.2, p.177).

[29] Il s'agit certainement des paroles prononcées par le chambellan anglais dans *Henri VIII*, acte 1, sc.3. Il dit en réalité: 'I would pray our monsieur / To think an English courtier may be wise, / And never see the Louvre.'

[30] Voir par exemple *Guerre des Gaules*, II.1: 'partim [...] mobilitate et levitate animi novis imperiis studebant' = 'certains [...] en raison de la mobilité et de la légèreté de leur esprit rêvaient de changer de maîtres', ou III.10, III.19, IV.5, VII.43. Cf. aussi, par exemple, Dion Cassius (in *Recueil des historiens des Gaules*, t.1, p.530). Cf. aussi ce que Voltaire écrivait au père Tournemine en août 1735 (D901): 'ce n'est pas sans raison que les étrangers habiles ne regardent la France que comme la crème fouettée de l'Europe' (D901).

principalement par la sagesse des négociations, l'adresse et la patience, mais surtout par les divisions de l'Allemagne, et de l'Angleterre.[31] La Bretagne n'a été réunie au royaume, que par un mariage;[32] la Bourgogne, par droit de mouvance, et par l'habileté de Louis XI;[33] le Dauphiné, par une donation qui fut le fruit de la

115

114-15   ENC, TS61, W64R, NM, W68 MÉL, W72P, W75G MÉL: patience. La Bretagne
114   K: par la division de

[31] Ce membre de phrase 'mais surtout ...' n'apparaît qu'à partir de 1771, inspiré sans doute par la réflexion de Voltaire sur les événements de son siècle. Toutefois les avantages pour la France des divisions internes de l'Allemagne et de l'Angleterre sont déjà signalés dans l'*Essai*, par exemple dans le chapitre 38: 'Vers le temps de Hugues Capet', 'il semble que ce royaume [la France] sans chef, sans police, sans ordre, dût être la proie de l'étranger; mais une anarchie presque semblable dans tous les royaumes fit sa sûreté; et quand, sous les Othons, l'Allemagne fut plus à craindre, les guerres intestines l'occupèrent' (t.1, p.444), ou dans une addition de 1761 au chapitre 80: 'Les divisions de l'Angleterre contribuèrent autant que Charles VII à la réunion de la France. Cet Henri VI, qui avait porté les deux couronnes, et qui même était venu se faire sacrer à Paris, détrôné à Londres par ses parents, fut rétabli, et détrôné encore' (t.1, p.754). Sur les avantages des divisions entre l'Allemagne et l'Angleterre, voir par exemple le chapitre 124: (après Pavie) 'Henri VIII, au lieu de se réunir à lui [Charles-Quint] pour démembrer la France, devient jaloux de sa grandeur et traite avec la régente [...] immédiatement après la prise de François Ier, l'Angleterre et les puissances italiennes se liguèrent avec la France pour balancer le pouvoir de l'Empereur' (t.2, p.187, 190).
[32] 'La paix et la grandeur de la France furent cimentées par le mariage de Charles VIII, qui força enfin le vieux duc de Bretagne à lui donner sa fille et ses Etats' (*Essai*, ch.101, t.2, p.50). 'Anne de Bretagne, veuve de Charles VIII, conservait pour Louis XII l'inclination qu'elle avait sentie pour le duc d'Orléans; et s'il ne l'épousait pas, la Bretagne échappait à la France' (ch.110, t.2, p.91).
[33] '[les Suisses] défirent l'usurpateur, qui paya de son sang le nom de *Téméraire* que la postérité lui donne (1477). Ce fut alors que Louis XI s'empara de l'Artois et des villes sur la Somme, du duché de Bourgogne comme d'un fief mâle, et de la ville de Besançon par droit de bienséance' (*Essai*, ch.95, t.2, p.15). Toutefois Voltaire fait alors une réserve en ce qui concerne l'habileté de Louis XI: 'en ne parvenant pas à faire épouser Marie, fille du Téméraire, à son fils, ce grand politique manqua l'occasion d'unir au royaume la Franche-Comté et tous les Pays-Bas'.

politique;[34] le comté de Toulouse, par un accord soutenu d'une armée;[35] la Provence, par de l'argent.[36] Un traité de paix a donné l'Alsace;[37] un autre traité a donné la Lorraine.[38] Les Anglais ont 120 été chassés de France autrefois, malgré les victoires les plus signalées; parce que les rois de France ont su temporiser et profiter de toutes les occasions favorables.[39] Tout cela prouve que si la jeunesse française est légère, les hommes d'un âge mûr qui la gouvernent, ont toujours été très sages.[40] Encore aujourd'hui la 125

[34] 'Le dernier prince du pays [le Dauphiné], ayant perdu ses enfants, lassé des guerres qu'il avait soutenues contre la Savoie, donna le Dauphiné au roi de France [Philippe VI], et se fit dominicain à Paris (1349)' (*Essai*, ch.75, t.1, p.722).

[35] 'Enfin la régente Blanche [de Castille], qui avait d'autres ennemis, et le jeune Raimond, las des massacres, et épuisé de pertes, firent la paix à Paris [...]. Le comte de Toulouse devait payer 10 000 marcs [...] aux églises de Languedoc [...]; il devait aller faire pendant cinq ans la guerre aux Sarrasins et aux Turcs [...]; il abandonnait au roi, sans nulle récompense, tous ses états en deçà du Rhône, car ce qu'il possédait en delà était terre de l'empire. Il signa son dépouillement, moyennant quoi il fut reconnu par le cardinal Saint-Ange et par un légat, non seulement pour être bon catholique, mais pour l'avoir toujours été' (*Essai*, ch.62, t.1, p.630-31; addition de 1761 en particulier).

[36] '[Louis XI] se fit donner la Provence par le dernier comte souverain de cet Etat, et arracha ainsi un feudataire à l'empire, comme Philippe de Valois s'était fait donner le Dauphiné. L'Anjou et le Maine, qui appartenaient au comte de Provence, furent réunis à la couronne' (*Essai*, ch.94, t.2, p.10). Cf. aussi ch.101: 'On se souvient comme le dernier comte de Provence donna, par son testament, cet Etat à Louis XI' (t.2, p.51).

[37] Le traité de Westphalie (1648).

[38] La Lorraine avait été cédée à la France par le traité de Vienne en 1738, mais le roi Stanislas devait en jouir jusqu'à sa mort (en 1766). Voir le détail des négociations dans le *Précis du Siècle de Louis XV*, ch.4 (éd. Pléiade, *Œuvres historiques*, p.1328-29).

[39] Voir l'*Essai*, entre autres chapitre 80: 'Charles VII regagna son royaume à peu près comme Henri IV le conquit cent cinquante ans après [...] obligé comme lui de ménager souvent ses amis et ses ennemis, de donner de petits combats, de surprendre des villes et d'en acheter, il entra dans Paris comme y entra depuis Henri IV, par intrigue et par force' (t.1, p.754). Cf. aussi une addition de 1761 au chapitre 76: 'Charles V [...], justement surnommé le Sage, répara les ruines de son pays par la patience et par les négociations, nous verrons comment il chassa les Anglais de presque toute la France' (t.1, p.730). Cf. aussi chapitre 78 sur 'la dextérité de Charles V' (t.1, p.735-37).

[40] A rapprocher de la conclusion tirée dans l'*Essai*: 'on vit bien que la supériorité d'une nation ne dépend que de ceux qui la conduisent' (ch.78, 'De la France et de l'Angleterre du temps du roi Charles V', t.1, p.738).

magistrature, en général, a des mœurs sévères, comme du temps de l'empereur Julien. Si les premiers succès en Italie du temps de Charles VIII, furent dus à l'impétuosité guerrière de la nation, les disgrâces qui les suivirent vinrent de l'aveuglement d'une cour qui n'était composée que de jeunes gens. François I ne fut malheureux   130
que dans sa jeunesse, [41] lorsque tout était gouverné par des favoris de son âge; et il rendit son royaume florissant dans un âge plus avancé.

Les Français se servirent toujours des mêmes armes que leurs voisins; et eurent à peu près la même discipline dans la guerre. Ils   135
ont été les premiers qui ont quitté l'usage de la lance et des piques. La bataille d'Yvri commença à décrier l'usage des lances, qui fut bientôt aboli; et sous Louis XIV, les piques ont été oubliées. [42] Ils portèrent des tuniques et des robes jusqu'au seizième siècle. [43] Ils

---

126-27   ENC, TS61, W64R, NM, W68 MÉL, W72P, W75G MÉL: comme le rapporte Aurélien. Si

QE71, QE72, QE73: comme du temps d'Aurélien. Si

137   ENC, W72P, W75G MÉL: Ivri

138   ENC, TS61, W64R, NM, W68 MÉL, W72P, W75G MÉL: piques ont été hors d'usage. Ils

---

[41] Voir *Essai*, ch.122: 'François Ier [...] dans de telles circonstances dépensait trop à ses plaisirs, et gardait peu d'argent pour ses affaires' (t.2, p.181). 'Pour avoir tant de ressources, et pour oser rentrer dans le Milanais lorsqu'on était attaqué partout [...]: on aliéna pour la première fois le domaine du roi; on haussa les tailles' (t.2, p.182). Mais Voltaire dit aussi du jeune roi dans le même chapitre: 'Il était beau, surtout à un jeune prince de vingt-et-un ans, de ne perdre point son sang-froid dans une action si vive et si longue', et 'On regardait [François Ier après Marignan] comme l'arbitre de l'Italie et le plus grand prince de l'Europe, et le plus digne de l'Empire' (t.2, p.177-78), et, dans le chapitre 125: 'Ce prince pouvait abandonner ses prétentions sur le Milanais [...]; il eût joui d'une heureuse paix; il eût embelli, policé, éclairé son royaume beaucoup plus qu'il ne fit dans les derniers temps de sa vie' (t.2, p.193).

[42] Cf. *Siècle de Louis XIV*, ch.21: '[avant Louis XIV] les piques passaient pour l'arme la plus redoutable. Le premier régiment qui eut des baïonnettes et qu'on forma à cet exercice fut celui des fusiliers, établi en 1671' (éd. Pléiade, *Œuvres historiques*, p.974).

[43] Partiellement conforme à la description de chapitre 121 de l'*Essai*, 'Usages des XVe et XVIe siècles': 'Tous les usages de la vie civile différaient des nôtres; le

quittèrent sous Louis le jeune l'usage de laisser croître la barbe, et le   140
reprirent sous François I; et on ne commença à se raser entièrement
que sous Louis XIV. [44] Les habillements changèrent toujours, et les
Français au bout de chaque siècle, pouvaient prendre les portraits
de leurs aïeux pour des portraits d'étrangers. [45]

144   ENC, TS61, W64R, NM, W68 MÉL, W72P, W75G MÉL: des portraits étrangers
QE72: des portraits détrangers

---

pourpoint et le petit manteau étaient devenus l'habit de toutes les cours. Les hommes
de robe portaient partout la robe longue et étroite; les marchands, une petite robe qui
descendait à la moitié des jambes' (t.2, p.166).

[44] Sur l'usage de porter la barbe et sur l'intérêt que porte Voltaire à ces 'petites
observations', voir l'*Essai*, ch.121: 'Le pape Jules II fut le premier qui laissa croître sa
barbe, pour inspirer par cette singularité un nouveau respect aux peuples. François Ier
et Charles-Quint, et tous les autres rois, suivirent cet exemple, adopté à l'instant par
leurs courtisans. Mais les gens de robe, toujours attachés à l'ancien usage, quel qu'il
soit, continuaient de se faire raser, tandis que les jeunes guerriers affectaient la
marque de la gravité et de la vieillesse. C'est une petite observation, mais elle entre
dans l'histoire des usages' (t.2, p.167-68).

[45] Cf. chapitre 176 de l'*Essai*, 'Du ministère du cardinal de Richelieu': 'Si les
hommes de nos jours voyaient les hommes de ce temps-là, ils ne croiraient pas voir
leurs pères. Les petites bottines, le pourpoint, le manteau, le grand collet de point, les
moustaches, et une petite barbe en pointe, les rendraient aussi méconnaissables pour
nous que leurs passions pour les complots.' Cf. aussi Moreri, article 'France. Du pays
et des habitants de la France'.

461

Variantes longues

Dans ENC, TS61, W64R, NM, W68 MÉL, W72P, W75G MÉL, le texte est précédé des deux paragraphes suivants:

On prononce aujourd'hui *Français*, et quelques auteurs l'écrivent de même; ils en donnent pour raison qu'il faut distinguer *Français* qui signifie une nation, de *François* qui est un nom propre, comme S. François, ou François Premier. Toutes les nations adoucissent à la longue la prononciation des mots qui sont le plus en usage; c'est ce que les Grecs appelaient euphonie. On prononçait la diphtongue *oi* rudement, au commencement du seizième siècle. La cour de François Premier adoucit la langue comme les esprits: de là vient qu'on ne dit plus *François* par un *o*, mais *Français*; qu'on dit, *il aimait, il croyait*, et non pas, *il aimoit, il croyoit*, etc.

    Les *Français* avaient d'abord été nommés *Francs*; et il est à remarquer que presque toutes les nations de l'Europe accourcissaient les noms, que nous allongeons aujourd'hui. Les Gaulois s'appelaient *Welchs*, nom que le peuple donne encore aux *Français* dans presque toute l'Allemagne; et il est indubitable que les *Welchs* d'Angleterre, que nous nommons *Galois*, sont une colonie des Gaulois.

5

10

15

11   ENC: avaient été d'abord nommés
16-17   ENC: colonie de Gaulois

462

Après la fin du texte donné ci-dessus le texte continue ainsi dans
ENC, TS61, W64R, NM, W68 MÉL, W72P, W75G MÉL:

La langue française ne commença à prendre quelque forme que
vers le dixième siècle; elle naquit des ruines du latin et du celte,
mêlée de quelques mots tudesques. Ce langage était d'abord le
romanum rusticum, le romain rustique; et la langue tudesque fut la
langue de la cour, jusqu'au temps de Charles le Chauve. Le   5
tudesque demeura la seule langue de l'Allemagne, après la
grande époque du partage en 843. Le romain rustique, la langue
romance prévalut dans la France occidentale. Le peuple du pays de
Vaud, du Vallais, de la vallée d'Engadina, et quelques autres
cantons, conservent encore aujourd'hui des vestiges manifestes de   10
cet idiome.

A la fin du dixième siècle, le *français* se forma. On écrivit en
français au commencement du onzième; mais ce *français* tenait
encore plus du romain rustique que du français d'aujourd'hui. Le
roman de Philomena écrit au dixième siècle en romain rustique   15
n'est pas dans une langue fort différente des lois normandes. On
voit encore les origines celtes, latines, et allemandes. Les mots qui
signifient les parties du corps humain, ou des choses d'un usage
journalier, et qui n'ont rien de commun avec le latin ou l'allemand,
sont de l'ancien gaulois ou celte; comme *tête, jambe, sabre, pointe,*   20
aller, parler, écouter, regarder, aboyer, crier, coutume, ensemble, et
plusieurs autres de cette espèce. La plupart des termes de guerre
étaient francs ou allemands: *marche, maréchal, halte, bivouac, reître,*
lansquenet. Presque tout le reste est latin; et les mots latins furent
tous abrégés selon l'usage et le génie des nations du Nord: ainsi de   25
palatium palais, de *lupus* loup, d'*Auguste* août, de *Junius* juin,
d'*unctus* oint, de *purpura* pourpre, de *pretium* prix, etc. ... A peine
restait-il quelques vestiges de la langue grecque, qu'on avait si
longtemps parlée à Marseille.

On commença au douzième siècle à introduire dans la langue   30

2-3   ENC: celte, mêlées de
23   NM, W68 MÉL, W72P, W75G MÉL: *marche, halte, maréchal,*

quelques termes de la philosophie d'Aristote; et vers le seizième, on exprima par des termes grecs toutes les parties du corps humain, leurs maladies, leurs remèdes: de là les mots de *cardiaque*, *céphalique*, *podagre*, *apoplectique*, *asthmatique*, *iliaque*, *empyème*, et tant d'autres. Quoique la langue s'enrichît alors du grec, et que depuis Charles VIII elle tirât beaucoup de secours de l'italien, déjà perfectionné, cependant elle n'avait pas pris encore une consistance régulière. François premier abolit l'ancien usage de plaider, de juger, de contracter en latin; usage qui attestait la barbarie d'une langue dont on n'osait se servir dans les actes publics, usage pernicieux aux citoyens dont le sort était réglé dans une langue qu'ils n'entendaient pas. On fut alors obligé de cultiver le *français*; mais la langue n'était ni noble, ni régulière. La syntaxe était abandonnée au caprice. Le génie de la conversation étant tourné à la plaisanterie, la langue devint très féconde en expressions burlesques et naïves, et très stérile en termes nobles et harmonieux: de là vient que dans les dictionnaires de rimes on trouve vingt termes convenables à la poésie comique, pour un d'un usage plus relevé; et c'est encore une raison pour laquelle Marot ne réussit jamais dans le style sérieux, et qu'Amiot ne put rendre qu'avec naïveté l'élégance de Plutarque.

Le *français* acquit de la vigueur sous la plume de Montaigne; mais il n'eut point encore d'élévation et d'harmonie. Ronsard gâta la langue en transportant dans la poésie française les composés grecs dont se servaient les philosophes et les médecins. Malherbe répara un peu le tort de Ronsard. La langue devint plus noble et plus harmonieuse par l'établissement de l'Académie française, et acquit enfin dans le siècle de Louis XIV la perfection où elle pouvait être portée dans tous les genres.

Le génie de cette langue est la clarté et l'ordre: car chaque langue a son génie, et ce génie consiste dans la facilité que donne le langage de s'exprimer plus ou moins heureusement, d'employer ou de rejeter les tours familiers aux autres langues. Le *français* n'ayant

31   ENC: termes grecs de

point de déclinaisons, et étant toujours asservi aux articles, ne peut adopter les inversions grecques et latines; il oblige les mots à s'arranger dans l'ordre naturel des idées. On ne peut dire que d'une seule manière, *Plancus a pris soin des affaires de César*; voilà le seul arrangement qu'on puisse donner à ces paroles. Exprimez cette phrase en latin, *res Caesaris Plancus diligenter curavit*; on peut arranger ces mots de cent-vingt manières sans faire tort au sens et sans gêner la langue. Les verbes auxiliaires qui allongent et qui énervent les phrases dans les langues modernes rendent encore la langue française peu propre pour le style lapidaire. Ses verbes auxiliaires, ses pronoms, ses articles, son manque de participes déclinables, et enfin sa marche uniforme, nuisent au grand enthousiasme de la poésie: elle a moins de ressources en ce genre que l'italien et l'anglais; mais cette gêne et cet esclavage même la rendent plus propre à la tragédie et à la comédie qu'aucune langue de l'Europe. L'ordre naturel dans lequel on est obligé d'exprimer ses pensées et de construire ses phrases répand dans cette langue une douceur et une facilité qui plaît à tous les peuples; et le génie de la nation se mêlant au génie de la langue a produit plus de livres agréablement écrits qu'on n'en voit chez aucun autre peuple.

La liberté et la douceur de la société n'ayant été longtemps connues qu'en France, le langage en a reçu une délicatesse d'expression, et une finesse pleine de naturel qui ne se trouve guère ailleurs. On a quelquefois outré cette finesse; mais les gens de goût ont su toujours la réduire dans de justes bornes.

Plusieurs personnes ont cru que la langue française s'était appauvrie depuis le temps d'Amiot et de Montagne: en effet on trouve dans ces auteurs plusieurs expressions qui ne sont plus recevables; mais ce sont, pour la plupart, des termes familiers auxquels on a substitué des équivalents. Elle s'est enrichie de quantité de termes nobles et énergiques; et sans parler ici de l'éloquence des choses, elle a acquis l'éloquence des paroles. C'est dans le siècle de Louis XIV, comme on l'a dit, que cette éloquence a

73   NM, W68 MÉL, W75G MÉL: lapidaire. Les verbes

eu son plus grand éclat, et que la langue a été fixée. Quelques changements que le temps et le caprice lui préparent, les bons auteurs du dix-septième et du dix-huitième siècles serviront toujours de modèle.   100

On ne devait pas attendre que le français dût se distinguer dans la philosophie. Un gouvernement longtemps gothique étouffa toute lumière pendant près de douze cents ans; et des maîtres d'erreurs payés pour abrutir la nature humaine, épaissirent encore les ténèbres. Cependant aujourd'hui il y a plus de philosophie dans   105 Paris que dans aucune ville de la terre, et peut-être que dans toutes les villes ensemble, excepté Londres. Cet esprit de raison pénètre même dans les provinces. Enfin, le génie *français* est peut-être égal aujourd'hui à celui des Anglais en philosophie; peut-être supérieur à tous les autres peuples depuis quatre-vingts ans, dans la   110 littérature; et le premier, sans doute, pour les douceurs de la société, pour cette politesse si aisée, si naturelle, qu'on appelle improprement *urbanité*.

112   ENC: société, et pour

Lettre de M. Formey

Edition critique

par

Jacques Marx

avec la participation de

Nicholas Cronk

TABLE DES MATIÈRES

INTRODUCTION

Cette lettre fictive s'insère dans le cadre de la polémique qui opposa Voltaire au secrétaire perpétuel de l'académie de Prusse, Jean-Henri Samuel Formey (1711-1797),[1] dont les péripéties avaient commencé dès 1750, lors de l'installation de Voltaire à Berlin.[2]

Voltaire détestait Formey, wolfien convaincu, partisan déclaré de l'optimisme leibnizien, polygraphe intempérant dont l'industrie et le goût de la compilation confinaient au plagiat,[3] et qui avait en outre la haute main sur d'importants périodiques littéraires comme la *Bibliothèque germanique* et la *Bibliothèque impartiale*. Par le biais des journaux que dirigeait le secrétaire perpétuel, s'était installée une guerre sourde où les adversaires ne se ménageaient aucun mauvais coup: d'un côté comme de l'autre, on cherchait à s'éreinter, à se persifler. Il y eut aussi un sujet de grief particulier: c'est Formey qui, en octobre 1759, avait publié à Berlin, sans autorisation, la célèbre 'Lettre sur la providence' que Jean-Jacques Rousseau avait adressée à Voltaire en août 1756, lettre que Voltaire ne voulait pas voir publiée.

L'occasion de la *Lettre de M. Formey* fut le développement d'une querelle philosophique, dont Voltaire voulut amuser ses lecteurs en écrivant une fiction destinée à porter le ridicule sur les protagonistes.

[1] Sur Formey, voir W. H. Barber, *Leibniz in France: from Arnauld to Voltaire* (Oxford, 1955), p.131-35; et Werner Krauss, 'Ein Akademiesekretär vor 200 Jahren: Samuel Formey', *Studien zur deutschen und französischen Aufklärung* (Berlin, 1963), p.53-62.

[2] Voir Jacques Marx, 'Une liaison dangereuse au XVIIIe siècle: Voltaire et Jean-Henri Samuel Formey', *Neophilologus* 53 (Groningen, 1969), p.138-46, et Margarete G. Smith, 'In defence of an eighteenth-century academician, philosopher and journalist: Jean-Henri-Samuel Formey', *SVEC* 311 (1993), p.85-100.

[3] J.-J. Rousseau a dit de lui: 'Je le connaissais pour un effronté pillard qui sans façon se faisait un revenu des ouvrages des autres' (*Confessions*, livre 10, *Œuvres complètes*, éd. B. Gagnebin, t.1, Paris, 1959, p.540).

Ceux-ci étaient d'une part Formey, d'autre part le théologien protestant David-Renaud Boullier (1699-1759), pasteur de l'église wallonne d'Amsterdam depuis 1734. Boullier s'était lancé dans la carrière philosophique en 1728 en faisant paraître un *Essai philosophique sur l'âme des bêtes* (réédition 1737); puis il avait entrepris de défendre contre Voltaire la cause de la révélation en plaçant à la suite de ses *Lettres sur les vrais principes de la religion, où l'on examine le livre de la religion essentielle à l'homme* [de Marie Huber] (Amsterdam, 1741), qui furent attribuées à Vernet, une *Défense des Pensées de Pascal contre M. de Voltaire, et trois lettres relatives à la philosophie de ce poète*, plusieurs fois rééditée. [4]

Leur hostilité commune à l'égard de Voltaire était bien la seule chose qui réunît Formey et Boullier: pour le reste, leur désaccord était profond. On le vit bien, lorsque Boullier fit insérer dans le *Journal des savants* (mars 1752), p.516-44, un compte rendu particulièrement incisif de la *Lettre de Mr Gervaise Holmes à l'auteur de la 'Lettre sur les aveugles' contenant le véritable récit des dernières heures de Saunderson* ('A Cambridge 1750'). On sait que Formey l'avait conçue comme une réfutation de Diderot.

En analysant ce texte, Boullier ne ménage pas ses critiques. Selon lui, le dessein de Formey était certes louable, mais 'conduit avec trop peu d'art'; de plus, le pseudo-Holmes n'aurait pas dû répondre à une fiction par une autre fiction: avant de combattre l'impiété proprement dite, il convenait d'abord de combattre l'imposture et de montrer la supercherie. Mais ce sont là critiques de détail. Le fond du problème consistait dans la profonde répugnance intellectuelle d'un cartésien extrémiste à l'égard du

---

[4] La première de ces *Lettres*, intitulée 'Réflexions critiques sur quelques principes de la philosophie de M. Locke à l'occasion des *Lettres philosophiques* de M. de Voltaire', parut en 1735 dans la *Bibliothèque française*, 20, p.189. Elle fut réimprimée avec les deux suivantes dans trois écrits polémiques: l'*Apologie de la métaphysique, à l'occasion du Discours préliminaire de l'Encyclopédie, avec les sentiments de M*** sur la critique des Pensées de Pascal* (Amsterdam [Paris], 1753); les *Lettres critiques sur les Lettres philosophiques de M. de Voltaire* (Paris, 1754); la *Guerre littéraire, ou choix de quelques pièces polémiques de M. de V***, avec les réponses* (1759).

wolfianisme affiché par Formey. Boullier constatait, non sans raison,[5] que, mise à part l'Allemagne, la pensée de Leibniz restait encore pour l'Europe entière dissimulée 'derrière un épais nuage'. Boullier reprochait aussi à Formey son anthropomorphisme, et avouait son inaptitude à comprendre le meilleur des mondes possibles et le système des monades. Pour lui, tout cela affaiblissait considérablement l'idée claire et distincte du premier moteur. Il lui faisait également grief de ne pas croire aux causes finales, et concluait en relevant le ton agressif de sa diatribe anticartésienne: 'Vous diriez d'un écolier frais émoulu des universités, qui tout plein des cahiers de son Professeur, étourdit le monde de ses arguments, et croit qu'il n'y eut jamais d'autre source de vérité que son école.' Bien entendu, Formey répliqua, mais mollement, comme il était accoutumé, dans des remarques publiées par la *Bibliothèque impartiale* des mois de mai et juin 1752 (5, p.443-46). Soucieux avant tout de préserver sa tranquillité, le secrétaire se garda bien de s'engager plus avant dans le débat, et il laissa sans réponse une nouvelle offensive lancée par Boullier dans le *Journal des savants* (juillet 1752), p.513-17. En fait, il attendit prudemment la mort de son contradicteur pour livrer au public, par l'intermédiaire du *Journal encyclopédique*,[6] la substance de ses réflexions. De ce texte, on retiendra surtout la partie centrale, où Formey disait qu'il fallait 'bien prouver la réalité de la notion de l'Etre suprême, et la nécessité de son existence, ce dont on ne viendra jamais à bout qu'en montrant que les perfections dont l'assemblage forme la notion de Dieu, sont *compossibles*, ou ne répugnent point l'une à l'autre'. On aura évidemment reconnu dans ce charabia les fameux

[5] Richard A. Brooks, *Voltaire and Leibniz* (Genève, 1964), p.36, indique que l'absence d'une édition complète des œuvres de Leibniz rendit son influence indirecte avant la seconde moitié du siècle. Jusqu'en 1765, on connut surtout sa pensée à travers Wolf. Voir aussi W. H. Barber, *Leibniz in France*.

[6] 1er avril 1761, 'Lettre de M. Formey à l'auteur de ce journal, au sujet de l'Eloge historique de Mr Boullier' (t.3, p.122-27). Cet *Eloge* avait été publié en octobre-décembre 1760 par la *Bibliothèque des sciences et des beaux-arts*, t.14, p.444-82.

compossibles à propos desquels Voltaire ironise dans la *Lettre de M. Formey*.[7]

On peut donc penser que ce fut la publication de cette 'Lettre de M. Formey' dans le *Journal encyclopédique*, le 1er avril 1761, qui inspira à Voltaire l'idée de ce texte. Le directeur du *Journal encyclopédique*, Pierre Rousseau, connaissait l'existence du texte, car Voltaire lui répond, le 16 septembre 1761: 'Je ne connais pas plus, Monsieur, la *Lettre de M. Formey* que l'*Ode sur la guerre*' (D10025). Il semblerait donc que Voltaire rédigea sa *Lettre* en 1761, entre les mois d'avril et septembre,[8] et le texte a dû circuler en manuscrit, avant d'être imprimé pour la première fois à Paris fin 1762 (la permission tacite est datée du 22 octobre 1762).

Cette lettre est donc une pochade de bonne venue, où Voltaire a imité à s'y méprendre le style dispersé et passablement négligent du secrétaire perpétuel. Car Formey, écrivain prolixe et pressé, n'avait guère le temps de surveiller sa plume: Voltaire n'a aucune peine à jeter le discrédit sur son style, où perçaient de temps à autre des incorrections propres au *français réfugié*.[9] Beuchot rapporte à ce sujet une note de Wagnière: 'Le style de M. Formey est si bien imité dans cette lettre que lui-même, en la lisant quelque temps après, crut l'avoir réellement écrite.'[10]

Mais le ressort de la lettre consiste incontestablement dans le savant et déroutant mélange de l'érudition feinte, ou fantaisiste, et des références correctes, méthode dont l'intention visait certainement à dénoncer les complaisances immodérées de Formey pour la compilation. Aucun lecteur, par exemple, ne pouvait ignorer que la

---

[7] Le mot est typiquement leibnizien et désigne, selon A. Lalande, *Vocabulaire technique et critique de la philosophie* (Paris, 1947; plusieurs éditions ultérieures), des possibles non contradictoires. Mais pour Goclenius déjà, les mots *compossibilitas* et *compossibilis* étaient des termes de scolastique barbares, à éviter.

[8] Clogenson suggère que le texte fut rédigé en avril ou mai 1761 (*Œuvres complètes de Voltaire*, éd. Auguis, Clogenson, Daunou et autres, 95 t., Paris, 1824-1832, t.61, p.180).

[9] Voir l'appréciation d'E. Haag, dans la notice sur Formey de *La France protestante* (Paris, 1879-1889).

[10] *M*, t.24, p.433, note 1.

Bibliothèque impartiale n'avait jamais comporté 295 volumes. De même, il n'est pas fait allusion aux *Pensées raisonnables* dans le *Mercure* de février 1753, et pas davantage dans les *Mémoires de Trévoux* de juin 1751.

Pourtant, le vocabulaire, les allusions précises montrent que Voltaire était remarquablement informé d'une polémique dont il avait suivi tous les détails dans les journaux. En réalité, l'auteur de la *Lettre de M. Formey* cherche à égarer son lecteur, et à ridiculiser la querelle en lui donnant des dimensions qu'elle n'avait pas. Il a aussi animé sa fiction en y faisant paraître des personnages extérieurs, comme les jésuites Croust et Gretser, ou même Vernet (à qui il décoche en passant la flèche du Parthe), tous plus ou moins stupides, présentés comme des érudits tâtillons, toujours en gésine d'une incongruïté théologique. Avec eux, nous pénétrons dans le monde feutré, mais terrible, de la chicane ecclésiastique.

Il est cependant curieux de constater que les *Mémoires de Trévoux* citées plus haut contiennent, à la livraison indiquée, un extrait des *Lettres critiques sur divers écrits de nos jours, contraires à la religion et aux mœurs*,[11] attribuées à Louis Charpentier:[12] cet écrit comportait en effet douze lettres, dont la dernière roulait sur les *Pensées* de Pascal. Tout Voltaire est là: il attaque en principe Formey, mais ses traits vont plus loin, et touchent un but inattendu. La *Lettre de M. Formey* est le prototype du texte faussement érudit, renfermant tout un monde d'allusions, mais dénotant une parfaite connaissance de la littérature apologétique du temps.

L'histoire de la publication de ce texte est aussi exceptionnelle que le texte lui-même. Voltaire ne signe pas la lettre, bien évidemment, puisqu'il rédige cette petite satire de la fausse érudition en pastichant admirablement le style de Formey et ce faisant, il vise à amuser le lecteur et peut-être à le désorienter. Dans

[11] Article 77, p.1497-1512. La première partie avait paru en mai, article 65, p.1246-56.

[12] A. A. Barbier, *Dictionnaire des ouvrages anonymes et pseudonymes* (Paris, 1823), t.2, n° 9988.

quelle mesure les lecteurs de l'époque étaient-ils susceptibles de reconnaître la main de Voltaire? Par la suite, à partir de 1768, la *Lettre* commencera à être incorporée dans certaines des éditions collectives de Voltaire. Mais dans cette première édition, Voltaire exploite pleinement le jeu de l'anonymat. La première publication de la *Lettre* se trouve dans une petite brochure de douze pages, où elle suit une autre lettre, la *Réponse de M. de Voltaire au sieur Fez, libraire d'Avignon*. Cette première lettre s'adresse à Antoine-Ignace Fez, qui, dans une lettre datée du 30 avril 1762, avait proposé à Voltaire de lui vendre le manuscrit des *Erreurs de Voltaire*, ouvrage de l'abbé Nonnotte (Voltaire refusa, bien sûr, et le livre de Nonnotte parut en 1762). La réponse ironique que Voltaire adressa à Fez était déjà parue dans le *Journal encyclopédique* en juin 1762. [13]

La page de titre de la brochure ne nomme que la *Réponse de M. de Voltaire au sieur Fez* et il n'y a rien dans l'édition pour lier les deux lettres, qui ont des pages de titre différentes. Mais, que ce soit délibéré ou non de la part de Voltaire, la juxtaposition des deux lettres nous encourage à les lire comme un ensemble. Une 'vraie' lettre, la lettre à Fez, côtoie une lettre 'inventée', celle de Formey; et tandis que Voltaire signe la première lettre, il adopte le nom et le style d'un tiers pour (ne pas) signer la seconde. Le fait de publier cette parodie de Formey à côté d'une œuvre signée est aussi une façon de suggérer, sans la révéler explicitement, l'identité de l'auteur de la *Lettre de Formey*.

Les deux lettres qui constituent la brochure de 1762 sont liées par leurs rapports au *Journal encyclopédique*. La *Réponse au sieur Fez* y avait paru au mois de juin 1762. Quant à la *Lettre de Formey*, sa rédaction fut motivée par une (vraie) lettre de Formey publiée dans le même journal en avril 1761; par la suite, c'est précisément Pierre Rousseau, directeur du *Journal encyclopédique* – il est, apparemment, le seul à connaître l'existence de ce texte –, qui soupçonne Voltaire d'en être l'auteur (voir D10025, cité ci-dessus: il s'agit de la seule allusion à cette œuvre qui se trouve dans la correspondance

---

[13] *Journal encyclopédique*, t.4, 3e partie (15 juin 1762).

de Voltaire). On se demande si Voltaire n'a pas fait parvenir indirectement sa *Lettre de Formey* à Pierre Rousseau, en espérant qu'il allait la publier dans le *Journal* sous le nom de Formey: ceci expliquerait pourquoi Pierre Rousseau semble avoir été le seul à connaître le texte de Voltaire avant sa publication. Si Pierre Rousseau a demandé à Voltaire s'il connaissait la *Lettre de Formey* (dans une lettre, maintenant perdue, à laquelle Voltaire répond en septembre 1761), c'est sans doute parce qu'il avait reçu copie du texte et qu'il en soupçonnait sa provenance.

Qui est responsable de la publication de la brochure à Paris et de la juxtaposition de ces deux textes? Est-ce Voltaire qui a proposé ces écrits à l'éditeur? Rien n'est moins sûr, et Pierre Rousseau lui-même a peut-être joué un rôle dans leur publication. Quoi qu'il en soit, les deux lettres présentent en fin de compte un seul et même argument, à savoir que les querelles des pédants sont stériles. La lettre de Voltaire à Fez dénonce les absurdités des folliculaires, et la fausse lettre de Formey se moque du comportement égoïste des journalistes. C'est ainsi que dans le contexte idéologique du *Journal encyclopédique*, les deux lettres de Voltaire se fondent en un pamphlet qui vise les ennemis des philosophes. Par la suite, les deux lettres reparaîtront dans les diverses éditions collectives de Voltaire, mais elles ne seront jamais republiées ensemble.

Manuscrit et éditions

Manuscrit

Lettre de Monsieur Formey / Qui peut servir de modèle aux lettres / à insérer dans les journaux / [*double filet*].

Copie ancienne d'une écriture très soignée, sans doute celle d'un secrétaire ou d'un copiste.

Paris, BnF: ms.fr.12901, f.39-41*v*, *Collection de Cayrol 7, correspondants de Voltaire 2*.

Editions

De plus amples informations sur les éditions collectives se trouvent ci-dessous, p.565-74.

62

REPONSE / *DE MONSIEUR* / DE VOLTAIRE, / AU SIEUR FEZ, / LIBRAIRE D'AVIGNON, / *Du 17 Mai 1760. Aux Délices.*

12p. sig.A² [$2 signé, en chiffres romains (-A1, A3-6)].

P.1, page de titre; p.2 [blanc]; p.3-6, Réponse au sieur Fez; p.7-12, Lettre de monsieur Formey, qui peut servir de modèle aux lettres à insérer dans les journaux.

Edité à Paris, en 1762 (et non 1760), par Joseph Merlin et Jean-Augustin Grangé.

Bengesco 1680 (t.2, p.112-13), Lettre de Formey, et 1938 (t.3, p.35), Réponse à Fez.

Paris, BnF: 8 LN27 35622, Z Beuchot 776, Z Beuchot 777.

NM (1768)

T.5, p.328-31: Lettre de M. F....

w68 (1771)

T.18, p.449-51: Lettre de Monsieur F.

w70L (1773)

T.33, p.131-35: Lettre de M. F.

K84

T.49, p.167-71: Lettre écrite sous le nom de M. Formey. 1762.
Le texte a été établi d'après les NM. Les variantes sont données d'après le manuscrit et les autres éditions.

476

LETTRE DE M. F.

Tout le monde est instruit à Paris, à Londres, en Italie, en Allemagne, de ma querelle avec l'illustre M. B...; on ne s'entretient dans toute l'Europe que de cette dispute. Je croirais manquer au public, à la vérité, à ma profession, et à moi-même (comme on dit) si je restais muet *vis-à-vis* [1] M. B.... J'ai pris des engagements *vis-à-vis* le public, il faut les remplir. L'univers a lu mes *Pensées raisonnables*, que je donnai en 1759 au mois de juin. [2] Je ne sais si je dois les préférer à la lettre que je lâchai sous le nom de M. Gervaise Holmes en 1750. Tout Paris *vis-à-vis* les *Pensées raisonnables* est pour la lettre de M. Gervaise Holmes, et tout Londres est pour les *Pensées*. Je peux dire *vis-à-vis* de Londres, et de Paris, qu'il y a quelque chose de plus profond dans les *Pensées*, et je ne sais quoi de plus brillant dans la lettre.

Le *Journal de Trévoux* du mois de juin 1751 et *l'Avant-Coureur* du 5 juillet sont de mon avis. Il est vrai que le *Journal chrétien* [3] se

a   Le titre rétabli 'Lettre de M. Formey qui peut servir de modèle aux lettres à insérer dans les journaux' figure dans le ms. et dans la *Réponse*. W70L donne 'Lettre de monsieur F.'. K84 donne 'Lettre écrite sous le nom de M. Formey. 1762'.

2   MS, *Réponse*, K84: Boullier [*et passim*]

3   MS: dans l'Europe

5-6   MS: *vis-à-vis* du public

7   MS: en 1749

[1] Voltaire a critiqué l'emploi de l'expression *vis-à-vis* dans le sens 'envers, avec, à l'égard', et expose son point de vue à ce sujet dans une lettre à Pierre Joseph Thoulier d'Olivet, le 5 janvier 1767 (D13807).

[2] Les *Pensées raisonnables opposées aux Pensées philosophiques, avec un essai de critique sur l'ouvrage intitulé les Mœurs* parurent en réalité à Göttingue et Leyde, chez Elie Luzac fils, en 1749 (rééd. 1756, 1761). Sur cette réfutation de Diderot et de Toussaint, voir Franco Venturi, *La Jeunesse de Diderot* (Paris, 1939), p.99.

[3] Dans le *Dialogue d'un Parisien et d'un Russe* (1760), Voltaire fait allusion au *Journal chrétien* en même temps qu'au *Journal de Trévoux* (*M*, t.10, p.126). Il ajoute en note (1771) que le premier fut d'abord composé par le récollet Hayer, l'abbé

déclare absolument contre les *Pensées raisonnables*. Je vais reprendre cette matière, puisque je l'ai discutée au long dans le *Mercure* de février 1753, pag. 55 et suivantes, [4] comme *tout le monde le sait*.

Quelques personnes de considération, pour qui j'aurai toute ma   20
vie une déférence entière, m'ont conseillé de ne point répondre à
M. B... directement, attendu qu'il est mort il y a deux ans; mais avec
tout le respect que je dois à ces messieurs, je leur dirai que je ne puis
être de leur avis, par des raisons tirées du fond des choses, que j'ai
expliquées ailleurs. Et pour le prouver je rappellerai en peu de mots   25
ce que j'ai dit dans le 295e tome de ma *Bibliothèque impartiale*, [5] pag.
75, rapporté très infidèlement dans le *Journal littéraire*, année 1759. [6]
Il s'agit, comme on sait, des compossibles, et des idées contraires,
qui ne répugnent point l'une à l'autre. J'avoue que le R. P. Hayet [7] a
traité cette matière dans son dix-septième tome, avec sa sagacité   30

22 MS: mort l'année passée,
26 K84: Bibliothèque impériale,
27 MS: août 1759
29 MS: l'une et l'autre

Trublet, l'abbé Dinouart, Joannet. En fait, le *Journal chrétien* est un sous-titre qui s'ajouta en 1757 aux *Lettres sur les ouvrages et les œuvres de piété, par l'abbé Joannet, journaliste de la reine* (1754-1764), 40 vol. in-12° (E. Hatin, *Bibliographie historique et critique de la presse périodique française*, Paris, 1866, p.54). Voir aussi la note de Kehl à propos de la satire *Les Deux Siècles*: 'Nous avions alors quatre journaux théologiques' (*M*, t.10, p.160).

[4] Référence fantaisiste.

[5] La *Bibliothèque impartiale*, publiée à Leyde chez Elie Luzac fils, de 1750 à 1758, ne comporte que 18 volumes in-12°. Sur l'historique de cette revue, voir Jacques Marx, 'Une revue oubliée du XVIIIe siècle. La *Bibliothèque impartiale*', *Romanische Forschungen* (Frankfurt, 1968), 80, parties 2-3, p.281-91.

[6] Le *Journal littéraire*, par Sallengre, Saint-Hyacinthe, Van Effen, 's Gravesande, etc., fut publié à La Haye de 1713 à 1722, et de 1729 à 1736.

[7] Jean-Nicolas-Hubert Hayer (1708-1780) défendit la religion catholique dans *La Règle de foi vengée des calomnies des protestants* (Paris, 1761), et *La Charlatanerie des incrédules* (1780). Voltaire affirme, dans une note de 1771, qu'il n'était connu que par le *Journal chrétien* (*M*, t.10, p.127).

ordinaire; mais tous ceux qui ont lu les 101e, 102e, et 103e tomes de ma *Bibliothèque germanique*,[8] ont de quoi confondre le P. Hayet: ils verront aisément la différence entre les compossibles, les possibles simples, les non-possibles et les impossibles; il serait aisé de s'y méprendre, si on n'avait pas étudié à fond cette matière dans les   35 articles 7, 9, et 11 de ma *Dissertation* de 1760, qui a eu un si prodigieux succès.[9]

Feu M. de Cahusac[10] me manda quelque temps avant qu'il fût attaqué dans la pie-mère, qu'il avait entendu dire à M. l'abbé Trublet,[11] que lui abbé tenait de M. de la Motte,[12] que non-   40 seulement Madame de Lambert[13] avait un mardi, mais qu'elle avait aussi un mercredi; et que c'était dans une des assemblées du mercredi qu'on avait agité la question si M. Needham fait des anguilles avec de la farine,[14] comme l'assure positivement M. de

39   MS: à M. Trublet
Réponse: à M. l'Abbé ***
Réponse: que lui ***

[8] La *Bibliothèque germanique, ou histoire littéraire de l'Allemagne, de la Suisse et des pays du Nord* (Berlin, 1720-1741), à laquelle collaborèrent Lenfant, Beausobre, Mauclerc et Formey, ne comportait que 50 volumes in-12°.

[9] Formey n'a pas composé de *Dissertation* en 1760.

[10] Louis de Cahusac (1706-1759), auteur dramatique, mort en 1759, dont tous les poèmes d'opéra furent mis en musique par Rameau. Il composa un *Traité historique de la danse* (Paris, 1754).

[11] Nicolas-Charles-Joseph Trublet (1694-1770), que Voltaire a si cruellement étrillé dans la satire du *Pauvre diable*.

[12] Antoine Houdart de La Motte (1672-1731), auteur d'une *Suite des réflexions sur la tragédie, où l'on répond à M. de Voltaire* (Paris, 1730).

[13] Anne-Thérèse de Marguenat de Courcelles, marquise de Lambert (1647-1733), qui tint salon de 1710 à 1733.

[14] Anachronisme manifeste, les premiers travaux de John Turberville Needham sur la génération spontanée ayant été publiés en anglais en 1745, en français en 1750. Les démêlés de Needham avec Voltaire sont postérieurs. Voir Jacques Roger, *Les Sciences de la vie dans la pensée française du XVIIIᵉ siècle* (Paris, 1963), p.494-520, 740-48. A. Delisle de Sales, le 25 novembre [1770], Voltaire écrit que Maupertuis fut le premier à adopter les théories de Needham sur la génération spontanée (D16786).

Maupertuis. Ce fait est lié nécessairement au système des compos- 45
sibles.

Je ne répondrai pas ici aux injures grossières qu'on a vomies publiquement contre moi à Paris, dans la dernière assemblée du clergé. Le député de la province de Champagne dit à l'oreille du député de la province du Languedoc, que l'ennui et mes ouvrages 50 étaient au rang des compossibles. Cette horreur a été répétée dans vingt-sept journaux. J'ai déjà répondu à cette calomnie abominable dans ma *Bibliothèque germanique* d'une manière victorieuse.

Je distingue trois sortes d'ennuis. 1°. L'ennui qui est fondé dans le caractère du lecteur, qu'on ne peut ni amuser, ni persuader. 2°. 55 L'ennui qui vient du caractère de l'auteur, et cela se subdivise en quarante-huit sortes. 3°. L'ennui provenant de l'ouvrage; cet ennui vient de la matière ou de la forme; c'est pourquoi je reviens à M. B..., mon adversaire, que j'estimai toujours pour la conformité qu'il avait avec moi. Il fit en 1730 son *Ame des bêtes*. Un mauvais plaisant 60 dit à ce sujet, que M. B... était un excellent citoyen; mais qu'il n'était pas assez instruit de l'histoire de son pays; cette plaisanterie est déplacée, comme il est prouvé dans le *Journal helvétique*, octobre 1739. Ensuite il donna ses admirables *Pensées*, sur les pensées qu'un homme avait données à propos des pensées d'un autre. 65

On sait quel bruit cet ouvrage fit dans le monde. Ce fut à cette occasion que je conçus le premier dessein de mes *Pensées raisonnables*. J'apprends qu'un savant de Wittemberg a écrit contre mon titre, et qu'il y trouve une double erreur. J'en ai écrit à M. Pitt en Angleterre, et à milord Holdernesse; je suis étonné 70 qu'ils ne m'aient point fait de réponse. Je persiste dans le dessein de faire l'*Encyclopédie* tout seul; [15] si M. Cahusac n'était pas mort, nous aurions été deux.

---

54   *Réponse*: qui naît du caractère
59   MS: j'estimerai toujours pour
      Réponse: j'estimerai toujours par
63   *Réponse*: comme cela est prouvé

[15] Formey avait élaboré un projet d'Encyclopédie-Frédéric, qui eût été

J'oubliais un article assez important, c'est la fameuse réponse de
M. Pfaf,[16] recteur de l'université de Wittemberg, au R. P.   75
Croust,[17] recteur des R. P. jésuites de Colmar. On en a fait coup
sur coup trois éditions, et tous les savants ont été partagés. J'ai
pleinement éclairci cette matière, et j'ai même quatre volumes sous
presse, dans lesquels j'examine ce qui m'avait échappé. Ils
coûteront trois livres le tome, c'est marché donné.   80

Il y a longtemps que je n'ai eu de nouvelles du célèbre professeur
Vernet,[18] connu dans tout l'univers par son zèle pour les
manuscrits:[19] son *Catéchisme chrétien*,[20] ainsi que mon *Philosophe
chrétien*,[21] et le *Journal chrétien*, sont les trois meilleurs ouvrages

75-76   *Réponse*: au R. P. C...
76   w68, w70L, k84: On en fait

---

l'équivalent prussien de l'œuvre de Diderot. Il ne le réalisa pas et céda à Diderot
l'essentiel des matériaux qu'il avait rassemblés; ce qui fit dire à Voltaire: 'Il envoya
ses articles, on les lui paya noblement, et on s'en servit peu' (à Elie Bertrand, 10
février [1756], D6725). Voir E. Marcu, 'Formey et sa collaboration à l'*Encyclopédie*',
RhlF 53 (1953), p.296-305; Georges Roth, 'Samuel Formey et son projet d'encyclopédie réduite', *RhlF* 54 (1954), p.371-74.

[16] Christophe-Matthieu Pfaff (1686-1760), chancelier de l'université de Tübingen
en 1720, membre de l'académie de Berlin en 1731, inspirateur de plusieurs tentatives
de réunion des églises calvinistes et luthériennes.

[17] Jean-Michel Kroust ou Croust (1694-1772), recteur du collège de Colmar et
confesseur de la Dauphine, mère de Louis XVI. Il aurait collaboré aux *Mémoires de
Trévoux* (Carlos Sommervogel, *Bibliothèque de la compagnie de Jésus*, Bruxelles-
Paris, 1893, t.4, p.1255). Voltaire le décrit comme 'le plus brutal de la société' à
l'article 'Jésuites, ou orgueil' (1771) des *Questions sur l'Encyclopédie* (M, t.19, p.500).
Il figure également au chapitre 15 de *Candide*, et sous le titre de 'confesseur en cour'
dans la *Relation de la maladie [...] du jésuite Berthier* (M, t.24, p.105).

[18] L'auteur (1698-1789) des *Lettres à M. de Voltaire* (La Haye, 1757), également
collaborateur de la *Bibliothèque germanique*.

[19] Dans une lettre à D'Alembert du 29 décembre [1757], Voltaire le déclare
'convaincu d'avoir volé des manuscrits' (D7539).

[20] Il peut s'agir du *Catéchisme familier* (Genève, 1741) ou de l'*Instruction chrétienne*
(Neuveville, 1752, rééd. 1756).

[21] (1750-1756), 4 vol. in-12°. Formey cherchait à y concilier lumières naturelles et
lumières révélées.

dont l'Europe puisse se vanter, depuis les *Bigarrures* du sieur Des   85
Accords. [22]

Mais jusqu'à présent personne n'a assez approfondi le sens du
fameux passage qu'on trouve dans la *Vie de Pythagore*, par le père
Gretzer, [23] dans son vingt-unième volume in-folio. Il s'est totalement trompé sur ce chapitre, comme je le prouve.   90

Je reçois en ce moment par le chariot de poste les dix-huit tomes
de la *Théologie* de mon illustre ami M. Onekre. J'en rendrai compte
dans mon prochain journal. Il y a des souscripteurs qui me doivent
plus de six mois, je les prie de me lire et de me payer.

92   k84: de notre illustre

[22] Etienne Tabourot, dit le *Seigneur des accords* (1549-1590), écrivain facétieux,
auteur d'un recueil de trente sonnets, les *Bigarrures*.
[23] Jacques Gretser ou Gretscher (1562-1625) professa les humanités à Fribourg, la
philosophie et la théologie à Ingolstadt, et se consacra surtout à réfuter les
protestants. Dans la liste des quelque 200 ouvrages que lui attribue C. Sommervogel
(t.3, p.1743), ne figure pas le titre cité ici.

482

Sermon du rabin Akib

Critical edition

by

Antonio Gurrado

TABLE OF CONTENTS

INTRODUCTION

1. *Genesis*

In this short text Voltaire gives voice to an imaginary rabbi from Smyrna who is lamenting the death of thirty-two Jews condemned in Lisbon to death at the stake. At the beginning of the work Voltaire specifies a date, 'le 20 novembre 1761'. This broadly corresponds to the date of composition and suggests that Voltaire's aim was to adhere as closely as possible to historical facts. He is thus using historical realism, both for referring to an actual event and for developing his arguments against religious persecution. Voltaire's intention was to use the immediate reaction to a public event for his own more general theoretical purposes. The pamphlet was printed in December 1761 and circulated in various individual editions until 1768, when it was for the first time included in a collective volume where the most important text was the *Sermon des cinquante*.

The *Sermon* is perhaps the first work of propaganda in which Voltaire deals with the subject of religious tolerance. As in the later case of the Calas affair, the starting point of the work is a contemporary event. Voltaire appears to have read the news of the Lisbon events in the *Gazette de France* of 17 October 1761:[1]

On mande de Lisbonne, que, dans l'Auto da Fe du 20 de ce mois [September], le Père Malagrida, Jésuite, a été étranglé, et son corps jeté dans le feu, l'Inquisition l'ayant condamné comme hérétique et comme s'étant attribué faussement le don de prophétie. Le nombre des personnes, contre lesquelles ce Tribunal a prononcé différentes peines, était de soixante-deux, savoir quarante-deux hommes et vingt femmes. Il y avait parmi les hommes six Juifs, un Dominicain, et un Religieux de l'Observance.

[1] J. P. Lee, 'The genesis and publication of Voltaire's *Sermon du Rabbin Akib*', *SVEC* 347 (1996), p.627-31.

Voltaire later received a copy of the *Arrest des inquisiteurs, ordinaires, et députés de la Ste Inquisition contre le père Gabriel Malagrida*. This he found useful as a basis for the historical content of his *Sermon*. [2] Rabbi Akib talks of 'le sacrifice de quarante-deux victimes humaines, que les sauvages de Lisbonne ont fait publiquement au mois d'Etanim, l'an 1691 depuis la ruine de Jérusalem'. The fall of Jerusalem occurred in 70 AD; thus 1691 plus seventy brings us to the year 1761; Etanim is the seventh month in the Hebrew calendar, and begins with the new moon of September. However, the number of dead is inaccurate: Voltaire quotes 'quarante-deux victimes', based on the 'quarante-deux hommes' referred to in the *Gazette de France*; but he forgets the additional 'vingt femmes', although the *Sermon* clearly counts among the victims at least 'une fille de douze [ans]'. On 24 October 1761 Voltaire wrote to the d'Argentals (D10090): 'je plains fort une demi-douzaine de Juifs qui ont été grillés'. This can have three possible explanations. Either the overall number of victims was not yet clearly established; or Voltaire misremembered it; or, as is more likely, he chose to embroider the historical truth. What shocked him was the event itself. As he wrote in the same letter to the d'Argentals: 'encore un autodafé! dans ce siècle! et que dira Candide?'

B. E. Schwarzbach has identified a manuscript held in the National Library of Lisbon which reports twenty-one Jews as being involved in the inquiry. [3] Of that number, two men and two women had 'abjuré [le judaisme] de vehementi' and six men and five women had instead 'abjuré [le même délit] en forme'. Fifteen of them were therefore exculpated, but there is no written evidence about the actual deaths of the remaining six. From this J. P. Lee

[2] *Arrest des inquisiteurs, ordinaires, et députés de la Ste Inquisition, contre le père Gabriel Malagrida, jésuite, lû dans l'acte public de foi, célébré à Lisbonne le 20 septembre 1761. Traduit sur l'imprimé portugais [par P.-O. Pinault]* (Lisbonne, chez A. R. Galhardo, 1761; BV146).
[3] Collection Moreira, ms.863. Cf. B. E. Schwarzbach, 'Voltaire et les Juifs: bilan et plaidoyer', *SVEC* 358 (1997), p.77.

infers that they were never executed, and he remarks: 'No one except Malagrida was sentenced to death [...] Is it not ironic that the only work in which Voltaire dons a Jewish disguise, in which he adopts a Jewish point of view to preach most forcefully for toleration of the Jews was based on misinformation?'[4]

2. The affaire Malagrida

Paradoxically, Voltaire's only 'defence' of Jews had its origins in the death of an elderly Italian Jesuit. Gabriel Malagrida (1689-1761) was guilty merely of being an opponent of the future marquis de Pombal, then the Prime Minister of Portugal. Pombal feared the growing influence of the Jesuits at the court of Joseph I, and he feared Malagrida as a competitor for the King's favours. On 3 September 1758 Joseph I, returning from a rendez-vous with his lover, the marquise de Tàvora, had been attacked and suffered a wound in the arm. Pombal was eager to accuse and jail Malagrida in addition to the actual guilty party, who was in fact the duke of Aveiro. As a priest, Malagrida was judged by a religious court, but the Inquisition could find no evidence of his guilt. Although accused of high treason, Malagrida was finally condemned for heresy, on the alleged evidence of some meaningless pages about the Virgin Mary he was accused of having written while in prison. These pages were never found and, most likely, were never written. Malagrida was executed on 20 September 1761, three years after the attack on Joseph I.[5]

Voltaire followed this case in great detail, and in typical fashion he bombarded his correspondents with his thoughts about it. In January 1759, soon after the attack, he expressed his surprise to the

[4] Lee, 'The genesis and publication of Voltaire's *Sermon du Rabbin Akib*', p.630.
[5] A fuller account of this in Lee, 'The genesis and publication of Voltaire's *Sermon du Rabbin Akib*', p.628. More information about the overall context can be drawn drom Claude-Henri Frèches, 'Voltaire, Malagrida et Pombal', *Arquivos do Centro Cultural Português* (Paris, 1969), p.320-34

duchess of Saxe-Gotha (D8063): 'On prétend que les jésuites sont les auteurs de la conspiration de Portugal, autre scène d'horreur. Ah comme ce monde est fait!' On 10 February he reported prematurely that 'les chefs de la conspiration contre le roi de Portugal ont été exécutés' and that 'un Jésuite italien' was 'actuellement dans les fers' (D8095). In the same month he took sides against the Jesuits, who 'ont donné une belle absolution aux assassins du roi' (D8122). Later Voltaire grew more sceptical about the truth of their condemnation ('Point de nouvelles aujourd'hui du Portugal. Point de jésuite pendu. La justice est lente', D8170; 'les jésuites échapperont, n'en doutez pas', D8226); however, he remained convinced of their guilt: 'On sait ce qu'ils ont tramé en dernier lieu contre la couronne de Portugal' (D8239); 'les jésuites ont fait révolter le Portugal contre le roi'. On 24 October 1761, shortly after Malagrida's execution, Voltaire, who by this time was probably writing the *Sermon*, claimed in a letter to d'Argence that 'les jésuites ont assassiné le roi de Portugal' (D10098).

In this context, Malagrida emerges more and more as the central figure in this dispute. To begin with, Voltaire is unsure about this person, unsure, even, of his name: 'Mélégridi était un prophète, un homme à miracles' (D8138); 'les jésuites Mérégridi, Matos, Jéronimo, Emmanuel [...] ont fait assassiner le roi de Portugal au nom de la vierge Marie' (D8134). The Italian Jesuit comes to dominate Voltaire's thinking once he has received the false news of his execution: in June 1759 he wrote to Cideville 'du révérend père Poignardini Malagrida qu'on prétend avoir été loyalement brûlé à Lisbonne' (D8375); in December he reports 'qu'on a roué le R.P. Malagrida, Dieu soit béni' (D8680); and in February 1760, in a letter to Albergati Capacelli in which he is speaking of the cold alpine weather, Voltaire evokes the name with seeming irrelevance: 'O schiagura! o felice Malagrida che foste abbrugiato' (D8756).

Voltaire had a double-edged attitude towards Malagrida. On the one hand, he thought of him as 'un petit monument des sottises humaines' (D10095); he compared him to 'ce boucher de Joad'

(D1099), and saw in him the highest embodiment of 'un abominable siècle' (D10387) that in May 1762 would become simply the 'siècle de Malagrida' (D10460). On the other hand Voltaire found Malagrida a pitiable character. There is a crucial moment, in the autumn of 1761, when Voltaire stops considering Malagrida as guilty of high treason and admits that 'il n'y a que ce pauvre frère Malagrida qui me fait un peu de peine' (D10101). [6] In November he claims that Malagrida 'a payé pour les jésuites', and that he was only 'un fou, un pauvre fou' (D10151).

Voltaire seizes on one salacious detail of Malagrida's imprisonment ('on l'a surpris quatre fois s'amusant tout seul, pour donner, disait-il, de soulagement à son corps', D10116); and he uses this detail as a means to implicate Malagrida's persecutors:

Malagrida n'avait que 74 ans. Il ne commit point tout à fait le péché d'Onan, mais Dieu lui donnait la grâce de l'érection; et c'est la première fois qu'on a fait brûler un homme pour avoir eu ce talent. On l'a accusé de parricide, et son procès porte qu'il a cru qu'Anne, mère de Marie, était née impollue, et qu'il prétendait que Marie avait reçu plus d'une visite de Gabriel. Tout cela fait pitié, et fait horreur. L'inquisition a trouvé le secret d'inspirer de la compassion pour les jésuites. J'aimerais mieux être nègre que portuguais. Eh misérables, si Malagrida a trempé dans l'assassinat du roi, pourquoi n'avez vous pas osé l'interroger, le confronter, le juger, le condamner? Si vous êtes assez lâches, assez imbéciles pour n'oser juger un parricide, pourquoi vous déshonorez-vous en le faisant condamner par l'inquisition pour des fariboles? [7]

The affair remained in Voltaire's memory as an example of political treason. In 1771, when the king of Poland, Stanislas II, was attacked, Voltaire wrote to him: 'Je respecte fort la sainte vierge, je suis seulement fâché que Poltrot, Jean Châtel, Ravaillac, Damiens, le révérend père Malagrida, etc. etc. etc. aient eu tant de religion' (D17500). It is significant that Voltaire's interest in Malagrida

---

[6] This remark is dated the same day, 26 October 1761, as the comparison with Jehoiada ('Joad'), leader of the plot in which Athaliah was killed (2 Kings 11:4-21).

[7] D10178. In fact Malagrida died at the age of 72.

declined as the Calas affair grew more prominent in his letters. The two events became linked in spring 1762, when in an all-inclusive portrait of his age Voltaire listed 'Damiens, Calas, Malagrida, une guerre de sept années sans savoir pourquoi, des billets de confession, des jésuites, le discours et la réquisitoire de Joli de Fleuri, la perte de nos colonies, de nos vaisseaux, de notre argent: voilà donc notre siècle! ajoutez-y l'opéra comique, et vous aurez le tableau complet' (D10417). Malagrida and Calas were both martyrs to religious intolerance; in both cases it is Voltaire who writes the history of their martyrdom. The Malagrida affair paves the way for that of Calas. The *Sermon du rabin Akib* is the first tentative step towards a *Traité sur la tolerance*.

3. Sources

Voltaire was not the first *philosophe* to don the mask of a Jew. Towards the end of 1760, for instance, he thanked Thiriot for 'votre ouvrage téologico-judeico-rabinico-philosophique', that is the *Oracle des anciens fidèles, pour servir de suite et d'éclaircissement à la Sainte Bible*,[8] denying that he could be the author of this anonymous pamphlet, denying, in his own words, 'que c'est moi que suis le rabin' (D9449). Apart from the general eighteenth-century literary fashion of creating more or less exotic (and more or less plausible) narrators, the *Sermon du rabin Akib* is the direct descendant (though unacknowledged) of the 'Très humble remon-trance aux inquisiteurs d'Espagne et de Portugal' in Montesquieu's *De l'esprit des lois* (book 25, chapter 13).

The two texts are remarkably similar. That of Montesquieu, shorter than Voltaire's, begins with the chronicle about 'une Juive de dix-huit ans, brûlée à Lisbonne au dernier auto-da-fé';[9] the tone is also similar, even though Rabbi Akib speaks to his own co-religionists while Montesquieu's 'auteur [...] Juif' speaks to non-

---

[8] Berne [Provins], 1760; BV2614.
[9] Montesquieu, *L'Esprit des lois* (Paris, Gallimard, 1995), vol.2, p.845.

Jewish inquisitors. In some passages of his *Sermon* Voltaire seems to be literally echoing Montesquieu. Akib proclaims that the one fault of the Jews was 'point d'autre que celui d'être nés'; Montesquieu on the other hand wrote: 'Vous nous faites mourir, nous qui ne croyons que ce que vous croyez, parce que nous ne croyons pas tout ce que vous croyez.' Voltaire states: 'Je ne veux que vos propres livres pour vous confondre'; Montesquieu, in return, begs: 'Nous vous conjurons, non pas par le Dieu puissant que nous servons, vous et nous, mais par le Christ' (p.846). Voltaire exclaims: 'O tigres dévots! panthères fanatiques!'; Montesquieu exhorts: 'Soyez au moins des hommes' (p.847). Finally Voltaire calls the inquisitors 'barbares', echoing Montesquieu's final concluding curse: 'Si quelqu'un dans la postérité ose jamais dire que dans le siècle où nous vivons, les peuples d'Europe étaient policés, on vous citera pour prouver qu'ils étaient barbares' (p.848).

Voltaire's *Sermon* is thus linked to Montesquieu's 'Très humble remontrance'. There is yet another echo of the latter's works: for example in the parallel between Judaism and 'une mère respectable et malheureuse', thrown out of her own house by her two evil daughters, a quotation (or plagiarism) from the *Lettres persanes*: 'La religion juive', Montesquieu wrote in 1721, 'est un vieux tronc, qui a produit deux branches, qui ont couvert toute la terre, je veux dire le Mahométisme, et le Christianisme: ou plutôt c'est une mère qui a engendré deux filles, qui l'ont accablé de mille plaies: car en fait de religions les plus proches sont les plus grandes ennemies.' [10]

Another essential source for the *Sermon* are the *Lettres juives* of the marquis d'Argens (1738). [11] This text, as the subtitle explains, consists in the 'correspondance philosophique, historique et critique, entre un Juif voyageur en différents Etats de l'Europe

---

[10] LVIII, *OCM*, vol.1, p.289. This letter is sent from Usbek, who is in Paris, to Ibben who is in Smyrna just like Rabbi Akib. A similar metaphor can be found in Jonathan Swift's *A tale of a tub* (1704), where a good father (God) is outraged by his three evil sons Peter (Catholicism), Martin (Protestantism) and Jack (Calvinism).

[11] Jean-Baptiste d'Argens, *Lettres juives* (La Haye, 1738; BV96).

et les correspondants en divers endroits'. Voltaire nicknamed d'Argens 'mon cher Isac' and he showed a keen interest in a volume in which found himself praised as 'doué d'un génie vif, pénétrant, hardi, [...] excellent versificateur, meilleur philosophe que ne le sont ordinairement les poètes, honnête homme, doux et uni dans la société'. [12] Moreover, some details of the *Lettres juives* provided the source for various passages in the *Sermon*, and among the two hundred letters composed by d'Argens, Voltaire found plenty of material for his own shorter and more effective work.

The first and main similarity between the two works concerns the overall tone. Both d'Argens and Voltaire overturn traditional perspectives in order to defamiliarise the reader: d'Argens calls the churches 'temples nazaréens' (XLVII, vol.2, p.60), Voltaire calls the priests 'kalenders'. Both of them seem to refer to a hypothetical Judaism, free from dogma and superstition. D'Argens claims the 'simplicité dans les points essentiels de notre Religion' (VIII, vol.1, p.70), whilst Voltaire insists on the Hebrew roots of Christianity. Furthermore, d'Argens remarks that 'les Nazaréens croient, enseignent, conservent les mêmes commandements qui furent écrits sur la Montagne de Sinaï' (II, vol.1, p.16). Rabbi Akib is appalled by the implausibility of the Christian canon, while d'Argens's Jews complain that 'tous les livres de religion chez les Nazaréens, semblent la continuation des *Amadis*; on n'y voit qu'enchanteurs, que sorciers, que démons, que diablerie' (XXXII, vol.1, p.280) because the Christians 'sont charmés d'appuyer leurs raisons par des miracles et des prodiges' (XLV, vol.2, p.42).

The most striking resemblance between the works of d'Argens and Voltaire concerns their attitude towards the sacrament of confession. 'Figurez-vous quelle autorité dangereuse cette coutume donna à ceux qui voulurent en abuser. Les secrets des familles furent entre leurs mains', writes Voltaire, almost precisely

---

[12] D'Argens, *Lettres juives*, LXIV, vol.2, p.209. Rousseau is defined in contrast 'monstre vomi de l'Enfer' (p.211).

reproducing what he had read in d'Argens: 'Cette coutume, que les Nazaréens ont d'avouer à leurs prêtres toutes leurs actions, les rend dépositaires du secret de toutes leurs familles.'[13] A further example is the detailed description of the auto-da-fé. Voltaire himself never witnessed an auto-da-fé. The description in the *Sermon*, like the similar one two years earlier in *Candide*, is most likely to have been inspired by the lengthy account that dominates the central section in the third volume of d'Argens's work:

Lorsqu'on fait un *Auto da fé*, c'est à dire un arrête en matière de foi, ordonné par l'Inquisition, on élève un grand échafaud dans la place *maior*. Tout le monde y loue des balcons, et des fenêtres, et vient voir ce terrible spectacle, comme une fête solennelle. La cour y est présente: le Roi, la Reine, les Dames, les Ambassadeurs, etc.

La chaire de l'Inquisiteur est une espèce de tribunal plus exhaussé que celui du Roi. Vis-à-vis de ce trône, on élève un autel, sur lequel les Nazaréens offrent à la Divinité le sang des malheureux qu'ils vont priver de la vie. Au milieu de leurs cérémonies, ils interrompent leurs prières. Le Grand-Inquisiteur descend de son amphithéâtre, pontificalement habillé; et après avoir salué l'autel élevé à l'avarice et à la cruauté, il monte sur le trône du Roi, suivi de quelques officiers de l'Inquisition. [...]

Pour augmenter le supplice de ces infortunés destinés à être la proie des flammes, une troupe de religieux ignorants et cruels crient avec véhémence à leurs oreilles, et mêlent les injures les plus atroces à leurs arguments insensés. Enfin, on les précipite dans le feu qu'on a allumé.[14]

This description reveals the great difference between the creativity of d'Argens and of Voltaire. D'Argens merely remarks, proudly, that 'il y a plusieurs juifs fidèles, descendants des anciens Israélites, qui se jettent eux-mêmes dans les flammes [...] ils louent le Dieu d'Israël, et chantent ses louanges, au milieu d'un si terrible supplice.'[15] Voltaire goes one step further in showing that psalms were sung by the Christian persecutors even as they burned the Jews. It is a further twist to the change of perspective.

[13] D'Argens, *Lettres juives*, X, vol.1, p.85.
[14] D'Argens, *Lettres juives*, CIX, vol.3, p.266-67.
[15] D'Argens, *Lettres juives*, CIX, vol.3, p.267.

The *Sermon* is not the only work in which Voltaire assumes a Jewish voice. He adopts a similar point of view in some of the *Lettres sur Rabelais* but, paradoxically enough, even when he takes sides against the Jews, he persists in assuming their point of view. Towards the end of his sermon, Rabbi Akib admits: 'Nous avons été un peuple barbare, superstitieux, ignorant, absurde, je l'avoue.' A clear echo of these words can be found in the article 'Enfer' in the *Dictionnaire philosophique*, where Voltaire imagines a debate between himself and 'les auteurs des lois juives'. The latter are used to denigrate Hebrew history:

Nous avouons que nous sommes excessivement ignorants, que nous avons appris à écrire fort tard, que notre peuple était une horde sauvage et barbare, qui de notre aveu erra près d'un demi-siècle dans des déserts impraticables, qu'elle usurpa enfin un petit pays par les rapines les plus odieuses [...] Nous n'avions aucun commerce avec les nations policées; comment voulez-vous que nous pussions (nous les plus terrestres des hommes) inventer un système tout spirituel? [16]

Even when he was speaking against Jews, Voltaire could not resist the temptation to adopt their voice. He is, in consequence, struck by an ironical nemesis when the abbé Guenée, in order to counter Voltaire's statements, uses this same method and disguises himself as no fewer than six Jews in the *Lettres de quelques juifs portuguais et allemands* (1769), thus forcing Voltaire to proclaim himself a 'chrétien contre six juifs'.

4. *Voltaire's attitude towards the Jews*

The *Sermon du Rabin Akib* is, in itself, evidence that Voltaire had no prejudices against the Jews. Although Akib's speech ends on the self-critical note quoted above, the reader receives the clear impression that the Jews are treated far better than their Christian persecutors. It is not by chance that the *Sermon* was the main

---

[16] *DP*, 'Enfer', *OCV*, vol.36, p.53.

obstacle to such scholars as Arthur Hertzberg[17] who were aiming to prove Voltaire's anti-Semitism. If the *Sermon* derives from Montesquieu's 'Très humble remontrance', sharing its theoretical assumptions and its socio-political deductions, why should Montesquieu be thought to be favourable to the Jews and Voltaire not?

A possible interpretation lies in the constant refrain of the *Sermon*, the allocution 'mes frères'. The repetition of this phrase is used as a device to maintain the plausibility of the genre of the *Sermon*. The same expression recurs obsessively elsewhere in Voltaire's works and in his private correspondence: a rhetorical device as well as, in the letters, an expression of self-perception.

Analysis of Voltaire's correspondence shows how careful he was in selecting and defining his 'frères'. The phrase is a recurring theme, used by Voltaire during the very years when his campaign for tolerance is developing. The first occurrence can be found in a letter to D'Alembert in August 1760: 'mais j'aime passionnément mes frères en Belzébuth' (D9137); the final one is in another letter to D'Alembert, in May 1768: 'Ah, mes frères, quel discours funeste!' (D14991). Who, then, are the members of Voltaire's brotherhood? They are Helvétius (D9460: 'Croyez-moi, croyez mes frères'), Thiriot (D9699: 'Je fais mes compliments à mes frères'), Damilaville (D9934: 'Je voudrais bien que mes frères...'), the Cramers ('Mes frères ne respectez que l'amitié et non pas le pédantisme'), and of course D'Alembert. Voltaire's 'brothers' are thus his most precious allies in the fight for the tolerance.

The very choice of the term 'brotherhood' has clear religious

---

[17] Arthur Hertzberg, *The French Enlightenment and the Jews* (New York, 1990). In the chapter 'The problem of Voltaire' Hertzberg acknowledges that 'Voltaire complained of the Inquisition all his life. He denounced the persecutions of the Jews many times as evidence of the unworthiness of the Church. In the *Sermon du Rabin Akib* he put in the mouth of the rabbi the same kind of argument that Montesquieu "quoted" from the eighteen-year-old marrano girl' (p.280). Nevertheless he insists that 'this was not the dominant note in his writings about Jews', and Akib's self-critical remark shows how 'in the climax of his argument in the *Sermon* [Voltaire] could not forget his contempt for Jews' (p.281).

overtones while remaining ironic. This can be seen for example in two letters to Damilaville, both composed at the same time as the *Sermon du rabin Akib*. In the first, written on 7 September 1761, Voltaire reassures him that 'je m'unis toujours aux prières des frères' (D9990); in the second, on 28 October 1761, he actually offers his blessing: 'mes frères [...] je vous donne ma bénédiction du fond de mon cabinet et de mon cœur' (D10110). It can be inferred that when it came to adopting the posture of a rabbi, Voltaire played on a confusion of identity between himself and his fictional character, as the opening of the *Sermon* confirms.

Even more striking is that, in so doing, Voltaire automatically includes the Jews in the number of his allies against intolerance. A telling detail explains the reasons for this choice. In the course of his passionate speech, Rabbi Akib surprisingly protests:

Nous n'apprenons pas que tous nos frères aient été mangés après avoir été jetés dans le bûcher: mais nous devons le présumer de deux jeunes garçons de quatorze ans qui étaient fort gras, et d'une fille de douze qui avait beaucoup d'embonpoint et qui était très appétissante.

Voltaire was obsessed by anthropophagy. In *Les Questions de Zapata* (1767) he put forward the same doubt from the opposite point of view: 'Quand je rencontrerai des filles juives, dois-je coucher avec elles avant de les faire brûler? Et lorsqu'on les mettra au feu, n'ai-je pas le droit d'en prendre une cuisse ou une fesse pour mon souper avec des filles catholiques?' (*OCV*, vol.62, p.407). The theme emerges in his correspondence at the very beginning of 1761. In a letter to the marquise Du Deffand Voltaire argued: 'Je vous prouverais qu'il n'y a point eu de peuple qui n'ait mangé communément des petits garçons et des petites filles; et vous m'avouerez même que ce n'est pas un aussi grand mal d'en manger deux ou trois, que d'en égorger des milliers, comme nous faisons poliment en Allemagne' (D9542).

The theme of anthropophagy reached Voltaire by two main routes. One is Jonathan Swift, whose works Voltaire read eagerly. Swift focused on anthropophagy in his celebrated *Modest proposal for preventing the children of poor people from being a burthen to their parents or the country, and for making them beneficial to the public* (1729):

It is true that a child just dropped from its dam may be supported by her milk for a solar year with little other nourishment [...] And it is exactly at one year old that I propose to provide for them in such a manner as, instead of being a charge upon their parents, or the parish, or wanting food and raiment for the rest of their lives, they shall, on the contrary, contribute to the feeding and partly to the clothing of many thousands [...] I have been assured by a very knowing American of my acquaintance in London, that a young healthy child, well nursed, is at a year old a most delicious, nourishing, and wholesome food, whether stewed, roasted, baked or boiled, and I make no doubt that it will equally serve in a fricassee, or a ragout [...] A child will make two dishes at an entertainment for friends, and when the family dines alone the fore or hind quarter will make a reasonable dish, and seasoned with a little pepper or salt will be very good boiled on the fourth day, especially in winter. [18]

Voltaire combines Swift's satire with the notion of anthropophagy which he drew from the Bible: in Ezekiel 39:20 the Lord promises to the Jews that they will prevail against their enemies and eat both horses and riders. It is for this reason that Rabbi Akib himself admits, at the end of his sermon, that the Jews are guilty of the same fault as that with which he had reproached their persecutors: 'Nos ennemis nous font aujourd'hui un crime [...] d'avoir aussi immolé des hommes, d'en avoir même mangé.'

Anthropophagy thus becomes a symbol of religious persecution. Voltaire's ambivalence, by presenting Jews sometimes as the eaten and sometimes as the eaters, establishes a basic discriminating factor. He supports Jews when they are the victims of persecution and of metaphorical anthropophagy; he blames them when they become persecutors and anthropophagists themselves. Akib's protest against anthropophagy and his admission at the

[18] Jonathan Swift, *A modest proposal*, in *Jonathan Swift: a critical edition of the major works* (Oxford, 1984), p.492-94.

same time about their anthropophagic past means that the Hebrews were once cruel persecutors but in later centuries the Jews themselves became victims. Voltaire's attitude echoed what d'Argens wrote in his *Lettres juives*: 'Ceux, qui pensent, qu'on ne saurait être Juif, sans être un peu fripon; et qui croient, que les termes d'Israélites, d'usuriers et de voleurs, sont des noms synonimes, poussent les choses à l'excès.'[19]

Voltaire's enemy is thus not Judaism *per se* but 'cette secte abominable contre laquelle le rabbin Akib semble porter de si justes plaintes' (D10282). His attitude is definitely less favourable than d'Argens's, who was always charmed by Judaism (and was the only *philosophe* who could actually read Hebrew). Its summing up can be found in Voltaire's answer to Isaac de Pinto, in July 1762, when he advised him: 'Restez juif, puisque vous l'êtes [...] mais soyez philosophe, c'est tout ce que je peux vous souhaiter de mieux dans cette courte vie' (D10600). On the one hand Voltaire thinks that the Jews can be counted among the 'frères', but only if they become actual allies in his struggle against the *Infâme*. On the other hand he is firmly convinced that one should not 'pousser les choses à l'excès' against Jews, as witnessed in the caustic final line of the 'petit chapitre' *Des Juifs*: 'il ne faut pourtant pas les brûler'.[20]

5. *Reception*

The virtual identity of Voltaire's 'frères' and of Akib's co-religionists is confirmed by the way in which Voltaire chose to circulate his text: he sent it as a Christmas gift to his most trustworthy correspondents. On 23 December 1761 he sent a copy to Claude Philippe Fyot de La Marche: 'Puisque je suis en train sur ces belles matières je prends la liberté de vous envoyer un petit sermon qu'on m'a fait tenir ces jours passés et que vous ne

[19] Vol.3, p.3 (*Epître aux rabbins de la Sinagogue d'Amsterdam*).
[20] *OCV*, vol.45B, p.138.

montrerez pas à l'ambassadeur du Portugal. Le rabin Akib me paraît un bon diable. Vous pensez sans doute comme lui au judaïsme près. Personne n'a moins l'air d'un juif que vous' (D10223).

On the following day he sent the *Sermon* to the duchess of Saxe-Gotha: 'Si vous aimez les sermons Madame, en voici un qu'on vient de m'envoyer de Smirne, et qui pourra vous édifier' (D10227); and on Christmas day he wrote to Jacob Vernes: 'In nomine Dei [...] voici l'ouvrage d'un rabin. Voyez je vous prie s'il a raison' (D10230).

The distribution of the work was cautiously balanced between considerations of prudence and of enthusiasm. In January 1762 Voltaire recommended to Mme Fontaine: 'Ne montrez le sermon du bon rabbin Akib qu'à d'honnêtes gens dignes d'entendre la parole de Dieu' (D10268), but at the same time he complained to the d'Argentals: 'Il est fort difficile de trouver à présent les sermons du rabbin Akib. On tâchera d'en faire venir de Smirne incessamment' (D10282). In February, in a letter to Damilaville, he played the innocent: 'On dit, mes chers frères, qu'on y a imprimé une petite feuille intitulée le sermon du rabbin Akib' (D10315). Thus by the end of the year he could confidently attribute 'à M. Picardin de Dijon le sermon du Rabbin Akib sur la petite cérémonie très chrétienne et très édifiante qui s'est faite à Lisbonne' (D10828). In this way, Voltaire was able to achieve a widespread diffusion, similar to a spider-web: Akib's voice was to reach as far as possible, but only the nearest listeners could be aware of its true authorship.

Later, Voltaire considered the *Sermon du rabin Akib* to be the starting point for his campaign in favour of tolerance, and it thus became a touchstone for his later works. In a letter to the countess of Bentinck, at the end of 1763, he promised: 'si vous voulez pour vous amuser, des sermons dans le goût de celui du rabin Akib, vous en aurez d'un peu plus longs, qui vous édifieront bien d'avantage, et qui ne vous mettront pas en danger de vous faire juive' (D11554). The various readers' reactions did not seem always to reflect Voltaire's intentions. Among his correspondents, only the replies of D'Alembert and the duchess of Saxe-Gotha have survived; both replies were sent in January 1762. D'Alembert merely restricted himself to 'remercier [...] mr le Rabbin Akib de son sermon' (D10291). The duchess appreciated more specifically 'le beau Sermon de Smirne, que j'ai trouvée d'une force étonnante, et qui me paraît devoir persuader le plus incrédule' (D10274).

The *Mémoires secrets* bear witness, on 7 March 1762, that 'le *Sermon du Rabin Akib* de M. de Voltaire, qui était peu répandu, s'étant divulgué beaucoup, au moyen d'une impression faite en ce pays, la Police fait les recherches les plus sévères sur ce pamphlet: ce qui lui donne une vogue qu'il n'avait pas eue.'[21]

The circulation of the pamphlet was, in fact, a good deal wider than one might have imagined. On 29 May 1762 an advertisement in the *St James's chronicle* announced: 'Just imported by T. Becket and P. A. De Hondt in the Strand, *Sermon du rabbin Akib*, par Mr. de Voltaire, Geneve, 1762: a translation of the above may be had.'[22] It seems likely that this translation was the same as the one which appeared on the same day in the *London chronicle*. This was introduced by a short comment which reads as follows:

The following is a faithful translation, published in the *London register* for May, of a little French piece, lately sent from Paris, and certainly written by Voltaire. The piece itself, indeed, bears the strongest testimony of its author. It is a most just and poignant satire on a horrid cruelty, which disgraces the very name of religion. The same freedom of sentiment and expression prevails in this, as in some other of Voltaire's pieces: and yet, perhaps, the most exceptionable passages may be defended by the consideration of their being delivered in the character of a Jew, shewing the injustice of cruelly sacrificing his brethren, and finely satirizing the shameful divisions among Christians.[23]

On 31 May the *Public advertiser* announced the publication of 'The London Register or notes of the present times, containing, in

---

[21] *Mémoires secrets pour servir à l'histoire de la république des lettres* (Londres, 1777), vol.1, p.55.

[22] *St James's Chronicle or The British Evening Post*, 29 May 1762, issue 191.

[23] *London chronicle*, 29 May 1762, issue 848, p.316.

twelve half sheets, a complete summary of the history, politics, and literature of the present times, and among many of her curious articles, several of which are original, a *Sermon of the Rabbin Akib* (M. de Voltaire) on occasion of the last Auto da Fe at Lisbon.' This translation was split between two consecutive issues of the *Edinburgh magazine*[24] but reappeared in a complete version in the June issue of the *Scots magazine*;[25] it was also published, without the opening comment, in the June issues both of the *London magazine or Gentleman's monthly intelligencer*, with the subtitle 'Just satire on the Portugueze Auto de fe', and of the *Gentleman's magazine*, subtitled 'Sermon in the Character of a Jew'.[26]

Curiously enough, all these translations show an incorrect date in the title: Rabbi Akib's sermon was supposed to have been pronounced on 26 November 1761, rather than on the 20th as in the French original. It is clear that a misprint in the first translation generated a similar mistake in all the later ones. It has to be noted that all these versions show an eagerness to give the name of the real author. Only the *Gentleman's magazine* partially censored the text, not including the three paragraphs dealing with the divinity of Jesus Christ. A study of the variants shows that the English translation was most probably based on the 1761 text printed in Geneva.

A new version of the *Sermon* appeared that summer, in the 15 July 1762 issue of the *Journal encyclopédique*. It was, apparently, a French translation of the English version; the editors of the *Journal encyclopédique* inferred that the text had originally been published

[24] *Edinburgh magazine*, May 1762, vol.6, p.235-37; June 1762, vol.6, p.275-77.

[25] *Scots magazine*, June 1762, vol.244, p.299-302.

[26] *London magazine, or, Gentleman's monthly intelligencer*, June 1762, vol.31, p.230-3; *Gentleman's magazine*, June 1762, vol.32, p.255-8. The publication in the *London magazine* was thus advertised on the *London evening post* of 1 July 1762 (n.5407): 'This day was published, price 6 d., [...] *The London Magazine* for June, 1762 [...] containing a greater variety of original and other curious essays than are to be met with in any other periodical publication of the price; and among others [...] *State of National Debt, Sermon du Rabbin Akib, Useful Improvement in Agriculture*'.

'à Londres, 1762'[27] and they merely pretended they had not noticed how all the British magazines explicitly attributed the text to Voltaire. They introduced their own version with a short introduction in which they appear to distance themselves from the actual content of the piece (p.112):

On trouve quelquefois dans les journaux anglais des morceaux originaux qui cependant se ressentent trop de l'extrême licence des presses, et nous sommes obligés d'en priver nos lecteurs: le *Sermon du rabin Akib* devrait avoir le même sort; mais il nous semble qu'avec quelques sages réticences, nous pouvons en donner la traduction. Nous prévenons nos juges; cependant, pour pouvoir prononcer, il faudrait qu'ils eussent aussi sous les yeux les morceaux que nous croyons devoir supprimer; qu'ils daignent donc s'en rapporter à notre prudence.

The suppressed passages are five in number. The first of these is a short and not very important comment on the reasons why Malagrida had been condemned;[28] the other four are theologically significant. The *Journal encyclopédique* omits all the considerations voiced by Voltaire concerning the sacrament of confession, the excerpt concerning anthropophagy and six consecutive paragraphs dealing with various themes, namely the dispersion of the Jews, Jesus's invective against the Pharisees, the divinity of Jesus, the Council of Nicea, the fake documentation of early Christianity, the differences between contemporary and early Christianity. This final missing passage is much longer than the corresponding one in the *Gentleman's magazine*. The central part of the *Sermon* is omitted as well: the *Journal encyclopédique* theatrically interrupts the rabbi in the middle of a sentence,[29] arguing that 'les Juifs sont infiniment plus sauvages et plus barbares qu'eux [les Portuguais], puisqu'ils

[27] *Journal encyclopédique*, 15 juillet 1762, vol.5, p.112.
[28] The *Journal encyclopédique* goes from '[...] Malagrida était un Jean-Baptiste' to 'Ah, mes frères, si le Jésuite Malagrida avait été livré seul aux flammes [...]', jumping Voltaire's words: 'Voilà pourquoi ce pauvre jésuite, agé de soixante-quinze ans, a été brûlé publiquement à Lisbonne. Elevons nos cœurs à l'Eternel!'
[29] 'Tigres altérés de notre sang, que répondriez-vous si je vous disais que votre Dieu était né parmi nous...' (*Journal encyclopédique*, p.116).

ont eu l'indignité d'accabler d'opprobres le fils de Dieu, et de répandre ensuite son sang dans le plus affreux supplice' and reproaching the Rabbi that 'jamais personne ne fut plus inconséquent que lui' because 'quand on veut s'aviser de critiquer la conduite des autres, il faut du moins avoir le sens commun' (p.116). It has to be noted that this omission occurs more or less at the very point at which Voltaire intervened, in his own voice, to mark the separation between the two main points of the rabbi's sermon.

If this sudden intervention with its violently anti-Jewish tone might surprise, the closing comment by the editors seems even more unsettling: 'S'il est permis à un Rabin de prêcher la tolérance, que ce ne soit du moins que dans la Sinagogue, où tout ce qu'il ose avancer, est regardé comme un oracle; mais son sentiment ne fera pas fortune dans le monde chrétien: il est certain que la tolérance tend à la destruction de la vraie religion, ou du moins de celle qui est la dominante (p.217-18).

This last remark clearly distinguishes between 'le monde chrétien' and 'la Synagogue', whose members appear to be exactly Voltaire's frères, who considered his voice 'comme un oracle'; and the last line has possibly to be interpreted not as a warning but as a promise and as the essential synthesis of the content of the *Sermon*: if toleration is practised, the dominant Christian religion is destroyed. It is therefore possible that the editors of the *Journal encyclopédique* were perfectly well aware that Voltaire was the author of the *Sermon* but wilfully concealed his identity. In this way they contributed to a wider diffusion of the text by producing a milder version which aimed deliberately to make the reader curious, and eager to read 'les morceaux que nous croyons devoir supprimer'. This would allow a different interpretation of the distance the editors put between themselves and the text: it would have been a rhetorical device to strengthen the text by openly denying its reliability. This is a very Voltairean device, although we have no actual evidence to suggest that the editor of the French 'translation' of the *Sermon* might have been Voltaire himself. It has to be noted, though, that in the same issue of the

Journal encyclopédique an anonymous *Lettre au sujet de Candide* was published. This was certainly written by Voltaire and was catalogued by Besterman as D8239. In the letter, Voltaire played with his own identity contesting the attribution of the novel 'à un nommé M. de V...', stating 'je ne sais pas de quel M. de V... vous voulez parler' and insisting that 'ce petit livre est de mon frère Mr Démad, actuellement capitaine dans le régiment de Brunswick' (p.128). In the same letter Voltaire praised the modesty of not acknowledging one's own works, 'modestie bien rare chez les Auteurs' (p.129). To add further mystery, some copies of the *Journal encyclopédique* actually contain the *Sermon* while some others, possibly *cancellata*, contain on the same page an altogether different text totally unrelated to Voltaire.

Many of the other French journals seemed to ignore the *Sermon* completely, but in 1762 the apologist Jacques François DeLuc devoted to it an entire chapter in his *Observations sur les savants incrédules*. [30] In his excursus, whose title was 'Sur une brochure qui a pour titre: Sermon du Rabin Akib', DeLuc does not succeed in identifying 'le véritable auteur' concealed behind the 'prétendu rabin' but he reproaches him for 'les expressions avilissantes qu'il met dans la bouche d'un Juif contre sa propre nation' and for 'les traits qu'il lance indirectement contre la religion chrétienne' (p.216). Although recognising 'des choses judicieuses' in the arguments against 'les Actes de Foi qu'on pratique malheureuse-ment encore à Lisbonne', DeLuc is eager to refute 'tous les mauvais raisonnements que cette brochure renferme'. His aim is to defend five main theological issues of the *Sermon*, namely 'que Notre divin Redempteur vécut Juif, qu'il mourut Juif, et qu'il n'a rien abrogé des Lois de Moïse; que ce ne furent point les Juifs qui le condamnèrent, mais Pilatus; que le titre de Fils de Dieu ne doit s'attribuer à Jésus-Christ, que comme aux hommes justes qui sont sur la terre [...]; que pendant trois cent ans Jésus fut reconnu par les

[30] Jacques François DeLuc, *Observations sur les savants incrédules* (Genève, 1762 [BV975]).

chrétiens comme médiateur envoyé de Dieu, insinuant qu'il n'a plus été regardé comme tel par la plupart des chrétiens, depuis le Concile de Nicée; enfin que St Paul ne donne jamais à Jésus le titre de Dieu' (p.216-17).

DeLuc's arguments are often either naive or uninspired, and are mainly drawn literally from the New Testament. The same may be said of Louis Mayeul Chaudon's *Dictionnaire anti-philosophique* (1767). In it Chaudon quotes the *Sermon* in the article on 'Pharisiens', justifying Jesus's aggressive attitude towards the Jews of his time on the basis of the 'corruption extraordinaire du Peuple Juif'.[31] Chaudon wrote more effectively two years later, when in *Les Grands Hommes vengés* he quoted the *Sermon*'s metaphor of Judaism as 'une mère respectable et malheureuse' in a list of Montesquieu's 'pensées dérobés' by Voltaire.[32]

Some years later, in 1769, the *Sermon* formed part of the polemic launched against Voltaire by Guenée's false Jews.[33] Guenée quotes Voltaire's text and draws a parallel, which is clearly unfavourable, with Montesquieu's 'très humble remontrance'. Guenée explains that Voltaire 'a déjà commencé l'apologie de cette nation [the Jews], mais d'un ton peu convenable à la matiere'.[34] He reproaches Voltaire because 'si le ton convient peu, les raisonnements qu'il emploie sont encore pires; tout ce qu'il dit à ce sujet ne peut que faire pitié aux lecteurs instruits, et indigner les chrétiens' (p.38n). For this reason, he wishes that Voltaire would defend the Jews 'plus sérieusement' (p.39), thus implying that the *Sermon* was not to be considered an actual apology for Jews. What is more, Guenée sees in the *Sermon* the first stage of Voltaire's worsening attitude towards the Jews: 'Depuis l'engagement qu'avait pris [...], il n'est

[31] Louis Mayeul Chaudon, *Dictionnaire anti-philosophique* (Avignon, 1769), vol.2, p.63.

[32] Louis Mayeul Chaudon, *Les Grands Hommes vengés* (Amsterdam, 1769 [BV729]), p.211. Voltaire's plagiarism is displayed at p.212-13.

[33] Antoine Guenée, *Lettres de quelques Juifs portuguais et allemands* (Amsterdam, 1772).

[34] Guenée, *Lettres*, vol.1, p.38.

presque rien sorti de sa plume où il n'ait parlé d'eux sur le même ton' (p.58n).

It is remarkable that almost no one praised Voltaire's stylistic histrionism; only Antoine Sabatier de Castres in 1771 saw in the *Sermon* the beginning of Voltaire's restlessness in his wearing more and more masks. The words de Castres devoted to him are still among the best portraits of Voltaire's versatility as a writer:

Depuis longtemps M. de Voltaire s'essaie à faire tous les personnages; jamais Arlequin n'en a tant joués que lui. Tantôt juif, tantôt quakre, tantôt prédicant, tantôt capucin, tantôt abbé, tantôt bachelier, tantôt avocat, tantôt médecin, tantôt apôtre, tantôt empereur, tantôt général d'armée, tantôt A, tantôt B, tantôt C, tantôt ceci, tantôt cela, et toujours Sicophante et Pantalon. [35]

Manuscript and editions

Manuscript

MS 1

Bibliothèque historique de la ville de Paris: Rés. 2026, f.210-217. A contemporary copy with a holograph note.

Editions

Further information on the collective editions may be found on p.565-74 below.

61G

SERMON / DU / RABIN AKIB.

8°. sig. A⁸ [A1 unsigned; $ A2-A4, arabic]. Pag. 16. No catchwords.

[1] title; [2] bl.; 3-15 Sermon du rabin Akib; [16] bl.

---

[35] Antoine Sabatier de Castres, *Tableau philosophique de l'esprit de M. de Voltaire* (Genève, 1771), p.348-49.

Drop-head title: 'Sermon du rabin Akib, prononcé à Smyrne, le 20 novembre 1761. Traduit de l'hébreu.' BnC notes: 'L'orthographe n'est pas celle de Voltaire.'

Probably printed in Geneva, as Bengesco suggests.

Bengesco 1667 (1), BnC 3930.

Geneva, ImV: D Sermon 3/1761/1. Paris, BnF: Rés. Z Beuchot 810, Rés. Z Beuchot 811, A20158.

SD

SERMON / DU / RABIN AKIB.

8°. sig. *8 [*1 unsigned; $*2-*4, arabic]. Pag. 16. Page catchwords.

[1] title; [2] bl.; 3-16 Sermon du rabin Akib.

Bengesco considers this to be the Paris edition mentioned by Voltaire (D10315).

Bengesco 1667 (2). BnC 3933.

Paris, BnF: A20155.

62P

SERMON / DU / RABIN AKIB. PRONONCÉ A SMYRNE / Le 20. Nov. 1761. / *Traduit de l'Hébreu.* / Attribué à Mr. de Voltaire.

S.l. (Paris), n.d. (1762), in-16, 16 p.

8°. sig. *8 [*1 unsigned; $*2-*5, arabic]. Pag. 16. Page catchwords.

[1] title; [2] bl.; [3]-15 Sermon du rabin Akib; [16] bl.

BnC: 'Edition étrangère, donnant les mêmes variantes que la précédante [SD].' The typography and presswork suggest that the edition was printed in Germany.

Not in Bengesco. BnC 3934.

Paris, BnF: Z19087 (9).

62G [=PR62, VOL.3]

Troisième recueil de nouvelles pieces fugitives de Mr. de Voltaire. 1762.

P.cxvii: SERMON / DU / RABIN AKIB / PRONONCE A SMIRNE / LE 20 Nov. 1761. / TRADUIT DE L'HEBREU.; p.cxviii bl.; p.cxix-cxxxii Sermon du rabin Akib.

Bengesco 2207, BnC 437.

Oxford, Taylor: V2 1762 (3). Paris, BnF: Z Beuchot 60 (1).

64

SERMON / DU / RABIN AKIB. / [*thick-thin rule*] / 1764.

8°. sig. A⁸ [A1 unsigned; $A2-A4, arabic]. Pag. 16. page catchwords.

[1] title; [2] bl.; [3]-15 Sermon du rabin Akib; [16] bl.

Not in Bengesco. BnC 3932. Besterman 288.

Paris, BnF: A20159.

ER64

Part 5, p.1-15.

A reissue of 64.

Geneva, ImV: BA 1764/1 and 2. Oxford, Bodley: G.Pamph. 2699 (5).

SDL

SERMON / DU RABIN AKIB.

8°. sig. A-C⁴ (-C4) [A1 unsigned; A2-C4 $2, arabic]. Pag. 22. Page catchwords. Press figures: 1 (p.16), 3 (p.20).

[1] half title; [2] bl.; 3-22 SERMON / DU RABIN AKIB, / Prononcé à Smyrne le 20 Novembre 1761. / *Traduit de l'Hébreu.*

The press figures and typography indicate that this edition was printed in London.

Austin, Texas, Voltaire collection of Desmond Flower: BX 1730 V596 1760z. Manchester: John Rylands University Library R67329.

NM (1765)

Vol.3, p.72-83 SERMON / DU RABIN AKIB, / *Prononcé à Smyrne le*

20 Novembre 1761. / Traduit de l'Hébreu. / On le croit de la même main que la Défense du lord Bollingbroke.

Bengesco 2212. BnC 111.

Oxford, VF. Paris, BnF: Z2760.

68G

SERMON / DES / CINQUANTE. / [*thick-thin rule*] / *MDCCXLIX.* / [*thick rule*] / On l'attribue à Mr. du Martaine ou / du Marsay, d'autres à la Métrie; / mais il est d'un grand Prince / très instruit.

8°. sig. A-C⁸ D² [A1 unsigned; A2-C $4; D $1, arabic]. Quire catchwords.

[Geneva, 1768], 8°, 51 p.

[1] title; [2] bl.; 3-26 other texts; 27-37 Sermon du rabin Akib; 38-51 other texts.

BnC: 'Edition [...] qui pourrait être de 1768.'

The typography and presswork suggest that this edition was printed in Switzerland.

Not in Bengesco. BnC 3960.

Paris, BnF: D² 14657.

w68 (1771)

Vol.17, p.68-75 Sermon du Rabin Akib, prononcé à Smyrne le 20 novembre 1761. / Traduit de l'hébréu.

w70L (1772)

Vol.29, p.355-67 Sermon du rabin Akib.

w71L (1773)

Vol.17: 77-86 Sermon du rabin Akib, prononcé à Smyrne le 20 novembre 1761. Traduit de l'hébreu.

W75G, W75X

Vol.37: p.222-31 Sermon du rabin Akib, prononcé à Smyrne le 20 novembre 1761. Traduit de l'hébreu.

K84

Vol.32, p.[405]-415 Sermon du rabin Akib, Prononcé à Smyrne le 20 novembre 1761. Traduit de l'hébreu. (*).

The note (*) after the title is: 'On le croit de la même main que la Défense du lord Bolingbroke.'

Here the *Sermon du rabin Akib* is put in the subsection 'Sermons et Homélies' composed of: *Avertissement des éditeurs*; *Sermon des cinquante*; *Sermon du rabbin Akib*; *Homélies prononcées à Londres*; *Sermon prêché à Bâle*; *Traduction de l'Homélie du pasteur Bourn.*

K85

Vol.32, p.[405]-415 Sermon du rabbin Akib, prononcé à Smyrne le 20 novembre 1761. Traduit de l'hébreu. (*).

The note (*) after the title is: 'On le croit de la même main que la Défense du lord Bolingbroke.'

Here the *Sermon du rabbin Akib* is put in the subsection 'Sermons et Homélies' composed of: *Avertissement des éditeurs*; *Sermon des cinquante*; *Sermon du rabbin Akib*; *Homélies prononcées à Londres*; *Sermon prêché à Bâle*; *Traduction de l'Homélie du pasteur Bourn.*

K12

Vol.41, p.74-87 Sermon du rabbin Akib, prononcé à Smyrne le 20 novembre 1761. Traduit de l'hébreu. (*).

The note (*) after the title is: 'On le croit de la même main que la Défense du lord Bolingbroke'.

Here the *Sermon du rabbin Akib* is put in the subsection 'Sermons et homélies' composed of: *Avvertissement des éditeurs*; *Sermon des cinquante*; *Sermon du rabbin Akib*; *Homélies prononcées à Londres*; *Sermon prêché à Bâle*; *Traduction de l'Homélie du pasteur Bourn.*

Translations

Sermon of the Rabbin Akib. Pronounced at Smyrna, November 26 1761, Translated from the Hebrew, in *London Chronicle*, 29 May 1762, p.316-17.

Sermon of the Rabbin Akib. Pronounced at Smyrna, Nov. 26 1761. Translated from the Hebrew, in *Edinburgh Magazine*, May 1762, p.235-37, and June 1762, p.275-77

Sermon of the Rabbi Akib. Pronounced at Smyrna, November 26. 1761. Translated from the Hebrew, in *The Scots magazine*, vol.24, June 1762, p.292-302.

Sermon of the Rabbi Akib. Pronounced at Smyrna, Nov.26, 1761. Said to be written by M. Voltaire. Translated from the Hebrew, in *The London magazine or, Gentleman's monthly intelligencer*, June 1762, p.320-323.

Sermon of the Rabbin Akib. Pronounced at Smyrna, November 26, 1761. Translated from the Hebrew, in *Gentleman's magazine 32*, June 1762, p.255-58.

Sermon du Rabin Akib, prononcé à Smyrne, le 26 Novembre, 1761: traduction de l'Hébreu. A Londres, 1762, in *Journal encyclopédique*, 15 July 1762, p.112-20.

A translation from the English.

Choice of base text

The very title of this work needs a radical base text choice: it is *Sermon du rabin Akib* in all editions from 61 to K84; it only becomes *Sermon du rabbin Akib* in K85 and K12. I chose to keep the ancient spelling of the word 'rabin' considering it as a full part of Akib's name. In 1752 the *Dictionnaire de Trévoux* already listed 'rabbin' as the common spelling, so it has to be inferred that Voltaire chose to use 'rabin' on purpose, presumably to give his character an exotic or old-fashioned appearance.

Spurious editions of the 1760s show isolated variations in the content of the text and even of the complete title. In both 62 and 64 the second part of the *Sermon* lacks some quotations (i.e. from the Sybille), and although more complete NM also does not mention, for instance, the letters of Seneca to Paul.

K84 has a small number of variants likely to be derived from w70L. In the end w75G is the most reliable text for the completeness of its content, the modernity of its spelling, and the plausibility of its punctuation.

Treatment of the base text

- The ampersand has been replaced by *et*.
- Small capitals have been eliminated.
- Italicised personal names have been set in roman.
- The use of accents has been modernised: chrêtiens, toûjours, bucher, infames.
- Modernisation of spelling: ayent, pourions, fai; secrettement, encor; pseaumes, ayeux, enfans, pénitens, tems, ignorans, savans.

SERMON DU RABIN AKIB,
PRONONCÉ À SMYRNE[1] LE 20 NOVEMBRE 1761.
TRADUIT[2] DE L'HÉBREU.
On le croit de la même main que la
Défense du lord Bolingbroke.

Mes chers Frères,

Nous avons appris le sacrifice de quarante-deux victimes humaines, que les sauvages de Lisbonne ont fait publiquement

a-1 MS1: Sermon de Rabin Akib prononcé à Smyrne le 20 nbre 1761 traduit de l'hebreu ¶ M.T.C.F.

62: SERMON DU RABIN AKIB, ¶Mes Chèrs Frères,

61G, 62P, SD: SERMON DU RABIN AKIB, ¶ PRONONCÉ À SMYRNE LE 20 NOVEMBRE 1761 ¶ TRADUIT DE L'HÉBREU. ¶ Mes Chèrs Frères,

64: SERMON DU RABIN AKIB, ¶ PRONONCÉ À SMYRNE LE 20 NOVEMBRE ... ¶ TRADUIT DE L'HÉBREU. ¶ Mes Chèrs Frères,

68: SERMON DU RABIN AKIB, ¶ PRONONCÉ À SMYRNE LE 20 NOVEMBRE ... ¶ TRADUIT DE L'HÉBREU. ¶ Mes Chèrs Frères,

a K85, K12: RABBIN

b 64: 20 NOVEMBRE ...

d K84, K85, K12: [*this sentence is a footnote*]

[1] Perhaps coincidentally, Smyrna is the place where in 1666 Sabathai Sevi was declared '*Messie* et roi des Hébreux', although 'la synagogue de Smyrne condamna son roi à être impalé' (*DP*, 'Messie', *OCV*, vol.36, p.368).

[2] Some of Voltaire's most important works are 'translated'. His *Catéchisme de l'honnête homme* is 'traduit du Grec vulgaire par D.J.J.R.C.D.C.D.G.' (*M*, vol.24, p.523); *Candide* is 'traduit de l'allemand de M. le docteur Ralph' (*OCV*, vol.48, p.117); *Les Lettres d'Amabed* are 'traduites par l'abbé Tamponet' (*M*, vol.21, p.435) as well as *Les Questions de Zapata* (*OCV*, vol.62, p.381); *Le Taureau blanc* is 'traduit du Syriaque par M. Mamaki, interprète du roi d'Angleterre pour les langues orientales' (*M*, vol.21, p.483), the *Histoire de Jenni* is 'traduit par M. de La Caille' (*M*, vol.21, p.523); for *De la paix perpétuelle* we have a 'traduction de M. Chambon' (*M*, vol.28, p.103).

au mois d'*Etanim* (*a*),[3] l'an 1691 depuis la ruine de Jérusalem. Ces
sauvages appellent de telles exécutions des *actes de foi*.[4] Mes   5
frères,[5] ce ne sont pas des actes de charité. Elevons nos cœurs à
l'Eternel (*b*)!

(*a*) C'est le mois d'Auguste des Hébreux, nommé Août chez les Francs.
(*b*) C'est un refrain usité dans les sermons des rabins.

5-6   MS1, 61G, 64, 68, NM: M.F. ce
         62, 62P, SD: Hélas! Mes frères, ce
7   62, K84, K85, K12: l'Eternel.
n.*a*   MS1: des Romains
n.*b*   61G, 62P: que les Rabins répètent souvent dans leurs sermons

[3] The name of the seventh month in Hebrew calendar, starting with the new moon
of September; cf. 1 Kings 8:2. Voltaire mistakenly identifies it as August.

[4] Possibly Voltaire's best pages about the *autodafé* are in *Essai sur les mœurs*,
ch.140, ed. R. Pomeau (Paris, 1990), vol.2, p.298-99: 'ces tristes effets de
l'Inquisition sont peu de chose en comparaison de ces sacrifices publics qu'on
nomme *auto-da-fé*, acte de foi, et des horreurs qui les précèdent. [...] On chante, on
dit la messe, et on tue des hommes. Un Asiatique qui arriverait à Madrid le jour d'une
telle exécution ne saurait si c'est une réjouissance, une fête religieuse, un sacrifice, ou
une boucherie; et c'est tout cela ensemble. [...] On reprochait à Montezuma
d'immoler des captifs à ses dieux: qu'aurait-il dit s'il avait vu un *auto-da-fé*?' The
same idea is expressed in *Examen important de milord Bolingbroke*, ch.39, *OCV*,
vol.62, p.345: 'Les sacrifices de sang humain, qu'on reproche aux anciennes nations
ont été bien plus rares que ceux dont les Espagnols et les Portugais se sont souillés
dans leurs actes de foi.' It is noteworthy that *De la paix perpétuelle*, ch.3, *M*, vol.28,
p.105, links the *autodafé* and anthropophagy, another key-theme of the *Sermon du
rabin Akib*: 'Les actes d'anthropophages, qu'on appelait *actes de foi*, ne célèbrent
plus si souvent le Dieu de miséricorde à la lumière des bûchers et parmi les flots de
sang répandus par les bourreaux.' For more of Voltaire's views on the *autodafé*, see
QE, 'Conscience', *OCV*, vol.40, p.191, and *Dieu et les hommes*, ch.21, *OCV*, vol.69,
p.371.

[5] This refrain of the *Sermon du rabin Akib* comes back in many other works, first of
all the other sermons: the *Sermon des cinquante* (*OCV*, vol.49A, p.69-139, *passim*), *Le
Sermon prêché à Bâle* (*OCV*, vol.67, p.27-46), the *Sermon du papa Nicolas Charisteski*
(*OCV*, vol.73, p.305-12). See also *Homélie du pasteur Bourn*, *M*, vol.27, p.227-34;
Galimatias dramatique, *M*, vol.24, p.75-77; *Instruction pastorale de l'humble
évêque d'Alétopolis*, *M*, vol.25, p.1-3; *Mandement du révérendissime père en Dieu*,

Il y a eu, dans cette épouvantable cérémonie trois hommes brûlés, de ceux que les Européens appellent *moines*, et que nous nommons *kalenders*,[6] deux musulmans, et trente-sept de nos frères condamnés.

Nous n'avons encore d'autres relations autentiques que l'*Accordao dos inquisidores contra o Padre Gabriel Malagrida*[7] *jesuita*. Le

12   62: d'autre relation autentique que
      62P: d'autre relation autentique de ce sacrifice que
      SD: d'autres relations autentiques de ce sacrifice que
      64, NM: de relations authentiques que

Alexis, M, vol.25, p.346-52, and the *Lettre de Charles Goujou à ses frères*, M, vol.24, p.255-59. It appears at the beginning of the *Extrait des sentiments de Jean Meslier*, M, vol.24, avant-propos, p.296, and of the four *Homélies prononcées à Londres*, *OCV*, vol.62, p.427, 448, 461, 477; at the end of *Discours aux Welches*, M, vol.25, p.247, and of *Balance égale*, *OCV*, vol.62, p.246: 'Mes frères, soyons de bons citoyens, de bons sujets du roi'. The main sense underlying his idea of brotherhood is perfectly expressed in one of the last lines of the *Catéchisme de l'honnête homme*, M, vol.24, p.541: 'regarder tous les hommes comme mes frères'; this links Voltaire's philosophical leitmotiv to the hope expressed by François Fitz-James, quoted later in the *Sermon* (p.522).

[6] This word appears only in the *Sermon du rabin Akib* and is one of its many *hapax*.

[7] Although the *Accordao* is quoted only in the *Sermon du rabin Akib*, Malagrida is a leitmotiv in Voltaire's works throughout the years. He is mentioned as a mere example of fanaticism in *Essai sur les mœurs*, 15me Remarque, p.931; *QE*, 'Enchantement', M, vol.18, p.538; *QE*, 'Miracles', M, vol.20, p.93, and in *QE*, 'Superstition', M, vol.20, p.452. In *QE*, 'Supplices', M, vol.20, p.457, he comes back to be a somewhat grotesque tragical figure: 'on a brûlé un vieux fou de jésuite nommé Malagrida, pour avoir imprimé les entretiens que la sainte vierge Marie avait avec sa mère sainte Anne quand elle était dans son ventre', while the *Relation du voyage de frère Garassise*, *OCV*, vol.49B, p.400-406, shows him as some kind of a black Jesuit hero, armed with 'un coutelet que la Sainte Hermandad n'avait jamais pu découvrir', a 'saint instrument [qui] a toujours été dans notre ordre' (p.401). In the *Lettre de Charles Gouju*, M, vol.24, p.257, Malagrida is synthetically named 'un assassin', while in *Dieu et les hommes*, ch.2, *OCV*, vol.69, p.282-83, he is accused to having 'persuadé à toute une famille que ce n'était pas même un péché véniel d'assassiner par derrière un Roi de Portugal en certain cas'. A short survey about the behaviour of the Jesuits, *Balance égale* suggests in its harshest passage that 'une société, convaincue [...] d'avoir trempé dans l'assassinat de son souverain, doit etre exterminée de la terre'

reste ne nous est connu que par les lettres lamentables de nos frères
d'Espagne.   15

Hélas! voyez d'abord par cet *Accordao*, à quelle dépravation
Dieu abandonne tant de peuples de l'Europe. On accusait
Malagrida jesuita d'avoir été le complice de l'assassinat du roi de
Portugal.[8] Le conseil de justice suprême, établi par le roi, avait
déclaré ce kalender atteint et convaincu d'avoir exhorté, au nom de   20
Dieu, les assassins à se venger, par le meurtre de ce prince, d'une
entreprise contre leur honneur; d'avoir encouragé les coupables
par le moyen de la confession, selon l'usage trop ordinaire d'une
partie de l'Europe, et de leur avoir dit expressément qu'il n'y avait
pas même un péché véniel à tuer leur souverain.   25

Dans quel pays de la terre un homme accusé d'un tel crime
n'eût-il pas été solennellement jugé par la justice ordinaire du
prince, confronté avec ses complices, et exécuté à mort selon les
lois?

Qui le croirait, Mes frères? le roi de Portugal n'a pas le droit de   30
faire condamner par ses juges un kalender accusé de parricide! il
faut qu'il en demande la permission à un rabin Latin[9] établi dans la
ville de Rome; et ce rabin latin la lui a refusée! Ce roi a été obligé de

30 MS1, 61G, 68, NM: M.F.?
30 MS1: le pouvoir de

---

and that 'les flammes qui ont fait justice des frères Guignard et Malagrida doivent
mettre en cendres les collèges où des frères jésuites ont enseigné ces parricides'
(*OCV*, vol.56A, p.243). *Les Oreilles du comte de Chesterfield* only focusses on
Malagrida's madness: 'la sainte Vierge lui avait révélé tout ce qu'elle avait fait
lorsqu'elle était dans le ventre de sa mère sainte Anne' (*M*, vol.21, p.586). Malagrida
is then the embodiment of religious fanaticism, both violent and insane; this is why in
the chapter 'Sur Spinosa' of the *Lettres à Son Altesse Monseigneur le Prince de ****,
Voltaire refers to 'la sainte religion des Ravaillac, des Damiens, des Malagrida'
(*OCV*, vol.63B, p.489).

[8] A full account of the 'assassinat du roi de Portugal' can be found in *Précis du
Siècle de Louis XV*, ch.38, *M*, vol.15, p.395-400.

[9] This alienating definition of Clement XIII, and of popes in general, can be found
only in the *Sermon du rabin Akib*.

remettre l'accusé à des kalenders Portugais, qui ne jugent, disent-ils, que les crimes contre Dieu; comme si Dieu leur avait donné des 35
patentes pour connaître souverainement de ce qui l'offense, et comme s'il y avait un plus grand crime contre Dieu même que d'assassiner un souverain, que nous regardons comme son image.

Sachez, Mes frères, que les kalenders n'ont pas seulement interrogé Malagrida sur la complicité du parricide. C'est une 40
petite faute mondaine, disent-ils, laquelle est absorbée dans l'immensité des crimes contre la majesté divine.

Malagrida a donc été convaincu d'avoir dit, *qu'une femme,* *nommée Annah, avait été autrefois sanctifiée dans le ventre de sa mère,* *que sa fille lui parla avant de venir au monde, que Marie reçut plusieurs* 45
visions de l'ange-messager Gabriel, qu'il y aura trois antechrists, dont *le dernier naîtra à Milan d'un kalender et d'une kalendresse, et que* *pour lui Malagrida est un Jean-B.... (c)'.*

Voilà pourquoi ce pauvre jésuite, âgé de soixante-quinze ans, a été brûlé publiquement à Lisbonne. Elevons nos cœurs à l'Eternel! 50

S'il n'y avait eu que Malagrida jesuita de condamné aux flammes, nous ne vous en parlerions pas dans cette sainte synagogue. Peu nous importe que des kalenders aient ars un kalender jésuite. Nous savons assez que ces thérapeutes [10] d'Europe ont souvent mérité ce supplice; c'est un des malheurs attachés aux 55

(c) Malagrida s'est dit Jean-Baptiste, comme plusieurs convulsion-naires à Paris, et plusieurs prophètes à Londres, se sont dits Elie.

40   MS1, 61G, 64, 68, NM: M.F. que
46   MS1, 62P, SD: sa fille Marie lui
47   MS1: y avait trois
49   K84, K85, K12: Malagrida, il est
50   62P: pauvre insensé, âgé
51   62, K85, K12: l'Eternel.

[10] Already in the first draft of the *Essai sur les mœurs*, referring to the 'vie monastique', Voltaire stated that 'les Juifs eurent leurs esséniens et leurs thé-rapeutes', and that 'les chrétiens les imitèrent'; in this case then, the word choice is justified not only by the assumption of a Hebrew point of view but mainly by his wish

sectes de ces barbares: leurs histoires sont remplies des crimes de leurs derviches;[11] et nous savons assez combien leurs disputes fanatiques ont ensanglanté de trônes. Toutes les fois qu'on a vu des princes assassinés en Europe, la superstition de ces peuples a toujours aiguisé le poignard.[12] Le savant aumônier de Mr. le consul de France à Smyrne, compte quatre-vingt-quatorze rois, ou empereurs, ou princes, mis à mort par les querelles de ces malheureux, ou par les propres mains des faquirs, ou par celles de leurs pénitents. Pour le nombre de seigneurs et de citoyens que ces superstitions ont fait massacrer, il est immense; et de tant d'assassinats horribles, il n'en est aucun qui n'ait été médité,

60

65

56-57 MS1: aux siècles

---

to remark how Christian monks have a well-defined Hebrew ancestry. In *DP*, 'Christianisme', Voltaire explained that 'les thérapeutes [...] ressemblaient aux gymnosophistes des Indes, et aux brames' (*OCV*, vol.35, p.552) and reveals his source, Philo Judaeus (BV2717). The *Bible enfin expliquée* illustrates that they were 'une vraie société' whose members 'embrass[ai]ent une vie solitaire et contemplative' and their 'retraites [...] s'appelaient monastères' (*M*, t.30, p.506). The *Histoire de l'établissement du christianisme* goes even further back: 'ces thérapeutes étaient une branche des anciens pythagoriciens. Thérapeute signifie serviteur et médicin' (*M*, vol.31, p.52).

[11] Voltaire did not think very highly of dervishes: Sadi's apocryphal 'epître dédicatoire à la sultane Shéeraa', at the very beginning of *Zadig*, compliments the addressee on her reasoning 'mieux que de vieux derviches à longue barbe et à bonnet pointu' (*OCV*, vol.30B, p.114); in his *Catéchisme*, the 'honnête homme' makes a point of loving even 'les derviches, les bonzes et les talapoines' (*M*, vol.24, p.541). In *Le Dîner du comte de Boulainvilliers* the Earl states that there are 'des derviches, des marabouts, des faquirs, des bonzes' who 'font des pénitences cent fois plus rigoureuses' and 'se sont voués à des austérités plus effrayantes' than those 'de vos moines' (*OCV*, vol.63A, p.400).

[12] The dagger seems to be the fanatic's instrument of choice in Voltaire's writing. It is the object some 'fripons' put in the hands of 'les fanatiques' (*DP*, 'Fanatisme', *OCV*, vol.36, p.110); it is the object impossible to find among all the different religions gathering 'à la bourse d'Amsterdam, de Londres, ou de Surate, ou de Bassora' (*DP*, 'Tolérance', *OCV*, vol.36, p.552). More in general, any theological quarrel is grounded on 'une furie armée d'un sophisme et d'un poignard' (*Traité sur la tolérance*, *OCV*, vol.56C, p.246).

encouragé, sanctifié dans le sacrement qu'ils appellent de Confession. [13]

Vous savez, Mes frères, que les premiers chrétiens imitèrent d'abord notre louable coutume de nous accuser devant Dieu de nos 70 fautes, de nous confesser pécheurs dans notre temple. Six siècles après la destruction de ce saint temple, les archimandrites d'Europe imaginèrent d'obliger leurs faquirs à se confesser à eux secrètement deux fois l'année. Quelques siècles après, on obligea des gens du monde à en faire autant. Figurez-vous quelle autorité dangereuse 75 cette coutume donna à ceux qui voulurent en abuser. Les secrets des familles furent entre leurs mains, les femmes furent soustraites au pouvoir de leurs maris, les enfants à celui de leurs pères; le feu de la discorde fut allumé dans les guerres civiles par les confesseurs qui étaient d'un parti, et qui refusaient l'absolution à ceux du parti 80 contraire.

Enfin, ils persuadèrent à leurs pénitents que Dieu leur com-

68-69   MS1: appellent Confession
70   MS1, 61G, 64, 68, NM: M.F., que
81   61G, 62P, SD, 64, 68: ce qu'ils appellent l'absolution

[13] 'La confession, à ne la considérer qu'en politique, a fait plus de bien que de mal', Voltaire famously stated at the beginning of *DP*, 'Confession' (*OCV*, vol.35, p.632) and the affaire Malagrida confirms once more that this sacrament is the most dangerous for kings: 'Il est avéré, par les dépositions des conjurés de Lisbonne, que les jésuites leurs confesseurs les assurèrent qu'ils pouvaient en sureté de conscience assassiner le roi' (*Lettre de Charles Gouju*, *M*, vol.24, p.256). Cf. D9879, a letter written in July 1761: 'ils se sont servis de la confessions qui met les sots dans la dépendance des prêtres'. As to the differences between Christian and Hebrew confessions, see *Commentaire sur le livre des Délits et des peines*, ch.16: 'Les Juifs faisaient l'aveu de leurs péchés le jour de l'expiation solennelle, et ils sont encore dans cet usage. Un pénitent choisit son confesseur, qui devient son pénitent à son tour; et chacun l'un après l'autre reçoit de son compagnon trente-neuf coups de fouet pendant qu'il récite trois fois la formule de confession, qui ne consiste qu'en treize mots, et qui, par conséquent, n'articule rien de particulier' (*M*, vol.25, p.566). The custom of mutual confession is still clearly stated in James 5:16; Voltaire did not miss such an opportunity and in *L'Ingénu* he showed the main character who first commanded his priest's confession, then 'gourmait le moine au nom de saint Jacques le mineur' (*OCV*, vol.63C, p.214).

mandait d'aller tuer les princes qui mécontentaient leurs archimandrites. Hier, mes frères, l'aumônier de Mr. le consul nous montra
dans l'histoire de la petite nation des Francs, qui vit dans un coin du   85
monde, au bout de l'Occident, et qui n'est pas sans mérite; il nous
montra, dis-je, un faquir, nommé Clément, qui reçut de son prieur,
nommé Bourgoin, [14] l'ordre exprès en confession d'aller assassiner
son roi légitime, qui s'appelait, je crois, Henri. En vérité, dans le
peu que j'ai lu moi-même des nations voisines, j'ai cru lire celle des   90
anthropophages. Elevons nos cœurs à l'Eternel!

Mes frères, outre le moine Malagrida que les sauvages ont brûlé,
il y a encore eu deux autres moines de brûlés, dont j'ignore le nom
et les péchés. Dieu veuille avoir leur âme!

Puis on a brûlé deux musulmans. La charité nous ordonne de   95
lever les épaules, d'être saisis d'horreur, et de prier pour eux. Vous
savez que quand les musulmans eurent conquis toute l'Espagne par
leurs cimeterres, ils ne molestèrent personne, ne contraignirent

85   MS1, 61G, 64, NM: Hier, M.F.
85-86 62P, SD: nous montrait dans
88   62, SD: son prieur faquir
90   MS1: qui se nommait
90   K84, K85, K12: Henri III.
91   MS1, 62, K12: de l'histoire des nations
92   62, K85: l'Eternel.
93   MS1, NM: M.F. outre
94   MS1: d'autres moines
95   MS1: leur ames
99   MS1: leurs cimieteres
      62: leur cimeterre

[14] Edmond Bourgoin was a dominican friar, prior of the convent where Jacques
Clément used to live before killing Henri III. Voltaire clearly states that Clément
was 'encouragé par son prieur Bourgoin' (*Essai sur les mœurs*, ch.173, vol.2, p.527)
and the latter was 'son complice' (*Les Trois Empereurs en Sorbonne*, *OCV*, vol.67,
p.209). In *Le Pyrrhonisme de l'histoire* Bourgoin is the actual mastermind of the
attempt on the life of the king (*OCV*, vol.67, p.342) and in the *Epître au roi de
Danemark* Voltaire will still be eager to recall 'd'un Guignard, d'un Bourgoin, les
horribles sermons / au nom de Jésus-Christ prêchés par des démons' (*OCV*, vol.73,
p.429).

personne à changer de religion, et qu'ils traitèrent les vaincus avec
humanité, aussi bien que nous autres Israélites. Vos yeux sont   100
témoins avec quelle bonté les Turcs en usent aujour d'hui avec les
chrétiens grecs, les chrétiens nestoriens, les chrétiens papistes, les
disciples de Jean, les anciens Parsis ignicoles, et nous humbles
serviteurs de Moïse. Cet exemple d'humanité n'a pu attendrir les
cœurs des sauvages qui habitent cette petite langue de terre du   105
Portugal. Deux musulmans ont été livrés aux tourments les plus
cruels, parce que leurs pères et leurs grands-pères avaient un peu
moins de prépuce que les Portugais, qu'ils se lavaient trois fois par
jour, tandis que les Portugais ne se lavent qu'une fois par semaine,
qu'ils nomment *Allah* l'Etre Eternel que les Portugais appellent   110
Dios, et qu'ils mettent le pouce auprès de leurs oreilles quand ils
récitent leurs prières. Ah! Mes frères, quelle raison pour brûler des
hommes!

L'aumônier de Mr. le consul m'a fait voir une pancarte d'un
grand rabin du pays des Francs, dont le nom finit en *ic*, et qui réside   115
en un bourg ou ville appelé *Soissons*.[15] Ce bon rabin dit dans sa

107   MS1: aux supplices
113   MS1, 61G 64, 68, NM: Ah! M.F.
116   MS1: en ick

[15] Berwick Fitz-James, bishop of Soissons, is mentioned also in a later addition to
Le Siècle de Louis XIV: 'nous avons vu de nos jours, en 1754, un évêque (Stuart Fitz-
James, évêque de Soissons) assez courageux' to write a 'mandement, ou plutôt
instruction unique, dans laquelle il est dit expressément ce que nul pontife n'avait
encore osé dire, que tous les hommes, et les infidèles mêmes, sont nos frères' (ch.2,
M, vol.14, p.165). Cf. also *QE*, 'Tolérance', section IV, *M*, vol.20, p.524, and
D15432: 'Plût à Dieu que l'évêque de Soissons Fitz-James vécût encore, lui qui a dit
dans son mandement que nous devons regarder les Turcs mêmes comme nos frères!'
Voltaire received the news (but not the *mandement*) via D'Alembert: 'savez vous que
l'Evêque de Soissons vient de faire un mandement où il prêche ouvertement la
tolérance, et où vous lirez ces mots: *Que la religion ne doit influer en rien dans l'état
civil, si ce n'est pour nous rendre meilleurs citoyens, meilleurs parens, &c., que nous devons
regarder tous les hommes comme nos frères, payens ou chrétiens, hérétiques ou orthodoxes,
sans jamais persécuter pour la religion qui que ce soit, sous quelque prétexte que ce soit*'
(D7247).

pancarte, intitulée *Mandement*, qu'on doit regarder tous les hommes comme frères, et qu'un chrétien doit aimer un Turc. Vive ce bon rabin!

Puissent tous les enfants d'Adam, blancs, rouges, noirs, gris, basanés, barbus ou sans barbe, entiers ou châtrés, penser à jamais comme lui![16] Et que les fanatiques, les superstitieux, les persécuteurs, deviennent hommes! Elevons nos cœurs à l'Eternel!

Mes frères, il est temps de répandre des larmes sur nos trente-sept israélites qu'on a assassinés dans l'acte de foi. Je ne dis pas qu'ils aient tous été brûlés à petit feu. On nous mande qu'il y en a eu trois de fouettés jusqu'à la mort, et deux de renvoyés en prison: reste à trente-deux consumés par les flammes dans ce sacrifice des sauvages.

Quel était leur crime? Point d'autre que celui d'être nés. Leurs pères les engendrèrent dans la religion que leurs aïeux ont professée depuis quatre mille ans. Ils sont nés Israélites; ils ont célébré le Phasé dans leurs caves; et voilà l'unique raison pour laquelle les Portugais les ont brûlés. Nous n'apprenons pas que tous nos frères aient été mangés[17] après avoir été jetés dans le bûcher; mais nous devons le présumer de deux jeunes garçons de quatorze ans qui étaient fort gras, et d'une fille de douze qui avait beaucoup d'embonpoint et qui était très-appétissante.

119 62: comme ses frères
121-22 68: blancs, barbus
123 64: comme lui?
124 K85, K12: l'Eternel.
125 MSI, 61G, 64, 68, NM: M.F., il
126 MSI, 62, 64: brûlés
132 MSI, 61G, 64, 68: 5000 ans.
     62, SD: cinq mille ans.

[16] This sentence seems to be a trial run of the wish Voltaire expressed two years later in the *Traité sur la tolérance*: 'Puissent tous les hommes se souvenir qu'ils sont frères!' (ch.23, *OCV*, vol.56c, p.252).

[17] An echo of this consideration can be found in *Les Questions de Zapata*: 'Quand je rencontrerai des filles juives, dois-je coucher avec elles avant de les faire brûler? Et lorsqu'on les mettra au feu, n'ai-je pas le droit d'en prendre une cuisse ou une fesse pour mon souper avec des filles catholiques?' (*OCV*, vol.62, p.407).

Croiriez-vous que tandis que les flammes dévoraient ces innocentes victimes, les inquisiteurs et les autres sauvages chantaient nos propres prières?[18] Le grand inquisiteur entonna lui-même le makib[19] de notre bon roi David, qui commence par ces mots: *Ayez pitié de moi, ô mon Dieu, selon votre grande miséricorde!*

C'est ainsi que ces monstres impitoyables invoquaient le Dieu de la clémence et de la bonté, le Dieu pardonneur, en commettant le crime le plus atroce et le plus barbare, exerçant une cruauté que les démons dans leur rage ne voudraient pas exercer contre les démons leurs confrères. C'est ainsi que par une contradiction aussi absurde que leur fureur est abominable, ils offrent à Dieu nos makibs (nos psaumes), ils empruntent notre religion même, en nous punissant d'être élevés dans notre religion. Elevons nos cœurs à l'Eternel!

(Ce qui précède peut être regardé comme le premier point du sermon prononcé par le rabin Akib; ce qui suit, comme le second.)

O tigres dévots! panthères fanatiques![20] qui avez un si grand

141 62: nos propres prières.
143 64: *misericorde?*
150 MS1: notre religion,
151 64: l'Eternel?
   K85, K12: l'Eternel.
151b-c MS1: ce qui suit peut être regardé comme le second
    62, 62P, SD: ce qui suit peut être regardé comme le second point
152 64: panthères fanatiques qui

[18] Voltaire comments on the same theme in *Pot-Pourri*, quite pungently and from the opposite point of view: 'il y a un peu de stérilité d'imagination à ne prier Dieu que dans une traduction très-vicieuse de vieux cantiques d'un peuple que nous abhorrons; nous sommes tous juifs à vêpres, comme nous sommes tous païens à l'opéra' (ch.6, ci-dessous, p.549).

[19] This word only occurs in the *Sermon du rabin Akib*.

[20] In later years Voltaire will come back on this same metaphor: 'Le droit de l'intolérance [...] est le droit des tigres; et il est bien plus horrible, car les tigres ne

mépris pour votre secte, que vous pensez ne la pouvoir soutenir
que par des bourreaux! Si vous étiez capables de raison, je vous
interrogerais, je vous demanderais pourquoi vous nous immolez,
nous qui sommes les pères de vos pères? [21]   155

Que pourriez-vous répondre, si je vous disais, Votre Dieu était
de notre religion? Il naquit Juif, [22] il fut circoncis comme tous les
autres Juifs, il reçut de votre aveu le baptême du Juif Jean, lequel
était une antique cérémonie juive, une ablution en usage, une
cérémonie à laquelle nous soumettons nos néophites; il accomplit   160
tous les devoirs de notre antique loi; il vécut Juif, mourut Juif, et
vous nous brûlez parce que nous sommes Juifs.

J'en atteste vos livres mêmes: Jésus a-t-il dit dans un seul endroit

153   MS1: ne pouvoir la soutenir
       68:   de ne la pouvoir soutenir
159   MS1: de Jean
160   MS1: une ancienne cérémonie

---

déchirent que pour manger, et nous nous sommes exterminés pour des paragraphes'
(*Traité sur la tolérance*, ch.6, *OCV*, vol.56c, p.158); 'Nous avons nagé dans le sang
comme des tigres acharnés pendant des siècles' (*Examen important de milord
Bolingbroke*, ch.39, *OCV*, vol.62, p.346). Cf. D10598: 'la religion ne doit pas faire
des tigres'. The association between tigers and panthers comes back in *La Bible enfin
expliquée*, but this time is directed against the Jews; listing the possible reasons that
led David to get rid of Uriah, Voltaire comments: 'Cette excuse serait bonne dans
l'histoire des tigres et des panthères' (*M*, vol.30, p.193n). While contemporary Jews
are the victims of tigers and panthers, biblical Jews are wild animals themselves; a
testimony of such a radically changed point of view can be found in *Un Chrétien
contre six Juifs*, where Voltaire remarks how 'les Juifs [aient] été aussi loups, aussi
panthères, que nous l'avons été dans notre Saint-Barthélemy' (ch.27, *M*, vol.29,
p.526).
[21] This concept highlights what Voltaire wrote in his English notebooks: 'When I
see Christians, cursing Jews, methinks I see children beating their fathers' (*Small
Leningrad notebook*, *OCV*, vol.81, p.51). Cf. D11261: 'Il est bon de connaître les juifs
tels qu'ils sont et de voir de quels pères les chrétiens descendent.'
[22] Voltaire allegedly received this idea in England, as witnessed by his Leningrad
notebook: 'Madame Acosta dit en ma presence à un abbé qui voulait la faire
chrétienne, votre dieu, est il né juif? Oui. A-t-il vécu juif? Oui. Est-il mort juif? Oui.
Eh bien soyez donc juif' (*OCV*, vol.81, p.365).

que la loi de Moïse était mauvaise ou fausse? L'a-t-il abrogée? Ses
premiers disciples ne furent-ils pas circoncis?²³ Pierre ne s'ab- 165
stenait-il pas des viandes défendues par notre loi, lorsqu'il
mangeait avec les Israélites?²⁴ Paul étant apôtre ne circoncit-il
pas lui-même quelques-uns de ses disciples? Ce Paul n'alla-t-il pas
sacrifier dans notre temple,²⁵ selon vos propres écrits? Qu'étiez-
vous autre chose dans le commencement qu'une partie de nous- 170
mêmes, qui s'en est séparée avec le temps?

Enfants dénaturés, nous sommes vos pères, nous sommes les
pères des musulmans. Une mère²⁶ respectable et malheureuse a eu
deux filles, et ces deux filles l'ont chassée de la maison; et vous nous
reprochez de ne plus habiter cette maison détruite? Vous nous 175
faites un crime de notre infortune, vous nous en punissez. Mais ces
Parsis, ces mages, plus anciens que nous, ces premiers Persans, qui
furent autrefois nos vainqueurs et nos maîtres, et qui nous
apprirent à lire et à écrire, ne sont-ils pas dispersés comme nous
sur la terre? Les Banians,²⁷ plus anciens que les Parsis, ne sont-ils 180

168   MS I: Saul
169   MS I: Ce Saul
174   MS I: malheureuse et respectable
176   62: maison détruite!

²³ Of course all of the apostles were Jews, and therefore circumcised; and St Paul
himself quite proudly proclaims it in Philippians 3:4-5. The circumcision of new
disciples was a key issue in early Christianity; a solution was found in 1 Corinthians
7:18: 'Circumcisus aliquis vocatus est? Non adducat praeputium. In praeputio aliquis
vocatus est? Non circumcidatur.'

²⁴ Also this controversial issue is solved in early Christianity, as witnessed by Acts
of the apostles 10:11-15.

²⁵ Acts of the apostles 21:26.

²⁶ 'Jewish relligion is mother of Christyanity, and grand mother of the
mahometism' (Small Leningrad notebook, OCV, vol.81, p.51). For the influence of
Swift and Montesquieu on this idea, see the Introduction.

²⁷ The whole 19th chapter of Un Chrétien contre six Juifs aims to show that the
Jews are not 'les seuls des anciens peuples [...] qu'ils triomphent des siècles' (M,
vol.29, p.518); 'les Parsis' are quoted as an evidence that 'tous les peuples qui existent
triomphent des siècles' (p.519). In 1756 Voltaire drew already the same parallel as in

pas épars sur les frontières des Indes, de la Perse, de la Tartarie, sans jamais se confondre avec aucune nation, sans épouser jamais de femmes étrangères? Que dis-je! vos chrétiens, gens vivant paisiblement sous le joug du grand padisha[28] des Turcs, épousent-ils jamais des musulmanes ou des filles du rite latin? Quels avantages prétendez-vous donc tirer de ce que nous vivons parmi les nations sans nous incorporer à elles?

Votre démence va jusqu'à dire que nous ne sommes dispersés que parce que nos pères condamnèrent au supplice celui que vous adorez. Ignorants que vous êtes! pouviez-vous ne pas voir qu'il ne fut condamné que par les Romains? Nous n'avions point alors le droit de glaive; nous étions gouvernés alors par Quirinus, par Varus, par Pilatus; car, Dieu merci, nous avons presque toujours été esclaves.[29] Le supplice de la croix était inusité chez nous. Vous ne trouverez pas dans nos histoires un seul exemple d'un homme crucifié, ni la moindre trace de ce châtiment. Cessez donc de persécuter une nation entière pour un événement dont elle ne peut être responsable.

Je ne veux que vos propres livres pour vous confondre. Vous

184   62, 62P, SD: vos chrétiens grecs
185   62, 64, NM, W68, W70L, W71: padicha
186-87 62: Quel avantage
191   64: que vous êtes?
196-97 MS1: de gens qui ait été crucifié

the *Sermon*: 'Les Guèbres, les Banians et les Juifs, sont les seuls peuples qui subsistent dispersés, et qui, n'ayant d'alliance avec aucune nation, se perpétuent au milieu des nations étrangères, et soient toujours à part du reste du monde' (*QE*, 'Juifs', section première, *M*, vol.19, p.512). Cf. also *La Philosophie de l'histoire*, ch.42, *OCV*, vol.59, p.235; *Examen important de milord Bolingbroke*, ch.27, *OCV*, vol.62, p.286; *Un Chrétien contre six Juifs*, ch.19, *M*, vol.29, p.549.

[28] This is another word that makes the *Sermon* a semantically characteristic work. The only other occurrence of it in the whole Voltairean corpus is in the article 'Grand, Grandeur' written for the *Encyclopédie*, *OCV*, vol.33, p.140.

[29] To Voltaire, Jews' enslavement proved the unreliability of their alliance with God: 'Vous avez été presque toujours esclaves. Promettre et tenir sont deux, mes pauvres Juifs' (*DP*, 'Judée', *OCV*, vol.36, p.265).

avouez que Jésus appelait publiquement nos pharisiens et nos 200
prêtres, *races de vipères, sépulcres blanchis.* Si quelqu'un parmi nous
allait continuellement par les rues de Rome appeler le pape et les
cardinaux, *vipères et sépulcres*,[30] le souffrirait-on? Les pharisiens, il
est vrai, dénoncèrent Jésus au gouverneur romain, qui le fit périr du
supplice usité chez les Romains. Est-ce une raison pour brûler des 205
négociants Juifs et leurs filles dans Lisbonne?

Je sais que les barbares, pour colorer leur cruauté, nous accusent
d'avoir pu connaître la divinité de Jésus-Christ, et de ne l'avoir pas
connue. J'en appelle aux savants de l'Europe, car il y en a quelques-
uns: Jésus dans leur évangile s'appelle quelquefois *Fils de Dieu, Fils* 210
de l'homme, mais jamais Dieu; jamais Paul ne lui a donné ce titre.

Fils de l'homme est une expression très-ordinaire dans notre
langue. Fils de Dieu signifie *homme juste*, comme *Bélial* signifie
méchant.[31] Pendant 300 ans Jésus fut bien reçu par les chrétiens

210   62: aux sages de
211-12   MS1: fils de Dieu, fils de l'homme, mais jamais Dieu, jamais Saul ne lui
         62: fils de Dieu, jamais Paul même ne lui
         62P, SD: fils de Dieu, fils de l'homme, mais jamais Dieu, jamais Paul
         meme ne lui
214   62P, SD: comme fils de Bélial
215   62, K84, K85, K12: trois cents ans
215   62: fut reconnu par

[30] The joint quotation of these four different passages from the Gospels (Matthew
3:7, Matthew 12:34, Matthew 23:33 and Matthew 23:27) becomes a rhetorical device
throughout Voltaire's works in the 1760s: *Examen important de milord Bolingbroke*,
ch.11, *OCV*, vol.62, p.214; *Homélies prononcées à Londres*, quatrième homélie, *OCV*,
vol.62, p.484; *Dieu et les hommes*, ch.32, *OCV*, vol.69, p.419; *De la paix perpétuelle*,
ch.17, *M*, vol.28, p.118. It comes back again in two of Voltaire's biggest religious
works of the 1770s: *La Bible enfin expliquée*, *M*, vol.30, p.295, and *Histoire de
l'établissement du christianisme*, ch.6, quatorzième doute, *M*, vol.31, p.63.

[31] Voltaire exposed this very justification already in his first draft of the *Essai sur
les mœurs* as an interpretation of the English anabaptists: 'Les plus savant d'entre eux
prétendaient que le terme de *fils de Dieu* ne signifie chez les Hébreux qu'*homme de
bien*, comme *fils de Satan* ou de *Bélial* ne veut dire que *méchant homme*.' Cf. *DP*,
'Messie', *OCV*, vol.36, p.359-60: *Traité sur la tolérance*, ch.14, *OCV*, vol.56C, p.224;

comme médiateur envoyé de Dieu, comme la plus parfaite des   215
creatures. Ce ne fut qu'au concile de Nicée que la majorité des
évêques constata sa divinité, malgré les oppositions des trois quarts
de l'empire. Si donc les chrétiens eux-mêmes ont nié si longtemps
sa divinité, s'il y a même encore des sociétés chrétiennes qui la
nient, par quel étrange renversement d'esprit peut-on nous punir   220
de la méconnaître? Elevons nos cœurs à l'Eternel!

Nous ne récriminons point ici contre plusieurs sectes de
chrétiens: nous laissons les reproches qu'elles se font les unes
aux autres d'avoir falsifié tant de livres et de passages, d'avoir
supposé des oracles de sibylles, [32] des lettres de Jesus, des lettres de   225
Pilate, des lettres de Sénèque à Paul, et d'avoir forgé tant de
miracles: leurs sectes se font sur toutes ces prévarications plus de
reproches que nous ne pourrions leur en faire.

Je me borne à une seule question que je leur ferai. Si quelqu'un,
sortant d'un *auto-da-fé*, me dit qu'il est chrétien, je lui demanderai en   230
quoi il peut l'être? Jésus n'a jamais pratiqué ni fait pratiquer la

216-17   MS1: parfaite créature
221   K85, K12: l'Eternel.
224   MS1: mais laissons
225   62: et tant de passages
226-27   MS1, 61G, 62, 62P, SD, 64, 68: des oracles de sibylles, d'avoir forgé
        NM: des oracles de sibylles, des lettres de Jesus, des lettres de Pilate,
        d'avoir forgé

Catéchisme de l'honnête homme, M, vol.24, p.530; *Dieu et les hommes*, ch.34, *OCV*,
vol.69, p.430-31; *De la paix perpétuelle*, ch.17, M, vol.28, p.118; *Histoire de
l'établissement du christianisme*, ch.9, M, vol.31, p.71.
[32] These oracles are mentioned for the first time in the *Sermon des cinquante*,
troisième point, *OCV*, vol.49A, p.131. The *Traité sur la tolérance* mentions 'les vers
acrostiches des sibylles qui prédisaient les miracles de Jésus-Christ' (ch.9, *OCV*,
vol.56c, p.179), quoted also in *Catéchisme de l'honnête homme*, M, vol.24, p.532. Cf.
Philosophie de l'histoire, ch.32, *OCV*, vol.59, p.197; *Examen important de milord
Bolingbroke*, ch.15, *OCV*, vol.62, p.240; *Les Questions de Zapata*, *OCV*, vol.62,
p.404; *Le Dîner du comte de Boulainvilliers*, second entretien, *OCV*, vol.63A, p.375;
Histoire de l'établissement du christianisme, ch.12, M, vol.31, p.79.

confession auriculaire; sa Pâque n'est certainement point celle d'un Portugais. Trouve-t-on l'extrême-onction, l'ordre, etc., dans l'Evangile? Il n'institua ni cardinaux, ni pape, ni dominicains, ni promoteurs, ni inquisiteurs; il ne fit brûler personne; il ne recom-   235
manda que l'observation de la loi, l'amour de Dieu et du prochain, à l'exemple de nos prophètes. S'il reparaissait aujourd'hui au monde, se reconnaîtrait-il dans un seul de ceux qui se nomment chrétiens?

Nos ennemis nous font aujourd'hui un crime d'avoir volé les Egyptiens, d'avoir égorgé plusieurs petites nations dans les bourgs   240
dont nous nous emparâmes, d'avoir été d'infâmes usuriers, d'avoir aussi immolé des hommes, d'en avoir même mangé, comme dit Ezéchiel. Nous avons été un peuple barbare, superstitieux, ignorant, absurde, je l'avoue; mais serait-il juste d'aller aujourd'hui brûler le pape et tous les monsignori[33] de Rome, parce que les premiers   245
Romains enlevèrent les Sabines, et dépouillèrent les Samnites?

Que les prévaricateurs, qui dans leur propre loi ont besoin de tant d'indulgence, cessent donc de persécuter, d'exterminer ceux qui comme hommes sont leurs frères, et qui comme Juifs sont leurs pères. Que chacun serve Dieu dans la religion où il est né,[34] sans   250

233   MS1, 61G, 62, 62P, SD, 64, 68: la Pâque
233   MS1: pas celle
235   MS1: ni papes
235-36   MS1, 61G, 68, NM: ni dominicains, ni curés, ni inquisiteurs
         62, 62P, SD: ni dominicains, ni inquisiteurs
243   MS1: comme vis [?]
         62, SD: comme le dit
250   MS1: cessent de
250-51   MS1, 62, 64, NM: leurs pères.¶ Que

[33] The only other occurrence of this Italian word is in the 'Discours' published in 1731 at the beginning of the *Histoire de Charles XII*. It has to be noticed that also in this case, thirty years before the *Sermon du rabin Akib*, Voltaire speaks of the Roman clergy comparing them to the ancient Romans: 'Les Anglais ne ressemblent pas plus aux fanatiques de Cromwell, que les moines et les monsignori, dont Rome est peuplée, ressemblent aux Scipions' (*OCV*, vol.4, p.155).

[34] It has to be noticed that, after giving this advice disguised as a rabbi, Voltaire reasserted the same concept in answer to Isaac de Pinto on 21 July 1762: 'Restez juifs,

vouloir arracher le cœur à son voisin par des disputes où personne
ne s'entend. Que chacun serve son prince et sa patrie, sans jamais
employer le prétexte d'obéir à Dieu pour désobéir aux lois. O
Adonaï,[35] qui nous as créés tous, qui ne veux pas le malheur de tes
créatures! Dieu, père commun, Dieu de miséricorde, fais qu'il n'y   255
ait plus sur ce petit globe, sur ce moindre de tes mondes, ni
fanatiques, ni persécuteurs! Elevons nos cœurs à l'Eternel! *Amen*.[36]

253   MS1, 62, 64, NM: s'entend.¶ Que
254-55   MS1: O Adonaï qui ne veux
258   62, 64, K85, K12: L'Eternel. Amen.

---

puisque vous l'êtes, vous n'égorgerez point quarante-deux mille hommes pour
n'avoir pas bien prononcé shibboleth, ni vingt-quatre mille pour avoir couché avec
des Madianites; mais soyez philosophe, c'est tout ce que je peux vous souhaiter de
mieux dans cette courte vie' (D10600).

[35] 'Ne sait-on pas que jusqu'au nom d'Adonaï, d'Idaho, d'Eloï, ou Eloa, qui
signifia Dieu chez la nation juive, tout était phénicien?' (*DP*, 'Moïse', *OCV*, vol.36,
p.395). The same idea can be found in *La Philosophie de l'histoire*, ch.13, *OCV*,
vol.59, p.135, and *Sermon des cinquante*, premier point, *OCV*, vol.49A, p.82. This
might suggest that Voltaire was not completely naive in the choice of this name for
rabbi Akib's conclusive prayer, implying maybe than even when disguised as a Jew
he could not help thinking of the historical truth about Hebrew traditions borrowed
from other more ancient and powerful peoples. It has also to be noticed that 'Adonai'
is the word that can be spoken aloud when a Jew finds the tetragram 'YHWH' in the
biblical text, so it is completely likely that a rabbi used it; actually, also in *Saül*
Voltaire lets a Jewish caracHter, Betsheba, exclaim: 'Par Adonaï, tu es un charmant
prophète' (act 4, scene 5, *OCV*, vol.56A, p.523).

[36] Voltaire recalls this very ending in a letter to Damilaville on 26 January 1762
(D10284). The concluding 'Amen' appears as the very last word of the MS1 version of
the *Sermon des cinquante*, but not in the printed versions earlier than K84. It might
then be that the 'Amen' at the end of the *Sermon du rabin Akib* is in fact the first
occurrence of such an ending, quite common in Voltaire's later works: cf. *Lettre de
Charles Goujou à ses frères*, *M*, vol.24, p.259; Voltaire's last footnote to the *Examen
important de milord Bolingbroke*, *OCV*, vol.62, p.352n, and his last footnote to *La
Prophétie de la Sorbonne de l'an 1530* (*OCV*, vol.67, p.74n: 'Amen!'). Cf. also D11213,
D11580, D13336, and D14991. As well as starting with the invocation 'mes frères',
Voltaire used to end his letters with an 'Amen' until 1768. A significant variation on
the theme can be found at the end of *L'A.B.C.*: 'Amen. Allons boire, nous réjouir, et
bénir le grand Etre' (*M*, vol.27, p.400).

APPENDIX

Text of the translation from English published in the *Journal encyclopédique*, 15 July 1762

Sermon du Rabin Akib, prononcé à Smyrne, le 26 Novembre, 1761: traduction de l'Hébreu. A Londres, 1762

On trouve quelquefois dans les journaux anglais des morceaux originaux qui cependant se ressentent trop de l'extrême licence des presses, et nous sommes obligé d'en priver nos lecteurs: le sermon du Rabin Akib devrait avoir le meme sort; mais il nous semble qu'avec quelques sages réticences, nous pouvons en donner la traduction. Nous prévenons nos juges; cependant, pour pouvoir prononcer, il faudrait qu'ils eussent aussi sous les yeux les morceaux que nous croyons devoir supprimer; qu'ils daignent donc s'en rapporter à notre prudence. Voici ce sermon.

MES CHERS FRERES,

Nous venons de recevoir la triste nouvelle du sacrifice de 42 victimes humaines, que les *Sauvages* de Lisbonne ont fait exécuter en public au mois d'*Etanim*, l'an de la ruine de Jérusalem 1691. Mes frères, ce ne sont point des actes de charité. *Elevons nos cœurs vers l'Eternel.* (*a*)

Dans cette horrible cérémonie que les sauvages portugais appellent *Auto da Fé*, on a brûlé deux musulmans, trois moines, et trent-sept de nos malheureux frères. Nous n'avons point encore vu d'autre relation authentique de cette funeste tragédie, que celle qui est intitulée: *Sentence des Inquisiteurs contre le Père Malagrida, Jésuite.* Le reste ne nous est connue que par les lettres lamentables qu'ont écrites nos frères d'Espagne.

Hélas! on apperçoit, à la seule lecture de cette *affreuse* sentence, à quelle dépravation le ciel a livré le plus grand nombre des nations européens. Malagrida fut accusé d'avoir trempé dans l'assassinat du roi de Portugal. Le Conseil supreme de Justice, établi par ce prince, avait

(*a*) Phrase éjaculatoire usitée dans les sermons des Rabbins.

déclaré ce jésuite atteint et convaincu d'avoir exhorté les assassins au nom de Dieu, à tirer vengeance des entreprises que le Roi fallait contr'eux; et de leur avoir dit en confession, que d'ôter la vie à leur Souverain, ce n'était pas seulement un péché veniel. Dans quelle contrée de la terre un homme accusé d'un tel crime, n'est-il point confronté avec ses complices, jugé dans les formes ordinaires, et ensuite condamné selon les lois? Qui le croirait, mes frères? Le Roi de Portugal n'a pas le droit de condamner par ses juges un moine coupable de régicide. Il est obligé de le livrer entre les mains des Inquisiteurs, qui disent ne prendre connoissance et ne punir que des crimes qui se commettent contre Dieu, comme s'il y en avait de plus grand contre la majesté divine que le meurtre d'un roi. Qu'ont fait les Inquisiteurs, mes frères? Ils n'ont point interrogé Malagrida au sujet de la trahison qu'il avait fomentée: *c'est*, disent-ils, *une legère faute absorbée dans l'immensité des crimes contre la divine majesté*. Ils ont condamné Malagrida, parce qu'il a dit qu'une femme nommée Anne, *avait été sanctifiée dans le sein de sa mère; que sa fille lui parlait avant qu'elle vînt au monde; qui Marie reçut plusieurs visites de l'Ange Gabriel: qu'il y aurait trois Antechrists dont le dernier naîtroit à Milan; et que lui Malagrida était un Jean-Baptiste.*

Ah, mes frères, si le Jésuite Malagrida avait été livré seul aux flammes dans Lisbonne, cela ne mériterait pas que j'en parlasse dans ce temple; peu nous importe que des moines aient fait brûler un autre Moine: leur histoire est remplie de ces traits barbares, et le savant chapelain du consul françois qui réside à Smyrne, compte quatre-vingt quatorze rois, empereurs, ou princes qui ont péri par la main de ces derviches.

Les sauvages portugais ont encore réduit en cendres le corps de deux autres moines dont je ne connais ni les noms ni les crimes. Dieu veuille recevoir leur âme! Ils ont aussi fait griller deux musulmans. Vous savez pourtant que lorsque les musulmans conquirent l'Espagne, ils ne contraignirent personne à changer de religion; qu'ils traiterent les vaincus avec humanité, et qu'ils ne nous persécuterent point, nous autres Israélites: vous êtes témoins de la douceur que montrent les Turcs à l'égard des chrétiens, grecs, nestoriens, papistes; ils souffrent avec bonté les disciples de Jean, ceux des Anciens Perses, qui adoraient le feu, et nous les humbles Serviteurs de Moïse. Cet exemple d'humanité n'a pu adoucir le cœur des sauvages qui habitent le petit canton qu'on nomme le Portugal. Ils ont fait mourir, dans de cruelles tortures, deux musulmans, parce que leurs pères et leurs grand pères avaient un peu moins de peau dans certain endroit, que n'en ont les Portugais; parce qu'ils se baignent trois fois par jour, et que les Portugais ne se baignent qu'une fois la semaine; parce qu'ils appellent le Dieu éternel *Allah*, et que les Portugais l'appellent *Dios*; parce qu'ils portent les pouces à leurs oreilles pour prier Dieu, et que les Portugais se mettent à genoux. Ah, mes chers frères! quelles raisons pour précipiter des hommes dans les flammes!

Le chapelain du consul m'a fait voir une pancarte d'un grand rabin; ... Il dit que tous les hommes doivent se regarder les uns les autres comme frères, et qu'un chrétien doit aimer un Turc. Dieu bénisse ce bon Rabin! Puissent tous les enfants d'Adam, gris, noirs, blancs, rouges, olivâtres, rasés, ou portant barbe, penser à jamais comme lui! *Elevons nos cœurs vers l'Eternel!*

Mais il est tems de faire couler vos larmes sur le sort déplorable des 37 Israélites brûlés vifs à l'*Auto da Fé*. Quel était leur crime? Nul autre que celui d'être nés. Leurs pères leur avaient enseigné une religion que professaient leurs grands-pères depuis 5000 ans; ils étaient Israélites; ils célébraient leurs nouvelles lunes; voilà ce qui les a conduit au supplice...... Imagineriez-vous jamais que faisaient les Inquisiteurs, pendant que les flammes dévoraient ces innocentes victimes? Ils chantaient le *Makib* de notre bon Roi David, qui commence par ces mots: *Ayez pitié de moi, Seigneur, selon votre grande miséricorde:* c'est ainsi qu'ils invoquent le Dieu de la clémence, en commettant le crime le plus atroce. Tigres altérés de notre sang, que répondriez-vous si je vous disais que le votre Dieu etait né parmi nous... *Les Portugais pourraient répondre à ce rabin inconsidéré que ses frères les Juifs sont infiniment plus sauvages et plus barbares qu'eux, puisqu'ils ont eu l'indignité d'accabler d'opprobres le fils de Dieu, et de répadre ensuite son sang dans le plus affreux supplice: on pourrait encore dire à ce rabin si bien instruit, qu'il persuade donc à ses frères qu'il ont très grand tort d'attendre le Messie: que jamais personne ne fut plus inconséquent que lui, et que quand on veut s'aviser de critiquer la conduite des autres, il faut du moins avoir le sens commun. Reprenons encore quelques morceaux de ce sermon.*

Enfants dénaturés, nous sommes vos pères, nous sommes les pères des musulmans. Une mère respectable et malheureuse eut deux filles, et ces deux filles l'ont chassé de la maison: pouvez vous nous reprocher de n'y plus habiter? On nous voit errants et dispersés; il ne nous est point permis de contracter des mariages avec d'autres peuples; c'est, dites vous, une preuve de la malédiction répandue sur nos seuls? Mais les sectateurs de la doctrine des Mages, les Banians, les descendants de ces anciens Perses qui furent nos maîtres et nos conquérants, ne sont-ils point tous également dispersés dans les Indes, dans la Chine, dans la Tartarie? Les chrétiens qui vivent sous la domination du grand *Padiscah* (le Grand Seigneur) osent-ils épouser des mahométanes? Vous nous accusez d'avoir volé les Egyptiens, d'avoir égorgé de petites nations, après nous être emparés de leurs villes; d'avoir été d'infâmes usuriers, &c. &c. Nous avouons que nos ancetres étaient barbares, superstitieux, ignorants; mais serait-il juste de brûler aujourd'hui tous ceux qui habitent Rome, parceque les Romains enlevèrent autrefois les Sabines, et saccagèrent le territoire des Samnites?

Cessez donc de nous persécuter; laissez tout homme servir Dieu dans la religion que lui ont enseignée ses pères. Que chacun soit fidèle à son roi, à sa patrie, et que jamais il n'emploie l'obéissance qu'exige le Souverain Etre comme un prétexte pour desobéir aux loix. O *Adonai*, Créateur de tout ce qui existe; toi qui ne veux point le malheur de tes créatures! o Dieu, notre père comun, Dieu rempli de miséricorde, accorde-nous qu'ici bas, dans le plus petit des mondes que tu as formé, il n'y ait plus ni fanatiques ni persécuteurs! *Elevez vos cœurs vers l'Eternel.* AMEN.

S'il est permis à un rabin de prêcher la tolérance, que ce ne soit du moins que dans la sinagogue, où tout ce qu'il ose avancer, est regardé comme un oracle; mais son sentiment ne fera pas fortune dans le monde chrétien: il est certain que la tolérance tend à la destruction de la vraie religion, ou du moins de celle qui est la dominante.

Pot-pourri

Edition critique

par

Jacqueline Hellegouarc'h

TABLE DES MATIÈRES

INTRODUCTION

'Pot-pourri,' dit Littré, 'morceau littéraire où l'on traite divers sujets en ramenant de temps en temps celui qui commençait.' La définition convient parfaitement ici, et cela n'a rien d'étonnant, puisque Littré se réfère expressément à Voltaire ... A l'origine et au sens propre, il y a évidemment l''olla podrida' des espagnols, mélange de viandes et de légumes. Ici le mélange a pour base l'histoire de Polichinelle,[1] c'est à dire de Jésus; mais elle occupe à peine un tiers du texte. Plusieurs chapitres se terminent par 'etc.'; et rien n'obligeait l'auteur à s'arrêter après seize chapitres. C'est une des originalités de ce pamphlet; il pourrait être indéfiniment extensible.

Le sujet est complexe; le texte aussi. Deux chapitres entiers, qui ne figurent pas dans les éditions parues du vivant de Voltaire, subsistent dans les manuscrits de la Bibliothèque nationale, et chacun y figure deux fois. Nous avons en effet deux manuscrits: N.a.fr. 14301, et N.a.fr. 24342. Le premier fait partie des documents adressés par Decroix[2] à Beuchot en vue d'une réimpression de l'édition de Kehl, qu'il espéra mener à bien pendant de longues années. La correspondance de Decroix avec Wagnière et Ruault, dispersée dans trois volumes de manuscrits à la Bibliothèque nationale (F.fr. 12937, feuillet 541 et suiv.; 12940, f.399 et suiv.;

---

[1] Un volume de 1778 présente, relié avec le *Traité sur la tolérance* de 1762, une *Lettre de Polichinelle à M. de Voltaire, du 20 mai 1778* (s.l., Impr. de l'Académie et aux dépens du public, [1778]; in-8°, 18 p.), ainsi qu'un *Testament politique de M. de V....* La *Lettre de Polichinelle* est une épître en octosyllabes, plus grossière que méchante, sans allusion précise à Jésus, mais citant Comus, Bienfait et Brioché.

Le nom de pot-pourri est donné, sans qu'il ait le moindre rapport avec notre texte, à un grand nombre de volumes renfermant des textes variés qui figurent dans la bibliothèque de Voltaire à St Petersbourg (Catalogue publié par l'Académie des Sciences de l'URSS en 1961 [BV]).

[2] Voir J. Marchand, 'Un voltairien passionné, Jacques-Joseph-Marie Decroix', *Revue d'histoire littéraire de la France* 77 (mars-avril 1977), p.187-205.

N.a.fr. 12139, f.419 et suiv.), ainsi que la correspondance de Wagnière avec Ruault et Beaumarchais (F.fr. 12940, f.397 et 401), prouve qu'au moment où les éditeurs de Kehl réunissaient publications et manuscrits, Decroix, qui était allé à Ferney en 1777 avec Panckoucke (le jour de la St François) avait cherché à servir d'intermédiaire entre Wagnière et Beaumarchais; mais Beaumarchais ne voulut pas payer à Wagnière le prix qu'il demandait pour les manuscrits en sa possession. La correspondance est interrompue – ou perdue – entre Decroix et Ruault, de juin 1789 à octobre 1805. A cette date, Wagnière est mort, et Decroix, qui a conservé la liste des manuscrits que Wagnière détenait, cherche à les obtenir de sa veuve. Il est certain qu'il y a réussi, puisque le chapitre VI bis (ou VII) sur Rousseau, a été publié par lui dans l'édition Lefèvre et Déterville en 1818. C'est le feuillet 94 du manuscrit 14301.

Un autre texte de ce manuscrit, feuillet 87, intitulé 'Tolérance, section première', ne comporte aucune mention qui puisse le rattacher au *Pot-pourri*, et nous ignorerions qu'il lui était destiné sans le second manuscrit, N.a.fr. 24342, qui est de la main de Wagnière. Dans ce manuscrit en effet, le texte intitulé 'De la tolérance, section première', et qui est, à quelques détails près, celui du manuscrit Decroix-Beuchot, porte en marge, à gauche, la mention 'pour l'hist. de brioché-polichin.', et à droite, sous le titre: 'tome 32 p.82, après d'Appenzel à Milan'. Ce qui permet de comprendre que le texte en question remplace la fin du chapitre III (après d'Appenzel à Milan), et tout le chapitre IV (Feu M. Du Marsais...), puisqu'après la dernière phrase du chapitre sur la tolérance (la liberté de conscience) le manuscrit 24342 donne le texte – le seul texte manuscrit – des chapitres V ('Il n'y a pas longtemps que le chevalier Roginante') et VI ('Je contais ces choses, il y a quelques jours'). A la suite du chapitre VI, et en indiquant le raccord ('après enchaînent d'autres fous'), le manuscrit Wagnière 24342 donne, sous le nom de chapitre 3, le chapitre que le manuscrit Beuchot 14301 appelle chapitre VII, et qui contient, avec quelques variantes, le chapitre sur Rousseau publié par Decroix en 1818. Quant au texte sur la tolérance, il a été imprimé pour la première fois par M. Ira O. Wade en 1958, sous le titre *The Search for a new Voltaire*, d'après les microfilms du manuscrit Wagnière (coll. Ricci) qui sont à l'American Philosophical Society.

Le *Pot-pourri* a été rangé dans les Mélanges (éd. princeps 1765), dans les romans (éd. in 4°) 1771 et toutes les éditions qui l'ont copiée (éd. encadrée 1775); dans les Facéties (éd. de Kehl). Le genre est aussi incertain que le sujet; c'est bien un pot-pourri.

L'ouvrage a paru pour le première fois dans le 3e volume des *Mélanges* de 1765. Ce volume date certainement de la fin de l'année, ou même des débuts de 1766. On y trouve, au milieu de nombreux textes plus courts, celui d'*Adélaïde Du Guesclin*, avec mention de la reprise du 9 septembre 1765. Le 16 octobre 1765 (D12939) Voltaire adresse à Mme Du Deffand 'quelques feuilles imprimées', une épreuve de la *Lettre sur Mlle de Lenclos* qui figurera dans le volume; et il écrit à Damilaville, le 25 décembre: 'Comment voulez-vous que Mme Du Deffant ait ces mélanges dont vous me parlez, puisqu'ils ne sont pas encore achevés d'imprimer? Il est vrai que Mme Du Deffant a une Lettre sur Mlle de Lenclos; c'est une épreuve du 3e volume dont j'ai cru pouvoir la régaler.' Le volume est augmenté d'un Supplément qui contient l'*Epître à Henri IV*: cette épître, dont il est plusieurs fois question dans la correspondance en janvier 1766, a pour sujet les prières faites par les parisiens pour la santé du dauphin, fils de Louis XV, au pied de la statue de Henri IV, prières qui ont ému Voltaire, malgré leur inefficacité; le dauphin est mort le 20 décembre 1765; l'épître ne peut être que postérieure. On peut penser que le volume était prêt à sortir des presses en décembre, et qu'il fut retardé jusqu'en janvier; car il ne semble pas qu'une première édition ait paru sans le supplément.

En aôut 1765, Voltaire corrigeait les épreuves du *Pot-pourri*, comme le montre une lettre à Gabriel Cramer (D12850): 'M. Caro est supplié d'envoyer l'épreuve de Polichinelle'. Cela montre que le 'beau désordre' du *Pot-pourri* n'a rien d'une improvisation; mais on n'en peut rien conclure sur le temps qui sépare la rédaction de la publication. Bengesco pense que Voltaire a écrit le *Pot-pourri* 'quelques mois' avant de le publier. Mais Jean Varloot[3] fait remarquer que le chapitre consacré à l'*Emile* de Rousseau (ch.VI bis, VII dans les éditions postérieures à 1818) ne peut guère avoir été écrit qu'en 1762, au moment même de la parution et de la condamnation de l'*Emile*, et il pense que l'ensemble du *Pot-pourri* est antérieur à ce chapitre. Cela paraît vraisemblable car les deux copies que nous avons du chapitre, l'une de Wagnière, l'autre de l'équipe Decroix montrent l'une et l'autre que le copiste connaissait l'ensemble de l'ouvrage. D'autres détails invitent aussi à penser qu'on peut reculer la rédaction du *Pot-pourri* jusqu'en 1761 ou 1762: l'épisode des jésuites trafiquants de drogues, qui est de 1760; l'*Extrait de la Gazette de Londres*, qui est censé être du 20 février 1762; le fait que le *Pot-pourri*, qui parle beaucoup des jésuites, ne fait pas état du décret d'expulsion de 1764. S'il faut adopter une date plus reculée que la date traditionnelle de 1765, l'opposition entre le *Dialogue du douteur et de l'adorateur* (1763), où Jésus est présenté comme le frère de tous les hommes, et le *Pot-pourri* où il est grossièrement caricaturé, perd de son intérêt. En fait Voltaire adopte l'une ou l'autre attitude selon son impulsion du moment. Du reste, on s'explique assez bien que Voltaire, en 1762, ayant blâmé la condamnation de l'*Emile*, ait écrit un chapitre somme toute assez favorable à Rousseau, et qu'il l'ait supprimé ensuite, lors de la publication du *Pot-pourri*: toute la correspondance de 1765 est pleine de récriminations contre Rousseau. L'année suivante, il est vrai, Voltaire fait figurer la *Profession de foi du vicaire savoyard* dans le *Recueil nécessaire*; il a toujours fait cas de ce texte, même quand ses rapports avec l'auteur se sont définitivement altérés. Le chapitre VI bis (VII) n'en est pas moins, en 1765, hors de saison.

Les *Mémoires secrets*, à la date du 27 septembre 1765, attribuent à Voltaire un ouvrage 'formidable', intitulé: 'Dénonciation de Jesus-

---

[3] Jean Varloot, *Romans et contes de Voltaire* (Paris, 1959), t.1, p.387, note 2.

Christ et de l'ancien et du nouveau testament, à toutes les puissances de l'Europe'. Attribution vivement démentie par Wagnière[4] de même que celle d'une *Passion de Jésus-Christ* et quatre dialogues en vers (p.261) citée par les *Mémoires secrets* le 30 juillet 1767.

A part les fragments ci-dessus mentionnés, et qu'on trouvera dans les variantes, il n'y a pas de manuscrit du *Pot-pourri*. S'il en a existé une édition séparée, elle ne daterait que de 1772, et elle est perdue.[5]

Editions

De plus amples informations sur les éditions collectives se trouvent ci-dessous, p.565-74.

NM

T.3, p.33-54 (1765).
Edition princeps.

W68

T.13, p.231-45 (1771).
Le *Pot-pourri* figure ici entre *Candide* et l'*Ingénu*.

W70L

T.25, p.1-24 (1772).
Le *Pot-pourri* ouvre ici un volume de *Mélanges* qui contient des romans.

[4] Longchamp et Wagnière, éd. commentée des *Mémoires secrets*, dans *Mémoires sur Voltaire et sur ses ouvrages* (Paris, 1826), t.1, p.238.

[5] 'Un catalogue des ouvrages de M. de Voltaire, ou qui lui sont attribués, joint à un exemplaire des *Lois de Minos*, indique de cet opuscule une édition (séparée?) de 1772, in 8°' (note de Bengesco).

W71L

T.17, p.261-77 (1774).

W72P

T.24, p.395-422.

Le *Pot-pourri* est au tome 1 des romans, entre *La Princesse de Babylone* et *Le Songe de Platon*.

R75

T.1, p.352-68.

W75G

T.32, p.81-98.

Texte de base, qui est d'ailleurs identique à celui des éditions précédentes, à quelques détails de ponctuation et d'orthographe près.

K84

T.46, p.293-313.

Traitement du texte de base

On a conservé les italiques du texte de base, sauf dans les cas suivants: on imprime en romain les noms propres de personnes, et les noms de famille, les citations en langues modernes, et le discours direct. On a également respecté la ponctuation du texte de base. Par ailleurs le texte de base a fait l'objet d'une modernisation portant sur la graphie, l'accentuation et la grammaire.

POT-POURRI

I[1]

Brioché fut le père de Polichinelle, non pas son propre père, mais père de génie. Le père de Brioché était Guillot Gorju, qui fut fils de Gilles, qui fut fils de Gros-René, qui tirait son origine du prince des sots, et de la mère sotte; c'est ainsi que l'écrit l'auteur de l'almanach de la foire. Monsieur Parfait,[2] écrivain non moins digne de foi, donne pour père à Brioché, Tabarin, à Tabarin Gros-Guillaume, à Gros-Guillaume Jean Boudin; mais en remontant toujours au prince des sots. Si ces deux historiens se contredisent, c'est une preuve de la vérité du fait pour le P. Daniel, qui les concilie avec une merveilleuse sagacité, et qui détruit par là le pyrrhonisme de l'histoire.

II

Comme je finissais ce premier paragraphe des cahiers de Merry Hissing[3] dans mon cabinet, dont la fenêtre donne sur la rue St.

---

[1] Ce premier chapitre est une parodie de la généalogie du Christ, qui n'est pas la même dans Matthieu et dans Luc, mais qui remonte toujours à Abraham. 'Le nom de Brioché pour désigner Jésus (mais dans le *Pot-pourri* Brioché est St Joseph) était usuel chez les impies du XVIIIe siècle', écrit R. Pomeau (*La Religion de Voltaire*, 2e ed., Paris, 1969, p.378, en note). Il cite une lettre de Diderot à Sophie Volland, du 17 septembre 1761: 'Les Cacouacs? C'est ainsi qu'on appelait, l'hiver passé, tous ceux qui appréciaient les principes de la morale au taux de la raison, qui remarquaient les sottises du gouvernement et qui s'en expliquaient librement, et qui traînaient Briochet [*sic*] le père, le fils et l'abbé dans la boue. Il ne vous manque plus que de me demander ce que c'est que Briochet. C'est le premier joueur de marionnettes qui ait existé dans le monde.' L'expression 'Briochet le père et le fils' montre que le mot ne désigne pas seulement Jésus, mais pour Diderot il n'est pas question de St Joseph. Les autres personnages sont des acteurs de la foire.

[2] M. Parfaict est ici, selon Moland, l'auteur des *Mémoires pour servir à l'histoire des spectacles de la foire*, 1743. Une *Histoire du théâtre françois*, par François et Claude Parfaict figure parmi les livres de Voltaire à St Petersbourg (BV2645).

[3] Nom fabriqué par Voltaire, et qu'on peut traduire par 'Joyeux persifleur'.

Antoine, j'ai vu passer les syndics des apothicaires, qui allaient
saisir des drogues, et du vert-de-gris, que les jésuites de la rue St.   15
Antoine vendaient en contrebande;[4] mon voisin monsieur Husson,
qui est une bonne tête, est venu chez moi, et m'a dit: 'Mon ami,
vous riez de voir les jésuites vilipendés; vous êtes bien aise de
savoir qu'ils sont convaincus d'un parricide en Portugal, et d'une
rébellion au Paraguai; le cri public qui s'élève en France contre eux,   20
la haine qu'on leur porte, les opprobres multipliés dont ils sont
couverts, semblent être pour vous une consolation; mais sachez
que s'ils sont perdus comme tous les honnêtes gens le désirent,
vous n'y gagnerez rien; vous serez accablé par la faction des
jansénistes. Ce sont des enthousiastes féroces, des âmes de bronze,   25
pires que les presbytériens qui renversèrent le trône de Charles I.
Songez que les fanatiques sont plus dangereux que les fripons. On
ne peut jamais faire entendre raison à un énergumène; les fripons
l'entendent.'

Je disputai longtemps contre monsieur Husson; je lui dis enfin: 30
'Monsieur, consolez-vous, peut-être que les jansénistes seront un
jour aussi adroits que les jésuites'; je tâchai de l'adoucir, mais c'est
une tête de fer qu'on ne fait jamais changer de sentiment.

III

Brioché, voyant que Polichinelle était bossu par devant et par
derrière, lui voulut apprendre à lire et à écrire. Polichinelle, au bout   35
de deux ans épela assez passablement, mais il ne put jamais parvenir
à se servir d'une plume. Un des écrivains de sa vie remarque qu'il
essaya un jour d'écrire son nom, mais que personne ne put le lire.[5]

Brioché était fort pauvre; sa femme et lui n'avaient pas de quoi
nourrir Polichinelle, encore moins de quoi lui faire apprendre un   40
métier. Polichinelle leur dit: 'Mon père et ma mère, je suis bossu, et
j'ai de la mémoire; trois ou quatre de mes amis et moi, nous

---

[4] Cet épisode est historique: il date du 14 mai 1760 – de même que les faits
suivants: tentative d'assassinat du roi de Portugal en 1758, établissement d'un
'royaume' au Paraguay, dont Voltaire parle longuement dans *Candide*.

[5] Allusion probable à Jean 8:6-8.

544

pouvons établir des marionnettes; je gagnerai quelque argent; les hommes ont toujours aimé les marionnettes; il y a quelquefois de la perte à en vendre de nouvelles, mais aussi il y a de grands profits.'   45

Monsieur et Madame Brioché admirèrent le bon sens du jeune homme; la troupe se forma, et elle alla établir ses petits tréteaux dans une bourgade suisse, sur le chemin d'Appenzel à Milan.

C'était justement dans ce village que les charlatans d'Orviète avaient établi le magasin de leur orviétan. Ils s'aperçurent   50 qu'insensiblement la canaille allait aux marionnettes, et qu'ils vendaient dans le pays la moitié moins de savonnettes et d'onguent pour la brûlure. Ils accusèrent Polichinelle de plusieurs mauvais déportements, et portèrent leurs plaintes devant le magistrat. La requête disait que c'était un ivrogne dangereux, qu'un jour il avait   55 donné cent coups de pied dans le ventre, en plein marché, à des paysans qui vendaient des nèfles. [6]

On prétendit aussi qu'il avait molesté un marchand de coqs d'Inde; enfin, ils l'accusèrent d'être sorcier. Monsieur Parfait, dans son *Histoire du théâtre*, prétend qu'il fut avalé par un crapaud; mais   60 le père Daniel pense, ou du moins parle autrement. On ne sait pas ce que devint Brioché. Comme il n'était que le père putatif de Polichinelle, l'historien n'a pas jugé à propos de nous dire de ses nouvelles.

IV

Feu monsieur Du Marsais [7] assurait que le plus grand des abus était   65 la vénalité des charges. 'C'est un grand malheur pour l'Etat, disait-il, qu'un homme de mérite, sans fortune, ne puisse parvenir à rien. Que de talents enterrés, et que de sots en place! Quelle détestable politique d'avoir éteint l'émulation!' Monsieur Du Marsais, sans y

49-81   [voir *Variantes longues 1*]

[6] Allusion à l'épisode des marchands chassés du temple, Matthieu 21:12, Marc 11:15, Luc 19:45, Jean 2:14-16.
[7] César Chesneau Du Marsais (1676-1756), grammairien, collaborateur de l'*Encyclopédie*.

penser, plaidait sa propre cause; il a été réduit à enseigner le latin, et   70
il aurait rendu de grands services à l'Etat s'il avait été employé. Je
connais des barbouilleurs de papier qui eussent enrichi une
province, s'ils avaient été à la place de ceux qui l'ont volée.
Mais, pour avoir cette place, il faut être fils d'un riche qui vous
laisse de quoi acheter une charge, un office, et ce qu'on appelle une   75
dignité.

   Du Marsais assurait qu'un Montagne, un Charron, un Des-
cartes, un Gassendi, un Bayle, n'eussent jamais condamné aux
galères des écoliers soutenant thèse contre la philosophie
d'Aristote, ni n'auraient fait brûler le curé Urbain Grandier,[8] le   80
curé Gaufrédi,[9] et qu'ils n'eussent point, etc., etc.

V

Il n'y a pas longtemps que le chevalier Roginante, gentilhomme
ferrarois, qui voulait faire une collection de tableaux de l'école
flamande, alla faire des emplettes dans Amsterdam. Il marchanda
un assez beau Christ chez le sieur Vandergru. 'Est-il possible, dit le   85
Ferrarois au Batave, que, vous qui n'êtes pas chrétien (car vous êtes
Hollandais), vous ayez chez vous un Jésus?'[10] 'Je suis chrétien et
catholique', répondit monsieur Vandergru sans se fâcher; et il
vendit son tableau assez cher. 'Vous croyez donc Jésus-Christ
Dieu?' lui dit Roginante. 'Assurément', dit Vandergru.   90

   Un autre curieux logeait à la porte attenant, c'était un socinien. Il
lui vendit une Sainte Famille. 'Que pensez-vous de l'enfant?' dit le
Ferrarois. 'Je pense, répondit l'autre, que ce fut la créature la plus
parfaite que Dieu ait mise sur la terre.'

   De là, le Ferrarois alla chez Moïse Mansebo, qui n'avait que de   95

88-89   Ms Wagnière: et il lui vendit son Christ

   [8] Urbain Grandier, héros et victime de la célèbre affaire de Loudun, brûlé vif
comme sorcier en 1634.
   [9] Louis Gaufrédi ou Gaufridi ou Gofridi, grand séducteur de femmes comme
Grandier, brûlé vif comme sorcier à Aix en 1611.
   [10] Ce qui veut dire que le socinien ne croît pas que Jésus soit Dieu.

beaux paysages, et point de Sainte Famille. Roginante lui demanda pourquoi on ne trouvait pas chez lui de pareils sujets. 'C'est, dit-il, que nous avons cette famille en exécration.'[11]

Roginante passa chez un fameux anabaptiste, qui avait les plus jolis enfants du monde; il leur demanda dans quelle église ils avaient été baptisés. 'Fi donc! Monsieur, lui dirent les enfants; grâce à Dieu, nous ne sommes point encore baptisés.'

Roginante n'était pas au milieu de la rue qu'il avait déjà vu une douzaine de sectes entièrement opposées les unes aux autres. Son compagnon de voyage, monsieur Sacrito, lui dit: 'Enfuyons-nous vite, voilà l'heure de la bourse; tous ces gens-ci vont s'égorger sans doute, selon l'antique usage, puisqu'ils pensent tous diversement; et la populace nous assommera pour être sujets du pape.'

Ils furent bien étonnés quand ils virent tous ces bonnes gens-là sortir de leurs maisons avec leurs commis, se saluer civilement, et aller à la bourse de compagnie. Il y avait ce jour-là, de compte fait, cinquante-trois religions sur la place, en comptant les arméniens et les jansénistes. On fit pour cinquante-trois millions d'affaires le plus paisiblement du monde, et le Ferrarois retourna dans son pays, où il trouva plus d'Agnus Dei que de lettres de change.

On voit tous les jours la même scène à Londres, à Hambourg, à Dantzick, à Venise même, etc. Mais ce que j'ai vu de plus édifiant, c'est à Constantinople.

J'eus l'honneur d'assister, il y a cinquante ans, à l'installation d'un patriarche grec par le sultan Achmet III, dont Dieu veuille avoir l'âme. Il donna à ce prêtre chrétien l'anneau et le bâton fait en forme de béquille. Il y eut ensuite une procession de chrétiens dans la rue Cléobule; deux janissaires marchèrent à la tête de la procession. J'eus le plaisir de communier publiquement dans l'église patriarcale, et il ne tint qu'à moi d'obtenir un canonicat.

J'avoue qu'à mon retour à Marseille, je fus fort étonné de ne

---

117 Ms Wagnière: ce que j'ai jamais vu

[11] Le judaïsme, au moins traditionnellement, déteste Jésus et sa famille.

point y trouver de mosquée. J'en marquai ma surprise à monsieur
l'intendant et à monsieur l'évêque. Je leur dis que cela était fort
incivil, et que si les chrétiens avaient des églises chez les musulmans, on pouvait au moins faire aux Turcs la galanterie de   130
quelques chapelles. Ils me promirent tous deux qu'ils en écriraient
en cour; mais l'affaire en demeure là, à cause de la constitution
Unigenitus.

O mes frères les jésuites! vous n'avez pas été tolérants, et on ne
l'est pas pour vous. Consolez-vous, d'autres à leur tour devien-   135
dront persécuteurs, et à leur tour ils seront abhorrés.

VI

Je contais ces choses, il y a quelques jours, à monsieur de
Boucacous, Languedochien très chaud et huguenot très zélé.
'Cavalisque! me dit-il, on nous traite donc en France comme les
Turcs; on leur refuse des mosquées, et on ne nous accorde point de   140
temples!' 'Pour des mosquées, lui dis-je, les Turcs ne nous en ont
encore point demandé; et j'ose me flatter qu'ils en obtiendront
quand ils voudront, parce qu'ils sont nos bons alliés; mais je doute
fort qu'on rétablisse vos temples, malgré toute la politesse dont
nous nous piquons; la raison en est que vous êtes un peu nos   145
ennemis.' 'Vos ennemis! s'écria monsieur de Boucacous, nous qui
sommes les plus ardents serviteurs du roi!' 'Vous êtes fort ardents,
lui répliquai-je, et si ardents que vous avez fait neuf guerres civiles,
sans compter les massacres des Cévennes.' 'Mais, dit-il, si nous
avons fait des guerres civiles, c'est que vous nous cuisiez en place   150
publique; on se lasse à la longue d'être brûlé, il n'y a patience de
saint qui puisse y tenir: qu'on nous laisse en repos, et je vous jure
que nous serons des sujets très fidèles.'

'C'est précisément ce qu'on fait, lui dis-je; on ferme les yeux sur

134-36 Ms Wagnière: [*La dernière phrase du ch. V* (O mes frères...abhorrés) *est
d'une autre main.*]
136a Ms Wagnière: ch.2
143 Ms Wagnière: nos alliés

vous, on vous laisse faire votre commerce, vous avez une liberté   155
assez honnête.' 'Voilà une plaisante liberté! dit monsieur de
Boucacous; nous ne pouvons nous assembler en pleine campagne
quatre ou cinq mille seulement, avec des psaumes à quatre parties,
que sur-le-champ il ne vienne un régiment de dragons, qui nous fait
rentrer chacun chez nous. Est-ce là vivre? est-ce là être libre?'   160

Alors je lui parlai ainsi: 'Il n'y a aucun pays dans le monde où
l'on puisse s'attrouper sans l'ordre du souverain; tout attroupement
est contre les lois. Servez Dieu à votre mode dans vos maisons,
n'étourdissez personne par des hurlements que vous appelez
musique. Pensez-vous que Dieu soit bien content de vous quand   165
vous chantez ses commandements sur l'air de *Réveillez-vous, belle
endormie*, et quand vous dites avec les Juifs, en parlant d'un peuple
voisin:

> Heureux qui doit te détruire à jamais!
> Qui, t'arrachant les enfants des mamelles,   170
> Ecrasera leurs têtes infidèles!

Dieu veut-il absolument qu'on écrase les cervelles des petits
enfants? Cela est-il humain? De plus, Dieu aime-t-il les mauvais
vers et la mauvaise musique?'

Monsieur de Boucacous m'interrompit, et me demanda si le latin   175
de cuisine de nos psaumes valait mieux? 'Non, sans doute, lui dis-
je, je conviens même qu'il y a un peu de stérilité d'imagination à ne
prier Dieu que dans une traduction très vicieuse de vieux cantiques
d'un peuple que nous abhorrons; nous sommes tous juifs à vêpres,
comme nous sommes tous païens à l'opéra.   180

'Ce qui me déplaît seulement, c'est que les *Métamorphoses*
d'Ovide sont, par la malice du démon, bien mieux écrites, et
plus agréables que les cantiques juifs; car il faut avouer que cette

---

159   Ms Wagnière: des pistolets et des psaumes
172   Ms Wagnière: écrase ainsi les
176-77   Ms Wagnière: <Je lui avouai que non> Non, sans doute, lui dis-je
181-88   Ms Wagnière: [*Ce paragraphe* (Ce qui me déplaît...David) *est ajouté en
marge de la main de Voltaire, avec un signe de renvoi après* L'opéra

montagne de Sion, et ces gueules de basilic, et ces collines qui
sautent comme des béliers, et toutes ces répétitions fastidieuses, ne   185
valent ni la poésie grecque, ni la latine, ni la française. Le froid petit
Racine a beau faire, cet enfant dénaturé n'empêchera pas (profane-
ment parlant), que son père ne soit un meilleur poète que David.

'Mais enfin, nous sommes la religion dominante chez nous; il ne
vous est pas permis de vous attrouper en Angleterre; pourquoi   190
voudriez-vous avoir cette liberté en France? Faites ce qu'il vous
plaira dans vos maisons, et j'ai parole de monsieur le gouverneur et
de monsieur l'intendant, qu'en étant sages, vous serez tranquilles;
l'imprudence seule fit, et fera les persécutions. Je trouve très
mauvais que vos mariages, l'état de vos enfants, le droit d'héritage,   195
souffrent la moindre difficulté. Il n'est pas juste de vous saigner et
de vous purger, parce que vos pères ont été malades; mais que
voulez-vous? ce monde est un grand Bedlam où des fous
enchaînent d'autres fous.'

VII

Les compagnons de Polichinelle réduits à la mendicité, qui était   200
leur état naturel, s'associèrent avec quelques bohèmes, et cou-
rurent de village en village. Ils arrivèrent dans une petite ville, et
logèrent dans un quatrième étage, où ils se mirent à composer des
drogues, dont la vente les aida quelque temps à subsister. Ils
guérirent même de la gale l'épagneul d'une dame de considération;   205
les voisins crièrent au prodige, mais malgré toute leur industrie, la
troupe ne fit pas fortune.

Ils se lamentaient de leur obscurité et de leur misère, lorsqu'un
jour ils entendirent un bruit sur leur tête, comme celui d'une
brouette qu'on roule sur le plancher. Ils montèrent au cinquième   210
étage, et y trouvèrent un petit homme qui faisait des marionnettes

194-99   [*Le ms Wagnière ne comporte pas la dernière phrase* (Je trouve très
mauvais...)]
199   [*voir Variantes longues 2*]

550

pour son compte; il s'appelait le sieur Bienfait; [12] il avait tout juste le génie qu'il fallait pour son art.

On n'entendait pas un mot de ce qu'il disait, mais il avait un galimatias fort convenable; et il ne faisait pas mal ses bamboches. [13] Un compagnon qui excellait aussi en galimatias, lui parla ainsi:

'Nous croyons que vous êtes destiné à relever nos marionnettes; car nous avons lu dans Nostradamus [14] ces propres paroles, *Nelle chi li po rate icsus res fait en bi*, lesquelles prises à rebours font évidemment, *Bienfait ressuscitera Polichinelle*. [15] Le nôtre a été avalé par un crapaud, mais nous avons retrouvé son chapeau, sa bosse, et sa pratique. Vous fournirez le fil d'archal. Je crois d'ailleurs qu'il vous sera aisé de lui faire une moustache, toute semblable à celle qu'il avait; et quand nous serons unis ensemble, il est à croire que nous aurons beaucoup de succès. Nous ferons valoir Polichinelle par Nostradamus, et Nostradamus par Polichinelle.'

Le sieur Bienfait accepta la proposition. On lui demanda ce qu'il voulait pour sa peine. 'Je veux, dit-il, beaucoup d'honneurs et beaucoup d'argent'; 'Nous n'avons rien de cela, dit l'orateur de la troupe, mais avec le temps on a de tout.' Le sieur Bienfait se lia donc avec les bohèmes, et tous ensemble allèrent à Milan établir leur théâtre, sous la protection de Mme Carminetta. On afficha que le même Polichinelle qui avait été mangé par un crapaud du village du canton d'Appenzel, reparaîtrait sur le théâtre de Milan, et qu'il

[12] Nicolas Bienfait était, selon Moland, un entrepreneur de marionnettes aux foires St Germain et St Laurent, mort en 1744 ou 45. Il est nommé dans la biographie du Théâtre de la foire (www.theatrales.uqam.ca/foires).

[13] Grandes marionnettes – mot d'origine italienne (bambo, enfant; bamboccio, enfant gras et laid) 'qui semble appartenir en général à un vocabulaire grotesque ou licencieux' (Littré).

[14] Voltaire a souvent exprimé le mépris dans lequel il tient les faiseurs d'horoscopes, par exemple *Le Siècle de Louis XIV*, ch.31, *Philosophie de l'histoire*, ch.29 et 35.

[15] Prises à rebours, c'est à dire à rebours des syllabes et non des lettres, sauf pour ic (dans icsus: ci).

danserait avec Mme Gigogne. Tous les vendeurs d'orviétan eurent beau s'y opposer; le sieur Bienfait, qui avait aussi le secret de l'orviétan, soutint que le sien était le meilleur; il en vendit beaucoup aux femmes qui étaient folles de Polichinelle, et il devint si riche qu'il se mit à la tête de la troupe. 240

Dès qu'il eut ce qu'il voulait, (et que tout le monde veut) des honneurs et du bien, il fut très ingrat envers Mme Carminetta. Il acheta une belle maison vis-à-vis de celle de sa bienfaitrice, et il trouva le secret de la faire payer par ses associés. On ne le vit plus faire sa cour à Mme Carminetta; au contraire, il voulut qu'elle vînt 245 déjeuner chez lui, et un jour qu'elle daigna y venir, il lui fit fermer la porte au nez, etc.

VIII

N'ayant rien entendu au précédent chapitre de Merry Hissing, je me transportai chez mon ami monsieur Husson, pour lui en demander l'explication. Il me dit que c'était une profonde allégorie sur le père 250 La Valette, [16] marchand banqueroutier d'Amérique; mais que d'ailleurs il y avait longtemps qu'il ne s'embarrassait plus de ces sottises, qu'il n'allait jamais aux marionnettes, qu'on jouait ce jour-là Polyeucte, et qu'il voulait l'entendre. Je l'accompagnai à la comédie.

Monsieur Husson, pendant le premier acte, branlait toujours la 255 tête. Je lui demandai dans l'entracte pourquoi sa tête branlait tant. 'J'avoue, dit-il, que je suis indigné contre ce sot Polyeucte, et contre cet impudent Néarque. Que diriez-vous d'un gendre de monsieur le gouverneur de Paris, qui serait huguenot, et qui accompagnant son beau-père le jour de Pâques à Notre-Dame, 260 irait mettre en pièces le ciboire et le calice, et donner des coups de pied dans le ventre à monsieur l'archevêque et aux chanoines?

---

[16] Antoine La Valette, jésuite, supérieur des missions à la Martinique, s'était livré à des opérations commerciales douteuses, qui lui valurent un procès retentissant (1760) prélude à l'abolition de la société de Jésus en France (1764). Voltaire l'égratigne au passage, mais il est évident que le ch.7 a une portée beaucoup plus large, encore qu'il soit difficile de mettre des noms précis derrière ceux de Bienfait et de Mme Carminetta.

Serait-il bien justifié en nous disant que nous sommes des idolâtres?
qu'il l'a entendu dire au sieur Lubolier prédicant d'Amsterdam, et
au sieur Morfyé compilateur à Berlin, auteur de la *Bibliothèque*   265
germanique, qui le tenait du prédicant Urieju? [17] C'est là le fidèle
portrait de la conduite de Polyeucte. Peut-on s'intéresser à ce plat
fanatique, séduit par le fanatique Néarque?'

Monsieur Husson me disait ainsi son avis amicalement dans les
entractes. Il se mit à rire quand il vit Polyeucte résigner sa femme à   270
son rival, et il la trouva un peu bourgeoise quand elle dit à son
amant, qu'elle va dans sa chambre, au lieu d'aller avec lui à l'église.

> Adieu, trop vertueux objet, et trop charmant;
> Adieu, trop généreux et trop parfait amant;
> Je vais seule en ma chambre enfermer mes regrets. [18]   275

Mais il admira la scène où elle demande à son amant la grâce de son
mari.

'Il y a là, dit-il, un gouverneur d'Arménie qui est bien le plus
lâche, le plus bas des hommes; ce père de Pauline avoue même qu'il
a les sentiments d'un coquin.   280

> Polyeucte est ici l'appui de ma famille;
> Mais si par son trépas l'autre épousait ma fille,
> J'acquerrais bien par là de plus puissants appuis,
> Qui me mettraient plus haut cent fois que je ne suis. [19]

'Un procureur au Châtelet ne pourrait guère ni penser, ni   285
s'exprimer autrement. Il y a de bonnes âmes qui avalent tout cela; je

---

[17] Anagrammes: Lubolier, prédicant d'Amsterdam, est Boullier, qui avait publié
en 1741 une *Défense des pensées de Pascal*, et critiqué les *Lettres philosophiques*.
Morfyé est Formey, pasteur à Berlin, adversaire de Voltaire depuis la *Défense de
milord Bolingbroke*, partisan de Maupertuis dans la querelle du Dr Akakia. Urieju est
Jurieu, le grand adversaire de Bayle.

[18] Citation inexacte sous cette forme. Les deux premiers vers terminent la sc.2 de
l'acte 2 (v.571-572). Un peu plus haut, dans la même scène, on peut lire (v.562-563): 'Et
seule dans ma chambre, enfermant mes regrets, / Je vais pour vous aux dieux faire des
vœux secrets'. Voltaire avait déjà exprimé son opinion sur *Polyeucte* dans l'épître
dédicatoire de *Zaïre* (1733) et naturellement dans les *Commentaires sur Corneille* (1761).

[19] Citation exacte: *Polyeucte*, III, 5, v.1053-1056.

ne suis pas du nombre. Si ces pauvretés peuvent entrer dans une tragédie du pays des Gaules, il faut brûler l'*Œdipe* des Grecs.'

Monsieur Husson est un rude homme. J'ai fait ce que j'ai pu pour l'adoucir; mais je n'ai pu en venir à bout. Il a persisté dans son avis, et moi dans le mien. 290

IX

Nous avons laissé le sieur Bienfait fort riche et fort insolent. Il fit tant par ses menées, qu'il fut reconnu pour entrepreneur d'un grand nombre de marionnettes. Dès qu'il fut revêtu de cette dignité, il fit promener Polichinelle dans toutes les villes, et afficha 295 que tout le monde serait tenu de l'appeler Monsieur, sans quoi il ne jouerait point. C'est de là que dans toutes les représentations des marionnettes, il ne répond jamais à son compère, que quand le compère l'appelle monsieur Polichinelle. Peu à peu Polichinelle devint si important, qu'on ne donna plus aucun spectacle, sans lui 300 payer une rétribution, comme les opéras des provinces en payent une à l'opéra de Paris.

Un jour, un de ses domestiques, [20] receveur des billets, et ouvreur de loges, ayant été cassé aux gages, se souleva contre Bienfait, et institua d'autres marionnettes, qui décrièrent toutes les danses de 305 Madame Gigogne, et tous les tours de passe-passe de Bienfait. Il retrancha plus de cinquante ingrédients qui entraient dans l'orviétan, composa le sien de cinq ou six drogues, et le vendant beaucoup meilleur marché, il enleva une infinité de pratiques à Bienfait; ce qui excita un furieux procès, et on se battit longtemps à la porte des 310 marionnettes, dans le préau de la foire.

X

Monsieur Husson me parlait hier de ses voyages; en effet, il a passé plusieurs années dans les Echelles du Levant, il est allé en Perse, il a demeuré longtemps dans les Indes, et a vu toute l'Europe. 'J'ai remarqué, me disait-il, qu'il y a un nombre prodigieux de Juifs qui 315

---

[20] Martin Luther (1483-1546).

attendent le Messie, et qui se feraient empaler plutôt que de
convenir qu'il est venu. J'ai vu mille Turcs persuadés que Mahomet
avait mis la moitié de la lune dans sa manche. Le petit peuple, d'un
bout du monde à l'autre, croit fermement les choses les plus
absurdes. Cependant, qu'un philosophe ait un écu à partager avec   320
le plus imbécile de ces malheureux, en qui la raison humaine est si
horriblement obscurcie, il est sûr que s'il y a un sou à gagner,
l'imbécile l'emportera sur le philosophe. Comment des taupes si
aveugles sur le plus grand des intérêts, sont-elles lynx sur les plus
petits? Pourquoi le même Juif qui vous égorge le vendredi, ne   325
voudrait-il pas voler un liard le jour du sabbat? Cette contradiction
de l'espèce humaine mérite qu'on l'examine.'

    'N'est-ce pas, dis-je à monsieur Husson, que les hommes sont
superstitieux par coutume, et coquins par instinct?'

    'J'y rêverai, me dit-il; cette idée me paraît assez bonne.'   330

XI

Polichinelle, depuis l'aventure de l'ouvreur de loges, a essuyé bien
des disgrâces. Les Anglais qui sont raisonneurs et sombres, lui ont
préféré Shakespeare; mais ailleurs ses farces ont été fort en vogue;
et sans l'Opéra-Comique son théâtre était le premier des théâtres. Il
a eu de grandes querelles avec Scaramouche et Arlequin, et on ne   335
sait pas encore qui l'emportera. Mais...

XII

'Mais, mon cher monsieur, disais-je, comment peut on être à la fois
si barbare et si drôle? Comment dans l'histoire d'un peuple trouve-
t-on à la fois la St. Barthelemi et les contes de La Fontaine, etc.? est-
ce l'effet du climat? est-ce l'effet des lois?   340

    'Le genre humain, répondit monsieur Husson, est capable de
tout. Néron pleura quand il fallut signer l'arrêt de mort d'un
criminel, joua des farces, et assassina sa mère. Les singes font des
tours extrêmement plaisants, et étouffent leurs petits. Rien n'est
plus doux, plus timide qu'une levrette, mais elle déchire un lièvre, 345
et baigne son long museau dans son sang.'

555

'Vous devriez, lui dis-je, nous faire un beau livre qui développât toutes ces contradictions.' 'Ce livre est tout fait, dit-il, vous n'avez qu'à regarder une girouette; elle tourne tantôt au doux souffle du zéphyr, tantôt au vent violent du nord; voilà l'homme.' 350

XIII

Rien n'est souvent plus convenable que d'aimer sa cousine. On peut aussi aimer sa nièce; mais il en coûte dix-huit mille livres, payables à Rome, pour épouser une cousine, et quatre-vingt mille francs pour coucher avec sa nièce en légitime mariage.

Je suppose quarante nièces par an, mariées avec leurs oncles, et 355 deux cents cousins et cousines conjoints, cela fait en sacrements six millions huit cent mille livres par an, qui sortent du royaume. Ajoutez-y environ six cent mille francs pour ce qu'on appelle les annates des terres de France, que le roi de France donne à des Français en bénéfices; joignez-y encore quelques menus frais; c'est 360 environ huit millions quatre cent mille livres que nous donnons libéralement au St. Père par chacun an. Nous exagérons peut-être un peu; mais on conviendra que si nous avons beaucoup de cousines et de nièces jolies, et si la mortalité se met parmi les bénéficiers, la somme peut aller au double. Le fardeau serait lourd, 365 tandis que nous avons des vaisseaux à construire, des armées et des rentiers à payer.

Je m'étonne que dans l'énorme quantité de livres, dont les auteurs ont gouverné l'Etat depuis vingt ans, aucun n'ait pensé à réformer ces abus. J'ai prié un docteur de Sorbonne de mes amis, de 370 me dire dans quel endroit de l'Ecriture on trouve que la France doive payer à Rome la somme susdite: il n'a jamais pu le trouver. J'en ai parlé à un jésuite; il m'a répondu que cet impôt fut mis par St. Pierre sur les Gaules, dès la première année qu'il vint à Rome; et comme je doutais que St. Pierre eût fait ce voyage,[21] il m'en a 375

---

[21] Voltaire a consacré tout un chapitre des *Questions sur l'Encyclopédie*, sous le titre 'Voyage de St Pierre à Rome', aux problèmes posés par ce voyage, auquel il ne croit pas (*M*, t.20, p.592-96).

convaincu, en me disant qu'on voit encore à Rome les clefs du paradis qu'il portait toujours à sa ceinture. 'Il est vrai, m'a-t-il dit, que nul auteur canonique ne parle de ce voyage de ce Simon Barjone; mais nous avons une belle lettre de lui datée de Babylone: or certainement Babylone veut dire Rome, donc vous devez de 380 l'argent au pape quand vous épousez vos cousines.' J'avoue que j'ai été frappé de la force de cet argument.

XIV

J'ai un vieux parent qui a servi le roi cinquante-deux ans. Il s'est retiré dans la haute Alsace, où il a une petite terre qu'il cultive, dans le diocèse de Porentru. Il voulut un jour faire donner le dernier 385 labour à son champ; la saison avançait, l'ouvrage pressait. Ses valets refusèrent le service, et dirent pour raison que c'était la fête de Ste Barbe, la sainte la plus fêtée à Porentru. [22] 'Eh! mes amis, leur dit mon parent, vous avez été à la messe en l'honneur de Barbe, vous avez rendu à Barbe ce qui lui appartient, rendez-moi ce que 390 vous me devez: cultivez mon champ au lieu d'aller au cabaret; Ste Barbe ordonne-t-elle qu'on s'enivre pour lui faire honneur, et que je manque de blé cette année?' Le maître-valet lui dit: 'Monsieur, vous voyez bien que je serais damné si je travaillais dans un si saint jour; Ste Barbe est la plus grande sainte du paradis; elle grava le 395 signe de la croix sur une colonne de marbre avec le bout du doigt; et du même doigt, et du même signe, elle fit tomber toutes les dents d'un chien qui lui avait mordu les fesses; je ne travaillerai point le jour de Ste Barbe.'

Mon parent envoya chercher des laboureurs luthériens, et son 400 champ fut cultivé. L'évêque de Porentru l'excommunia. [23] Mon

---

[22] Les fêtes chômées sont une perte d'argent pour la collectivité et un encouragement à l'ivrognerie. Voltaire a traité ce thème dans le dialogue entre Ariston et Théotime dans 'Catéchisme du curé', *Dictionnaire philosophique* (*OCV*, t.35, p.475-85), et c'est le fond même de la *Canonisation de St Cucufin* (1769).

[23] Voltaire avait eu lui-même des démêlés avec Mgr de Porentru (Porrentruy) évêque de Bâle, lorsqu'en 1754 il avait cherché à s'installer près de Colmar. Mais à l'époque où il écrit le *Pot-pourri*, peut-être songe-t-il davantage à Mgr Biord, évêque

parent en appela comme d'abus; le procès n'est pas encore jugé. Personne assurément n'est plus persuadé que mon parent qu'il faut honorer les saints, mais il prétend aussi qu'il faut cultiver la terre.

Je suppose en France environ cinq millions d'ouvriers, soit manœuvres, soit artisans, qui gagnent chacun l'un portant l'autre vingt sous par jour, et qu'on force saintement de ne rien gagner pendant trente jours de l'année indépendamment des dimanches; cela fait cent cinquante millions de moins dans la circulation, et cent cinquante millions de moins en main-d'œuvre. Quelle prodigieuse supériorité ne doivent point avoir sur nous les royaumes voisins, qui n'ont ni Ste Barbe, ni d'évêque de Porentru? On répondait à cette objection, que les cabarets ouverts les saints jours de fête, produisent beaucoup aux fermes générales. Mon parent en convenait, mais il prétendait que c'est un léger dédommagement; et que d'ailleurs si on peut travailler après la messe, on peut aller au cabaret après le travail. Il soutient que cette affaire est purement de police, et point du tout épiscopale; il soutient qu'il vaut encore mieux labourer que de s'enivrer. J'ai bien peur qu'il ne perde son procès. 405

410

415

420

XV

Il y a quelques années qu'en passant par la Bourgogne avec Monsieur Evrard que vous connaissez tous, nous vîmes un vaste palais, dont une partie commençait à s'élever. Je demandai à quel prince il appartenait? Un maçon me répondit, que c'était à monseigneur l'abbé de Cîteaux; que le marché avait été fait à dix-sept cent mille livres, mais que probablement il en coûterait bien davantage. 425

Je bénis Dieu qui avait mis son serviteur en état d'élever un si

---

d'Annecy, de qui dépend Ferney, qui surveillait de près ses faits et gestes, avide de le prendre en faute, et à qui il avait demandé, pour les paysans du pays de Gex, la permission de labourer les jours de fête. Cf. La Fontaine: 'On nous ruine en fêtes, / L'une fait tort à l'autre, et Monsieur le curé / De quelque nouveau saint charge toujours son prône' (*Le Savetier et le financier*, Livre 8, Fable 2).

beau monument, et de répandre tant d'argent dans le pays. 'Vous
moquez-vous? dit monsieur Evrard, n'est-il pas abominable que   430
l'oisiveté soit récompensée par deux cent cinquante mille livres de
rente, et que la vigilance d'un pauvre curé de campagne soit punie
par une portion congrue de cent écus? Cette inégalité n'est-elle pas
la chose du monde la plus injuste et la plus odieuse? Qu'en
reviendra-t-il à l'Etat quand un moine sera logé dans un palais   435
de deux millions? Vingt familles de pauvres officiers qui partage-
raient ces deux millions, auraient chacune un bien honnête, et
donneraient au roi de nouveaux officiers. Les petits moines, qui
sont aujourd'hui les sujets inutiles d'un de leurs moines élu par eux,
deviendraient des membres de l'Etat, au lieu qu'ils ne sont que des   440
chancres qui le rongent.' [24]

Je répondis à monsieur Evrard: 'Vous allez trop loin, et trop
vite; ce que vous dites arrivera certainement dans deux ou trois
cents ans, ayez patience.' 'Et c'est précisément, répondit-il, parce
que la chose n'arrivera que dans deux ou trois siècles que je perds   445
toute patience; je suis las de tous les abus que je vois: il me semble
que je marche dans les déserts de la Lybie, où notre sang est sucé
par des insectes quand les lions ne nous dévorent pas.

'J'avais, continua-t-il, une sœur assez imbécile pour être
janséniste de bonne foi, et non par esprit de parti. [25] La belle   450
aventure des billets de confession la fit mourir de désespoir. Mon
frère avait un procès qu'il avait gagné en première instance, sa
fortune en dépendait. Je ne sais comment il est arrivé que les juges
ont cessé de rendre la justice, et mon frère a été ruiné. J'ai un vieil
oncle criblé de blessures, qui faisait passer ses meubles et sa   455

[24] Dans l'*Extrait de la Gazette de Londres du 20 février 1762*, à propos des vaisseaux
armés par la France (voir ch.13: 'nous avons des vaisseaux à construire'), Voltaire dit
que l'abbé de Cîteaux doit contribuer à cet armement, car 'il fait bâtir actuellement un
palais dont le devis est d'un million sept cent mille livres tournois, et il a déjà dépensé
quatre cent mille francs à cette maison pour la gloire de Dieu'. On peut lire aussi dans
la 22e des *Honnêtetés littéraires*: 'L'abbé de Cîteaux a commencé un bâtiment dont
l'architecte m'a montré le devis: il monte à dix sept cent mille livres.'
[25] Le frère aîné de Voltaire était, on le sait, janséniste.

vaisselle d'une province à une autre; des commis alertes ont saisi le tout sur un petit manque de formalité; mon oncle n'a pu payer les trois vingtièmes, et il est mort en prison.'

Monsieur Evrard me conta des aventures de cette espèce pendant deux heures entières. Je lui dis: 'Mon cher monsieur Evrard, j'en ai essuyé plus que vous; les hommes sont ainsi faits d'un bout du monde à l'autre; nous nous imaginons que les abus ne règnent que chez nous; nous sommes tous deux comme Astolphe et Joconde,[26] qui pensaient d'abord qu'il n'y avait que leurs femmes d'infidèles; ils se mirent à voyager, et ils trouvèrent partout des gens de leur confrérie.' 'Oui, dit monsieur Evrard, mais ils eurent le plaisir de rendre partout ce qu'on avait eu la bonté de leur prêter chez eux.'

'Tâchez, lui dis-je, d'être seulement pendant trois ans directeur de... ou de... ou de... ou de... et vous vous vengerez avec usure.'

Monsieur Evrard me crut; c'est à présent l'homme de France qui vole le roi, l'Etat et les particuliers de la manière la plus dégagée et la plus noble, qui fait la meilleure chère, et qui juge le plus fièrement d'une pièce nouvelle.

[26] *Joconde*, conte de La Fontaine, imité de l'Arioste.

Variantes longues

I

[d'Appenzel à Milan: *Ici commence le texte qui termine le ch.III et remplace le ch.IV dans la copie de Wagnière publiée par Ira O. Wade en 1958 (voir Introduction). Nous signalerons les menues différences qui séparent cette copie de celle qui figure dans les papiers Beuchot.*]

De la tolérance
Chapitre Ier
4

J'ai vu dans les histoires tant d'horribles exemples de fanatisme, depuis les divisions des Atanasiens et des Ariens, jusqu'à l'assassinat de henri le grand, et aux massacres des Cévennes causées par cette fureur de parti, et par cette rage d'enthousiasme, depuis la tirannie du Jésuite Le Tellier, jusqu'à la démence des convulsionnaires et des billets de confession, que 5 je me suis demandé souvent à moi-même, la Tolérance serait-elle un aussi grand mal que l'intolérance? et la liberté de conscience est-elle un fléau aussi barbare que les bûchers de l'Inquisition? C'est à regret que je parle des juifs. Cette nation est à bien des égards la plus détestable qui ait jamais souillé la terre. Mais tout absurde et atroce qu'elle était, la secte des 10 Saducéens fut paisible et honorée, quoiqu'elle ne crût point l'immortalité de l'âme, pendant que les Pharisiens la croyaient. La secte d'Epicure ne fut jamais persécutée chez les Grecs.

Quant à la mort injuste de Socrate, je n'en ai jamais pu trouver le motif que dans la haine des pédants. Il avoue lui-même qu'il avait passé sa vie à 15 leur montrer qu'ils étaient des gens absurdes; il offensa leur amour-propre, ils se vengèrent par la ciguë. Les athéniens lui demandèrent pardon après l'avoir empoisonné, et lui érigèrent une chapelle. C'est un fait unique qui n'a aucun rapport avec l'intolérance.

Quand les romains furent maîtres de la plus belle partie du monde, on 20 sait qu'ils ne tolérèrent toutes les religions, s'ils ne les admirent pas, et il me paraît démontré que c'est à la faveur de cette tolérance que le christianisme s'établit. Car les premiers chrétiens étaient presque tous juifs. Les juifs avaient comme aujourd'hui des sinagogues à Rome, et

dans la plupart des villes commerçantes. Les chrétiens tirés de leur corps,   25
profitèrent d'abord de la liberté dont les juifs jouissaient.

Je n'examine pas ici les causes des persécutions qu'ils souffrirent
ensuite; il suffit de se souvenir que si de tant de religions les romains n'en
ont enfin voulu proscrire qu'une seul. Ils n'étaient pas certainement
persécuteurs.   30

Il faut avouer, au contraire, que parmi nous toute Eglise a voulu
exterminer toute Eglise d'une opinion contraire à la sienne. Le sang a
coulé longtemps pour des arguments théologiques; et la tolérance seule a
pu étancher ce sang qui coulait d'un bout de l'Europe à l'autre.*

L'Allemagne serait un désert couvert des ossements des catholiques,   35
Evangéliques, réformés, anabaptistes, égorgés les uns par les autres, si la
paix de Westphalie n'avait pas procuré enfin la liberté de conscience.
*[Beuchot, *après 'de l'Europe à l'autre', écrit*]: SECTION II
QU'EST-CE QUE [*un mot illisible. Le bas de la page en blanc*].

2

Ms Beuchot: après: d'autres fous, ajoutez ce qui suit et changez les n° des
paragr. suivants jusqu'au 16ᵉ. ['Ce qui suit', *c'est le texte du chapitre publié
pour la première fois en 1818 dans l'édition Lefèvre et Déterville. Nous le
reproduisons d'après le ms Beuchot (BnF, N.a.fr. 14301) parce que c'est celui
que toutes les éditions suivantes ont donné. Dans le manuscrit, ce texte ne suit
pas directement celui des ch.III et IV: six feuillets d'intervalle, sur d'autres
sujets. Le même texte figure dans le ms Wagnière, immédiatement après la
copie du ch.VI, avec pour titre: ch.3*]

VII

Nous ignorions ainsi, monsieur de Boucacous et moi, quand nous vîmes
passer Jean-Jacques Rousseau avec grande précipitation. Eh! où allez-
vous donc si vite, monsieur Jean-Jacques? – Je m'enfuis, parce que
maître Joli de Fleuri a dit, dans un réquisitoire, que je prêchais contre
l'intolérance et contre l'existence de la religion chrétienne. – Il a voulu   5
dire EVIDENCE, lui répondis-je. Il ne faut pas prendre feu pour un mot.

---

1   Ms Wagnière: Nous raisonnions ainsi. [*Moland, qui reproduit le ms Beuchot,
emprunte ces seuls mots au ms Wagnière.*]

— Eh! mon Dieu, je n'ai que trop pris feu, dit Jean-Jacques; on brûle partout mon livre. Je sors de Paris comme M. d'Assouci de Montpellier, de peur qu'on ne brûle ma personne. – Cela était bon, lui dis-je, du temps d'Anne du Bourg et de Michel Servet, mais à présent on est plus humain. Qu'est-ce donc que ce livre qu'on a brûlé?

J'élevais, dit-il, à ma manière, un petit garçon en quatre tomes. Je sentais bien que j'ennuierais peut-être, et j'ai voulu, pour égayer la matière, glisser adroitement une cinquantaine de pages en faveur du théisme. J'ai cru qu'en disant des injures aux philosophes, mon théisme passerait, et je me suis trompé. – Qu'est-ce que théisme? fis-je. C'est, me dit-il, l'adoration d'un Dieu, en attendant que je sois mieux instruit. 'Ah! dis-je, si c'est là tout votre crime, consolez-vous. Mais pourquoi injurier les philosophes? – J'ai tort, fit-il. – Mais, Monsieur Jean-Jacques, comment vous êtes-vous fait théiste? quelle cérémonie faut-il pour cela? – Aucune, nous dit Jean-Jacques. Je suis né protestant, j'ai retranché tout ce que les protestants condamnent dans la religion romaine. Ensuite, j'ai retranché tout ce que les autres religions condamnent dans le protestantisme; il ne m'est resté que Dieu; je l'ai adoré, et maître Joli de Fleuri a présenté contre moi un réquisitoire.

Alors nous parlâmes à fond du théisme avec Jean-Jacques, qui nous apprit qu'il y avait trois cent mille théistes à Londres, et environ cinquante mille seulement à Paris, parce que les parisiens n'arrivent jamais à rien que longtemps après les Anglais, témoin l'inoculation, la gravitation, le semoir, etc, etc. Il ajouta que le nord de l'Allemagne fourmillait de théistes et de gens qui se battent bien.

M. de Boucacous l'écouta attentivement et promit de se faire théiste. Pour moi, je restai ferme. Je ne sais pourtant si on ne brûlera pas ce petit

8 [*note du manuscrit Decroix-Beuchot:*] Emile
12-13 Ms Wagnière: ↑Je sentais bien [...] peut-être↓
15-16 Ms Wagnière: <mon théisme passerait> mon théisme serait bien reçu
16 Ms Wagnière: <lui dis-je> fis-je
19 Ms Wagnière: <dit-il> fit-il
26 Ms Wagnière: <alors nous parlâmes> nous parlâmes
26-27 Ms Wagnière: <qui nous apprit> il m'apprit
27 Ms Wagnière: <en Angleterre> à Londres
28-29 Ms Wagnière: <ne viennent jamais> n'arrivent jamais
29-30 Ms Wagnière: la gravitation et les semoir [*sic*]

écrit, comme un ouvrage de Jean-Jacques ou comme un mandement
d'évêque; mais un mal qui nous menace n'empêche pas toujours d'être   35
sensible au mal d'autrui; et comme j'ai le cœur bon, je plaignis les
tribulations de Jean-Jacques.

34   Ms Wagnière: <un ouvrage> une œuvre
35-36   Ms Wagnière: d'évêque; et comme
37   [*Le ms Decroix-Beuchot enchaîne avec le chapitre suivant selon la numération
proposée par Decroix et adoptée à partir de 1818: §VIII.*
   Le ms Wagnière se termine par une note de la main de Voltaire:
Le compagnons [*sic*] de Polichinelle
Chapitre 4
des abus
c'est à dire qu'il continue le traité De la tolérance.]

COLLECTIVE EDITIONS OF VOLTAIRE'S WORKS
REFERRED TO IN THIS VOLUME

NV61

Nouveau volume pour joindre aux autres. [Paris, Prault,] 1761. 2 vol. 8°.

Bengesco 1658, 2133, 2208; Trapnell 61L; BnC 70-78.

Published in Paris by Prault, this is the first part of a supplementary volume to Cramer's 1756 seventeen-volume edition of Voltaire's works (w56).

Geneva, ImV: D Appel 1/1761/1 (vol.2). Paris, BnF: Z 27377 (vol.1-2), Z Beuchot 21-22 (vol.1-2), Z Bengesco 484 (vol.1), 8 Z 2245 (vol.1), Z Beuchot 549 (vol.1), Z 27444 (vol.1), Z Bengesco 995 (vol.2), Z 27305 (vol.2), Z Beuchot 21 (26) (vol.2), Z Bengesco 279 (vol.2).

TS61

Troisième suite des mélanges de poésie, de littérature, d'histoire et de philosophie. [Paris, Prault,] 1761. 1 vol. 8°.

A heterogenous collection intended to pass for the nineteenth volume of w56 and related editions, but in fact probably printed for Prault by Grangé. See Voltaire's *Avis au lecteur* to accompany *Les Scythes* (*M*, vol.6, p.338).

Bengesco 2209; Trapnell 61P; BnC 84-85.

Oxford, Taylor: V1 1761 (2). Paris, BnF: Z 24594.

PR62

Premier [etc.] recueil de nouvelles pièces fugitives de M. de Voltaire. Geneva, Paris, Duchesne, 1762-1765. 9 vol. 8°.

The typography and presentation of this work indicate a probable German, rather than Swiss or Parisian, origin.

Bengesco 2207; BnC 437-40.

Geneva, Bibliothèque de Genève: S 5624. Oxford, Taylor: V.2.1761 (vol.1-6). Paris, BnF: Z Beuchot 60 (vol.1-9); Z Bengesco 486 (vol.1-7, 9), Ms. Rothschild 6 (7 bis, 22-24) (vol.1-3), Z Rothschild 5241 (vol.2).

T62

Le Théâtre de M. de Voltaire. Amsterdam, Richoff, 1762-1763. 5 vol. 8°.

Bengesco 309; BnC 619.

Geneva, ImV: BC 1762/1 (vol.1-5). Oxford, Taylor: V3 A2 1762 (vol.1-5). Paris, BnF: Rés. Z Bengesco 123 (vol.15).

GV64

Contes de Guillaume Vadé. [Genève, Cramer], 1764. 1 vol. 8°.

[This appeared in several versions in 1764, including as vol.5, part 3, of w64G, but there is considerable variation in content between the versions.]

Oxford, Taylor, Vet.Fr.II.B 1962: Half title: CONTES / DE / *GUILLAUME VADÉ*. [*verso blank*]

Title: CONTES / DE / *GUILLAUME VADÉ*. / [*woodcut: telescope and armillary sphere*] / [*double rule thick-thin*] / M. DCC. LXIV.

Pag.xvi.388. *⁸ A-Aa⁸ B^{b2} [$4 signed roman (i-iiij)]. Quire catchwords.

w64G

Collection complette des œuvres de Mr. de Voltaire. [Geneva, Cramer,] 1764. 10 vol. 8°.

A revised edition of w57G (*Collection complette des œuvres de Mr. de Voltaire*, [Geneva, Cramer,] 1757), produced with Voltaire's participation.

Bengesco 2133; Trapnell 64; BnC 89.

Geneva, ImV: 1761/1 (vol.1-3, 5, 6). Oxford, Taylor: V1 1764 (1-5) (vol.7-10.2); VF (vol.1-10.2). Paris, BnF: Rés. Z Beuchot 25 (vol.1), Z 24688 (vol.5).

w64R

Collection complète des œuvres de Monsieur de Voltaire. Amsterdam, Compagnie [Rouen, Pierre and Etienne-Vincent Machuel?,] 1764. 18 vol. 12°.

An edition made up of volumes from w48R, w50, and other entirely new volumes. See David Smith, 'Robert Machuel, imprimeur-libraire à Rouen, et ses éditions des œuvres de Voltaire', *Cahiers Voltaire* 6 (2007), p.35-57 (p.46-54).

Bengesco 2136; Trapnell 64R; BnC 145-48.

Paris, BnF: Rés. Z Beuchot 26 (vol.1.1-2, 3.2-18.2). Rennes, Bibliothèque de l'université: 75134/1-18 (vol.1.1-18.2).

T64P

Œuvres de théâtre de M. de Voltaire. Paris, Duchesne, 1764. 5 vol. 12°.

The first version of the Duchesne edition of Voltaire's theatre, reissued as T67.

Bengesco 311; BV3698; BnC 620-21.

Geneva, ImV: BC 1764/2 (vol.1-5). Paris, BnF: Yf 4255-56 (vol.4-5). St Petersburg, GpbV: 11-100 (vol.1-5).

ER64

L'Evangile de la raison ouvrage posthume de M.D.M.....y.

Ouvrages philosophiques pour servir de preuves à la religion de l'auteur. London [Amsterdam, M. M. Rey], 1765 [1764]. *Collection complette des œuvres de Mr. de Voltaire.* 1 vol. 8°.

1764*a* in Schwarzbach and Fairbairn, 'The "Examen de la religion": a bibliographical note', *SVEC* 249 (1987), p.91-156.

Bengesco 1897; BV3592; BnC 5227.

Paris, BnF: D² 7246. St Petersburg, GpbV: 9-136.

NM

Nouveaux Mélanges philosophiques, historiques, critiques, etc. [Geneva, Cramer,] 1765-1776. 19 vol. 8°.

Issued as a continuation of w56 and other Cramer editions. Most volumes went through several editions.

Bengesco 2212; Trapnell NM; BnC 111-35.

Oxford, VF (vol.1-10). Geneva, Bibliothèque de Genève: HF 5054 (vol.1-3, 5-7, 9-12); ImV: BA 1767/1 (vol.1-10). Paris, BnF: Z 27258-60, Rés. Z Beuchot 21, Rés. Z Beuchot 1608, Z 24707-709 (vol.1-3), Rés. Z Bengesco 487 (1-19; vol.5 and 7 probably piracies), Rés. Z Beuchot. 28 (vol.5-19). St Petersburg, GpbV: 11-74.

T67

Œuvres de théâtre de M. de Voltaire. Paris, Duchesne, 1767. 7 vol. 12°.

A new issue of the sheets of T64P, with some cancels, revised sheets and new texts.

Bengesco 312; BnC 622-25.

Geneva, ImV: BC 1767/1 (vol.1-7). Oxford, Taylor: V3 A2 1767 (vol.3); VF. Paris, BnF: Rés. Yf 3387-92 (vol.1-6).

T68

Le Théâtre de M. de Voltaire. Amsterdam, Richoff, 1768. 6 vol. 12°.

A new issue of the sheets of T66.

Bengesco 313; BnC 626.

Paris, BnF: Yf 4257-62 (vol.1-6).

w68

Collection complette des œuvres de M. de Voltaire. [Geneva, Cramer; Paris, Panckoucke,] 1768-1777. 30 or 45 vol. 4°.

Volumes 1-24 were produced by Cramer under Voltaire's supervision. Volumes 25-30 were probably printed in France for Panckoucke. Volumes 31-45 were added in 1796 by Jean-François Bastien.

Bengesco 2137; BV3465; Trapnell 68; BnC 141-44.

Geneva, ImV: A 1768/1 (vol.1-30), A 1768/2 (vol.1-45). Oxford, Taylor: V1 1768 (vol.1-45); VF (vol.1-45). Paris, BnF: Rés. m. Z 587 (vol.1-45), Rés. Z Beuchot 1882 (vol.1-30), Rés. Z 1246-74 (vol.1-30). St Petersburg, GpbV: 9-346 (vol.1-7, 10, 11, 13, 15-30), 10-39 (vol.1-24), 10-38 (vol.1-17, 19-24).

EJ

L'Evangile du jour. Londres [Amsterdam, M.-M. Rey], 1769-1780. 18 vol. 8°.

The earlier volumes were probably edited by Voltaire; some went through two editions.

Bengesco 1904; BV3593; Trapnell EJ; BnC 5234-81.

Geneva, ImV: 1769/1 (vol.1-2, 3-10, 12-15). Oxford, Taylor: V8.E8.1769 (vol.3-8). Paris, BnF: Z Beuchot 290 (vol.1-18), D2-5300 (vol.1-12), Z Bengesco 378 (vol.1-2, 4-15), Z Beuchot 291 (vol.1-2), Z Bengesco 377 (vol.5-10). St Petersburg, GpbV: 9-144 (vol.1-15).

T70

Le Théâtre de M. de Voltaire. Amsterdam, Richoff, 1770. 6 vol. 12°.

Bengesco 313; BnC 627.

Geneva, ImV: BC 1770/1 (vol.1-6). Paris, BnF: Yf 4263-4268 (vol.1-6).

W70G

Collection complette des œuvres de Mr. de Voltaire. [Geneva, Cramer,] 1770. 10 vol. 8°.

A new edition of w64G with few changes.

Bengesco 2133; Trapnell 64, 70G; BnC 90-91.

Geneva, ImV: A 1770/1 (vol.2-10.1). Oxford, Taylor: V1 1770 G/1 (vol.1-10.2). Paris, BnF: Z 24742-54 (vol.1-10.2).

Collection complette des œuvres de Mr. de Voltaire. Lausanne, Grasset, 1770-1781. 57 vol. 8°.

Voltaire complained about this edition to d'Argental (D18119) and to Elie Bertrand (D18599), but some volumes, particularly those containing his plays, were produced with his participation.

Bengesco 2138; BV3466; Trapnell 70L; BnC 149.

Geneva, ImV: A 1770/2 (vol.1-48), A 1770/4 (vol.48-57). Oxford, Taylor: V1 1770L (vol.1-54). Paris, BnF: 16 Z 14521 (vol.1-6, 25), Rés. Z Bengesco 124 (vol.14-21). St Petersburg, GpbV: 10-18 (vol.1-48).

Collection complette des œuvres de Mr. de Voltaire. Geneva [Liège, Plomteux], 1771-1777. 32 vol. 12°.

No evidence of Voltaire's participation. (See w68.)

Bengesco 2139; Trapnell 71; BnC 151.

Geneva, ImV: A 1771/1 (vol.1-10, 13-19, 21-31). Oxford: VF.

Œuvres de M. de V.... Nouvelle édition considérablement augmentée sur la dernière faite à Genève. Neuchâtel [Paris, Panckoucke,] 1771. 6 vol. 12°.

A version of the *Mélanges philosophiques, littéraires, historiques, etc.*, found in volumes 16-21 of w72P, with some differences in volume content.

Bengesco 2140; Trapnell 72P; BnC152.

Paris, BnF: Z 24790-95 (vol.1-6).

Œuvres de M. de V.... Neuchâtel [Paris, Panckoucke], 1772-1777. 34 or 40 vol. 8° and 12°.

Reproduces the text of w68. No evidence of Voltaire's participation.

Bengesco 2140; Trapnell 72P; BnC 153-57.

Geneva, ImV: A 1772/1 (vol.1-34). Paris, BnF: Z 24796 (vol.1), Z 24836-38 (vol.10-12), Z 24809-20 (vol.14-25), 8 M 25284 (vol.26), Z 24822-35 (vol.27-40).

w72X

Collection complette des œuvres de M. de Voltaire. [Geneva, Cramer?,] 1772. 10 vol. 8°.

A new edition of w70G, classified in the BnC as a counterfeit edition, probably printed in Lyons for Cramer. No evidence of Voltaire's participation.

Bengesco 2133; Trapnell 72x; BnC 92-110.

Oxford, Taylor: V1 1770 G/2 (vol.1, 10.1, ?10.2[1773]). Paris, BnF: 16 Z 15081 (vol.1-5.1, 5.3-10.2).

T73N

Œuvres de M. de Voltaire. Neuchâtel, [n.n.,] 1773. 8 vol. 12°.

Oxford: VF.

R75

Romans et Contes philosophiques, par M. de Voltaire. Première [-Seconde] partie. Londres [Rouen, Machuel], 1775. 12°.

Bengesco 1520; BnC 2510.

Paris, BnF: Y2- 73786-73787, Y2- 76242.

w75G

La Henriade, divers autres poèmes et toutes les pièces relatives à l'épopée. [Geneva, Cramer and Bardin,] 1775. 37 vol. (40 vol. with the *Pièces détachées*). 8°.

The *encadrée* edition, produced at least in part under Voltaire's supervision. See Jeroom Vercruysse, *Les Editions encadrées des œuvres de Voltaire de 1775*, *SVEC* 168 (1977).

Bengesco 2141; BV3472; Trapnell 75G; BnC 158-61.

Geneva, ImV: A 1775/1 (vol.1-40). Oxford, Taylor: V1 1775 (vol.1-31, 33-40); VF (vol.1-40). Paris, BnF: Z 24839-78 (vol.1-40), Rés. Z Beuchot 32 (vol.1-40). St Petersburg, GpbV: 11-2 (vol.1-7, 9-30, 32-40), 10-16 (vol.1-30, 33-40).

W75G*

Some volumes of W75G contain handwritten corrections by Voltaire. See Samuel Taylor, 'The definitive text of Voltaire's works: the Leningrad *encadrée*', *SVEC* 124 (1974), p.7-132.

BV3472.

St Petersburg, GpbV: 10-16 (1-30, 33-40), 11-11 (vol.2, 5-10), 11-12 (vol.3), 11-10 (vol.14-17), 11-2 (vol.17, 38, 39, 40), 11-16 (vol.18-20), 11-8 (vol.26-29), 11-19 (vol.36), 11-22 (vol.40).

W75X

Œuvres de M. de Voltaire. [Lyons?,] 1775. 37 vol. (40 vol. with the *Pièces détachées*). 8°.

An imitation of W75G. See Jeroom Vercruysse, *Les Éditions encadrées des œuvres de Voltaire de 1775*, *SVEC* 168 (1977).

Bengesco 2141; BnC 162-63.

Geneva, ImV: A 1775/3 (vol.1-11, 14-28, 31-40). Oxford, Taylor: V1 1775 (18B, 19B) (vol.18-19); VF (vol.1-9, 14-27, 29-40). Paris, BnF: Z 24880-919 (vol.1-40).

T76

Théâtre complet de M. de Voltaire: divisé en 9 volumes. A Genève : [s.n.], 1776.
Geneva, ImV: BC 1776/1. London, Queen Mary: 8604.

T76X

Théâtre complet de Monsieur de Voltaire. [n.p.,] 1776. 7 vol. 8°.
Paris, Richelieu: 8 RF 14096.

572

T77

Théâtre complet de M. de Voltaire; nouvelle edition, revue & corrigée par l'auteur. Amsterdam, Libraires associés, 1777. 11 vol. 12°.

Bengesco 314, p.91.

Naples, Biblioteca nazionale: L.P. Seconda Sala B. 1. 04-14 (vol.1-11). Oxford, VF.

K84

Œuvres complètes de Voltaire. [Kehl,] Société littéraire-typographique, 1784-1789 (only vol.70 bears the date 1789). 70 vol. 8°.

The first issue of the Kehl edition, based in part upon Voltaire's manuscripts. The Kehl editors amended Voltaire's text on the basis of sources which are sometimes no longer extant, and the variants which they supply are therefore recorded for historical and documentary reasons. Even though many Kehl amendments appear to be editorial corrections to Voltaire's text in points of grammar or fact, all such changes are included in the variants, since their status cannot be known with certainty. See S. Taylor, 'The definitive text of Voltaire's works: the Leningrad *encadrée*', *SVEC* 124 (1974), p.7-132 (p.128-29).

Bengesco 2142; Trapnell K; BnC 167-69, 175.

Geneva, ImV: A 1784/1 (vol.1-70). Oxford: VF (vol.1-10, 12, 13, 15-17, 20-43, 46-70). Paris, BnF: Rés. p. Z 2209 (vol.1-70).

K85

Œuvres complètes de Voltaire. [Kehl,] Société littéraire-typographique, 1785-1789. 70 vol. (only vol.70 bears the date 1789). 8°.

Bengesco 2142; Trapnell K; BnC 173-88.

Geneva, ImV: A 1785/2 (vol.1-70). Oxford, Taylor: V1 1785/2 (vol.1-70); VF (vol.1-70). Paris, BnF: Rés. Z 4450-519 (vol.1-70), Rés. p. Z 609 (vol.1-70).

K12

Œuvres complètes de Voltaire. [Kehl,] Société littéraire-typographique, 1785-1789. 92 vol. (only vol.70 bears the date 1789). 12°.

Bengesco 2142; Trapnell K; BnC 189-93.

Geneva, ImV: A 1785/3 (vol.1-92). Oxford, Taylor: V1 1785/1 (vol.1-92); VF (vol.1-92).

WORKS CITED

Allain, Mathé, 'Voltaire et la fin de la tragédie classique française', *The French Review* 39 (1965), p.384-93.
– *Fréron contre les Philosophes* (Genève, 1975).
Argens, Jean-Baptiste d', *Lettres juives* (La Haye, 1738).

Balcou, Jean, '*Olympie* et ses notes, ou les remarques historiques d'*Olympie*', *SVEC* 2003:3, p.207-12.
Barber, W. H., *Leibniz in France: from Arnauld to Voltaire* (Oxford, 1955).
Barbier, A. A., *Dictionnaire des ouvrages anonymes et pseudonymes* (Paris, 1823).
Bérubé, Georges, 'Don Pedre dans le théâtre de Voltaire, le cas d'un personnage référentiel', *L'Age du théâtre en France. The Age of theatre in France*, éd. David Trott et Nicole Boursier (Edmonton, 1988), p.107-18.
Besterman, Theodore, 'A provisional bibliography of Italian editions and translations of Voltaire', *SVEC* 18 (1961), p.263-310.
Boileau, Nicolas, *Œuvres complètes de Boileau*, ed. A. Adam *et al.* (Paris, 1966).
Bonnefon, Paul, 'Une inimitié littéraire au XVIIIe siècle, d'après des documents inédits: Voltaire et J. B. Rousseau', *Revue d'histoire littéraire de la France* 9 (1902), p.745-95.
Braun, Theodore E. D., 'Voltaire, *Olympie*, and Alexander the great', *SVEC* 140 (1975), p.63-72.

Brooks, Richard A., *Voltaire and Leibniz* (Genève, 1964).

Calendrier électronique des spectacles sous l'ancien régime et sous la révolution (cesar.org.uk).
Carlson, Marvin, *Voltaire and the theatre of the eighteenth century* (London, 1998).
Charlier, G., 'Une correspondance littéraire inédite', *RhlF* 27 (1920).
Chaudon, Louis Mayeul, *Dictionnaire anti-philosophique* (Avignon, 1769).
– *Les Grands Hommes vengés* (Amsterdam, 1769).
Cochaud, J.-F., *La Ferme générale des droits du roi et le pays de Gex (1753-1775)* (doctoral thesis in Law, University of Lyon, 1970).
Collé, Charles, *Correspondance inédite de Collé* (Paris, 1864).
– *Journal et Mémoires*, nouvelle édition (Paris, 1868).

Damas-Hinard, M., *Théâtre de Lope de Vega*, traduit par M. Damas-Hinard (Paris, Bibliothèque Charpentier, 1892).
DeLuc, Jacques François, *Observations sur les savants incrédules* (Genève, 1762).
Derla, Luigi, 'Voltaire, Calderón e il mito del genio eslege', *Aevum* 36 (1962), p.109-40.
Desnoiresterres, Gustave, *Voltaire et la société française au XVIIIe siècle* (Paris, 1871-1876).

Favart, Charles-Simon, *Mémoires et Correspondance littéraires, dramatiques et anecdotiques de C. S. Favart* (Paris, 1808).

Ferrari, Luigi, *Le Traduzione italiane del teatro tragico francese nei secoli XVII-XVIII* (Paris, 1925).

Flaubert, Gustave, *Le Théâtre de Voltaire*, *SVEC* 51-52 (1967).

La France protestante (Paris, 1879-1889).

Frèches, Claude-Henri, 'Voltaire, Malagrida et Pombal', *Arquivos do Centro Cultural Português*, t.1 (Paris, 1769), p.320-34.

Froissart, Jean, *Don Pedre de Castille, Chroniques*, 4, trad. de l'ancien français par Nathalie Desgrugillers (Clermont-Ferrand, 2004).

García Toraño, Paulino, *El rey Don Pedro El Cruel y su mundo* (Madrid, 1996).

Grubbs, H. A., 'The vogue of J. B. Rousseau', *Publications of the Modern Languages Association of America* 55 (1940), p.139-66.

Guenée, Antoine, *Lettres de quelques Juifs portugais et allemands* (Amsterdam, 1772).

Gunny, Ahmad, 'Pope's satirical impact on Voltaire', *Revue de littérature comparée* 49 (1975), p.92-102.

– *Voltaire and English literature: a study of English literary influences on Voltaire*, *SVEC* 177 (1979).

Haag, E., *La France protestante* (Paris, 1879-1889).

Hageman, Marjolein, 'La réception du théâtre de Voltaire aux Pays-Bas', *Revue Voltaire* 7 (2007), p.89-97.

Hatin, Eugène, *Bibliographie historique et critique de la presse périodique française*, Paris, 1866.

Havens, George Remington, 'Voltaire and Alexander Pope', *Essays on Diderot and the Enlightenment in honor of Otis Fellows*, ed. J. Pappas (Geneva, 1974), p.124-50.

– et N. L. Torrey, *Voltaire's catalogue of his library at Ferney*, *SVEC* 9 (1959).

Hertzberg, Arthur, *The French Enlightenment and the Jews* (New York, 1990).

Husserl, M., *Examen des tragédies de Voltaire, esquisse littéraire* (Vienne, 1906).

Hytier, Jean, 'Réminiscences et rencontres valéryennes', *French studies* 34 (1980), p.168-84.

Ilie, Paul, 'Voltaire and Spain: the meaning of *Don Pedre*', *SVEC* 117 (1974), p.153-78.

Jaubert, Elisa, 'Récupération théorique et exploitation pratique: le théâtre de Voltaire en Allemagne (1730-1770)', *Revue Voltaire* 7 (2007), p.37-52.

Karoui, Abdeljelil, *La Dramaturgie de Voltaire*, préf. de J. Ehrard (Tunis, 1992).

Knapp, R. G., *The Fortunes of Pope's 'Essay on Man' in eighteenth-century France*, *SVEC* 82 (1971), p.79-122.

Krauss, Werner, 'Ein Akademiesekretär vor 200 Jahren: Samuel Formey', *Studien zur deutschen und französischen Aufklärung* (Berlin, 1963), p.53-62.

La Harpe, Jean-François de, *Lycée ou Cours de littérature ancienne et moderne* (Paris, an VII).

– *Cours de littérature ancienne et moderne* (Paris, 1811).

theatre: the cycle from Œdipe to Mérope, *SVEC* 75 (1970).

Walpole, Horace, *Historic doubts on the life and reign of King Richard the third*, 2nd ed. (London, 1768; Gloucester, A. Sutton, 1987).

Weinraub, Eugene, 'Plays as pedagogical laboratories: *Mahomet* and *Don Pedre*', *SVEC* 115 (1975), p.45-61.

Williams, David, *Voltaire: literary critic*, *SVEC* 48 (1966).

– 'Voltaire's guardianship of Marie Corneille and the pursuit of Fréron', *SVEC* 98 (1972), p.27-46.

– 'Voltaire's war with England: the appeal to Europe 1760-1764', *SVEC* 179 (1979), p.79-100.

– 'Voltaire et le tragique racinien', *La Réception de Racine à l'âge classique: de la scène au monument*, ed. N. Cronk and A. Viala, *SVEC* 2005:8, p.124-27.

– 'Voltaire and Thomas Otway', *SVEC* 2008:10, p.251-62.

INDEX